Guerras de Lechuga
por Bruce Neuburger

ISBN 978-1-63393-010-0

Publicado por

Café con Leche
an imprint of Köehler Books

3 Griffin Hill Court
The Woodlands, TX 77382
281-465-0119
www.cafeconlechebooks.com

GUERRAS de LECHUGA

Trabajo y Lucha en los Campos de California

BRUCE NEUBURGER

VIRGINIA BEACH
CAPE CHARLES

CONTENIDO

Para todos aquellos legítimamente decepcionados con nuestro atrofiado presente. Para aquellos que reconocen el gran potencial de la humanidad.

Y especialmente para aquellos que tienen la audacia de soñar y trabajar, vivir y morir, por un mundo sin explotación ni opresión.

Para el futuro, cuando nuestros nietos y las generaciones que nos siguen pregunten con incredulidad: "¿de verdad que existía un sistema que permitía que algunas personas vivieran de la explotación laboral de otros? ¿Cómo pudo pasar eso?"

AGRADECIMIENTOS

Ante todo y dado que tuve el privilegio de participar en uno de los movimientos sociales más importantes de nuestro tiempo, es a los trabajadores agrícolas, y a todos los que lucharon mano a mano con ellos, a quienes debo este reconocimiento. Solo me queda esperar que este libro sirva de reconocimiento de alguna manera.

En cuanto a las numerosas personas que contribuyeron a este libro, me limitaré únicamente, a mencionar a algunas por su nombre. Una de ellas es mi sobrino, Steven Stoll, cuyo ánimo, apoyo y oportunos consejos me motivaron a sobrepasar los obstáculos de este proyecto. Otra es Mickey Hewitt, cuya amistad abarca décadas y quien generosamente me brindó su tiempo y sus conocimientos, leyendo, debatiendo, asesorándome y compartiendo sus experiencias. Un tercero es Rafael Lemus, uno de esos líderes "normales" de los trabajadores agrícolas sin el cual no existiría el movimiento, estoy agradecido por las horas que pasé escuchando sus historias, una breve parte de las cuales he incluido en este libro. Rafael falleció en mayo de 2010. Finalmente, Aristeo Zambrano y Mario Bustamante, son de entre los líderes de los sindicatos de mano de obra de los trabajadores agrícolas de la región de Salinas, quienes en mi humilde opinión, han otorgado al movimiento su más importante legado. Esta obra se benefició enormemente de sus experiencias, sagacidad y contagiosa pasión por la justicia social.

Extiendo mi gratitud a tantos otros trabajadores agrícolas, veteranos de la década de los setenta, que compartieron sus historias y opiniones en sus hogares, en las calles, en diferentes lugares como la tienda de donas, Kristies y el Hotel De Anza de Calexico, donde tuve el honor de escuchar las historias y observaciones críticas de aquellos que dedicaron toda una vida a la labor agrícola. También siento mucha gratitud por las docenas de trabajadores de Salinas, Huron, Coachella y Calexico, que dedicaron parte de su tiempo a compartir sus percepciones, experiencias, enojo y a veces disecciones humorísticas de la vida en los campos de hoy con esté curioso extraño con su libreto en mano. A ellos les debo la declaración contundente de que la lucha contra este monstruoso y explotador sistema de segregación racial, continúa.

Por supuesto, estoy en deuda con muchos colegas maestros y amigos que leyeron el manuscrito en diferentes etapas, ofreciéndome sugerencias, consejos, y sobre todo ánimo. Sus convicciones entusiasmadas a menudo sirvieron como antídotos contra las paralizantes dudas que de vez en cuando surgieron en mi mente. Estoy en deuda con el historiador Sid Valledor, porque durante nuestras largas conversaciones aprendí mucho sobre las contribuciones de los filipinos al movimiento en los años setenta.

William LeFevre, de Reuther Library en Wayne State, hogar del archivo de la UFW (United Farm Workers of America), me brindó su valiosa asistencia cada vez que la solicité y los bibliotecarios de un lado a otro del Valle Central en California aliviaron mi dificultosa jornada por los archivos de microfilm. Asimismo quiero agradecer al personal de la biblioteca Salinas Steinbeck, cuya lucha y empeño han mantenido la puerta de esa biblioteca abierta y cuyo cuidado y meticuloso trabajo han preservado una inapreciable y bien organizada colección de materiales sobre aquellos años de guerras de la lechuga, en los setenta.

El deseo constante por tacos de Frank Bardacke fue el inicio de todo para mí en 1971. Los conocimientos sobre el trabajo agrícola de Bardacke, además de su magnífico trabajo de investigación y escritos sobre la historia de los trabajadores agrícolas, han enriquecido mi entendimiento, como también lo han hecho las obras de Ann Aurelia Lopez y Miriam Pawel, entre otros.

Bob Avakian, en la obra de su vida, ha defendido con audacia la revolución, osando desarrollar una teoría revolucionaria y fortaleciendo así la esperanza de que nuestra maltrecha y difamada humanidad tal vez pueda forjar un futuro transformado y nuevo. A su visión y constancia le debo mucho.

No puedo concluir sin antes hacer un reconocimiento a mujeres como Guillermina, Angelina y Juanita, cuyos espíritus han sido muy poderosos aunque poco reconocido motor en las luchas de los trabajadores agrícolas. Ellas fueron parte de mi inspiración en el pasado y continúan siéndolo. Ningún movimiento genuino en busca de justicia social o liberación en los campos o en el mundo, puede ser concebido sin la participación y la energía liberadora de tales mujeres.

PRÓLOGO

CON ESTA PUBLICACIÓN CUMPLO la promesa de hacer disponible este libro sobre el movimiento del campo en el idioma de la mayoría de los obreros campesinos.

El imperio agricola de California se ha construido sobre las espaldas de personas no blancas. Desde la década de 1920, la carga ha caído cada vez más sobre los hombros de las personas explotadas proveniente de paises al sur de Estados Unidos. Hasta hoy el 92% de los trabajadores agrícolas en California vienen de México. La primera superpotencia mundial se sostiene aprovechandose de las víctimas de su propio saqueo imperial.

Los campos de California han visto repetidos períodos de resistencia. Los años de las *guerras de lechuga* (de los 70s) fue la más prolongada y potente de estos, uno que nació con la rebelión social de la década de los 60s.

Con el reflujo del movimiento de la década de los 70s, los productores impusieron un sistema de trabajo para evitar futuros levantamientos. Pero las fuerzas competitivas que impulsan el orden capitalista no pueden seguir sin crear nuevas grietas. En marzo de 2015, 50 mil campesinos abandonaron los campos de San Quintín, en la costa occidental de Baja California—un área importante de producción agrícola para los productores de Estados Unidos. Decididos a desafiar el salario de hambre de $6.50 por día, los huelguistas marcharon hacia el norte a ciudades fronterizas de Mexicali y Tijuana. Exigieron el reconocimiento de su sindicato, para ponerle fin a condiciones de esclavitud, alto a los robos y abusos incluyendo el fin al acoso sexual de las mujeres trabajadoras.

Los rancheros se opusieron a la demanda por un salario mínimo de 300 pesos al día (20 dólares) y el gobierno Mexicano respondió con la represión violenta. Pero los huelguistas ganaron fuerza del movimiento contra el terrorismo que cobró fuerza en la estela de la masacre de estudiantes de Ayotzinapa y los gritos de huelga resonaron por toda la frontera de Estados Unidos, entrelazando llamadas de solidaridad y boicot. Al fin, trabajadores ganaron algunas de las demandas. Este acto de rebelión fue notable y destacable.

Muchos trabajadores de San Quintín son pequeños agricultores de Oaxaca. La imposición del supuesto "libre comercio" (TLC) condujeron a muchos a la ruina. Ahora oaxaqueños forman la columna vertebral de la fuerza de trabajo agrícola en los Estados Unidos y sus movimientos de resistencia estan brotando desde el estado de Washington a México.

UNA TERRIBLE IRONÍA:

El condado de Monterey (donde está Salinas y Seaside) tiene la mayor tasa de encarcelamiento de jóvenes de cualquier gran Condado en California. Es una ironia terrible. Los trabajadores del campo, como gran parte de la población inmigrante, son criminalizados porque les niegan sus documentos. A la misma vez sus hijos son demonizados y acosados por las autoridades. Los medios de comunicación los explotan con fines sensacionalistas haciendo referencias a la "violencia juvenil", sin mencionar las condiciones que impulsan este tipo de violencia. Evelyn Gracia, una defensora de jóvenes que conocí en mis viajes a Salinas para discutir el libro, me explicó como las autoridades atrapan a los jóvenes en el laberinto de "la justicia criminal" enviando niños acusados de crímenes a ser juzgados en tribunales de adultos y enviandolos a cárceles de adultos dandoles sentencias obscenamente largas. José Solorio, tenía 15 años en 2001 cuando lo condenaron por un delito no letal. Actualmente está cumpliendo una condena de 40 años. José se convirtió en el símbolo perverso de esta política de "Jim Crow".

Hay hilos que atan la vida de estos jóvenes a las condiciones de los trabajadores del campo—estancamiento de los salarios, las condiciones pésimas de trabajo asi como viviendas inadecuadas e insuficientes.

TERROR POLICIAL EN LAS TIERRAS DE CULTIVO:

El 20 de mayo de 2014, Carlos Mejía, un jardinero de oficio iba puerta a puerta en el barrio campesino del Alisal de Salinas en busca de trabajo cuando tuvo una escaramuza menor con un perro. Cuando la policía vino le dispararon con una pistola paralizante y lo persiguieron a pie mientras caminaba tamboleando frente a ellos. Antes de llegar a Sanborn Road abrieron fuego asesinándole a balazos.

El cuerpo de Carlos quedó en la calle durante horas. Los niños regresaban de la escuela viendo el cuerpo de Carlos y una corriente sangrienta que fluía en el canal. Fue el cuarto asesinato de latinos por policías en ese año—fue demasiado. La noche siguiente un coche de policía de Salinas provocó rabia y un motín que presiagó por varios meses la rebelión en Ferguson, Missouri. Los asesinatos en Salinas fueron algunos entre muchos otros en las comunidades rurales en los estados de Washington y California.

UN MOMENTO DE FERGUSON:

Cuando *Lettuce Wars* salió en 2013, me esforcé tratando de explicar en aulas de clases y en otros lugares el porqué gente blanca de clase media como yo se sintieron motivados, a trabajar en el campo y apoyar la lucha de los trabajadores del campo en los años 1960s. A finales de 2014, el fenómeno se pudo explicar como "un momento de Ferguson" cuando abusos "ocultos" pero ardientes repentinamente estallaron. Como Ferguson, el movimiento de trabajadores agrícolas de la década de los 60s fue una rebelión surgiendo de las hendiduras más profundas de la opresión, revelando el secreto putrefacto a la base de una estructura brillante capitalista, que muy pronto comienza a perder su brillo y su aura de poder invencible. Estos son momentos que despiertan.

Aun que la historia no se repite, hay realidades estructurales que dan lugar a terremotos. Mientras que esas estructuras sigan existiendo los Selmas, Fergusons, Delanos, Salinas y San Quintines romperán la calma y sacudirán los sentimientos que se encuentran justo debajo de la superficie.

Por esto, los trabajadores agrícolas volverán a despertar y rugirán como lo hicieron antes formando parte de un movimiento social más amplio. Esta vez deben ir más lejos y más profundo— desenterrar las raíces de la opresión capitalista y el sistema supremacista blanco que ha llevado a los trabajadores agrícolas, a sus hijos y a todos nosotros al borde de un precipicio.

Agradecimientos a Ana Ayala, Oscar Hernández y Renato Larin que tomaron tiempo de leer el manuscrito español o partes de él y dar correcciones y consejos, y a Carlos cuya traducción en gran parte mantiene la fe con el original.

INTRODUCCIÓN

SAN FRANCISCO, 1984

EL CREPÚSCULO HABÍA LLEGADO unas horas antes de que mi turno terminara. La fila de taxis frente al St. Francis Hotel en San Francisco era el juego de azar de siempre. Quedarse en la fila y arriesgarse o recorrer las calles en busca de pasajeros y esperar ser rebotado por toda la ciudad como una bola de *pinball*. Entras en la fila porque, como la gente que juega en las máquinas tragaperras, siempre existe la oportunidad de ganar el premio gordo. Aquí inviertes tus minutos, no tu dinero, pero la expectativa es similar. Un viaje al aeropuerto representa la mejor ganancia. Es mejor apostar aquí, que desplazarse o arriesgar con las llamadas de radio—de hecho un radio manipulado— aunque en el St. Francis, podrías fácilmente quedarte esperando por quince o veinte minutos para conseguir un recorrido hasta el embarcadero de sólo $5.

Uno de los dolores de cabeza y una de las atracciones de conducir un taxi, es que los dados siempre están rodando. En un trabajo por horas tienes la seguridad de saber lo que te vas a llevar a tu casa al final del día. Un taxista nunca sabe. No importa que tan mal es tu día o incluso la semana, la oportunidad de ganarte el *premio gordo* anda detrás de cada llamada y de cada "señal".

Las compañías de taxi de San Francisco, centraron exclusivamente la atracción por el riesgo en la descripción del trabajo de taxista cuando, en 1978, respaldaron una proposición electoral que ganó el favor de los votantes. Se estableció un acuerdo de arrendamiento. De repente, los empleados de las compañías de taxi eran "contratistas independientes". ¡Independencia! Uno de esos términos seductores que ocultan realidades menos atractivas: la pérdida de beneficios de salud y de retiro provistos por la compañía, todos los beneficios. Independencia, sí claro, te quedas por tu cuenta, ¡buena suerte!

Mientras la fila en el St. Francis se deslizaba lentamente hacia adelante y mi taxi avanzaba por pulgadas hacia el frente de la jauría, mantenía mi vista en los huéspedes que salían por la puerta de entrada. Este con maletas, aeropuerto; aquel en ropa casual, probablemente camino del embarcadero; detrás de ellos una mujer bien vestida aferrada a una bolsa de Macy's, quizás de regreso a su casa en Marina o en Russian Hill.

Cuando un hombre alrededor de los cuarenta, ataviado con traje y corbata, salió por la puerta llevando una maleta de mano y un porta trajes, mi expectación aumentó. Y cuando llegué al primer lugar y escuché el golpe de la mano abierta del portero en el portaequipajes de mi taxi Desoto azul y blanco, me sentí agradecido, ¡un aeropuerto! Mi irritación con la extendida y hambrienta mano del portero (gesto hecho con mucha delicadeza para que el cliente no se diera cuenta), mientras colocaba el equipaje en el baúl, se apaciguó con la seguridad de un viaje de $30. Inmediatamente empecé a calcular mis opciones, podía jugar a la ruleta del aeropuerto o volver pelado de regreso a la ciudad.

Cuando mi pasajero se instaló en el asiento trasero, nos dirigimos por Powell hasta Ellis, de ahí bajamos a Stockton cruzando Market, hasta entrar a la autopista por la calle Cuatro. Miré a mi benefactor por el espejo retrovisor. "¿Qué línea aérea?" "United". El hombre tenía la cara carnosa de aquel que no es extraño a la mesa de comer. Su cabello castaño estaba corto, pero lo suficientemente largo como para peinarlo hacia un lado. Sin ningún vello facial. Un comerciante o un abogado, supuse. No era un turista, se veía demasiado práctico y sensato para serlo.

Yo estaba aún en mis primeros años como taxista, lo que significaba que todavía me fascinaban las conversaciones, anticipando algún intercambio interesante o alguna historia para pasársela a mis amigos taxistas, en el estacionamiento donde esperábamos para entregar nuestras hojas de ruta, las entradas y los sobornos (propinas) al despachador del turno. La apreciación y el entusiasmo para hacer esto que caracteriza los primeros años en el trabajo y que quizá para algunos mantiene la atracción más tiempo, esta se desgastaba gradualmente, como la banda de rodamiento de los neumáticos de mi taxi, por las implacables obligaciones del tráfico y por la tiranía de la repetición.

Puede que sea cierto que cada persona que se sube a un taxi es potencialmente una historia, pero como cualquier labor de minería, toma energía y esfuerzo el recuperar una pepita de oro entre la escoria del parloteo normal. Ese día, mi energía se elevó un poco, vigorizada por la buena fortuna de un recorrido al aeropuerto. Así que excavé.

Me enteré de que mi pasajero regresaba a Chicago, o quizás era New York, después de varios días de reuniones.

—Me encanta tu ciudad —,dijo como muchos visitantes suelen hacer—, pero no pude ver mucho esta vez, demasiadas reuniones largas.

—¿Y qué tipo de reuniones eran esas?

—Pues negocios de abogados hombre, estrategias legales y todo lo demás.

Un abogado, como yo pensé, pero lo de "hombre" en medio de su comentario me hizo pensar en algo menos simple de lo que su apariencia transmitía. Estaba buscándole otro enfoque a la conversación cuando él comentó—.Me estaba reuniendo con algunos de sus rancheros locales. Bueno, no exactamente locales, de Salinas, ¿no es muy lejos de aquí, verdad?

— No, no muy lejos,— le contesté—. ¿Qué tipo de rancheros?

—Rancheros de lechuga y verduras—, me informó —que buscan cómo salirse de sus contratos con los sindicatos.

—¿Y usted es parte de eso?—le pregunté.

—Asesoría legal, estrategias, ese tipo de cosas. Esos contratos son acuerdos legalmente vinculantes. No se pueden deshacer así como así. Hay asuntos que deben ser considerados—. Tomó una pausa y tanteó el bolsillo de su pecho, como si estuviera comprobando algo, ¿su boleto aéreo, tal vez?

—Y si las compañías dejan de hacer negocios y después vuelven a operar bajo un nombre diferente, ¿entonces no tienen que cumplir con los compromisos legales de la compañía previa?—le pregunté. En el retrovisor, vi al pasajero levantar la vista.

—Suena como que tienes una mente jurídica. Puede que estés en el negocio equivocado—dijo riendo.

—Bueno, he escuchado que cosas así están pasando en Salinas— dije.

—¿Lo leíste?— me preguntó.

—Sí, eso creo. No recuerdo dónde.

En realidad sabía bastante de Salinas, de los sindicatos y de los rancheros de lechuga. Había pasado la mayor parte de la década anterior trabajando en los campos de lechuga y conocía a gente que aún trabajaba allí. Y sabía que las cosas iban por mal camino para ellos. Pero no quería ponerme a explicar todo eso. Quería escuchar lo que mi pasajero tenía que decir.

El abogado fue franco. Discutió el deshacerse de los sindicatos, como otro en su profesión explicaría la escritura de un testamento o la elaboración de un contrato. Él estaba interesado en cuestiones técnicas y legales, como un arquitecto obsesionado por los detalles de diseño e ingeniería de un edificio, no sobre cómo se veía afectado el vecindario en el que ha sido construido. O como el tecnócrata que diseña una bomba, absorto, indiferente, o más bien aislado de las consecuencias letales de su creación. Pero también había un toque de cinismo en sus palabras, como si él supiera que había algo repugnante en su actividad.

La conversación había tomado un giro inesperado y el viaje que yo había pretendido concluir lo antes posible, me pareció demasiado corto como para satisfacer mi curiosidad. Disminuí levemente la presión de mi pie sobre el acelerador mientras los nombres de Hanson, Sun Harvest, Cal Coastal, Salinas

Lettuce Farmers Co-op y otros desfilaban en la descripción de mi pasajero. Él veía abogados aburridos, arañando anotaciones en cuadernos jurídicos y a los bien vestidos representantes de los rancheros discutiendo estrategias legales; yo imaginaba los autobuses de trabajo agrícola con sus lados recién repintados y trabajadores de la lechuga, con sus cuchillos asomando por los bolsillos traseros, parados en la calle en el frío de la madrugada, tratando de conseguir un trabajo con el mismo temor de soldados derrotados en batalla, que esperan un tratamiento indulgente por parte de sus captores.

Cuando llegamos al carril de United, abrí el portaequipajes y coloqué sus bultos en la acera. Entonces le dije lo que sentía que debía decirle, aunque solo fuera para aliviar la presión que se había acumulado durante la conversación.

—¿Sabe usted que cuando los rancheros disuelven los contratos con los sindicatos, los trabajadores pierden su antigüedad, sus beneficios de salud e incluso sus trabajos? Esto les crea un sufrimiento real, también a sus familias y a sus hijos; todo el mundo resulta afectado. Además, esos contratos fueron ganados después de una larga y ardua batalla.

El abogado levantó la vista de su equipaje. Me dio dos billetes de veinte.

—Nadie dijo que la vida es justa.

Y yo pensé que la elocuencia es mucho más fácil cuando no es tu culo el que está aplastado contra la tierra. El abogado hizo un breve encogimiento de hombros mientras me miraba. Me pareció que iba a detenerse y a decirme algo más, pero levantó sus bultos y todo lo que dijo fue,

—Quédate con el cambio, amigo—. Después se marchó a tomar su vuelo.

CAPÍTULO 1

LA CUADRILLA DE DESHIJE, O "LOS AGACHADOS"

SEASIDE, CALIFORNIA, PRIMAVERA DE 1971

APESAR DE LA SERIEDAD DEL ASUNTO en cuestión, traté de no reírme.—¿Tú quieres que le prenda fuego a este lugar?

Ben no me miraba a mí sino a la pared adyacente al cuarto de refrigeración, donde estaban apilados los sacos de arroz y frijoles y las latas de chile para hacer chiles rellenos. Había agotamiento en sus ojos y una sensación de desesperación en su voz. —Rosa por poco se suicida hace dos noches—, dijo. —La bala estuvo así de cerca de su corazón—. Mantenía sus dedos con una pulgada de separación a la altura de su cara. —Sabes que hemos estado teniendo problemas por aquí.

Yo lo sabía. Pero Rosa, con una pistola contra su corazón. . . la imagen me parecía irreal.

Yo sabía que la situación era difícil. La autopista 1 ya no pasaba por Seaside, así que el tráfico no fluía por el distrito comercial como cuando Ben y Rosa abrieron su pequeño restaurante en Fremont Boulevard unos años atrás. Su primer restaurante, había sido desplazado de su sede original cuando la renovación urbana arrasó todo un vecindario transformándolo en un enorme y feo centro comercial de autos en medio de la ciudad. Y ahora parecía que también iban a perder este lugar. Rosa, abatida por los problemas de dinero o quizá por otras cosas que yo desconocía, apuntó una pistola a su pecho, respiró profundo y disparó una bala que atravesó su cuerpo con un susurro, para que acabara para siempre con su aliento.

Ben dirigió su mirada hacia la puerta que llevaba de la cocina al área de comida para llevar, al lado del pequeño estacionamiento y dijo sin mirarme, —con el dinero del seguro puedo empezar de nuevo. Podría darte unos cuantos miles de dólares.— Sus grandes manos descansaron en su regazo, sobre el delantal que usaba cuando cocinaba.

—Ben—, le respondí, —Margaret vive en el piso de arriba. Otras personas viven arriba. ¿Y si alguien muere?— Margaret, madre soltera y mesera del restaurante, había trabajado allí desde que el restaurante se mudó a Fremont Boulevard. Su apartamento estaba justamente encima del restaurante. De todas formas, yo no hubiese considerado el plan de Ben aunque ese no fuera el caso.

Ben me miró por primera vez desde que el tema surgió y después desvió la mirada. —Tienes razón Bruce, es una idea loca.

Ni te imaginas cuan loca, Ben. Pensé en varios días atrás, cuando tuve que ir al trabajo recostado en el asiento trasero del carro del abogado de la CRLA (Asistencia Legal Rural de California), para evadir a la policía que había ido a buscarme a mi casa. No le había dicho nada a Ben y ahora no estaba seguro de si debía comentárselo. Tampoco sobre que había estado en la cárcel de Seaside por una boleta de infracción corregible. O sobre el minúsculo cuarto con rejas de aquella cárcel en donde le grité obscenidades a un policía que parecía encontrar todo aquello muy divertido. O sobre el agente del FBI que por casualidad apareció inmediatamente después de mi encarcelamiento y quien solamente quería que le contestara unas "simples" preguntas sobre mis "asociaciones políticas". Me burlé de sus preguntas y le respondí con petulancia, demasiado joven e insensato como para mantenerme callado, demasiado ingenuo para comprender cuánto me protegían mis privilegios de nacimiento de la realidad que él representaba. Pero no tan ingenuo como para no darme cuenta de que alguien me vigilaba.

No le dije nada de esto a Ben. El tenía suficientes cosas en que pensar con una esposa en el hospital y un negocio a punto de hundirse. Y de cualquier manera, yo tenía mi desconfianza juvenil hacia a las personas mayores.

—Sabes que no puedo seguirte empleando—, dijo Ben.— Quizás dos semanas, pero nomás.

—Lo siento—, le contesté. Y era verdad. Ben y Rosa me gustaban y disfrutaba cocinando en su restaurante, incluso o especialmente, cuando estaba transitado y era un desafío seguir el ritmo de los pedidos; enrollando enchiladas y friendo rellenos, preparando frijoles y arroz, montando todo en un plato y cubriéndolo con el queso rallado de la cacerola de acero inoxidable; sacando los platos calientes del horno y colocándolos sobre la mesa donde los recogían con sus respectivos pedidos colocados debajo y con el mismo movimiento, hacer que otro plato desapareciera en la cueva oscura y caliente.

A veces, incluso lavar platos o limpiar pisos eran como juegos. Me encantaba cuando Zoraida, la hija de Ben y Rosa cuyo nombre el restaurante llevaba, estaba por allí. Si no estaba muy ocupado, cogía el trapeador y bailaba por la cocina con el hasta que ella se reía tanto que se tiraba al piso, deleitada de ver a un adulto actuando tan ridículo. También me gustaban las veces en que mis amigos venían a la ventanilla de comida para llevar y les daba tacos y *chips* gratis, aunque tampoco le iba a mencionar eso a Ben.

Otras veces me sentía muy molesto. No por el trabajo ni por el calor de la cocina o algo así, sino por la música que se deslizaba los viernes y sábados por la noche desde el bar Okie (de Oklahoma) que quedaba al lado. Lo que más me fastidiaba era la canción de Merle Haggard, *Fightin' Side of Me* (Mi lado peleador), a todo volumen como si fuera un himno, un himno para todos los ignorantes. Y los ignorantes la tocaban una y otra vez, tanto que yo quería tirarle una sartén a la pared que permitía que el sonido penetrara.

Mis días como cocinero estaban por concluir cuando FJ se apareció en la ventanilla de comida para llevar. Enrique, mi compañero de cocina, y su novia, estaban en una mesa en el área de comida rápida y yo no quería regalar ninguna comida frente a Enrique. También me estaba sintiendo un poco culpable por la difícil situación de Ben y Rosa, así que tenía que cobrarle los tacos a FJ. Aunque a él no pareció importarle. De hecho, estaba de muy buen humor, nada raro para FJ, a quien le encantaban las bromas. Él sabía sobre nuestras aflicciones en el restaurante y que pronto yo iba a tener que buscar otro trabajo.

Ambos éramos refugiados del movimiento radical de Berkeley. Yo había llegado a Seaside a finales del invierno de 1969 para trabajar en el proyecto de una cafetería GI (soldados americanos). FJ, veterano del movimiento anti-guerra, se mudó al sur de Monterey Peninsula meses después con visiones de combinar sus pasiones por escribir, el béisbol y el activismo político. Nos conocimos algún tiempo después de que el café abriera, a principios de 1970.

—Creo que tengo una propuesta que te va a gustar— dijo.— El otro día le di un aventón a un tipo cerca de Ord, lo llevé hasta Monterey y hablamos por el camino, me dijo algo bastante interesante. ¿Te acuerdas de la huelga en Salinas el año pasado?

Yo sabía acerca de César Chávez. Rosa tenía un artículo sobre él en la pared del área de comida para llevar. Y el Valle de Salinas, una importante zona agrícola, estaba más arriba en la misma carretera de Seaside. La primavera anterior yo había ido con algunos GI y activistas civiles, desde Fort Ord hasta Salinas— una de las raras veces que había estado ahí—para trabajar en la seguridad en un mitin de trabajadores del campo en el que Chávez había hablado. Nosotros éramos parte de un grupo que se llamaba a sí mismo MDM, el Movimiento para una Fuerza Militar Democrática, que empezó entre los marines de Camp Pendleton y se extendió rápidamente hasta Fort Ord y más allá. Alguien del grupo había hecho arreglos para que ayudáramos a los trabajadores agrícolas. Nos presentamos en el lugar del mitin, los GI estaban en ropa civil, con camisetas y brazaletes del MDM y fuimos enviados a recorrer el campus del colegio para mantener vigilancia sobre los alborotadores. Los rancheros de la zona habían amenazado con interrumpir el mitin. Estábamos en guardia alrededor del mitin y en el tejado de un edificio adyacente, aunque no estábamos realmente seguros de a quién deberíamos vigilar. Resultó que el mitin se realizó con relativa tranquilidad, al menos en cuanto a interrupciones se refiere.

Aunque por otro lado yo desconocía lo que pasaba en los campos de Salinas. Aquella primavera nuestro foco eran las protestas estudiantiles que se manifestaban por todo el país, en respuesta a la invasión de Cambodia. Soldados del MDM y ciudadanos civiles como yo, llegamos al teatro griego, en el campus de UC Berkeley (Universidad de California), como invitados de los estudiantes en huelga. Malik Shabazz, uno de los soldados líderes de los GI de Ord, se dirigió a miles de estudiantes apiñados en el teatro agradeciéndoles por su rebelión en contra de una guerra que enfrentaba a personas pobres y oprimidas en los Estados Unidos contra personas que no tenían ningún interés ni beneficio en pelear.

Unos días después también fuimos a Stanford, justo cuando la olla estaba a punto de desbordarse en ese campus. En uno de los auditorios los estudiantes conservadores, que para entonces estaban defendiendo un punto de vista pacifista, debatían con los estudiantes más radicales sobre los pasos a tomar en respuesta a la invasión de Nixon en Cambodia y proponían realizar una sentada o algo parecido. Los estudiantes radicales no estaban con ese ánimo. Querían tomar una acción más decisiva, para sacar del campus al ROTC (Cuerpo de Entrenamiento de Oficiales de Reserva).

La indignación era palpable en el aire y penetraba hasta los huesos. Ahora la guerra estaba siendo aumentada a pesar de que Nixon había prometido retirar las tropas. Los ciudadanos estaban furiosos por los bombardeos secretos en Cambodia, cuyo alcance y mortandad apenas empezaban a salir a la luz del día. Los estudiantes radicales, la mayoría de los presentes en aquella reunión, estaban prácticamente hirviendo, pero querían escuchar lo que los GI quienes estaban entre ellos tenían que decir sobre la situación. Los GI también estaban amargamente infelices. La mayoría eran veteranos de Vietnam, enojados porque sentían que aquello por lo que habían luchado era una mentira y atraídos por el espíritu indignado de los estudiantes y su análisis radical del sistema que los había enviado a combatir.

El año 1968 había sido un punto de inflexión. La Ofensiva de Tet en enero había extinguido la "luz al final del túnel" que el presidente de los Estados Unidos, Lyndon Johnson, insistía en que él veía. El asesinato de Martin Luther King Jr. en abril y la revuelta que siguió, inflamaron los fuegos de rebelión que ardían en los corazones de los jóvenes con y sin uniformes militares. Muchos estaban convencidos de que no valía la pena defender el régimen existente. De hecho, muchos de los GI estaban concluyendo que habían estado apuntando sus armas en la dirección equivocada; que sus enemigos eran en realidad aquellos que les habían dado las órdenes. En cualquier caso, lo que los soldados dijeron en ese auditorio de Stanford atizó las llamas. Al elevarse la temperatura, uno de los miembros del personal docente nos dijo que era prudente que nos fuéramos antes de que la mierda empezara a salpicar. Nos fuimos. Y salpicó.

No mucho después de que regresé a Seaside, recibí noticias de que los estudiantes en Stanford ¡le habían prendido fuego al edificio del ROTC![1] En el café GI y en la base militar las cosas estaban frenéticas. Todo ese verano enfrentamos numerosos intentos de sabotaje y tentativas de deshacer la organización de los GI, la cual había crecido rápida y espectacularmente. Para nosotros, la huelga de trabajadores agrícolas de aquel agosto de 1970 era un eco lejano.

—Entonces, ¿qué dijo el tipo al que le diste el aventón?—le pregunté a FJ.

—Me comentó que había pasado unas semanas trabajando en los campos en Salinas. Ahora hay una oficina de contratación del sindicato que fue abierta después de la huelga, como parte del contrato. ¡Se puede conseguir trabajo en los campos de allá a través del sindicato!— FJ se reía a carcajadas hasta casi doblarse—.Es fantástico, ¿verdad?

Aunque yo no lo viera realmente de esa forma por el momento, no se lo iba a admitir de ninguna manera. FJ estaba demasiado feliz para contradecirlo. Yo no tenía ni la menor idea de lo que significaba trabajar en los campos. Pero necesitaba un trabajo y la idea de trabajar en los campos de sembrados, en medio de trabajadores agrícolas, parecía muy, muy, interesante. Magnífica, en realidad.

Cuando le comuniqué a Ben mi decisión de trabajar en los campos de lechuga me dirigió una mirada paternal. —Supongo que unas cuantas semanas allá afuera no te harán daño.

Tuve la impresión de que él pensó que yo no iba a durar mucho. En cuanto a eso, yo no tenía ni la menor idea. Sólo sabía que con el cierre del café GI y la mayoría de los soldados organizadores de servicio activo regresando a sus hogares, no había nada que me atara a Seaside.

DESPACHADO

Así que, un lunes de abril FJ y yo nos dirigimos hacia el suroeste de Seaside por la carretera de Monterey a Salinas, la Autopista 68, que cruza un estrecho valle que circunvala la pista de carreras de Laguna Seca y también Fort Ord y las ondulantes colinas de las montañas Santa Lucias, las cuales forman el borde oriental del Valle de Carmel. En River Road la autopista atraviesa un amplio y fértil valle que se extiende ochenta millas al sur, desde la Bahía de Monterey en su extremo norte hasta después de San Ardo.

Salinas se encuentra al extremo norte del Valle de Salinas a unas cuantas millas de la bahía pero lo suficientemente cerca para recibir regularmente sus brisas frescas y húmedas. La ciudad está situada a ambos lados de la Autopista 101; el descendiente moderno de El Camino Real colonial español.

Encontramos la oficina del sindicato de los trabajadores agrícolas en la calle Wood en un edificio que una vez fue una oficina de correos, a media cuadra de la calle Alisal en el distrito del mismo nombre. La oficina no era mucho más que un salón amplio con sillas y bancos colocados al azar a lo largo de sus lados. Como una docena de hombres y mujeres en ropa de trabajo estaban sentados en pequeños grupos a lo largo del perímetro. Luces fluorescentes colgaban del techo sujetos por varillas de metal. En la pared del fondo, un enorme rótulo pintado a mano proclamaba "¡Viva la huelga!" y un estante de revistas colocado contra la pared contenía una colección de periódicos y folletos en inglés y español.

En el extremo opuesto de la sala había varias ventanillas improvisadas. Parecía como que acabaran de ser construidas recientemente usando madera de pino y multilaminado. Encima de una de las aberturas rectangulares un pequeño rótulo escrito a mano decía: "Despachos".

FJ y yo esperamos en la corta fila que avanzaba lentamente hacia una de las ventanillas. Una mujer como de unos treinta años de edad nos saludó calurosamente en la ventanilla.

—¿Están aquí para trabajar?— preguntó. Los dos asentimos con la cabeza. Ella se nos quedó mirando por varios segundos, esperando quizás que nos diéramos cuenta de que habíamos cometido un error. —Tenemos trabajos deshijando; deshijando y escardando, ¿está bien?— Asentimos con la cabeza.

—Soy Gloria—, nos dijo la mujer mientras llenaba el despacho de trabajo. —Bienvenidos a nuestra nueva unión. ¿Saben que con el nuevo contrato el pago por hora es de $2.10?, es el más alto en todo el valle—. Gloria sonrió y nos entregó nuestras copias —.Tienen que pagar la cuota sindical por adelantado.

—¿Y cuánto es eso?—preguntó FJ, metiéndose la mano al bolsillo en busca de su cartera.

—Son $10.50 por tres meses. Le pedimos a todos que paguen por adelantado. Así ustedes no se preocupan por tres meses— dijo ella alegremente.

Ninguno de los dos dijimos lo que pensábamos, ¿y si no durábamos tres meses? Aparte de eso, apenas teníamos suficiente para pagar un mes.

—Pueden pagar después de su primer cheque. Pero no se olviden. No podemos continuar esta lucha sin fondos. Asentimos nuevamente.

Gloria preguntó si conocíamos la dirección que ella había escrito en el despacho y entonces ante nuestro silencio, procedió a dibujarnos un mapa.

—Aquí es donde van a encontrar su autobús. Tienen que estar ahí sobre las 5:15.

En ese momento mi entusiasmo fue desafiado por una nueva sensación, terror, a medida que pensaba en levantarme a las cuatro de la mañana para ir a trabajar. Cuando nos dimos la vuelta para irnos, Gloria dijo —, no creo que ustedes hayan trabajado antes en los campos, ¿cierto?— Nosotros sacudimos las cabezas.— Bien, buena suerte.

Aún estaba oscuro cuando llegamos al estacionamiento que Gloria dibujó en el mapa. El corralón, como lo llamaban los trabajadores agrícolas, se encontraba cerca de la calle Market, al lado del edificio donde estaba la oficina de California State

Farm Labor (Trabajo Agrícola del Estado de California). Al fondo del estacionamiento había una fila de autobuses blancos con sus lados estampados con rótulos. Las luces amarillas del estacionamiento se reflejaban en las ventanas de los autobuses, amplificando su brillo que contrastaba con los edificios oscuros de alrededor.

Al acercarnos pudimos leer los rótulos de los buses: Interharvest, en letras verdes, estaba escrito en la mayoría de ellos. Descubrimos que este era uno de los principales puntos de confluencia para los autobuses de trabajo agrícola de las empresas sindicalizadas recientemente. Las empresas que no firmaron con la unión, o mejor dicho United Farmworkers' Organizing Committee (Comité Organizador de los Trabajadores Agrícolas Unidos), como era llamado, reunían a sus cuadrillas en otro lugar. Por lo menos una docena de aquellos autobuses blancos y verdes de Interharvest estaban aquí en el corralón. Había también unos cuantos autobuses de otras compañías como Fresh Pict y D'Arrigo Brothers.

Los trabajadores emergían desde las calles laterales interrumpiendo la quietud de la madrugada. Las mujeres venían vestidas con chaquetas y sudaderas, la mayoría llevaba gorras de béisbol impresas con nombres de compañías o pueblos, "México", o la estilizada águila negra que era el símbolo de la unión. Debajo de sus gorras, muchas de ellas tenían pañuelos que cubrían sus frentes y en algunos casos sus rostros, aunque casi todas dejaban los pañuelos abiertos que se balanceaban sobre sus mejillas según caminaban. Los hombres usaban gorras de béisbol, sombreros vaqueros de ala ancha y sombreros de paja. Algunos usaban gorras tejidas. Tanto como las mujeres, muchos de los hombres traían bolsas de plástico resistentes de diversos colores, llenas con recipientes y termos de boca grande. Algunos de los trabajadores venían sosteniendo tazas de café.

Gritos de saludo atravesaron el de lo contrario tranquilo y pesado aire matinal, había alguna carcajada y lo único que nosotros pudimos suponer es que eran bromas amistosas animadas por movimientos de brazos y apretones de manos.

Era el primer año de organización sindical en los campos de vegetales, la primera temporada desde la gran huelga del verano anterior. Y quizá la rareza de un par de jóvenes gringos preguntado torpemente por tal o cual cuadrilla, coincidía con la peculiaridad del momento. Algo drástico había cambiado y ahora nosotros éramos, en cierto sentido, parte de la transformación. Grupos de personas se reunieron cerca de los autobuses y en uno de ellos, reconocí a Gloria de la oficina del sindicato, con su tablilla portapapeles en mano, tomando notas y aparentemente debatiendo algo que atraía la atención de la pequeña cuadrilla que estaba alrededor de ella.

Por fin localizamos el autobús asignado y permanecimos de pie delante la puerta abierta. El conductor pareció desconcertado cuando subimos. Los despachos que le entregamos aparentemente no aliviaron su confusión, pero todas formas nos hizo señas para entrar.

Como todavía estaba oscuro afuera, las luces interiores del autobús permanecían encendidas. Fuimos recibidos por las curiosas y divertidas miradas de los pasajeros que esperaban para salir hacia los campos. Variaban desde muchachas al final de la adolescencia hasta mujeres alrededor de los cuarenta, también había una que otra mujer que pasaba de esa edad. Casi todos los hombres eran igualmente o adolescentes u hombres mayores. Después nos enteramos de que, muchos hombres de mediana edad, trabajaban en el mejor pagado pero más exigente físicamente trabajo a destajo.

Avanzamos hacia el fondo del autobús, pasando por algunas parejas de hombre y mujer, muchachas jóvenes sentadas juntas, otras que aparentaban ser madres con sus hijas adolescentes y unos cuantos hombres de diferentes edades, incluyendo a uno que nos saludó en inglés y quién luego supimos era el representante de la unión. Al final del bus había una persona silenciosa, vestida con ropa oscura, con una gorra de béisbol empujada hacia atrás, fumando una pipa. El hombre destacaba porque era el único que leía un periódico, sosteniéndolo en ángulo para captar la luz.

FJ y yo encontramos un asiento cerca de la parte trasera y nos sentamos juntos. Miré nerviosamente a mi alrededor y entonces me acomodé con mis rodillas apoyadas en el respaldo de metal del asiento de delante.

El chófer haló la palanca de la puerta, prendió el motor y puso la marcha con un corto pero agudo chirrido. El autobús se tambaleó hacia fuera del solar que daba a la calle Market y al sur hacia los campos. Nuestro viaje tomó unos treinta minutos, incluyendo paradas para recoger a otras personas en las esquinas de las calles a lo largo del camino. El ruido del motor aumentaba o disminuía según aceleraba y desaceleraba, los engranajes resonaban en su posición; se oía el traqueteo de las ventanas y de quién sabe qué tornillos y remaches y el estrépito de la cadena que sostenía los inodoros portátiles que el bus estaba remolcando. Había poca o ninguna conversación. De vez en cuando alguien se volteaba en su asiento para ver si los dos fantasmas continuaban allí. Éramos un par bastante extraño con nuestra piel y cabellos claros y gestos anglos. El solo hecho de que ninguno de los dos llevábamos un sobrero puesto, nos hacía destacar.

Continuamos hacia el sur saliendo de la ciudad por la 101. El tráfico era mínimo, pero había otros autobuses de diferentes colores, algunos tenían filas de carros detrás. Después de que pasamos un letrero que decía "Chualar", nuestro autobús se desvió de la autopista y seguimos por un camino de tierra.

El sol se empezaba a vislumbrar detrás de las montañas Gabilan en el borde oriental del valle, enviando ráfagas de luz por todo el valle, hasta las colinas que ascendían sobre River Road. El aire era húmedo a causa de la neblina proveniente de la costa. El suelo estaba mojado por el rocío, aunque solo superficialmente. El aroma de los campos, la tierra y los vegetales flotaba en la atmósfera. Llegaría a ser un aroma familiar. Gradualmente, de la pálida luz emergieron los contornos y patrones de los campos, algunos marrones y llanos, otros eran franjas de retoños de diverso espesor que brotaban entre columnas de tierra oscura. Desde los puntos más altos del camino, se podía ver el mosaico de campos que alfombraban el valle y sesgaban hacia arriba las suaves laderas de colinas distantes.

Finalmente, el autobús se detuvo en un sendero flanqueado por una zanja a un lado y en el otro un campo plano y ancho, con sus hileras de pequeñas plantas verdes irradiando en la distancia. Emergiendo de la neblina, aparecieron otros autobuses de trabajo agrícola y se estacionaron en los campos, algunos se detuvieron al lado de unas enormes figuras, oscuras e inmóviles, que después nos enteramos eran máquinas para la lechuga. Félix, nuestro mayordomo, abrió la puerta trasera del autobús y comenzó a depositar las herramientas amontonadas detrás del último asiento en el suelo, mientras nosotros descendíamos pausadamente del autobús.

Puerto Rico, el representante sindical de la unión, se presentó en inglés y nos preguntó si alguna vez antes habíamos deshijado.

—No, nunca. Este es nuestro primer día en los campos— contestamos nosotros, observando el suelo humedecido y la cuadrilla que se alejaba lentamente por el sendero de tierra desde la esquina donde el bus se había detenido.

Cuando el mayordomo nos entregó unos azadones que apenas nos llegaban a las rodillas, FJ y yo nos echamos a reír. El mayordomo y Puerto Rico intercambiaron algunas palabras.

—El mayordomo quiere saber si conocen el trabajo. Yo le dije que ustedes son nuevos. Él les va a enseñar que hacer. Entenderán la idea. Y no se preocupen, la compañía tiene que darles tiempo para aprender.

El representante se fue caminando por el sendero de tierra hasta su hilera, el mayordomo, un hombre bajo, de unos cuarenta años con sombrero de ala ancha y chaqueta de gamuza marrones, pantalones de algodón oscuros, y botas de cuero, nos encaminó al borde del sembrado hasta las hileras de lechugas jóvenes que debíamos deshijar, que según aprendimos, era la palabra en español. El mayordomo mostró la técnica mientras nosotros observábamos, inclinándose sobre las plantas de lechuga joven, con su cuerpo doblado por la cintura en ángulo de 90 grados y sus dos pies plantados en el surco entre las hileras de plantas. Sujetando el azadón corto en su mano derecha, lo llevó al suelo con golpes rápidos y precisos, creando una lluvia de tierra y plántulas, dejando tras de sí, a intervalos de once pulgadas, plantas minúsculas que se veían frágiles y vulnerables en su nueva singularidad. Después puso la hoja del azadón en la hilera para enseñarnos la distancia que debía quedar entre las plantas de lechuga. Luego pasó su mano alrededor de varias de las plantas para limpiar cualquier hierba que quedara. No había ninguna pero nos dijo, *"quita la yerba"* y tomó una mala hierba del suelo y la tiró a un lado para ilustrar lo que quería decir. Después de varios minutos, se puso de pie y nos hizo señas para que comenzásemos.

Después de los primeros minutos, nuestras espaldas

comenzaron a doler, habíamos trabajado media hora y la mañana apenas había comenzado, el aire permanecía fresco y húmedo, sudábamos y forcejeábamos observando al resto de la cuadrilla, que se deslizaba silenciosamente en la distancia. El mayordomo, Félix, hizo algunas partes de nuestras hileras para ayudarnos y luego envió a otros miembros de la cuadrilla para impulsarnos hacia delante. Nos tambaleábamos hacia adelante, desollando la tierra torpemente, impulsados por la terca determinación de no rendirnos.

Como a las diez de la mañana escuchamos gritos desde diversas direcciones, "¡Quebrada! ¡Quebrada!", seguidos por risotadas. Nos enderezamos y vimos que la cuadrilla estaba acostada o sentada en las hileras, algunos en círculos pequeños y unos cuantos riéndose al vernos trabajando después de que el descanso comenzase, entonces, nos dejamos caer libremente en la tierra dándonos cuenta de que era hora del descanso.

Nos quedamos inmóviles junto a la fila de retoños de lechuga. ¿Quién hubiese creído que tenderse en la tierra sería tan maravilloso? Después de unos momentos me puse de rodillas.

—¡Joder, esto es difícil!— exclamó FJ—. ¿En qué diablos nos hemos metido?

—Esta es la última vez que escucho los consejos de alguien que pide aventón— respondí —. ¿Cómo crees que le fue a ese hombre por aquí?—le pregunté.

—¿Por qué crees que estaba saliendo de la ciudad?— me contestó FJ. Ambos nos reímos tanto que casi nos ahogamos. Puerto Rico vino para ver cómo nos iba.

—Es fantástico, estoy disfrutando cada minuto— dije.

—¿Cuándo empieza el trabajo de verdad?—preguntó FJ.

Puerto Rico se rió—. Siempre nos dan los campos más fáciles por las mañanas— dijo.

—Genial, dije risueño —¿pero cuándo va a dejar de doler?

—Cuando dejas de trabajar— dijo dándose la vuelta y dirigiéndose hacia su hilera.

Después del descanso continuamos tambaleándonos. Intentamos conversar mientras trabajábamos, pero el dolor era tal que era difícil hasta pensar. Cada pocos minutos nos enderezábamos para examinar dónde estábamos, pero seguíamos sin ver el final de la hilera. Poco antes del mediodía, llegamos al final de la hilera con mucha ayuda de la cuadrilla. El mayordomo había movido el autobús desde dónde llegamos al comienzo de las hileras, hasta el final y esperó a que todos hubieron terminado la primera pasada para anunciar el descanso del almuerzo. Algunos de la cuadrilla se sentaron con sus bolsas de mano en el suelo a la orilla del camino y empezaron a comer. FJ y yo nos abalanzamos de regreso al autobús donde habíamos dejado nuestros almuerzos. Mientras comíamos sentados, Domi, una mujer muy amable, quien creó andaba por los cuarenta, nos sirvió una taza de poliestireno con un líquido blanco y espeso.

—Tómense esto— dijo ella—, para tener energía.

La taza estaba tibia; el líquido espeso era pudín de arroz con canela. Era increíble. Cuando nos pusimos en pie para salir del autobús, se lo agradecí—, gracias, muchas gracias.

—Por nada, mijo— contestó ella, usando un término cariñoso cuyo significado yo aprendería posteriormente.

De alguna forma pasamos el resto del día, casi sin darnos cuenta del movimiento del sol a medida que cruzaba de una cordillera a la otra. El simple placer de tirar nuestros azadones en la parte trasera del autobús y desplomarnos en nuestros asientos para volver a casa fue indescriptible. Durante el viaje de regreso al corralón vimos los campos deslizarse y observamos los camiones que regresaban al pueblo con las cajas de lechuga apiladas. Nos subimos en mi coche, un Ford del 54 con volante pequeño y sin la ventana trasera y regresamos a Seaside. Cuando llegamos, caía la noche. Comimos y dormimos.

Nos volvimos a levantar a las cuatro de la mañana, preparamos unos emparedados y nos fuimos para Salinas. Era una mañana húmeda y los faros reflejaban las pequeñas gotas flotantes de bruma. FJ y yo comparamos nuestros dolores corporales y concluimos que nos dolía en partes que nunca antes habíamos sentido, en lugares que antes ni sabíamos que teníamos. Hay muchos dolores que uno experimenta en la vida y nos consolamos a nosotros mismos con la idea de que al menos nuestros dolores eran buenos, no el dolor de la enfermedad o la tristeza, sino el dolor que viene al hacer algo nuevo; el dolor del crecimiento, por decirlo de otra manera.

Llegamos al corralón y nuestros compañeros de la cuadrilla nos saludaron, algunos, sospeché, sorprendidos de vernos de nuevo. Felix parecía sorprendido y decepcionado.

No tardamos mucho en recibir nuestra primeras lecciones de español en los comentarios de trabajo; "¡mucho trabajo, poco dinero!" Una frase que más de uno de los miembros de la cuadrilla consideraban importante que aprendiéramos. También había chistes e insultos, usualmente dirigidos al mayordomo y a la compañía.

—El mayordomo es un cabrón— dijo Rubén, mientras él y su hermana Maggie se reían. Mientras nos instruía sobre esta importante frase, Rubén se mantuvo erguido y nosotros nos enderezamos para mirarle a los ojos, pues sería impropio para un alumno permanecer agachado durante la lección. Rubén era uno de los pocos hombres jóvenes de la cuadrilla y estaba deshijando mientras esperaba que su cuadrilla de cosecha empezase.

Como otros muchos, Rubén se sentía con más confianza y menos intimidado ese primer año después de la huelga debido al respaldo de la unión.

—Él es un pinche barbero—nos informó, refiriéndose nuevamente al mayordomo, lo que no tenía nada que ver con su capacidad de cortar cabello. Un barbero, como aprendimos, era un hombre (o mujer), un lame culos, alguien que conseguía favores de la compañía. A menudo, esta opinión era reservada para aquellos que trabajaban más rápido de lo razonable por el dinero que la empresa pagaba, o quién buscaba protección o favores de la compañía mientras que ridiculizaba los esfuerzos para unir a la cuadrilla.

El Cortito

Después de que lechuga, brócoli, coliflor, apio o remolacha son plantados, por lo general en largos y densos plantíos, deben ser deshijados para crear suficiente espacio entre las plantas para su crecimiento. Al mismo tiempo se eliminan las malas hierbas. Esta labor se hacía con un azadón conocido como el "*West Coast shorty*" (el pequeño de la costa oeste), por los trabajadores de habla inglesa y "el cortito", por todos los demás. Más adelante descubriría la larga e infame historia que el cortito tenía en los anales del trabajo agrícola. Cuántas espaldas había destruido es una incógnita, pero ¿quién había estado contando? Había sido popular en los campos por alrededor de cien años, desde cuando los chinos llegaron a los campos de California a trabajar en la remolacha azucarera; es decir, popular entre los rancheros. Existían crónicas de protestas y hasta paros laborales, que se remontaban al menos a la década de 1920, de trabajadores que estaban hastiados del azadón corto. El año anterior, la huelga en el Valle de Salinas había propuesto abolir su uso. César Chávez había declarado su eliminación como una de las metas de la unión. Pero los rancheros defendían su uso enérgicamente.

El cortito sólo puede ser usado inclinado y con una mano, lo que deja la otra mano libre para arrancar las malas hierbas o cualquiera de las "dobles", es decir, las plantas extra que el azadón no haya eliminado. Usado correctamente, el azadón requiere dos golpes para eliminar el exceso de plantas y dejar un espacio de un y medio a la anchura de la hoja del azadón entre las plantas que quedan. Convenientemente, cualquier mayordomo puede instantáneamente evaluar su cuadrilla de agachados y ver quién está trabajando y quién no. El contratista de trabajadores o el supervisor de la empresa, con muchas cuadrillas trabajando simultáneamente, puede asegurarse con un solo vistazo desde la carretera de la eficiencia del trabajo medida en cuerpos agachados. Trabajar curvado por horas seguidas causa dolores intensos y el único alivio era enderezarse. A menudo el único momento en que un trabajador podía enderezarse sin riesgo de una reprimenda, o algo peor, era al final de su hilera, cuando por unos preciosos momentos podía caminar "legítimamente" con su espalda erguida hasta que llegaba a la próxima hilera. Así que esa breve recompensa servía para inducir a trabajar más rápido para terminar la hilera; un eficiente instrumento de producción y un modo de control y sometimiento. El cortito era al trabajo agrícola capitalista, lo que el látigo a la esclavitud, al mismo tiempo un instrumento y un símbolo.

LA CUADRILLA

Deshijando, el dolor y la fatiga eran compañeros constantes. Sin embargo, tras el paso de los días y las semanas, su dominio sobre cada pensamiento y conversación se disipó, mitigándose en un persistente zumbido de fondo. A medida que mejoramos limpiando hierbas y espaciando plantas, ganamos espacio para conectar con la vida general de la cuadrilla. Nuestros esfuerzos iniciales en el uso del idioma de nuestros compañeros aportaron diversión y a veces risas histéricas de nuestros maestros por la torpe manera en que repetíamos las frases en español. Descubriendo que éramos como dos cotorras ansiosas aparentemente incapaces de sentir vergüenza, algunos de la cuadrilla, especialmente las muchachas, no pudieron contener sus burlas. Pusieron a prueba sus arsenales de juegos de palabras y trabalenguas a nuestra costa. Un día, mientras me encontraba agachado, golpeando con mi azadón entre las malezas y las plantas de lechuga, una joven campesina algunas hileras más allá, con su cara cubierta por un pañuelo como la mayoría de las mujeres para protegerse del sol, llamó mi atención y preguntó dulcemente "¿qué hora son, corazón?"; entre la risa de sus amigas. Evelia Hernandez, una chica tímida de diecisiete o dieciocho años que siempre trabajaba al lado de su mamá, me atacó durante un tiempo con una deslumbrante variedad de trabalenguas tan aparentemente complicados y recitados con tan rápida fluidez que me dejaba sin habla. Bueno, no del todo. Intenté repetirlos pero nunca fui mas allá de las primeras palabras, "el que poco coco compra, poco coco come. . ."

Con el paso de los días, empezamos a sentirnos más cómodos con la cuadrilla, alentados por la generosidad y la amistad que experimentábamos, sin mencionar la comida que nos ofrecían sin posibilidad de negarnos. Los estofados picantes, el pozole, los frijoles pintos con trozos de jamón, el arroz con verduras, los tacos de carne y salsa, todo ello mantenido caliente en los termos de boca ancha de los trabajadores, humillaron nuestros emparedados mustios preparados con ojos enrojecidos en nuestra sombría casucha en Seaside y nos motivaron a cambiar nuestros hábitos culinarios. Yo apreciaba especialmente el pudín de arroz que Domi continuaba ofreciéndome en aquellas ocasiones en que estábamos trabajando uno cerca del otro en el campo, cuando el mayordomo gritaba "¡quebrada!" o "¡lonche!". (Ambas palabras cobraron vida primero al norte de la frontera mexicana, ya que se basaban en una mezcla de inglés y español). Domi usualmente trabajaba junto a su hija adolescente, Carmen.

Habían venido juntas al norte desde Michoacan, el estado de origen de la mayoría de la cuadrilla. Domi no escondía el hecho de que estaba abierta a una perspectiva apropiada para Carmen. Creo que en un determinado momento, me incluyó en su lista de posibilidades cuando se enteró que yo era soltero y sin compromiso.

Poco a poco, ensamblando juntas varias combinaciones de español, inglés y gestos y con la ayuda del representante sindical, Puerto Rico, quien dominaba ambos idiomas fluentemente, pudimos aprender algo de la vida y de los sentimientos de nuestros compañeros de trabajo. Esta era una cuadrilla de personas que en aquellos años empezaron a llamarse a sí mismas "Chavistas". Ellos eran la espina dorsal de la unión. La mayoría eran mexicanos y un gran número llevaba varios años trabajando en los campos de vegetales. A lo largo de los años, los jornales bajos y el acoso descontrolado habían profundizado su desdén hacia los rancheros y todo el sistema de segregación racial que rodeaba la labor agrícola. Eso nutrió una rebelión que la huelga del 1970 apenas había comenzado a desencadenar.

Para algunos de los trabajadores, trabajar en Interharvest era en sí mismo una declaración, puesto que ellos habían escogido intencionalmente trabajar para la primera compañía que firmó con la unión. Algunos trabajadores empezaron con Interharvest después de la huelga, porque aparecían en listas negras por organizar actividades en otras empresas.

De todos los trabajadores a los que la lucha por la sindicalización afectó al final de los sesenta y principio de los setenta, fue entre esos trabajadores de las verduras donde se arraigaron las raíces más firmes y se desarrolló la base más fuerte. Esto se debía a la naturaleza del trabajo en sí mismo. Cosechar vegetales, a diferencia de uvas, donde United Farmworkers Organizing Committee (UFWOC) comenzó, se realiza durante todo el año y requiere una fuerza laboral estable. Los trabajadores de lechuga, brócoli, coliflor y apio, frecuentemente trabajaban año tras año en las mismas cuadrillas y desarrollaban la unidad y la confianza de la familiaridad. La estabilidad laboral era importante para disputar la clase de lucha prolongada que el movimiento de trabajadores agrícolas requeriría para mantener su ímpetu.

Hasta 1964, la mayoría del trabajo en los campos de lechuga era realizado por trabajadores contratados, los braceros. El sueldo de los braceros, el trabajo y las condiciones de vida, fueron establecidos por acuerdo mutuo entre los gobiernos de los Estados Unidos y México. Los braceros no eran más que sirvientes ligados por contrato, prohibidos de acciones como huelgas o protestas que influenciasen sus condiciones, bajo la amenaza de deportación inmediata.

Los braceros eran concentrados más en algunos cultivos que en otros. Por ejemplo, los braceros casi nunca eran utilizados en las uvas de mesa. En los cultivos de vegetales ellos eran concentrados en las cuadrillas donde podrían iniciarse la mayor cantidad de protestas efectivas, las cuadrillas de cosecha.

Cuando el Programa Bracero concluyó en 1964, los rancheros salieron en desbandada para reemplazar sus cuadrillas de braceros. Con la autoridad que les otorgó el servicio de inmigración, los rancheros convirtieron a muchos de sus braceros en portadores de tarjetas verdes a través de la emisión de cartas especiales. Los rancheros y el servicio de inmigración trabajaron juntos para mantener un suministro suficiente de trabajadores para trabajar en los cultivos y mantener los sueldos bajos. Las puertas de la frontera fueron abiertas para permitir el flujo de trabajadores hacia los campos. Los contratistas laborales, empleados por los rancheros para abastecer la mano de obra, competían entre sí para ofrecer las tareas en el campo al menor precio, añadiendo presión a la baja sobre los salarios.

Los abusos a los que los trabajadores agrícolas habían estado expuestos largamente, continuaron con las nuevas condiciones posteriores a los braceros. La indiferencia cruel con los trabajadores era la orden del día mientras contratistas, supervisores y mayordomos buscaban exprimir el producto al costo mínimo. Los trabajadores que no podían mantener el vertiginoso ritmo de trabajo, ya fuera por enfermedad, embarazo, o edad, eran expulsados. Los que permanecían eran tratados como bestias de carga, bajo la amenaza de no trabajar al día siguiente. Con frecuencia su sobrevivencia dependía de mantener buena relación con los mayordomos y los contratistas. Pero esa buena relación tenía un precio. Sin embargo, los favores tomaban formas diferentes, en ocasiones escuché de las mujeres de nuestra cuadrilla referencias a presiones para favores sexuales a cambio de "estabilidad laboral".

La huelga del 1970 tornó los resentimientos susurrados en gritos de desafío. Y aunque los trabajadores, tras años de intimidación, apenas empezaban a escapar de su timidez a raíz de la huelga, en general eran ahora los rancheros y sus capataces quienes empezaron a estar a la defensiva. Estos cambios no estaban limitados a las empresas sindicalizadas. Las empresas sin sindicato también sintieron la presión del movimiento. Aumentaron los sueldos y aliviaron las condiciones de trabajo para mantenerse a la par de los cambios forzados por la lucha sindical. Por primera vez algunos rancheros comenzaron a pagar beneficios. Se volvieron más susceptibles a las reclamaciones de los trabajadores. Esta era su muralla de seguridad para protegerse de la sindicalización.

FJ y yo habíamos llegado a los campos sin conocimiento o entendimiento de esa historia y también sin ningún sentido de intimidación. Nutrida en otras batallas, nuestra actitud desafiante, prosperó en esta atmósfera posterior a huelga en la que el desconcertado mayordomo podía hacer muy poco excepto guardar su resentimiento hacia nosotros para sí mismo y nuestros gestos y falta de respeto eran populares en la cuadrilla. Nuestra experiencia en los movimientos estudiantiles y los GI y el amplio panorama de rebeldía de la época, nos facilitaron el contexto para la lucha en los campos. El espíritu de rebeldía que encontramos allí, engrandeció nuestro sentido de rectitud de nuestras convicciones.

Aun así, como recién llegados, no podíamos en realidad apreciar el cambio que había ocurrido durante la huelga y su repercusión. Muchos de nosotros que alcanzamos la mayoría de edad durante el recrudecimiento de los sesenta, considerábamos el espíritu de rebeldía de esos tiempos algo natural y normal, en vez de considerarlo una anomalía excepcional. Como recién nacidos traídos a un mundo poblado de personas con una activa falta de respeto por la autoridad, en cierto modo creíamos que las cosas siempre habían sido de esa manera.

Al final de nuestro primer mes deshijando, FJ y yo le estábamos cogiendo el ritmo al trabajo y por lo general teníamos la fortaleza para completar nuestra propia tarea, e incluso, en ocasiones hasta echábamos una mano a algún otro miembro de la cuadrilla.

Un día llevé una edición en español de *Little Red Book* (pequeño libro rojo) de citas de Mao Tse-tung. Ese libro era popular entre los GI politizados con los que yo había trabajado en Fort Ord y empecé a enseñarlo a la cuadrilla. Incluso empecé a leer partes en voz alta en el autobús. Los trabajadores me escuchaban con cortesía, riéndose ocasionalmente cuando una frase como "el derrocamiento de los señores" era sustituida por "el derrocamiento de los mayordomos", o con alguna otra cita que probablemente causaba incomodidad al desafortunado mayordomo, quién era el más inmediato agente de la fuerza que los trabajadores consideraban que los continuaba oprimiendo.

Este era un período en que los movimientos por la independencia y la liberación nacional y las luchas anticoloniales, eran prominentes alrededor del mundo. Las ideas de Mao y el apoyo explícito hacia esos movimientos políticos en China eran bastante bien conocidos, así que el nombre de Mao fue relacionado con aspiraciones anticoloniales y revolucionarias. Cuando empecé a usar una insignia de Mao para trabajar, algunos de la cuadrilla me pidieron las suyas propias.

CLASE AL AIRE LIBRE

La cuadrilla de deshije se convirtió en una clase. Había lecciones de español mezcladas con discusiones que abarcaban temas desde la huelga y las condiciones en los campos hasta la guerra de Vietnam, los movimientos estudiantiles y los GI, la liberación de las mujeres, los Black Panthers, Cuba, China, y la revolución. El hecho de que la terminología política con la que estábamos familiarizados en inglés era similar en español, hizo que las discusiones políticas en español fueran posibles en un período más corto de tiempo que si hubiese sido otro idioma. A veces nos deteníamos a hablar en el campo, con los cortitos reposando sobre nuestros hombros, desafiando al mayordomo y entablábamos un nuevo debate o continuábamos uno iniciado durante la pausa. Esas conversaciones eran usualmente en español y mi comprensión de lo que la gente estaba diciendo era frecuentemente precaria. A veces daba mi opinión en mi muy pobre y esforzado español, solo para recibir una respuesta de la que apenas podía suponer el significado.

El deseo de discutir los acontecimientos mundiales era sostenido por la intensidad de la época, un profundo desdén por la "situación mundial" como nosotros la veíamos y un apasionado interés por cualquier acción que indicara resistencia al orden capitalista establecido, o que ofreciera un indicio de algo mejor. En estas conversaciones frecuentemente unilaterales yo me acostumbré a reaccionar a las respuestas midiendo mi tono y mis gestos, sonriendo y asintiendo "sí, está bien, está bien", si algo sonaba como un comentario que merecía una respuesta positiva, teniendo fe en que no había sido comparado cortésmente a la parte trasera de una vaca enferma.

No me sorprendería si mi deficiencia con el español me llevó a presumir que existía más acuerdo de lo que en realidad era el caso, así como había muchos matices perdidos en la confusión. Pero los desacuerdos no me desalentaban. Cuando surgían, yo seguía las discusiones políticas con entusiasmo. Recuerdo una que ocurrió al alcance del oído de gran parte de la cuadrilla durante una pausa de almuerzo. José, un Chicano mayor, que estaba en los campos después de años de trabajo con Gerber Foods en Oakland, expresó con vehemencia su menosprecio por los estudiantes activistas quienes, en su opinión, andaban corriendo como locos cuando debían estar ocupándose de sus estudios.

—Creo que estás hablando de mí— le dije riéndome.

José no se inmutó. Eran los comunistas rusos y cubanos, insistió, quienes estaban haciendo protestar a los estudiantes en México cuando debían quedarse estudiando.

—Bueno— le dije —, considerando toda la gente que viene para acá a trabajar porque no pueden sobrevivir en su propio país, es posible que los estudiantes mexicanos tengan una o dos buenas razones, ¿no crees?— ¿Preferiría él ver a los estudiantes en silencio frente a una guerra brutal desatada detrás de un velo de mentiras, como en Vietnam?

—¿Mentiras? Defender la democracia no es ninguna mentira— respondió José con convicción —. ¿Quieres que los comunistas de Vietnam del Norte tomen el control?.

—¿Tomar el control? ¿No es Vietnam su país, dividido por fuerzas de ocupación en contra de su voluntad?

Yo no iba a cambiar la opinión a José y él tampoco me iba a cambiar la mía. Discutíamos ocasionalmente en el autobús o durante los descansos. Eventualmente, sus ásperos comentarios sobre la unión y su tendencia a apoyar a la empresa lo hizo poco popular con una gran parte de la cuadrilla.

RICHARD

FJ estaba desijando cuando un trabajador alto y delgado, vestido con pantalones verdes y una camisa verde oscura con las mangas dobladas hasta los codos, se le acercó por detrás y le susurró en voz alta,

—Oye, ¿Cómo anda el clima, hombre?

Este era nuestro primer contacto directo con Richard, el fumador de pipa y lector de periódicos de la parte trasera del autobús. Lucía una pícara, animada y amplia sonrisa. La falta de varios dientes en la mandíbula superior le daba un insólito pero a la vez extraño aspecto juvenil y divertido. Su pregunta demostró su inteligencia política. Nos había descifrado, un par de jóvenes activistas "exiliados" en los campos. Su referencia al clima era un juego de palabras, una referencia a la organización "Weatherman" (literalmente meteorólogo), uno de los tantos grupos radicales que se unieron al movimiento estudiantil de entonces y que para 1970 había apostado clandestinamente por "hacer la guerra" al sistema. Él era mayor que FJ y yo, probablemente andaba al final de los treinta. Siempre llevaba una lima en su bolsillo trasero, la cual usaba para afilar su azadón, un hábito que adquirió en su trabajo regular cortando lechuga. Como otros hombres jóvenes y de edad media, Richard estaba en la cuadrilla de deshije hasta que su "cuadrilla de tierra", que cosechaba lechuga empezara, en este caso con Bruce Church, uno de los pilares de los rancheros del valle.

Richard, cuya tez oscura insinuaba algo de sangre hawaiana en su linaje, conocía bien la situación de las granjas y el trabajo agrícola. Originalmente él empezó en los campos varios años después de recibir su título de ingeniería en Berkeley. Empezó trabajando en una planta aeroespacial en el sur de California cuando algo, un episodio de depresión, una relación rota, una riña con una botella que no pudo soltar—él sólo hacía referencias superficiales—lo dejó bebiendo vino barato en los bancos de los parques y las calles del centro de la soleada ciudad de Los Ángeles. La trayectoria de su vida estaba en descenso, pero él daba tumbos de pueblo en pueblo. Un día de verano en Stockton, un contratista laboral le preguntó que si quería hacer dinero piscando tomates. Él necesitaba dinero así que se subió a la furgoneta del contratista. De los abrasadores campos de tomates fue hasta los más frescos y verdes campos de verduras en los valles costeros, donde trabajó con los jornaleros contratados que fueron primero introducidos para realizar una labor esencial para una nación en guerra en la década de 1940.

En su cuadrilla de tierra de lechuga, Richard era uno de los pocos trabajadores no braceros y llegó a ser uno de los cortadores y empacadores más rápidos de la zona. Su trabajo en los campos a lo largo de los años mantuvo su cuerpo fuerte y delgado, previniendo que su extraordinaria sed por cerveza lo matara. Durante los años en que lo conocí, vivía en Salinas con una mujer Okie a quien él llamaba, ya fuera en broma o cínicamente, dependiendo de su humor, *"la loca"*. Ella tenía una figura corpulenta y un temperamento fuerte y tenían una relación tempestuosa. Richard, normalmente bastante tímido, después de unas cuantas cervezas grandes (nunca compraba las normales de 12 onzas), se volvía más expansivo, jovial y cínico, incentivado a combates verbales con su compañera con quien frecuentemente intercambiaba golpes verbales, a veces juguetón, a veces no. La agresiva Loca le daba a Richard ojo por ojo y diente por diente, y hasta más. Y por ahí se iban. Discutían continuamente cuando bebían, que era una buena parte del tiempo.

Richard había desarrollado una visión fatalista de su propia vida y la proyectaba en la sociedad. Ambas eran insalvables. Para Richard, las personas eran básicamente egoístas y sólo se preocupaban de ellas mismas. Incluso cuando alguien actuaba de una manera que aparentaba ser altruista o valiente, Richard encontraba el motivo escondido que pudiese probar la verdadera bajeza de sus intenciones. Este era un concepto firmemente arraigado que probó ser resistente a nuestros argumentos sobre la posibilidad de cambiar radicalmente la sociedad. Aun así, él estaba dispuesto a participar en discusiones y debates (cuando estaba sobrio) y tenía un conocimiento razonable de historia y política. Había peleado por la unión en 1970, pero no veía ninguna gran salvación en ello. No obstante, a finales de los setenta y hasta los ochenta, se convirtió en un defensor activo del acuerdo sindical en Bruce Church cuando vio la estabilidad del trabajo cosechando lechuga siendo socavada y esperó que la unión mantuviera a raya lo que llegó a ser una rápida y decreciente espiral en las condiciones.

Raiteros

La cuadrilla de deshije y la empresa mantenían una batalla continua por las condiciones de trabajo. Los trabajadores insistían en imponer un ritmo más lento en la cuadrilla. "No sabía que estabas trabajando a destajo", era el comentario sarcástico frecuentemente dirigido a cualquiera que trabajara demasiado rápido. La huelga general llevó el sueldo de $1.85 la hora, que los rancheros fijaron en 1970 para intentar evitar la huelga, a $2.10 por hora. También trajo la existencia del salón de despachos, permitiendo un sistema de antigüedad más regular y aumentando la seguridad en el trabajo. Fue el primer paso hacia el seguro de salud y otros beneficios. Pero el más poderoso efecto de la huelga fue el cambio de actitud. "¡Nos pagan por hora, trabajaremos por hora!", era como lo ponía la gente recordando vívidamente las cuadrillas de trabajo por horas empujadas a una velocidad descabellada y la angustia de los trabajadores que habían luchado por continuar, sólo para escuchar con frialdad, "no te molestes en venir mañana".

Siempre hubo alguna forma de resistencia a la explotación en los campos, aunque casi siempre esporádica y ocasional. En este nuevo momento en que los trabajadores agrícolas estaban capacitados por primera vez para mostrar una fuerza organizada y sustentable, la batalla sobre la rapidez era, en efecto, una prueba de esa fuerza. Los rancheros habían tenido el camino libre en los campos y pelearon instintivamente para mantener ese control. Si la cuadrilla no podía evitar que la empresa subiera el ritmo, existía el peligro de volver a las condiciones anteriores a la huelga. Al mismo tiempo, los trabajadores estaban determinados a imponer nuevos estándares de trabajo, y sólo podrían hacerlo si la cuadrilla estaba unida en su oposición a la empresa. Nuestro mayordomo, Félix, había aprendido su trabajo antes de la era del sindicato. Desde la huelga, muchos de los mayordomos de antes, odiados por los trabajadores, se vieron forzados a irse u optar por cambiar a empresas sin sindicato. Pero Félix continuó. El trataba de mantener a la cuadrilla moviéndose rápido, pero no funcionaba con los trabajadores veteranos, especialmente las mujeres, como Domi, la mamá de Evelia, Maggie y otras que de inmediato reaccionaban, a menudo con comentarios mordaces, a los esfuerzos del mayordomo para retomar el control sobre la cuadrilla.

Un método que la empresa utilizaba para imponer un acelerado ritmo de trabajo era con el uso del llamado *raitero*. El raitero era un miembro de la cuadrilla asignado por el mayordomo para ayudar a aquellos que se quedaban atrás y ayudarles a mantener el ritmo. Cuando FJ y yo empezamos, el raitero nos ayudó a mantener el ritmo con el resto de la cuadrilla haciendo una parte del deshije en nuestras hileras, permitiéndonos avanzar hasta una distancia razonable de la cuadrilla. Para apresurar a la cuadrilla, el mayordomo asignaba al raitero para empujar a trabajadores que ya estaban manteniendo el ritmo, haciendo que los otros pensaran que estaban rezagados y aceleraran. Esto también podía ser una forma de favoritismo, ya que ser impulsado hacia adelante le permitía a uno el lujo de continuar a un ritmo menos agitado. Así pues esa maniobra podía provocar o intensificar las divisiones.

Frecuentemente los mayordomos utilizaban las diferencias entre la cuadrilla en su beneficio. Y los trabajadores tenían cuidado con tales manipulaciones. El trabajador al que ayudaban, salía de la hilera antes que el resto de la cuadrilla y podía optar por caminar a una nueva hilera y empezar a trabajar, ejerciendo así presión sobre los demás para apresurarse a alcanzarlo, hacer una visita a los inodoros portátiles, ajustarse la ropa, afilar su azadón, esperando a que los otros lo alcanzaran o también podía regresar a ayudar a otros a terminar sus hileras y de esta forma anular el efecto de la aceleración. En el primer caso, podía esperar otros favores del raitero y en el segundo, podía perder cualquier ayuda futura. Esto podría por lo tanto ser una prueba de su sentido de solidaridad.

A veces la cuadrilla enfurecida por las manipulaciones del

mayordomo, recurría al representante sindical para poner a la empresa en su lugar. En casos más extremos discutían medidas de defensa, incluyendo el último recurso en tales circunstancias, el paro, o *la tortuga*, es decir trabajar lento. Este fenómeno no se limitaba a nuestra cuadrilla de deshije. En todos los campos de Interharvest ese verano las batallas se propagaron por los nuevos términos establecidos por la huelga. La lucha en Interharvest era considerada por las partes y por todos los trabajadores agrícolas del valle, como una prueba de la fuerza del recién nacido movimiento.

INTERHARVEST

United Fruit (posteriormente United Brands), la empresa matriz de Interharvest, creció rica y ponderosa con sus vastas plantaciones de banana en América Central y América del Sur y con su monopolio de transporte ferroviario y marítimo. Cuando la compañía se instaló en los campos de verduras de California, al final de los sesenta, al instante se convirtió en la mayor operación en los valles de Salinas e Imperial, con un 20% de la lechuga y un 50% del apio.[2] Poco después de que Interharvest apareciera, Freshpict, una subsidiaria de la corporación Purex, arrendó 42,000 acres del valle de Salinas para la producción de vegetales. A los productores locales ya establecidos, les pareció que los monopolios habían llegado para devorar la industria.

Cuando la huelga del 1970 golpeó el valle, Interharvest fue la primera empresa a firmar con el UFWOC. Hubo una serie de factores que empujaron a Interharvest a firmar. United Fruit era conocida entre la creciente población políticamente consciente, por la cruel explotación de los trabajadores de la banana en América Central y por su devastadora intromisión en los asuntos internos de los países centroamericanos. Sus bananas eran vendidas bajo la reconocida marca Chiquita, haciéndola vulnerable a un boicot. United Fruit (United Brands como fue conocida después del 1970) también controlaba compañías como Baskin Robbins y A & W Root Beer, cuyas marcas podían muy bien verse afectadas por las asociaciones que un boicot activo revelaría.

Interharvest, que en 1970 representaba el 20% de la producción de vegetales verdes del valle, tenía todas las razones del mundo para creer que su tamaño le daría una ventaja sobre la competencia. La empresa tenía planes sobre la mesa para reorganizar la industria de lechuga utilizando su capital muscular. Pero necesitaba paz laboral para permitir que su maquinaria funcionara sin contratiempos. Como gran corporación administrada desde su sede en Boston, sus gerentes no estaban absorbidos por el sentimentalismo o las "tradiciones" de los rancheros locales, acostumbrados a tener las cosas como querían cuando se refería a tratar con "sus" trabajadores.

El año antes de la huelga de Salinas, un inversionista llamado Eli Black compró suficientes acciones de United Fruit para obtener la participación mayoritaria de la empresa. Black, un rabino convertido en especulador, se consideraba a sí mismo como un liberal y humanitario director ejecutivo. Creía que podía tener éxito si cambiaba la detestable imagen de United Fruit. Eli Black trabó amistad con César Chávez e incluso le invitó a su templo durante la Pascua Judía para leer pasajes en un servicio religioso, comentando después a un colega que aquellas eran sus "relaciones públicas". El deseo de Black de adornar la imagen de United Brand, no puede ser descartado como un factor para que Interharvest desease firmar un contrato con el UFWOC.

Entonces los poderosos rancheros de la lechuga vieron a la unión ganar apoyo en su entorno, negociando condiciones para los trabajadores que nunca antes habían tenido voz en tales asuntos. Interharvest se convirtió en un baluarte de la unión. Una lucha compleja y prolongada comenzó.

ESCARAMUZAS

Una tarde, un Ford Galaxy blanco, con su antena de onda corta agitándose en el viento y el polvo, se acercó al campo en el que nuestra cuadrilla estaba deshijando lechuga. El supervisor de la empresa, un hombre al final de los cincuenta, de cabello blanco y escaso y con el rostro permanentemente sonrosado, caminó enérgicamente por las hileras de lechuga deshijada hasta donde Félix estaba parado, justo detrás de la cuadrilla. Después de unos minutos se acercó adonde FJ y yo estábamos trabajando y se quedó mirándonos algún tiempo. Entonces Félix vino y nos dijo, "tengan cuidado y hagan el trabajo bien". Le dimos las gracias por su consejo y nos enderezamos para hablarle, pensando que no era propio estar agachado para trabajar en frente de un supervisor. El supervisor se acercó, su cara sonrosada se tornó incluso más roja conforme señalaba un lugar en mi hilera con dos plantas pequeñas de lechuga que permanecían donde sólo debía haber una. Para entonces, la cuadrilla completa se había erguido para ver lo que pasaba. El supervisor le dijo a Puerto Rico que era responsabilidad del sindicato asegurarse de que el trabajo se hiciera bien. Puerto Rico asintió con la cabeza y el supervisor se retiró del campo después de amenazar con despedir a gente que se "negaba a hacer un buen trabajo". Aunque el jefe había dirigido sus comentarios a FJ y a mí, la cuadrilla entera lo tomó como un ataque en su contra.

En los días anteriores, Félix había estado más exigente que nunca, inspeccionando de cerca e incitándonos para trabajar más rápido. Ahora la cuadrilla se sentía incluso más molesta y algunas personas propusieron que dejáramos de trabajar en ese instante. FJ y yo no queríamos estar en el centro de un paro, así que nos alineamos con los miembros de la cuadrilla que querían esperar hasta después del trabajo para reportar el incidente al sindicato. Y eso fue lo que hicimos.

Esa tarde la cuadrilla se presentó en el salón del sindicato en la calle Wood para debatir la situación. La nuestra no era la única cuadrilla allí. Las esfuerzos de la empresa para afirmar su control habían provocado conflictos en cuadrillas por todo el valle. El gran salón estaba bullicioso de actividad con trabajadores y cuadrillas que llegaban después del trabajo, comprobando las normas de la unión, reportando conflictos, discutiendo, debatiendo y argumentando.

Fue un verano de continua agitación en los campos, con escaramuzas frecuentes en una u otra cuadrilla. En una ocasión, varios cientos de trabajadores de las cuadrillas de tierra que recogían lechuga dejaron el trabajo y marcharon directamente a las oficinas de la empresa con sus quejas, causando pánico entre los administradores de la empresa y llamadas telefónicas a los funcionarios de la unión, solicitando su ayuda para calmar a los trabajadores enojados. En aquellos días, la empresa podía esperar poca simpatía por parte de los oficiales del sindicato local, quienes generalmente apoyaban la postura activista tomada por los trabajadores. Los rancheros del valle señalaron con alarma estas acciones y endurecieron su oposición contra lo que ellos despectivamente llamaron el "movimiento social" en los campos.

A nivel político, los rancheros realizaban esfuerzos para enfrentarse a estos cambios. En Sacramento, ese verano de 1971, legisladores a favor de los rancheros dieron empuje a medidas para declarar ilegales las huelgas en época de cosecha. En respuesta, la unión movilizó a los trabajadores agrícolas para un mitin en la capital del estado. Aproximadamente 2000 trabajadores de las cuadrillas de las empresas de la unión, dejaron el trabajo para protestar por la ley propuesta. Algunos éramos de nuestra cuadrilla de deshije. Cuando regresamos, encontramos que la empresa había contratado a trabajadores de la calle en clara violación del contrato. La compañía argumentó que el contrato le permitía contratar a trabajadores cuando la unión no era capaz de cumplir sus necesidades, lo que ellos reivindicaron que era el caso el día del éxodo a Sacramento. La unión demandó que los jornaleros contratados en la calle fueran despedidos. La mayoría se fueron, pero tres permanecieron en nuestra cuadrilla y la empresa se negó a despedirlos. Finalmente recibieron despachos para "legalizar" su condición en la cuadrilla.

La empresa repartió cartas a los trabajadores que tomaron el día libre para manifestar, advirtiéndoles que serían despedidos si se iban del trabajo sin autorización. En medio de esta controversia, un representante sindical de una cuadrilla de cosecha fue despedido y su cuadrilla, que trabajaba por contrato, empezó una prolongada tortuga como protesta, esencialmente frenando la producción.

Para contribuir a la confusión del momento, la oficina local de la unión, en un prodigioso acto de mala sincronización, envió cartas a los miembros del UFWOC advirtiéndoles de acciones punitivas a los trabajadores atrasados en sus aportes sindicales, provocando furia y desacuerdo en el preciso momento en que la tensión con la empresa subía.

Estábamos sentados en el salón del sindicato, hablando, bromeando y esperando a que el encargado de la oficina local nos hablara. Finalmente apareció un hombre menudo con un fino bigote llamado Juan Huerta, quien solo hacía poco tiempo había sido supervisor de un ranchero en King City. Huerta trabajaba para los rancheros pero desarrolló un agudo odio hacia ese sistema paternalista y explotador, cuya mano opresora alcanzaba todos los aspectos de la vida de los trabajadores agrícolas. Como a muchas personas en todo del valle, la huelga general transformó los sentimientos de Huerta en determinación para actuar. Mientras la unión apresuradamente establecía nuevas oficinas a raíz de la huelga, Huerta se presentó para administrar la oficina local del UFWOC de Salinas, y después la oficina de King City.

Ese día, mientras nuestra cuadrilla esperaba sentada para verle, Huerta parecía preocupado y cansado. Había estado asediado por una continua erupción de actividad en los campos, la empresa le estaba presionando por un lado para calmar la situación y por otro los trabajadores buscaban su consejo y apoyo para conducir la lucha. Parecía evidente que la fuerza demostrada por los trabajadores era una poderosa influencia en la situación, tanto así que los cínicos sentían esperanza y aquellos que se habían convencido a sí mismos de que los trabajadores agrícolas estaban demasiado débiles e intimidados como para triunfar alguna vez, ahora sentían la droga del activismo corriendo por sus venas. En la memoria colectiva, nunca antes la arrogancia de los productores había recibido un revés similar. Los funcionarios más pragmáticos del UFWOC, en aquellos excitantes días consideraron la necesidad de consolidar las reformas que estaban siendo arrebatadas a los rancheros, para servir como base para ganarse a los trabajadores en otras empresas, difundir la unión y hasta más. La gente había comenzado a creer que formaban parte de una transformación, una causa mayor. Habían empezado a creer en sí mismos y en la causa, incluyendo los Juan Huertas entre ellos.

Huerta escuchó nuestras preocupaciones y nos aseguró que la unión apoyaba nuestros esfuerzos de resistir las presiones de la empresa. Pero también nos aconsejó contra acciones que endurecieran la oposición a la unión. Tenemos grandes batallas que disputar, dijo. Apenas acabamos de empezar.

VICENTE

Vicente era el trabajador más antiguo en la cuadrilla de deshije. Había estado en los campos desde los días en que los trabajadores mexicanos se convirtieron en la mayor fuerza allá. Era a Vicente a quien con frecuencia asignaban de raitero de la cuadrilla. Esto le daba la oportunidad de erguirse y estirarse mientras se movía de una hilera a otra. Yo había tenido poco contacto con Vicente hasta una tarde cuando ambos terminamos nuestras hileras casi al mismo tiempo y él entabló una conversación.

Vicente también era el afilador no oficial de la cuadrilla. Él agarró mi cortito cuando íbamos a entrar a otra hilera y sacando una lima de su bolsillo trasero empezó a trabajar en el filo. Con una rodilla apoyada en la tierra, se agachó sobre el azadón.

—Me gusta tener mi azadón afilado, así no tengo que darle a la tierra tan duro. No me importa golpear a la tierra, pero no quiero que ella me dé a mí—dijo riéndose. —Tú sabes que esta empresa Interharvest, es parte de algo mayor, tienen tierras por todo el mundo, hasta en mi país, Filipinas. Así es como se hicieron grandes y ricos, con la banana y la piña. Y también la empresa Dole—un nombre que yo había oído en relación a la lechuga en Salinas—.En Filipinas estas compañías controlan millones de acres de piña. No somos un país independiente; tenemos a esa gente controlándonos, United Fruit, Dole y otras compañías. Ellos son imperialistas, eso quiere decir que ellos controlan otros países.

Su uso franco de la palabra *imperialista* me chocó, porque a pesar del hecho de que aquel era un período de una intensa polémica frente a la guerra de Vietnam, imperialismo era una palabra controvertida. Yo había conocido personas activas en movimientos políticos de la época, quienes objetaban firmemente el uso del término imperialismo en conexión con los Estados Unidos, como si el país, con toda su "democracia", nunca pudiese ser tal cosa. Pero para Vicente el carácter de Estados Unidos estaba particularmente claro. Había invadido Filipinas en 1898 y bajo el pretexto de liberar las islas del colonialismo español se convirtió en su nuevo señor colonial, masacrando a decenas de miles de filipinos en el proceso. Después de eso,

Filipinas se abrió a la explotación por parte de corporaciones estadounidenses y la mayoría de sus tierras fueron devoradas por agroindustrias como Dole, Standard Fruit y United Fruit.

Me sentí honrado de que Vicente empezase a hablar conmigo sobre sus puntos de vista y su vida y lo tomé como una señal de que me consideraba su igual, no sólo un joven y estúpido forastero. En otras ocasiones Vicente me platicó sobre sus experiencias cuando era un joven inmigrante en los años treinta y sus años de labor y lucha en los campos.

—Nunca antes he visto a un sindicato llegar tan lejos— me aseguró mientras nos movíamos en nuestras hileras con nuestras espaldas dobladas—. Cuando intentábamos organizarnos, los rancheros eran capaces de derribarnos.

Vicente empezó a trabajar en la época en que los filipinos cosechaban la mayor parte de la lechuga. La lechuga era cortada en el campo y enviada al cobertizo para enfriarla y empacarla en cajas de madera, antes de llevarlas al mercado. Ni los trabajadores del cobertizo, quienes eran mayormente Okies, ni los cosechadores filipinos estaban sindicalizados. Pero los trabajadores del cobertizo ganaban aproximadamente el doble de lo que las cuadrillas de cosecha ganaban.

La Depresión les había dado un motivo a los rancheros transportistas para derribar aún más los sueldos. En 1934, los trabajadores de los cobertizos de Salinas lucharon para volver a ganar lo que habían perdido y para mejorar las condiciones y demandaron el reconocimiento del sindicato. En los años anteriores vieron los salarios de los campos ser reducidos aún más radicalmente, ¡de cuarenta a quince centavos por hora! Enfurecidos por esta rebaja tan radical, los filipinos también hicieron huelga. Demandaban veinte centavos por hora, aún bien abajo de los treinta centavos pagados a los trabajadores anglos en los cobertizos. Los trabajadores de lechuga filipinos también demandaron que su asociación de trabajadores agrícolas fuera reconocida. Lucharon con tenacidad pero no lograron obtener sus demandas. Los productores usaron medidas violentas para suprimir la huelga y Vicente se encontró en medio de todo eso.

Las vivas historias de Vicente despertaron mi curiosidad. Pero no fue hasta un tiempo después que aprendí, de un trabajador veterano de los cobertizos del sindicato de los empacadores de vegetales y algunas investigaciones en los periódicos locales, más detalles de la amarga historia de los trabajadores filipinos y Okies de los cobertizos en las huelgas de Salinas durante los años 1930. Los trabajadores de los cobertizos y los de los campos estaban en huelga en 1934 y los rancheros se sentían amenazados y vulnerables. No solamente la huelga creó presión para aumentar los jornales, sino que la antigua división entre trabajadores estaba siendo rota por promesas de apoyo mutuo entre los representantes de los trabajadores del cobertizo y los del campo. Enfrentados con una huelga durante dos puntos críticos de producción, los rancheros transportistas anunciaron su disposición a un acuerdo con los trabajadores de los cobertizos. Les ofrecieron un aumento y reconocimiento de su sindicato. Los trabajadores de los cobertizos aceptaron el acuerdo y regresaron a trabajar bajo contrato con el recién reconocido Fruit and Vegetable Packers Union (Sindicato de Empacadores de Frutas y Vegetales). Los trabajadores filipinos de los campos fueron abandonados a su propia suerte.

Con los filipinos así aislados, los rancheros fueron atrás de sus líderes. Enviaron pistoleros a los campos filipinos para intimidarlos y agredirlos. Vigilantes prendieron fuego a un campamento filipino en Chualar. Su organización fue desecha. Muchos trabajadores de la lechuga que eran activistas fueron expulsados de la zona y los filipinos fueron forzados a regresar a trabajar sin reconocimiento.[3]

Dos años después, en 1936, los rancheros, ahora más unidos y con su propia asociación, fueron atrás de los trabajadores de los cobertizos. Cuando el contrato para los cobertizos expiró, los rancheros transportistas bloquearon a los trabajadores fuera de sus lugares de trabajo. Contrataron a un oficial retirado de la guardia nacional, el coronel Sanborn, cuyo nombre ahora honra una de las calles principales de Salinas, para organizar una fuerza de vigilantes y aplastar la resistencia. El coronel Sanborn y el sherife Abbott de Salinas (otro inmortalizado en una calle del pueblo) levantaron un "ejército" de 2000 vigilantes. La fuerza del coronel Sanborn atacó a los huelguistas de los cobertizos con bates y pistolas, despedazando sus líneas de piquetes y reuniones.

Un día durante la huelga, estalló una batalla campal entre los huelguistas y las fuerzas de Sanborn después de que los trabajadores en huelga atacaron y vertieron una carga de lechuga esquirol de un camión manejado con descaro por centro de Salinas. El incidente atrajo la atención más allá del valle.

Los cobertizos de empaque obstruidos por barricadas ensartadas de alambre de púas y guardados por hombres armados, en algunos casos con metralletas, llegaron a simbolizar el conflicto. Fueron reclutados rompehuelgas de todo el estado. Para excitar a los locales y justificar medidas extremas contra la huelga, el periódico local y algunos de los políticos locales motivaron una especie de histeria de guerra, con la declaración de que Salinas estaba siendo asediada por radicales. Dijeron que se necesitaban medidas extremas frente a la inminente invasión, procedente de San Francisco. En 1934, una amarga batalla de huelga de los estibadores del muelle se extendió a una huelga general que paralizó San Francisco. Acciones laborales como esa, le dieron a la ciudad una reputación entre los californianos rurales como bastión de insurgentes izquierdistas. Cuando fueron detectadas banderas rojas cerca de los campos de lechuga que bordeaban la Autopista 101, los rumores se propagaron por el área en que las banderas marcaban el punto de encuentro de una marcha de comunistas de San Francisco, que intentaban derrocar al gobierno local de Salinas. Las medidas de emergencia propuestas para proteger la ciudad de las hordas bolcheviques, contribuyeron al clima de temor.[4]

Los productores lograron aplastar la huelga de los cobertizos y los trabajadores fueron obligados a regresar a su trabajo bajo condiciones humillantes. Las llamadas al sindicato de los empacadores pidiendo apoyo a los trabajadores del campo filipinos, fueron generalmente ignoradas, igual que habían sido abandonados dos años atrás.

Cuando era joven, Vicente había sido estimulado a venir a los Estados Unidos por campañas de contratación que buscaban trabajadores jóvenes y vigorosos para la economía de California. Al mismo tiempo, otras leyes contra de mestizaje prohibían que los hombres Filipinos tuvieran relaciones con mujeres blancas. Estas leyes descendían directamente de las leyes del sur contra el mestizaje después de la esclavitud, que intentaban evitar que los negros tuvieran ningún tipo de lazo familiar con los blancos. Esta ley sureña fue adoptada en California y aplicada a las diferentes mezclas raciales del estado. Era un racismo que deseaba una fuerza laboral mal pagada, aislada, migratoria, e incapaz de establecerse para criar familias y formar comunidades. En ese sentido, los trabajadores agrícolas filipinos fueron, por un tiempo, una fuerza laboral ideal. Pero las huelgas y la organización de los filipinos en la lechuga y otras cosechas, también atrajeron antipatía en su contra e impulsaron a los rancheros a buscar en otros lugares una fuente de trabajo "ideal".

INSTALÁNDONOS EN SALINAS

Durante nuestros primeros meses en los campos, FJ y yo vivíamos en una cabaña improvisada en medio de un gran terreno en Seaside invadido por maleza alta. FJ tomó la cabaña cuando su ocupante anterior Kai (Steve Coyle), marine veterano de Vietnam y sobreviviente de una de las batallas más sangrientas y extendidas de esa guerra inmensamente brutal, Khe Sanh, se mudó. Kai había sido uno de los activistas claves en el café GI. Era una persona de gran delicadeza y creatividad, quien encontró en su activismo contra la guerra un respiro del tormento de sus horrorosos recuerdos de la guerra.

En aquella pequeña cabaña, FJ y yo hablábamos de nuestro trabajo en los campos y soñábamos con batallas presentes y futuras. Una noche, por casualidad, ambos soñamos con una gran revuelta. En mi sueño cientos de trabajadores agrícolas avanzaban hacia adelante, bajándose de autobuses, con puños y banderas al aire, irrumpiendo en alguna batalla mientras yo me movía en la multitud entre ellos. FJ también soñó con una ofensiva, pero en su sueño él era el líder de la acción. Después que nos contamos los sueños, fue FJ quien remarcó el contraste que él interpretó como lo colectivo frente a lo individual.

No sé cuánto tiempo hubiera continuado viviendo en Seaside y viajando a trabajar a Salinas, si un día FJ no hubiera decidido que nos teníamos que mudar. FJ quería un sitio donde él pudiera vivir con su novia, Julie Miller. Antes de que el verano oficialmente llegara, sustituimos la cabaña de una habitación por una casa de tres habitaciones en un suburbio de clase media de Salinas, cerca de la calle North Main. Nuestro

nuevo vecindario en Salinas estaba en lo que era entonces el
final del pueblo, colindante con campos que se extendían como
retazos ondulando levemente con elegancia hacia las montañas
Gabilan. Vivíamos allí cuatro personas: FJ, Julie, Aggie Rose, un
amigo de Julie y yo. Aggie vino a Salinas después de la huelga
de 1970 para involucrarse con el movimiento de los trabajadores
agrícolas. Venía de una familia portuguesa y creció en el Valle
Central, donde trabajadores portugueses de las Azores formaban
una gran parte de la fuerza laboral en los viñedos. Aggie hablaba
portugués con fluidez y también español. En Salinas encontró
un trabajo en una agencia de bienestar social que asistía a los
trabajadores agrícolas y usó la oportunidad para organizar
reuniones en las que mostraba películas como *Salt of the Earth*
(La Sal de la Tierra).

Aggie era independiente en su manera de pensar y odiaba
la idea de estar subordinada a un hombre, una expectativa,
según ella, inevitable en cualquier relación. Al mismo tiempo
se sentía dividida entre la culpa y una fuerte presión social para
que se asentara con alguien, se casara y tuviera una familia. Esta
ambivalencia la desgarraba y la llevaba a períodos de depresión.
Aunque sólo tenía veinticinco años en aquel entonces, insistía
en que había "perdido su tren" y que estaba condenada a
quedarse "solterona". Irónicamente, siempre tenía múltiples
proposiciones. Parecía que cada vez que alguien hacía avances
en su dirección, ella se ponía nerviosa y ansiosa. Una vez me
confesó que sólo se sentía cómoda alrededor de hombres que
ya estaban comprometidos en una relación. El hecho de que yo
fuese un hombre soltero en la misma casa añadía considerable
estrés a nuestra situación y de hecho llevó a que yo me mudara
el invierno siguiente.

En nuestra casa, las diferencias políticas también
contribuían a las presiones. Como la mayoría de la juventud de
la época, compartíamos un ávido interés por la política y una
aversión al orden político dominante, la guerra, el racismo y
la explotación en que el sistema estaba basado. Cada vez que
nos aventurábamos más allá del territorio común y pisábamos
el terreno de las soluciones, surgían diferencias tajantes. Yo
había perdido la fe en que el sistema hiciese otra cosa que crear
injusticia, desigualdad, guerra y otros desastres. No veía esta

injusticia como un defecto de un sistema imperfecto, sino como parte fundamental del orden económico y político. Aggie creía en la reforma y en un cambio desde dentro, y rechazaba ideas revolucionarias como ideologías impuestas desde "fuera".

No muchos meses después de formado nuestro hogar en Salinas, Aggie empezó a trabajar directamente con la unión de los trabajadores agrícolas. La asignaron a Livingston, un pueblo pequeño en San Joaquín Valley, no lejos de donde ella creció, donde dirigió un sindicato local para trabajadores de los viñedos de Gallo, aplicando su incansable energía a esa desafiante labor. Cada una de las reuniones de los trabajadores de Gallo tenía que ser conducida en tres idiomas para acomodar a los trabajadores portugueses, mexicanos y anglos bajo contrato con el UFWOC, un contrato ganado después del boicot de la uva en 1970. Ella así pues se aplicó a hacer aquellos cambios que consideraba podían ser realizados desde dentro.

Representante de la cuadrilla

Cuando Puerto Rico dejó de deshijar y se fue a trabajar a una cuadrilla de cosecha, necesitábamos a un nuevo representante. Muchos en la cuadrilla decidieron que FJ o yo deberíamos tomar el puesto, argumentando que como hablábamos inglés y "entendíamos las leyes", podríamos manejar mejor los asuntos con la empresa. Nosotros nos opusimos, razonando que la cuadrilla debería estar representada por alguien con más experiencia en los campos y más familiaridad con la mayoría de la gente. Pero cuando otros posibles candidatos para la tarea ofrecieron una u otra razón por la que no podían aceptarlo, cedimos. Como FJ tenía planes de irse del deshije para cosechar apio, un trabajo más duro pero con mejor paga, el trabajo cayó sobre mí. Yo era el representante de la cuadrilla cuando la unión llamó para la movilización a Sacramento.

Como representante sindical, yo sentí la responsabilidad de oponerme a los esfuerzos de la empresa para destruir el contrato, cuando vieron interés en hacerlo. Esto me puso en conflicto con Félix y los supervisores de la empresa.

El contrato con Interharvest especificaba que las cuadrillas debían tener agua disponible en todo momento, incluyendo agua fría en los días de calor. El clima en el área de Salinas, incluso en mitad del verano, es por lo general moderado. Son estos veranos frescos con el aire húmedo del océano, lo que crea el clima ideal para los vegetales verdes como la lechuga. Pero hay períodos de calor. Durante uno de ellos, el calor era sofocante en los campos y los trabajadores querían agua fría. La cuestión del agua fría puede parecer trivial, pero aunque suene increíble, la falta de agua para tomar en los campos e incluso la falta de retretes habían sido mucho tiempo causas de disputa entre los trabajadores y las empresas. Y continuó siendo así aún después de que las leyes a nivel estatal, ordenaran cosas como inodoros portátiles en los campos.

Durante este particular período de calor, habíamos estado bebiendo agua caliente por varios días. Cuando el jefe de los campos llegó en su Galaxy blanco y se paró al lado del autobús a hablar con el mayordomo, yo fui a decirle que no estábamos contentos con el agua caliente. Su cara sonrosada se puso roja.

—No he oído quejarse a nadie excepto tú— dijo.

—Quejarse no es su trabajo—dije —. Es mi tarea ya que soy el representante de esta cuadrilla.

—Si quieren hielo que lo traigan ellos—respondió, y me dio la espalda caminando de regreso al autobús dónde Félix lo esperaba.

Lo seguí hasta la puerta del bus. —Ustedes siempre dicen que tenemos que observar las reglas del trabajo y seguir el contrato, ¿pero y ustedes? ¡El contrato establece agua fría en días de calor! Yo me estaba acalorando más que la temperatura ambiental.

Él estaba bastante lívido también y dijo —, ¡oh, al infierno el contrato!

Aparentemente desinteresado en seguir la discusión, entró al autobús con el mayordomo y dio un portazo, mientras yo me quedé afuera gritando y maldiciendo, listo para pelear. Después la empresa trató de hacer un problema de ello y amenazaron con despedirme, pero sus esfuerzos nunca llegaron a nada. Por su parte, el jefe del campo negó haber dicho que los trabajadores trajeran su propio hielo o censurado el contrato, pero la empresa terminó relevándolo de su cargo en las cuadrillas de deshije, en parte por esos comentarios.

Enfrentamiento con la empresa — Chávez llega a la ciudad

Los conflictos en los campos provocaron que la empresa exigiera al sindicato imponer disciplina. Se quejaron de que la producción y la calidad estaban siendo afectadas por las interrupciones en la cuadrilla y que esto les estaba haciendo daño en el mercado competitivo. Era pleno verano cuando la oficina local de la UFW en Salinas convocó una reunión para discutir las alegaciones de la empresa. El sindicato accedió a reunirse con la empresa, pero insistió en que los representantes estuvieran allí. Por eso era la reunión para prepararnos.

Los representantes expresaron sus opiniones sobre varios asuntos. Ellos denunciaron lo que consideraban coacciones por parte de la empresa sobre asuntos relacionados a la calidad del trabajo, el despido de representantes como el que había ocurrido en una cuadrilla de cosecha después del viaje a Sacramento, la contratación en la calle en violación del contrato, la falta de respeto consentida a los representantes del sindicato y los funcionarios de la empresa y una letanía de otras quejas.

La reunión con la empresa estaba pautada para un día laborable. Como la empresa convocó la reunión, todos los representantes recibieron un día libre con pago. La sesión se llevó a cabo en el salón de conferencias de un hotel justo al norte del centro de Salinas. En un lado del salón, detrás de mesas largas, había una fila de hombres acicalados de mediana edad, mayormente blancos y también algunos mejicanos. Entre ellos estaba sentado un hombre canoso y bien vestido llamado Lauer, vicepresidente de relaciones laborales de United Fruit, de Boston. Al otro lado del salón y detrás de otras mesas largas, había trabajadores agrícolas de diferentes edades, muchos de ellos con gorras de béisbol y sombreros.

Yo estaba allí ese día y recuerdo cuando César Chávez entró acompañado por algunos oficiales y voluntarios de la unión, incluyendo Juan Huerta y Roberto García, a quien conocía del salón de la unión y era coordinador de la unión para los *"lechugueros"* de Interharvest. César Chávez era más bajo que el resto, ciertamente una de las personas más pequeñas en la sala.

Tenía un cabello negro abundante peinado hacia atrás. A pesar de su baja estatura tenía presencia, imponía respeto y rebosaba confianza. Yo estaba en pie hablando con otros representantes, cuando él entró al salón y uno de ellos me llevó hasta donde Chávez y me presentó. Yo estaba nervioso y no tuve mucho que decir excepto, "gusto en conocerlo". La pequeñez de sus manos me sorprendió.

Poco después todos nos sentamos y Chávez inició la reunión saludando a los representantes de la empresa y también a los trabajadores y agradeciéndoles su participación. Entonces se refirió al comunicado que había recibido, en el que la empresa alegaba diferentes problemas y solicitaba una reunión. Detalló algunos de las acusaciones que la empresa había hecho referentes a la mala calidad del trabajo, insubordinación, violaciones de contrato etcétera. Chávez también relató cómo él había solicitado a los representantes de la unión que estuvieran presentes y escucharan las denuncias que estaban siendo presentadas por la empresa y tuvieran la oportunidad de responder. Entonces el señor Lauer empezó a hablar. Sólo había dicho algunas palabras cuando uno de los representantes de las cuadrillas de tierra se levantó y dando varios pasos hacia la mesa de la empresa dijo—Cal Watkins es un perro racista. Si sus palabras no eran suficientes, apuntó con su dedo a un hombre alto, quien era el jefe de personal de la compañía en Salinas. Un hombre de la empresa, quien inicialmente aparentaba dispuesto a traducir sus comentarios a sus colegas, se sentó de nuevo aturdido. Otro trabajador surgió para hacer una declaración en relación al trato por parte de un mayordomo que consideraba inaceptable. Entonces tradujo sus propias palabras brevemente, en un inglés emocionado pero firme. Después una mujer de una de las máquinas de lechuga habló sobre un incidente en su cuadrilla. Ella apenas había terminado, cuando otra persona empezó a hablar sin preocuparse por traducir y entonces esa persona fue interrumpida por otro trabajador y otros hicieron lo mismo, hasta que una multitud de trabajadores estaba de pie, ya fuese hablando o levantando sus manos para hablar.

Se estaban aproximando a la mesa de la compañía, cuando Chávez levantó su mano y pidió silencio.

—Gracias, compañeros y compañeras—. Se volteó hacia

los hombres de la empresa.— Creo que podemos ver que los trabajadores también tienen quejas para debatir.

Eso fue teatro de verdad.

Esto me confirmó la inteligencia táctica de Chávez. Él había respondido a las preocupaciones de la empresa, pero, con la ayuda de los trabajadores, viró la reunión patas arriba. La acusación de racismo al principio de la reunión, ya fuera preparada o espontánea —y ciertamente con mérito— situó a la empresa a la defensiva. La sesión continuó bajo una atmósfera completamente diferente a la que la empresa había imaginado o esperado. Tras otras discusiones, la asamblea se dividió en grupos menores, con comités de la unión y la empresa para debatir los detalles de las reivindicaciones mutuas. La reunión concluyó con la decisión de convocar otras reuniones de trabajo entre la empresa y la unión, para concebir recomendaciones basadas en los intereses de ambas partes. Los trabajadores estaban satisfechos con el resultado, por lo menos con el tono de la reunión. Me imagino que la empresa estaba un poco menos satisfecha.

Tomó tres semanas de reuniones para negociar soluciones a los agravios. En el salón de la unión, uno de los empleados de la oficina, quien había estado asistiendo a las sesiones, me llamó aparte y me relató un incidente con la empresa. Intentando volver a ganar la iniciativa en las negociaciones, la empresa presentó con severidad el hecho de un panfleto, que decían había sido distribuido a la cuadrilla por un representante del sindicato.

—Esa era tu cuadrilla— me dijo, el empleado sonando divertido. El panfleto apoyaba a los trabajadores del acero que se encontraban enredados en una batalla sobre la rapidez y los despidos.

Colocando el panfleto sobre la mesa de conferencias con gran deliberación, un hombre de la empresa declaró enfurecido—, ¡No vamos a tolerar propaganda comunista en nuestras cuadrillas!

El lado de la unión descartó el asunto, yo lo daba por hecho, señalando la cláusula de no discriminación contenida en el contrato. El miembro de la unión se deleitó con el malestar de la empresa. Sin embargo esta posición de la unión, demostraría en el futuro ser más bien irónica.

Al final, se llegó a un acuerdo. Se advirtió a los trabajadores en las reuniones en el salón de la unión, a través de sus representantes o de los empleados de la oficina local, que tuvieran más cuidado con la calidad y a cambio, la compañía acordó hacer más concesiones, la más visible fue cambiar los mayordomos de algunas cuadrillas y despedir o transferir a varios supervisores, incluyendo al supervisor de la cuadrilla de deshije que discutió sobre el agua fría. Poco tiempo después, Félix también se fue y en su lugar vino un nuevo mayordomo llamado Gerónimo, un hombre a principios de los treinta de constitución robusta, cara ancha y sonrisa tímida que revelaba una fila de dientes encapsulados en oro. Gerónimo era más callado y tímido que Félix. También estaba menos inclinado al enfrentamiento.

Con sus acciones, los trabajadores estaban empezando a ejercer el derecho que les habían negado por años, el derecho a influenciar sus propias condiciones de trabajo, a ser más que herramientas mudas a merced de las condiciones del mercado y el deseo de beneficios. Y exactamente por esto, la determinación de los rancheros de aplastar la unión y el espíritu al que había empezado a dar expresión, aumentó en intensidad.

LA MIGRA

Los conflictos con la empresa no eran la única fuente de problemas para los trabajadores. Más odiada que la propia empresa, y eso es decir mucho, era *la migra*. No tenías que estar mucho tiempo en Salinas o en los campos para escuchar sobre ellos. Y era raro oír cualquier mención al INS (Servicio de Inmigración y Naturalización) por parte de los trabajadores, sin un tono intenso de amargura e indignación. Yo había visto ocasionalmente las furgonetas blancas y verdes por el pueblo, pero no había tenido ningún contacto con ellos y como "anglo", no tenía ningún motivo para temerles.

Un día, a finales de Julio, vimos las camionetas del INS acercándose al campo donde estábamos trabajando. Las redadas en el campo al final de la temporada de cosecha eran comunes. Pero en plena cosecha eran raras, aunque no insólitas. Para entonces existía la sospecha de que el INS estaba apuntando a las empresas con sindicatos. Como era su práctica, convergían en el campo desde diferentes puntos para impedir cualquier escapatoria. En este caso, el único lado que no cubrieron estaba bordeado por un canal de riego. Quien quisiera esquivarlos corriendo fuera del campo tendría que saltar en ese canal.

Después de comprobar las tarjetas verdes u otras formas de identificación, se llevaron a uno de los trabajadores, un joven llamado Carlos. Estábamos trabajando cerca del camino y cuando esposaron a Carlos y lo sacaron del campo, yo los seguí. Fui a donde habían estacionado su camioneta para averiguar lo que estaba pasando. Yo desconocía el estado legal de Carlos y no me importaba. La idea de que él pudiese ser llevado esposado por no hacer nada más que trabajar, me parecía absurda y hasta criminal. Les pregunté porqué se estaban llevando a Carlos y respondieron, —no es tu jodido asunto.

Sentí el ardor subiéndome por la parte trasera de mi cuello y grité a Carlos preguntándole qué estaba pasando. Él dijo que había olvidado sus papeles en casa. Durante un segundo pensé en tratar de agarrarlo y llevármelo conmigo. Pero no me pareció una idea destinada al éxito.

No obstante, yo no iba a volverme y marcharme, así que le grité a la migra,

—¡Suéltenlo. Él es miembro del la unión y ustedes no tienen ningún derecho a llevárselo!

El de la migra que estaba llevando a Carlos hacia uno de los coches, dio varios pasos hacia atrás y volviéndose me gritó —¡Que se joda tu maldita unión!

—¡Jódanse ustedes cerdos de la migra!— fue mi respuesta, el ardor me había subido hasta las orejas.

Cuando di la vuelta para regresar a la cuadrilla, uno de los oficiales de la migra me agarró por detrás y me tiró al suelo. Fui esposado y lanzado dentro de la parte trasera de su coche. El coche de la inmigración era como un coche de policía y tenía una parrilla de metal entre los asientos delanteros y los traseros. Ahora esposado, me senté en el amplio asiento trasero. La camioneta con Carlos a bordo se marchó. El coche en el que yo estaba se dirigió en una dirección diferente por uno de los caminos de tierra que rodeaban los campos. El conductor aplicó los frenos repentinamente varias veces. Con las manos esposadas detrás de la espalda, no podía detener el impulso de mi cuerpo mientras se dirigía hacia la divisoria de metal que nos separaba. Sólo podía retorcerme para que los porrazos aterrizaran en mis hombros y no mi cara. Me llevaron por los campos durante unos veinte minutos mientras los dos agentes se turnaban insultándome y discutiendo lo que iban a hacer para dejarme despedazado y ensangrentado.

En un momento dado, el conductor giró bruscamente y frenó con un chirrido frente a uno de los canales de riego. Su compañero saltó del coche y fue a la puerta del pasajero mientras le gritaba a su camarada, —vamos a darle una paliza a este idiota y tirarlo al canal.

Abrió la puerta, me agarró por el brazo y empezó a jalarme por la puerta, luego me soltó. Se metió nuevamente al coche y manejaron un poco más hasta que se cansaron de divertirse. Finalmente, me llevaron de regreso al campo donde los agentes de la migra me habían agarrado y mientras me sacaban del carro y me quitaban las esposas, me aseguraron que la próxima vez que yo los llamara "cerdos", podía esperar un viaje al hospital.

Más tarde, cuando relaté esta historia, me aseguraron que, a pesar del maltrato tuve suerte. Si hubiera sido un inmigrante, podía ser que no estuviera presente para contárselo a nadie. Y aún más, era afortunado de no haber sido arrestado por interferir con un oficial federal en cumplimiento de sus funciones.

La confrontación con la migra impactó no sólo a la cuadrilla, sino a todo un amplio círculo de personas para las que la idea de un anglo enredándose con la migra era sorprendente e incluso chocante. Lo que yo no sabía entonces era que Carlos era hermano de nuestro mayordomo Gerónimo y que el incidente tendría repercusión en nuestra relación en la cuadrilla y en el futuro. Nuestro conflicto sobre los asuntos de la empresa y la unión cambió por nuestra mutua antipatía hacia la migra. Durante los años siguientes, cuando yo veía a Gerónimo en otras cuadrillas y empresas, él me sonreía con su amplia sonrisa coronada en oro y me recordaba sobre la vez que yo "peleé con la inmigración".

CAPÍTULO 2

OTOÑO E INVIERNO

LA ÚLTIMA COSECHA DE LECHUGA en la extensa temporada de cultivo de Salinas llega a su pico a final de agosto y disminuye con rapidez en los días más frescos y cortos de octubre y principios de noviembre. Según se acortan los días, el valle de hoja caduca se "despoja" de sus trabajadores de temporada. Había pocos empleos durante el invierno y sin seguro de desempleo, inexistente para los trabajadores agrícolas hasta años más tarde y con casi todos los campamentos de trabajadores cerrando hasta primavera, la mayoría de los trabajadores de las hortalizas habían de irse. Tenían que pasar el invierno en México, o más probablemente unirse a *la corrida*, que era el circuito de cosechas y dirigirse al sur siguiendo el sol, igual que las golondrinas de los riscos de las playas del norte. Muchos de los inmigrantes que tenían la tarjeta verde, llamaron a las ciudades fronterizas Mexicali y San Luis Río Colorado su hogar. El invierno llevo sus hogares y sus lugares de trabajo hacia una armonía geográfica cercana; o por lo menos, una proximidad en las "ensaladeras" de invierno del Valle Imperial y Yuma.

El invierno transformaba el distrito de los trabajadores agrícolas de Salinas. Hacía que desaparecieran los grupos matutinos de trabajadores agrícolas, que se congregaban a lo largo de las vías del tren que atravesaba la calle Market, a solo algunas yardas del viejo barrio chino, o vagaban juntos por las cafeterías de desayuno del antiguo centro de Salinas, que en la década de 1970 se había convertido en su barrio bajo. Con el invierno desaparecían las camionetas de los contratistas y los Chevrolet El Camino que rondaban las calles en busca de manos para completar sus cuadrillas. Desaparecía asimismo el movimiento matinal en los muchos campamentos de obreros que puntuaban la ciudad y sus entornos, así como el ajetreo del centro de recogida del corralón y de los estacionamientos de los supermercados, dónde en la temporada, los autobuses de trabajo agrícola despedían vapor y humo por las mañanas y los obreros se acurrucaban en el frío matutino. También desaparecieron de escena de muchas esquinas del distrito Alisal de Salinas, las quietas siluetas que escudriñaban las calles a la espera de sus transportes, dando palmas para combatir el frío. Todos aquellos lugares ahora se veían despojados de la energía y dinamismo previos al amanecer, del bullicio de las calles donde a primeras horas de la mañana, la resaca del sueño cede el paso a llamadas roncas de saludo o bromas sobre el empleo y la familia, quejas relacionadas al trabajo y otros dolores, discusiones acerca del movimiento sindical y preocupados comentarios sobre las redadas de inmigración. Todo ello se había ido, barrido por el viento y silenciado a golpes por la llegada del frío otoño y las lluvias invernales.

Para final de septiembre yo había comenzado a buscar trabajo con la mirada puesta en un empleo mejor pagado, por contrato. FJ había abandonado la cuadrilla de deshije a mitad del verano para probar suerte cosechando apio a destajo.

Cuando le pregunté cómo le iban las cosas en su nuevo empleo me dijo—si todavía estoy vivo, no le eches la culpa al trabajo. ¡Ha realizado su mejor esfuerzo para matarme!

Recuerdo que una noche, después del trabajo me dijo —déjame contarte acerca del trabajo a destajo en el apio. El mayor desafío físico que jamás realicé fue la práctica de fútbol americano en la escuela secundaria. El apio es como ocho horas de práctica de fútbol, ¡ocho horas de una maldita práctica de fútbol!

Con ese estímulo, busqué una forma de dedicarme al trabajo por contrato. Estaba interesado ganar más dinero, sí, pero reconozco que también estaba interesado en el desafío.

BRÓCOLI

Hace mucho tiempo, los agricultores de la zona del Mediterráneo y parte de Asia domesticaron plantas silvestres del género *Brassica*. Esas plantas parecían prometedoras. Mediante selección, dichos agricultores desarrollaron una asombrosa variedad de cultivos que hoy conocemos como repollo, col rizada, nabo, colinabo, coliflor, col de Bruselas y una flor verde con un tallo grueso rodeado de hojas verdes llamada brócoli. Los etruscos, precursores del Imperio Romano, supuestamente apreciaron esta planta que afortunadamente sobrevivió ya que durante mucho tiempo tuvo poco apoyo fuera de la península italiana.

El brócoli fue introducido en Estados Unidos a principios de 1800, pero no adquirió popularidad hasta los años 20. La familia D'Arrigo fue la primera que comenzó a producir esta planta en un rancho de San José. Cuando el brócoli fue introducido en Salinas, se adaptó muy bien a este fresco y húmedo valle costero donde crecía muy bien, prácticamente todo el año. Para los años 70, la mayor parte de la cosecha de brócoli de Estados Unidos se producía en Salinas.

La palabra broccoli es de origen italiano y proviene del latín *bracchium* que significa brazos, supuestamente por la forma en que la flor del brócoli se extiende como brazos desde su tallo. Así que tiene la misma raíz que la palabra española bracero. De modo que, curiosamente, por muchos años los brazos de los braceros cosecharon los brazos del brócoli.

Un fresco día de octubre recibí un despacho de un empleado de la oficina de la unión, aliviado por encontrar a alguien para ayudar a completar una cuadrilla de brócoli para D'Arrigo. Esa fue mi oportunidad para trabajar por contrato en una hortaliza venerada por las madres y odiada por los niños cargada con suficiente vitamina C, fibras solubles y otros nutrientes como para ser considerada una de las hortalizas más saludables de todas, con cualidades anticancerígenas entre sus muchas virtudes.

Pero la salud está en comerlo, no en cosecharlo. Cortar brócoli quizá no requiera la destreza o la resistencia que implica trabajar a destajo en la lechuga o en el apio, pero la labor era agotadora. La oportunidad de integrarme a aquella cuadrilla vino de la experiencia y la resistencia que había adquirido deshijando.

En el Valle de Salinas y en el resto de California, el brócoli es cosechado con la ayuda de una máquina, una larga cinta transportadora sobre ruedas que avanza lentamente a través de un campo. En la década de 1970, antes de que el brócoli se empacara en cajas de cartón en el campo, esta máquina que tenía un cuello para arriba, transportaba los vegetales cortados a grandes cubas colocadas en un camión plataforma que se movía al mismo paso que la máquina. Los cortadores seguían la cinta transportadora, caminando en las depresiones entre los surcos de plantas, usando gruesos pantalones y chaquetas "impermeables" y botas de goma hasta las rodillas, para protegerse de la humedad. Llevábamos afilados cuchillos con hojas de diez pulgadas y sombreros para protegernos del sol. Las cuadrillas mixtas eran comunes en el brócoli, pero no había mujeres en aquella.

Algunas variedades de brócoli crecen hasta llegar a la cintura, lo que permite cortarlas sin agacharse. Eso era un gran alivio de los dolores del cortito. Aún así, cortar con una cuadrilla de "brocoleros" experimentados, no era un paseo dominical. Muchos de esos primeros días en el brócoli, los pasé al borde del pánico. En aquellos sembrados repletos de plantas, las verdes cabezas de brócoli se meneaban furiosamente, debajo de aquella poderosa máquina. Obligué a mi cuerpo y mis manos a moverse más rápido de lo que creía posible, a lo largo de sembrados que parecían extenderse hasta el horizonte. Observaba la técnica de los demás trabajadores y espoleado por la necesidad del momento, aprendí a agarrar las cabezas y a cortar los tallos al mismo tiempo, colocándolos en la correa con un movimiento rápido de la muñeca, mientras aún volaban por el aire y prestando atención a las flores que había a un lado y a otro, agarrando, cortando, lanzándolas hacia delante para luego volver de nuevo hacia atrás y adelante, en un movimiento continuo, mientras marchaba torpe y dolorosamente por un terreno desigual y resbaladizo. Únicamente la desaceleración de la máquina al final de una pasada, me permitía dirigir mi atención a las ropas empapadas de sudor y las gotas que bajaban por mi cuello y espalda, una iniciación salina al mundo del trabajo por contrato.

En aquellos primeros días, mis compañeros de cuadrilla de ambos lados, a veces me daban una mano y sin decir palabra, arrancaban las plantas que yo no era lo suficientemente rápido para agarrar. Posteriormente, más acostumbrando al trabajo, hice lo posible por devolver esos favores a los que estaban cerca de mí.

En el contrato del brócoli, el pago no se calculaba por el reloj sino por la aceleración y el ruido de los pesados camiones de plataforma que aceleraban para salir del sembrado. La cuadrilla no necesitaba autoridad alguna que le dijera que debía que apresurarse, voluntariamente se transformaba en un mecanismo cosechador que dirigía a todo miembro para esforzarse al límite de su ritmo colectivo. Como individuo, te sometías o te ibas. Te sometías durante todo el tiempo en que la máquina se movía a través del campo, reprimiendo el dolor y el cansancio, posponiendo el alivio a un punto en el espacio y tiempo, que con la energía de pensar tales cosas, podía solamente ser aproximada, pero era siempre anticipada.

Únicamente había tiempo para moverse a un ritmo normal al final de una hilera, momentáneamente liberados de la atadura invisible que nos arrastraba a través del aquel campo, mientras la máquina giraba torpemente en un amplio arco para volver del sembrado en dirección opuesta. Aquellos eran momentos preciosos para recuperar energías, o para mudar la pesada piel de los impermeables, que en el transcurso de la mañana se habían vuelto insoportables por el calor, como si fuera una sauna portátil.

Los rancheros plantaban diferentes variedades de brócoli, dependiendo de la temporada, las condiciones del terreno, los microclimas y la importantísima viabilidad comercial (la forma en que se veía en el supermercado). Para el obrero agrícola que trabajaba en la cosecha, lo más importante era que algunos brócolis crecían poco, otros más altos, algunos tenían pequeñas cabezas insignificantes y otros gruesas y pesadas.

En un buen campo de brócoli tupido, mientras que el sudor corría por los lados de la cara y los brazos y los pies enviaban mensajes actualizados de su condición de fatiga y malestar, uno podía al menos consolarse contando mentalmente las cubas rebosantes de producto, para calcular su valor en dólares por hora. Pero cuando el brócoli era pequeño, escaso, o ambas cosas o cuando era de la altura de la rodilla o de la pantorrilla y requería doblarse y caminar más y estirarse para alcanzarlo y cortarlo, por momentos parecía que las cubas se paraban para siempre bajo una lluvia de brócoli. En tales ocasiones, había poco que aliviara la incomodidad. Los estados de ánimo se ensombrecían y la paciencia se agotaba con facilidad.

D'Arrigo había estado en el valle durante muchos años y era una parte arraigada de la oligarquía ranchera local, por lo que constituyó una sorpresa cuando a finales de noviembre de 1970, fue la primera empresa de vegetales que firmó un contrato con la UFWOC. Eso fue considerado como medida de la fuerza de la huelga general de 1970 y del movimiento sindicalista, así como del temor suscitado por la amenaza de boicot.

Sin importar los factores que llevaron a D'Arrigo a la mesa de negociaciones con la unión, era evidente, al menos desde el punto de vista de la cuadrilla de brócoli, que los trabajadores no estaban sólidamente unidos en torno a la unión, como lo estuvieron respecto a Interharvest. Creo que esto en parte, respondía al hecho de que después de la huelga de 1970, algunos activistas sindicales, colocados en una lista negra por compañías no sindicalizadas, habían ido a trabajar a Interharvest. Eso no constituyó un factor en el caso de D'Arrigo. No obstante, dondequiera que la unión levantaba su bandera surgían conflictos y controversias y esta cuadrilla de trabajo no era una excepción. Mientras en otras cuadrillas de cosecha, como la lechuga, los conflictos por la calidad inducían a repetir explosiones de lucha en los campos, en el brócoli tenían que ver con la cantidad. Esto porque el brócoli demanda menos destreza en la selección y corte y es menos susceptible a daños. Por otro lado, calcular la cantidad de brócoli cosechado es más difícil.

De los aproximadamente veinte cortadores en la cuadrilla,

uno era asignado para permanecer de pie sobre el camión para dirigir los vegetales lanzados por la cinta hacia las cubas. Cuando se llenaba una cuba, el "encargado" empujaba la boca de la correa a otra cuba vacía y así sucesivamente hasta que las cubas se llenaban y el camión rugía hacia el cobertizo de empaque. Antes de que la unión entrara en los campos, el mayordomo de la compañía y los supervisores eran libres de seleccionar a un miembro de la cuadrilla para que dirigiera la boca de la máquina. Las compañías querían ver que los cajones fueran llenados hasta el borde y un poco más. Escoger a la persona para hacer esa labor privilegiada, ya que es más fácil que cortar, le dio poder a las empresas. Los seleccionados tienen un incentivo para mantener una buena relación con la empresa y doblegarse a los deseos de la misma. Con la unión, los trabajadores repentinamente tuvieron el potencial para desafiar el control de la compañía sobre el encargado de las cubas.

Era fácil sentirse engañado cuando las cubas eran llenadas por encima de los bordes, como si fueran montañas empinadas. La empresa insistía que el sobrellenado era necesario, debido a que el movimiento de las cubas hasta el almacén de empaque hacía que el brócoli se asentara. Los trabajadores contestaban, "se nos paga por cuba en el campo, no tenemos que ver con lo que le suceda después de salir de allí".

La cuadrilla de D'Arrigo era de la unión, pero no estaba unida. Entre nosotros había trabajadores que se habían irritado bajo las condiciones casi esclavistas de los años de los braceros y quienes ahora creían que tenían algo que decir si no querían ser pisoteados constantemente y para siempre por la empresa. Ellos se alegraban por el espacio que el movimiento estaba abriendo penosamente y estaban listos para luchar por algo mejor. Había trabajadores como Enrique, nuestro representante del sindicato, cuyos padres y abuelos fueron miembros o dirigentes de sindicatos campesinos en México, o que habían recibido influencias socialistas o comunistas en sus vidas y veían las cosas en términos de clase, y que preferían arriesgar su propia respiración antes de tomar el lado de la empresa. Pero había otros que identificaban sus intereses con los de la empresa. Algunos eran braceros antiguos que habían recibido ayuda de los rancheros con sus tarjetas de residencia y se sentían en

deuda con la empresa. Según se expandía el movimiento de la
unión, los "instintos paternalistas" de los rancheros crecían
proporcionalmente. Había obreros que se sentían distanciados
de la unión o carecían de confianza en la misma. Algunos
argumentaban que la unión podría permanecer o desaparecer,
pero que los rancheros siempre estarían allá. La empresa,
trató de aprovecharse de aquellas actitudes y divisiones para
mantener casi un completo control de la producción e insistió
en que debían de conservarlo con el fin de sobrevivir a la ruda y
descuidada competencia agrícola.

La mayor parte de la cuadrilla eran mexicanos, hombres
de diferentes edades y la mayoría procedía originalmente de
Michoacán. Pero había también un grupo de trabajadores
negros que había estado con D'Arrigo algunos años. Tenían poca
fe respecto a que la unión hiciese algo bueno por ellos. Ellos,
por supuesto, no compartían los sentimientos nacionalistas
de un sindicato marcadamente identificado con México y
con sus emblemas nacionales como la Virgen de Guadalupe
y sus estrechos lazos con la Iglesia Católica. Varios de esos
trabajadores no escondían sus burlas sobre la unión, declarando
que no querían ser parte de eso. Había una excepción entre ellos,
un trabajador a quien consideré un amigo en aquellos tiempos,
Clarence.

CLARENCE

Clarence era un veterano del sindicato de estibadores de
San Francisco, donde había pasado la mayor parte de su vida
laboral. Él había venido a Salinas después de la disolución de
su matrimonio y otras circunstancias de las que no hablaba.
Durante la huelga general de 1979 él abandonó uno de los
campos de D'Arrigo y fue reclutado por el UFWOC para el
trabajo de boicot a la lechuga en Cleveland, donde permaneció
ese primer invierno después de la huelga. El siguiente verano
regresó a los campos.

Clarence y yo nos convertimos en compañeros de
conspiración en la cuadrilla y en amigos fuera del trabajo. Yo
confiaba en su experiencia para buscar consejo cuando surgían
conflictos en la cuadrilla. Clarence consultaba conmigo sobre

cosas que él veía o percibía, debido a que su limitado español lo aislaba en cierto grado de los que no hablaban inglés y aunque mi español no valía gran cosa, era mejor que el suyo. En ocasiones cuando surgía alguna controversia en la cuadrilla, Clarence venía y me preguntaba—¿Qué están discutiendo? Si yo lo entendía se lo comentaba a Clarence y luego conversábamos al respecto. Nuestra relación estaba cimentada en el apoyo común al movimiento sindical y en nuestro idioma común. Con el paso del tiempo nuestras opiniones en otros asuntos nos unieron.

Clarence vivía cerca del centro de Salinas. En ocasiones nos encontrábamos en la calle e íbamos a un pequeño restaurante chino donde preparaban comida americana, el Rodeo Café. Pedíamos algo como estofado de carne y habas verdes o judías y una saludable pequeña cantidad de papas majadas enterradas en una espesa salsa marrón de carne o hígado encebollado, zanahorias, guisantes y papas majadas u horneadas. Luego nos sentábamos a conversar ante unas tazas de café acuoso.

Cuando no estaba trabajando, Clarence prefería vestir con pantalones de salir, camisa de manga larga, chaqueta y un sombrero de fieltro oscuro rodeado por una banda. Con aquel atuendo él no se parecía en nada a la criatura cortadora de brócoli con gorra de béisbol, camisa de trabajo azul enrollada hasta los codos, pantalones amarillos de agua con tirantes grises y altas botas de agua, que era durante la semana.

Clarence era ecuánime y generalmente muy tranquilo, poco hablador y tímido, nadie con quien bromear mucho. Pero tenía una vehemencia centrada en la disposición hacia la justicia. Clarence creía en la justicia y en la bondad hacia los demás, especialmente hacia aquellos a los que veía como víctimas de una sociedad intolerante.

Clarence vivía una vida de soltero en la zona de Salinas donde trabajadores agrícolas, desamparados, alcohólicos, prostitutas, adictos a las drogas y otros "parias" sociales compartían la humillación de una "sociedad más culta". En muchas ocasiones, sentados en el Rodeo Café, residentes del vecindario venían a nuestra mesa a saludar a Clarence, a veces para pedir un favor. Esto incluía prostitutas que estaban momentaneamente sin dinero o hambrientas o que solo querían saludar. Muchas veces Clarence los invitaba a sentarse un rato y compartir la comida y la conversación. De esa forma me enteraba de fragmentos de Salinas con los que yo no tenía contacto.

Frente al Rodeo Café estaba el Caminos Hotel, un símbolo de Salinas. Inaugurado en 1874 como Hotel Abbott, fue el primer hotel grande en un tiempo en que Salinas era apenas una polvorienta parada en una ruta de diligencias. El Abbott se ufanaba de poseer las más modernas comodidades, teléfono, telégrafo y servicio de mensajería. Durante las siguientes décadas fue natural que la gente que llegaba a Salinas por tren se detuviera en el hotel, que quedaba a unos cuantos cientos de metros de la estación. Al mirar al Caminos, no era difícil imaginar que una vez había sido un lugar destacado, un tipo de lugar para una noche especial en la ciudad. Durante la década de 1930 el bar del hotel era el lugar de reunión para los lugareños que habían encontrado el camino en las páginas de los trabajos del escritor de Salinas John Steinbeck, entre otras *East of Eden*. En 1936 un escritor del periódico de Salinas observó desde un lugar estratégico del hotel, una violenta refriega en la calle Main entre pistoleros de los rancheros y huelguistas de la lechuga y escribió su relato desde allí.

En 1970 el Hotel Caminos estaba viejo, descuidado y era poco atractivo. Sus pasillos olían mal, sus alfombras estaban deshilachadas y sucias y sus tuberías y lámparas en pleno deterioro. Sus paredes estaban descoloridas por el moho y otros tipos de hongos. Era una vergüenza para los padres de la ciudad, pero era un lugar barato para vivir y estaba repleto de personas que no podían costear otros alojamientos, entre ellos muchos trabajadores agrícolas. Aunque había campamentos de trabajadores para hombres solteros, los lugares para mujeres solas eran más limitados. Yo conocía a algunas trabajadoras agrícolas sin marido que vivían allí y cuyos niños correteaban y gritaban por los pasillos del hotel. También conocía a empleados de varios ranchos que vivían allí. Había también parejas con y sin niños, solteros y jubilados. Para los residentes de bajos ingresos de la zona era un lugar barato para alojarse. Para la sociedad del lugar era un símbolo de decadencia, un forúnculo a ser sajado y sería finalmente demolido en 1989, a pesar de las conexiones con él una vez repudiado y ahora reverenciado John Steinbeck y ante las ruidosas objeciones de los conservacionistas locales.

Sin importar el tiempo y sobre lonchas de asado o de jamón, Clarence y yo hablábamos de todo. Clarence no era de la misma generación, ni tenía las inclinaciones militantes de los soldados negros que yo había conocido en Fort Ord. Por ejemplo, no simpatizaba con los Panteras Negras. Tampoco le gustaba mucho contar historias. Pero al relacionarme con él, aprendí lo suficiente para darme cuenta de que su viaje por la vida le había dejado algunos momentos y recuerdos dolorosos. Aunque su conocimiento del español era limitado, él asistía con regularidad a las reuniones de la unión y se interesaba por los asuntos. Simpatizaba con los mexicanos y se identificaba con ellos por haber sufrido a manos de las mismas fuerzas; la estructura del "poder blanco". Veía en la ira histérica dirigida a los trabajadores agrícolas por los poderes locales en Salinas, la misma mentalidad segregacionista y linchadora de su juventud. Él no creía justificable ponerse del lado de los rancheros contra los mexicanos y en ocasiones daba estocadas al aire con enojo mientras hablaba de algunos trabajadores negros de la cuadrilla que renegaban del sindicato porque "no tenía nada para ellos".

—Son tontos amigo, son unos malditos tontos. ¡Creen que la empresa los va a proteger! La compañía se los sacudirá como pulgas. Como pulgas que salen de un perro, espera no más— decía mientras apuntaba al aire enfáticamente —. ¿Qué significa, un sindicato mexicano? ¿Acaso no son mexicanos los compañeros que están trabajando igual que nosotros? ¡Mejor que te atornillen bien la cabeza, amigo!

Me decía cosas como esas, aunque yo sabía que les estaba hablando a algunos cortadores de brócoli ausentes, ya que él sabía que yo estaba de acuerdo con él.

LA BATALLA DE LAS CUBAS

A veces surgía una controversia cuando la persona designada por la empresa para trabajar en el camión, llenaba las cubas de brócoli mucho más del borde, por la presión del mayordomo. Dependiendo del talante de las cosas en el momento alguien podía gritar—¡No seas barbero, la compañía no es tu madre!

Nosotros los "descontentos", que Clarence y yo calculábamos en más de la mitad de la cuadrilla, simpatizábamos con aquella reacción y nos quejábamos al representante de la cuadrilla, quien instruía al llenador de las cubas a llenar el nivel del brócoli hasta el borde, no más. El mayordomo a quien todos llamaban *La Coneja*, daba instrucciones a la misma persona de que llenara el cajón mucho más y así aquello no tenía fin. Hubo ocasiones en que aquellas protestas degeneraban en ataques de ira, pero la empresa se las arreglaba para mantener el control sobre el encargado de las cubas, un privilegio que utilizaban a su favor. La cuadrilla no estaba lo suficientemente unida como para forzar la situación.

Un día, trabajando en un campo con cabezas grandes que crecían hasta la cintura, la cuadrilla se sentía animada y le dimos duro al sembrado, con los cuchillos calientes. A primera hora de la tarde, cuando la máquina se aproximaba al final de una pasada, aunque faltaba mucho para terminar el sembrado, el mayordomo de repente nos ordenó que agarráramos nuestros sacos de cosecha, que llevábamos al hombro. Mientras la máquina aceleraba y salía de aquel surco, nos quedamos atrás cortando brócoli y echándolo en las bolsas que portábamos como si fueran mochilas. Una vez llenos los sacos, caminábamos tambaleantes hasta el camión donde el encargado los tomaba y los vaciaba en las cubas. Terminamos aquel surco de esa forma, enfundamos nuestros cuchillos y nos subimos al autobús. Salimos de prisa hacia otro sembrado cercano, saltando y golpeando por aquel camino de tierra marcado por los tractores, camiones y maquinaria, mientras el ruidoso autobús dejaba a su paso una nube de polvo. Llegamos a aquel campo justo en el momento en que la máquina entraba en una hilera de un gran sembrado de brócoli de poca altura.

Una vez que nos acercamos pudimos ver que aquel era el segundo o el tercer corte, apenas quedaban algunas cabezas pequeñas y ralas, que en otras circunstancias habrían sido eliminadas por el arado. Todo lo que se me ocurrió fue que el mercado del brócoli estaba en auge e íbamos a recolectar cada migaja posible de aquel triste sembrado. Cuando la máquina empezó su recorrido, con sus grandes neumáticos avanzando por los surcos, nosotros nos inclinábamos para echar mano de las pequeñas cabezas de brócoli que en ocasiones se encontraban a varios pies o incluso metros de distancia entre sí. Muchas de aquellas cabezas se veían anémicas, apenas más gruesas que los tallos. Ese día trabajamos más de lo acostumbrado. Para cuando llegamos de vuelta a la ciudad era prácticamente oscuro y estábamos cansados y con frío.

Al día siguiente la rutina fue parecida. Solo terminamos el campo bueno antes del mediodía y por la tarde, nos dirijímos hacia el campo del infierno. Una vez más trabajamos hasta tarde. Me dolía la espalda por el constante movimiento arriba y abajo y parecía tener unas pesas atadas a las piernas. Las bromas alegres que se escuchaban en la mañana se evaporaron como la neblina matinal y caminamos en silencio por aquel ruinoso sembrado. Observábamos con ojos cansados y ansiosos mientras las cubas se llenaban lentamente, acechando la primera señal de una hoja, un destello verde que se asomara por encima del borde. Después empezarían los reclamos:

—Ya está lleno cabrón. Muévelo, muévelo ya.

Los "cabrones" y los "ya" se hicieron más fuertes e insistentes.

Pero el encargado de las cubas era más receptivo a los gritos del mayordomo que decía:—llénalo más, más mis *babies*. Muevan las nalgas. Métanse la verga.

Nosotros sufríamos, pero La Coneja disfrutaba siendo la marioneta de la empresa.

La Coneja se distinguía por su repugnante boca y por su comportamiento ruidoso y obsceno. Nunca supe cómo y cuándo consiguió el apodo de La Coneja, quizá por lo rápido él que cumplía los deseos de la empresa. Aunque había interpretaciones más crudas. Algunos años después me tropecé con un viejo amigo de la unión que tenía una impresión más favorable de La Coneja, sin embargo, yo estaba disgustado por su actitud y por la forma cínica como gestionaba con nosotros las instrucciones que recibía de más arriba. Los mayordomos a menudo se consideraban superiores a los demás trabajadores y actuaban en consecuencia. A veces la tiranía de aquellos "que han ascendido por encima de sus semejantes" es peor que la de alguien que no es de la comunidad y La Coneja, sea por lo que fuera, podía actuar como un insignificante tirano. Quizá fue el temor a ser rebajado a la categoría de los otros, lo que hizo de él un sabueso de los intereses de la empresa. Su obsceno y estúpido comportamiento ejercía una influencia negativa en la cuadrilla. No se abstenía de hablar de las mujeres de forma degradante y se jactaba de sus atributos varoniles, que incluso ocasionalmente se sentía motivado a exhibir, provocando risotadas, abucheos y expresiones de disgusto. Disfrutaba manifestando los sentimientos más machistas en medio de la cuadrilla. Y parecía disfrutar siendo el centro de atención.

Aquel día terminamos exhaustos. Cuando oímos que no había campos nuevos disponibles y tendríamos que regresar al mismo sembrado a la mañana siguiente, me desanimé.

Al día siguiente había una fría brisa otoñal en el aire y más humedad que de costumbre. Las colinas que rodeaban el valle estaban escondidas por la niebla matinal que se levantaba lentamente según avanzaba el día. Al disiparse, avanzada la mañana, dejó un cielo claro con una línea de gruesas nubes grises en las cimas de la montañas Gabilan al este.

Marchamos pesadamente por aquel inmenso campo de ralo brócoli, en ocasiones tropezando con sectores más nutridos, pero la mayor parte del tiempo caminando grandes distancias para solo algunos brócolis dispersos y de crecimiento bajo. Para más dificultades, el sembrado estaba lleno de matojos a punto de tomarlo por completo. Eso incluía una planta espinosa que los mejicanos llamaban *dormilona* que se parecía a la menta, pero que picaba si rozaba con un brazo descubierto. Al mismo tiempo era difícil mantener mi mente y ojos apartados de las cubas.

Durante el descanso de mediodía, algunos se sentaban en grupos pequeños conversando, otros se recostaban en el suelo, absorbiendo la débil luz del sol y descansando. Prácticamente todos tenían puestos sus pantalones para agua porque hacía frío y el suelo aún estaba húmedo.

Estábamos a solo unas semanas del final de la temporada de cosecha. Las pensamientos giraban sobre del dinero que estábamos ganando y cómo eso nos afectaría una vez que terminara el trabajo. Algunos se marcharían en invierno a sus pueblos en México. Otros se quedarían en la zona de Salinas. Otro grupo se trasladaría al Valle Imperial para piscar una cuadrilla de brócoli allá.

Aquella mañana, nos habíamos quejado dos veces a nuestro representante Enrique de que las cubas estaban siendo llenadas de más y hubo algo de discusión al respecto a la hora del almuerzo. Enrique estaba con un grupo que sostenía una acalorada discusión en el borde del campo. Cerca había una pesada armazón de metal con una gran fila de discos de metal. Pronto sería acoplada a un tractor y pasada por encima de aquel sembrado, para enterrar los restos de las plantas masacradas que permanecían tristemente alrededor de nosotros.

En el grupo de Enrique estaba Ubaldo, un fornido trabajador que tenía un enorme y frondoso bigote que le caía por ambos lados de la boca y provocaba que muchos lo llamaran "bigotes". Él llevaba puesto un sobretodo azul de trabajo debajo de su impermeable y una gorra verde de *Andy Boy*, de D'Arrigo descolorida y raída por el uso. A su lado estaba Mauricio, de cuerpo más rollizo, quien con un aspecto juvenil de trinteañero, ya tenía quince años viniendo al norte. Él y su padre, quien estaba sentado junto a él, eran agricultores de maíz de Michoacán, a donde se dirigirían en un mes más o menos para atender su milpa (pequeño campo) en el pequeño poblado llamado Santa Clara del Cobre, un lugar famoso por su asombrosa artesanía en cobre.

Mauricio y su padre apoyaban a la unión. Jesús también estaba sentado con el grupo, estaba más del lado de la unión, pero hablaba con cinismo de ambas partes. Ubaldo tenía muchos años con D'Arrigo y consideraba que le iría mejor estando a favor de la empresa que yéndose con la unión.

Clarence y yo nos acercamos al grupo mientras yo intentaba captar lo esencial de la conversación con mi rudimentario español. Ubaldo le expresaba sus quejas a Enrique de que ahora con la unión las cosas estaban peor, ya que los empleados de la empresa parecían más hostiles e insistentes que nunca. Enrique argumentaba que la estrategia de la compañía era desmoralizar a los trabajadores haciendo que la unión diera mala impresión, se viera mal y así "vacunar" a los obreros para que nunca se organizaran. Los demás mostraban su asentimiento. Ubaldo seguía discutiendo, sacudiendo la cabeza y encogiéndose de hombros para manifestar su disgusto ante toda la situación.

Cuando terminó la hora de almuerzo, me acerqué a Enrique para asegurarme de que había entendido lo que sucedía. Luego le pasé la información a Clarence. La presión de la huelga y el boicot había empujado a D'Arrigo a firmar con la unión, pero eso no había disminuido su decisión de estrangular a la nueva organización. Si los trabajadores no podían hacer mejorar sus condiciones con la unión, lo lógico era que ellos la rechazaran. Y el movimiento de la unión sería desacreditado. Esa es la idea que Clarence y yo debatimos mientras contemplábamos cómo la cuadrilla irritada se ponía en pie.

Ante la insistencia del mayordomo, nos dirigimos lentamente al lugar donde estaba la máquina lista para comenzar un nuevo surco. Después de comer me sentí mejor, pero el trabajo se me hacía difícil, lento, poco satisfactorio. No pasó mucho antes de que alguien en el otro extremo de la máquina voceara, "pinche fil, cómo me chingas" y otras expresiones de descontento que creaban una oleada de risas de un lado a otro de la hilera. Otros tomaron el hilo y más expresiones de enojo cruzaron el aire por encima del ruido de la máquina de brócoli. Incluso algunos de los cortadores negros se unieron al coro, usando *"pinche"* de manera creativa, mezclándolo con inglés y retazos de español: "Pinche brócoli, *motherfucker*, cabrón". La cuadrilla de mexicanos también empezó a usar el inglés y pronto se escucharon por toda la hilera oleadas de blasfemias bilingües, carcajadas, gritos y voces.

Era fin de tarde y estábamos llegando a las últimas hileras del campo, esperando con ansiedad volver a la ciudad, cuando La Coneja sacó de nuevo los sacos recolectores mientras la máquina traqueteaba por un camino de tierra hacia otro campo.

—Yo creía que dijiste que no había más sembrados listos— dijo Clarence acusadoramente.

—*Wun more fil tode*— dijo La Coneja ,—*jus wun more. C'mon, amigo, jus wun more.*

Después de un breve trayecto llegamos a otro campo muy masticado, tan atractivo como aquel de dónde veníamos.

—Vamos a casa—, dijo Chuy un trabajador alto con una gorra de béisbol naranja colocada hacia atrás, mientras salíamos del bus .—¡Vámonos!— pero no obtuvo respuesta.

Cuando la primera cuba estuvo casi llena, los gritos comenzaron a dirigirse al llenador: —Ya basta, muévelo—, para que moviera la boquilla a una nueva cuba.

—Yo mando aquí—, gritó el mayordomo y corrió desde la parte de atrás de la máquina para colocarse al lado del camión. Podíamos ver la camioneta del jefe de campo a lo lejos, dirigiéndose hacia nuestra máquina. Mientras tanto, el mayordomo revelaba por qué él era el "mero, mero" (mandamás), en su exagerado y bufonesco estilo. Mientras lo hacía, el flujo de brócoli que caía en la cuba se convirtió en un goteo. La Coneja comenzó a gritar, pero su voz se silenció. La máquina se había adelantado pero la mayor parte de la cuadrilla ya no estaba siguiéndola. De los veinte cortadores, quizá unos quince se habían quedado parados en fila en el sembrado, contemplando cómo se alejaba la máquina. La Coneja miró a su alrededor y llamó al operador para que se detuviera.

—Que chingados muchachos, vámonos.

El supervisor de campo llegó en su camioneta blanca y se dirigió hacia la ahora parada e inmóvil cuadrilla. El representante del sindicato y el mayordomo estaban dialogando en voz alta. La Coneja argumentaba que la unión no podía parar la cuadrilla y Enrique decía que se había detenido por su cuenta. El supervisor de campo se les unió. Enrique meneaba su cabeza.

La Coneja gesticulaba y pateaba como demostración teatral de disgusto. El supervisor, un anglo alto de unos treinta y tantos años, permanecía impávido. Finalmente Enrique se dirigió al lugar donde permanecíamos a la espera, ya que nosotros habíamos decidido que era hora de marcharnos a casa.

—Compañeros—dijo Enrique,—la compañía quiere que terminemos este campo. Solo una hora más o menos— dijo.

—Chale— (demonios, no), dijo uno de los trabajadores más jóvenes —, ya vámonos.

Entonces Clarence habló —, dile que vamos a trabajar si ponen a uno de los nuestros en las cubas. —Ese hombre— continuó, refiriéndose al que controlaba las cubas —, hace lo que la compañía quiere. Clarence no estaba gritando, pero estaba claramente enojado.

Chuy retomó la idea. —Nosotros controlaremos las cubas, no la compañía—.

Enrique tradujo lo mejor que pudo y le preguntó a los demás qué pensaban.

—¿Que piensan?

Enrique luego le presentó a La Coneja y al supervisor del campo la oferta que la cuadrilla había acordado. El supervisor argumentó. La Coneja pateó la tierra y agitó los brazos unas cuantas veces. Mientras ellos hablaban, la cuadrilla comenzó a moverse hacia el autobús. El supervisor, que no era tan maníaco como La Coneja, accedió a permitir que la cuadrilla dijera quién iba a trabajar en las cubas. Más adelante se discutiría si el acuerdo era para ese día o permanente. Enrique pidió a Mauricio que subiera al camión. El representante luego llamó a todos y estuvimos de acuerdo en terminar el campo.

Terminamos aquel campo sin alegría general.

Chuy musitó: —Pinche fil, aún los gusanos morirían acá.

Se requirieron dolores de espalda y piernas y varios días difíciles, pero finalmente la cuadrilla se puso de acuerdo en algo y se unió. Fue como una especie de punto crítico. Fue algo sobre lo que sentirse bien.

Día libre

Evelia Hernández, quien acostumbraba a incitarme con sus trabalenguas en el deshije, vivía con su familia en una casa justo en la cuadra de las calles Market en Pájaro y pasé algunas tardes incómodas, sentado en la sala con Evelia y su mamá, entre el organizado caos de un hogar con diez niños. Pienso que mi atracción por Evelia estaba entretejida con la imagen romántica de una gran familia latina, con niños juguetones y tranquilos y padres pacientes, una visión no afectada por la realidad diaria de esa vida. Nuestro breve "noviazgo" concluyó pronto al convencernos de que el gran abismo existente entre nuestras experiencias vitales y culturas no podría ser cruzado, utilizando el estrecho puente del reducido vocabulario que compartíamos.

Aquella mañana estaba visitando a Evelia, respondiendo a su invitación informal de una semana atrás. Ella y su mamá eran tímidamente corteses, comimos platos deliciosos de capirotada dulce y discretamente soportamos una conversación inconexa hilvanada con retazos de nuestros dos idiomas, mientras que los hermanos y hermanas menores de Evelia jugaban a subir la montaña con su fortachón y paciente padre, la montaña, quien permanecía sentado en otra esquina de la sala, afable y sonriente la mayor parte del tiempo.

Después de un tiempo pedí permiso y me dirigí a la calle Market, donde me tropecé con Clarence. Estaba ataviado con su mejor atuendo de fin de semana. Había recién adquirido una lima y una funda nueva para su cuchillo brocolero en Farmer Joe's, la pequeña tienda ubicada cerca de la línea del tren y del antiguo barrio chino.

La calle Soledad, la "avenida principal" del barrio chino, había sido el corazón comercial de una vibrante, aunque modesta comunidad china en un vecindario colindante al cercano Carr Lake. La zona había sido popular para comer, entretenimiento y zona de juegos para la población trabajadora local. A principios del siglo pasado los trabajadores agrícolas filipinos encontraron en su creación un respiro de sus duras tareas. La sociedad formal de Salinas miraba al barrio chino con repugnancia. Pero si fuéramos a creer en John Steinbeck, eso no impedía que algunos de la "respetable" comunidad, se complacieran con los servicios de sus célebres burdeles.

Los trabajadores agrícolas chinos que se asentaron en Salinas, contribuyeron a establecer las bases para lo que se transformó en una próspera industria de verduras. Pero la aprobación de la *Asian Exclusion Act* (Ley de Exclusión Asiática) en 1882, interrumpió el flujo de chinos que alimentaba una comunidad que fue disminuyendo y prácticamente desapareció. Para 1970 apenas quedaba el fósil del barrio chino, una hilera de desvencijados y decadentes edificios que protegían a los vagabundos entre sus sombras. Un restaurante chino permanecía abierto y su adornado, aunque antiguo interior en madera, hablaba de un pasado elegante y próspero.

El edificio que alojaba a Farmer Joe's también tenía su historia. Antes de la Segunda Guerra Mundial, era el corazón de una pujante comunidad japonesa. Uno de los negocios propiedad de los japoneses de esta zona de la calle Market era administrado por un "issei", un japonés americano de primera generación. Katsuichi Yuki llegó a Estados Unidos cuando era apenas un joven, a principios de siglo. De acuerdo con los descendientes de Katsuichi, este trabajaba en el Palace Hotel en San Francisco en 1906, cuando una fatídica mañana de abril las paredes comenzaron a sacudirse y el yeso comenzó a caer de los ornamentados cielos rasos. A medida que el fuego que siguió al gran seísmo se acercaba al hotel para consumirlo, Katsuichi salió corriendo y no se detuvo hasta que llegó a San José, a cuarenta y cinco millas hacia el sur.

Cuando tenía unos cuarenta años, Katsuichi se radicó en Salinas y comenzó a operar una modesta finca cerca de pueblo de Speckels. Luego se casó con una adolescente "desposada por fotografía" (seleccionada escogiendo fotos suministradas por un casamentero) de su tierra natal y comenzó a levantar una familia con mano firme. Más tarde, cuando él y su esposa desarrollaron una extraña alergia a la tierra de la zona, él abrió una tienda en el pueblo. La tienda ofrecía pescado fresco de la cercana Bahía de Monterrey. Katsuichi se preciaba de tener el pescado más fresco del pueblo.

Katsuichi se convirtió en un respetable miembro de la comunidad japonesa. Aquella condición se mostró un arma de doble filo. En febrero de 1942, Katsuichi fue arrestado por el FBI en la primera ronda de apresamientos destinada a privar a la comunidad japonesa de sus dirigentes, a raíz del ataque a Pearl Harbor.[1]

No obstante, aquel día, parado con Clarence frente a Farmer Joe's, yo no sabía nada de aquella historia. Solo sabía que los dos hermanos palestinos que ahora administraban la tienda, dominaban el inglés y el español y se comunicaban impresionante y afablemente con su variada clientela. Clarence tenía un periódico doblado debajo del brazo y un estómago que anhelaba ser "entretenido". Por tanto, nos dirigimos al Rodeo Café.

Cuando nos sentamos él abrió el periódico por la historia en primera página de Angela Davis, la activista negra que estaba esperando juicio, acusada de suministrar armas para una especie de fuga de prisioneros. Yo conocía algo de aquella historia. Había seguido los hechos desde el momento en que George Jackson, Fleeta Drumgo y John Clutchette fueron acusados de dar muerte a un guardia, en venganza por el asesinato de tres activistas negros presos en la prisión estatal Soledad, que estaba en medio del valle a pocas millas de Salinas.

Los tres "hermanos de Soledad", como se les conoció, fueron transferidos a San Quintín donde estaban esperando juicio. A principios de ese mismo verano, George Jackson, un miembro del Black Panther Party y un revolucionario respetado por gente de dentro y de fuera de las prisiones norteamericanas, había sido baleado por guardias de San Quintín, durante un supuesto intento de fuga. Era aparente para cualquiera que seguía el caso y conocía la persecución y el asesinato de activistas negros, que él había sido deliberadamente abatido por las autoridades.

Luego Jonathan el hermano de Jackson intentó liberar a los dos hermanos de Soledad en la sala de un tribunal de Marin. Jonathan, el Juez Harley y los prisioneros William Christmas y James McClain murieron cuando la policía abrió fuego sobre una furgoneta, mientras intentaban huir. Ángela Davis estaba ahora siendo acusada de suministrar las armas a Jonathan. Clarence también seguía el caso y deseaba saber lo que yo opinaba al respecto. Eso dio pie a una larga conversación que mantendríamos durante semanas, dentro y fuera del trabajo.

El asunto de la raza, las divisiones raciales, el movimiento de los derechos civiles y el movimiento de liberación negro, eran las claves de mucho de lo que acontecía en los Estados Unidos en aquellos días. Aquellas eran cosas que habían cambiado mi vida, mi perspectiva del mundo y mi concepto de los Estados Unidos. Así que fue algo valioso para mí, cuando Clarence y yo comenzamos a intercambiar opiniones y relatos.

No creo haber meditado mucho en mi propio trasfondo social antes de aquellas charlas con Clarence. Ellas me ayudaron a entender algunas cosas respecto a mí mismo. Yo crecí en Long Beach, una ciudad con una gran población negra, pero apenas sabía que vivían negros allí hasta que fui a la escuela superior. Aunque era una de las mayores y más antiguas comunidades latinas que vivía en el cercano San Pedro, tampoco supe lo que era un mexicano o un chicano hasta la universidad. Me pareció de repente que la educación era algo acerca de proteger a la gente de la realidad. Yo conocía muy poco sobre la historia de California. Y mucho menos acerca de la división de colores y orígenes raciales surgidos en Estados Unidos. El movimiento de derechos civiles constituyó un gigantesco despertar para la sociedad. Para mí ciertamente lo fue.

Le conté a Clarence acerca de mi propio trauma étnico; cómo los chicos de mi escuela secundaria tenían el juego de tirar centavos al piso, que quedaban allí porque cualquiera que recogiera un centavo era un "judío". Ver un centavo en el suelo era una experiencia aterradora. Vivía con el temor de que alguien se enterara de que yo era "judío". No había nadie a quien pudiera acudir, por lo que guardé aquel temor para mí.

Un día todos mis temores se me echaron encima. Algunos chicos que conocía y que pensaba eran mis amigos, me lanzaron centavos en la fila de la cafetería. Cuando me di vuelta, me miraron ferozmente, "¡judío apestoso!" Habían descubierto mi secreto. Yo no reaccioné en forma indignada. Más bien, sentía una profunda vergüenza y bochorno y un fuerte deseo de esconderme. De allí en adelante traté de evitar toda discusión acerca de religión u origen étnico y cualquier cosa que pudiera llevar al descubrimiento de ese secreto. Yo no sabía entonces que otras personas sufrían a causa de prejuicios mucho más profundos. No tenía idea de que alguien haría o podría hacer algo al respecto, hasta que el movimiento por los derechos civiles surgió en la conciencia pública.

El movimiento por los derechos civiles fue el amigo de todo aquel que sufrió el azote de la discriminación. Ese fue el origen del sentimiento de fraternidad que sentí. Yo no era muy consciente de aquello, pero recuerdo que en la escuela superior nada me enfurecía más que el prejuicio que observaba dirigido contra de los negros y otros. Eso me motivó a buscar respuestas. Nunca acepté el argumento de que todo aquello "era parte de la naturaleza humana". Únicamente cuando comencé a adquirir un mejor sentido de la historia y del desarrollo de la sociedad fui capaz de recabar argumentos para desmentir tales conclusiones erradas.

Clarence ahora contribuía a mi entendimiento de cómo funcionaban las cosas en América. Mi educación familiar distaba millones de millas de la de Clarence. Su familia había trabajado en los campos de aparcería en los estados del sur. Pero ganarse la vida era difícil y constantemente se enfrentaban a las injusticias arbitrarias del sistema Jim Crow y al constante terror a los linchamientos, palizas y acoso que eran parte de la vida de los negros durante la segregación. Me di cuenta de que las experiencias de Clarence con la discriminación hacían mis encuentros con el antisemitismo parecer una merienda en el parque.

Clarence abandonó el sur cuando los negros estaban siendo reclutados en el norte, para trabajos durante la guerra. Su familia se mudó al Norte en 1941, el mismo año que los braceros se dirigieron allá para trabajar en los sembrados y en los ferrocarriles. Por alguna razón él fue descalificado para el ejército y terminó en los muelles de San Francisco, lijando y reparando fondos de barcos en los astilleros de Hunters Point. Más tarde, se afilió al sindicato de estibadores (ILWU) y permaneció allí hasta que vino a Salinas.

Durante la Segunda Guerra Mundial, los empleos que habían estado cerrados a los no blancos comenzaron a abrirse. Esto fue así porque su mano de obra se hizo necesaria. Cuando la gente habla acerca de aquella guerra y del "heroísmo" de todo aquello, rara vez si acaso, mencionan que hubo cientos de miles de personas negras que fueron a trabajar a las fábricas y astilleros y que los cientos de miles de mexicanos que vinieron a trabajar a los campos y los ferrocarriles, hicieron posible el esfuerzo guerrero y la victoria de Estados Unidos. Como casi todo en la "arrogante historia" de los Estados Unidos, aquel fue un logro alcanzado sobre las espaldas de gente explotada y oprimida, que apenas es mencionada en su historia.

Clarence no era un radical en lo político. No se consideraba a sí mismo alguien que auspiciara u organizara algún movimiento para cambiar la sociedad. Aunque sus quejas personales con la sociedad eran a simple vista mucho más profundas que las mías, él era de una generación anterior y no tenía ni el fervor ni la esperanza que marcaba a mucha de "la gente de los sesenta" como yo. Para nosotros era algo que estaba en el mismo aire que respirábamos. En ocasiones nos hacía temblar de furia y nos llenaba de una inquieta impaciencia por justicia. Pero no tenía nada que ver con nosotros en un sentido general. Era el producto del mundo en convulsión en el cual estábamos alcanzando la mayoría de edad.

Simplemente "cortando bajo la lluvia"...

El brócoli puede ser cosechado bajo la lluvia. Provistos de botas de goma y de "impermeables" amarillos, estábamos preparados para la lluvia. Hacia el final de la temporada de cosecha, había días lluviosos en que los campos se enlodaban tanto que las maquinas se atascaban y nos atábamos sacos en la espalda para echar en ellos el brócoli, lanzándolo sobre nuestras cabezas. Chapotear en un terreno fangoso, manteniendo apenas el equilibrio, era un trabajo duro. Después de algunas horas de aquello, desaparecía toda la alegría de la tarea y la fatiga se multiplicaba por el interminable tiempo que tomaba llenar las cubas, ocupando cada espacio de nuestro pensamiento consciente con una preocupación irreprimible, "¿cuándo infiernos vamos a salir de aquí?"

Aunque la compañía pagaba un pequeño incentivo por cortar brócoli en aquellas condiciones, aquello apenas compensaba las desventajas de esa situación. El brócoli, igual que muchos cultivos, no podía dejarse en la tierra mucho tiempo. Pero eso era un problema de la empresa, no nuestro. Las condiciones del mercado eran tomadas en cuenta en sus decisiones. Pero, ¿qué nos importaba eso? ¡Los elevados precios del brócoli para ellos, únicamente significaban más sufrimiento para nosotros!

Un día, una lluvia especialmente fuerte bombardeó el campo, convirtiéndolo en un brebaje pantanoso. El viento impulsaba la lluvia en ráfagas. Ahora contábamos con una rotación del encargado de las cubas seleccionado por la unión, un derecho ganado a la empresa. Cuando la humedad no permitía que la máquina funcionara, el encargado de las cubas era responsable de estar en la caja del camión, tomar con una mano la cuba, jalar los sacos de las espaldas de la cuadrilla y echar el brócoli en los cajones. Sucedió que aquel día me tocaba estar en la caja del camión y estaba tratando de agarrar rápidamente los sacos de las espaldas, lo mejor que podía. La cuadrilla se las arreglaba para tambalearse por el sembrado siguiendo al camión, pero se estaba haciendo más difícil navegar con sus pesados sacos. Un miembro de la cuadrilla llamado Rafael, también conocido por sus apodos —Puerto Rico, o Chaparro por su baja estatura, quizá tenía unos cinco pies y tres pulgadas— estaba cortando detrás de la cuadrilla en movimiento cuando de repente desapareció. Se escuchó una voz pidiendo ayuda enérgicamente en medio del ruido de la lluvia

—¡Ayúdenme, ayúdenme cabrones!— con un acento que inconfundiblemente no era mexicano.

Chapoteando hacia el camión, los miembros de la cuadrilla encontraron a Puerto Rico en el suelo, con una de sus botas de lluvia atascada hasta la rodilla en el lodo. Varios se esforzaron para desatascarlo y colocarlo sobre tierra firme mientras Puerto Rico vociferaba maldiciendo la lluvia, el lodo, el brócoli, la empresa y todo lo demás que directa o indirectamente fuera culpable de su incómoda y vergonzosa caída.

Después de algunos otros resbalones en el lodo y después que Clarence llevara su saco al camión, se dirigió hacia el autobús. Sin proferir grito alguno, la cuadrilla se dirigió al autobús detrás de él. Lo máximo que pudo hacer el mayordomo, La Coneja, fue convencernos a terminar las cubas pendientes y que eso sería todo por ese día.

—¡OK, OK, no quieren trabajar más! ¡No más, no más OK, OK!— se lamentó él. Así que todos subimos al autobús mientras él consultaba con su jefe de campo. La Coneja dijo que era hora de terminar el día, sabiendo muy bien que nunca iba a hacer que volviéramos al campo. Igual que muchas experiencias desagradables físicamente, trabajar en el brócoli con lluvia tenía su ventaja; ¡el alivio de estar bajo techo, secándonos!

SOLDADOS PUERTORRIQUEÑOS

Trabajé en la cuadrilla de D'Arrigo hasta principios de diciembre y cuando concluyó el trabajo me fui a una escuela de tractoristas. Una mañana a principios de enero fui a la calle Market a desayunar en un pequeño lugar donde servían grandes platos de huevos rancheros. Antes de llegar a Salinas rara vez consumía comida picante, pero ahora estaba desarrollando adicción a la salsa picante y los jalapeños, al punto de que raramente comía sin ellos. Estaba no más comenzando un saludable plato de arroz y frijoles refritos con tres huevos fritos, cubiertos de queso y salsa roja además de algunas suaves tortillas calientes hechas a mano, cuando vi a Clarence que pasaba frente al lugar. Él no estaba trabajando, vivía de lo que había ahorrado durante la temporada de cosecha. Di unos golpes en la ventana y le hice señas para unirse a mí. Él entró, vestido menos formal que de costumbre y sin su sombrero negro.

—¿Qué haces aquí?— preguntó fingiendo seriedad.

—Te iba a preguntar lo mismo— contesté. —¿Estás tratando de pasar desapercibido sin tu sombrero para que nadie te reconozca, eh?— dije yo.

—El hambre me hizo salir por la puerta antes de que pudiera agarrarlo— me aseguró.

—¿Por qué tienes tanta hambre? ¿Anoche soñaste que estabas trabajando en el brócoli?— le pregunté.

—No. Estaba bailando. En Maida's, sabes dónde está Maida's, más abajo en la Market—.

Se volvió hacia el cocinero que estaba frente a nosotros con su descolorido delantal blanco y su libreta de pedidos. —Me trae lo mismo— dijo Clarence señalando mi plato.

Maida Bamboo Village era una guarida popular para los trabajadores del campo.

—No sabía que te gustaba la música de salsa, Clarence.

Me enteré de que Clarence iba allí de vez en cuando, por lo general a sentarse, tomar unos tragos y a escuchar música que iba desde salsa a merengue y a ritmos tradicionales rancheros y mariachis. Clarence estaba desarrollando cierta afición por esa música, aunque prefería el jazz y los blues, algo que únicamente podría conseguirse si uno viajaba a Seaside o a Monterrey. Maida's tenía la ventaja de estar a un corto paseo del centro de Salinas.

Clarence había conocido a unos soldados puertorriqueños la noche anterior y terminaron brindándose tragos. Los jóvenes soldados bromearon con Clarence y finalmente hicieron que bailara con algunas trabajadoras del campo que habían venido a pasar el tiempo.

—¿Pues qué te cuentan los soldados?—le pregunté.

—Estos camaradas odian el ejército. Solo están esperando para abandonarlo

—¿Son reclutas?— le pregunté.

—No. Están regresando de Vietnam. ¿No acabo de decir que están esperando para irse?

—¿Y están en Ord? Me sorprende— le dije—.A la mayor parte de los veteranos de Vietnam no les permiten quedarse en la base, los mandan a Hunter Liggett, para que no contaminen a los reclutas.

—Hunter Liggett?— dijo Clarence inquisitivamente.

—Sí, está allá por Greenfield, en Los Padres, un centro de pruebas para nuevos equipos militares, en medio del bosque. Envían allí a los veteranos de Vietnam para mantenerlos fuera de la base de entrenamiento. Lo que estropearía un recluta, es ponerlo en contacto con alguien que aprendió de primera mano el engaño que es esta guerra y que no tiene miedo de reconocer a sus 'superiores' utilizando un saludo con el dedo del medio. Clarence se rió con aquello.

—¿Cómo sabes todo eso?— inquirió.

Entonces le conté cómo había estado trabajando con un grupo de veteranos de Vietnam, activistas y revolucionarios antiguerra en una cafetería GI cerca de Ord. Como transfondo le conté cómo se inició el proyecto de la cafetería y sobre un otro proyecto en la base de marines del campamento Pendleton que había comenzado a conectar con la rebeldía de los soldados de ahí. La labor en Pendleton se inició cuando una mujer americano-japonesa, Pat Sumi y un anglo-americano, Kent Hudson, se mudaron cerca de la base desde Los Ángeles. Ellos comenzaron a entregar panfletos contra la guerra a los soldados y pronto contaron con un grupo de marines negros que comenzó a organizarse. La voz se corrió. En poco tiempo había soldados de muchas procedencias organizándose. Iniciaron un grupo que llamaron Movimiento para un ejército Democrático (Movement for a Democratic Military-MDM). Contaban con un programa de diez puntos que imitaba en cierto sentido al programa de los Black Panthers. Desde Pendleton se extendió a Fort Ord.

Una de las cosas que más me inspiró acerca de todo esto, le dije a Clarence, fue el hecho de que soldados negros, latinos y blancos comenzaron a trabajar unidos. Para muchos de ellos todo comenzó en Vietnam cuando algunos soldados descubrieron que el odio que compartían por la guerra y el ejército, era más fuerte que cualquier aparente diferencia entre ellos. Observé a soldados blancos en Ord que habían desarrollado un profundo odio por el racismo a través de sus experiencias trabajando con otros soldados. Eso incluía a algunos soldados blancos provenientes del sur. Ellos comenzaron a entender que el prejuicio contra soldados de otras razas también los perjudicaba a ellos. Eso permitía que los superiores los controlaran a todos. Le conté así mismo a Clarence la gran lección aprendida allí entre los soldados.

Había aquel soldado con quien trabajé, un puertorriqueño llamado Ace Cedeño. Era un tipo despreocupado, pero también serio. Ace había sido parte del MDM en Ord desde sus inicios. Pero un día en la cafetería se acercó a algunos de nosotros civiles y dijo:—Hemos estado trabajando juntos por algún tiempo, pero esto se va a acabar ahora. No vamos a trabajar más con la cafetería ni con el MDM. Les digo esto solamente porque ya hemos estado juntos un buen tiempo.

—¿Qué pasa Ace?— le preguntamos.

—Bueno, les contaré, porque como dije, hemos trabajado juntos, así que les debo eso. Algunos de los muchachos hemos estado hablando, y llegado a la conclusión de que los civiles han estado usándonos a los soldados enrolados.

—¿Cómo es eso?—, le preguntamos.

—Para construir su organización, para fortalecerse ustedes.

Nos quedamos atónitos, realmente sorprendidos con aquello—. ¿Cuándo llegaron ustedes a esa conclusión, qué provocó eso?

Eventualmente se supo que uno de los civiles que trabajaba en la cafetería había convocado a algunos soldados.

—Él nos invitó a consumir ácido con él—, dijo Ace. — Solo íbamos a pasar un buen rato, relajarnos y disfrutar y él tenía un buen producto. Todos estábamos volando y divirtiéndonos, pero entonces la conversación se puso seria. Y él nos dijo algunas cosas acerca de cómo trabajan los civiles involucrados en este tipo de proyectos y cómo utilizan a los soldados, especialmente a las minorías. Nos dio ejemplos de otras bases. Nos hizo sentir paranoicos respecto a como estábamos siendo usados.

Discutimos con Ace y logramos que accediese a reunirse con nosotros y con otros soldados del MDM para debatir. Habíamos trabajado bastante juntos y él sentía que le debía por lo menos eso a la organización.

Resultó que no todos los soldados de más relevancia habían sido invitados a aquella "reunión" con el voluntario de la comunidad. Ninguno de los soldados blancos fue invitado, y varios de los más destacados soldados negros organizadores tampoco fueron invitados. Aquellos soldados se enfurecieron al escuchar lo sucedido en la reunión con el presunto voluntario. Los soldados negros no invitados eran los mejores líderes políticos del grupo. Con anterioridad, cuando surgían tensiones de carácter racial entre los soldados, ellos tomaban la iniciativa de reunir a todos para debatir las cosas.

Varios días después nos enteramos de que aquel voluntario había ido a Hunter Liggett, donde el MDM tenía un grupo entre los veteranos de Vietnam y que había sido generoso con drogas y luego intentó abusar sexualmente de una de las mujeres del personal. Cuando aquello se supo la situación cambió drásticamente. Los soldados que habían estado en la sesión del ácido ahora se pusieron muy furiosos. Tuvimos que calmarlos. Una reunión de soldados del MDM concluyó que había algo muy confuso con el "individuo de la comunidad". Le invitamos a una reunión para que explicara lo que estaba haciendo. Cuando se presentó, encontró un hostil grupo de jóvenes soldados con algunas preguntas incisivas. Se celebró una especie de audiencia.

Él fue confrontado con acusaciones acerca de eso y de su intento de ataque sexual en Hunter Liggett. Él negó las acusaciones, pero su credibilidad descendió a cero. Se le dijo que se marchara y que jamás volviera por la cafetería o a cualquiera de las actividades del MDM o de otra forma sería tratado de manera menos amable. —Así que— le dije a Clarence—, aprendí mucho de aquella experiencia respecto a cómo la gente realmente desea romper todas esas barreras, pero existen esfuerzos coordinados para impedir que eso suceda. Pero no te he contado lo mejor. Unos seis meses después de los incidentes que acabo de describir, yo andaba manejando por Seaside y vi a nuestro voluntario de la comunidad. Estaba vestido con el uniforme de la policía de Seaside. Supongo que simplemente había estado haciendo algún trabajo ¿para el FBI?

ESCUELA DE TRACTORES

Aquel invierno asistí a la escuela de tractores como parte de un programa del gobierno, que pagaba los gastos de manutención a los trabajadores agrícolas que deseaban ser adiestrados para otras tareas. Pero el programa tenía un defecto que ponía en duda su objetivo definido. Era realizado totalmente en inglés. No hace falta decir, que había pocos obreros agrícolas entre nosotros. La mayor parte de los alumnos eran jóvenes que habían crecido en Salinas que se habían dado de baja de la escuela superior y trataban de adquirir destrezas laborales.

El currículo consistía en instrucción teórica por las mañanas sobre mecánica de motores diésel y de gasolina, además de otros asuntos concernientes al equipo que estábamos aprendiendo a usar. Después revisábamos algún equipo, un tractor con un gran conjunto de arados, un buldozer, una motoniveladora y así por el estilo y nos dirigíamos a un gran solar donde practicábamos moviendo montones de tierra. Le dábamos un mordisco a un montón y lo movíamos a otro lugar. O teníamos que preparar un camino a través de un montón. Si estábamos utilizando un tractor, teníamos que practicar arando un campo cosechado o haciendo surcos en alguna parcela medianamente nivelada, preparándola, por así decir, para la siembra. Las cosas que aprendí eran prácticas, pero no tenía interés real en realizar ese tipo de trabajo y solo una vez trabajé brevemente manejando un tractor, así que la mayor parte de lo que aprendí quedó sin uso. En realidad, yo estaba allí principalmente para obtener algo de dinero en una época en que el trabajo en los campos había en gran media concluido.

Dediqué la mayor parte del tiempo a manejar los equipos, por lo que no tuve mucho tiempo de conocer a muchos de mis compañeros de clase. Un grupo de alumnos de mecánica permanecía en el taller diésel, que estaba a mitad de camino entre los buldozer y tractores y el salón de clases. Durante la hora de almuerzo a veces pasaba por el taller y me detenía a conversar un poco. Pero no me sentía a gusto entre ellos. No era que no tuvieran buen sentido del humor. Ellos podían bromear con cualquiera. Pero las actitudes de algunos de los alumnos no me gustaban. Ellos estaban contra los mexicanos por una cosa. Se quejaban bastante de las huelgas y del movimiento sindical y repetían rumores estúpidos como si fueran verdades de Dios. A menudo algunos tenían que ver con César Chávez, quien a su entender, o era un gran manipulador enfocado en controlar los suministros de alimentos de todo el país o un agente de una potencia extranjera, probablemente Rusia, enviado para incitar a los de lo contrario felices obreros agrícolas. Ninguna historia parecía extravagante cuando llegaba a la amenaza de los trabajadores agrícolas. Ellos no sentían mucho aprecio por el hecho de que los trabajadores agrícolas mexicanos sostuvieran la economía local y produjeran sus alimentos. En lo que a ellos concernía, a los trabajadores agrícolas les iba muy bien y su rebelión era señal de ingratitud. Aquellos que hablaban eran jóvenes obreros, pero eran las palabras de los rancheros las que salían de sus bocas.

Mis opiniones respecto a dichos temas no eran recibidas con mucha aceptación. Cuando un día mencioné que había pasado el verano anterior deshijando lechuga, recibí la misma respuesta que me imagino habría obtenido si les hubiera dicho que acababa de estacionar mi nave espacial, detrás del taller mecánico. Ellos no hablaron mucho, pero sus expresiones decían—¿Qué fue que hiciste?

Me hice amigo de Faustino, uno de los alumnos, un joven filipino. Admiraba sus conocimientos sobre mecánica y cosas mecánicas en general. Él era además un cazador incansable, y no hacía mucho que lo conocía, cuando insistió en que fuera con él a cazar. Tenía sentimientos encontrados respecto a la cacería, pero fui con él por la experiencia. Un atardecer tomamos una carretera que atravesaba las colinas Gabilans hacia el este del valle. La claridad del anochecer se esfumó mientras cruzábamos por la sinuosa ruta a través de pastizales, arbustos y un robledal enano. Tomábamos una pronunciada curva en la carretera cuando un venado entró al pavimento frente a nosotros. Fiel al cliché, el venado quedó deslumbrado por las luces, sus ojos, grandes y curiosos, la reflejaron, enviándola de vuelta a nosotros. Faustino detuvo el camión. Él tenía su rifle en el asiento entre nosotros y lo tomó, abrió su puerta y de un disparo derribó al venado sobre el pavimento. Eso fue todo. Arrastramos el venado a la parte de atrás del camión y con algún esfuerzo lo subimos a la plataforma, cubriéndolo para ocultarlo de algún guardia forestal que pasara por allí. Aparentemente, cazar en la oscuridad, aparte de ser antideportivo, era ilegal. No recuerdo con exactitud si era eso o si estábamos cazando fuera de temporada.

Ya dije que tenía sentimientos encontrados respecto a la caza. Pero yo como carne, por lo que supongo que mis dudas son en cuanto a la caza en sí. Si se caza para comer y no por deporte, puedo estar de acuerdo, aunque no sea algo que yo practique. Llevamos el venado hasta el garaje de Faustino donde él hábilmente lo desolló y lo cortó para consumirlo. Me sentí muy impresionado con aquello. Pude llevarme un saludable pedazo de carne de venado a la casa donde continuaba viviendo con FJ, Julie y Aggie, y disfrutamos de unas buenas comidas con ella.

El padre de Faustino había trabajado en los campos, por lo que me sentí cómodo conversando con él respecto a mi situación y a lo que me llevó a Salinas. Faustino era algunos años menor que yo y no había tenido contacto con ningún movimiento político de izquierda, pero aquello despertó su curiosidad. Le comenté acerca de mi propia ambivalencia respecto a la caza y de mi experiencia con las armas, algo que halló divertido. Yo me había unido a la *Coast Guard Reserve* (Reserva de la Guardia Costera), porque no tenía interés alguno en ir a Vietnam. Mi cuñado y mi primo me habían precedido en la Guardia y mi cuñado se refería a ella llamándola sarcásticamente "la marina judía", porque muchos jóvenes judíos tomaban esa ruta para evitar la guerra. Mis opiniones sobre la guerra eran entonces bastante neutrales. Yo no había oído ni leído nada al respecto que me hiciera pensar que era noble o que valiese la pena. Por otro lado, realmente no sabía mucho respecto a porqué comenzó o por qué estaban los Estados Unidos allí.

La Guardia Costera perecía bastante inocua, pero es militar y su entrenamiento básico imitaba el de los marines, lo que significa que era una condenada basura mental. Como le dije a Faustino y a cualquier otro que estuviera dispuesto a escuchar mi opinión, no hay nada glorioso respecto al ejército estadounidense. Allí estuvimos en entrenamiento básico por ocho semanas durante la época de la guerra y no escuchamos nada que la justificara racionalmente de ninguna manera. Ningún historial, ningún antecedente, ninguna lógica. En la época se nos dijo que los Estados Unidos estaban allí para detener la agresión norvietnamita contra el sur, pero nada sustentaba esta afirmación. ¿Por qué estaban los Estados Unidos interesados en eso? Sin embargo marchábamos gritando—Quiero ir a Vietnam, quiero matar al Viet Cong. Algo inspirador. A menudo se hablaba de los vietnamitas llamándolos *"gooks"* (despectivamente, asiáticos). Si estábamos tan preocupados por ellos, ¿por qué utilizábamos apelativos despectivos para referirnos a ellos? De modo que fue en la Guardia Costera, sin ninguna otra influencia, que decidí que yo era un pacifista.

Un día nuestra unidad de entrenamiento básico fue llevado a Camp Roberts, una base de entrenamiento de la reserva al norte de San Luis Obispo, para practicar con el M-1. Recibí la peor calificación de nuestro grupo en puntería. De hecho me sentí orgulloso al respecto y les dije a los otros de la unidad que eso confirmaba que era un pacifista por naturaleza. Era algo que creía en aquel momento, ya que no tenía otra explicación de por qué me sentía como lo hice. Desde luego, eso no era cierto ya que los conceptos sociales no son innatos. Pero la idea de matar para apoyar al ejército norteamericano no me atraía y no deseaba entrenarme para ello. A los demás reclutas les parecía divertido. A ninguno le importaba que yo fuera pacifista. No existía moral para la guerra. Ningún miembro de nuestra unidad era *gung-ho* (entusiasta y dedicado). Ni siquiera los marineros que habían firmado para servicio regular tenían esa moral. Mi compañero de litera, por ejemplo, se unió a la Guardia Costera para evitar ir a la cárcel por robar radios de autos. Ciertamente una parte de la falta de entusiasmo general respondía a que estábamos en la Guardia Costera y yo creo, que muchos de los reclutas estaban en ella porque tenían muy pocos deseos de ir a pelear a Vietnam. Sabíamos que no tendríamos que ir allá a pelear.

Cuando terminé el entrenamiento básico, era un pacifista. Sin embargo, más tarde aprendí otras cosas acerca de la guerra y de su historia y me convencí de la honradez de la lucha vietnamita. Entonces tuve que enfrentar una contradicción. Yo era un pacifista, pero no podía condenar a los vietnamitas por pelear contra lo que yo veía como una agresión criminal contra ellos. Por tanto, llegué a la conclusión de que la violencia se justifica por algunas razones. Había guerras justas y guerras injustas. Luego leí cosas respecto a Malcolm X y a su postura respecto al derecho de las personas negras de defenderse contra el Ku Klux Klan y la violencia policial. Nuevamente tuve que estar de acuerdo en que tenían el derecho de hacerlo, igual que los Black Panthers que defendían su derecho a armarse contra los violentos ataques de la policía.

Cuando comencé a trabajar en la cafetería GI, gran parte de nuestros empleados eran veteranos de Vietnam y entre ellos habían soldados de combate y marines. Ellos naturalmente estaban familiarizados con armas. Y nosotros teníamos armas en la cafetería para protección. Eso puede que nos haya salvado de una situación posiblemente difícil.

Un día, nos enteramos que Jane Fonda venía a visitar Fort Ord y la cafetería como parte de una gira de actividades antiguerra que estaba filmando el autor y abogado Mark Lane. Corrimos la voz en la base para que los soldados vinieran y participaran en un diálogo con Jane y su personal sobre la guerra. Algunos soldados se presentaron para hablar con ella. Mientras el grupo estaba ajustando las luces y el equipo para la filmación, miembros de una pandilla local de motociclistas, los Monterey Losers, se presentaron en la cafetería y la invadieron. Llegaron portando porras, látigos y cuchillos. Quizá tenían algunas otras cosas ocultas. Tan pronto como entraron, comenzaron a intimidar a la personas, amenazando con destruir el local. Jane y el equipo de filmación pudieron recoger sus cosas y escapar por la entrada trasera.

El jefe de los Losers era un tipo indeseable que respondía al nombre de "*German George*". A él le gustaba pasearse con una gran esvástica de metal colgando de su cuello. Pues bien, George estaba pavoneándose por la cafetería y le dio por ir a la parte de atrás donde teníamos la oficina, un lugar solo para empleados, pero el forzó su entrada. Afortunadamente un atento miembro del personal, un combatiente veterano, había ido a la oficina y estaba allí cuando German George empujó la puerta. El veterano que se llamaba Steve Murtaugh sacó una escopeta del armario donde estaba guardaba y cargó la recámara. Se pudo escuchar en toda la cafetería el amartillado peculiar que hizo la escopeta. Steve apuntó a la cabeza de German George y le dijo que cualquier paso de más que diera, podría tener consecuencias negativas para su salud o algo parecido. German George decidió no poner a prueba la sinceridad de Steve y salió de la oficina llevándose a su pequeña banda de malhechores con él.

Curiosamente, la policía se presentó poco después de que la banda se fuera, confundida y sin idea de qué hacer. El daño estaba hecho y tal vez los *Losers* habían logrado lo que se habían propuesto hacer. Pero me alegré de que Steve hiciera lo que hizo porque las cosas podían haberse puesto feas para nosotros.

Por todo el país las organizaciones anti-guerra, radicales y revolucionarias estaban siendo atacadas físicamente. Un marine opuesto a la guerra de Camp Pendleton, al norte de San Diego, fue baleado en un ataque desde un auto a una casa dirigida por activistas y soldados del MDM. Las oficinas de los Panteras Negras estaban siendo atacadas violentamente por la policía en muchos lugares por todo el país. La policía estaba asesinando a muchos activistas políticos y dirigentes, a algunos descaradamente. Eso hizo que la gente adoptara medidas para defenderse y tenía derecho a hacerlo.

VILLA STREET

Al final de aquel invierno me mudé de la casa de FJ, Julie y Aggie, trasladándome a una pequeña casucha de madera en la calle Villa, en un reducido patio de casuchas al otro lado de un parque, compartiéndola con Kenny, un amigo de los tiempos de la cafetería en Seaside. Kenny, intenso y extrovertido, se había unido al personal de la cafetería a principios de la primavera de 1970 y luego se alistó en el ejército para realizar trabajos de organización en la armada. Incluso fue enviado para entrenamiento a Fort Ord y se convirtió en un miembro activo del MDM. Los militares estaban controlando a los soldados activistas. Con Nixon, El Pentágono decidió limpiar sus filas de agitadores. En pocas semanas, prácticamente todos los soldados que se habían relacionado con el MDM, fueron sumariamente dados de baja y expulsados de la base, Kenny entre de ellos.

Al realizar esa purga, las autoridades militares a menudo dieron de baja por mala conducta a los soldados negros activistas, mientras que a los blancos activistas fueron dados de baja que después de algún tiempo se convertían en honrosas, de esa forma concedían a los blancos otra ventaja en un mundo en que el estado de licencia era un concepto importante para emplear a alguien.

En 1969, se me dio una baja general en la base de la Guardia Costera de Government Island en Alameda. Yo había tenido numerosos roces con superiores, por repartir literatura antiguerra durante las sesiones de entrenamiento de la reserva. Fui reclamado para el servicio activo como castigo, pero cuando continué con aquellas actividades después de ser reactivado, se me dijo que abandonara la base y que jamás regresara, bajo amenaza arresto por transgresión. Me dieron una baja médica general, que con el tiempo se volvió honrosa. Mientras tanto, los soldados negros que habían servido en Vietnam, pero que a su regreso se habían manifestado contra la guerra, fueron expulsados del servicio con bajas por mala conducta, casi el equivalente, en la práctica, a estar marcado por antecedentes penales.

Alrededor de la fecha en que comencé a trabajar en los campos, Kenny comenzó en la fábrica de azúcar Spreckels, cerca de Salinas. El temperamento activista de Kenny lo llevó a involucrarse en el sindicato de los obreros del azúcar. Allí estuvo activo durante un tiempo difícil y tortuoso, cuando la industria nacional del azúcar estaba moribunda debido a la presión del azúcar de caña importado más barato. Presidió el Sugar Workers Local 180, los años anteriores a que la antigua fábrica fuera cerrada en la década de 1980.

ALFONSO Y DOLORES

Un día, me encontraba en nuestro pequeño patio de la calle Villa, debajo de una furgoneta Volkswagen 1962, que había comprado cuando mi viejo Ford se rindió. Estaba cambiando el aceite cuando una cara apareció al lado del neumático trasero. Tenía la juventud de la mediana edad y llevaba un gorro tejido negro embutido hasta las cejas. —¿Te ayudo, amigo? —ofreció la cara.

—Gracias, estoy bien, pero muchas gracias—le respondí a la cara.

Iniciamos una conversación mientras que yo salía de debajo de la parte trasera de la furgoneta. Enseguida, fui obsequiado con una invitación para cenar en la cabaña que estaba frente a la nuestra.

Durante la cena, conocimos más sobre nuestros vecinos. Alfonso ni siquiera tenía cuarenta años, pero había trabajado en los sembrados casi veinte años y se sentía cansado. Sufría de migrañas y de dolores de espalda. Había trabajado durante algún tiempo en las cuadrillas por contrato de la agotadora lechuga, pero al no poder mantener el ritmo se cambió a trabajar por horas en la coliflor, la cebolla, las maquinas de lechuga, cosechando, deshijando y en la irrigación. Sus problemas físicos le hicieron más pensativo y taciturno de lo que normalmente habría sido. Su pareja de hecho, y su antítesis en muchos aspectos, era Dolores, que trabajaba para Bud Antle como empacadora en las máquinas de lechuga. Dolores tenía la clase de espíritu que haría sonreír a un zombi. Era prácticamente imposible estar cerca de ella sin ejercitar tus músculos del buen humor. Ella poseía una risa fácil y genuina, aprecio por las personas y montones de energía positiva. Creo que ella apoyaba a Alfonso y hasta cierto punto a todo el que estaba cerca de ella.

En mis años en los campos, sería el receptor privilegiado de mucha hospitalidad y generosidad de parte de numerosos trabajadores agrícolas. Descubrí que si visitabas a una de estas familias, era mejor estar preparado para comer. Únicamente un atestado médico certificando la muerte inmediata en caso de consumir alimentos, le permitiría a uno salir sin primero compartir una comida. Por otra parte, ¿por qué alguien querría hacerlo?

Cuando Kenny y yo nos sentamos a cenar con Alfonso y Dolores en su pequeña chabola, idéntica a la nuestra, ocupamos el espacio de lo que era la sala, el comedor y la cocina. Durante la comida de carne asada, nopales, frijoles refritos, salsa y tortillas, la conversación derivó a su curiosidad respecto a mí. Ellos deseaban saber qué rayos buscaba yo en los campos. Esa era una cuestión que me sería preguntada muchas veces en los años venideros. Y no estoy seguro de que mis respuestas fueran comprensibles.

—Estoy trabajando en los campos, bueno, por accidente— dije—. Pero, en realidad estoy aquí ahora debido a la lucha. Cuando veía una señal de desconcierto en sus rostros añadía —por el movimiento.

—Ah. ¿Entonces tú trabajas para la unión?

Yo busqué una respuesta que aún no había elaborado—. Considero el movimiento de los trabajadores agrícolas como parte de la lucha para crear una sociedad mejor. Creo que necesitamos luchar por un mundo más justo. Deseo ser parte de eso.

Kenny y yo explicamos nuestros puntos de vista respecto a la sociedad y porqué creíamos que necesitábamos una clase diferente de sistema social, un mundo diferente, que únicamente podría ser establecido a través de métodos revolucionarios.

Lo que también intenté expresar fue la sensación que recién había comenzado a percibir, de que era un alivio estar entre personas cuyos valores se basaban en un sentido de comunidad, en vez de en una visión individualista. Yo crecí en un ambiente de clase media donde la gente era juzgada por sus "logros" o por como habían ascendido de alguna manera por encima de los demás. Es parecido a un chiste que escuché. ¿Cuándo es que los fetos se hacen viables para los padres judíos de clase media? Respuesta: Cuando se gradúan en la facultad de medicina. Hay verdades sociales entrelazadas en eso que lo hace gracioso, así como una cierta cantidad de estereotipos. Pero lo que es claro es que el chiste no tiene sentido para una comunidad de trabajadores agrícolas, en la que las personas están menos sujetas a la calificación en algún tipo de escala del éxito individual. Parecía ser, especialmente en este aspecto del movimiento campesino (así como en un aspecto más amplio del movimiento social de la época), que se daba mucho más valor a la contribución de las personas al esfuerzo conjunto. Los trabajadores agrícolas desean lo mejor para sus hijos, igual que otras comunidades hacían, pero parecía que sus hijos no eran considerados inferiores tanto si trabajaban en los campos, reparaban autos o limpiaban oficinas. Eso no equivale a decir que esos valores de clase media americana, con su énfasis en el ascenso social, no tenían influencia entre los trabajadores agrícolas, lo que sucede sencillamente es que eran otros los valores dominantes.

En algún momento durante nuestra conversación surgió esta pregunta: "¿No habrá algo verdaderamente equivocado en una sociedad que trata a las personas que producen su comida como inferiores?" Esa era una pregunta que yo meditaría y debatiría una y otra vez. Alfonso y Dolores ciertamente pensaban que había algo profundamente mal con el desprecio de la sociedad hacia los que trabajaban en los campos. Ellos, igual muchos trabajadores agrícolas que conocería con los años, estaban orgullosos de la labor que realizaban. También eran críticos con el "consumo excesivo", que la gente de los sectores ricos a menudo perseguía. Para ellos eso no tenía sentido y era despilfarrador.

Pero la sociedad en general constantemente estaba trabajando para promover ciertos valores y a pesar de una gran cantidad de moralización hipócrita, el trabajo duro y una vida modesta no se encontraban entre ellos. Por tanto no se podía decir hasta qué punto Alfonso y Dolores, como muchos obreros agrícolas y personas del llamado bajo nivel, asimilarían la sentencia que hace la sociedad de que si tú estás "allá abajo", entre las filas de los obreros mal pagados, debe de haber algo errado contigo.

Aunque ni Alfonso ni Dolores trabajaban en empresas sindicalizadas, ellos sentían la necesidad de organización y justicia en los campos. Ellos apoyaban el movimiento y participaban en las movilizaciones y marchas de la unión. Fuera de eso, veían la guerra de Vietnam como un engaño perpetrado por los ricos y peleado por los pobres. Consideraban que México, su propio país, era una víctima del depredador poder del norte. —Pobre México —dijo Alfonso riendo, recitando el más famoso dicho del conocido dictador mexicano Porfirio Díaz —, tan lejos de Dios y tan cerca de Estados Unidos—. Yo oiría esta cita textual muchas veces en los años siguientes.

GUSTAVO Y EL IDIOMA ESPAÑOL

Gustavo e Isabel también vivían en nuestro patio de la calle Villa. Gustavo, el más conversador de los dos, era un intelectual de Argentina. No recuerdo las circunstancias que lo habían traído a Estados Unidos. Él era un hombre de complexión delgada, con entradas, cabello canoso y una barbilla que recortaba en forma puntiaguda. Tan solo eso ya le hacía destacar.

Gustavo tenía muchos intereses y con el tiempo, nuestras conversaciones en algún tipo de híbrido entre inglés y español abarcaron numerosos temas. Un día, mientras cenaba en su casucha, Gustavo se apasionó con el tema del idioma. Él estaba profundamente molesto por lo que llamaba el asesinato del castellano (insistía en que este era el nombre correcto de lo que casi todos llamaban español), por parte de los mexicanos. Estaba especialmente indignado por el lenguaje que era hablado por la gente que lo rodeaba, los campesinos. Si hubiera estado a su alcance, habría prohibido completamente a los trabajadores agrícolas hablar castellano, debido a lo ofensiva que encontraba su versión del español.

Esa era una opinión que de inmediato catalogué como estrecha e ilógica. No estaba de acuerdo con la insistencia de Gustavo de que había una forma "correcta" de hablar. Estoy de acuerdo en que algunos individuos quizá hablan incorrectamente. Utilizan palabras en forma inapropiada, y cosas así. (Aunque incluso aquí la línea no es totalmente clara, ya que algunos pueden añadir ingeniosas nuevas formas de hablar. Pensemos en Shakespeare, a cuyo empleo creativo del idioma le debe el inglés moderno decenas de frases y palabras y de uso común). Hay nuevas palabras y frases que continuamente surgen en todo idioma vivo. ¡Alguien debe ser el primero en emplearlas! (Solamente hay que dar un vistazo a los jóvenes de los sesenta, para darse cuenta de la explosión de palabras innovadoras que burbujeaban como si viniesen desde abajo hacia el interior de la cultura). No obstante, al hablar de grandes grupos de personas que tienen su propia manera de comunicarse, ¿en qué sentido podemos decir que eso es incorrecto? El mismo español surgió como un "hijo bastardo" del latín, igual que el francés, el italiano, el portugués y el rumano. ¿Y qué idiomas resultaron ser más flexibles a la larga? Ciertamente no fue el latín.

En Gustavo observé no solamente un prejuicio relacionado al idioma, sino a una clase y quizás a una etnia también. Además, yo estaba aprendiendo el español que él encontraba censurable, incluido, por ejemplo, el multifacético uso de tales palabras "inapropiadas", como *chingar*. Y mi vocabulario estaba ya isiendo sazonado con términos como *chinga, chingado, un chingo, chinga tú. . . un chingazo, chingón, unchingadero, a la chingada, en chinga!*, para mencionar algunos. Palabras como esas eran parte de las expresiones cotidianas y encerraban significados, tanto literales como emocionales, difíciles de definir y por tanto únicos. Por ejemplo, *"¡Ay, qué la chingada!"*, era algo como *"¡Dios mío!"*, pero más visceral, según me parecía. En determinadas circunstancias, en especial si se utilizaban accidentalmente en público, podía ser cómico. *"¡Está chingada!"*, era una forma popular de decir "todo está jodido", ¿y acaso no es más satisfactorio en algunas circunstancias que el más educado "esto está realmente enredado", o "está todo equivocado"? Probablemente era mi propia fascinación por el vocabulario "sucio", o quizá había algún elemento de influencia machista en todo aquello, no lo sé. Aunque diría, que escuché en más de una ocasión a las mujeres en los piquetes y en otros lugares, utilizar un lenguaje tal que, para usar una expresión popular, haría sonrojarse a un marinero, en circunstancias en las que parecía totalmente apropiado.

Los reparos de Gustavo al español mejicano, resonaron en una controversia que surgió años después con los llamados ebónicos y el clamor contra el inglés negro. Pero mis pensamientos al respecto estaban y siguen estando expresados en la pregunta, ¿no es el lenguaje un medio para que las personas se comuniquen entre sí? Si un determinado idioma sirve para esto, ¿cómo puedes afirmar que no es correcto? Se puede decir que es una variante del idioma, una que es adoptada por una determinada población diferenciada. ¿Pero, incorrecto? Eso implica una norma absoluta y en lo que respecta al idioma no existe algo así. Sin embargo, le debo a Gustavo el ímpetu para meditar respecto a un tema de esa naturaleza.

¿CUÁL ES TU PAÍS?

La década de los sesenta encontró su motivo de existir en la reacción contra el racismo y la opresión nacional. Quizá ningún otro asunto definió mejor el radicalismo de la década de 1960, como la rebelión contra la opresión nacional en sus muchas variantes. Al descorrer la cortina de una historia esterilizada, nosotros la "gente de los sesenta", encontramos que la verdadera historia de los Estados Unidos tuvo que ver con personas de origen europeo dominando y esclavizando a otras razas y grupos, comenzando por los americanos nativos. En el creciente movimiento radical, tanto en el ámbito internacional como en Estados Unidos, se fue profundizando el apoyo a las luchas de los pueblos de las naciones oprimidas contra el colonialismo, el racismo, la opresión nacional y el sistema que promovía y sustentaba dicha opresión. Pero la oposición compartida del estado de las cosas, no necesariamente significaba acuerdo mutuo en el porqué o qué hacer al respecto. La oposición compartida a las antiguas relaciones entre la gente, no garantizaba claridad respecto a cómo debían ser las nuevas. Hubo intensas y dolorosas luchas y a veces amargas divisiones respecto a la forma de entender la historia y qué hacer al respecto.

Una pregunta polémica incluía el papel de las minorías nacionales y del nacionalismo en la lucha en los Estados Unidos. Para ese entonces yo me consideraba un internacionalista. Sentía aversión hacia el nacionalismo norteamericano, el gancho ideológico para reunir a las personas tras la campaña por dominar y controlar gran parte del mundo. El patriotismo norteamericano es una forma virulenta de nacionalismo entretejido con racismo y desprecio por otros grupos. Pero el nacionalismo de un pueblo oprimido por el sistema imperialista era y es una fuerza positiva y progresista. En ese período fue una fuerza poderosa y motivadora que empujó a la gente a una lucha por derechos y liberación. En líneas generales, los movimientos a favor de la independencia nacional y la liberación eran las contradicciones más importantes que enfrentaba el sistema imperialista. Pero el nacionalismo como ideología tiene limitaciones inherentes. Sin ser cuestionado, el nacionalismo se vuelve estrecho y competitivo, oponiéndose a los objetivos de liberar a toda la humanidad de cualquier sistema opresivo y retrógrado. Las diferencias respecto al papel del nacionalismo en el movimiento llevaron a agudos y en ocasiones amargos argumentos y debates.

Las experiencias entre los soldados reforzaron mi creencia de que una actitud internacionalista, en lugar de nacionalista, era a la vez necesaria y posible, a pesar una larga historia de división racial. Un incidente en particular se destacó y yo lo utilicé en aquel momento para explicar mi propia actitud al respecto y abogar por lo que consideraba un punto de vista más correcto.

A final del verano de 1970 se corrió la voz de que había estallado una rebelión dentro de Fort Ord, en un área llamada SPD, Special Processing Detachment (Destacamento de Procesamiento Especial), una prisión de mínima seguridad dentro de la base. El SPD era la respuesta del ejército al destacado aumento de la insubordinación en la base y al comportamiento irrespetuoso con las autoridades militares. El pequeño calabozo de la base estaba lleno a rebosar y no podía acomodar al nutrido grupo de soldados insubordinados, por lo tanto los oficiales crearon una cárcel de mínima seguridad utilizando un grupo de barracas y rodeándolo con una cerca y alambre de púas.

Aquel SPD no tenía su propio comedor, por lo que se permitía a los soldados SPD salir del confinamiento, aunque tenían que llevar una identificación especial y también estaban sujetos a malos tratos y discriminación. La tensión y el enojo entre los soldados del SPD explotó una noche y se sublevaron, incendiando parte de sus barracas prisión. Los empleados de la cafetería y los soldados que pertenecían al MDM consideraron la rebelión una respuesta válida a una institución opresiva y presagio de acciones futuras.

Varios días después de la rebelión, un grupo de soldados blancos del SPD lograron salir de la base y aparecieron en la cafetería. Pidieron ayuda a consecuencia de la revuelta. Ellos querían publicar un periódico del SPD especial. Nosotros no entendíamos por qué aquellos soldados que se habían involucrado en una revuelta querían ahora publicar un periódico. ¿No había avanzado la lucha más allá de un periódico? Estábamos mostrando una profunda ignorancia. Y no tardamos mucho en darnos cuenta.

La revuelta en el SPD surgió de una ira y frustración compartidas por los soldados de diferentes nacionalidades retenidos allí. Pero poco después de la revuelta, las autoridades militares anunciaron que si había otras revueltas, los soldados negros serían severamente castigados y confinados en la prisión de la base, aunque para ello tuvieran que vaciarla para acomodarlos. Los soldados negros del SPD les dijeron a sus compatriotas blancos que no habría más revueltas o demostraciones en el SPD, porque de haberlas nosotros acabaremos pagando por ello.

Los soldados blancos que acudieron a nuestra cafetería, estaban en busca de una forma de sobreponerse a aquellas tácticas divisivas. Por tanto, concibieron un periódico que reuniera juntos a soldados de todos los orígenes sociales para elaborarlo. Consecuentemente, llamaron a su periódico Unity Now (Unión Ahora). Ellos pudieron publicar su periódico e involucraron en la tarea a soldados de diferentes trasfondos sociales.

Me sentí como un tonto respecto a mi respuesta inicial, al tiempo que aumentó mi aprecio por aquellos soldados. Pude ver cómo gente despierta políticamente podía luchar por los derechos de todos. Ninguna nacionalidad poseía el monopolio en este tipo de sentimientos, e incluso aquellos privilegiados por la raza podrían llegar a odiar el racismo.

UN PERIÓDICO

Una proliferación torrencial de material impreso conocido como prensa alternativa, fue el sello de ese tormentoso período político. Surgió de una pasión por expresar desacuerdo con el medio, de resistencia, por buscar nuevas opciones. Los periódicos aparecían por doquier, desde comunidades grandes y pequeñas, campus y organizaciones. El movimiento GI dio a luz cientos de periódicos que brotaron prácticamente en todo recinto militar estadounidense. Aquellos periódicos se esparcieron en proporción al creciente descontento.

La prensa alternativa estaba revelando asuntos que la prensa establecida ignoraba o encubría. Por ejemplo, *Ramparts*, que había evolucionado a través de los años de una publicación de índole religiosa a una poderosa revista de denuncia de la política radical, informó cómo la CIA había transportado heroína controlada por generales de Laos que apoyaban a EE.UU. y la había llevando a Vietnam, donde era vendida a los soldados americanos para ayudar a financiar operaciones encubiertas. La adicción a la heroína se convirtió en una epidemia entre los GI en Vietnam y eran castigados por ser adictos a las drogas que su gobierno estaba proporcionando. Esas revelaciones minaron la credibilidad del gobierno y despertaron a la población de su somnolencia.

Fue en esa atmósfera de lucha y debates en nuestro pequeño patio de la calle Villa, que hablamos de un periódico que pudiera conectar la situación en los campos y fábricas con lo que sucedía en el resto del mundo, la lucha por la igualdad de derechos, las luchas anticolonialistas, las demandas de las mujeres por la igualdad, los movimientos revolucionarios dentro y fuera de los Estados Unidos y el intento de construir un tipo de sociedad radicalmente diferente. Kenny simpatizaba con eso pero su mente estaba en otro lugar. Alfonso estaba interesado. Dolores nos apoyaba. Pero todo no pasaba de ser un tema de conversación.

Incluso en invierno siempre había algo aconteciendo en el local de la unión. Las personas se congregaban y desmenuzaban toda noticia o chisme que circulaba. Alfonso y yo nos dirigíamos al local cuando al pasar junto a un grupo que conversaba, cuando alguien le gritó, —¿Se van a ir a Atwater?

Alfonso contestó, —¿Atwater? ¿Por qué?

—¿No se han enterado del tiroteo en un campo de la unión?—, dijo con expresión de sorpresa un viejo campesino, con un sombrero que revelaba un mechón de cabello gris echado hacia atrás.

—¿A quién dispararon?

—La migra asesinó a un hermano en la poda. Le dispararon. Dicen que le dispararon dos veces.

—¿Lo mataron?

—Sí, lo mataron. Dicen que el compañero atacó a la migra con su cuchilla de podar. Él también era un ciudadano.

—¿Qué va a pasar?— preguntó Alfonso.

—El funeral es mañana. Algunos de aquí van a ir allá por eso.

Alfonso y yo no necesitamos discutirlo, sabíamos que íbamos a ir a Atwater, dondequiera que estuviera eso.

Atwater es una pequeña comunidad agrícola en Merced County, donde gran parte de la inmensa compañía Gallo está ubicada. Es una zona de uva y de frutales. Rómulo Ávalos estaba trabajando con sus dos hermanos, podando duraznos en un huerto de la compañía Gallo, cuando se presentaron agentes de inmigración. El agente afirmó que Rómulo no tenía pruebas de ser residente legal por lo que lo estaba llevando al vehículo de inmigración cuando de repente y sin provocación, Rómulo lo atacó con su cuchilla de podar. El agente, Edward Nelson, alegó que lo baleó dos veces en el pecho en "defensa propia". Algunos de los presentes en el huerto le dijeron a la prensa que tras el primer disparo, Ávalos agarró su mano. Ellos negaron enfáticamente que Rómulo atacara al agente. Los testigos también declararon que se impidió prestarle los primeros auxilios al hermano de Rómulo.[2] Varios días después del incidente, los sherifes de Merced County encontraron una tarjeta en la ropa de Ávalos que lo identificaba como ciudadano de Estados Unidos. Rómulo nació en Hancock, Texas y se mudó a Livingston en Merced County, donde había estado trabajando para Gallo los últimos cuatro años.

Alfonso y yo manejamos hasta Atwater la mañana del funeral. Era un día frío y húmedo de febrero. El periódico local de Atwater dijo que la reunión de trabajadores agrícolas presentes era de unos seiscientos, pero a nosotros nos pareció más grande. Los obreros agrícolas se reunieron desafiando el frío viento y marcharon en silencio por una tranquila carretera del condado, desde el huerto donde Rómulo fue baleado hasta el cementerio. Me sentí sobrecogido por el poder de esa silenciosa marcha, el silencio parecía en cierta medida incrementar su presencia.[3]

La gente cercana a la unión estaba atribuyendo aquella muerte al incrementado hostigamiento de los obreros en los ranchos de la unión. Eso podía haber sido verdad, pero la migra había estado tratando a los inmigrantes como criminales desde mucho antes de que surgiera la unión. Después de aquel asesinato el UFWOC pidió a los trabajadores agrícolas que realizaran protestas, sentándose en los sembrados cada vez la inmigración llegase a un campo de la unión. Aquello parecía una táctica original. Pero no sé si llegó a implementarse en las fincas organizadas sindicalmente.

Alfonso y yo nos sentimos inspirados por la impresionante y conmovedora escena en la que habíamos participado. Yo había llevado una cámara e íbamos a tomar mis fotos, añadir texto y publicar un panfleto sobre la muerte. Cuando volvimos a la calle Villa, nos dirigimos a la casa de Alfonso para continuar nuestra conversación con Dolores. Mientras cenábamos, le contamos a Dolores acerca de nuestros planes, ella comentó que nosotros habíamos estado hablando de iniciar una publicación y que esa parecía una buena ocasión para hacerlo.

Al día siguiente acudimos al local de la unión para debatir esta idea con Richard Chávez, un antiguo oficial del sindicato automotriz que dirigía la oficina de Salinas y con Gloria, quien nos había despachado a FJ y a mí a la cuadrilla de deshije en aquella pequeña oficina de la parte de atrás del salón. Richard estaba sentado en una poltrona aporreada intentando aliviar el dolor de su lastimada espalda. Los incesantes espasmos le estresaban y agotaban durante la mayor parte del tiempo. Le presentamos nuestro concepto para un periódico, deseábamos algo que hablara de los intereses comunes de la clase trabajadora y mostrara las injusticias parecidas a la de Atwater, resaltando también importantes temas sociales e internacionales desde la perspectiva de las víctimas. Richard y Gloria nos apoyaron. Por un momento el dolor pareció abandonar el rostro de Richard mientras hablaba entusiasmado del proyecto. Gloria sugirió que llamáramos al periódico *El Obrero*. Salimos de la oficina con cierta confianza. Al menos contábamos con su apoyo moral y eso significaba mucho para nosotros.

Recibimos una gran cantidad de ánimo de obreros agrícolas y activistas, pero nos dimos cuenta que respecto al trabajo, iba a recaer sobre nosotros. Por el momento el entusiasmo eclipsaba nuestras dudas y las mantuvimos a raya. Decidimos que si podíamos sacar un número atraeríamos un interés más activo, así como voluntarios. Por tanto nos pusimos a escribir y a traducir el primer número.

El periódico debía ser bilingüe y Alfonso y Dolores tradujeron algunos artículos escritos en inglés. Conocimos a un diseñador gráfico, un soldado de Fort Ord que vivía en la misma calle y él diseñó el logotipo del periódico: un obrero agrícola inclinado con una azada corta en la parte izquierda y un grupo de edificios fabriles en la otra, con un sector llano en medio simbolizando el valle. Debajo del diseño se leía: "Por la unidad de la clase obrera". El logo apareció durante varios años en los números posteriores.

Nuestras cabañas eran tan pequeñas que teníamos poco espacio para preparar el diseño del periódico, pero Roberto García, un oficial de la unión nos permitió usar su garaje. Cuando llegó el momento, pudimos utilizar un mimeógrafo de la Universidad de California de Santa Cruz. Reunimos nuestro dinero y solicitamos contribuciones. Para la primera semana de Marzo de 1972, *El Obrero del Valle de Salinas/The Worker of the Salinas Valley* hizo su aparición. Todo el primer número estuvo dedicado a historias de los trabajadores agrícolas. Los obreros de las fresas, que vivían en un campamento de remolques llamado *La Posada* estaban luchando contra su desalojo. Eso se convirtió en la pieza central de nuestro primer número junto con las noticias sobre Rómulo Ávalos.

Después de aquella primera versión con multicopista, comenzamos a publicar números mensuales en papel de periódico. En un lado era español y al voltearlo, el otro lado era inglés. Un impresor de Moss Landing, un veterano de las luchas sindicales de la década de 1930 que tenía su propio periódico progresista, aceptó imprimir *El Obrero*.

Un día, durante la segunda edición del periódico, me encontré con José Pérez, un representante sindical en las fresas y energético defensor de la unión, activo en el valle antes de la huelga de 1970.

—He visto este periódico que ustedes publican, ¿por qué no lo distribuyen más ampliamente? Sería algo bueno, ¿no es cierto?

—Creo que sí—, le dije.

—Bien, entonces, llévenlo a las cuadrillas. Ustedes deben colocarlo en los campos. Hagan que los representantes de cuadrilla ayuden.

Así que con la ayuda de José, una reunión general de representantes de las cuadrillas trató el asunto de distribuir el periódico y concordó en llevar ejemplares de *El Obrero* a sus cuadrillas todos los meses. José incluso ayudó a planificar la logística de recolectar dinero, colocando botes para colecta en el salón de la unión.

COLIFLOR

Una tarde, a finales del invierno, Gloria me preguntó en el salón del sindicato, mientras distribuíamos *El Obrero* si yo aceptaba un despacho para la coliflor. La escuela de tractores había concluido y yo estaba a la espera de la cosecha de lechuga con planes de trabajar para Antle en una máquina junto a Dolores y Alfonso. Pero para eso faltaban varias semanas. —Nunca he trabajado en la coliflor—contesté.

—No te preocupes —dijo Gloria —, después de deshijar estoy segura de que no tendrás problemas.

Al día siguiente me abrigué y subí a un autobús en el corralón, luchando con el sueño. Me había desacostumbrado a levantarme antes de amanecer. Me senté tiritando y me alegré cuando el mayordomo finalmente encendió la calefacción del autobús, al salir hacia el campo. El suave calor me habría hecho dormir si no hubiera sido por el traqueteo y las sacudidas mientras zigzagueábamos a través de Alisal, recogiendo a la cuadrilla por el camino. Al mismo tiempo que el campo emergió de la oscuridad, fuimos envueltos por un inmenso manto gris de niebla que gradualmente se volvió blanca y lo oscureció todo, excepto el suelo a nuestro alrededor. Lamenté no haber traído guantes, anticipando el entumecimiento que sentiría al manipular las frías y húmedas hojas. No estaba equivocado.

La planta de coliflor viene de la misma familia del brócoli. Pero crece mucho más cerca del suelo, como la lechuga. La flor que es comestible, está rodeada por un gran ramillete de hojas. Una vez que alcanza cierto tamaño, los trabajadores amarran las hojas con bandas elásticas para mantener protegida la blanca flor de los descolorantes rayos solares. Cortábamos la coliflor con un cuchillo largo como un machete, la larga lámina servía para empujar hacia atrás las hojas y ver el tamaño de la flor. En ocasiones la flor revelaba su tamaño por la protuberancia en la parte inferior de las hojas. En otras ocasiones teníamos que doblarnos y agarrar la sólida flor blanca, para ver si tenía el diámetro aproximado de una mano abierta, el tamaño de corte. Al agarrar las hojas atadas, se podía tirar de la planta y golpear el tallo para separarlo de la flor.

Los cortadores caminábamos a ambos lados de un camión que llevaba grandes cubas en las que echábamos la coliflor con sus hojas. Aprendí dos técnicas de lanzamiento. Una era agarrar las hojas por arriba y lanzar la verdura por debajo del brazo hacia las cubas. Ese método le daba al cortador la opción de hacer girar la planta y experimentar con diferentes trayectorias. El otro método, era colocar el cuchillo debajo de la planta e impulsar flor hacia la cuba utilizando el efecto palanca de la larga hoja. Ese método no permitía utilizar rotación pero empleaba la fuerza de la mano dominante. Las cubas eran un blanco amplio y una vez que se dominaba la técnica de lanzar, no era difícil dar en el blanco con cualquiera de los dos métodos.

El camión con las cubas se movía lentamente, pero uno no se podía entretener sin riesgo de quedarse atrás, lo que significaba correr y lanzar arduamente para ponerse a la par, convirtiendo una tarea relativamente sencilla en otra fatigosa y extenuante.

Un día, nuestra rutina de trabajo fue quebrada por gritos y carreras entre las plantas. La gente corría frenéticamente, no en una única dirección como se esperaría si la migra se acercara, sino aleatoriamente, alejándose unos de otros como si hubiera aparecido un fantasma. En medio de las carreras y los gritos excitados escuché la palabra "liebre". Solamente cuando vi que uno de nuestra cuadrilla se agachaba entre los surcos de frondosas plantas y aparecía con una sonrisa alegre y un animal marrón retorciéndose entre sus enlodados dedos, me dí cuenta de lo que pasaba. —Ya tienes para tu pozole, compadre —gritó alguien, él encontró algo para su estofado de conejo.

Igual que todos los que trabajaban en los campos, de vez en cuando yo llevaba a casa algo de lo que cosechábamos. ¡Tenía un régimen rico en hortalizas! A la compañía no le molestaba eso. Pero había comida en los campos además de la cultivada intencionalmente en aquellas fincas. Yo pasaba al lado de plantas que consideraba otra "hierba más". Pero el matojo de uno, era una verdura nutritiva para otra persona más conocedora. Los que eran de la zona rural de México conocían muchas plantas que crecían silvestres. A menudo llevaban a casa "hierbajos" como lechuga del monte, un tipo de lechuga silvestre que crece en tallos con puntiagudas hojas tiernas y también verdolaga, una suculenta con pequeñas, delicadas y gruesas hojas forradas y tallos jugosos. En más de una ocasión fui estimulado a recoger de los sembrados un racimo de esas plantas, pero rehusé. Tenía mis prejuicios urbanos contra todo lo que no hubiera sido cultivado para el mercado. De todas formas, no tenía idea de cómo preparar aquellas verduras.

DANIEL

Algo bueno me sucedió en aquella cuadrilla. Al final de la primera semana en la coliflor, me encontré trabajando al lado de alguien que impidió que mis días se disolvieran en el tedio. Él era un poco mayor que yo, tenía una coleta negra que le llegaba hasta la cintura. Era alto, de complexión delgada, rasgos afilados y expresivos ojos negros. No hablaba español, por tanto se acercó a la única otra persona que hablaba inglés en la cuadrilla. Me alegré de tener alguien con quien hablar, ya que mis habilidades para conversar en español aún estaban en fase rudimentaria. Él hablaba suavemente, con una fluidez que no imaginabas que el inglés era su segunda lengua.

Daniel creció en una reserva indígena en el sur de California. Durante las semanas que pasé con él, escuché relatos asombrosos y fascinantes respecto a crecer en la "reserva", la gente que vivía allí, sus desafíos y errores, los triunfos y las tragedias, sus conocimientos y sus debilidades. En gran parte, aquellos eran relatos de sus hermanos y hermanas, padres, primos, tías y tíos. Relatos acerca de un mundo del que no sabía nada, un mundo dentro de otro donde la gente atesoraba y practicaba tradiciones aún cuando su cultura les estaba siendo arrebatada.

Daniel me contó cómo había crecido libre en la reserva, su traviesa juventud, el conocimiento del mundo y la sabiduría que otras generaciones le habían legado. Él me contó sobre la recolección ritual de piñas y bellotas, describiendo el proceso con detalles deliciosos. Él describió la cacería y el respeto por los que fueron cazados.

Me habló de los internados para los indios, donde instructores fariseos predicaban a los alumnos el valor de aprender las costumbres de la sociedad en general y de los castigos mezquinos que imponían a los que practicaban costumbres indígenas, especialmente aquellos que empleaban el idioma que habían aprendido en sus hogares. Habló sobre aquellos internados que parecían cárceles, en los que los alumnos eran mirados con temor por la sociedad en general y sobre el hecho de estar separado de su familia. También sobre familiares que descendieron al abismo de las drogas y el alcohol, o ambos, la corrupción entre las autoridades tribales y las desquiciadas acciones auto destructivas que habrían parecido cómicas si no fuesen trágicas para los involucrados.

Uno de los relatos que hizo se refería a un pariente, creo que un tío, que cuando joven se rebeló contra la familia y las tradiciones y abandonó la reserva para vivir en la ciudad. El tío se sintió avergonzado de su "atrasada" ancestralidad india y decidió deshacerse de ella para integrarse en la sociedad que le parecía superior a la suya propia. Su tío se las arregló bien durante los primeros años de "exilio", pero después de un tiempo comenzó a sentirse distanciado de la nueva sociedad que había adoptado. Pensó que las críticas a su sociedad indígena habían sido justificadas, con el argumento de que se había aferrado a costumbres retrógradas e inútiles. Pero fuera de la reserva, encontró una discriminación que no tenía que ver con críticas a la vida de los americanos nativos, sino que estaba relacionada únicamente con la apariencia que él y otros tenían. Aprendió que la sociedad moderna era poderosa, pero también ciega y estúpida en la forma en que utilizaba los recursos sin prestar atención a las consecuencias y no respetaba la vida humana ni la vida animal. Sobre todo, él comenzó a cuestionar el temerario desprecio o ignorancia por la naturaleza, como si la misma fuera un contrincante a ser vencido, en lugar de una maravillosa realidad que debía ser entendida y cuidada. Su desilusión fue en aumento, así como su aprecio por su mal considerada tribu y sociedad.

Después de experimentar aquella alienación en el mundo al que había deseado escapar, decidió defender su cultura nativa, que con todos sus defectos y deformidades le parecía una alternativa más cuerda. Por tanto, regresó a la tribu y comenzó a ser un defensor de conservar las tradiciones tribales. Aquella fue una batalla difícil debido a que las fuerzas que lo habían expulsado del redil se hacían más fuertes cada vez. Pero al mismo tiempo había corrientes en contra. El movimiento a favor de los derechos civiles y las luchas que surgieron provenientes de muchas etnias oprimidas, entre ellos los nativos americanos, fortaleció su convicción de que no había que creer en las afirmaciones de la sociedad no india sobre su superioridad. Los relatos de ese tío produjeron una profunda impresión en Daniel, quien no había perdido de vista el valor de su cultura, aún cuando fue forzado a abandonar la reserva para encontrar empleo y a alejarse de algunas de las prácticas autodestructivas en que había caído parte de su pueblo.

Escuchar a Daniel ocupaba gran parte de mis horas de trabajo, haciendo que pasaran con un placer que contradecía el trabajo en sí. Me puse a rebuscar en mi memoria relatos de mi propia educación con los que pudiera devolverle el favor, pero sin éxito. O en todo caso surgieron tan pálidos comparados con la rica textura de sus narraciones que me sentí avergonzado de ellos y le cedí el tiempo a los suyos que eran abundantes y elocuentes.

Una mañana llegué al corralón para trabajar y Daniel no se encontraba allí. Jamás lo vi o supe de él nuevamente.

CAPÍTULO 3

LOS VIENTOS SIGUEN SOPLANDO, 1972

EL DESCANSO INVERNAL es una breve siesta para los fértiles campos del Valle de Salinas. Tan pronto como los restos de brócoli y coliflor del año anterior son arados y reintegrados a la tierra, el primero de los cultivos de la próxima temporada ya está siendo preparado. Para mediados de diciembre los llanos campos de color marrón comienzan a asumir nuevos contornos. Los tractores, igual que pequeños botes navegando por un inmenso mar castaño, atraviesan los campos arrastrando arados que esculpen largas hileras y surcos, como arrugas simétricas en una piel oscura y flexible. Después las sembradoras distribuyen sus semillas en las achatadas hileras. En pocas semanas aparecen tenues líneas verdes que luego se van oscureciendo conforme los días pasan y aumenta el ángulo del sol que permanece por más tiempo en el horizonte. Para enero y febrero las cuadrillas de deshije andan con paso pesado a través los campos ya sembrados, con las espaldas inclinadas. A finales de marzo o principios de abril, la primera cosecha de lechuga está madurando, es

el "negocio de primavera" para los rancheros y una primera
semana de trabajo para los obreros agrícolas locales, después
de austeros meses de reposo.

Dolores y Alfonso estaban ansiosos por regresar a la faena
después de haber sido despedidos de las máquinas de lechuga
en Bud Antle, sus recursos para el inverno estaban más que
agotados. Para Alfonso era una prueba para ver cómo su
espalda iba a aguantar, aunque con el tormento de sus dolores
de migraña bajo control, se sentía optimista por primera vez en
un buen tiempo. Yo estaba decidido a trabajar por contrato en
la lechuga o en el apio y pensé que las máquinas de lechuga, con
su ritmo de trabajo más lento, serían un buen punto de inicio.
Dolores me aseguró que ella podía conseguirme trabajo en Antle
y yo estaba curioso acerca del trabajo en una cuadrilla que no era
de la unión o mejor dicho en una del sindicato de los Teamsters,
lo que al fin y al cabo significaba lo mismo.

MAQUINAS PARA LA LECHUGA

Todavía estaba oscuro el primer día de la temporada de
cosecha de lechuga, cuando Dolores, Alfonso y yo llegamos al
campamento de Antle, un conjunto de barracones de madera
en un desvío de Natividad Road más arriba de Carr Lake, que es
una parcela de tierra fértil en el mismo centro de Salinas y que en
realidad es un "lago" sólo durante la temporada de las torrenciales
lluvias de invierno. Los obreros se estaban dispersando a la
salida del comedor hacia los autobuses estacionados en el centro
del campamento. Los mayordomos revisaban los sanitarios
portátiles enganchados a los autobuses, cargaban recipientes
amarillos de agua o conversaban con aquellos que buscaban
empleo. Dolores buscó un supervisor y comenzó a negociar
por mí, mientras yo jugueteaba con el cuchillo de lechuga que
había pedido prestado a Alfonso. El supervisor no me dirigió ni
una sola palabra, pero movió su cabeza en la dirección de uno
de los autobuses, aceptando la garantía de Dolores de que yo
podía cortar lechuga y soportar al menos un día de trabajo en
los campos.

Fue un trayecto breve desde el campamento hasta donde
la máquina estaba posada como un pájaro extraño al borde

del campo. Cuando comenzó a moverse hacia delante entre las hileras de lechuga madura, la máquina oscilaba subiendo y bajando levemente sus alas rectangulares, según acomodaba el ritmo de sus ruedas perfectamente alineadas con los surcos de riego.

Yo trabajé al lado de Alfonso detrás de la máquina, en una hilera compuesta mayormente por cortadores hombres. Alfonso me aconsejaba sobre la técnica de corte, cortando algunas hojas externas y amontonando las cabezas para los envolvedores en una parte plana de la máquina. Alfonso hizo doble tarea por un tiempo, cortando también lechugas de mi hilera hasta que aprendí el corte. Pero no pasó mucho antes de que pudiera hacerme cargo de mis propias hileras.

Todos los envolvedores que permanecían sentados en perchas elevadas frente a nosotros, tenían sus rostros cubiertos por pañuelos de colores que mostraban apenas sus ojos. Con movimientos rápidos tomaban las cabezas desnudas y las insertaban en el centro de una hoja de plástico (suministrada por Dow Chemical, un gran inversionista de Antle), envolviendo la lechuga y sellándola con un mecanismo de hierro caliente. La lechuga envuelta era transportada por una correa hasta los empacadores que tenían cajas suministradas por el operador engrapador.

Bud Antle, el fundador de la compañía, fue un innovador entre los rancheros de la lechuga. Se le atribuye haber llevado el empaquetado a los campos en la década de 1950, un gran cambio que aprovechó el adelanto técnico del enfriamiento al vacío y que reemplazó el empaquetado en hielo. Esto casi eliminó los cobertizos dedicados al empacado de lechuga. Antle también introdujo las máquinas de envolver lechuga a principio de la década de 1960. Para finales de la misma década, la mayor parte de las compañías de lechuga utilizaban esas máquinas en parte de su producción. Mientras que las cuadrillas de tierra que utilizaban el "empaque desnudo" trabajaban a destajo, el trabajo en las máquinas era principalmente por hora. Debido a que los trabajadores necesitaban menos tiempo para aprender aquella labor más lenta, era fácil reemplazarlos en las máquinas. Esto también permitía mantener un mejor control de la calidad que con las cuadrillas de tierra. Los rancheros obtenían un mejor precio por la lechuga envuelta que se iba popularizando entre las cadenas comerciales.

No diría que el ritmo en las máquinas era lento, pero era tolerable. No existía el conflicto entre los trabajadores y la empresa que encontré en las cuadrillas por hora, que se resistían a la presión de los rancheros por rapidez. Eso se debía a que los productores —Antle también era un pionero en esto— idearon un mecanismo en la máquina para mantener a las cuadrillas bajo control. Si la cuadrilla excedía determinado número de cajas por hora, se activaba el destajo, con el correspondiente aumento en el pago por hora. Mediante ese método la empresa lograba una producción máxima por hora pagada, colgando el señuelo del destajo como una zanahoria delante de un caballo.

Aunque no era lenta, la rutina de trabajo permitía conversar y bromear, la práctica favorita siempre que era posible. Una cuadrilla que incluía una mezcla de hombres y mujeres jóvenes era una combinación segura para el coqueteo, aunque solo fuera para aliviar la aburrida rutina. Yo había hecho progresos con mi español pero continuaba en la etapa de principiante. Bromear en español estaba fuera de mi alcance, pero me divertía entender la cháchara que me rodeaba en los momentos en que no estaba embelesado por las jóvenes cuyos atractivos ojos, detrás de aquellos pañuelos, me llevaban a la distracción.

Una de las envolvedoras que llegué a conocer un poco, era una joven de unos treinta años con varios niños pequeños cuidados por su madre mientras ella trabajaba. Un día, cuando llegó el descanso de la mañana y la máquina se detuvo, ella se volteó y me dijo —Bruce, ¿me quieres mucho, verdad?—. Yo sabía el suficiente español para tener una idea de lo que quería decir, pero no estaba del todo seguro. Traducido literalmente al inglés, "me quieres", es "me deseas". Pero yo pensé que significaba "me amas". Entonces pensé que quizá quería decir "yo te gusto", aunque me inclinaba por una de las anteriores interpretaciones. En aquel momento de indecisión, tartamudeé y me sonrojé. ¿Estaba solo bromeando conmigo? ¿Era un reproche por algún coqueteo semiconsciente? Asumí una actitud defensiva y dije bruscamente "no entiendo". La envolvedora me miró y dijo sin rodeos, "si entiendes, Bruce, si entiendes". Yo me aferré a mi ignorancia y el asunto no pasó de allí.

En otra ocasión, durante el descanso de la mañana, un grupo de envolvedoras compitió para ver quién podía hacer que este joven güero (de piel blanca) comiera uno de los en apariencia inocentes y pequeños chiles verdes que llevaban para condimentar sus almuerzos. Yo tenía una buena idea de lo que me esperaba, pero no queriendo estropear su diversión, ni la mía, le di un buen mordisco a uno. Mientras las envolvedoras observaban, yo traté de soportar el soplete que inundaba mi boca y mi lengua. —Eso no es nada para mi —insistí, una mentira que nadie creyó, mucho menos cuando salí disparado hacia la nevera del agua, dejando atrás una oleada de risas.

ANTLE

En 1942 Bud Antle y su padre Lester fundaron la compañía que lleva su nombre. Su éxito y el de otros rancheros no se vio afectado, cuando sus competidores japoneses fueron acorralados ese año y enviados a campos de concentración, entre ellos estaban algunos que los más exitosos e innovadores agricultores, a quienes se atribuye la idea de comenzar lo que sería la rotación de los cultivos de temporada desde Salinas hacia el sur de la zona de la frontera y que los trabajadores llaman *la corrida*.[1] De hecho, algunos rancheros de Salinas se sintieron muy contentos al ver que los campos de concentración eliminaron la competencia de los agricultores de origen japonés y no temían hacer pública su opinión.

El período de la Segunda Guerra Mundial fue el momento del trabajo bracero barato y el rápido crecimiento del mercado de la lechuga. Para la década de 1960, Antle era un gran negocio con intenciones de dominar la industria de la lechuga, uno de los sectores más lucrativos y poderosos de la agricultura de California.

En 1962, para disgusto de la oligarquía local de rancheros, Antle negoció un contrato con los Teamsters que incluía a sus trabajadores agrícolas. Esa acción fue tan impopular entre los rancheros que expulsaron a Antle de la asociación de rancheros y transportadores de hortalizas y lo sometieron a implacables denuncias públicas. Es posible que Antle adivinase el fin del programa bracero (los braceros constituían el 90% de las

cuadrillas cosechadoras de lechuga a fines de la década de
1950), así como las potenciales contiendas que surgían de ello.
Lo más probable es que Antle viese ventajas en un trato con
los Teamsters por su poder en las actividades de transporte
y enfriamiento vitales para la industria. En la visión del
trabajador, la sindicalización de Antle, como otras compañías
de los Teamsters, únicamente se notaba los días de pago en
forma de descuentos en la nómina. No había representantes
de cuadrilla con los Teamsters, ni reuniones, ni intención de
mejorar las condiciones o de conceder poder a los trabajadores
como había en aquel momento en las empresas del UFWOC. Sin
embargo, con los años Antle mantuvo los salarios de los obreros
agrícolas ligeramente por encima del resto de los rancheros.
Antle también era la única en ofrecer beneficios médicos. De
esa forma, Antle consiguió una especie de lealtad interna que le
permitió frenar el movimiento sindicalista que brotó durante el
verano de 1970.

Durante la huelga general de 1970 el UFWOC puso su mira
en Antle, uno de los tres mayores operadores de lechuga en
Salinas. Al hacerlo, también se enfocaron en los Teamsters, que
habían boicoteado el movimiento de la unión al firmar contratos
con los rancheros de lechuga la víspera de la huelga. Chávez
declaró un boicot a la lechuga de Antle y los organizadores
sindicales de dentro y fuera de Antle se esforzaron por doblegar
a la empresa. Poco después de que el UFWOC declarara su
boicot a los productos Antle, el U.S. Department of Defense
(Departamento de Defensa Norteamericano) descubrió que sus
soldados preferían la lechuga de Antle y aumentó los pedidos
para servirla en los comedores militares. De acuerdo con las
estadísticas de UFWOC, las compras del Departamento de
Defensa aumentaron de un 8% a un 40% en sus compras totales
de lechuga.[2] En diciembre de 1970, un juez de Salinas decidió
que el boicot a la lechuga de Antle era ilegal y envió a Chávez a la
cárcel por negarse a cancelarlo. Ese fue un gran golpe publicitario
con César Chávez marchando solemnemente hacia la cárcel de
Salinas entre un corredor de centenares de silenciosos obreros,
algunos arrodillados. Una visita de Ethel Kennedy, esposa de
Robert Kennedy le dio al momento el aura de los Kennedy.

CHARLAS DE AUTOBÚS

Al final del día, Alfonso, Dolores y yo a veces comparábamos impresiones respecto a cosas que habíamos escuchado y hablábamos de trabajo pensando en asuntos que podrían ser materia prima para *El Obrero*. Dolores trabajaba en otra cuadrilla, por lo que no presenció la disputa surgida un día en el autobús de regreso a casa.

Era un día soleado, del tipo que hacía que pareciese posible alcanzar las colinas circundantes con la mano. La cuadrilla estaba de buen humor. La lechuga había sido abundante en un campo de primer corte, con el terreno seco, el tiempo claro y fresco y la máquina a velocidad de contrato. Ahora nos dirigíamos de vuelta al campamento por Natividad Road a la una y media de la tarde.

Todo comenzó bastante inocentemente. Alguien mencionó que el mayordomo de Antle iba a ir a México a trabajar para la empresa en una finca en Culiacan. Don Felipe, que se sentía orgulloso de sus muchos años con Antle y no escondía su lealtad hacia la empresa, dijo que él pensaba que Antle estaba ampliando sus operaciones en aquel valle de Sinaloa.

—Esto será bueno para el país —añadió.

Emilio, un joven trabajador que usaba una bandana roja que cubría su cabello y escondía parcialmente la coleta que le colgaba hasta los hombros, estaba sentado justo detrás de don Felipe. Tenía la espalda apoyada en la ventanilla y sus pies descansaban frente a él, sobre el asiento. —¿Qué país? —preguntó secamente, mientras sus dedos tamborileaban en el respaldo del asiento de don Felipe.

—México, muchacho— dijo Felipe, volviéndose para mirar al joven.

—Cómo bueno para México, abuelo?—dijo Emilio, enfatizando la palabra "bueno", en tono irritado.

Don Felipe no estaba de humor para ser cuestionado por el joven. —¡Yo no soy tu abuelo! Creo que tu abuelo no podría ponerte en tu sitio como yo.

Al escuchar eso los que iban en la parte trasera del autobús, explotaron de la risa.

—México necesita empresas como éstas para invertir y

mejorar las cosas allá. No veo nada malo en que ellos inviertan allá— dijo don Felipe.

—Los gringos tan solo vienen a aprovecharse de nosotros— comentó Emilio, con la voz ahora en un tono más alto de agitación.

—Eso pasa porque nuestro gobierno de ratas les permite llevarse todo— dijo Felipe.

En aquel punto una voz aguda resonó en la parte trasera: —¡Me gustaría saber quién adiestra las ratas!— Era doña Carmona—. ¿Por qué estamos todos aquí? ¡Porque no podemos vivir en nuestro propio país! Porque lo mejor de allá está en manos de otra gente. La mejor tierra, la mejor agua; a ellos les va mejor porque roban el agua y reciben toda la ayuda de los caciques y ladrones del gobierno. En Culiacan los rancheros gringos controlan la mejor tierra y envían sus hortalizas al norte, nunca las vemos en México. Ellos envían todo el dinero acá. Lo mejor de todo viene acá.

Me enteré después que doña Carmona era de Michoacán, parte de una familia que había estado activa mucho tiempo en movimientos a favor de la reforma agraria.

—Si, como nosotros!—dijo una joven campesina en frente de doña Carmona, provocando más risas. El joven de la bandana asintió favorablemente.

—Bueno. . . —dijo Felipe, pero luego se detuvo.

Yo sabía por dónde venía don Felipe, porque un día mientras cortábamos me dijo que deseaba que los Estados Unidos capturaran y anexaran parte de México y lo convirtieran en el estado cincuenta y uno. Don Felipe no era el único a quien había oído decir eso, pero me parecía evidente que no solo era extremamente improbable y muy poco favorable para México, sino que surgía del inmenso disgusto y frustración con la ineptitud y corrupción del gobierno mejicano, un tema constante entre los obreros agrícolas mejicanos. La gran ironía en la opinión de don Felipe, me parecía que estribaba en que la mayor y más dañina corrupción de todas consistía en abrir la economía mejicana a la explotación extranjera, en especial a los intereses estadounidenses.

Doña Carmona, que tenía una estatura de poco más de cinco pies tenía una fuerte complexión física. Pero su característica más destacada era su sinceridad y su recio espíritu. Ella tenía el valor y la convicción para decir lo que pensaba y tenía una fortaleza que se observaba a veces en otras mujeres en los campos, nunca igualada por los hombres. Un romántico podría decir, con cierta justificación, que aquel era un poder alimentado por siglos de opresión.

Doña Carmona había desempeñado un importante papel algunas semanas antes cuando nuestra cuadrilla estaba en la máquina en un campo cercano a la calle Market y un fumigador aéreo comenzó a pulverizar cerca. El uso de pesticidas en los campos y sus efectos en los trabajadores agrícolas se había convertido en un punto de controversia especial desde el verano de 1970, durante las negociaciones que precedieron a la huelga general. En aquella ocasión, la prensa había destacado la noticia de tres trabajadores agrícolas de North Carolina que murieron después de regresar a un campo que habían fumigado varios días atrás con el insecticida Paratión. El UFWOC le dio publicidad a la historia con el fin de apoyar sus exigencias de un lenguaje estricto en el contrato sobre fumigar pesticidas. Cada trabajador de los campos estaba al tanto de los peligros potenciales que acechaban con los productos químicos que ni siquiera podía ver.

En una de sus pasadas, el fumigador del campo adyacente soltó su rociada y la fuerte brisa de la bahía empujó la nube de químicos en dirección nuestra. No alcanzó el campo donde estábamos, pero estuvo lo suficiente cerca de las máquinas para creer que otra pasada podría bañarnos con una llovizna tóxica. Fue doña Carmona la que se quejó y casi nos hizo salir del campo. Ella incluso descendió de su asiento en la máquina. Con doña Carmona diciendo a todos, con su determinada voz, que necesitaban protegerse de aquellos químicos, el mayordomo de la máquina se revolvía, llamando por su onda corta a un supervisor. Un paro por pulverización de pesticidas era algo que la empresa no deseaba, preocupada como estaba por cualquier cosa que pudiera dar motivos a los defensores del UFWOC, para provocar a las cuadrillas. Mientras tanto, doña Carmona estaba diciéndole a la gente que se preparara para recoger y marcharse.

Muchos de la cuadrilla estaban en pie observando cómo la pequeña avioneta daba la vuelta para regresar. Se dirigía hacia el límite del campo vecino que no quedaba a más de cincuenta yardas de nuestra máquina. Como la cuadrilla estaba inmóvil, el operador de la máquina la detuvo, listo para correr si era necesario. Ya fuera porque el piloto había recibido una llamada, o porque dudaba de algo, el hecho es que la avioneta mantuvo su altura y en vez de realizar un pronunciado picado hasta a la altura de pulverización, se elevó y se alejó de nosotros. Tras algunos minutos, volvimos a la máquina.

Después del trabajo, un supervisor de habla hispana subió al autobús para asegurar a todos que la compañía era consciente de los peligros de los pesticidas y hacía todo lo posible para protegernos. Mientras él hablaba una joven mujer trabajadora gritó desde la parte de atrás del bus: —Mentiras, traeremos a Chávez—. El supervisor enrojeció, pero no dijo palabra y pronto bajó del autobús.

Aquel día mientras doña Carmona concluía su agitada observación, el joven de la bandana añadió: —Ese es un problema político del país, porque el gobierno permite a todas estas compañías extranjeras venir a llevarse todo lo que quieren. Recientemente muchas empresas japonesas han llegado. Cerca de Morelia hay montañas y allí están cortando el bosque, llevándose la madera y dejando la tierra pelada. Han contaminado el río que suple de agua a la ciudad, están dañando el ambiente y saqueando el país.

El autobús se había calmado y nos dirigíamos a la agujereada entrada de grava del campamento Antle.

—Bueno, muchachos— dijo Felipe después de un largo silencio—. Mañana resolvemos todo, como no.

—Ándale, ándale— concluyó doña Carmona mientras ella y el resto bajábamos del autobús, adentrándonos en un día lo suficientemente joven, como para acogernos en su abrazo luminoso.

Cuando Alfonso le contó a Dolores la historia del conflicto en el autobús, ella dijo—Bien. *El Obrero* debería publicar un artículo acerca de Bud Antle en México— Todos concordamos. Pero ocupados con otros asuntos y acontecimientos, nunca se hizo. Poco después, Dolores y Alfonso, presionados por cuestiones familiares se marcharon de Salinas para ir a un pueblo del Valle Central. Yo perdí el contacto con aquellos amigos a los que me había apegado tanto.

¿QUÉ CONSIGUIÓ HACER LA REVOLUCIÓN CON ESO?

Yo apenas tenía veinte años cuando alguien puso un libro de Karl Marx en mis manos y me apremió a leerlo. En aquella época mi desilusión con el mundo que me rodeaba crecía exponencialmente. Esto era nutrido por el horror diario de la guerra de Vietnam; la pobreza y la discriminación en lugares que una vez habían sido invisibles para mí; las mentiras descaradas de aquellos en el gobierno y los poderosos acontecimientos que destrozaron mi ingenua y protegida visión del mundo. Un día, durante el verano de 1968, después de llegar a Berkeley para asistir a la universidad, me encontré con una manifestación antiguerra en Telegraph Avenue y comencé a escuchar los discursos pronunciados desde la plataforma de un camión. De repente el gentío a mi alrededor comenzó a dispersarse ante una nube de gas lacrimógeno, seguida de una falange de policías golpeando con sus porras cualquier cosa a su alcance. En un instante, la brutalidad policial dejó de ser una queja en alguna comunidad lejana. En aquel momento me di cuenta de que mi cabeza era un blanco tan bueno para aquellos lustrosos garrotes blancos, como la cabeza de cualquier otro. Tampoco creí que fuese un criminal por haber asistido a la manifestación.

Nada en mi educación hasta entonces podía explicar aquellos desconcertantes acontecimientos. Fueron necesarios Marx y otros materiales influenciados por sus ideas para aportar alguna claridad. Mi vocabulario comenzó a adoptar nuevas palabras y conceptos, como explotación, opresión, clases, lucha de clases, dictadura de clase e imperialismo. Así que, en cierto sentido, me uní a una generación que estaba experimentando revelaciones parecidas, y emprendí una jornada para explorar el ámbito de la resistencia y la revolución.

Se estaba desarrollando una evolución en la forma de pensar entre muchas de las personas atraídas por la apasionada oposición al gobierno. Entre la mayoría de los jóvenes se manifestaba un serio debate respecto a la naturaleza del enemigo que estábamos enfrentando al oponernos a la guerra, el racismo y otras cuestiones. Muchos jóvenes estaban pasando de

lo que ellos consideraban la necesidad de rescatar la democracia
(como en la democracia norteamericana) de sus corruptores y
profanadores, a reconocer que quizá fuese la misma democracia,
o la versión burguesa de ella, la fuente misma de la corrupción.

La palabra *sistema* comenzó a adueñarse de nuestro
vocabulario, abrazando un concepto que iba más allá del
gobierno para describir algo más básico en la forma en que la
sociedad funcionaba. O, en otras palabras, un sistema cuyo
rostro público era la democracia, pero una democracia para un
grupo selecto de personas, diseñada para esconder u oscurecer
las relaciones básicas, desiguales y explotadoras que yacen en
las bases de la sociedad. Fue Karl Marx quien reveló el "sucio
secreto" del corazón de la sociedad capitalista, revelando cómo
la mano de obra humana explotada era la fuente de la existencia
y crecimiento del capitalismo. De esa relación básica de la
explotación de algunos seres humanos por otros surgen otros
demonios sociales como los conflictos humanos violentos.

Muchos jóvenes comenzaron a ver esta democracia no como
un sistema de gobierno por encima de las desigualdades básicas
del sistema económico, sino como un representante y un agente
de la desigualdad. Los gobiernos democráticos como el nuestro,
no eran árbitros neutrales motivados y moldeados por diferentes
intereses, sino que en última instancia estaban al servicio del
bien común. ¡No! El gobierno era el que implementaba los
intereses de una relativamente pequeña pero poderosa clase
social que dirigía la sociedad en sus propio beneficio, ellos
mismo supeditados al sistema de producción e intercambio
alrededor del cual la sociedad estaba organizada. O, según se
decía en aquel entonces, "es el sistema, y es una basura".

Aquella era una época en la que una joven generación estaba
en busca de los términos para describir su insatisfacción con el
sistema. El *Black Panther Party*, (Panteras Negras) surgido en
la ciudad de Oakland a fines de la década de 1960, aclaró la idea.
Ellos señalaron la opresión de los negros, víctimas por siglos de
una cruel explotación y de una represión brutal, vinculando su
opresión a los sistemas coloniales e imperiales internacionales
de una forma que hizo vibrar una cuerda sensible entre muchos
de los miembros de las comunidades oprimidas, especialmente
en las grandes ciudades. La apasionada respuesta de numerosos

jóvenes negros de los barrios de las ciudades a la política de las Panteras Negras, colocó la revolución en las bocas de millones más.

Personas como yo, que no estaban "bajo la bota" de condiciones de extrema opresión, como las enfrentadas por la población negra y otros grupos, tuvieron que preguntarse si las conclusiones extremas que predicaban los Panthers, eran válidas. Únicamente cuando uno comienza a estudiar y a considerar la extensa historia de muerte y traición de los grupos oprimidos en Estados Unidos y la dirección en que el mundo entero parecía estar encaminado —como la división entre países ricos y pobres, las guerras por el control y la dominación como en Vietnam y cómo todo se inició— hizo de la idea de un cambio radical y revolucionario, algo que no solo parecía válido, sino necesario.

Alrededor de la misma época —a fines de la década de 1960— los acontecimientos en China comenzaron a crear un impacto en este nuevo mundo. La Revolución Cultural, que comenzó en las universidades chinas, había atraído a millones de jóvenes chinos al movimiento revolucionario político. La gente estaba prestando atención al consejo de Mao Tse-tung a los jóvenes de China: "Rebelarse es correcto". Ese estímulo fue bienvenido aunque inesperado viniendo del dirigente de un país. Estimular a las personas, en especial a los jóvenes, a rebelarse parecía algo muy distante de los líderes políticos que conocíamos, como Ronald Reagan el gobernador de California que amenazó con desencadenar un baño de sangre contra los estudiantes que se atrevieran a protestar contra la guerra de Vietnam, o Lyndon Johnson o Richard Nixon bajo cuyos gobiernos (todos lo sospechábamos firmemente) la gente era perseguida y asesinada por amenazar el estatus quo. Los nombres de Martin Luther King, Malcom X y Fred Hampton el líder de las Panteras Negras de Chicago que fue asesinado mientras dormía por la policía de Chicago, estaban muy presentes en nuestras mentes.

La rebelión adquirió un significado diferente cuando la gente comenzó a darse cuenta de la Revolución Cultural en China y de su objetivo de impulsar un tipo de sociedad libre de las desigualdades sociales que destruían aquella contra la cual luchábamos. No solamente nos sentimos justificados oponiéndonos a la opresión de la sociedad según la conocíamos, sino que de repente dicha oposición podía ser vista en un contexto más amplio; existía un esfuerzo coherente e histórico en marcha para crear una sociedad sobre una base diferente. Esta posibilidad de un mundo diferente, en el que sus habitantes no guerrean ni saquean o explotan a otros con el propósito de promover intereses privados, sino que más bien intentan construir una sociedad sobre una base de cooperación, constituía una poderosa visión.

La concientización y comprensión de la Revolución Cultural y los grupos como el partido de las Panteras Negras, que también fue influido por ella, eran desiguales entre la politizada generación de los sesenta. Pero aquellas corrientes revolucionarias influyeron con su presencia en la forma en que la gente se sentía y actuaba. Fue como un cambio de temperatura que, aunque no éramos conscientes del mismo, afectó a la manera en que pensábamos. Un diferente clima social estaba arraigando y las perspectivas y acciones a todos los niveles estaban influenciadas por el mismo. Llevó a un plano político diferente a lo que conocemos como la época de los sesenta. La Revolución Cultural estimuló un sentido de optimismo, mediante las ideas y los lemas que propició. Promovió la fe en las masas y en su capacidad para cambiar el mundo para mejor. Promovió un sentido diferente del yo con su énfasis de "servir al pueblo". La Revolución Cultural promovía la interpretación marxista de la naturaleza humana, cuando dicho concepto se aplica a las relaciones sociales entre la gente, no es una cualidad estática, sino algo en constante proceso de cambio, de acuerdo a las condiciones sociales en que se encuentre las personas. Al abrazar el atrevido experimento chino, uno aceptaba la creencia de que los seres humanos son capaces de realizar grandes cambios e incluso son capaces de transformarse en seres sociales diferentes.

Estas ideas tenían algún peso material que las respaldaba. China, una vez indiscutiblemente la más pobre y cruel de todas las naciones del mundo, experimentó a través del proceso de su revolución y en décadas siguientes, enormes y positivos cambios. Por ejemplo, la horrible práctica feudal de atar los pies que mutilaba por completo a las mujeres y las "limitaba" a las imposiciones del marido y su familia política, fue prohibida después de la revolución de 1949. La igualdad de los hombres y las mujeres fue formalmente declarada y se convirtió en el objetivo oficial de la sociedad. Se demostró que atar los pies, no era una parte inmutable del carácter y la cultura de China. El proceso revolucionario le dio al pueblo chino el poder de enfrentar problemas antes "intocables" como alimentar a una inmensa población, aumentar la alfabetización de la población rural que durante miles de años había permanecido en la ignorancia, enfrentar el amplio problema de la adicción a las drogas, la prostitución, la mortalidad infantil, expectativas limitadas de vida, guerras internas y otros problemas sociales.[3]

Por un momento, la influencia de las ideas revolucionarias desafiaron la narrativa dominante de formas que eran tanto explícitas como sutiles. Cuando se habla de los sesenta como un período de mayor optimismo, se está hablando hasta cierto punto y en un ámbito global, de la visión que formó parte del gran despertar popular en China y de otros movimientos revolucionarios y luchas por la liberación de la época. Esto influyó en el lenguaje. Incluso aquellos que no estaban ideológicamente de acuerdo con los objetivos y valores de la Revolución Cultural, recibieron la influencia de sus conceptos y se nutrieron de su vocabulario. Por ejemplo, César Chávez en un discurso a finales de la década de 1960, habló de la necesidad de despertar el espíritu humano. "Necesitamos una revolución cultural. Y necesitamos una revolución cultural en nosotros mismos no solo en el arte, sino también en el ámbito espiritual. Como gente pobre e inmigrante, todos nosotros hemos traído a este país algunos muy importantes elementos espirituales. No debemos olvidar jamás que el elemento humano es el más importante que poseemos, si nos apartamos de esto, ciertamente vamos a fracasar".[4] En una carta escrita en 1971 a un simpatizante, él utilizó expresiones que tenían vigencia entre aquellos inspirados por la visión de un nuevo mundo: "Estamos trabajando para crear un *nuevo hombre* en los campos, un hombre que pensará en el bien común, como usted y yo lo hacemos, en lugar del hombre que primero piensa en sí mismo".[5] Esto no quiere decir que Chávez fuese un revolucionario o un simpatizante de la revolución en China. Pero ideas de ese tipo que provenían de la Revolución Cultural, tenían una vigencia que crecía en proporción a la amplia insatisfacción con el orden establecido, cuyo control sobre la sociedad, fue profundamente sacudido durante un breve momento histórico.

Aunque mi llegada a los campos fue en cierto sentido accidental, mi actitud debía mucho a la Revolución Cultural. El masivo flujo de jóvenes chinos educados hacia el campo proporcionó la inspiración y el contexto en el que yo y otros más de la generación de los sesenta, pudimos ver la experiencia de romper los lazos de la clase social en la que habíamos nacido, para convertirnos en parte de la vida de personas definidas ampliamente como "proletarios". El llamado de la Revolución Cultural a los jóvenes urbanos para "unirse y aprender de las masas del pueblo" y aprender de los campesinos —desafiando a dichos jóvenes a romper con los prejuicios urbanos que asociaban a los habitantes rurales con la ignorancia y el atraso — proporcionó a personas como yo, la iniciativa para despojarse de ideas preconcebidas y buscar contacto con las "personas comunes".[6]

Pude compartir con jóvenes chinos, que contrariamente a la idea popular, fueron al campo voluntariamente, un sentir de formar parte de un esfuerzo histórico para derribar las viejas paredes que dividían a la humanidad y sustentaban una estructura de privilegio y opresión.[7] Desde luego, el hecho mismo de que yo y otros, incluyendo a los jóvenes educados de China, pudiéramos escoger este rumbo y decidir vivir en el campo o no, o que en cualquier caso teníamos otras opciones viables, reflejaba una inherente desigualdad. Ni las masas de obreros agrícolas aquí ni los agricultores en China tenían esas opciones.

Yo tenía vínculos con amigos de clase media y familiares en la ciudad además de otros privilegios, incluyendo la opción de abandonar el campo cuando quisiera. Asimismo vivía en un lugar que no era remoto ni distante de los centros urbanos. Pero, después de un tiempo, en lugar de añorar la vida de clase media urbana que había abandonado, comencé a distanciarme de ella. En lugar de ver a los trabajadores agrícolas como aislados de la vida de la clase media, comencé a considerar a la clase media urbana como aislada en sus grandes ciudades, distanciada de la realidad de aquellos que le proporcionaban sus alimentos. Debido a que las condiciones en que los obreros agrícolas trabajaban y vivían tenían más en común con billones de personas oprimidas en comunidades por todo el mundo, sentí que la situación en los campos reflejaba más de cerca la amplia realidad del mundo que el mundo privilegiado del que yo provenía. También comencé a experimentar de manera muy personal cómo realidades sociales diferentes afectan nuestra conciencia, dando forma a la observación de Marx de que "el ser social establece la conciencia social", o al menos influye poderosamente en ella.

El hecho de que existe un conocimiento y una valiosa experiencia vital que se obtiene estando entre la población rural, solo resulta evidente cuando abres tu mente y desafías la creencia popular que desprecia a los "campesinos ignorantes" o a los trabajadores agrícolas. Cuánto más refrescante, estimulante, y verdadera parecía esta noción de las personas y la realidad social que la ridícula, perjudicial y cínica visión de la sociedad en la que crecí.

Esta actitud de menospreciar a la población rural como sucia e ignorante, estaba también profundamente arraigada en la sociedad china entre la élite urbana y derribar el muro entre el medio urbano y el rural era uno de los objetivos de la Revolución Cultural.[8]

En China, la ida de enviar a los jóvenes urbanos y los profesionales al campo tuvo un amplio propósito. Esa fue parte de una visión a largo plazo de una sociedad donde los muros que separaban a los moradores de la ciudad de los rurales y dividía a los adiestrados para utilizar sus mentes, de aquellos empujados a utilizar sus espaldas en el trabajo, sería destruida en un futuro en el que la gente podría utilizar sus energías y creatividad solidariamente para crear un mundo mejor.[9] La habilidad de las personas para emancipar al mundo de los amargos conflictos de clase, étnicos y nacionales, una vez que entendieron la sociedad y el origen de dichos problemas, fue el sello de Mao y lo que él y sus socios en China promovieron mediante la Revolución Cultural.[10]

Para cuando mi propia odisea me llevó a Salinas, yo ya había estado involucrado por varios años en una organización llamada la Union Revolutionaria. Era uno de muchos grupos radicales surgidos a finales de los sesenta, inspirados por los esfuerzos por doquier de la gente para liberarse. Aquí en Estados Unidos, la lucha tenaz de la gente de color fue especialmente inspiradora. Entre los nuevos grupos radicales emergentes, me pareció que la Union Revolutionaria tomaba más seria y profundamente los temas suscitados por las Panteras Negras y la Revolución Cultural y yo le debía a dicha organización mucha de mi comprensión de los temas políticos y sociales. Uno de los postulados del punto de vista radical abrazado por esta y otras organizaciones, afirmaba que debido al surgimiento de clases hace millares de años, la gente oprimida intentó de una forma u otra librarse de la opresión. Pero únicamente en la época moderna, el desarrollo de los poderosos medios de producción y el conocimiento científico del mundo y la misma sociedad, hicieron que dicha liberación fuera posible. Esto le permitió a la gente tomar conciencia de su historia, de la forma en que funciona la sociedad y de como poder cambiarla radicalmente. Todo se trataba de que la gente tomase conciencia. De ese modo si realmente se desea lograr un cambio para mejorar, la conciencia era la clave. Esa era sin embargo otra poderosa idea que tenía vigencia. Pero saber cómo implementar dicho conocimiento, y usarlo creativamente tomando en cuenta las condiciones actuales, bueno, eso era harina de otro costal.[11]

El salón de la unión

El edificio estucado de la calle Wood que una vez había sido una oficina de correos se convirtió en el centro neurálgico y lugar de reuniones para el joven movimiento de la unión. Era una construcción sencilla con un gran espacio abierto delante y pequeñas oficinas en la parte trasera. Su arquitectura captó el espíritu democrático de la época. El salón estaba en continuo movimiento en sus primeros años con incesantes reuniones de la unión; comités de rancho discutiendo cuestiones contractuales, comités de trabajadores aún sin sindicalizar discutiendo estrategias de organización; cuadrillas argumentando acerca de peleas en los campos; trabajadores descargando sacos de brócoli, lechuga o coliflor para los que estaban en huelga; huelguistas organizando tareas en los piquetes; visitas de delegaciones de grupos obreros y otros movimientos presentando sus opiniones respecto a la guerra, al racismo, a los derechos de las mujeres y otras batallas de la unión.

Cuando una reunión sobrepasaba la capacidad del salón, la gente salía fuera, al estacionamiento. Las reuniones a veces se hacían tan ruidosas que los vecinos se quejaban, especialmente aquellos que no simpatizaban con la unión, causando agitación en el periódico local, condena de las autoridades y denuncias desproporcionadas a la "ofensa" de ¡hacer demasiado ruido! Pero el problema real era perturbar la "paz de los rancheros".

Eso era el fermento. Angelina, una desijadora para Interharvest la mayor parte de la década de 1970, miró hacia atrás y se maravilló de la energía que le permitió a ella y a sus compañeras criar hijos, atender los hogares, trabajar en los campos y asistir a las continuas reuniones y contiendas.

Yo pasaba tiempo en el salón. Esa fue mi escuela de español, mi asiento de primera fila respecto al drama que representaban las vidas de mis compañeros trabajadores, en las luchas de aquella época. Escuché relatos acerca de los pasos fronterizos y encuentros con la migra, tierras abandonadas y familias dejadas atrás por la necesidad, camuflada a veces como un deseo de aventura. Conocí antiguos braceros —ahora portadores de tarjetas verdes— con todo un historial de dificultades, trabajo duro y perseverancia. También estaban los ambiciosos jóvenes que vinieron al norte "por unos años" y que ahora eran obreros en la vejez que vislumbraban en el sendero del paso de los años su ruta de retirada, que se estrechaba con la edad. Había jóvenes todavía entusiastas por el éxito de cruzar, seguros de que regresarían a casa "en pocos años", sobre suelo firme después de recoger los frutos de su sacrificio.

Yo entendía a grandes rasgos aquellos relatos incluso cuando se me escapaban los detalles más agudos, aunque a menudo perdía los finos giros humorísticos que los adornaban, debido a la tosquedad de mi oído para el español y a mi primitiva comprensión de la cultura. La frustrante pobreza del idioma no me impidió absorber algún rasgo del mundo, desde una perspectiva que distaba mucho de mis propias experiencias en los primeros años de vida. Su efecto acumulativo me cambió tan profundamente como mi inmersión en el marxismo había cambiado mi orientación política unos años antes. Aquí había un aspecto del gran acorazado de la sociedad, que era la multitud que trabajaba en su sala de calderas respirando los gases del motor y sudando en sus hornos, lejos de las relucientes cubiertas de pasajeros. Ahí estaba "el sueño americano" al revés, las vidas de aquellos que trabajaban forjaban las escaleras para que "otros" subieran.

Desde luego, los trabajadores agrícolas tenían sus propios sueños para ellos y para sus hijos. Había sueños individuales, como en cualquier lugar, pero también había algunos colectivos. Había un sueño que se expresaba en la resistencia y el odio a la opresión nacional y un empeño que únicamente podía ser descrito como liberación. Pudo no haber sido expresado a menudo en claros conceptos políticos, pero se sentía la fuerza que surgía de un pueblo en despertar y se sentía como algo formidable.

El Obrero

Nuestro periódico, *El Obrero*, unió a gente que incluía desde antiguos residentes de Salinas y jóvenes activistas hasta trabajadores agrícolas. El periódico tenía vínculos con la Unión Revolucionaria (organización política de izquierda, una de varias organizaciones de la "Nueva izquierda" surgida en las décadas de 1960 y 1970) y desde allí con toda una red de periódicos parecidos que surgían en muchas ciudades. Sin embargo, las opiniones de la plantilla abarcaban un amplio espectro, unificadas por su oposición a la explotación extrema de los obreros agrícolas, la guerra imperialista, el racismo, la discriminación de género y otros temas.

El periódico comenzó con un objetivo ambicioso, ser una voz para las luchas de los obreros en los campos y contribuir a la unidad de la clase obrera en la zona, enfocando sus intereses y preocupaciones comunes. La rabia que muchos de nosotros sentíamos contra el sistema y sus injusticias y nuestro sentir de que nada que no fuera un cambio revolucionario se opondría a estos seriamente, no encontró voz en el periódico. Esto en parte era debido a que no sabíamos cómo conectar las luchas diarias con una visión a largo plazo, así como el impulso espontáneo de relegar las cuestiones estratégicas de la revolución a algún momento indefinido en el futuro. El "economicismo" es la seductora tendencia de reducir las políticas a las preocupaciones más inmediatas y ese fue el problema que les arrebató la vida a muchos movimientos radicales. Luchamos contra todos esos problemas, igual que otros activistas revolucionarios de la época.

La distribución del periódico ocupaba buena parte de nuestros esfuerzos políticos. En ocasiones repartíamos los ejemplares por la mañana antes del trabajo, subiendo a los autobuses de la empresa. Al principio me atemorizaba permanecer delante un autobús lleno para discursar en español. Después de un tiempo nos acostumbramos, ayudados por la gentileza y simpatía con la que por lo general nos recibían. "Buenos días compañeros y compañeras, aquí tengo El Obrero, un boletín para hostigar a los rancheros y a todos los chupa sangres". Durante bastante tiempo evité usar la palabra en español, *periódico*, porque no la podía pronunciar. En cierta ocasión subí a un autobús y comencé diciendo,

—Hola amigos, aquí tengo un perródico, perídico, per...—

Y alguien en la parte de atrás gritó—, ¡Pe-ri-ó-dico, güero...

—Gracias—, dije— un papel de la lucha—. Lo que ocasionó carcajadas.

Tuve que usar papel, o noticias hasta que finalmente pude enrollar mi lengua en la combinación r-i-o, dos sílabas (pe-RI-Ó-di-co), cuando en inglés la misma combinación de letras se pronuncia como una sola, igual que en *"period"*.

Diseminados por los valles de Salinas y Pájaro, había campamentos de trabajadores agrícolas, rodeados por campos, sombreados por filas de árboles o en los poblados, comprimidos entre patios para autobuses, cobertizos, fábricas de conservas e industrias. En 1971, el Monterey County Department of Health (Departamento de Salud del Condado de Monterrey) identificó en el Valle de Salinas 87 campamentos para hombres solteros, que albergaban a diez mil trabajadores y 47 campamentos para familias que acogían a seiscientas familias.

Los campamentos variaban en tamaño y forma, pero la mayoría no eran nada más que almacenes de personas; cuatro paredes de madera, una losa de cemento y ningún material aislante. Muchos eran barracones largos y sin divisiones interiores, con catres tipo ejército, sin espacio privado. El espacio colectivo estaba limitado a los salones comunes para dormir y para comer. El comedor generalmente tenía bancos de madera y largas mesas. Los baños en ocasiones tenían divisiones entre los sanitarios y a veces no. Las duchas eran rústicas, con tuberías externas que frecuentemente no funcionaban.

Los campamentos construidos para braceros ahora albergaban a portadores de cartas verdes que habían venido para la estación de la cosecha desde poblaciones fronterizas y lugares del interior. Los campamentos cerraban en invierno, "estimulando" la migración. Muchas de las empresas más grandes tenían campamentos. Otros eran regentados por contratistas laborales. Era en algunos de los campamentos de los contratistas donde encontrábamos las condiciones más patéticas, deprimentes e impactantes, con trabajadores tan deshumanizados y desmoralizados por formas extremas de explotación que a menudo se implicaban con alcohol y drogas. Igual que otros aspectos de la vida del trabajo agrícola, las condiciones en los campamentos variaban, dependiendo de la organización y la moral de los trabajadores. Por ejemplo, incluso bajo las restrictivas condiciones del programa bracero, la resistencia resultaba en ocasiones efectiva para forzar una mejora en las condiciones. Un antiguo bracero me contó cómo en un rancho los trabajadores detestaban los emparedados de pan blanco que les servían en el almuerzo a diario, hasta que finalmente decidieron hacer algo. Así que un día cuando comenzó el descanso del almuerzo, la cuadrilla sacó sus emparedados de Wonder Bread (marca de pan) con delgadas láminas de carne y mayonesa y los lanzaron a los pies del sorprendido mayordomo. Ellos exigieron una comida más sustanciosa, al menos arroz y frijoles, algo de carne, tortillas, salsa, "comida verdadera", le dijeron al mayordomo. Al día siguiente, para su sorpresa, el ranchero vino al campamento para hablarles. ¿Conocían ellos a algunos buenos cocineros mejicanos? Después de buscar, él encontró uno y la comida en el campamento mejoró.

Los campamentos para familias aumentaron en número después de que terminara el programa bracero. La mayoría tampoco eran muy agradables. El Monterey County Department of Health encontró que la mayoría de los campamentos para familias consistían en barracas de una o dos pequeñas habitaciones para ocho personas o más. Una tercera parte de estos campamentos para familias no tenían baños, otra tercera parte no contaba con cocinas.

En ocasiones los peores campamentos estaban escondidos o protegidos para que los extraños no entraran. Pero, para ser justo, los campamentos laborales no tenían el monopolio de malos alojamientos. Había muchos de ellos en Salinas y en los demás poblados agrícolas de la zona.

Entrar en los barracones de un campamento era como entrar al dormitorio de alguien y cuando distribuíamos el periódico éramos cuidadosos para no dar por sentado el acceso. Nos anunciábamos y pedíamos permiso para entrar. Incluso tomando esas precauciones, una mirada de recelo podía recordarnos que, a la vista de los residentes del campamento, éramos un espectáculo aterrador. Era raro que una persona blanca o cualquier desconocido que no fuese alguna autoridad —policía, migra o jefe de rancho— entrase en esos lugares. Nosotros intentábamos disipar el temor de la gente: —Amigos, somos del Obrero, un periódico (o papel) de esta zona.

Cuando algunas mujeres del equipo iban a los campamentos de hombres, debíamos ser muy claros al decir que estábamos allí por motivos políticos ya que la mayor parte de las mujeres que visitaban aquellos campamentos eran prostitutas. Al presentarse de aquella forma, permitía al equipo de *El Obrero* —a menudo eran las mujeres— una oportunidad para debatir por qué la lucha por los derechos de la mujer era una parte importante de la razón y el propósito del periódico. No obstante, el tema de la mujer y de la opresión de las mujeres a menudo era evitado.

Normalmente no había mucho que hacer en aquellos campamentos después del trabajo. Había pocos periódicos o medios en español en aquella época, por tanto, el periódico era en ese sentido insustituible. Los periódicos pasaban de una litera a la otra, alcanzando una circulación que iba más allá de los ejemplares vendidos. Una vez que el periódico se dio a conocer, la distribución se hizo más fácil. En ocasiones en algunos barracones alguien nos daba un puñado de monedas recolectado en el lugar, para ellos mismos distribuir los ejemplares.

En los campamentos uno podía hablar con la gente en un ambiente de tranquilidad. En ocasiones, por curiosidad, o porque hubieran escuchado algún tema que despertaba su interés, la gente se acercaba para escuchar, o para unirse al debate. Era la oportunidad de relacionarse con un grupo y encontrar qué los preocupaba respecto a lo que sucedía en los campos y en sus vidas. Era una fuente de material para el periódico. Aunque yo ciertamente aprendía acerca de la gente que encontraba en los campamentos, todo estaba limitado por mi lenta comprensión del idioma y complicado por el irritante hábito de hablar demasiado y escuchar poco.

El periódico iba aumentando en popularidad debido a que estaba del lado de quienes trabajaban en los sembrados y era intransigente en oponerse al racismo y a la opresión nacional. México era también un semillero de activismo político a principios de los sesenta y ocasionalmente encontrábamos a activistas mejicanos que venían al norte para trabajar en los campos. Una noche, apenas habíamos comenzado a distribuir el periódico en un campamento cercano a Chualar, cuando un trabajador se levantó de una litera y salió apresuradamente de allí. Poco después regresó con algunos amigos.

—Siéntense— nos dijeron. Háblennos de su periódico. ¿A qué organización pertenecen? ¿Qué creencias políticas tienen? ¿A cuál tendencia política se inclinan?

Nuestros interlocutores eran maestros del estado de Oaxaca, activos en una coalición de trabajadores con fuerza en ese estado. Trabajar en los campos en Estados Unidos les permitía un alivio de sus difíciles condiciones políticas, ganar dinero para sustentar a sus familias y sus luchas e investigar las condiciones entre sus hermanos inmigrantes.

En ocasiones era una sorpresa para esos visitantes encontrar radicalismo político sobreviviendo en territorio de Estados Unidos, lo que algunos consideraban políticamente estéril, demasiado estúpidamente materialista o simplemente demasiado feliz con la vida en la madre patria imperial, como para sustentar tales creencias. Pasamos muchas horas en los campamentos y en ocasiones en los poblados, intercambiando ideas en temas como China o la Unión Soviética; el Che Guevara y el llamado "foquismo", una estrategia revolucionaria en países del Tercer Mundo y las perspectivas de una revolución en Estados Unidos y Latinoamérica.

Publicaciones de diferentes partes del país, parecidas a *The Worker*, se enfrentaban al problema de conseguir buen material con recursos limitados, por lo que a principios de los setenta, un nuevo servicio de noticias comenzó a proporcionar artículos redactados en un centro común. Eso permitió a *El Obrero* una mayor cobertura de los temas importantes del día. Sin embargo, *El Obrero* era un periódico en español y la mayoría de los artículos eran escritos en inglés. La traducción era un gran problema.

LOUIE AGUILAR

Estaba repartiendo el periódico en el centro del pueblo cuando se me acercó un transeúnte. Me pareció conocido, un hombre delgado de unos cincuenta años, que caminaba de una forma peculiar, ligeramente patizambo y con hombros huesudos algo inclinados hacia adelante. —Louie—, dije prácticamente para mí mismo. Habíamos trabajado un breve tiempo en una cuadrilla de deshije. No habíamos hablado mucho. Lo recuerdo como alguien mayormente reservado.

Antes de que pudiera ofrecerle el periódico dijo —Quiero mostrarte algo— y sacó un ejemplar del *El Obrero* de su bolsillo, desdoblándolo. Sacó también unas gafas de lectura del bolsillo de pecho de su chaqueta y se los colocó en la punta de su delgada nariz. —Esto está mal traducido, hay palabras equivocadas— Louie me señaló un artículo de la primera página.

—Aquí dice que la reunión de la unión se celebró en la escuela alta. ¿Acaso quieres decir que la escuela estaba en una colina?".

—Me parece que más bien se refiere a la escuela secundaria— dije yo, riendo.

Al oír eso Louie se mostró más indignado que divertido. —Eso está completamente mal— contestó—. Debería decir escuela secundaria.

—Como puedes ver, tenemos problemas con la traducción— añadí.

—Esta otra palabra—, continuó, abriendo el periódico en otra página— actualmente, en español significa ahora, no lo que tú entiendes en inglés.

—Parece que tienes talento para el idioma— le contesté.

—Yo crecí en un medio hispano— dijo—.Ustedes deberían mejorar su español. La gente tendrá más fe en lo que ustedes dicen si lo dicen correctamente. ¡Y esos no son los únicos errores que he encontrado!— Y comenzó a voltear otra página nuevamente.

—Bien, Louie, ¿te gustaría ayudarnos? Realmente lo agradeceríamos. Tú podrías ser el corrector— le sugerí.

—No tengo mucho tiempo.

—Bien, ¿qué te parece si traduces un artículo? El periódico se publica una vez al mes. Inténtalo una vez, y luego hablamos.

—No sé— me dijo—. Quizá mis ideas políticas no son las mismas de ustedes. Cuando pensaba en algo, encogía sus hombros en una forma especial.

—No tenemos que estar de acuerdo en todo. ¿Acaso no te gusta un buen debate?—le dije, tratando de desviar el tema.

—Por qué no vienes al lugar donde vivo y hablamos del asunto?—dijo él—. Vivo por aquí, cerca de la estación del tren.

Algunos días después fui a casa de Louie después del trabajo. La estación del tren de Salinas está próxima de la calle Market, cerca de donde se encuentran Market y Main. Louie vivía en un pequeño edificio de dos pisos a pocas yardas de la estación que una vez fue un concurrido lugar, pero que ahora parecía demasiado grande para las pocas personas que uno encontraba allí. El departamento de Louie era el primero al entrar de la calle, apenas tenía espacio para una cama, un pequeño escritorio, una cómoda, una mesilla, algunas sillas y un fregadero. El sanitario y la ducha estaban al final del pasillo. No había cocina, por lo que Louie preparaba muchas de sus comidas la mayoría enlatadas, en un hornillo eléctrico al lado del fregadero.

Louie aceptó traducir artículos y luego hacer algunas correcciones. Nos sentábamos en su departamento y hablábamos de los campos, los artículos para el periódico, el español, su vida antes de Salinas y política. Louie había estado en los sembrados casi una década, antes de que nuestros caminos se cruzasen. Su vida lo había llevado desde la zona de la frontera con Texas donde había crecido hasta Los Ángeles, donde había vivido durante la mayor parte de su vida adulta. El idioma siempre había sido un tema importante para él. En una ocasión me dijo, —me dieron muchos golpes en la cabeza por hablar español en la escuela, pero eso no me hizo dejar de usarlo, más bien al contrario.

Eso fue en Texas. Durante su última estancia en Los Ángeles había trabajado en una industria de carne donde había trabajado en la producción de carnes procesadas, como la mortadela. Su tarea era sacar de la sala de cocción los embutidos calientes recién procesados, y llevarlos en grandes bandejas hasta el refrigerador. Pasar de un calor abrasador a un frío entumecedor hizo que le dolieran los huesos y minó su resistencia. Trabajar durante años encerrado le hizo anhelar el aire libre. Por tanto, después de haber estado allí lo suficiente para recibir una pequeña pensión, dejó la fábrica y buscó un pueblo pequeño donde residir en algún lugar que pudiese ser llamado zona rural.

Su búsqueda concluyó en Salinas donde el benigno clima le agradaba y el inmenso panorama del valle satisfacía su anhelo por espacios abiertos. Aún fuerte y necesitado de dinero para suplementar su pensión, encontró trabajo en los sembrados.

Principalmente trabajaba por hora y por lo general deshijando, pero en ocasiones trabajaba en la coliflor, el brócoli y la mostaza. También trabajó en la cosecha de la "tuna" (higo chumbo), recolectando las bulbosas y dulces frutas llenas de semillas de las fincas de cactus de la empresa D'Arrigo, en una finca localizada fuera de la Hecker Pass Road que conecta Watsonville con Gilroy. En aquella finca de nopal, los trabajadores usaban gruesos guantes y la misma ropa amarilla usada por los trabajadores del brócoli para protegerse del agua. Excepto que aquí no protegían de la humedad, sino de las erizadas espinas cuyas esquirlas podían hacerle la vida miserable a quien fuera lo suficientemente incauto como para tocarlas sin protección. Louie y su cuadrilla piscaban las frutas del tamaño de aguacates y las lanzaban sobre sus hombros a los canastos que llevaban a la espalda.

Louie pasaba la mayor parte de sus días de trabajo caminando por los campos. Pero, eso no parecía bastarle. Los fines de semana o cuando había poco trabajo, él caminaba por las calles de Salinas o tomaba un autobús para Monterrey y caminaba por el embarcadero, la zona de las conserveras o por Pacific Grove. En ocasiones tomaba un tren o un autobús para San Francisco. Allí caminaba desde la parte sur de la Market hasta el distrito Fillmore en el centro o al oeste hasta Haight para ir a Golden Gate Park y hasta Ocean Beach. Después tomaba un autobús de regreso al distrito Misión o a Tenderloin, para pasar la noche en uno de los hoteles baratos de la ciudad. Por dondequiera que caminara, lo hacía con su peculiar estilo, con los delgados hombros ligeramente encorvados, que hacían que su cuerpo se inclinara levemente hacia adelante y daban seriedad a sus decididas y rápidas zancadas, como si tuviera prisa.

Louie pasaba tiempo resolviendo crucigramas después del trabajo o lo fines de semana, si es que no estaba caminando. Era bueno en eso, confirmado por un baúl lleno de periódicos locales —y el *New York Times*, incluso los más difíciles de la semana— con los crucigramas resueltos y varios diccionarios para ayudar.

Louie tenía facilidad para el inglés y el español y disfrutaba jugando con el lenguaje, pero se impacientaba con la gente que era descuidada con el mismo. Era muy crítico con la tendencia de algunos como yo, con un pobre español de usar falsos amigos, o asumir que algunas palabras en inglés eran las mismas en español. Por ejemplo, los que podían llamar embarazada a una mujer en una situación embarazosa, estarían ellos mismo avergonzados al descubrir que estaban diseminando rumores acerca de un inexistente y probablemente no deseado embarazo. Si se pensaba que un éxito era una salida de una autopista, o que suceso es algo bien hecho, bueno, estaría equivocado en los dos casos, porque éxito es un logro y suceso un acontecimiento, tanto si es un fallo como un logro.

En ocasiones, al revisar un artículo, Louie se enfadaba un poco con traducciones al español que en realidad solamente eran un inglés mimetizado. Esto era un problema de sintaxis, un problema más profundo que el vocabulario y la gramática. El idioma pierde su ritmo y su tono sin una sintaxis apropiada. El estilo o la ausencia del mismo, puede falsear o al menos, interferir poderosamente con el contenido.

Louie criticaba igual o más, la tendencia de los hispanos residentes en EEUU a tomar palabras del inglés para convertirlas en español añadiéndoles una vocal al final. Así creaban *lonche* o *troque* de *lunch* o *truck*, o su gran plaga *wátchele* que la gente utilizaba todo el tiempo para expresar "¡cuidado!" (¡watch out!), cuando según Louie debían usar, *aguas, cuidado* o *ponte abusado*.

En ocasiones, lo encontraba por la noche sentado en una mesita, con un vaso de vino, un diccionario y una libreta rayada donde escribía sus traducciones. A veces, se quejaba de nuestros artículos. —¿Cómo puedo traducir claramente al español, si ustedes no escriben claramente en inglés? Las diferencias políticas también entraban en juego en aquellas discusiones. Louie había llegado a un conflicto con el actual sistema a causa de la discriminación y las injusticias que había experimentado en su propia vida y visto a su alrededor. Pero donde muchos de nosotros solo veíamos demagogia en los diferentes estilos retóricos de los principales partidos políticos, Louie veía diferencias reales y en cualquier caso estaba dispuesto a dar a los demócratas el beneficio de la duda.

VISITANTES, RECIÉN LLEGADOS Y RECORRIDOS POR LA REALIDAD SOCIAL

En una canción de Kris Kristofferson, Janis Joplin habla de Bobby McGee escapándose a Salinas. Bobby, nos dice Janis conmovedoramente, estaba buscando un hogar. La huelga de la lechuga de 1970 fue lo que trajo a muchos de la generación de Janice a Salinas, en busca de un camino para la lucha. En ocasiones aparecían en el local del sindicato como hicimos mi amigo FJ y yo, para conseguir trabajo. Con mayor frecuencia, venían al salón para las reuniones o a las manifestaciones. Algunos llegaban para trabajar con la unión como personal de oficina, o en la clínica que el sindicato abrió poco después en el distrito de Alisal. Otros venían para trabajar en un centro para la paz abierto en el centro de Salinas alrededor de 1970 y buscaban empleo en los campos para sustentarse. Algunos otros simplemente llegaban a la puerta de alguien de nuestro círculo de activistas, que vivía en Salinas.

En aquellos días, cuando la mayor parte de los activistas eran bastante jóvenes, un año dedicado a algo le cualificaba a uno como veterano. Por tanto, como veterano de varios años en la zona, me dediqué a la tarea de mostrarles a los recién llegados la zona de Salinas y Monterrey. Mi interés en eso no era tanto por la abundante belleza natural, sino por las implicaciones sociales y los agudos contrastes entre comunidades diferentes. Para aquellos de nosotros acostumbrados al concepto americano de ausencia de clases sociales, se me ocurrió que era significativo encontrar condiciones que indicaban esa división clasista. Motivado por eso, encontré una excusa para reforzar mi oxidada furgoneta Volkswagen verde y amarilla, y acompañado de algunos turistas voluntarios nos dedicábamos a explorar la "realidad social".

El distrito de Alisal era el lugar lógico para comenzar dicho recorrido. Alisal comenzó como campamento ilegal de agricultores desplazados por las tormentas de polvo de la década de 1930. Siempre estuvo del otro lado de las vías férreas del más próspero Salinas, en sentido literal y figurado; era un gran mosaico de chozas, casas y edificios de apartamentos de alquiler bajo ubicado al noreste de la línea de ferrocarril que atravesaba la calle Market y cruzaba la zona industrial de Salinas, en el extremo sur de la ciudad. Muchos residentes de Alisal se sentían marginados por los más acomodados de Salinas y se opusieron a la incorporación a la ciudad hasta 1963.

En el orden jerárquico que los rancheros impusieron en la industria de la lechuga en los años treinta, cuarenta y cincuenta, los filipinos y los mejicanos estaban en el más bajo de los campos, los "inmigrantes" Okie y sus descendientes trabajaban en los cobertizos donde se empacaba la lechuga en hielo para transportarla. A principios de los cincuenta, el enfriamiento al vacío sustituyó al hielo, el empacado en el campo eliminó los empaques de lechuga y desaparecieron unos seis u ocho mil empleos, devastando la comunidad Okie. En los años siguientes las familias mejicanas reemplazaron ampliamente a los Okies, sin embargo, muchos de los residentes antiguos se quedaron en Alisal, eran veteranos de los empaques y fábricas de conservas que estaban a ambos lados de la línea del tren.

La distribución de *El Obrero* en la zona del Alisal nos puso en contacto con sus residentes. En 1970 la mayoría eran mexicanos y trabajadores de los campos. La gente por lo general era pobre, pero la pobreza y el desempleo causaron un estrago especial entre algunos de estos trabajadores blancos, que parecían llevar una carga de vergüenza y desmoralización como yo nunca había percibido entre los mejicanos. También encontramos veteranos de algunas luchas sindicales en las conserveras y los cobertizos, que se sentían orgullosos de su historial de resistencia.

La influencia cultural de los Okies y Arkies (Arkansas) todavía se dejaba ver en el distrito de Alisal y sus cantinas y salones de baile se observaban a lo largo de la calles Market y Alisal, haciendo vibrar sus propios ritmos en las noches de los fines de semana junto con los salones de baile mejicanos.

Hacia el sur desde Alisal se encontraba una zona de patios de camiones y autobuses, talleres, patios repletos de paletas y cajas y fábricas pequeñas entremezcladas con blanqueados campamentos de barracones, con los exteriores descascados, rodeados de estacionamientos asfaltados, vacíos y poco acogedores. La mayor parte de la docena (mas o menos) de campos para hombres dentro de los limites de la ciudad de Salinas, estaba concentrada en una zona alrededor de las calles Vertin y Abbot, hacia el límite sur de la ciudad. Durante la temporada de la lechuga, ellos alojaban a unos tres mil trabajadores.

Justo al sur de la zona industrial, la ciudad terminaba bruscamente, para ceder el paso a una inmensa colcha viviente de sembrados de veinte millas de ancho, que se extendían casi cien millas a lo largo, con doscientos cincuenta mil acres de regadío (del millón y medio de acres de todo valle), flanqueada al este por las montañas Gabilanes y al oeste por las montañas de Santa Lucía,

Fue en una de las cimas de las Gabilanes que el explorador y colonizador John C. Frémont erigió un pequeño fuerte en 1846, en el que enarboló la bandera americana para estimular el entusiasmo patriótico de los colonos americanos. Aquel estímulo tenía que ver con la perspectiva de apropiación de tierras indias y mexicanas. ¿Faltaría mucho para una guerra? Afortunadamente para Frémont él pudo evitar un enfrentamiento con las más poderosas fuerzas del gobernador mexicano con sede en Monterrey, ese mismo año. Pero en 1848, los Estados Unidos derrotaron militarmente a México y Frémont actuó como gobernador interino del territorio conquistado. Los ciudadanos patrióticos todavía celebraban en la década de 1970 la izada de bandera de Frémont en el mismo pico de las Gabilanes que lleva su nombre.

Girando hacia el suroeste saliendo de Salinas por Harris Road, esparramada a nuestra izquierda estaba la achatada y fea fábrica de neumáticos Firestone, el mayor empleador de la zona. La fuerza laboral era principalmente blanca y chicana (descendientes de mexicanos nacidos en Estados Unidos) y su pago por hora eclipsaba lo que se podía obtener por hora en los campos. El trabajo era fuerte y a un ritmo acelerado. Pero en aquellos días, un trabajo en Firestone prácticamente garantizaba un préstamo para comprar una casa y la parafernalia necesaria para una existencia de clase media.

Manejar hacia el oeste significaba dirigirse a las Santa Lucia, cuyas onduladas estribaciones me recordaban las gigantescas lagartijas verdes y amarillas que descansaban sobre sus extremidades. Se dice que esta parte del valle está entre los suelos más fértiles del planeta, sobrepasados, según algunos, solo por el fabuloso Nile Delta (Delta del Nilo). Tan extraordinariamente fértil, que John Steinbeck realizó una especial observación al respecto en su novela *East of Eden* y los dirigentes de la ciudad de Salinas decretaron para siempre la prohibición de edificaciones no agrícolas.

Al acercarnos a las Santa Lucia, un edificio sobresalía entre los campos desperdigados a su alrededor, ganando relevancia gradualmente, una gran construcción de ladrillo rojo, apiñada contra un grupo de silos enormes. Tenía cinco plantas de altura y dos campos de fútbol de largo. En el 1897, seiscientos obreros trabajaron más de un año utilizando cuatro millones de ladrillos para hacer realidad la fábrica de azúcar Spreckels.

Claus Spreckels amasó una fortuna con caña de azúcar de Hawái, en una época en que la mayor parte del azúcar de Estados Unidos era importado. Pero cuando las luchas políticas en las zonas productoras de caña y las elevadas tarifas colocadas sobre el azúcar importado hicieron el procesado de azúcar en Estados Unidos más atractivo, Spreckels se colocó a la cabeza de la producción de azúcar doméstica y construyó aquella monstruosa procesadora de azúcar, la fábrica de azúcar de remolacha más grande del mundo entonces.[12] La nueva planta consumía las remolachas cultivadas en miles de acres de tierra directamente a su alrededor. Los primeros trabajadores agrícolas que sembraron, deshijaron y cosecharon las remolachas, eran chinos y japoneses.[13] Fueron los trabajadores chinos los que prepararon el suelo para el sistema de riego que hizo posible el cultivo a gran escala de remolacha azucarera.[14] Anteriormente, la tierra del valle se sembraba con trigo y otros granos. La manía de Spreckels por azúcar cambió todo eso. La producción de remolacha azucarera se convirtió, en palabras del historiador Carey McWilliams en el primer gran ejemplo de "fábricas en los campos", un modelo que se convertiría en el sello de la agricultura de California.[15]

Spreckels construyó algo más que una fábrica, él construyó una ciudad Spreckels que proliferó a los pies de su fábrica castillo: departamento de bomberos Spreckels, biblioteca Spreckels, una plantación con peones y capataces y por supuesto, un monarca reinante. Pero en 1970, el imperio se estaba desvaneciendo. Su decadencia comenzó en los años veinte, cuando las más rentables lechuga, brócoli, apio y otras hortalizas comenzaron a dejar a la remolacha al margen.[16] Los trescientos acres de lechuga sembrados en el Valle de Salinas en 1922, se convirtieron en cuarenta y tres mil en 1929, mientras que los veintitrés mil acres de remolachas de 1920, se redujeron a doscientos a finales de esa década. Las nuevas implicaciones económicas diluyeron las antiguas concentraciones de riqueza y crearon unas nuevas.[17]

A principios de los años setenta Spreckels aun estaba entre los principales fabricantes de azúcar de remolacha del mundo; la vieja planta consumía 3,500 toneladas diarias de azúcar moreno impuro, vomitando un mar de dulzura cristalina blanca para un país adicto a lo dulce. Allí, al transitar por Harris Road, hacia el poblado de la fábrica, se podía ver una larga fila de vagones de ferrocarril de millas de largo, con miles de toneladas de grandes remolachas marrones traídas desde el Valle Central para alimentar a la bestia. Pero los días productivos de Spreckels estaban realmente contados, debilitada por la competencia del sirope de maíz y el azúcar de caña cultivado en lugares con climas calientes y salarios bajos.

Más allá de Spreckels, pasando un túnel de altos nogales negros y girando al oeste por la carretera 68, encontramos Reservation Road y el ya mencionado Fort Ord, una parcela de tierra de cuarenta y cuatro millas cuadradas cuyo límite oriental quedaba varios cientos de pies por encima del Valle de Salinas. En la época de nuestros recorridos, a principios de los setenta, Ord era la mayor base de entrenamiento militar de la costa oeste. En septiembre de 1971, la atención del país se centró en Ord y en el juicio celebrado al veterano y antiguo soldado entrenado allí Billy Dean Smith, quien estaba acusado de matar a varios oficiales en Vietnam con una granada de fragmentación. Hubo allí significativas protestas durante el juicio por personas que veían a Smith, un afroamericano, como chivo expiatorio de los militares que no solo habían perdido la lealtad sino también el respeto de sus soldados.[18] Si fuese condenado, podía recibir la pena de muerte.

Smith fue mantenido en confinamiento solitario en la empalizada de Ord durante todo el período previo a su juicio. Dicho tratamiento suscitó una indignación considerable. La gente comparó el trato recibido por Billy Dean con el del teniente William Calley, un oficial blanco que comandó un batallón que rodeó y masacró a quinientos ancianos, mujeres y niños vietnamitas en la aldea de My Lai. Calley estaba acusado personalmente de asesinar a ciento cuatro aldeanos, sin embargo se le permitía caminar libremente mientras esperaba su juicio. Al final Billy Dean fue declarado inocente. No había ninguna prueba creíble en su contra. Pero el veredicto de no culpable también tuvo que ver con el tamaño y la intensidad de las protestas durante su juicio.

En 1975, las instalaciones de adiestramiento de infantería en Ord fueron permanentemente cerradas. El comandante de la base dijo que la decisión tuvo que ver con la "intromisión de los civiles". Durante el verano de 1970, por ejemplo, miles de manifestantes antiguerra confluyeron en Fort Ord, marcharon a través de la entrada principal y celebraron una manifestación en las dunas de arena, a corta distancia de la costa desde el campo de tiro de la infantería. El día de la marcha, los soldados fueron confinados en sus barracones. Se colocaron guardias adicionales para mantener a los soldados a raya. Pero, para mortificación de los oficiales, muchos saltaron las vallas que rodeaban la base y se unieron a los manifestantes.

No es difícil imaginar que la decisión de cerrar el centro de adiestramiento Ord, fue influenciada por dichos sucesos. La guerra de Vietnam había casi concluido para ese entonces, pero otras guerras para garantizar el imperio no tardarían en surgir y los generales no deseaban repetir los movimientos de soldados que brotaron en sus bases a finales de los sesenta y casi acabaron con su maquinaria militar. La proximidad de Fort Ord a la actividad radical de la zona de San Francisco Bay, fue probablemente un factor en la mente de los encargados de la planificación militar.

Precisamente al oeste de la base, la ciudad de Seaside estaba asentada sobre una gran llanura arenosa que una vez fue una cesión española llamada Rancho Nochebuena. Seaside creció en paralelo a Fort Ord y muchos de sus residentes eran soldados con sus familias o militares retirados. Una parte importante de Seaside era afroamericana, la única gran comunidad negra en el centro de California. El terreno de Seaside era único en la zona, pero el parecido de muchas de sus casas a las de Alisal no podía negarse.

Cabo de Pinos es el nombre que los españoles le dieron a la zona de altos pinos, robles costeros y cipreses de la península de Monterey. La ciudad de Monterey fue una vez la capital de California, con sus edificaciones de estilo español que flanqueaban las estrechas calles del centro de la ciudad. Esto y su impresionante costa, que se curvaba a lo largo de la bahía en rumbo de colisión con el expansivo océano, la convirtió hace tiempo en un atractivo turístico. Ya en 1800 los acomodados californianos habían escogido aquel lugar como su territorio. Charles Crocker, quien hizo una fortuna como magnate del ferrocarril, apostó en 1880 por una propiedad inmobiliaria en el centro de Monterey donde construyó un hotel que se convirtió en un imán para ricos, famosos, realeza, diplomáticos, presidentes y marajás. El hotel continuó como uno de los fortines más de moda en la costa oeste hasta 1948, cuando el gobierno lo adquirió junto con los terrenos aledaños, para establecer la Navy Post Graduate School.

Bordeando el centro antiguo más allá del muelle de los pescadores y pasando por el túnel Minnie, construido por un alcalde con ese nombre, está la zona de Cannery Row. Este fue una vez un distrito fabril donde agudos silbatos llamaban a los obreros a descender por estrechos senderos hasta las humeantes y fétidas plantas envasadoras de pescado, dónde ahora a principios de los setenta, había boutiques y restaurantes nuevos que comenzaban a atraer a turistas y compradores de baratijas, no a los proveedores de fuerza laboral.

El siglo había visto muchos cambios en aquel lugar. En 1910, la zona tenía una floreciente industria pesquera, basada principalmente en el salmón y el abulón, que era regentada por familias chinas y hombres japoneses solteros. De los 185 barcos de pesca del salmón, 145 eran propiedad de japoneses y estaban operados por ellos. Monterey se convirtió en el tercer gran puerto pesquero del país. Los japoneses también trabajaban en las enlatadoras como cortadores de pescado. Antes de ser Cannery Row era un Chinatown. Sus salones de juego, de baile y los fumaderos de opio se quemaron como otras muchas comunidades parecidas. En 1920, comenzaron a llegar sicilianos y otros del sur de Europa y también la violencia contra los chinos. Pronto las restricciones legales y el sentir de la población fue sacando a los chinos de la flota pesquera, y redujeron a los japoneses a una pequeña aunque determinada parte.

Las sardinas transformaron el lugar. En 1930, la pesca de sardinas y el enlatado predominaban. Veinticuatro fábricas de conservera procesaban miles de toneladas de los pequeños peces cada año. En 1947, el mismo año en que Fort Ord se convirtió en un centro de entrenamiento de la armada, los grandes bancos de sardinas desaparecieron y de la noche a la mañana las fábricas pararon completamente. Pronto el pesado traqueteo y los ensordecedores sonidos de aquella industria fueron reemplazados por los susurros y los aullidos del viento de la bahía al cruzar los rotos paneles de vidrio de las ventanas, las inmóviles correas transportadoras y los tanques de limpieza. Más tarde vinieron los más fuertes sonidos de los debates respecto a qué hacer con los oxidados cascarones que bordeaban la avenida. Diferentes intereses pesaron en los debates, incluyendo a John Steinbeck, quien todavía lamentaba la pérdida del viejo barrio chino y sugería alegremente que podía ser recreado por escenógrafos de Hollywood. No obstante, los intereses comerciales triunfaron, como es costumbre en la mayoría de lugares. A principios de los setenta, Cannery Row estaba a camino de su tercera encarnación en menos de un siglo, como una estilizada trampa para turistas con un histórico, aunque un poco sospechoso aroma.

Al pasar por la metamorfoseada zona de las enlatadoras y una avenida de pequeños negocios, la carretera serpentea a través de los restos del viejo bosque de Pacific Grove. La zona fue descubierta en 1800 por algunos grupos religiosos que reconocían en su belleza una cualidad espiritual y establecieron campamentos para sus servicios. En 1880, se convirtió en emplazamiento de Chautauqua Society, una orden religiosa y cultural que era enormemente popular en las zonas rurales en todo Estados Unidos hasta la década de 1940.

La calle principal, Lighthouse Avenue, pasa por la arboleda sombreada de un barrio de clase alta que conserva una serena y a menudo nublada y mística belleza, hasta que finalmente se encuentra con el borde de arena donde comienza el océano y luego se curva sobre una costa de marismas y minúsculas playas rocosas hasta donde se asienta Asilomar, un apartado centro de conferencias, localizado en un terreno más alto, con vista panorámica sobre el océano. Frente al mar hay fabulosas mansiones ancladas como barcos en la inmensidad de un ondulante mar verde de colinas de arena cubiertas con plantas (*ice plant*) de la familia de las suculentas.

Más adelante, la costa retrocede rápidamente y aparece el bosque. Más arriba de la carretera estaba la entrada custodiada a la ultra exclusiva Pebble Beach. El lugar está situado en el borde occidental de Monterey Peninsula, una tierra que una vez formó parte de dos concesiones españolas que cayeron bajo el control de americanos ricos después de la guerra con México; 5300 hectáreas de bosques que limitan al oeste con el Océano Pacífico. Samuel F. B. Morse, el sobrino nieto del gran inventor, y su socio Herbert Fleishacker obtuvieron el control de la tierra en 1919 y supervisaron el desarrollo de la comunidad de Pebble Beach. Su visión siempre fue exclusiva en dos aspectos de la palabra. Debía de ser al mismo tiempo una pequeña comunidad y estaba en medio del esplendor de un lugar hermoso. Y las reglas escritas bajo la dirección de Samuel F. B. especificaban que las escrituras y los contratos de arrendamiento de propiedades en Pebble Beach excluyeran explícitamente a "asiáticos, negros, árabes, judíos, turcos, griegos y armenios". Más tarde, cuando se declararon ilegales aquellas restricciones, los requisitos restrictivos de los clubes sociales locales sirvieron para imponer la exclusividad social. Aquello fue una especie de "código Morse" que gobernó Pebble Beach.

Pebble Beach tiene 7 campos de golf de 18 hoyos públicos y privados y uno de 9 hoyos de par tres, para una población de

2500 familias. A principios de la década de 1970, un juego de golf en uno de los campos de Pebble Beach costaba el equivalente de muchas horas de sudoroso trabajo en los campos de hortalizas a pocos kilómetros al este.[19] Era posible conducir hasta la cerrada Pebble Beach, que era parte de una ruta panorámica de 17 millas, pero había que pagar por aquel privilegio. Sin muchos recursos y sin deseos de pagar para ver las casas de los ricos, decidimos seguir adelante.

Más allá de Pebble Beach está la ciudad de Carmel, una próspera comunidad de clase media alta limitada por el océano en su extremo occidental y en su lado interior por un tranquilo y estrecho valle que se abre camino al sur hacia el bosque de Los Padres, a lo largo del límite occidental de las Santa Lucia.

En 1970, se produjo un incidente en Carmel que llamó la atención del público. Un grupo de hippies apareció de repente en un parque de la bonita y moderna calle principal del centro de la ciudad de Carmel. Se sentaron, tocaron música, fumaron algunas cosas y quién sabe qué más. Las autoridades de la ciudad y algunos residentes se alarmaron. Las murallas de la fortaleza habían sido violadas. ¿Qué aterradora realidad estaba a punto de invadir aquel bello refugio de brazos abiertos hacia el mar? No existían leyes para expulsar legalmente a los intrusos del parque. Así que las autoridades municipales decidieron activar el sistema de riego durante el día para disuadir a los indeseables de permanecer allí.

A algunas personas esto les pareció mezquino. Yo todavía vivía en Seaside cuando aquello sucedió y era amigo de un activista local, Brady Avery, quien tenía una gasolinera y un taller mecánico en la calle Del Monte, la misma calle de nuestra cafetería para soldados. Brady estaba constantemente en desacuerdo con las autoridades de Seaside por sus ruidosas e insistentes críticas al acoso policial a la comunidad negra y otros asuntos relacionados con la discriminación y el gobierno de la ciudad. Esto le causó problemas y las autoridades estaban siempre buscando la manera de callarlo. Su negocio era frecuentemente visitado por los inspectores de la ciudad que trataban de encontrar algún tipo de violación de las ordenanzas municipales. Él siempre era multado o amenazado con multas y recursos legales.

Un día estábamos en la gasolinera de Brady hablando sobre el incidente del sistema de riego en Carmel, denunciándolo junto con algunos de sus empleados. Entonces Brady tuvo una idea— ¡Vamos con algunos amigos de Seaside al parque de Carmel! Así que organizamos un viaje en caravana con algunos amigos de Brady de la comunidad de Seaside, algunos soldados y personal de la cafetería y fuimos allá.

Cuando nuestra comitiva llegó al parque, Brady sacó las pancartas que él y sus amigos habían preparado para la ocasión. Tres grandes carteles con una sandia en cada uno y las palabras, "¡Adivina quién viene ahora a Carmel!" Pasamos un rato en el parque, jugamos al frisbee, y celebramos un picnic hasta la noche. Nos divertimos mientras la policía local daba vueltas alrededor del parque. Aunque por otro lado optaron por dejarnos en paz.

Una oleada de risas acogió aquel relato mientras el Volkswagen rodaba y traqueteaba por la calle principal de Carmel. Las distinciones sociales de la Bahía de Monterey revelaban un complejo esquema, pero, al igual que las paredes de un cañón, tenían capas definidas. El contraste era llamativo para aquellos viajeros que observaban esas cosas.

Lo que por lo general se daba por sentado tenía para nosotros un profundo significado, quizá porque conscientemente rechazábamos el "sentido común" que consideraba tales polarizaciones de riqueza y privilegio, naturales, inevitable, inamovibles. Para nosotros todo aquello tenía que ver con la explotación clasista, la opresión nacional y el sistema que existía para imponerlas. Las justificaciones para esta desequilibrada situación derivaron en algún tipo de racismo o de chauvinismo. En Estados Unidos esta era predominantemente la omnipresente supremacía blanca y aquellas zonas ricas proporcionaban un colorido contraste con los barrios y los campos de Salinas que ahora constituían nuestro hogar.

La clase social no es solo una cuestión de riqueza, sino la conexión a la producción de riqueza. No es solo el bien contra el mal, ya que hay personas con muchas cualidades diferentes en los dos lados de la ecuación. Es la existencia misma de esas clases sociales la que limita y da forma a lo que la sociedad en su conjunto es y puede ser. Ninguna retórica puede cambiar esa realidad o dar voz a los que en el contexto del sistema productivo, han sido fundamentalmente privados de dignidad y oportunidades. Únicamente su lucha puede lograr eso y aún así, solo es posible en determinados momentos históricos especiales.

Aunque un individuo puede ser "libre" de pasar de un nivel social a otro, las clases y los estratos se mantienen en su lugar mediante una estructura que está en última instancia, determinada por el sistema de producción.[20] Estos diferentes niveles sociales vienen con sus valores socialmente impuestos. Quiero decir que, ¡nadie pagaba para recorrer el distrito de Alisal! Pero más allá de la consideración monetaria, el valor humano colocado en las vidas de aquellos de Alisal y los de Pebble Beach era enormemente divergente.

Irónicamente, las conexiones entre producción, trabajo y riqueza, tan obvias para un trabajador agrícola, son a menudo un oscuro misterio para la gente de las clases altas. Sin duda, la próspera clase media es la beneficiaria de la riqueza social acumulada por el capitalismo y el imperio. Pero esto por sí solo no los define. Los medios crueles por los que se obtiene esta riqueza, también suscitan indignación moral y resistencia. Yo supe de residentes de Pacific Grove y de Monterey que se arriesgaron a proporcionar un refugio seguro a soldados de la época de Vietnam que desertaron de Fort Ord para no ir la guerra. El boicot de la uva encontró un terreno fértil entre un amplio sector de la clase media.

Jamás ocurrirá un movimiento genuino para transformar fundamentalmente la sociedad sin la significativa participación de la clase media. Sin embargo, también es cierto que tales movimientos no pueden estar basados en la clase media, sino solo entre los sectores de la población más explotados y pisoteados por el funcionamiento del orden social. La suya es una consciencia que podría fluir directamente desde su situación de clase, algo que no es cierto para la clase media.

Todavía creo que a pesar de que la clase media se beneficia en cierta medida de esta explotación en el marco de dicho sistema, en realidad pierde mucho más al vivir una vida alienada de gran parte de la humanidad, mejor simbolizada por los muros de las comunidades cerradas donde las personas se aíslan física y sicológicamente de la mayor parte de la gente. Los Estados

Unidos como un todo, tienen una mentalidad de comunidad cerrada, lo que hace que la gente sea más pobre espiritualmente. Afortunadamente hay quienes se rebelan ante la pérdida causada por ese aislamiento y por la injusticia del sistema. Tal rebelión es sin duda necesaria y está justificada.

A pesar de la notable belleza física de lugares como Pebble Beach, Carmel y Monterey, yo me sentía feliz de regresar a Salinas. Allí estaba yo entre gente cuya cultura apenas conocía y cuyo idioma estaba luchando para entender. Pero mi corazón estaba allí. En aquel momento de mi vida, me sentía como en casa.

Rafael Lemus

En la calle Pájaro, cerca de Market, divisé una silueta familiar que trabajaba en su auto frente a su casa, un hombre delgado y fuerte de unos cuarenta años, nariz afilada y sonrisa seca. — Güero —, me dijo, levantando la vista desde debajo del capo de su acorazada camioneta Oldsmobile verde. —¿Qué dices güero?— repitió utilizando el apodo que mucha gente usa para los de piel y cabellos claros como yo. Esos apodos eran ampliamente usados y por lo general no tenían connotaciones negativas.[21]

Yo no lo conocía bien, pero lo había visto en el local del sindicato y en manifestaciones. Sabía que la gente por lo general lo llamaba por su apellido, Lemus. No conocía ningún apodo para él, pero si tuviera que inventar uno probablemente sería Flaco.

—Hola, Lemus, como andas—. Por su mirada algo vidriosa y por la pequeña pausa que hizo, podía ver que había estado bebiendo.

—Vivo. Pero más que eso no puedo decir—. Incluso en una conversación casual, él manifestaba un pronunciado fatalismo.

Después de una breve descripción de las últimas dolencias de su auto, nuestra conversación derivó en algunos sucesos recientes, como el desalojo de los obreros de Pic'n Pac de La Posada y los continuos conflictos con la administración de Interharvest. Lemus estaba en el comité del rancho D'Arrigo y era el dirigente de los trabajadores del apio allí. Los trabajadores de D'Arrigo estaban teniendo sus luchas con la administración y

Lemus era parte de las negociaciones para resolver las diferentes desavenencias en las que los trabajadores y la compañía estaban involucrados. Él estaba al tanto de mucho de lo que estaba sucediendo en todas las empresa de la unión. Lemus había escuchado que los supervisores de Interharvest habían hecho un escándalo por un panfleto que yo había repartido entre la cuadrilla.

—Todavía andas con los comunistas?— dijo en un tono que estaba entre la broma y el reproche. Creo que estaba feliz con el enojo de la empresa por el pequeño panfleto que denunciaba el trato de no ir a la huelga realizado por la unión y las empresas metalúrgicas en un momento en que las condiciones laborales se estaban deteriorando.

—¡Cómo no!—, le dije—. Tenemos que darle a la empresa algo para hablar en las reuniones con el sindicato.

Lemus sonrió. —Ustedes se están haciendo un poco famosos por acá.

—Bueno, hacemos todo lo posible— contesté sin estar seguro de lo que él quería decir con eso.

Siempre consideré que Lemus era un tipo duro. No por su constitución física. Él no era mucho más alto que yo y era delgado. Pero tenía un aura alrededor de él, del tipo "no te metas conmigo" y no esquivaba una pelea. Él había estado trabajando en los sembrados más de veinte años. Conoció la crueldad con la que los obreros agrícolas podían ser tratados, prácticamente desde el día en que había cruzado a Calexico como un chico aventurero de dieciséis años de Michoacán. Su primer empleo pagaba cuarenta centavos la hora por "descabezar remolachas", arrancándolas del suelo y cortándoles las hojas. Dormía debajo de un árbol y vivía de emparedados de mermelada de durazno. Se escapó de aquel trabajo un día que se acercó un auto grande al sembrado donde estaban trabajando. Los demás trabajadores gritaron "Pájaro", una palabra utilizada para la migra y huyeron. Lemus, un poco más intrépido se acercó al auto y encontró a una mujer que necesitaba ayuda en su finca. Lemus aprovechó rápidamente la oportunidad para ganar el doble de lo que le estaban pagando.

En los años siguientes, trabajó en muchos ranchos y ocupaciones diferentes. Aprendió inglés bastante rápido y aprendió a usarlo para defenderse a sí mismo y a otros. Algunas personas deciden utilizar sus experiencias y conocimientos para su propio provecho. Venden sus destrezas a los rancheros y se convierten en personal de la empresa. Lemus no tenía estómago para eso. No había perdido su desdén por el sistema empresarial agrícola que degradaba a los trabajadores y no quería ser parte de aquello.

En septiembre de 1963, Lemus estaba conduciendo un camión, llevando apio desde un campo de Chualar al refrigerador de Salinas. Salió del campo con su última carga precisamente en el momento en que un tren de Southern Pacific cargado con remolachas se estrelló con un camión lleno de trabajadores del apio que se dirigían a casa desde el campo. El choque partió al camión en dos y esparció cuerpos a lo largo y ancho de la vía. Lemus regresó al campo para informar a la compañía del accidente y regresó a la vía para ayudar a los heridos y recuperar los cuerpos de la destrucción. A aquel camión plataforma le habían colocado unas bancas de tablas a todo lo largo para usar como autobús. Llevaba más de sesenta obreros y la sobrecarga pudo haber contribuido al accidente. El conductor, uno de los pocos sobrevivientes, insistió al decir que su visión de la vía estaba obstruida. Treinta personas murieron y otras treinta y una sufrieron heridas, el peor accidente de este tipo en la historia de California.[22]

Lemus trabajó en los días de los braceros, aunque él mismo no era bracero y como los demás durante aquel período tuvo que permanecer callado con pocas esperanzas de que se atendieran sus quejas o de protestar por las condiciones. Para algunos, años de sufrir humillaciones e injusticias pueden desgastar la angustias penetrantes del ultraje hasta que se convierten en sordos achaques de resignación, pero no para Lemus. Los años que pasó en los sembrados le concedieron un ojo crítico sobre lo que allí sucedía y conocía bien los diferentes trucos utilizados para engañar a los trabajadores. Cuando trabajaban a destajo, él contaba los camiones que salían del campo, sabiendo cuánto representaba cada uno para los obreros sobre el terreno. Lemus hacía las cuentas y reclamaba cuando los cheques no coincidían. Con frecuencia los contratistas, supervisores y mayordomos engañaban a los obreros haciendo cheques a "los muertos", trabajadores ficticios en la nómina, para luego embolsárselos.

También había otros trucos. Los jefes de cuadrilla ofrecían adelantos a los trabajadores nuevos o los que necesitaban dinero para sus gastos. Esos adelantos, "la tira", serían descontados del próximo cheque. Aquellas deudas se inflaban misteriosamente con intereses exagerados. A menudo era difícil enfrentar aquellas reivindicaciones, cuando el trabajo de uno estaba en riesgo. Pero Lemus y otros como él, esperaron que llegara el momento.

Al acercarse el fin de la década de 1960, aquellos trabajadores de la lechuga, la mayor parte de ellos braceros hasta 1964, tuvieron motivos para creer que había llegado su hora. Pequeños grupos de voluntarios distribuyeron panfletos en los valles de Salinas y Santa María y distribuyeron el periódico del UFWOC.[23] Los obreros, muchos de ellos trabajadores agrícolas y campesinos desposeídos, incluyendo trabajadores que conocían las luchas por tierras y derechos en México, estaban observando los acontecimientos que se desarrollaban en las zonas productoras de uva.[24]

En 1968, varias empresas vinícolas, temiendo un boicot a sus fácilmente identificables nombres, llegaron a un acuerdo con el UFWOC. Eso incluyó a Almaden y Paul Masson al sur del Valle de Salinas. Entonces, el 29 de julio de 1970, los rancheros de la uva de Delano, maltrechos por el boicot nacional, se reunieron con oficiales de UFWOC y de mala gana firmaron contratos reconociendo a la unión, dando fin a cinco épicos años de boicot y huelga en la uva.

Los trabajadores de los valles costeros, apelaron al UFWOC, pensando que su hora había llegado. César Chávez, que se sentía algo abrumado por las nuevas responsabilidades de la unión para establecer servicios de despacho e implementar contratos con el 85% de la industria de la uva de mesa, quería que los trabajadores de Salinas y Santa María rechazaran la huelga.

Anticipando la llegada de una marejada, los rancheros se dispusieron a levantar un muro de protección. De ese modo, mientras los rancheros de la uva de Delano concluían los inevitables acuerdos con el UFWOC, los dirigentes del sindicato de los Teamsters estaban contando fajos de dinero enviados por los rancheros de hortalizas para endulzar un acuerdo que los rancheros anhelaban desesperadamente. El 2 de julio de 1970, el día antes de la firma en Delano, se recibió una sorprendente noticia: treinta y dos rancheros de Salinas, Watsonville y Santa María firmaron contratos con la International Brotherhood of Teamsters, para representar a sus trabajadores. Los Teamsters declararon que los obreros agrícolas se les habían acercado pidiendo que dicho sindicato los representara, pero fueron los rancheros de lechuga los que habían hecho eso.[25]

El acuerdo con los Teamsters proporcionó a los rancheros un valioso argumento legal. En caso de huelga ellos podrían reclamar que eran víctimas de una disputa sindical jurisdiccional, y pedir protección legal. Para socavar un boicot ellos podrían aducir que su lechuga ya contaba con un sello sindical, una táctica segura para confundir a una parte de la gente. Esto equivalía a un seguro contra la huelga y el boicot, financiado por las cuotas sindicales que ahora se deducían de los cheques de los trabajadores agrícolas. Y como regalo adicional, los Teamsters recibían un 2% de los cheques de cada trabajador para su "fondo de jubilación".[26]

Cuando los Teamsters anunciaron que estaban entrando a los campos de hortalizas, la ira de muchos obreros del Valle de Salinas se acercó al punto de ruptura. La mecha se prendió cuando los trabajadores de los ranchos de Salinas rechazaron firmar con los Teamsters y fueron despedidos. Comenzaron paros esporádicos sin planificación que estaban extendiéndose. Aunque el UFWOC no llamara a la huelga, de todas formas ocurriría. Hubo acaloradas e intensas reuniones, con los miembros comprimidos hombro con hombro en el local de la unión en la calle Wood, donde los dirigentes del UFWOC argumentaban con los miembros para postergar la huelga, mientras que ellos intentaban negociar con los mediadores de United Fruit, e intentaban calmar a los aliados de las iglesias que temían las consecuencias de una gran huelga. Hubo demoras mientras los rancheros y los dirigentes del sindicato maniobraban. Pero la determinación de los obreros para la huelga era palpable. Chávez vino a Salinas y pidió que todos los empleados de la unión y voluntarios de todo el país se dirigieran a Salinas y a Watsonville. El fuego prendió.

Lemus estaba en el local de la unión en agosto de 1970, cuando los sympatizantes de la unión hacían carteles para los diferentes ranchos y pidió a los trabajadores que los toman. Lemus tomó el letrero correspondiente a D'Arrigo y lo levantó por encima de su cabeza. Con ello se convirtió en un organizador. La compañía se enteró de aquello. Al día siguiente, durante el trabajo, un supervisor se acercó a Lemus y le ofreció un puesto de mayordomo.

—¿Parezco un perro?—contestó Lemus al risueño supervisor.

—¿Qué quieres decir?— replicó el supervisor.

Lemus dijo fríamente—, debes creer que soy un perro. Me estás ofreciendo un hueso. Yo no acepto huesos.

Esa actitud desafiante fue expresada masivamente el 24 de agosto de 1970, cuando 7,000 trabajadores de docenas de empresas de Watsonville, Salinas y Santa María salieron y se unieron a las largas caravanas que recorrían los valles. La producción cesó en medio de la mayor cosecha del año. Durante varios días no aparecieron cifras en el mercado de la lechuga de Salinas, pues según estimaba un portavoz de los rancheros, había "falta de producto".

La producción de fresa, apio, zanahoria y tomate fue también afectada. En los días previos a la firma de los contratos de la uva en la unión, los representantes elegidos por los trabajadores de la fresa en Pic'n Pac acudieron a manifestaciones en el Valle Central para entrevistarse con dirigentes del UFWOC.

—Estamos esperándoles en Salinas— les dijeron a los sindicalistas. —Estamos preparados para la huelga. Hemos esperado mucho tiempo para esto.

Mientras aumentaba la fiebre de huelga, un grupo de trabajadores de Pic'n Pac y sus familias se reunieron cerca de la entrada de *La Posada*, en los límites de Alisal, cerca del antiguo barrio chino de Salinas. Cuando pasó por La Posada un camión del sindicato con altavoces, comunicando la decisión de los obreros de Freshpict de hacer huelga, alguien en el campamento interpretó mal el mensaje y gritó: —Ya ha llegado el momento. Nos están llamando en huelga!— Los residentes de La Posada formaron una caravana de autos, fueron a los campos de Pic'n Pac y ¡llamaron a los piscadores a la huelga! Habían interpretado mal el mensaje, pero la huelga estaba en marcha.

No tomó mucho tiempo para que las pérdidas de Pic'n Pac aumentaran. Después de perder 500 acres de bayas, la compañía firmó un pacto con la unión, una de las diez productoras de fresa que lo hicieron.

El muro que los productores erigieron para protegerse de la inundación, no funcionó. La unidad de los rancheros se quebró cuando Interharvest renunció a su pacto con los Teamsters y firmó un contrato con UFWOC el último día de agosto. Los rancheros locales, afectados y preocupados por la entrada de conglomerados como United Fruit en la producción de verduras, estaban furiosos. Crearon el un comité de ciudadanos para la agricultura, anunciaron un boicot a los productos de Interharvest y bloquearon el acceso al patio de Interharvest para impedir salir a los camiones. La policía y los sherifes de Salinas, muy diestros en mantener el flujo del tráfico en las empresas afectadas, esta vez no pudieron hacer nada. El bloqueo de Interharvest concluyó en poco más de una semana, sin embargo proporcionó una ventaja estratégica a los rancheros. Al mantener a Interharvest, el mayor ranchero del Valle de Salinas con cerca del 20% de la producción de lechuga de los valles, fuera de los campos durante una semana crítica de la huelga, los precios de la lechuga se dispararon, permitiendo a algunas de las firmas en huelga recuperar al menos parte de lo que habían perdido en volumen debido a los altos precios.

La huelga respaldó la amenaza de un boicot. Para octubre, Freshpict, otro gigante con 40,000 acres de hortalizas y una subsidiaria en Purex Corporation, firmó con UFWOC. En noviembre, D'Arrigo, una empresa familiar de larga trayectoria también cedió. Para entonces UFWOC tenía bajo contrato a empresas con el 20% de la producción de hortalizas. Pero otras se mantuvieron firmes y lucharon con malicia para mantener fuera a la unión.

Al forzar a algunos de los más poderosos rancheros a reconocer un sindicato de trabajadores agrícolas y a negociar salarios y condiciones de trabajo, la huelga general logró lo que ninguna otra huelga agrícola había conseguido antes. Aún más crucial fue que colocó la iniciativa en manos de los obreros, como organización colectiva.

Esos logros no se obtienen con facilidad. Muchos huelguistas fueron desalojados de los campamentos de obreros y forzados a dormir en los campos o en los suelos de hormigón de aquellos que permanecían abiertos. Las familias de los huelguistas soportaron intimidaciones y acoso de la policía así como desalojos de las viviendas de las empresas. Los obreros en huelga se enfrentaron a las fuerzas conjuntas de los rancheros y del estado; policías, guardias privados y bandas de vigilantes armados, algunos directamente al servicio del sindicato de los Teamsters, que se alió a los productores para eliminar la huelga.

La huelga se encontró con la implacable hostilidad de las élites de Salinas. En la comunidad de Salinas proliferaron adhesivos en los parachoques con los mensajes, "rojos fuera de la lechuga" o "¡César fuera de nuestra ensalada!" A principios de la huelga el periódico de Salinas, *The Californian*, publicó en primera página relatos y fotos de rancheros y sus familias en los campos de lechuga, intentando salvar parte de sus cultivos que se pudrían. Una mirada a las fotos era suficiente para que Lemus y sus compañeros de trabajo se partieran de risa. En ninguna de las fotos se veía a los esforzados rancheros inclinados. O no podían encorvarse como lo hacían sus empleados durante horas o sentían que era indigno para ellos, por tanto aparecían en pie, sosteniendo una lechuga en una mano y un cuchillo en la otra, mientras realizaban su tarea sonrientes. Las fotos parecían decir que era un trabajo placentero, ¡solo un ingrato desorientado podría ir a la huelga sobre eso!

Numerosos artículos aparecían en la prensa local abogando por la causa de los rancheros. Ellos no podrían sobrevivir con los $2.10 por hora exigido, ni el nuevo contrato del centro de contratación de la unión, ni tampoco las nuevas reglas que orientaban el uso de pesticidas en los sembrados podrían obligarles. Un desastre económico se veía en el horizonte, es más, el estilo de vida americano estaba ahora amenazado. Para hacerlo más dramático, los rancheros colocaban banderas norteamericanas en los camiones y autobuses que no eran de la unión así como en los equipos de los campos. Incluso las mesas de trabajo o burros de los rompehuelgas, contaban con las banderas. De hecho había más verdad en esta amenaza, de lo que los rancheros percibían, ya que el estilo de vida americano era y es, únicamente posible debido a que la intensa y cruel explotación de unos sustenta las privilegiadas vidas de otros.

Los rancheros organizaron manifestaciones para denunciar

la intromisión que ahora amenazaba el bienestar de los ranchos de California. Anne Merrill, miembro de una destacada familia de rancheros, se convirtió en una estrella de aquellas convocatorias. Reconocida como la respuesta de los rancheros a Dolores Huerta de la unión, Merril hablaba en defensa de los trabajadores agrícolas ahora sometidos a una perversa forma de sindicalismo. Ella y otros representantes de los rancheros, se convirtieron en campeones de los derechos de los obreros a no ser obligados a afiliarse a un sindicato. De pronto, el voto secreto en las elecciones sindicales en los sembrados se convirtió en una causa célebre para los rancheros.

Al final de la cosecha de 1970 en Salinas, el UFWOC tenía contratos con Interharvest, D'Arrigo y Freshpict, los principales rancheros de verduras; Meyers and Brown y Hill, empacadores de tomates en la zona de King City; Delfino, el principal productor de alcachofa y Pic'n Pac y otras empresas de la fresa en la zona de Watsonville y Salinas. Además, tenía contratos previos con las bodegas Almaden y Paul Masson en la zona de San Ardo, al sur de King City. En total, para 1972, UFWOC tenía 147 contratos en la uva y hortalizas que cubrían más de 50,000 empleados, treinta y tres centros de boicot en grandes ciudades y más de 600 voluntarios en su plantilla.

La huelga fue un acontecimiento que cambió muchas vidas, colocando a muchos obreros en la senda de activismo como jamás habían imaginado. Algo "inmutable" de repente había sido lanzado por los aires y nadie podría decir entonces cómo iba a aterrizar, ni cómo se vería todo después que eso sucediera.

Los rancheros temían que el antiguo control autocrático sobre los trabajadores nunca fuese igual. Los sindicatos agrícolas quizá son inevitables, admitió un ranchero después de la huelga. Aunque eso reflejaba la dirección en que iban las cosas en aquella época, no reflejaba una renuncia general. Aunque los rancheros cedieron en los salarios y las condiciones de trabajo, eso fue solo una retirada estratégica. Continuaron hostiles a la sindicalización así como a los peligrosos elementos que vieron acechando en las sombras de los piquetes.

Cuando los clérigos y activistas religiosos se unieron a la huelga de la uva de Delano, resonó un clamor respecto a la "interferencia externa". Cuando estudiantes nuevos en los movimientos por los derechos civiles, antiguerra y libertad de expresión, volcaron sus energías para apoyar a los trabajadores agrícolas, las críticas se intensificaron. La lucha de los trabajadores del campo por mejores condiciones, se sumó al racismo y al chauvinismo que enfrentaban a mexicanos, filipinos y otros, suscitando temas que calaron más hondo que las condiciones de trabajo, asuntos que afectaban a la característica central de una sociedad edificada sobre la opresión nacional. Esto atrajo a sectores de personas concientizadas políticamente que criticaban ampliamente a la sociedad estadounidense, lo que a su vez provocó denuncias que deambulaban por el paisaje político, como una nube de humo después de una explosión. El UFWOC fue acusado del liderar no un sindicato, sino un "movimiento social".

Como una secuela de la huelga general de Salinas, aquellas acusaciones crecieron más persistentemente. La palabra "movimiento" se convirtió en algo inaceptable. En las discursos de entonces, los sindicatos, siempre y cuando se mantuvieran estrictamente en lo básico eran juzgados por los creadores de opinión pública como respetables y responsables. Por otro lado, los movimientos, eran considerados políticos, sociales e imprudentes. Para los rancheros y el coro creciente de otros defensores del sistema, incluyendo como veremos a poderosos dirigentes sindicales, no había lugar en los sembrados para un movimiento social.

Había, con toda probabilidad, un elemento de verdad en la acusación de que el UFWOC era parte de algo más que una lucha sindical, pero esa era una de sus grandes fortalezas. La lucha de los trabajadores agrícolas adquirió vitalidad en la medida en que vino a representar la rebelión contra de la doble opresión, como obreros altamente explotados con bajos salarios, pocos beneficios, pobres alojamientos, etc. y como mejicanos sujetos a formas intensas de represión y discriminación en prácticamente todo aspecto de su vida social y civil (o como según algunos trabajadores se consideraban con plena justificación, una casta inferior). Para muchos campesinos aquellos primeros años de los setenta, trajeron una renovada fortaleza y optimismo. Parecía únicamente cuestión de tiempo antes de que la tormenta que arrasó el valle en el verano de 1970 fuera a cambiar el paisaje. Los otros rancheros del valle caerían un día en la unión. El equilibrio de poder estaba cambiando, todo ello en el contexto de otros cambios que ocurrían en la sociedad y en el mundo. Era posible que los trabajadores agrícolas entendieran que su lucha era parte de algo mayor, contribuyendo a que cambios mayores ocurrieran. Para no simplificar excesivamente el asunto, las perspectivas individuales variaban grandemente. Muchos trabajadores agrícolas eran, después de todo, campesinos desplazados, es decir, pequeños propietarios que mantenían ambiciones empresariales. Algunos de ellos aún poseían pequeñas fincas, o aspiraban a regresar con el dinero ganado en Estados Unidos para iniciar sus propios negocios. Por eso las visiones y aspiraciones diferían bastante. Eso no contradice la idea de que la lucha había abierto un horizonte de nuevas aspiraciones y posibilidades, incluyendo algunas radicales, en la medida en que los trabajadores agrícolas buscaban luchar contra la explotación y la opresión que enfrentaban.

Después de la huelga general, Lemus marchó al este para colaborar en el boicot de la lechuga. Pero cuando una noche rompieron las ventanas de su casa familiar en Salinas, pidió volver a Salinas. Ahora era el dirigente de una cuadrilla recolectora de apio que tenía la reputación de ser sólidos defensores de la unión. Cuando le pregunté a Lemus cómo andaban las cosas en el apio, se encogió de hombros. Luego le dije que quería probar mi suerte trabajando por contrato, él contestó con una voz llena de escepticismo. Si crees que das para eso, podrías probar con mi cuadrilla. La cuadrilla estaba corta de gente porque la unión no había enviado a nadie a llenar las vacantes. "Si l'haces, puedes agarrar un dispatcho en la oficina". Si yo quería el trabajo sería mío. Eso me convenía porque aunque pensaba que estaba en bastante buena forma, no sabía si podría realizar el trabajo en el apio y no quería estar en la nómina si no podía hacerlo. Eso sería como tomar el dinero de los bolsillos de los otros trabajadores. Con buenos motivos, el sindicato no quería enviar gente que no se sabía si iba a conseguirlo. Si yo estaba de acuerdo, la cuadrilla me daba un día de prueba. Si no lo conseguía, no se me pagaba el día.

El lunes siguiente, me presenté en el sembrado que Lemus había indicado. Cuando llegué sin un cuchillo para apio, él solo sacudió la cabeza y yo me sentí ridículo. Pero el mayordomo me dio un cuchillo. El cuchillo para el apio es como varios cuchillos en uno. Tiene la mitad de largo de un machete, con filo por los dos lados; por el lado largo es como cualquier cuchillo y en la punta, tiene una segunda hoja que se ensancha formando un borde cortante de tres o cuatro pulgadas de ancho. Ese es el borde que el apiero utiliza para desprender el manojo de su raíz. El cortador empuja el filo que está al final de la hoja, bajo la planta. Si el corte no es limpio, se utiliza la parte larga del cuchillo para hacer un segundo corte limpio del lado de la raíz dejando la base de la planta pareja. Luego el cortador le da vuelta al ramo y corta la parte de arriba para dejarla recta. Esa es la forma en que el apio se empaca en las cajas para enviarlo al mercado.

Lemus me dijo que trabajara cerca de su burro, una mesa con ruedas donde él y otros empacadores colocaban el apio en cajas según el tamaño. Había cajas de 24, 36 y 48, correspondientes a la cantidad de manojos por caja. Las de 24, eran los mazos más grandes y por tanto las que tenían menos cantidad. El burro pasa rodando por las hileras cortadas y los empacadores toman el apio cortado, lo clasifican por tamaño, cierran las cajas y las ponen en tierra detrás del burro.

Cuando conseguí mi cuchillo, lo afilé en sus diferentes puntos y me preparé a acomodarme en mi fila, el burro ya se encontraba a varias yardas por delante. El mayordomo estaba cortando mi hilera delante del burro. Corté mi hilera hasta el espacio vacío y luego fui hacia delante y atrás recogiendo el apio cortado y colocándolo en el burro. Finalmente después de que recogí todo el apio del suelo, fui hasta donde estaba el mayordomo cortando delante del burro, que estaba en una hilera justo al lado y comencé a cortar tan rápido como podía. Al principio creía que lo estaba haciendo bien. Incluso conseguía cortar algunos de los tallos a la profundidad correcta de una pasada, quizá una de cada cinco o seis veces. Cortaba, recortaba, y soltaba; cortaba, recortaba, recortaba y soltaba; cortaba, recortaba, recortaba, recortaba y soltaba; cortaba, recortaba, recortaba y soltaba; cortaba, recortaba y soltaba; con mi cuerpo doblado en un ángulo de 45 a 90 grados todo el tiempo. Me movía rápido, tan rápido como pensé que era humanamente posible, pero torpemente. Mi corazón corría a gran velocidad. Me quité la ropa superior excepto la camiseta, el sudor de la frente me corría por los brazos. Me esforcé más y los burros, los empacadores y los demás cortadores se desplazaban incesantemente por delante de mí. Pronto estaban yardas por delante. Cuando miré a mi alrededor me pareció que los demás cortadores se movían a un ritmo más lento que yo y traté de imitar sus movimientos, pero mis cortes se hacían más erráticos, o muy profundos, golpeando la tierra o muy altos desmembrando la planta, cada vez me iba quedando más atrás. El mayordomo vino en mi ayuda, pero yo sabía que estaba perdido. Yo era la tortuga desesperada en la carrera con la liebre, pero la liebre no iba a detenerse para dormir. Abandoné la carrera, pero me quedé para ayudar al mayordomo a terminar la hilera. Cuando los dos llegamos al burro, le entregué el cuchillo. "Me siento como un perro con tres patas", preguntándome si esa expresión tendría sentido en tal circunstancia. Me sentí un inepto. Fue mi primer y último día en el apio.

La Posada

En noviembre de 1971, apenas un año después de que la huelga "accidental" en Pic'n Pac forzase a la empresa a firmar un contrato sindical, esta declaró que cerraba sus operaciones. Las 137 familias que trabajaban para la compañía y vivían en el campamento de remolques de la empresa, La Posada, fueron instadas a irse. Los rancheros locales y la prensa describieron el caso de Pic'n Pac como una prueba de que la unión llevaría a los rancheros a la quiebra y arruinaría la economía agrícola local. El reportaje del desalojo de los obreros de Pic'n Pac del campamento de remolques fue uno de los primeros publicados por *El Obrero*. Mientras tanto, el periódico celebró una larga entrevista con uno de los miembros de la comisión de residentes que luchaba por conservar sus hogares. La historia, publicada parcialmente, fue como sigue:

Mi nombre es Concepción Lucio. Tengo 26 años de edad. Mi familia y yo hemos vivido en La Posada desde 1965. Mi familia está formada por mi padre, mi madre y 13 hermanos. Mi hermano mayor y mi hermana están casados y tienen sus pequeñas familias que frecuentemente también viven con nosotros.

Mis padres son de México y vinieron a vivir a Texas cuando yo nací, en 1944. Nos asentamos en Río Grande Valley, donde hay muchos cítricos. Mi padre trabajaba como irrigador, a veces 24 horas por día, semanas cada vez y recibía un pago de $15 por semana. Alrededor del verano de 1958, comenzamos a viajar por todo Texas piscando algodón, tratando de encontrar trabajo para todos nosotros. En 1962, mi familia fue a Washington a trabajar y durante los siguientes cinco años viajamos a Oregón, Montana, Idaho e Indiana. Siempre regresábamos a Texas en otoño de forma que pudiéramos asistir a la escuela. Después de la escuela trabajábamos unas pocas horas recogiendo tomates.

La vida en Texas siempre era muy dura. Aunque siempre trabajábamos tan duro como era posible, nunca teníamos suficiente para comida o ropa.

Un día, en 1965, comenzamos a oír en la radio publicidad para recolectores de fresa en California. La empresa era Salinas Strawberries, que luego se convirtió en Pic'n Pac. Tenían un representante en Río Grande Valley y fuimos a verlo. Él nos dijo que con el tamaño de nuestra familia podíamos ganar $1,000 a la semana y que la empresa nos pagaría los gastos del viaje para llegar a Salinas.

Estábamos todos muy entusiasmados. Nos fuimos inmediatamente con $175 de la compañía. Cuando llegamos fuimos directo a La Posada. La mayor parte de las familias que están hoy aquí llegaron entonces, junto con nosotros, bajo el mismo acuerdo. Enseguida comenzamos a trabajar por hora hasta que obtuvimos experiencia y después, a destajo. Nunca ganamos $1,000 a la semana. Con ocho de nosotros trabajando, conseguíamos unos

$700. Las condiciones laborales no eran buenas. Los hombres no tenían períodos de descanso y tan solo había un sanitario para hombres y mujeres. Pagábamos $49 a la semana por nuestro remolque. Aun así ganábamos

más que en Texas. Cada invierno continuábamos volviendo a Texas. Comenzamos a pensar que volver a Texas era muy caro y que quizá podríamos quedarnos en Salinas todo el año. Mis hermanos y hermanas menores estaban en la escuela en Salinas y todos nuestros amigos también. Así que durante las tres últimas temporadas nuestra familia ha vivido en La Posada todo el año.

Ganábamos más aquí pero la gente estaba muy enfadada porque la empresa siempre nos estaba atropellando. Cuando trabajábamos por hora, la compañía nos hacía trabajar más y más rápido. Al final de la temporada cuando ya no había muchas bayas, pedíamos que se nos concediera un salario mínimo, o un poco más por cada caja, pero la empresa siempre se negó. Nunca pudimos hacer nada respecto a estos problemas porque nunca nos organizamos como grupo para luchar por las cosas. Estábamos demasiado asustados.

A finales de agosto de 1970, estamos frente al mismo problema de las bayas que ya estaban escaseando. Entonces la huelga llegó al valle y nosotros también nos unimos.

Después de abandonar los sembrados todos volvimos a La Posada y nos reunimos con César Chávez. Las cámaras también estaban allí. Nosotros nos organizamos. Colocamos una línea de piquetes en la entrada de La Posada, mayormente personas mayores y niños. El resto se fue a los ranchos a formar piquetes. Éramos verdaderamente un grupo fuerte y en ocasiones hacíamos piquetes en otros ranchos también. Cuando se aprobó el mandato contra la huelga muchos de nosotros fuimos arrestados, por no detener los piquetes. Pero ganamos el contrato y por primera vez nos sentimos seguros y realmente libres. El día del contrato hicimos una fiesta. Ya no teníamos miedo, porque había un sindicato que nos respaldaba. Algunas familias se unieron al boicot de la lechuga y realmente se sacrificaron por el sindicato. Mis hermanos fueron a Boston para participar en piquetes contra SS Pierce.

Después del contrato, fue como nacer de nuevo. Por primera vez se podía hablar sin miedo.

Nosotros sabíamos que Pic'n Pac estaba teniendo problemas. Compraron maquinarias para las fresas que nunca funcionaron por medio millón de dólares. Tenían demasiados supervisores y muchos ni sabían lo que estaban haciendo. Por tanto, cuando Pic'n Pac anunció que estaban cerrando, no nos sorprendimos. Pero nos quedamos conmocionados cuando anunciaron habían vendido los remolques.

Ellos acababan de sembrar nuevas bayas, así que sabíamos que habría trabajo. Pero, ¿por qué no hablaron con nosotros para un arreglo y conservar el campamento? El 10 de octubre de 1971, todos recibimos una notificación de desalojo diciendo que teníamos siete días para salir de La Posada. No teníamos ni idea adónde ir o qué hacer.

Fuimos a las oficinas locales del condado, pero nadie quiso realmente ayudarnos. Pedimos ir a Camp McCallum y fue denegado. Solicitamos un préstamo para comprar La Posada, pero fue rechazado. Solicitamos que se construyera un proyecto de viviendas subvencionadas mas nadie nos escuchó.

Los oficiales del gobierno únicamente escuchaban cuando se les presionaba. . . . No podemos esperar que nos den nada, a menos que luchemos por ello.

Pic'n Pac está en los tribunales solicitando una orden de desalojo para las 60 familias que quedan. Pero no saldremos hasta que tengamos un lugar para ir. Pensamos que al luchar por nuestros hogares estamos ayudando a mucha gente de Salinas que enfrenta el mismo problema, porque no hay suficientes alojamientos. Esperamos que se construyan viviendas para personas de bajos ingresos, que podrían beneficiar a mucha gente como resultado de nuestra lucha. Sabemos que los rancheros están asustados porque estamos luchando para quedarnos y convertirnos en una parte permanente de esta comunidad. Y entonces tendremos algún poder para realizar cambios para todos.

Las familias de La Posada lucharon contra el desalojo por algún tiempo, pero perdieron y en mayo de 1972. las cuarenta familias restantes fueron desalojadas por escuadrones de la policía.[27] Ahora estaban acampando con sus familias a la orilla de la carretera sin un lugar donde ir. Algunos de los jóvenes de La Posada colocaron un cartel en una de las tiendas de campaña denominando a su campamento My Lai, la aldea vietnamita donde en 1968, los soldados estadounidenses masacraron a 500 personas, mayormente mujeres, niños y ancianos.

LA REBELIÓN DE LOS ROMPEHUELGAS

En octubre de 1972, justo dos años después de la huelga general, Fresh-pict, una subsidiaria de Purex Corporation anunció que estaba dando fin a la producción de lechuga y apio. Después de que Pic'n Pac salió del negocio, su propietario Dave Walsh, continuó cosechando fresas sin firmar un contrato con el sindicato y muchos de sus trabajadores fueron tras él. La huelga fue larga y difícil, los trabajadores se enfrentaron a sentencias judiciales destinadas a romper la huelga. Los arrestos eran frecuentes, ya que los huelguistas desafiaban las sentencias del juez.

No mucho después de Pic'n Pac, D'Arrigo Brothers también se negó a renegociar con la unión al expirar el contrato en el invierno de 1972. La empresa se quejó públicamente, "cada vez que hemos intentado ejercer nuestros derechos administrativos . . . hemos enfrentado paros y 'la tortuga'"[28] Ellos rehusaron negociar y en diciembre comenzó una huelga en sus operaciones en Eloy, Arizona. Para marzo la huelga se había extendido al norte, a medida que la temporada de cosecha llegaba a Salinas.

Debido a la falta de trabajadores, las empresas acudieron a los contratistas laborales que estaban más que ansiosos por romper las huelgas. La sala de contratación del UFW había menoscabado a los contratistas y su existencia estaba amenazada. Ellos formaron una asociación para luchar y se unieron con los Teamsters y los rancheros para hacer la guerra al movimiento de la unión.

Un día un contratista de Stockton llegó al campamento de Stewart Hill en Salinas con un autobús lleno de rompehuelgas.

Una multitud de huelguistas los recibieron. Empezó una pelea y algunas ventanas del campamento fueron rotas. Los rompehuelgas eran mayormente negros. Ellos no sabían nada del conflicto. Cuando se dieron cuenta de que había una huelga y obreros dispuestos a mantenerla, rehusaron salir del campamento para trabajar. El airado contratista expulsó a los rompehuelgas del campamento y se negó rotundamente a llevarlos de vuelta a Stockton. Su situación era precaria. Apenas tenían dinero y necesitaban un lugar para pasar la noche.

Esa tarde, había acabado de salir del trabajo cuando recibí una llamada de Jerry Kay, quien estaba coordinando las huelgas en Pic'n Pac y D'Arrigo.

—Oye— dijo Jerry, —tenemos unos veinte rompehuelgas de Stockton que abandonaron el campamento de D'Arrigo y necesitan un lugar para quedarse. ¿Crees que se pueden quedar en tu casa?

Miré a la sala con sus sillones raídos y una lámpara de pie sin pantalla que habíamos encontrado esperando inocentemente en una esquina de Alisal. Había muchísimo espacio en el suelo. — Seguro, tráelos—.

Pusimos frijoles y arroz en la estufa y compramos tortillas y chile. Con ese tipo de comida se puede alimentar un ejército con poco dinero.

Esa noche nos quedamos hasta tarde con los visitantes de Stockton, hombres desde casi treinta hasta unos cuarenta y cinco años. Algunos eran adictos a la botella, nada raro entre la gente que depende del trabajo ocasional en el campo para sobrevivir. Ellos hablaron de las falsas promesas que les atrajeron a Salinas. Algunos hablaron de los caminos que los llevaron a los sembrados.

Henry, un hombre con voz suave, de manos y hombros gruesos, había venido hacia pocos años desde Seattle donde tenía un buen trabajo como assemblador de la planta de aeronaves Boeing. La competencia era fuerte entre las compañías de aviones que habían engordado durante la Segunda Guerra Mundial. A fines de la década de 1960, Boeing apostó fuertemente en un nuevo avión, el 747. Para 1971, se habían vendido pocos y Henry se vio en la calle junto a otros 60, 000 empleados de Boeing expulsados de una empresa al borde de la ruina.

Henry vino desde Seattle, donde estar sin un techo durante el invierno significaba la muerte, para llegar a los poblados del Valle Central donde había abundante trabajo, aunque mal pagado, pero donde el clima en las palabras de Henry "podía helarte, pero no te mataba". Dejó atrás los escombros de una familia destrozada por la confusión económica y el desastre sicológico que vino inmediatamente después. Henry era bastante nuevo en la escena del trabajo agrícola, pero otros que conocían bien el calor que se pasaba recogiendo tomates en el Valle Central, aprovecharon la oportunidad de venir al frescor de Salinas.

Fue una noche llena de relatos de las calles, trabajos de un día y contratistas "esclavistas". Por la mañana, llevamos a los rompehuelgas a la estación de autobuses. El comité de huelga de la unión hizo una colecta y recogió dinero para enviarlos de vuelta a casa.

Vallas publicitarias y un obrero llamado Jack

Jack Deaton, un trabajador y huelguista de Pic'n Pac procedía de un estado del sur. Después de servir por un turno en los marines, terminó viajando por México. Un día, mientras deambulaba por las calles de Cuautla, Morelos, cerca de Ayala, el pueblo donde comenzó la rebelión zapatista medio siglo atrás, Jack intercambió algunas palabras amistosas con una mujer en la calle y decidió que deseaba conocerla. Según él y Lenore contarían más tarde con la historia, Jack la siguió hasta su casa e insistió, para disgusto de su madre, en que deseaba verla. La madre le dijo que se fuera. Él lo hizo. Pero regresó. Su insistencia tuvo efecto y Jack y Lenore iniciaron una amistad que se desarrolló rápidamente.

Fue Lenore la que llevó a Jack al norte y no lo contrario. Ella había estado trabajando en las fresas en Salinas y le dio a conocer la fruta en una posición muy cerca del suelo. Jack le tomó la maña, después de un doloroso aprendizaje y él y Lenore trabajaron juntos en las fresas, con la suficiente destreza para ir viviendo una bien ganada pero decente vida. Cuando la lucha sindical llegó al valle, ellos eran parte de un activo grupo de trabajadores que de inmediato se lanzó a la contienda.

Cuando Pic'n Pac cerró y su dueño Dave Walsh intentó eludir a la unión, mientras aun cosechaba bayas, Jack y un núcleo de obreros llevaron a cabo una huelga que duró varios meses. Jack aterrizó en la cárcel en más de una ocasión por desacato a una orden judicial.

Durante el verano de 1972, los rancheros lanzaron una iniciativa en las votaciones de California, llamada Proposition 22. La misma surgía del interés repentino de los rancheros en concederles a los obreros la opción de escoger su sindicato mediante elecciones. En realidad era un descarado esfuerzo para matar legalmente el movimiento sindical agrícola en marcha. Consideraba que se debían celebrar elecciones sindicales donde hubiera el mismo número de obreros permanentes que temporarios. Ya que la mayor parte de los rancheros tenía muchos más obreros temporales que fijos, la mayoría de los obreros agrícolas quedaría automáticamente discriminada. La iniciativa prohibiría los boicots e impondría multas por apoyarlos. Habría dejado un margen para que una huelga agrícola se detuviera para un periodo de reflexión de sesenta días, suficiente tiempo para que los rancheros recolectaran su cosecha. Aquella propuesta fue promocionada como una medida justa para concederles a los trabajadores agrícolas el derecho a decidir su destino. Recibió mucha publicidad favorable y la unión y las fuerzas pro-unión se movilizaron en su contra.

Los partidarios de la Propuesta 22, contaban con un gran presupuesto para publicidad. Ellos arrendaron vallas publicitarias por todo el estado para su campaña que decían *"Yes on 22"*. Algunas de esas vallas estaban a lo largo de la carretera 101, que atraviesa Salinas y el valle. Un día, algunas semanas antes de las elecciones, Jack, y algunos otros trabajadores empleados del sindicato y yo, estábamos conversando en el local del sindicato acerca de las elecciones con Richard Chávez, el jefe de la oficina local.

—¿Saben?— dijo Richard—, hay una Propuesta 2 en la misma boleta que la 22. —Él nos miró a todos como para ver quiénes estaba prestando atención—. La Propuesta 2 tiene que ver con la asistencia médica, los médicos o algo parecido, yo he oído decir que es algo positivo, sería bueno que se aprobase—. Todos estábamos escuchando, pero no estaba muy claro lo que él quería decir, por lo que continuó—. Si pudiera, yo apoyaría esa propuesta. Es muy caro colocar esos anuncios, ya saben, como los que están en la carretera. Hubo gestos de asentimiento y varios —cómo no—.

Varios días más tarde, Jack y yo estábamos en el local y vimos a Richard. Los dos estábamos bastante cansados, pues estuvimos despiertos la mayor parte de la noche dando vueltas con Roberto García y su compadre que servían como vigías, mientras Jack y yo practicábamos nuestras destrezas de alpinistas.

—Ustedes no creerán lo que vimos en la carretera hoy— dijo Jack—.Saben la propuesta de los médicos, la 2, yo creo que va a ganar. ¡Han colocado todos esos letreros de "Yes on Proposition 2" por toda la carretera!— Richard asintió feliz. No sé si él vio las manos llenas de pintura de Jack, pero yo sí.

Ayudé lo más que pude en la oposición a la Propuesta 22, pero en general no estaba entusiasmado con las elecciones. Ese fue el mismo año en que el candidato antiguerra, George McGovern, estaba concurriendo a la presidencia y había un gran debate entre los activistas respecto a si apoyarlo o no. La primera elección en la que yo había mostrado algún interés fue en 1964, mientras estaba en la escuela superior. Lyndon Johnson era el "candidato antiguerra" oponiéndose al militarista Barry Goldwater. Fueron unas elecciones que perdurarán en la infamia para muchas personas de los sesenta. Johnson ganó abrumadoramente con la promesa de que no enviaría "a los chicos americanos" a Vietnam. Poco después de su elección, atizó la guerra, usando el falso incidente del Golfo de Tonkin, provocando a la larga tal furia, que fue obligado a retirarse de la contienda electoral de 1968.

Las decisiones respecto a la guerra y a la mayor parte de los asuntos de vida o muerte en la democracia capitalista, no están basadas en la "voluntad del pueblo", sino en la voluntad de la gente que controla los mecanismos de la riqueza y el poder. Sus decisiones están basadas en las necesidades del sistema al que sirven y controlan. Al participar en la prestidigitación del juego electoral, la gente en realidad pierde su voluntad, que únicamente puede ser expresada mediante una resistencia activa y por lo general masiva.

Reconocí en la candidatura de McGovern una jugada para

desviar la energía de aquel poderoso movimiento que por un fugaz momento, estaba concediéndole a la gente la percepción de su poder y la capacidad para cambiar las cosas. Fue en realidad la vieja guardia, que pretendía reafirmar su control político convenciendo a los rebeldes de que había aliados en posiciones claves del gobierno, al lado del pueblo. Creo que la mayor parte de la gente relacionada con *El Obrero* estaba de acuerdo con dicha opinión, aunque era sin embargo, algo controvertido para muchos en el movimiento radical y pacifista, que argumentaban que al no apoyar a McGovern se estaba traicionando al pueblo vietnamita, debido a que McGovern habría acortado la guerra si fuese electo. Resultó que fue Nixon, el halcón pro-guerra, quien retiró las tropas de Vietnam en 1972.

El dolor de un Chávez y la ira del otro.

Un día, quizá seis meses después de que saliera a la luz *El Obrero*, yo me encontraba en el local de la unión, cuando detecté la silueta algo corpulenta de Richard Chávez. Incluso a distancia uno podía observar como la forma en que él caminaba respondía al su dolor lumbar. Richard me hizo señas y yo lo seguí hasta su modesta oficina, a unos pasos de la ventanilla de despachos. Su amabilidad habitual parecía más una formalidad. Le achaqué eso a su dolor de espalda, que parecía ser más serio que de costumbre. Ese día también llevaba una lata de cerveza en la mano. Nunca antes le había visto beber en el salón.

Se sentó inquieto en el viejo sillón de su oficina y comenzó a hablar sin mirarme. Habló titubeando y con emoción.

—El pasado fin de semana tuvimos una reunión en el cuartel general de la unión—.

Hizo una pausa para moverse en su asiento, tratando de encontrar una posición para eludir el dolor.

—César estaba encabronado que me criticó bien gacho. Todo fue a causa del periódico de ustedes—.

Hubo un sonido de distanciamiento cuando dijo, "de ustedes".

—César supo sobre como el periódico se ha estado vendiendo a las cuadrillas en la oficina de la unión y explotó. La tomó en contra de mí y me gritó bien feo en frente de todos. De veras me maltrató—.

Era obvio que el dolor no estaba precisamente en la espalda de Richard.

—No puedo permitir que ustedes continúen vendiendo el periódico aquí—.

—¿Cómo te sientes tú al respecto?— respondí a Richard.

Él me contestó con voz irritada,—Yo tengo que hacer lo que la unión quiere—.

—Pero, ¿qué piensas tú acerca de eso?— repetí.

—César tiene una perspectiva más amplia. Yo tengo que hacer lo que el sindicato decide. Hombre, él estaba realmente furioso—, repitió Richard, como si con eso aliviara el dolor que se notaba en su voz. —Me trató como mierda. No puedo permitir que ustedes vendan más el periódico aquí—.

CAPÍTULO 4

LA BATALLA SE AFILA, PRIMAVERA, 1973

COACHELLA: LA DIVISIÓN DEL NORTE

ERA PRIMERA HORA DE LA NOCHE. El salón del sindicato en la calle Wood estaba casi abarrotado. Las sillas estaban colocadas en filas a tan sólo unos pies de las ventanas de madera del despacho en la parte delantera de la sala y se extendían hasta el lugar en el que una pancarta en blanco y negro anunciaba: *¡Viva la causa!* Un pasillo permitía a la gente llegar hasta los bancos situados a lo largo de las paredes o encontrar un sitio para ponerse en cuclillas en la parte delantera. Otros continuaban tratando de exprimirse más aún, el gentío se apiñaba alrededor de la puerta y afuera, sobre la acera, estirando el cuello y presionando. ¿Había comenzado la reunión?

Permanecí de pie en la parte trasera de la sala y desde allí vi a Marshall Ganz en la parte delantera, parecía un profesor, tenía los hombros ligeramente redondeados, la barriga se le escapaba perezosamente sobre los pantalones ceñidos, bebía café en un vaso de papel y empujaba hacia arriba las gafas que se deslizaban por la nariz a causa del sudor dentro de aquella sala caldeada por los cuerpos apiñados muy juntos. Marshall era conocido como mano derecha de César Chávez y coordinador de huelga del sindicato. Sonrió y miró de un lado a otro a la multitud allí reunida. Sin lugar a dudas satisfecho por la gran cantidad de asistentes a esta reunión de emergencia.

El murmullo de las voces de la sala era interrumpido de vez en cuando por los gritos de algún niño colgado del cuello de su madre, o jalando sin descanso el brazo del padre. Aquí y allá, se escuchaba algún grito proveniente de personas entre el gentío que ya comenzaban a sentirse inquietos, incluso estando sentados en sus lugares. ¡"Viva la huelga!" ¡"Viva César Chávez!"Más vivas.

—Compañeros y compañeras—, comenzó Marshall, colocando su taza de café sobre la mesa contigua a la ventana del despacho. Escudriñó la multitud, evaluando el estado de ánimo. Una masa humana, en su mayoría de ojos oscuros le devolvió la mirada. Había chicas adolescentes de ojos tiernos y cabellos cayendo sobre sus espaldas; mujeres de mediana edad con el cabello hasta los hombros, algunas llevaban sombreros o bufandas; hombres de diversas edades, de cabellos gruesos, oscuros y rizados saliendo por debajo de las gorras de béisbol, o canosos, cuyas hebras asomaban por debajo de sombreros de paja de ala ancha. Había algunos hombres fuertes y altos, con bigotes amplios, barbas oscuras y hombros endurecidos por los años de levantar las cajas de lechugas, hombres y mujeres de mediana edad engordados por el paso del tiempo y el trabajo físico, y principalmente una legión de mexicanos dispersos de rostros negros, blancos y asiáticos. Era una multitud en general bien humorada, estimulada por la energía y la emoción de un momento histórico, y al mismo tiempo nerviosa anticipando el resultado de esta nueva curva del camino.

—¡Viva Marshall! —, gritó alguien riendo a carcajadas.

—¡Que vivan los campesinos! —, respondió el coordinador de la huelga, riendo con la multitud, que devolvió en un eco. —¡Que viva!

—¿Quién está aquí? —preguntó, por fin. —¿Qué compañías?

Los trabajadores de las diferentes empresas registraron su presencia entre el clamor y los gritos de todo el salón. Interharvest componía el grupo más grande, pero había algunos de D'Arrigo, Pacific, Harden, Hansen, Cal Coastal, Oshita, Dave Walsh, Mann Packing, Finerman, Admiral, Trevino y otras empresas. Incluso unos pocos trabajadores de Bruce Church recibieron un fuerte aplauso.

—Entonces es momento de cantar un poco— proclamó el líder de la huelga, "De colores" y "Solidaridad para siempre", la versión en español de la vieja canción de Wobbly *"Solidarity Forever"* sin su simbología radical. En esta versión no renacen nuevos mundos de las cenizas, solo hay personas leales a su sindicato. La canción terminó con un "que viva nuestra unión".

Por último, Marshall Ganz introdujo el principal asunto en cuestión. Habló rápidamente en un español suelto y fluido, pero con un acento decididamente extranjero.

—No es una exageración decir que nuestro sindicato, nuestra lucha, se encuentra en una encrucijada—, comenzó. El zumbido de la multitud se había apagado, en su lugar se produjo un silencio de caras serias y preocupadas. —Los contratos de la uva firmados en 1970 con los productores del Valle de Coachella están a punto de expirar. Los productores se han negado desde hace algún tiempo a renegociar sus contratos seriamente. Estamos seguros de que van a firmar con el sindicato de los Teamsters. Este es el mayor reto al que nos hemos enfrentado. Los productores piensan que los trabajadores del campo pueden ser obligados a regresar a los días en que estábamos a su merced y no contábamos con recursos ni organización. ¿Tienen razón?—

Se escuchó un coro de "¡No!" seguido por "¡Huelga!", "¡Huelga!" Luego, "¡Abajo los rancheros!", "¡Abajo los Teamsters!", "Viva la unión de campesinos!" y "Viva la unión de Chávez". Si había alguna duda de que las noticias de Coachella podrían ser intimidantes para esta multitud, se disipó rápidamente.

Lo que siguió fueron detalles acerca de las tácticas que los productores y los Teamsters estaban usando y el plan del sindicato para hacerles frente. Ganz expuso los planes del sindicato a la luz del desafío: se necesitaban voluntarios de entre los trabajadores de Salinas para ayudar a iniciar la huelga en Coachella. Los voluntarios de Salinas se llamarían "La división del norte", en recuerdo al ejército de campesinos sin tierra a las órdenes de Pancho Villa, que se extendió desde los estados de Durango y

Chihuahua hasta la capital mexicana, para expulsar a los tiranos y respaldar sus ardientes demandas por tierra y libertad. Ahora este nuevo "ejército" se precipitaría desde Salinas a Coachella para encabezar la lucha y hacer retroceder este esfuerzo por romper el sindicato. La propuesta fue recibida con aplausos y gritos de determinación y desafío. ¿Quién está dispuesto a ser voluntario? Las manos se levantaron rápidamente, más aplausos, más emoción, más ira.

Me situé junto a Mary Ann Sullivan, una mujer de poco más de veinte años. Su cara clara y pecosa se destacaba entre la multitud de tez generalmente más oscura, tanto como su acento de Boston, que se destacó desde el primer momento en que la escuché hablar varias semanas antes, en la sede del sindicato. Había venido con su pequeña cuadrilla de desije para asistir a una reunión sobre un agravio. A pesar de que había estado en la ciudad poco tiempo, ya estaba intentando valientemente usar su español. Cuando bromeé sobre su español "bostoniano", dijo, sin perder el ritmo,

—Si quieres escuchar algo realmente gracioso deberías escuchar a los californianos hablando español.

A medida que la reunión se disolvía, el personal de la oficina provisto con portapapeles recogió entre las personas las inscripciones como voluntarios para Coachella. El sindicato podría ser derrotado, pero eso no sería tan tranquilamente. Miré a Mary Ann interrogándola, pero no tenía ninguna duda de que su respuesta emocional a las exhortaciones del sindicato era que ella iba a Coachella.

Los contratos de UFW (trabajadores agrícolas unidos) con los productores de uva de Coachella se establecieron para expirar el 16 de abril. El día 15 de abril por la mañana temprano, la gente se reunió alrededor de los autobuses situados en el solar colindante al salón del sindicato. Vi muchas caras conocidas de las cuadrillas de brócoli y de desije las reuniones sindicales y conversaciones.

Me senté junto a Mary Ann para el viaje al sur de diez horas. Hicimos un crucigrama. Mary Ann me humilló con sus rápidas respuestas. Charlamos con las demás personas sobre lo que podría esperarnos. Y hablamos sobre los caminos siempre cambiantes que nos llevaban a Salinas.

Mary Ann nació y se crió en los suburbios de Boston. Como

muchos otros jóvenes inquietos de aquellos años, había dejado su casa poco después de la escuela, en busca de una manera de ayudar a traer el nuevo mundo, o al menos descubrir el antiguo. Sus viajes finalmente la llevaron a una fábrica de conservas de pescado en Alaska, atraída por la esperanza de la aventura y las promesas de un buen sueldo y un medio ambiente grandioso y espectacular. La paga resultó ser menor de lo prometido, la aventura pronto se disipó, y la belleza del verano de Alaska fue superada por el invierno frío y oscuro. Su migración al sur, finalmente la llevó a Salinas, para ver de cerca por sí misma todo el alboroto relativo a los campos de lechuga. Ahora, sólo unas semanas después de llegar a Salinas, Mary Ann Sullivan estaba a punto de saltar al fragor de la lucha en los campos.

La conversación en el autobús se volvió hacia las especulaciones acerca de Coachella. Un juez de Indio había emitido una orden judicial que limitaba los piquetes incluso antes de que hubieran expirado los contratos. No iba a ser una protesta tranquila. De cualquier forma, ¿quién quería protestas tranquilas? Los cambios sólo se producen enfrentando la injusticia. Los trabajadores que nos rodeaban compartían sus historias sobre la huelga de 1970 y sobre luchas de distintos tipos en México, desde cuestiones sobre la tierra y el agua, a las huelgas y las batallas internas del sindicato contra los líderes vendidos, al levantamiento de los residentes locales de un municipio enfurecidos por la corrupción y unas elecciones robadas. Los güeros del grupo hablaban sobre las luchas que habían visto contra la guerra en Vietnam, sobre el movimiento por los derechos civiles. En este autobús no éramos ajenos a los conflictos. Se sentía entre nosotros que había una conexión entre todos estos conflictos, y todos tratábamos de expresar de diversas maneras esta semejanza.

Las canciones también mantenían altos los espíritus. Allí estaban las canciones populares en el sindicato en español, y yo trataba de recordar las estrofas en inglés de la canción de Joe Hill, *"The Preacher and the Slave"* (El predicador y el esclavo): *"You will eat, by and by in that great big land beyond the sky. Work all day, live on hay, you'll get pie in the sky when you die"*. *(Comerás, más tarde, en esa tierra gloriosa más allá del cielo. / Trabaja todo el día, vive en el heno, obtendrás la falsa promesa cuando muera)*. Nos divertimos mucho yendo y viniendo entre el inglés y el español, aunque algo se perdía en la traducción.

De vez en cuando alguien podía dar un sermón sobre el significado de nuestra aventura, refiriéndose a la historia de la lucha que había sido el destino de los trabajadores agrícolas y de "la raza", desde que los gringos expansionistas ("sin ánimo de ofender a todos nuestros amigos güeros") habían tomado la tierra por la fuerza. Una vez más se produjo un sentimiento de conexión con algo más grande. Nos sentíamos ansiosos y preocupados al mismo tiempo. No había duda de que todos nosotros, la gente de la "División del norte" queríamos ardientemente asestar un golpe a los rancheros y sus secuaces, los Teamsters. La gente estaba preparada para la pelea.

Caía la tarde en el momento en que nuestra caravana bordeó la costa más allá de Salton Sea y llegó al Valle de Coachella. Era un día cálido de mediados de abril, pero la nieve de un invierno inusualmente húmedo y una primavera fría que podría ser fácilmente percibida al este, todavía se aferraban a las montañas de San Bernardino. El camino hacia la ciudad de Coachella nos condujo a través de un amplio valle plano, un mosaico de viñedos de regadíos, campos y granjas de dátiles. Hace menos de un siglo, esta tierra era una vasta extensión de desierto de tierras bajas, un tramo mortal de tierra para muchos de los aspirantes a buscadores de oro que trataron de cruzarlo.

Antiguamente, esta zona era el lecho de un gran lago que se extendía desde Indio hasta la frontera mexicana y cubría más de 2,000 millas cuadradas. El lago fue creado por una de las desviaciones del poderoso Río Colorado. Las aguas limosas del río depositaron gruesas capas de sedimentos en el fondo del lago. Después, hace aproximadamente cinco siglos, el meandro del Colorado cambió de curso una vez más, dejando al lago sin fuente, y se secó hasta que sólo quedó un desierto caliente, aunque fértil.

Este desierto fue el hogar de los indios Cahuila, cuya historia en la zona se remontaba a los días del gran lago. Se quedaron en la tierra aun cuando el lago se secó y desapareció, adaptándose al nuevo entorno. Sobrevivieron a este cambio cataclísmico, pero casi sucumbieron a las diversas invasiones que vinieron después de 1492. La última y más devastadora se inició con la fiebre del oro de 1849 y el apremio febril por la tierra que tuvo lugar a partir de ello.[1]

A finales de 1800, la Southern Pacific Railroad (Ferrocarril del Pacífico Sur) tomó el control de la tierra y los derechos sobre el agua. Con el descubrimiento del agua de los pozos artesianos, alimentados por la escorrentía de las montañas cercanas y un acuífero dejado por el lago, se hizo posible la agricultura. En la década de 1940, Coachella era parte de un proyecto de agua gigantesco, que permitió la explotación del Colorado por parte de la floreciente metrópolis costera de Los Angeles. Con el agua llegaron los cambios. La tierra tenía un potencial de riquezas. Primero vinieron datileras, importadas de Irak y Argelia a principios de 1900. Después vinieron uvas, cítricos, aguacates y otros cultivos.

Coachella desempeñó un papel prominente en la huelga de la uva de Delano de 1965 a 1970, cuando los trabajadores de la uva filipinos, en palabras de Philip Vera Cruz, dirigente campesino, "produjeron la chispa inicial" al ir a la huelga para exigir salarios más altos.

Los trabajadores de la uva filipinos componían una parte importante de la fuerza laboral en las uvas de Coachella. Desde la década de 1920, los trabajadores agrícolas filipinos de los valles de California enfrentaban una opresión racista, segregación y violencia, pero también tenían una historia de luchas y resistencia. Tenían un conocimiento profundo de la industria y algunos líderes sagaces y experimentados. En 1965 sus filas estaban envejeciendo y sus números fueron disminuyendo, pero todavía eran una fuerza en la industria de las uvas de mesa.

En vísperas de la temporada de la cosecha de uva que se inicia en Coachella en abril, se avecinaban los problemas. El Programa Bracero, que terminó en 1964, había sido utilizado por los agricultores durante décadas para mantener bajos los salarios y debilitar las condiciones de trabajo. Ahora, con el trabajo de los braceros fuera de servicio, los productores querían inundar los campos con portadores de la tarjeta verde y los indocumentados. Para atraer suficientes trabajadores para la cosecha de 1965, ofrecían $1.40 la hora (de $1 por hora en 1963) a los trabajadores reclutados en México, pero se negaban a pagar más de $1.25 la hora a la población local, incluyendo a los trabajadores filipinos.[2]

A diferencia de otras zonas de cultivo de uva, el Valle de Coachella no tenía una gran población permanente de trabajadores que dependieran de la uva después de un invierno de poco trabajo. Los productores dependían en gran medida para la cosecha, de los trabajadores filipinos de Delano. Las uvas de Coachella son las primeras de un largo verano de vendimias de uva de mesa que se inicia en los valles semidesérticos del sur y se extiende hacia el norte. Las uvas de Coachella maduran temprano a finales de mayo y pueden elevar los precios de la primera cosecha en el mercado. Los trabajadores filipinos calculaban que los agricultores de Coachella tendrían dificultades para encontrar suficientes trabajadores de reemplazo, con la suficiente rapidez para poner sus uvas tempranas caras en el mercado y no se arriesgarían a una larga huelga. A medida que la cosecha se acercó a principios de junio, los trabajadores filipinos, bajo la dirección de Ben Gines, un filipino del comité organizador de trabajadores agrícolas (AWOC), forjaron una unidad con las mujeres líderes mexicanas de las cuadrillas y exigieron $1.40 por hora y 25 centavos de dólar por cada caja de uvas. Los productores al principio se negaron, pero después de diez días de huelga en los alrededores de la ciudad de Thermal en el Valle de Coachella, los productores cedieron y se rindieron a pagar un salario superior.[3]

Pero cuando la cosecha de la uva llegó a la zona Arvin-Lamont, la siguiente gran cosecha en su marcha hacia el norte hasta Delano, los productores se atrincheraron, negándose a ceder. Incluso consiguieron bajar los salarios que ofrecían a $1.20 la hora.[4]

Los trabajadores filipinos decidieron que no serían oprimidos sin luchar. No eran ingenuos acerca de las fuerzas que iban a llegar, ni sobre las probabilidades en su contra, y esto provocó tensión y debate sobre si se debía continuar o no con la huelga. Finalmente, decidieron continuar, votando a favor de la huelga el 7 de septiembre en el salón filipino de Delano. Al día siguiente fueron a la huelga bajo la dirección del organizador de AWOC Larry Itliong.[5]

Los trabajadores filipinos se quedaron en sus campos de trabajo en Delano y se negaron a abandonarlos. Hicieron un llamamiento a la Chávez's *National Farmworkers Association* (Asociación Nacional de Trabajadores Agrícolas de Chávez) para unirse a su lucha. El 16 de septiembre de 1965, en la iglesia de

Nuestra Señora de Guadalupe de Delano, cientos de trabajadores agrícolas mexicanos expresaron su voluntad de unirse a los filipinos en lo que sería ampliamente conocida como la huelga de la uva de Delano.

Nadie podría haber previsto que iba a durar cinco años. Las rebeliones del campo son una parte importante de la historia de California. Y muchos de estos esfuerzos fueron significativos, aunque los beneficios en los salarios y las condiciones fueron solamente temporales. Pero los agricultores tuvieron un gran éxito aislándolos del apoyo externo, utilizando los medios de comunicación locales para etiquetarlos como gamberros, matones, criminales, vagabundos, descontentos, agitadores externos, subversivos, y, por supuesto, comunistas (reservándose para sí mismos el derecho de definir lo que significaba comunista), y así abrir una brecha entre los huelguistas y el público en general. Mientras tanto, los productores utilizaron su influencia sobre los tribunales locales y la policía para imponer medidas cautelares, arrestar a los líderes y romper las organizaciones. Contrataron vigilantes para intimidar o golpear a los trabajadores y quemar los campos de trabajo. Se aprovecharon de la pobreza de los trabajadores y de la naturaleza migratoria y temporal del trabajo, lo que hizo muy difícil el sacrificio de una lucha prolongada incluso para los trabajadores más apasionados y facilitó la contratación de rompehuelgas. Tuvieron éxito derrotando a cualquier organización permanente de los trabajadores y creían, que también en esta ocasión, sus esfuerzos para aplastar la huelga tendrían éxito.

Sin embargo, algunas cosas habían cambiado. En la década de 1960, casi el 90 por ciento de los californianos vivía en ciudades, alejados de la mentalidad del productor que dominaba en las zonas agrícolas rurales y los medios de comunicación rural. La influencia proporcional de los productores fue de ese modo disminuyendo junto con el predominio de la agricultura en la economía del estado.

Los cambios en la composición de la población también sacudieron el equilibrio de fuerzas del estado. Esto incluía una población creciente de chicanos y mexicanos, con lazos étnicos y familiares con la gente de los campos, crecimiento que ocurrió a pesar de los persistentes esfuerzos para contenerlo y revertirlo.[6]

Los cambios tanto internacionales como dentro de los Estados Unidos, también estaban trayendo una mudanza en el estado de ánimo de las personas. En la década de 1950, la guerra fría estimuló la gran campaña macartista de la represión política, especialmente contra los que simpatizaban con el socialismo. Las purgas anticomunistas en las escuelas, en las artes, en los sindicatos y otras instituciones, junto a una campaña de propaganda virulenta, despertaron el temor devastando la influencia progresista en casi todos los terrenos.[7] Pero a medida que la década de 1960 avanzaba, el macartismo comenzó a dar paso a un sentimiento de desafío. Quizás en ninguna otra parte, el cambio era un estado de ánimo más evidente que en los campus universitarios. La nueva generación de post guerra, estaba llegando a la mayoría de edad, percibiendo el mundo en términos distintos de los promovidos por los propagandistas de la guerra fría, que dominaban los medios de comunicación y los planes de estudio en las escuelas públicas.

Fue fundamental para este despertar, un poderoso y radicalizador elemento que nunca se había expresado con tanta intensidad, determinación y fuerza moral; la toma de conciencia de los negros. Los cambios en la situación mundial y en la agricultura del sur, especialmente la mecanización de la cosecha de algodón, forzaron las grietas palpables en la discriminación de Jim Crow, de las cuales surgió un movimiento que estalló como una inundación de furia a través de los diques de represión que intentaban contenerla. Desde el movimiento por los derechos civiles, a la lucha por la liberación, los negros trajeron una ola de energía y pasión, y una realidad esclarecedora que remodeló el paisaje de la política estadounidense.

La siguiente generación, que alcanzó la mayoría de edad en los años sesenta, entendió que la historia y los textos de estudios sociales se burlaban de la realidad que se percibía a su alrededor. Los defensores de la libertad (*Freedom Riders*) las sentadas de desobediencia civil en los mostradores de restaurantes segregados, las marchas desafiando a los perros, balas y palos, y denuncias elocuentes de siglos de inenarrable brutalidad, abrieron la puerta a la luz resplandeciente de realidades largamente ocultas. Las luchas y rebeliones por los derechos civiles, despertaron con dureza a la sociedad, a una realidad de turbas de linchamiento en el sur y a una configuración más sutil, aunque ciertamente racista en el norte. La guerra de Vietnam, que también se inició en la década de 1960, se enfocó en una política exterior arrogante y brutal, que escupió los derechos soberanos de otros países. En los campus universitarios, donde una nueva ola de activismo se topó con la represión, la "libertad de expresión" se parecía a la libertad de repetir las mentiras oficiales o mantén la boca cerrada. Para muchas personas, especialmente para los jóvenes de la generación de la posguerra, la saga épica "América maravillosa, la tierra de la libertad", fue perdiendo su poder de cautivar, y empezó a parecerse a una película barata.

Jóvenes politizados y algunos otros, comenzaron a examinar las cuestiones sociales con ojos más exigentes. Y lo que llegó a su punto de vista también fueron trabajadores agrícolas, alternativamente descritos, ya fuese como miserables abatidos, incapaces para ninguna otra cosa que no sea una limosna paternalista o pastorales felices, cosechando alegremente, con la alegría y el regocijo de un "Juan Valdez". No tardaría en surgir un nuevo punto de vista sobre los trabajadores rurales, y allí había un público recién concientizado, listo para abrazarlo.

En 1965, a partir de una huelga apenas sostenible bajo condiciones en las uvas, surgió un movimiento de trabajadores agrícolas, con una relevante fuerza de atracción hacia un boicot internacional de la uva y un gran poder de agitación social, en todo el país y alrededor del mundo. Esto obligó a los poderosos productores de uva de California y a los productores de vino, a reconocer un sindicato de trabajadores agrícolas. El 29 de julio de 1970, veintiséis productores del área de Delano que representaban el 42 por ciento de las uvas de mesa de California, se sentaron y firmaron contratos con la UFWOC (la organización formada por la fusión de la NFWA y AWOC) en el complejo Forty Acres del sindicato en Delano.

Estaba anocheciendo cuando nuestro autobús se detuvo en Veterans Park en Coachella, un gran cuadrado de césped, árboles, mesas de parque, y bancos, a unas centenas de yardas de las oficinas de la ciudad en el centro. Una multitud de trabajadores locales, avisada de nuestra llegada y los dirigentes sindicales, nos dio la bienvenida con alegría, dado que ampliábamos considerablemente sus filas. En el mitin que siguió,

Marshall Ganz y los funcionarios locales de Coachella, como Frank Ortiz, no dudaron de la importancia de los voluntarios provenientes de Salinas. Al día siguiente, los productores de Coachella reivindicarían públicamente que, con la finalización de sus contratos con la UFW, y accediendo a los deseos de sus trabajadores, habían decidido firmar con el sindicato de los Teamsters. Cualquier problema posterior, sería atribuido a las luchas internas entre los sindicatos, a los que los productores de uva no reclamarían participación ni responsabilidad. Esta fue una estrategia inteligente aunque no original para socavar la huelga y el boicot. Solamente las acciones en los campos, lo suficientemente poderosas como para poner en duda la afirmación de apoyo popular a los Teamsters, se podían imponer en dicho escenario. A pesar de que nunca se declaró abiertamente como tal, era evidente que, de la manera en que estaban las cosas, el sindicato estaba lejos de sentir la seguridad de que tenía el apoyo de los trabajadores de la uva para lograr el tipo de acción que se necesitaría para llevar adelante un reclamo fuerte.

Después de cenar en el parque, nos asignaron lugares para dormir. Fui con varios otros de Salinas a la casa de un residente de Coachella, un conductor de tractores y su familia. Era un trabajador veterano, probablemente cerca de los sesenta años, partidario del sindicato desde hacía mucho tiempo, que trabajaba en un pequeño rancho que no formaba parte de la huelga. Nos despertamos antes del amanecer y nos dirigimos al parque donde autos, camionetas y furgonetas nos esperaban para llevarnos a los campos.

Al amanecer estábamos en las márgenes de un campo de uva, parte de las enormes propiedades de Tenneco Inc., que ocupaban millones de acres. Desde el borde de la carretera mirando las viñas pudimos ver hileras de vides que convergían a la distancia. Una cuadrilla estaba trabajando en la viña, de rodillas ante las vides y apenas visible desde la carretera. Esta era la temporada de ralear la uva y las jóvenes Perlettes verde claro, la primera variedad en madurar necesitaba ser reducida para que las uvas restantes puedan crecer lo suficientemente grandes como para ser comercializables. Sin la reducción, la cosecha se perdería.

Fuimos la fuerza precoz de la huelga que estaba por producirse. Oficialmente estábamos en el campo para formar piquetes y animar a los trabajadores a abandonar el trabajo. Pero todos sabíamos a lo que íbamos. Si los trabajadores de los viñedos carecían de la iniciativa o la confianza para abandonar el trabajo, eso sería hasta que nuestra fuerza invasora les diera esa confianza.

Permanecimos en pie. Nos desplazamos por el lugar y esperamos. Varios vehículos del departamento del sherife estaban estacionados justo debajo de nuestra línea de piquete. Un trabajador con un sombrero de paja de ala ancha marchó hacia adelante y atrás de la línea, hablando a varios cientos de personas que permanecíamos de pie a lo largo del linde del campo. — Compañeros, compañeras, camaradas, la gente de este campo no es nuestra enemiga, es parte de nosotros. Ellos son nuestros hermanos y hermanas. Nuestros enemigos son los rancheros, los grandes banqueros, las corporaciones y los Rockefeller quienes siempre han explotado nuestro país y se hicieron ricos con nosotros. Recordemos que esta es nuestra gente, tenemos que explicarles por qué estamos aquí, y por qué tenemos que pelear, defender lo que hemos ganado con nuestra lucha.

Habíamos llegado a Coachella con una nueva palabra en los labios: *zánganos*; una palabra que el sindicato estaba usando ahora para expresar el desprecio por los Teamsters; con una connotación más cercana a "parásitos, buenos para nada, hijos de la chingada". —Estamos peleando los rancheros y los zánganos—, nos dijo aquel trabajador.[8]

De pronto nuestra línea comenzó a moverse y entramos en el campo. Corrí hacia la viña no lejos de donde Mary Ann estaba corriendo. Los gritos de "Huelga" se oían por toda la línea. Corrimos, con el corazón palpitante, y los pies hundiéndose ligeramente en el suelo blando. Como si fuésemos mini submarinos nos sumergimos por debajo de aquel toldo verde con sus pequeños racimos verdes apretados, zambullidos debajo de los alambres atados a las vides verdes. Nos instalamos al lado de un pequeño grupo de desijadores de uva a medida que ellos se arrodillaron a la sombra de las parras. Las palabras comenzaron a desbordarse, con entusiasmo. Mary Ann y yo nos turnábamos.

—Huelga— dijo con su acento de Boston. —Júntense a la huelga. Ellos quieren romper el sindicato, la organización de los trabajadores, tenemos que detenerlos.

Los trabajadores de la uva estaban quietos. Las palabras

zángano, huelga y lucha se extendieron entre las viñas.

Una mano me agarró del brazo. Pasaban las botas pisoteando fuertemente por el camino entre las vides. Retiré el brazo y me deslicé por debajo de otra hilera, esquivando y despistando. Mi camisa se enganchó en un alambre, tiré de ella y se desgarró. Las palabras fluían más rápidamente.

—Huelga, vámonos. Mire los sherifes. Mira quién protege a los productores, quién está de su lado, quién trabaja para ellos. ¿Qué justicia es ésta? Quieren romper el espíritu de los trabajadores y destruir cualquier organización. Vámonos ya. Marcha con nosotros.

Entonces dos manos en mi cuello tiraron de mí hacia atrás, y vi gente abandonando el viñedo. Un huelguista cayó hacia adelante, empujado desde atrás por un uniforme caqui. Los desbastadores miraban y escuchaban. Ahora se producían un montón de gritos, de "¡Huelga!"

—Todo el mundo fuera del campo. ¡Luchen por sus derechos!—

—¡Vivan los campesinos! ¡Viva la huelga! — Si los desijadores estaban movilizados por nuestras palabras o acciones, ¿iban a unirse a nosotros ahora, ante los ojos de los supervisores, capataces y los sherifes en el campo?

Caminé desde el campo, con el delegado del sherif justo detrás de mí, con la mano en la parte posterior de mi cuello, pero sin esposas. Sentí ganas de alejarme y correr, pero no había realmente ningún lugar adonde ir. Los capitanes de los piquetes gritaban "No violencia". *Que se lo digan a los sherifes*, pensé, recordando al huelguista a quien habían empujado sobre el lodo. Caminamos hasta el autobús marrón claro del sherif. Nos cachearon rápidamente. Un observador legal del sindicato se quedó a un lado con un portapapeles. A medida que entrábamos en el autobús nos gritaba—¿Cuál es tu nombre?

Una tela metálica nos separaba del conductor y un delegado sentado con una escopeta. Cuando el autobús se puso en marcha, apareció una navaja suiza. Los tornillos metálicos empezaron a girar. Alguien me entregó el destornillador. Abrí las piezas que mantenían la ventana cerrada y lo pasé. Las ventanas comenzaron a abrirse, gritos y puños se dispararon en el aire fresco de la mañana. Los gritos de aliento desde los bordes de la carretera se encontraron con llamadas ardientes desde el interior del autobús, a medida que se tambaleaba hacia adelante, "¡Abajo con los sherifes!", "¡Viva la unión!", "Abajo los rancheros y los zánganos!" El mobiliario del bus fue quedando destrozado a medida que el pequeño destornillador Phillips hacía su trabajo. El autobús rugía con las voces colectivas de protesta, risas y gritos, alegría y enojo, pero sobre todo ira. Los huelguistas de los márgenes de los campos gritaban sus huelgas y vivas, agitando los brazos, puños y signos de victoria, a medida que nuestro autobús se alejaba del campo.

En todo caso, el griterío se hizo más fuerte a medida que fuimos conducidos a través de las puertas de la cárcel hacia una gran celda de detención. Todos los que pudieron hacerlo, se agarraron a los barrotes de la celda a medida que se cerraban sobre nosotros y nosotros, las sacudíamos porque era lo único que nos quedaba por hacer. Se trataba de hacer ruido, era como convertir la ira en decibeles, en la única forma de resistencia disponible para nosotros en ese momento. Simple alboroto de indignación. Los ayudantes del sherif nos gritaban. Decenas de nosotros gritando, temblando, furiosos por la injusticia de ser encarcelados por defender al sindicato, por los derechos exigidos, por rebelarnos contra lo que nunca debería haber existido, sin embargo, cada uno podría haber interpretado esto a su manera.

Los ayudantes también estaban furiosos. —¡Cállense! ¡Cállense! — Pero esa fue una táctica equivocada de su parte. Sólo avivó más bruscamente la indignación de los huelguistas por su papel de tontos, dependientes de los productores, por sus torpes intentos de silenciarnos, y por la pura estupidez de su respuesta. Nuevos sonidos se fusionaron con los "huelgas" los "abajos" y los "vivas". Era una risa burlona, un sarcasmo tan endurecido y afinado que debería de haber sido declarado arma letal. Pero ¿cómo pudieron confiscarlo? Y llegó en su manera más fulminante y mortal de las bocas de las mujeres huelguistas. Como si las palabras pudiesen matar. Los sherifes golpeaban los barrotes con sus porras, tratando de aplastar algún dedo no lo suficientemente rápido como para salir del camino. ¡El temblor de los barrotes, el chasquido de las porras sobre el metal, el rugido de la cárcel, los gritos!

Los hombres fueron separados de las mujeres y colocados juntos en una celda grande. Aún así, los gritos y los cantos continuaron. A medida que las horas se arrastraban, los hombres comenzaron a cansarse. Después, los gritos y maldiciones se debilitaron como un fuego que se convierte en cenizas. Sólo quedaban brasas humeantes. Eso fue en la zona de los hombres. No así en la de las mujeres. Sus gritos, cánticos y canciones se podían oír en toda la cárcel, hasta bien entrada la noche.

Los hombres y las mujeres fueron llevados de uno en uno a la sección de registro. Allí se les tomaron las huellas digitales, y los ayudantes registraron nuestra información personal en una ficha de registros. Pero hubo resistencia en todo momento. Una campesina mantuvo su mano apretada en un puño negándose a que le tomaran las huellas digitales. Los cuerpos ofrecían resistencia pasiva mientras eran llevados a la zona del registro. Mientras esperaba mi turno para ser fichado, escuché a un ayudante pedir su nombre a un trabajador antiguo. La respuesta fue: "Guadalajara Jalisco". Si los ayudantes sabían algo de geografía mexicana, no permitieron que se supiera. —¿Cómo se deletrea eso? ¿Su apellido es Jalisco? ¿Es con H?

Cerca de la zona de registro había una celda solitaria cerrada por una pesada puerta de metal. La celda estaba desnuda, a excepción de un banco de metal montado en la pared y un agujero en el centro del piso, que de cuando en cuando regurgitaba agua sucia dentro de la habitación. Mientras pasaba por el proceso de registro, oí más gritos de—¡Viva la huelga!— y —¡Abajo los sherifes!— provenientes de detrás de la puerta metálica. Era un español con un acento decididamente bostoniano: ¡Mary Ann! Uno de los ayudantes, claramente molesto por el canto, dio un fuerte puñetazo en la puerta de metal. Pero el griterío sólo aumentó. Abrió la puerta y dio un paso amenazador hacia Mary Ann, que estaba sentada en el banco, con los pies apartados del agua surgente. El ayudante le gritó y ella continuó más fuerte aún. —¡Huelga!— El ayudante dio un portazo.

—¡Bueno, entonces púdrete ahí. ¡Vete a la mierda!— Los estábamos poniendo nerviosos.

Más tarde, los hombres fueron sacados de la celda colectiva grande, que era el comedor, y los colocados en pequeñas celdas individuales. Mientras me llevaban a una nueva celda, el ayudante me quitó los lentes y yo instintivamente los agarré nuevamente. Terminamos en el suelo y otro ayudante me agarró del cuello con una técnica de estrangulamiento ("chokehold") y casi me desmayé. Me arrastraron a una celda y me arrojaron dentro de ella sin mis lentes, me golpeé contra un lado de la celda cuando esta se abría y fui lanzado magullándome el hombro, afortunadamente, no era mi cabeza.

Finalmente, esa noche tarde nos dieron de comer. La cena incluyó cantidades inusuales de lechuga, una práctica que fue observada por los huelguistas en otras cárceles ese verano. Nos negamos a comer lechuga en solidaridad con el boicot a la lechuga. Los huelguistas hombres se sentaron y hablaron, pero todavía se podían escuchar los gritos provenientes de la zona femenina.

La noche siguiente se corrió la voz de que pronto seríamos puestos en libertad. La detención masiva había irrumpido en las noticias nacionales, y había presión sobre el departamento del sherife para que nos soltaran. Nos liberaron en espera de juicio por los cargos en nuestra contra. Mantener cientos de huelguistas en la cárcel no estaba beneficiando a los productores.

Más tarde en el juzgado, Jerry Cohen, el abogado de la UFW, argumentaría que el sindicato no había sido notificado del mandato que supuestamente habíamos violado y que no se podía, por lo tanto, considerarnos responsables. Y así, después de algunas semanas se retiraron los cargos en nuestra contra. Una vez más, traer trabajadores agrícolas en gran número para ponerlos a prueba no era el tipo de publicidad que los productores estaban buscando.

Nuestra salida de la cárcel fue motivo de una manifestación, y nos recibieron con una ruidosa demostración al salir uno a uno de la prisión. Al salir de la cárcel vimos una línea de piquete, una multitud, y un camión de caja plana con sonido amplificado. Cada "huelguista" arrestado fue invitado al camión para decir unas palabras a la multitud reunida alrededor. Me liberaron al mismo tiempo que Mary Ann y Pam, una amiga y colaboradora de *El Obrero*. Todos subimos juntos a la caja del camión. Cuando me entregaron un micrófono, dije: —¡Viva la huelga, abajo con los rancheros y sus títeres los sherifes—. Y, —¡Nosotros ganaremos! — Pero mi mente estaba un poco nublada, y no pude encontrar más palabras.

Marshall Ganz, que hacía la presentación, se volvió hacia mí y me preguntó:—¿Eso es todo?

—Así es—, dije. Pero no pasó mucho tiempo después de bajar del camión, antes de que me arrepintiera de no haber dicho más. Había una cosa en particular que me arrepentí de no haber dicho, que era el reconocimiento hacia las mujeres. Su tenacidad, su espíritu y su militancia en la cárcel, por no hablar de sus afiladas lenguas, se destacaron para mí entonces, como lo siguen haciendo hasta hoy.

El arresto masivo fue el primero de una serie en lo que sería un largo verano de lucha, arrestos, y reacciones brutales.

"ORGANIZADORES" TEAMSTER

Antes de llegar a Coachella, sabíamos que estaríamos ante los matones Teamster. Esto no era una novedad. En Salinas, los llamados organizadores Teamsters, aparecieron para ayudar a los productores cada vez que había un conflicto que involucraba a los trabajadores a favor de UFW, en ranchos con contratos Teamster. Los Teamsters eran profundamente odiados por la mayoría de los trabajadores agrícolas, y no pretendían apelar al deseo de los trabajadores por justicia. Sus atractivos eran el poder y la amenaza de violencia física.

Se rumoreaba que un Teamster local de Los Angeles había contratado a "directores" de los Teamsters que estaban en el área de Coachella cuando llegamos allí, para hacer guardia en los viñedos donde se estaba trabajando. Directores o no, si estos tipos hubieran sido pagados por peso habrían abandonado el valle ricos. Difícilmente alguno pesaba menos de 250 libras, y parecía como si todos ellos llevaran cadenas para las llantas bajo sus camisetas, o que tal vez se las comían como desayuno. Eran mercenarios que ganaban $67 por día, una pequeña fortuna en un momento en que los salarios de los trabajadores agrícolas se ubicaban alrededor de $2 por hora. Su líder, un funcionario local Teamster alto y desgarbado llamado Ralph Cotner era supuestamente sobrino de un ranchero local. Usaba un sombrero negro (no es broma) y conducía una El Camino amarilla, siempre a gran velocidad. Su hábito de usar guantes de golf negros condujo a rumores de que usaba puños americanos. También se rumoreaba que portaba un arma.

Los funcionarios de los Teamsters estaban allí para intimidar.

A medida que la huelga progresaba se tornaban más violentos. En el transcurso del verano hubo muchos casos denunciados de Teamsters dando palizas a trabajadores en huelga.

Cada tarde había una reunión en el parque de Coachella. Las mismas eran el foco político central de la huelga. En un mitin el primer día fuera de la cárcel parecía que el número de huelguistas había aumentado considerablemente. Las acciones de los primeros días de la huelga habían levantado los ánimos de los trabajadores del valle. Varios productores, que habían estado esperando ver qué podía concretarse en ese primer día firmaron con UFW. Esto incluyó a uno de los productores más grandes, Lionel Steinberg, y otro con el nombre de RK Larsen. Representaban el 15 por ciento de las uvas de mesa. Estuvieron de acuerdo en un salón de contratación entre la unión y los rancheros. Los contratos Teamsters con el 85 por ciento restante de los productores de Coachella, permitían el uso de contratistas de mano de obra, siempre notorios por sus abusos con los trabajadores del campo. Los Teamsters también firmaron un contrato con la Asociación de contratistas de trabajo agrícola.

A medida que se corrió la voz acerca de las acciones en Coachella, los partidarios del sindicato de trabajadores agrícolas de Los Ángeles y de la región comenzaron a aparecer. En las reuniones de la tarde, los trabajadores que habían salido ese día eran presentados a la gente. Si todos estos trabajadores habían de hecho elegido hacer huelga de forma espontánea, o si se habían organizado previamente con el fin de impulsar la huelga, no lo sé. El efecto era poderoso a medida que los trabajadores eran llevados hasta el micrófono para "dar testimonio", acerca de por qué eligieron la huelga.

Las actividades de la huelga en Coachella comenzaban muy temprano por la mañana. Antes incluso de despuntar las primeras luces del nuevo día, ambas partes estaban fuera explorando el valle. El sindicato enviaba vehículos para hacer un reconocimiento y averiguar dónde estaban trabajando las cuadrillas de esquiroles que no eran miembros del sindicato, por lo general, siguiendo los vehículos de la empresa o de los Teamsters, o a través de las informaciones de los simpatizantes sindicales de las compañías afectadas. Una vez que se determinaba que el trabajo se estaba realizando, los coches y furgonetas de los huelguistas partían de la zona central del parque.

Ambas partes jugaban al gato y al ratón. Las empresas podían enviar autobuses vacíos, con las ventanas cubiertas con chapas de madera compensada, a un campo, arrastrando a los vehículos sindicales en su persecución. No era raro que los piquetes sindicales fueran en una dirección como distracción, para atraer lejos a los Teamsters al mismo tiempo que la principal "fuerza de choque" se dirigía a otro campo. Varias veces me encontré a mí mismo en una caravana de vehículos enviada precipitadamente sin destino especial con el Camino amarillo y otros coches Teamsters y un par de vehículos patrulla del sherife en feroz persecución. Era divertido conducir por ahí tratando de eludir a los perseguidores, y al mismo tiempo asegurarse de que se mantuvieran a la vista detrás de nosotros. Un amigo, que había venido con un grupo de estudiantes chicanos a un piquete en Coachella, vio a los matones Teamster corriendo a sus automóviles para dar caza a una caravana de huelguistas que salía, evocando los gritos de los piquetes, "¡eh, se os paga para ser gorilas, no conejos!" Estos componentes cómicos existían en un ambiente que por otra parte era muy en serio. Y la amenaza de violencia era omnipresente.

Los huelguistas organizaron vehículos con altavoces para hablar con los trabajadores de los viñedos. Los Teamsters enviaron sus musculosos escuadrones para vigilar las entradas de los ranchos, como primera línea de defensa contra los esfuerzos para invadir los campos, y algunas veces, instalaron sus propios altavoces con música para ahogar la agitación de los huelguistas. Su melodía favorita era "Bye, Bye, Blackbird" Normalmente estaban presentes los sherifes. Mientras que los medios retrataban a los sherifes y policías como intermediarios entre los intereses en conflicto, los trabajadores agrícolas en huelga los miraban como a poco más que matones de uniforme de los productores, pagados por los contribuyentes.

En algunas zonas el sindicato creó pequeños piquetes. En otras, se concentró una gran fuerza de huelguistas para influir en las personas que trabajaban y para buscar formas de invadir los campos y perseguirlos. Los Teamsters instalaron sus líneas para "proteger" a los rompe huelgas. Las dos partes maniobraban constantemente.

Por la tarde nos gustaba seguir a los equipos de trabajo, cuando salían de los campos en dirección a casa. Por la noche, cuando era posible, los huelguistas iban a las casas y los campos para conversar con los rompe huelgas. Esto se hizo más difícil a medida que pasaba el tiempo debido a que los productores colocaban guardias en los campos. A veces estas tácticas daban sus frutos y los trabajadores estaban de acuerdo en no trabajar o salir a marchar al día siguiente, algo que requería más coraje, pero que tuvo un efecto muy positivo en la moral de la huelga.

Se produjo un enfrentamiento hacia el final de la primera semana, en la que se puso a una cuadrilla de piscadores en un campo directamente fuera de la carretera, mientras que los ayudantes del sherif y los Teamsters montaban guardia esgrimiendo palos. Los matones Teamsters hacían provocaciones obscenas a los varios cientos de huelguistas, quienes estaban de mal humor. Los sherifes acudieron en masa ataviados con uniforme antidisturbios. Los autobuses del Departamento del Sherif y las furgonetas estaban a la espera. Parecía una trampa, pero los huelguistas no se dejaron engañar y no se produjeron arrestos.

Con el paso de los días, los fornidos guardias de los campos eran cada vez más amenazadores para los piquetes, y fui testigo de enfrentamientos entre grupos de piquetes y Teamsters, quienes ostentaban abiertamente garrotes, ellos no fueron perturbados por los ayudantes del sherif, mientras a nosotros nos acosaron repetidamente por llevar endebles pancartas con estacas.

Ataques relámpago en los campos para echar a los trabajadores y piquetes masivos, desafiando órdenes, conduciendo a arrestos, que se acumulaban por centenares y continuaron durante todo el verano, a medida que los ataques se dirigían al norte junto con la cosecha.

Enrique y Virgilio

Después de la primera noche en Coachella, nos cambiaron a una vivienda de más largo plazo, en pequeñas cabinas en un campo de trabajo cerca de Mecca. Mis compañeros eran Enrique Guzmán y su hijo Virgilio, a quien conocía de un equipo de brócoli de Interharvest. Ellos procedían de un pequeño pueblo de Oaxaca y viajaban cada año para trabajar durante la primavera y el verano en Salinas. Enrique fue uno de los millones de agricultores de maíz y frijoles de México, que vivían (y aún viven) al límite de la existencia, a merced de los precios y las fluctuaciones del mercado y de las políticas agrarias que favorecen a los grandes terratenientes. Sólo tomó un par de años malos y las miradas patéticas de los niños hambrientos, para convencerlo de que la salvación estaba en buscarse la vida fuera de Oaxaca, en el norte. Cuando Virgilio tuvo la edad suficiente, comenzó a llevarlo consigo. Ahora pasan la mayor parte del año en Salinas, volviendo a Oaxaca sólo durante algunos meses al año, aproximadamente desde Navidad hasta el inicio del desbastado de la lechuga en febrero.

Enrique era buen cocinero y preparaba algunas comidas sencillas pero sabrosas en nuestra pequeña cabina del campamento. Confesó su pasión por la salsa mole de su esposa, conocida por ser uno de las mejores salsas del pueblo, dijo con orgullo. El mole es una compleja mezcla de chiles, frutos secos, especias y chocolate que se puede encontrar en muchas variedades. Se requiere habilidad y paciencia para prepararlo. La esposa de Enrique tenía su propia receta, que era reacia a revelar. Pero Enrique conocía su secreto. Una noche, con los ojos brillantes, me dijo que estaba dispuesto a revelármela. Esperé, anticipando algún ingrediente exótico sobre el que probablemente yo no sabría nada de todos modos. —Es el árbol de cacao de nuestro patio —dijo, disipando el misterio. —El fruto de ese árbol de cacao es el gran secreto de este mole.

Enrique, Virgilio, y yo pasábamos nuestros días, a veces hasta tarde en la noche en las actividades de la huelga. Por la noche teníamos tiempo para hablar, y a Enrique le gustaba recordar el pasado sobre su vida en la Oaxaca rural. Había historias del folclore local, de una cultura que abarcaba muchos siglos. Pero la historia que recuerdo mejor fue acerca de un incidente aterrador que tuvo en su juventud.

Enrique, caminaba desde su casa a una ciudad a cierta distancia, cuando una tormenta repentina lo obligó a buscar amparo. Los rayos y la lluvia eran feroces, como si el mismo cielo estuviera en llamas, y como si el viento y los truenos hicieran sentir la ira del bosque a su alrededor, la ira de los espíritus que

Enrique creía que habitaban en el bosque. Estaba oscureciendo, cuando se encontró con un edificio cercano al camino que recorría, consiguió forzar el cierre de una ventana y entrar.

Era un edificio extraño, diferente a todo lo que había encontrado. A medida que la oscuridad aumentó y los truenos disminuían, se sentía cada vez más y más inquieto. Se sentó en el suelo, en un rincón, tratando de mantener el calor, con la esperanza de pasar la noche para continuar su viaje por la mañana. A su alrededor ahora todo era muy oscuro, con sólo el sonido del viento y la lluvia vapuleando las ventanas. De repente, se oyó un sonido estridente surgido de dentro de la habitación, junto con un extraño parpadeo de luces. Su mente, ya tensa desde el pensamiento de los espíritus que vagaban por los bosques durante la noche, entró en pánico. Quería salir y huir, pero afuera la lluvia y el viento golpeaban el edificio con tal fuerza que no se atrevió. De nuevo el estrépito hizo erupción y continuó durante largo tiempo. Estaba seguro de que era un espíritu enojado maldiciendo su culpa. Se escondió en su sarape y esperó lo peor con ansiedad. Después de horas de tensión se quedó dormido. Por la mañana despertó y se encontró a sí mismo en una habitación llena de máquinas que nunca antes había visto. La luz del día trajo alivio a su miedo paralizante, y fue capaz de continuar su viaje. Sólo mas tarde descubrió que la extraña habitación era una oficina de telégrafo del ferrocarril y el estrépito una máquina de telégrafo. Una historia bastante simple, pero para Enrique tenía implicaciones por la forma en que entendía el mundo. Ahora él tenía una palabra para describir el origen de sus miedos de la infancia, y los temores que afectaban a otros en su comunidad; superstición.

La huelga de la uva de Coachella provocó efectos significativos de apoyo por parte de un amplio sector de la sociedad. El clero, estudiantes, representantes de diversos grupos étnicos, sindicatos, luchadores de diferentes causas, desde la ecología a los derechos indígenas americanos, trabajadores de diferentes industrias, artistas y otros. Muchos de ellos llegaron a Coachella para expresar solidaridad y marchar en las líneas de piquetes. Los huelguistas recibieron cálidamente a estos partidarios, presentados en las reuniones de la tarde. Esas reuniones ayudaban a reforzar la moral. También establecían el tono político de la huelga.

El sindicato promovía cuidadosamente a ciertos aliados, mientras sustituía a otros. El mayor énfasis se puso en el liderazgo de la mano de obra organizada, especialmente la AFL-CIO, los grandes sindicatos como los United Auto Workers y los políticos liberales. A casi todos los políticos visitantes se les concedió una bienvenida de héroe. Por supuesto, los mismos eran por lo general demócratas. Los lazos entre los dirigentes sindicales y los demócratas se desarrollaban por lo menos desde 1968, cuando Bobby Kennedy visitó a César Chávez durante uno de sus primeros ayunos. Al ver estas cuestiones, me pareció difícil digerir la adulación a los representantes de un partido político responsable de la bomba nuclear que dejaron caer en Japón, los años de guerra infernal en Vietnam, y la invasión de la República Dominicana, por nombrar sólo unas pocas atrocidades cometidas bajo regímenes democráticos. ¡Sin embargo, allí estaban, siendo aclamados por su apoyo a los trabajadores del campo!

Muchos dirigentes sindicales hablaron en los mítines diarios, expresando solidaridad. Había sindicalistas que verdaderamente extendieron una mano solidaria. Algunos realzaban las glorias de la lucha laboral, empleando una exagerada (cuando no totalmente falsa) retórica, que yo sospechaba habían almacenado muchos años antes, pensando que nunca la utilizarían de nuevo. Para mí, uno de los aspectos más inquietantes de estas reuniones era la adulación de George Meany, jefe de AFL-CIO. Meany fue elogiado como un gran aliado y amigo de los trabajadores agrícolas, el mismo George Meany, que se había jactado ante una asamblea de ejecutivos de negocios de que nunca había marchado en una línea de piquete; el mismo Meany que puso el poder y el prestigio de la más poderosa federación de sindicatos de Estados Unidos al servicio de la política asesina de EE.UU. en América Latina y otros lugares. Cuando la CIA derrocó al presidente guatemalteco Arbenz Guzmán en 1954 y lo reemplazó por el carnicero Castillo Armas, lo hizo con la ayuda de George Meany y los grupos de trabajo vinculados directamente a la AFL-CIO. Arbenz, hay que decirlo, incurrió en la ira de la CIA por la amenaza de tomar las tierras de la poderosa United Fruit Company con el fin de distribuirlas entre los campesinos pobres y sin tierra. Castillo, que lo reemplazó, prohibió todos los sindicatos en Guatemala y comenzó un período prolongado de matar sindicalistas progresistas, entre muchos otros, con apenas escuchar un pío de Meany. Esta fue sólo una de las muchas acciones respaldadas por Meany y el American Institute for Free Labor Development (Instituto americano para el desarrollo del sindicalismo libre [AIFLD]), grupo al que él apoyaba.[9]

Una tarde, mientras el presentador de la reunión se entusiasmaba alabando a Meany, le dije a la mujer que estaba junto a mí, una enfermera que trabajaba en la sede del sindicato en La Paz,

—¿Piensas que están hablando del mismo George Meany que yo conozco?

La enfermera confesó su propia repugnancia hacia Meany y que decía era compartida por otros voluntarios del sindicato. —Me dijeron que César se siente de la misma manera—, dijo. — Pero el sindicato se encuentra en una posición difícil y necesita el apoyo de Meany—. Sí, el sindicato se encontraba en una posición difícil. Pero ¿cuál era el precio de esta "ayuda"?

Compartí con Enrique y Virgilio mis preocupaciones acerca de George Meany y cómo lo que él representaba era la antítesis de toda la lucha por la justicia. Ninguno de ellos tenía alguna experiencia ni conocimiento de la historia laboral de los EE.UU., lo que no resultaba sorprendente. Enrique tenía confianza en que Chávez sabía lo que estaba haciendo, y no estaba contento conmigo, incluso especulando que algo no estaba bien. Esto tensó la atmósfera en nuestra cabina, y Enrique perdió interés en hablar conmigo. Virgilio, en cambio, no sentía entusiasmo por César Chávez y su política, que él consideraba reformista y no una visión de futuro.

Pero entonces dijo, —esto es América y tal vez esto es todo lo que uno podría razonablemente esperar—. Ninguno de los dos podía realmente imaginar una revolución en un lugar tan aparentemente acomodado como Estados Unidos. Incluso cuando le conté mis experiencias e historias acerca de las rebeliones de los negros y la resistencia masiva de los soldados, el desencanto de los estudiantes y la juventud y su vuelta a las ideas revolucionarias, el país más allá de los campos todavía se veía para Enrique y Virgilio como una enorme fortaleza impenetrable.

Virgilio y yo compartíamos un respeto común por las almas rebeldes del mundo. Y teníamos un desdén común hacia los republicanos y los demócratas, que considerábamos como partidos del imperialismo con estilos y retóricas ligeramente diferentes. Aunque nuestros puntos de vista divergían en otros asuntos. En todo el mundo este fue un momento de gran debate, especialmente intenso entre los jóvenes y los estudiantes politizados, sobre el curso futuro que la humanidad podría perseguir, a la luz de dicha intensa injusticia, asombrosa desigualdad y brutalidad horrible. Ese debate reflejaba la profunda división en lo que fue considerado como el movimiento comunista revolucionario internacional, entre la Unión Soviética y China.[10] Este debate encontró su eco también en los campos, más a menudo, pero no siempre, entre los jóvenes influenciados por los movimientos estudiantiles en sus países. Virgilio y yo pasábamos muchas horas, en las líneas de los piquetes y fuera de ellas, discutiendo los méritos relativos a las revoluciones china y cubana, las teorías de la guerra popular, promovida por Mao y el foquismo asociado con el Che Guevara.

ENTRE TENAZAS

Los funcionarios de la AFL-CIO llegaron a Coachella para ayudar a la huelga, pero trajeron con ellos la política de la AFL-CIO. Una expresión de ello fueron los botones políticos que distribuyeron a los huelguistas y simpatizantes. Tenían una bandera de EE.UU. y el lema, "compra americana". Lo que el eslogan significaba en la práctica era nebuloso, pero el punto real era el contenido ideológico del botón, la lealtad a América (la América corporativa, para ser más preciso) y su bandera. Fue desgarrador para mí ver a las personas que participan en un movimiento por la justicia, usar un símbolo político asociado a las masacres, invasiones y guerras injustas en la búsqueda de objetivos de explotación, desde las guerras contra los pueblos nativos de América hasta Vietnam.

En el inicio de la huelga, cualquier huelguista que quisiera era libre de tomar un megáfono o un altavoz móvil y hacer un llamamiento a los trabajadores de los campos. Esta agitación era interesante y a menudo emocionante, debido a que los huelguistas derramaban sus sentimientos y entendimientos de maneras muy apasionadas y creativas. Se habló de los rancheros y de los años de explotación bajo el programa bracero, del racismo y los abusos sufridos como trabajadores agrícolas. Hubo referencias al robo por parte de los Estados Unidos de la tierra de los indios y de México, y a la esclavitud de los negros. También fue mencionada la agresión histórica contra las invasiones de México, el asesinato despiadado de los mexicanos por los invasores, el saqueo de los recursos de México, *prestanombres* (empresas de Estados Unidos que usaban nombres mexicanos) utilizados por los intereses americanos para ocultar su control de la tierra mexicana, la producción y los recursos. Los trabajadores con mentalidad política, relacionaban la explotación de los productores a los trabajadores agrícolas, con un sistema mundial que era culpable de crímenes en Vietnam y otras partes del mundo. Hicieron un llamamiento a los sentimientos rebeldes de los trabajadores de los campos para unirse a la lucha ¡para la justicia!

Pero la libertad para expresar esas opiniones a través de los altavoces no duró mucho. A medida que los capitanes elegidos entre los trabajadores agrícolas y funcionarios de la AFL-CIO se hacían cargo de los altavoces, el mensaje político fue objeto de un control más estricto, y la agitación se redujo en alcance, a menudo con una repetición de unas pocas consignas como "abajo los Teamsters", "que viva la unión de Chávez", o "Chávez si, Teamsters no".

El ambiente general de la huelga comenzó a adquirir un tono más controlado e incluso represivo. Sólo en la superficie pareció como si los trabajadores fuesen libres para expresar sus opiniones y, por tanto, para luchar por sus puntos de vista en las reuniones. En la práctica, había una gran instrumentalización y manipulación trabajando en contra de tales posibilidades. En Coachella comenzó a notarse como si el ambiente democrático abierto, que generalmente se sentía en Salinas en aquellos días, estuviera siendo succionado, igual que el aire de una cámara cerrada.

A veces los comentarios de los sindicalistas profesionales eran bastante evidentes: "La UFW tiene que empezar a actuar como un verdadero sindicato, no como un movimiento social", haciendo eco de las críticas de la prensa de los productores. Me pareció que estaba realmente dirigido a los sentimientos socialmente más conscientes y radicales de los trabajadores agrícolas. El "sindicato real" se adhirió a los intereses del sistema en su conjunto, al que demostró su lealtad al tiempo que limitaba sus demandas y protestas a una "parte justa" de los despojos del imperio. Pero los trabajadores agrícolas, en su mayoría refugiados de un país saqueado por ese imperio, oprimidos por su nacionalidad y como inmigrantes, y mantenidos como una casta inferior, no fueron fácilmente incorporados a ese esquema.

Después de la primera semana en Coachella, un dirigente sindical llamó a algunos de los voluntarios de Salinas, para pedirnos que permaneciéramos cerca. Le dije que tenía que regresar a Salinas. Habíamos planeado una manifestación allí para celebrar el día internacional de los trabajadores y necesitaba estar allí para ayudar a organizarlo. El funcionario me miró fijamente y dijo con sarcasmo: "prefiero hacer la revolución que celebrarla".

Salí de Coachella con la sensación de que el esfuerzo para aplastar el movimiento de trabajadores agrícolas no sólo provenía de los cultivadores y los Teamsters. Algunos de sus aliados políticos liberales y algunos de los principales líderes sindicales estaban decididos a suprimir las influencias rebeldes y potencialmente radicalizadas del movimiento en los campos. La diferencia era que estaban dispuestos a ver un sindicato continuar existiendo y despojado de cualquier arista rebelde. Ellos estaban dispuestos a ver el cuerpo del sindicato de trabajadores agrícolas sobrevivir tanto tiempo como cualquier corazón y espíritu radical que hubiesen sido arrancados de él.

Los trabajadores agrícolas estaban siendo atacados en dos frentes. Pero también tenían muchos aliados y el potencial de sacar a la palestra un gran apoyo. El mundo todavía estaba en estado de agitación debido a la guerra de Vietnam, seguían reverberando las influencias del movimiento por los derechos civiles, la lucha de las mujeres por la igualdad y liberación, y las luchas anti-coloniales. Y los propios trabajadores agrícolas estaban lejos de estar preparados para rendirse.

A principios de mayo el sindicato anunció que George Meany había prometido $1.5 millones para ayudar a la huelga de la uva.

Día del trabajo

Varios cientos de personas de los campos, fábricas de conservas, fábricas locales y escuelas llegaron a un acto por el día del trabajo en Salinas en la primavera de 1973. Aunque la mayoría eran trabajadores agrícolas, el mitin reflejaba que el movimiento, sobre todo en el campo y en otras áreas también, estaba vivo. El espíritu de la lucha desatada en la década de 1960 y la rebelión de los trabajadores del campo siguió influyendo en el entorno político.

En Texas, los trabajadores de la gran empresa de prendas de vestir, Farah Pants, habían ido a la huelga y, motivados por el ejemplo de los trabajadores del campo, comenzaron un boicot nacional a Farah Pants. Los organizadores de la huelga viajaban por el país, y algunos hablaron en la reunión del día del trabajo en Sherwood Park.

Desde la parte trasera de un camión alquilado, a la sombra de las instalaciones del rodeo de Salinas, los trabajadores del campo hablaron de Coachella, de las huelgas locales, y de su determinación de luchar por la justicia en los campos; los trabajadores de la fábrica de conservas hablaron sobre las luchas contra la velocidad y el acoso en el trabajo; los estudiantes y activistas contra la guerra denunciaron la guerra criminal en Vietnam que continuaba por detrás del camuflaje de la "vietnamización"; las mujeres activas del movimiento feminista hablaron de la victoria a principios de año en la lucha por el derecho al aborto.

Había una parte del mundo que se había desgarrado a sí misma fuera del sistema imperialista y estaba tratando de forjar un tipo diferente de sistema social, que auguraba un futuro distinto. ¿Cómo iba a suceder esto era vago y lleno de puntos de vista contradictorios que tendían a quedar eclipsados por las luchas inmediatas en cuestión, pero eran un elemento comentado en ese día del trabajo.

Los dirigentes sindicales de los trabajadores agrícolas locales que trabajaban en cooperación con la Unión Revolucionaria y el personal de *El Obrero* encargado de organizar el evento del día del trabajo en Salinas pronto se encontrarían bajo un aluvión de críticas. Las diferentes corrientes del movimiento y el sindicato estaban entrando cada vez más en desacuerdo.

LA CONQUISTA DE LA LECHUGA

En mayo la cosecha en Salinas estaba en pleno apogeo. Por algún tiempo durante el invierno anterior, conduje un tractor arando y labrando los campos, solo, aunque en la compañía de las aves que venían a alimentarse de las lombrices y las semillas que quedaban en la estela de labranza. Con la primavera acercándose, trabajaba en un equipo de brócoli de Interharvest, y cuando el trabajo desaceleró corté lechuga por hora, para Sam Andrews, una compañía que producía lechuga picada para McDonalds y Burger King.

Ahora, de regreso de Coachella, tenía mi mente puesta en un equipo de tierra de lechuga. Había una mística de cierta clase que rodeaba a los trabajadores lechugueros en lo que se llamó las cuadrillas de tierra. Tenían reputación de ser grupos duros y después de 1970, combatientes militantes. Fueron casi indiscutiblemente un componente clave de la huelga de 1970. Las disminuciones de ritmo y las marchas airadas de los lechugueros en defensa de sus nuevos contratos sindicales sacudieron el valle. Tenían una cierta fuerza que trajeron a la lucha y que fue considerada como "dureza", pero que fue realmente el resultado de estar organizados y de ser un grupo altamente cualificado que era difícil de reemplazar. Y esto, a su vez, estaba relacionado con la naturaleza de la industria de la lechuga.

La lechuga ha sido y es un gran negocio. A principios de la década de 1970, tenía un valor de $273.000.000 al año, $175.000.000 tan sólo en California. Entre mayo y noviembre, el Valle de Salinas producía en el orden de seis millones de cabezas de lechuga por día, el suministro del 70% de la lechuga total consumida en el país. Un gran porcentaje de la superficie total dedicada a las verduras estaba plantada de lechuga. Como una descripción del negocio a principios de 1970, "La lechuga es a la industria de vegetales lo que Chevrolet es a GM, el volumen del producto, la columna vertebral financiera, la carne con patatas, el cultivo de dinero, la acción".[11]

La lechuga no se cultiva para alimentar a la gente; se cultiva para obtener un beneficio. Cualquier productor se olvida de que pronto estará buscando otro lugar para ganarse la vida. Sin embargo, el beneficio depende del precio de mercado,

y los precios del mercado fluctúan.[12] Cuando se inventó la
refrigeración al vacío en la década de 1950, el corte y el embalaje
de lechuga para el mercado se convirtió en tarea del equipo
de campo; "la cuadrilla de tierra." Los productores tuvieron
la necesidad de equipos entrenados, eficientes y móviles que
pudiesen ser puestos en acción rápidamente, en cualquier
momento del ciclo de la cosecha siguiendo los dictados de la
cosecha y el mercado. Los precios en el mercado de la lechuga
eran volátiles. Para un productor la diferencia entre obtener
un beneficio y perder dinero podría ser una cuestión de días.
Por eso, conseguir cosechar la lechuga en el momento preciso
en su ciclo de crecimiento, sobre todo cuando los precios en el
mercado subían, era de crucial interés para ellos.[13]

El cultivo de la lechuga migra con las estaciones, moviéndose
hacia el sur en invierno y hacia el norte en primavera y verano.
Los equipos de tierra tendían a permanecer juntos y viajaban
como una unidad de Salinas a Firebaugh-Mendota, Huron,
Blythe, o Poston/Parker Arizona, Brawley, Calexico, Yuma,
y así sucesivamente, todo el año, al ritmo de las estaciones de
crecimiento. Trabajando a destajo, los lechugueros podían
ganar más que otros tipos de trabajadores del campo, de modo
que tendían a aferrarse a él durante años. Éste es el factor clave
por el que Salinas se convirtió en la fortaleza de la lucha sindical
en aquellos días. Los trabajadores de la lechuga eran una fuerza
de trabajo más consistente y organizable durante todo el año de
trabajo, más que los trabajadores de la uva u otros cultivos de
vegetales y frutas. Si se estaban buscando trabajadores que se
ajustasen al estereotipo de los trabajadores agrícolas mansos e
indefensos, dispersos, desconectados, incapaces de defenderse
o luchar con eficacia, sumisos y resignados, no se los podría
encontrar entre los lechugueros.

Yo esperaba con ansiedad colarme como lechuguero, por el
desafío físico de trabajar en una cuadrilla de tierra, y la mejor
paga que ello ofrecía. ¡Más fácil decirlo que hacerlo!

Trabajar en una cuadrilla de tierra a destajo requería
experiencia y resistencia física. Es virtualmente imposible
mantenerse a la par con los trabajadores con experiencia sin
una práctica considerable. En un equipo de este tipo, no sería
el capataz o el supervisor el que te detendría si no estabas en

condiciones de hacer el trabajo, lo haría el equipo. Esto es porque el trabajo por contracto era *"en bola"*, en grupo, no individual. Las cajas empaquetadas por un equipo en un día determinado se dividen entre ellos. Cualquiera que no esté haciendo su parte arrastra el equipo hacia abajo. Y debido a que los cortadores y empacadores avanzan a través del campo, cualquiera demasiado lento se queda atrás, lo que obliga a los miembros de las cuadrillas a realizar trabajo extra para ayudar, una carga imposible de manejar por mucho tiempo.

Aprendí el trabajo de la lechuga del personal de tierra igual que muchos otros trabajadores, compartiendo el trabajo con otro trabajador sin experiencia. Después de trabajar de esta manera durante varias semanas para un contratista, me decidí a ir por mi cuenta. En la Sun Street, cerca del corralón había una serie de campos donde los contratistas de mano de obra recogían trabajadores para completar sus cuadrillas, una clase desarrollada de trabajo informal.

Con mi cuchillo de lechuga y una pequeña lima en su funda de cartón dentro de mi bolsillo trasero, me acerqué a Willie Morales, un contratista de trabajo, robusto y hosco con voz de mando fuerte y una cabeza de pelo espeso rizado hirviendo debajo de su *cachucha* (gorra de béisbol). Willie trabajaba para Pacific Lettuce que aquel día estaba corto de cortadores y empacadores.

—Eres cortador y empacador, eh? — dijo, mirando hacia abajo al recipiente de agua de color amarillo en la parte trasera de su El Camino.

—Si, lo soy— dije.

—Sabes cortar y empacar? —dijo, haciendo la misma pregunta de una manera ligeramente diferente.

—Como no —le dije, —tengo mucha experiencia—. En realidad, en ese momento, no podía empacar para salvar mi vida, pero yo sentía que podría defenderme cortando. A veces, dependiendo del grupo en el que estás, eso es suficiente.

—De acuerdo—. Eso es todo lo que Willie me dijo. Tuve que preguntar por ahí para descubrir que su capataz tenía espacio en su camioneta para ir hasta el campo.

Era una típica mañana húmeda en Salinas, y la lechuga estaba húmeda, resbaladiza, y fría. Los trabajadores a menudo llevaban guantes en esos momentos para proteger sus manos de quedar entumecidas. Yo no tenía guantes. Pero estaba demasiado nervioso para dejar que un poco de frío y entumecimiento me distrajese. Sólo tenía en mi mente un pensamiento, movimiento rápido. Después de encontrar dos socios, y aprender, para mi alivio, que uno prefería embalar, nos pusimos en marcha en nuestras hileras.

La lechuga no estaba ideal. Gran parte de ella era blanda, sin la cabezas bien formadas y desigualmente maduras, lo que requería evaluación para encontrar las cabezas que estaban listas para cortar. Pero debía existir un buen precio y una demanda fuerte para cortar en este campo marginal.

Me metí en la fila de riego entre las capas de humedad, lechuga verde, inclinado, y corte, moviendo mi cuerpo hacia atrás y adelante, cortando, recortando, colocando las cabezas cortadas en la fila central para el empacador. Movimiento . . . tienes que mantener el cuchillo en movimiento . . . cortando la planta por debajo con un trazo rápido y preciso, esperando un corte limpio, y luego voltear la cabeza para arriba para quitar el exceso de hojas y, si es necesario, otro corte para obtener un tallo liso. Cuando el ritmo es adecuado y tus instintos están funcionando bien, se puede cortar la lechuga de un golpe y ponerla en la fila sin más recorte; esto es cuando te sientes como si estuvieras realmente en tu surco, por así decirlo.

Fui hacia adelante durante varias horas, lo más rápido que pude, buscando a tientas las mejores cabezas, sin detenerme a mirar a mi alrededor. Sólo cuando el mayordomo llamó para un descanso me atreví a ponerme de pie. Cuando lo hice, me encontré, para mi gran alivio y alegría, ¡que estaba en el medio del grupo de cortadores! Había pasado la parte más difícil en mi debut como lechuguero.

Si todo para cosechar lechuga fuese cortarla y ponerla en cajas, a estas alturas ya habría sido puesta en los campos una máquina para ese propósito. La lechuga ese día no estaba bien formada, pero el mercado la aceptó de todos modos. Aún así, no se podían cortar todas las cabezas, porque algunas de ellas estaban claramente demasiado abiertas y no formadas para ser comercializables. Entonces, era necesario seleccionarlas. Una cabeza que un día es pasable, puede quedarse en los campos al siguiente. Esta era una cuestión de juicio y experiencia. Cuando los cortadores de lechuga humanos tienen la capacidad de seleccionar la lechuga y hacer juicios en base de los caprichos del mercado, comunicados al trabajador a través del capataz o del supervisor, las máquinas, por lo menos hasta ahora, no sirven, al menos no económicamente.

ALEGRÍAS Y TRISTEZAS DE LA CUADRILLA DE TIERRA

Las unidades básicas de las cuadrillas de tierra eran los tríos: dos cortadores y un empaquetador. Se añadían varios cerradores y cargadores de cajas y a veces un chico del agua para mojar la lechuga, y tenías un equipo. Había también una engrapadora en un camión para hacer cajas, esenciales para la operación, pero los engrapadores eran una categoría diferente de trabajadores, con mayor frecuencia anglos u ocasionalmente chicanos, y generalmente bajo el mismo contrato que cubría a los conductores de los Teamsters. La metáfora aquí era difícil de pasar por alto. El conductor-engrapador hacía cajas para toda la cuadrilla, haciendo una cantidad en cada caja. Esto daba como resultado una suma mayor de la que ninguna cuadrilla de tierra podría producir. Permanecía en la caja del camión, por encima de la cuadrilla de tierra. Esta era una división racial, étnica, económica y física, y ésta es la forma en la que el sistema fue organizado.

En un buen día, el equipo podía cortar y empacar "un carro por trío", un camión para cada trío: 640 cajas de veinticuatro cabezas, 15,360 cabezas de lechuga por trío, 153,600 cabezas por equipo de treinta y cinco. Si se hacen las cuentas, eso significa catorce a dieciséis cabezas por minuto por cortador en una jornada de ocho horas. A veces se podía lograr esa producción en seis o siete horas, moviéndose por el campo como una máquina de paso pesado y loco en una postura que nuestros ancestros homínidos tuvieron el buen sentido de abandonar hace muchos milenios.

Moverse en esa posición no natural tanto tiempo, a esa velocidad, día tras día, causa estragos, y era rara una persona que pudiese manejar el estrés pasados los cuarenta años. Yo conocí sólo un trabajador de edad avanzada en una cuadrilla de tierra.

Tenía quizás sesenta años. Lo llamaban "el toro" porque tenía la fuerza de un toro. Los trabajadores más jóvenes le tenían en gran estima. Él se mantuvo firme. Era la excepción que confirmaba la regla. Añade a la tensión de este tipo de trabajo, los rigores de la vida migratoria, incluido el estar lejos de la familia la mayor parte del tiempo y sin fácil acceso a la salud, y tienes una vida con gran estrés físico y psicológico.[14]

Aún así, un buen día en un equipo de tierra, casi podía percibirse como un juego. Bueno, eso es un poco exagerado, pero si te sientes en sincronía, las cosas se acomodan y hacen clic. La lechuga principalmente definía por sí misma un buen día, pequeña, firme y casi redonda y sin mucho follaje extra, pero lo suficiente como para proporcionar un cojín y permitir que las cabezas fuesen embaladas con firmeza y con un tallo que era fácil de cortar sin problemas, en su punto para cortar. Estábamos presuponiendo un Salinas de temperatura suave, con vientos frescos que soplan desde la Bahía de Monterey. Por supuesto, un buen día también dependía de tu estado físico y ánimo mental. Cuando todas las estrellas del clima, la lechuga, y el cuerpo estaban alineadas, podías romper el terreno, por así decirlo, hacer un carro por trío a la una en punto y poner de $80 a $100 en el bolsillo, un buen dinero en aquellos días. ¡Y la tarde para gastar!

Pero también era posible un campo de lechuga en el que, por cualquier razón —la variedad, dejada en el campo demasiado tiempo teniendo en cuenta la temperatura, demasiado grande, o peor, deforme y dura de manera que el follaje de amortiguación tenía que ser quitado sólo para conseguir que se ajustase en la caja, o lechugas con las hojas descoloridas que tenían que ser quitadas, o con pequeñas secciones dobladas hacia el fango que había que cortar— el trabajo se convertía en un infierno. De hecho, pon un equipo en un campo de ese tipo, añade calor a la mezcla, y tendrás un día en el que el infierno puede parecer un lugar de vacaciones.

Había días en que sentías que estabas luchando por la supervivencia y perdiendo. Como cortador te sentías incómodo y fuera de equilibrio con lechugas demasiado grandes como para sujetarlas en la mano. Resbalarían antes de poder cortar adecuadamente el tallo, y debido a su forma poco práctica, eran difíciles de golpear en el ángulo correcto o ponerlas de forma ordenada en el "hilo". Como empacador estabas apretando las cabezas para acomodarlas, golpeando una uña dolorosamente en la parte lateral de la caja. Tales eventos eran lo suficientemente frecuentes como para mantener las uñas de un empacador doloridas y descoloridas. Durante el tiempo en que empaqueté lechugas todas mis uñas estaban constantemente negras y con contusiones.

Había días en que el empacado final estaba lejos de ser el ideal de cuatro hileras de cabezas, perfectamente alineadas, con una ligera pendiente hacia el centro de la caja, y tú tenías que ajustar las cabezas para darles la apariencia de orden exigida por la compañía. Sólo los empacadores más calificados, y yo no estaba entre ellos, podían hacer la magia. Y para rematar tu buena fortuna, en días como este los hombres de la empresa, fastidiados por su departamento de ventas, podían simplemente hacer una visita al equipo para molestarte por tu empaque. ¿Qué sabe un comprador de la tienda de comestibles sobre la miseria que viene con una caja de este tipo? Y si lo sabían, ¿importaba algo?

Incluso en los días buenos de lechuga, el calor suficiente podría destruirte. Recuerdo días durante los períodos de calor, o cuando cortábamos en el profundo valle pasado Soledad, donde una vez que llegaban los vientos fríos de la bahía con el calor, al final de la mañana estabas casi cocinado. En cierto punto, debido a la falta de sal y otros minerales, no podías saciar la sed, y tu cuerpo comenzaba a doler con una sensación de dolor profundo, que te hacía pensar que tal vez la muerte fuese una alternativa bien recibida. Con el equipo empujándose unos a otros, y con un pedido que tenía que ser completado, no podías hacer otra cosa que gritar a cualquiera que pudiera o no oírte sufriendo: "¡Chinge su madre, que pinche dolor!"

Estas condiciones de trabajo no eran solamente incómodas, sino peligrosas y potencialmente fatales.[15] Se le llama estrés por calor. En esos días, volver al autobús era nuestra salvación, las licorerías nuestro oasis, la cerveza nuestro medicamento. Unas latas de cerveza fría, una bolsa de papas fritas o chicharrones, una botella de salsa picante, y comenzabas a sentirte restaurado. La cerveza, bálsamo y salvador, era a la vez una bendición y una maldición. Adormecía el cuerpo y restauraba el equilibrio de los líquidos. Pero también podía ser adictiva y a menudo lo era. Algunas veces la cerveza nunca terminaba. El viernes, con un cheque gordo, la tentación de una cerveza más antes de ir a casa a veces resultaba fatal. Conocía trabajadores que dejarían el campo con un gran cheque el viernes y estarían en el campo el lunes por la mañana, en la ruina, pidiendo prestado a algún miembro de la cuadrilla o pidiendo al capataz un anticipo, el dinero para el alquiler y para los alimentos estaba en la caja registradora de la cantina.

Esto no quiere decir que el trabajo en la lechuga fuese todo sufrimiento, en absoluto. Estábamos trabajando al aire libre, con sol, viento y un hermoso valle extendido a nuestro alrededor. A veces jugábamos más, hacíamos el tonto, y hacíamos más bromas de las que podrías encontrar en un montón de otros puestos de trabajo.

BATALLA EN LAS UVAS: VERANO DE 1973

El verano llegó y se desplegó, y la huelga de la uva se volvió cada vez más volátil. A finales de abril, la actividad huelguística en Coachella se fue enfriando, pero estaba a punto de calentarse en las zonas productoras de uva mucho más grandes del norte, primero en el área de Arvin Lamont, después en Delano.

Cuando mayo comenzó, diecisiete productores de uva de Arvin Lamont abandonaron sus contratos con UFW que cubrían a 10.000 trabajadores y firmaron con Teamsters.

El 10 de mayo, George Meany anunció una contribución de $1.6 millones para el fondo de huelga de la UFW. Ese mismo día, un juez del condado de Kern emitió una medida cautelar que limitaba los piquetes a cuatro personas en cualquier entrada o salida de un viñedo.

La cosecha de la uva de Coachella comenzó con semanas de retraso debido a una primavera fría. Un ranchero se quejó de que los costos de desije de la uva eran dos o tres veces más de lo normal, debido a los piquetes y los megáfonos que interrumpían el trabajo. Más tarde, la UFW afirmó que había perdido casi el 50 por ciento de las uvas de Coachella. Pero los productores no se movieron.

El 1 de junio, en un restaurante de Indio, Mike Falco, un Teamster pesado, caminó despacio hacia donde se encontraba John Banks, un sacerdote católico y enlace de UFW con la prensa, estaba comiendo con un reportero del *Wall Street Journal*. El Teamster se sentó frente al sacerdote, se burló de él, y le rompió la nariz de un puñetazo.

A mediados de junio los productores de Coachella se quejaban de la baja calidad de las uvas debido a "los trabajadores Teamster sin experiencia". El clima frío retrasó la cosecha de la uva en muchas áreas.

El 23 de junio, 180 "contra-piquetes" Teamster atacaron a 400 piqueteros de UFW en un campo de espárragos al sureste de Thermal.

Pocos días después, los guardias Teamster en un rancho cerca de Arvin cargaron contra un piquete UFW con palos, golpeando a los huelguistas de UFW.

El 5 de julio, a raíz de los combates en la línea de piquetes y de la mala publicidad, los Teamsters sacaron a sus guardias de los viñedos de uva.

Los contratistas de trabajo en virtud de los acuerdos con Teamster se quejaron de que los Teamsters no estaban firmando contratos con los productores lo suficientemente rápido, lo que les dejaba atascados en relación al pago de los beneficios prometidos a Teamster.

A mediados de julio, Gallo y Franzia, dos de las bodegas más grandes de California, anteriormente bajo contratos con UFW, firmaron contratos con Teamsters.

En Firebaugh, 350 trabajadores del melón se negaron a firmar con Teamsters y fueron apartados de su campo.

El 18 de julio, cientos de huelguistas de UFW fueron arrestados en el área de Arvin por violar una orden judicial que limitaba los piqueteros en los ranchos huelguistas a un piquetero cada 100 pies.

El 19 de julio, 1000 piqueteros se congregaron en las granjas del condado de Fresno, y 350 fueron arrestados por violar una orden judicial. Los piqueteros detenidos fueron llevados a *Fresno County Industrial Farm* y luego a la cárcel del condado. El *Fresno Bee* informó: "Los ayudantes dijeron que trataron de evitar la detención de cualquier mujer o niño, aunque había muchos de ellos entre los piquetes del rancho. Esto facilitó el proceso de detención y un ayudante añadió: 'Seamos realistas. Estas mujeres son viciosas. Los hombres no son ningún problema'."

Ese mismo día, el *Fresno Bee*, escribió en su portada: "50 piquetes corrieron a través de una granja de melón y persiguieron a los que no eran miembros del sindicato cerca de Five Points"; se registraron 827 detenciones en dos días. Nuevos mandatos limitaron el uso del megáfono a una hora al día.

El 20 de julio, el *Fresno Bee* señaló en primera página que 435 piqueteros fueron arrestados en el condado de Fresno y treinta y dos más en Tulare.

El dueño del rancho Jack Harris en Five Points comenzó a arar su cosecha de melón, porque dijo que estaba "cansado de huelgas".

También el 20 de julio, los trabajadores del campo detenidos en los piquetes se negaron a firmar las citaciones.

En el condado de Kern las autoridades se negaron a detener a 500 huelguistas por allanamiento por falta de espacio en las cárceles.

El 21 de julio, 128 huelguistas fueron detenidos, incluso mientras 600 huelguistas permanecían en cárceles de Fresno. Tanto la *Industrial Farm* como la cárcel estaban abarrotadas de huelguistas detenidos. La ciudad comenzó a buscar más espacio en las cárceles.

Un juez del condado de Kern ordenó liberar a 439 huelguistas encarcelados, detenidos por formar piquetes en Arvin Lamont y Shafter Wasco. Los huelguistas se negaron a salir a menos que todos los huelguistas encarcelados fueran puestos en libertad.

Tres autobuses llenos de estibadores y otros partidarios del trabajo llegaron a Delano desde San Francisco y Los Ángeles para apoyar a los trabajadores de la uva en huelga.

El 22 de julio, un reportero del *Fresno Bee* declaró: "En lo que es casi una moda de golpear y correr, UFW ha estado protestando y haciendo huelgas por todo el valle, creando cierta escasez de mano de obra y gravando a los organismos policiales y al sistema judicial". "Más de 1,600 detenidos esta semana".

A finales de julio, de 300 a 400 trabajadores del melón se fueron del trabajo, y los rancheros tuvieron problemas para obtener substitutos.

Telles Brothers, propietarios de Tri-Produce Inc., y John Guimarra de los agricultores de Delano dijeron que los rancheros no firmarían con UFW a menos que se abandonase el salón de contratación.

El 23 de julio, UFW denunció que nueve presos de una cárcel de Fresno se vieron obligados a pasar entre veinte guardias del sherife que los golpearon. Los huelguistas se vieron obligados a dormir en el suelo de hormigón, sin mantas, y en literas sin colchones. Un prisionero informó de las condiciones: "Yaciendo en piscinas mugrientas de agua sucias creadas por los inodoros desbordados. Las ratas corren libremente a través de los bloques de celdas. Solamente el veinticinco por ciento de los arrestados fue autorizado a realizar llamadas".

El 24 de julio, una funcionaria del condado de Reedley, Gladys Bowden, dijo a la prensa: "Hay tal desastre en esa cárcel que no lo creerías. No podemos soportarlo, no hay comunicación."

El 25 de julio, 435 huelguistas más fueron detenidos en Long Ranch. La primera página del *Fresno Bee* ilustró una larga fila de trabajadores del campo esperando para entrar en los autobuses del sherife.

El mismo día, sesenta agricultores llegaron a Song Ranch con palos y porras. Los agricultores se quedaron en el huerto donde cuarenta trabajadores recogían nectarinas.

Entonces el 26 de julio, 2,000 trabajadores, en una reunión de UFW votaron a favor de la huelga de agricultores de Delano.

La prensa informó que la policía de Fresno gastó "mucho más de $102.000" pagando horas extras debido a las huelgas. En el condado de Kern el pago por tiempo extra costó $25.000.

La prensa informó el 26 de julio que tuvieron lugar más de 2,000 arrestos la semana anterior. Un tribunal de San Joaquín impuso límites a los piquetes de huelga y al uso de megáfonos.

Harris Farms Inc. de Five Points puso su cosecha de melones en venta por un centavo por libra porque no se pudo conseguir a nadie para cosecharlos.

El 27 de julio, Kern, Fresno y Tulare reportaron 2,200 detenciones totales. Algunos huelguistas fueron detenidos dos o tres veces. De los 439 detenidos el día anterior, 267 eran trabajadores con tarjetas verdes.

Un funcionario del ayuntamiento se quejó de los $122.000 gastados en las horas extras de la policía de Fresno. Sin incluir los gastos en las cárceles.

El 29 de julio, Central California Farmers Association (Asociación de Agricultores de la California Central) que representaba a 800 productores se reunió para planear maneras de asegurar el suministro de mano de obra.

Los cultivadores de Coachella dijeron que era una campaña "terrible" por el clima y el boicot, no por la huelga. Algunos dijeron que solamente las condiciones climáticas causaron el problema.

El 30 de julio, las conversaciones de UFW con productores de uva de Delano se derrumbaron.

El 31 de julio, 300 huelguistas fueron arrestados al sur del condado de Fresno, incluyendo sacerdotes y monjas.

El miércoles 1 de agosto, el *Fresno Bee* informó: "La UFW movilizó más de 3,000 piquetes. En el condado de Fresno el martes, 313 personas eran arrestadas incluyendo 40 sacerdotes y monjas".

El jueves 2 de agosto, la prensa informó que Chávez ofreció el arbitraje de los productores, por parte de alguien designado por George Meany, para cualquier disputa de contrato entre UFW y los cultivadores.

El mismo día 150 huelguistas fueron detenidos en el Song Ranch cerca de Reedley. Aquellos arrestados incluían a Dorothy Day, líder del movimiento laico Catholic Worker (Trabajador Católico); de 2,000 a 2,500 partidarios de UFW formaron piquetes por la mañana.

El viernes, 3 de agosto, Teamsters y AFL-CIO, sostuvieron conversaciones. Se informó que uno de los elementos de las negociaciones sería la aceptación de UFW de la Junta nacional de relaciones laborales (trabajadores agrícolas que no están cubiertos por la ley nacional de relaciones laborales). Los informes reportaron 3,000 huelguistas detenidos en las dos semanas anteriores.

El 7 de agosto, un periódico de Fresno informó sobre renovados esfuerzos para aprobar un proyecto de ley agrícola para permitir las elecciones sindicales.

El 8 de agosto, todavía se encontraban detenidos 430

partidarios de UFW en la cárcel, y informaron que Daniel Ellsberg y otras personalidades anduvieron en las líneas de piquetes.

El 9 de agosto, Teamsters, UFW y AFL-CIO, sostuvieron conversaciones en Burlingame. Cuatrocientos huelguistas aún permanecían en prisión, se les dijo que serían liberados con la condición de que no iban a formar piquetes de nuevo. Una sentada de setenta y cinco partidarios de UFW, frustró un intento de desalojar a setenta y una familias de trabajadores agrícolas en huelga, entre ellos 400 niños, del albergue de Gallo.

El 10 de agosto, dos piquetes de UFW sufrieron disparos cuando entraban en un campo para volcar las cajas de uva. Ninguno de ellos fue gravemente herido.

El reverendo Eugene Boyle, fue apresado en la cárcel del condado de Fresno, descrita como "un sepulcro medieval igual a un sarcófago". Los cargos criminales contra los 249 partidarios de UFW fueron retirados debido a la falta de instalaciones para ocuparse de ellos.

El 14 de agosto, Nagi Daifullah, trabajador agrícola de Yemen de veinticuatro años de edad, partidario de UFW, fue asesinado en Lamont cuando fue golpeado por detrás por un sherife que empuñaba una linterna pesada.

El 16 de agosto, Juan de la Cruz, un trabajador agrícola de sesenta años de edad y uno de los huelguistas originales de 1965, fue asesinado a tiros en un piquete cerca de los viñedos Guimarra en las afueras de Arvin. Un trabajador filipino de veinte años de edad, fue más tarde arrestado y acusado en el tiroteo.

El 17 de agosto, más de 5,000 personas, entre ellas un contingente de trabajadores agrícolas de Yemen, se manifestaron en el funeral de Nagi Daifullah.

El 18 de agosto, la junta ejecutiva de UFW se reunió durante noventa minutos, según informes, con gran diferencia de opiniones acerca de si la huelga debía o no continuar.

El 20 de agosto, los cargos contra 167 huelguistas por reunión ilegal fueron retirados y se les dijo que no les pasaría nada si no eran arrestados durante seis meses.

El 21 de agosto, 5,000 personas participaron en una misa y el funeral de Juan de la Cruz. Marcharon seis millas desde el parque de la ciudad Arvin hasta el cementerio de la misma ciudad. Entre los partidarios del sindicato estaban Joan Baez y Taj Mahal.

El 22 de agosto, 250 huelguistas de UFW irrumpieron en un viñedo de Franzia Brothers para expulsar a "14 empleados no sindicados". Entre los catorce algunos de ellos estaban armados con palos. El 23 de agosto los piquetes de la UFW se precipitaron a los campos de melones para expulsar a los esquiroles.

La oleada de luchas en los campos no tenía precedentes en su magnitud y duración. Desde abril hasta agosto tribunales de cinco condados distribuyeron sesenta y tres mandatos para limitar las huelgas.

LAS HUELGAS RELÁMPAGO DE SALINAS

Los clamores de los campos también rodaron por Salinas. A principios de junio, los precios de la lechuga alcanzaron su apogeo, a unos sólidos $10 por caja. Una cuadrilla de tierra de Bruce Church Company se quedó contemplando un campo de lechuga que había sido cortado antes dos veces. Mientras tanto, el capataz estaba descargando un artilugio de una camioneta de la compañía que había sido introducido en los campos el año anterior por Bud Antle, una pequeña carretilla de mano que sostenía una caja de lechuga mientras estaba siendo llenada. Los trabajadores a se referían al artefacto como "el burrito", o "la burra". El burrito se suponía que mejoraba el aspecto de la lechuga empacada, pero ralentizaba el trabajo sustancialmente y, por tanto, no era popular entre los trabajadores. Mirando al campo, un lechuguero, comentó—No ganaremos ni pa' comer aquí. Ya vámonos. Ellos se negaron a entrar en el campo y después de un tiempo volvieron al campamento de la empresa.

Al llegar los miembros del equipo al campamento se les dio hojas de papel informándoles que estaban despedidos por negarse a trabajar. El equipo se dirigió a la sede de Teamster en la calle Market para exigir que el sindicato peleara por sus puestos de trabajo. En la oficina local 890 se les dijo que se ocuparían de ello. Al día siguiente, el equipo fue informado por la empresa de que estaban despedidos de forma permanente. La ira se extendió como una onda de choque. Todos los equipos de tierra se negaron a trabajar y se dirigieron a los campos para organizar líneas de piquetes con banderas Teamster. Cuando un funcionario Teamster les informó que no podían hacer huelga con esa bandera, se dirigieron a la oficina de la UFW. Teamsters, que no podía permitir una huelga sin poner en peligro sus relaciones con los rancheros, convocó a una asamblea general de los trabajadores de Bruce Church.

UN HUELGUISTA DE BRUCE CHURCH

Richard, un trabajador de la lechuga de Bruce Church durante mucho tiempo, a quien yo conocía de mi primera cuadrilla de desije, se sentó a la mesa del comedor con un paquete de seis cervezas altas dentro de una bolsa de papel en la silla de al lado, contándolo con pelos y señales. Sonreía al describir la reunión Teamster:—Ese tipo Louie lideraba la reunión, en el salón Teamster. Esta puede ser la primera reunión de los trabajadores agrícolas en el salón Teamster. Era la primera vez que yo pisaba aquel lugar.

Entonces Louie vio algunas personas de la oficina de UFW en el grupo y dijo— No vamos a tener una reunión, mientras que la gente de UFW esté aquí—.

—Entonces, no tenemos reunión—, dijo Francisco, de mi equipo. —Así que todo el mundo abandonó el lugar. Ahora no son sólo los equipos de la lechuga, todo el mundo decide. De ninguna manera. Me voy de aquí.

Richard toma un largo trago de una lata alta y me critica por beber tan lentamente. —Vas a estar toda la noche bebiendo eso—, dice con su sonrisa maliciosa. —Y yo tengo que levantarme temprano por la mañana para ir a la línea de piquete. Sabes que soy un huelguista—, dice con énfasis especial y con un toque de ironía. —Entonces Mike Payne llega al campamento la mañana siguiente—. Richard termina la bebida, estruja los lados con su gran mano, la coloca en la bolsa de papel y saca otra. —Fuimos allí para salir de la línea de piquete, pero Mike Payne quiere hablar. Conoces a Mike Payne?— Antes de que pudiese responder a Richard dice: —Él es el director general de Bruce Church. Payyyne—, dice arrastrando el sonido de la vocal. —Ya sabes, como dolor. Eso es lo que les dije a los tipos en el trabajo—, dice Richard, con una intensidad que crece con el alcohol que continúa vertiendo sobre sí mismo, —Mike dolor.

—Miguel—, le recuerdo a Richard y él se ríe.

—Sí, Miguel dolor—. Me río al pensar en la conversación y en la gravedad que él le está dando por su cuenta.

—Así que Mike Payne—, sabes quién es, ¿verdad? — repite, un hábito de repetición que tiende a acompañar a su consumo de cerveza—. Él les dice a los tipos en el campamento, 'podéis volver a trabajar, vamos a darle a la cuadrilla, la cuadrilla despedida, otra oportunidad. ¡Pero ahora es demasiado tarde porque todo el mundo está desquiciado!

—Ya no somos más braceros, están diciendo y se lo cuentan a Mike, quiero decir, al señor Payyyne, —te dejaremos que lo sepas, sobre volver al trabajo. Pero nadie quiere volver.

Richard me mira con astucia. —Han sido presionados durante demasiado tiempo, siendo oprimidos mucho tiempo, se acuerdan de lo que el señor Payyyyne les dijo a ellos . . . — dice Richard.

—¿Sobre la huelga? —pregunto.

—¡No! Acerca de las casas—, dice Richard enfáticamente.

—¿Las casas? —repito yo. No tengo ni la menor idea de lo que Richard está hablando, pero estoy acostumbrado a aquellas tangentes inesperadas en su conversación. Hablar con Richard cuando bebe es como ir con un conductor salvaje que pudiese girar caprichosamente de forma inesperada. —¿Qué fue lo que dijo acerca de las casas? — Estaba tratando de no enojarme.

Richard se inclina hacia adelante, estirando el cuello en mi dirección, —sobre cómo él no quiere que ninguno de los chicos de la lechuga compre casas en la ciudad.

—¿Por qué es eso?

—Él dice que porque no son lo suficientemente inteligentes. Mike Payyyyyne no quiere que estos chicos se asienten en Salinas, quiere que sólo gente inteligente se instale en su ciudad.

—¿Él dijo eso? —Yo lo digo, sorprendido de que alguien pudiera ser tan abiertamente tosco y condescendiente.

Richard continúa inclinándose hacia mí, con su gran mano extendida con una lata alta. —Sí.

—Ustedes deben seguir viajando—, le dijo a los tipos. —No se establezcan aquí, no les necesitamos aquí.

—Eso es lo que dijo el Payyyne a la gente.

Lo mejor que podía hacer en este caso era sacudir mi cabeza.

—Es por eso que la gente no quiere escuchar a Mike Payyyyyne—, dice Richard con una especie de intensidad melodramática. —Es por eso que quieren rebelarse, quieren levantarse—, y de nuevo Richard se ríe, pero su sarcasmo habitual está marcado por un resto de indignación, inusual en él.

—Es mejor ser cuidadoso, Richard—, le digo. —Estás empezando a sonar como uno de nosotros.

Richard ignora mi comentario, pero dice en un susurro: —Tengo que tener cuidado para que *la loca* no me escuche.

En ese momento María, una mujer blanca de unos sesenta años con el cabello gris y un rostro carnoso, sale de la cocina y se sienta a la mesa con nosotros. —Escuché lo que dijiste viejo borracho. Caminé en un piquete con mi padre antes que tu tuvieses edad suficiente para mamar—, dijo ella. Ella tiene una cerveza en la mano, toma un pequeño sorbo y mira a Richard.

—No deberías hablar así con invitados aquí— dice Richard, regañándola.

María le responde rápidamente: —Supongo que Bruce ha oído cosas peores en su vida. ¿No es así?— Asiento con la cabeza, sin convicción. —Yo sé lo que es una huelga—, sigue María con su voz un tanto ronca, tomando más tragos de cerveza, mientras habla, —soy del grupo de Dust Bowl, no creas que no vimos nuestra cuota de problemas y peleas.

—Pero esto es diferente—, dice Richard, con una mirada de soslayo y sonrisa traviesa. —Esto es la revolución—, dice ahora riéndose un poco.

—Bien—, dice María bruscamente. —¡Probablemente tu estarás borracho cuando se presente y te pierdas toda la maldita cosa!—

—Aún así, es más grave ahora—, dice Richard.

María asiente. —Tal vez sea así, Richard, yo no tengo una bola de cristal. Eres un hombre adulto, que puede hacer lo que cree que tiene que hacer.

—Tú no me querías en la huelga en el 70—, dice Richard, molesto.

María me mira. —¿Te irías sin beneficios de huelga, y nada en el banco? Aquella huelga fue un tiro largo. Y de todos modos, yo nunca pensé que aquellos tipos estuvieran tan unidos como para ganar una huelga. Y ¿sabes qué?— Ella se detiene, tal vez pensando mejor lo que había querido decir.

—Entonces, ¿qué ocurrió finalmente con Mike Payne? —pregunté yo, rellenando el espacio muerto en la conversación. Además, yo estaba interesado en eso.

—Mike Payyyne—, dice Richard, —pensó que podía hablar con todos de vuelta al trabajo. Pero la gente recuerda lo que se les dijo. Y entonces los amigos empiezan hablar sobre cómo pagamos las cuotas de Teamster, pero no conseguimos nada con ello. Así que la gente empezó a gritar y él simplemente se fue—. Richard se echó a reír al recordar todo. —Algunos de los chicos de Chávez dijeron que todos ellos deberían hacer huelga. Y aquí estamos. Ahora soy un huelguista—. El saboreó el sonido.

La huelga se extendió al resto de campos de Bruce Church. Los trabajadores establecieron piquetes. Los Teamsters enviaron varios coches llenos de matones para confrontar a las personas de una de las líneas de piquetes, con armas supuestamente esgrimidas y amenazó a los huelguistas. Rumor que despertó indignación en todo el valle, y los trabajadores de muchas empresas organizados por los comités agrícolas de UFW empezaron a aparecer en los piquetes y en los mítines.

Las cuadrillas de tierra de la lechuga en el campamento de Lettuce Farmers Coop de Salinas en Airport Boulevard se reunieron en el comedor una noche y decidieron hacer huelga, también. Al día siguiente autobuses de la compañía escoltados por los organizadores Teamster se presentaron en el campamento. Los funcionarios de la empresa se estaban moviendo para tratar de obligar a los trabajadores a entrar en los autobuses. Lechugueros de Interharvest y otros ranchos fueron alertados y se presentaron para apoyar a los huelguistas. Bloquearon la entrada del campo, evitando que algunos de los organizadores Teamster entrasen. Pronto los Teamsters estaban rodeados por una masa creciente de trabajadores, y la temperatura comenzó a subir. Uno de los trabajadores de Interharvest, que medía tal vez 1,65 m, tomó una postura de combate y con enojo desafió a algunos "organizadores" mucho más grandes de Teamster. A pesar de su pequeña estatura, no recibía ataques, tal vez porque no estaba solo y porque tenía una reputación. Eso no eran bravatas; él tenía un cinturón negro y su propia escuela de karate en Mexicali.

A continuación, un contingente de la policía, con las sirenas a todo volumen, se detuvo con un chirrido delante del campamento. Formaron una línea de choque separando los dos lados, permitiendo a los Teamster abandonar la escena ilesos.

Varios cientos de huelguistas y trabajadores de diversas empresas aparecieron ahora en un campo de Bruce Church. Los funcionarios Teamster se presentaron, pero fueron superados en número por los huelguistas y huyeron. Esta vez fueron seguidos por carros llenos de trabajadores agrícolas. Cuando los funcionarios llegaron a su oficina en Market y Sanborne, cerraron las puertas y comenzaron a disparar por las ventanas a sus perseguidores.

Las incidencias de este tipo continuaron enturbiando el valle durante todo el verano. El sherife del condado de Monterey y el departamento de policía de Salinas, se quejaron públicamente de que el costo de la vigilancia para acabar con las huelgas ilegales del verano de 1973, fue el doble de lo que se gastó durante la huelga general del verano de 1970.

Inspirado por la ira y el deseo de los trabajadores de resistir, César Chávez mantuvo una reunión con los trabajadores de Church y prometió que habría una nueva huelga general en Salinas, y esta vez, juró, que ni los tribunales ni nadie más romperían la huelga. No había ninguna razón para dudar de la sinceridad de Chávez. Pero no pudo ser. Las huelgas relámpagos eventualmente perdieron fuerza y la huelga general nunca se materializó. Había fuerzas en movimiento que empujarían las cosas en otra dirección.

Huelga desconvocada

En Delano, la situación era tensa, casi explosiva, a medida que la cosecha se acercaba. La mitad de toda la cosecha de uva de mesa de California estaba en la línea.

A principios de agosto, George Meany hizo una aparición en la televisión, inmediatamente después de una reunión muy publicitada con el líder Teamster el señor Frank Fitzimmons. La reunión fue anunciada como un intento de Meany de resolver la disputa entre Teamsters y la UFW. Como los acontecimientos demostrarían, Teamsters no tenían ninguna intención de resolver el conflicto a favor de UFW y todas las reuniones y los titulares que producían creaban mayor confusión entre el público.

A raíz del asesinato de Nagi Daifullah y Juan de la Cruz, el consejo ejecutivo de UFW votó a favor de levantar la huelga. La batalla prevista en Delano nunca sucedió. Se pidió a los huelguistas que fuesen al boicot.

Cuando se anunció la decisión de abandonar la huelga y volver al boicot hacia los trabajadores en huelga, algunos de ellos se ofrecieron a devolver sus beneficios de huelga y continuar la huelga sin ellos. Ni la gran prensa ni el propio periódico del sindicato informaron de estas opiniones.

No iba a ser fácil revitalizar el boicot y convertirlo en el tipo de movimiento social masivo que había sido en la década de 1960. Socialmente las cosas estaban cambiando. El poderoso activismo del período anterior fue disminuyendo. Y había otros problemas. El público estaba confundido. Y la presión para frenar el movimiento en los campos iba en aumento. La nueva financiación no llegó desde AFL-CIO. George Meany apareció decaído. Él mismo indicó que a pesar de los desesperados intentos de AFL-CIO para salvar a UFW de la derrota la huelga había ido mal.[16]

Echando la culpa a los "ilegales"

Los contratistas estaban reclutando gente para romper la huelga de la uva. La UFW denunció esto fuertemente. Aunque llevó el asunto más allá: Denunció el reclutamiento de "ilegales" para romper la huelga.

La primera vez que escuché *"los ilegales"* identificándolos como rompedores de huelga me quedé sorprendido. Tenía que ser un error, un desliz irreflexivo de la lengua de un partidario del sindicato arrastrado por la pasión del momento. Cuando pregunté acerca de esto entre los capitanes de los piquetes, encontré tanto confusión como hostilidad. Pronto se me hizo evidente que no se trataba de un comentario equivocado, sino de la política oficial del sindicato. No sólo eran "ilegales" que estaban siendo denunciados como rompehuelgas, sino que ¡el sindicato comenzó a hacer de esto una cuestión pública al exigir que el servicio de inmigración viniera y los deportara!

Eso era difícil de entender. Había trabajadores indocumentados entre los rompehuelgas, pero no eran los únicos. Los inmigrantes indocumentados eran parte de las huelgas y de los sindicatos. Pero aún más, los "ilegales" eran quienes sufrían más abusos y maltratos. ¿Estigmatizarlos no era una actitud divisionista? Y pensar que el INS, cuyo funcionamiento estaba orientado a servir los intereses de los productores y del gobierno, tanto en términos de "abrir las puertas" cuando se necesitaba mano de obra agrícola como la deportación de los trabajadores al final de la cosecha, y llevar a cabo las deportaciones cuando la conveniencia política dictada, no actuaría de ninguna forma que pudiese beneficiar los intereses a largo plazo de los trabajadores agrícolas, o ser una fuerza positiva para el movimiento sindical al deportar rompehuelgas "ilegales" parecía un poco, bueno, engañoso.

Hubo una gran controversia entre los trabajadores del campo y muchos activistas sindicales sobre la posición del sindicato. Yo y otros en torno al *El Obrero*, nos encontrábamos fuertemente en desacuerdo con algunos de los activistas de los que habíamos sido amigos y a los que habíamos respetado.

Los argumentos algunas veces se tornaron intensos y amargos. Los que apoyaban la posición del sindicato argumentaban que las ganancias en los campos no podrían consolidarse, mientras que los productores tuviesen un suministro constante de trabajadores de México para socavar las huelgas. Esto tenía que ser detenido por cualquier medio necesario. Si eso significaba apelar y presionar a las autoridades de inmigración, que así fuese. Argumentaban que el sindicato tenía que hacer lo que estaba haciendo para sobrevivir, que la dirigencia sindical no prefería ese tipo de soporte, sino que tenía la responsabilidad de dirigir el sindicato. Aquellos que se opusieron a esta política de apelar al INS fueron acusados de valorar lo ya valorado, de criticar sin tener que cargar con la responsabilidad real.

Para provocar pregunté, "¿qué pasaría si los contratistas de trabajadores trajesen trabajadores negros para romper las huelgas? ¿Apoyaría usted una apelación al KKK si esa organización pudiera deshacerse de los rompehuelgas?" Las personas rechazarían la analogía propuesta. Pero lo que creo es que todo se redujo a que *la migra* (policía de inmigración) era una "fuerza legítima", parte del estado, por lo tanto, sus acciones (terror) fueron más justificadas que las acciones (terror) de vigilantes como el KKK.

Creer que algo bueno podría venir de presionar a la migra para ayudar a la lucha sindical, es creer en el mito de la democracia en EE.UU., creer que es una postura del gobierno entre las clases en lucha y los intereses de la sociedad. En esta visión de la democracia, las clases diferentes, los trabajadores agrícolas y los productores, por ejemplo, compiten por la influencia. Los productores generalmente tienen ventaja por su dinero, pero a veces, las clases más pobres pueden reunir la fuerza suficiente para compensar esto y conseguir que el INS, por ejemplo, actúe algunas veces en interés de los oprimidos.

El Estado, lejos de ser neutral, defiende con rigor los intereses del capital. La existencia misma de la propiedad del capital privado y el control de los medios para producir cosas depende de la explotación del trabajador. Esto es sacrosanto y siempre estará a cargo de la democracia burguesa. No importa lo mucho que se ejerza "presión" a través de la discusión o de la protesta, no se puede cambiar esta naturaleza básica.

Promover la visión del estado capitalista como un árbitro neutral, encaja bastante bien con el mito dominante, de que los republicanos representan los intereses de las grandes empresas y los demócratas los intereses de los trabajadores, los grupos oprimidos, los pobres y la clase media baja. Retórica aparte, hasta el momento no se ha inventado un microscopio capaz de detectar las sutiles diferencias en la política de inmigración actual, que se practica bajo administraciones demócratas y republicanas.[17]

El movimiento de los trabajadores agrícolas, impulsado en gran medida por un profundo odio hacia todas las maneras en que los mexicanos y los inmigrantes eran maltratados, explotados y marginados, era una fuerza poderosa que activaba el movimiento sindical y sirvió como un polo anti chovinista para la sociedad. Pero, ¿qué sucede cuando ese movimiento se desvía para oponerse a los indocumentados? Una vez que reúnes a los ejecutores del sistema en contra de otro sector de la población, estás promoviendo la lógica corrosiva de apoyo a la opresión siempre y cuando "yo agarre mi parte". Es la tierra en la que se engendran movimientos anti-inmigrantes, discriminatorios y reaccionarios. Se argumentó que los trabajadores del campo entendieron que la campaña "anti-ilegales" era sólo una maniobra táctica para ayudar al sindicato en sus batallas inmediatas. Pero eso no tenía en cuenta el efecto ideológico de esta campaña, que sólo podía minar la energía progresiva del movimiento. Era una indicación de la dirección en la que iba el sindicato.

A medida que los ataques continuaron en el norte, el apelo a la migra para detener el flujo de rompehuelgas ilegales creció en intensidad. Esto se convirtió en la principal preocupación del sindicato.

UN PERIÓDICO QUEMADO, OTRO PROHIBIDO

Cuando Guadalupe Varela no se presentó a trabajar durante varios días a la cuadrilla de la lechuga, comencé a preguntarme. Éramos compañeros de trío y nos habíamos convertido en amigos. Cuando se casó a principios del verano, yo fui su padrino. Después de la boda hubo una gran recepción en un salón alquilado en el medio de un barrio del Valle Central, lleno de gente del vecindario.

En frente a un grupo, alineado con admiración delante de un gran barril de cerveza, Lupe colgó su grueso brazo alrededor de mí y anunció jovialmente—¡Ya somos compadres! ¿Cómo la ves?— Compadre, como gradualmente llegaría a entender, era algo más que una amistad; ahora era como de la familia.

Tal vez eso explica mi preocupación por la ausencia de Lupe. Y como Lupe rara vez faltaba al trabajo, su ausencia durante una buena parte de la semana fue notable. Esa semana, en el salón del sindicato, lo vi sentado en su camioneta. Parecía exhausto.

—¿Dónde has estado? —pregunté.

—Oye, compadre—, dijo, con sus ojos grandes casi rodando hacia dentro de la cabeza, como si acabara de tomarse un saludable trago de tequila. —Acabo de regresar de La Paz. Hombre, compadre, estoy súper cansado.

—Pensaba que fuiste a La Paz el fin de semana. ¿Qué estabas haciendo allí de nuevo? —pregunté.

—Entregando los periódicos.

—¿Entregando los periódicos? ¿No fue allí donde los recogiste?

—Bueno, ya—, dijo Lupe agarrando el volante. —Los recogí, pero luego tuve que traerlos de vuelta.

—Estás bromeando—, le dije fingiendo estar molesto.

—No. Yo entregué los periódicos, pero luego tuve que llevarlos de vuelta a La Paz para que pudieran ser quemados.

—¿Quemados?

—Quemado, prendido fuego. Déjame ponerlo de esta manera, compadre—, dijo Lupe, enderezándose ahora delante del volante. —César no es feliz con tu amiga Ruth. Creo que está haciendo las maletas ahora mismo para salir de La Paz.

—¿Ellos la echaron del *Malcriado*? — le pregunté, realmente curioso ahora.

—Y fuera de La Paz. Quizá de California. Como he dicho, César está molesto. Ella puso algunas cosas en el *Malcriado* que a César no le gustaron. ¿Sabes lo de esos huelguistas ilegales de Detroit, o algo así. Ella publicó alguna cosa en el periódico que fue crítica con United Auto Workers. César se enfureció. He oído que no le gustó tampoco mucho el artículo sobre Chile. Así que después de la entrega de todos los periódicos de La Paz a Sacramento y volver aquí, tuve que volver a Sacramento y recoger todos los malditos periódicos que había entregado por todo el valle y llevarlos de vuelta a La Paz. Acabo de regresar. Creo que no he dormido en tres días.

La Paz era la sede del sindicato, y Lupe fue uno de los principales distribuidores del periódico sindical *El Malcriado*, un trabajo que hacía en su tiempo libre los fines de semana. El cargaba cada número en su camioneta y repartía en San Joaquin distribuyendo miles de periódicos del sindicato en tiendas, restaurantes, agencias sociales, clínicas, etc., sobre todo en aquellos lugares frecuentados por los trabajadores del campo.

—Muévete, Lupe, te llevaré a casa, hombre—, le dije.

—No, pero gracias, compadre. Voy a dormir aquí en la furgoneta un rato, y luego me voy a casa a dormir ¡hasta la próxima semana!

Cuando dejé a Lupe, pensé en Ruth y en todo lo que había pasado. Yo la había conocido años antes, cuando ella estaba estudiando y enseñando en Santa Cruz. Ella apareció en Salinas a principios del verano, poco después de su regreso de Chile, donde había estado trabajando en los barrios de Santiago con los grupos que formaban parte de la unidad popular de Salvador Allende. Allende fue elegido presidente de Chile en 1970 y había grandes esperanzas de que su régimen pudiera dar lugar a cambios positivos para los trabajadores. Cuando vi a Ruth en junio o julio, hablamos de su experiencia, de lo que había visto y aprendido. Ella tenía la esperanza de que el gran activismo entre las personas pobres y privadas de sus derechos, junto con los estudiantes y los grupos progresistas, daría lugar a un nuevo tipo, más justo y más independiente de sociedad, libre de la dominación de Estados Unidos, Anaconda Copper, y otros grandes intereses empresariales. Incluso debatimos algo acerca de la idea de una transición pacífica al socialismo, que era un concepto que algunas personas en Chile creían que era posible. Hubo otros que creían que esto era peligrosamente ilusorio. Me identifiqué entre estos últimos.

Ruth era apasionada y trabajadora. Después de regresar de Chile, ella consiguió un trabajo en el campo y como voluntaria en la oficina del sindicato. No pasó mucho tiempo antes de que fuera enviada a La Paz, donde su escritura, edición e idiomas fueron bien recibidos y fue nombrada editora del periódico sindical, *El Malcriado*.

Vi a Ruth de nuevo en Salinas en septiembre, poco después del golpe de Pinochet que derrocó al gobierno de Allende. Ella estaba atormentada, emocionalmente destrozada por la preocupación y la angustia. No había podido comunicarse con sus amigos en Santiago. Estaban llegando noticias de redadas militares generalizadas y asesinatos de miembros y simpatizantes de Unidad Popular; de la situación horrorosa en el Estadio Nacional de Santiago, donde personas fueron golpeadas, torturadas y tiroteadas por los militares chilenos. En aquel estadio, soldados chilenos, en un acto de barbarie sádica, le cortaron los dedos a Víctor Jara, el cantante de folk chileno, antes de ejecutarlo.

No fue ningún secreto para las personas que siguieron los acontecimientos en América Latina que la CIA estuvo detrás del golpe. No hizo falta esperar a que el *New York Times* revelase información privilegiada de "fuentes anónimas" o a una audiencia en el senado para revelar la verdad a los "conmocionados" políticos. Si la persona media de la calle en Chile, si la gente con conciencia política de Estados Unidos, sabía que la CIA estaba tratando de deshacerse de Allende mucho antes de que esto ocurriera, entonces sin duda los medios de comunicación estadounidenses y los políticos de Washington también lo sabían. Las manos del gobierno de EE.UU. estaban manchadas de sangre tanto como lo estaban las de los militares chilenos.

Así que después del golpe del 11 de septiembre, no fue difícil entender por qué Ruth buscaría una forma de denunciarlo, exponer su brutalidad, y señalar cómo Estados Unidos se vio implicado en el mismo.

Pero no fue el artículo sobre Chile sino el artículo sobre las huelgas relámpago en Detroit lo que llevó a la quema de periódicos. La historia fuera de Detroit también fue convincente. Detroit, en el verano de 1973, era un lugar de conflicto tenso, centrado en las fábricas de automóviles, a medida que el aumento de la competencia estaba poniendo presión sobre las compañías de autos para una mayor productividad (explotación), lo que dio lugar a intensas aceleraciones en las líneas de producción. En 1946, tres millones de vehículos salieron de las líneas de montaje de Detroit. Para 1970, ese número había aumentado a ocho millones. En ese mismo período, el número de trabajadores de la industria automotriz aumentó menos del 50 por ciento. La mayor producción se logró mediante la mecanización y presionando a los trabajadores de la producción para trabajar más rápido y más tiempo bajo condiciones inseguras e insalubres. Las empresas llamaron a esto automatización. Los trabajadores negros de las plantas, situados en los trabajos más duros resultaron desproporcionadamente flagelados e incluso muertos debido a esas aceleraciones. Lo llamaron *"niggermation"*.[18] Una serie de protestas contra las condiciones peligrosas que asolaban las plantas automotrices. En los talleres se estaba extendiendo un estado de ánimo de desafío, especialmente entre aquellos que estaban influenciados por el clima político radical de la época.[19]

Una forma importante de protesta fue la huelga relámpago, es decir, no autorizada por el sindicato. La primera gran huelga ilegal de aquel verano de 1973 tuvo lugar en la planta de montaje de Chrysler en Jefferson Avenue, donde el 90 por ciento de los trabajadores del taller de metal eran negros. Las condiciones precarias de este taller se vieron agravadas por la actitud racista de un supervisor blanco. El setenta por ciento de los trabajadores del taller firmó una petición para retirar al supervisor, pero tanto la dirección como el sindicato no la tuvieron en cuenta.

A finales de julio, dos trabajadores de ese taller, Isaac Shorter, de veintiséis años, y Larry Carter, de veintitrés años, subieron a la jaula de control de energía eléctrica y se encerraron dentro. Pulsando un botón, detuvieron la línea de montaje al comienzo del primer turno. Dijeron que estaban dispuestos a continuar la ocupación hasta que se eliminase al supervisor y se les concediera un indulto. Shorter y Carter aguantaron durante trece horas protegidos y alimentados por otros trabajadores de diversas nacionalidades, incluidos los trabajadores de otros talleres que se apiñaban alrededor de la jaula con cadenas, en caso de que alguien tratara de sacarlos a la fuerza. Al final, la empresa accedió a sus demandas.

Una foto tomada de Isaac Shorter y Larry Carter, llevados en hombros desde la planta por sus compañeros de trabajo jubilosos después de la exitosa huelga de Jefferson Avenue, se convirtió en símbolo para toda la insurgencia ilegal durante el verano de 1973. La foto salió en el periódico local de Detroit y en centenares de periódicos alternativos de orientación laboral por todo el país y en la portada de *El Malcriado*.[20]

Debido a que las huelgas relámpago tuvieron lugar en desafío a los Trabajadores Automotrices Unidos (UAW), estas eran una vergüenza para el liderazgo de UFW. Debido a que aquellas huelgas relámpago aparecieron en la portada de *El Malcriado,* fue mortificante para el liderazgo de UFW, que había recibido el apoyo financiero y político de UAW. Así, mientras que Lupe estaba corriendo por el valle recogiendo números de *El Malcriado* de comerciantes sorprendidos, boicoteadores en ciudades de todo el país reunían las copias dondequiera que hubieran sido distribuidas. Según una historia, el personal del boicot de UFW de Detroit revisó los pasillos y oficinas de la sede de UAW reuniendo frenéticamente todos los ejemplares del periódico. Tuvieron éxito en la recogida de todos ellos, excepto uno, una copia que ya había encontrado su camino hacia el escritorio de Walter Reuther, presidente de UAW.

El Obrero del Valle de Salinas también incluyó un artículo de

portada sobre las huelgas relámpago. Alrededor de una semana
después del asunto de *El Malcriado*, entré en el salón del sindicato
y fui empujado hacia un lado por Roberto García, que trabajaba
en la oficina de Salinas. Quería hablar conmigo, pero no quería
que nadie lo oyera. Yo conocía a Roberto desde mis primeras
semanas en Salinas. En los días de huelgas relámpago en las
estaciones que siguieron a la huelga de 1970, él había obtenido
una reputación como militante sindical. Nos tratábamos en
términos amistosos, pero nuestras relaciones eran cada vez más
tensas a medida que las condiciones políticas cambiaban.

Antes de la huelga de 1970, Roberto era capataz para un
contratista de mano de obra. Cuando estalló la huelga en agosto,
estaba ocupado en el reclutamiento y transporte de equipos de
esquiroles a los ranchos en huelga. Un día, mientras trataba de
llevar un autobús lleno de rompehuelgas a través de una línea
de piquetes, un hombre se puso delante de su autobús, lo que
obligó a Roberto a parar. Aquel hombre era su padre. Según el
relato que a Roberto le gustaba contar, se bajó del autobús, se
unió al piquete, y nunca volvió a trabajar para los productores.
Se convirtió en parte de la huelga y luego en organizador sindical
y representante de la oficina en el campo.

Roberto hablaba inglés y español con fluidez y emanaba
confianza en sí mismo, rasgos que le servían en sus días de
capataz y ahora en su nuevo rol. Él tenía una apariencia
impresionante, no muy alto, pero ancho, recio y fornido con
cara de bulldog, cuello y manos gruesas. Tenía el aspecto de
un luchador, y podría hacer el papel. Roberto podía ser a la vez
afable y encantador, y podía ser intimidante. Y utilizaba esas
cualidades a su favor.

Roberto fue uno de los primeros promotores de *El Obrero* en
toda la sede del sindicato y una vez contó, que a los trabajadores
les gustaban "las cosas que ustedes muestran" más que las
cosas del sindicato, debido a su arista más militante. Pero las
cosas estaban cambiando. Yo estaba de pie frente a él en la
pequeña oficina detrás de las ventanas de despacho, él estaba
indiferentemente serio.

—Tomé la palabra sobre el periódico *El Obrero*. No se puede
vender en el sindicato por más tiempo, eso es todo. No se puede
distribuir aquí ahora. ¿De acuerdo? ¿Me has oído, cierto? No me

hables de ello. No, yo no estoy interesado en hablar de ello. Si tienes problemas con eso, llama a La Paz—. Él demostraba ser un buen hombre de organización.

GALLO POR SUBMARINO

Me enfrentaba a una gran invasión de hormigas en la cocina del dúplex en el que vivía en la calle King, en el distrito Alisal cuando Juan Aguirre pasó por allí. Él era miembro del comité del rancho Almaden Vineyards en San Ardo. Nos encontramos algunas veces primero en una línea de piquete de Brown and Hill Tomatoes en King City y después de eso en las reuniones del sindicato. Había pasado la voz sobre el Primero de Mayo en la zona de King City y vino con su familia al evento de Sherwood Park. Aunque no lo había visto desde entonces.

—¿Qué te trae hasta aquí? No habrás venido a ayudarme con las hormigas, ¿no?

—Problemas con las hormigas, ¿eh?—, dijo. —Voy a cambiar contigo. Yo tomaré tus hormigas, tu puedes quedarte con nuestros ratoncitos.

—¿Cuáles, los de tu casa o los del gobierno? —Se rió y nos sentamos en la mesa de la cocina para hablar un poco sobre café instantáneo.

Juan era joven y entusiasta sobre el sindicato y los cambios que tenían lugar en los campos. Había venido a Estados Unidos cuando era muy joven y hablaba español e inglés con fluidez. Se interesó por el movimiento chicano y las luchas en la comunidad negra, por los asuntos internacionales y la guerra de Vietnam, a la que se oponía firmemente. Veía la participación de EE.UU. allí y en otros lugares alrededor del mundo como parte de una agenda imperialista de dominación. Él se interesó por los acontecimientos en China, Cuba. y en el llamado mundo socialista donde quisiera que estuviese. A menudo hablábamos de esas cosas cuando lo veía. Sin embargo, esa visita fue por razones más cercanas a casa.

—¿Cómo está el negocio de recoger uva? —le pregunté mientras le entregaba el tarro de Nescafé.

—Me alegra que lo preguntes—, dijo Juan, —porque eso es para lo que estoy aquí, para hablar contigo acerca de *piscar uva* (cosechar uvas). ¿Sabes que Gallo firmó con Teamsters, ¿verdad?

—Si, junto con casi todos los demás.

Gallo, Franzia, y algunos otros productores de vino, como Almadén y Paul Masson en San Ardo, firmaron contratos con UFWOC a principios de la huelga de cinco años y el boicot que comenzó en Delano en 1965. Las etiquetas de los productos identificadas con facilidad hicieron a las bodegas más vulnerables a un boicot. Ernesto Gallo, especialmente fanático acerca del acaparamiento de la "cuota de mercado", temía un boicot que pudiera frustrar su objetivo de hacer de Gallo el mayor distribuidor de vino del mundo. En 1973, un tercio de todo el vino que se consumió en los Estados Unidos fue producido por Gallo. Y Gallo utilizó el 25 por ciento de todas las uvas para vino cultivadas en California en su operación, aunque la compañía sólo cultivó un pequeño porcentaje de aquellas en sus 3,500 acres de viñedos. Así que Gallo firmó con UFW en 1967 y nuevamente en 1970, lo que era claramente una importante victoria para el sindicato.

Pero cuando la marea cambió en 1973, Gallo nadó con la corriente. A finales de junio, después de meses de "negociaciones infructuosas" con UFW, Gallo firmó con los Teamsters, diciendo, igual que todos los productores, que eso reflejaba la voluntad de sus trabajadores. Gallo se opuso públicamente a la salón de contratación sindical que formaba parte de los contratos de UFW. Gallo dijo que esto era una dificultad para sus leales trabajadores desde hacía mucho tiempo, en su mayoría inmigrantes portugueses de las Azores. Tal fue la queja común de los productores. Aunque curiosamente, mientras que se oponían a la injusticia potencial de la contratación sindical, no tuvieron ningún problema traspasando el destino de sus trabajadores a los contratistas de mano de obra, el equivalente humano de buitres hambrientos. Gallo despidió a muchos de sus "desde hacía mucho tiempo trabajadores leales" y contrató a otros para reemplazarlos, al mismo tiempo, se desplazó para desalojar a los trabajadores en huelga y sus familias del campo de trabajo de la empresa en Livingston.

—Por lo tanto, estás aquí ahora para reclutar a los piscadores de Gallo, y tú ya sabías que yo sería una buena opción para eso?

—Así es—, dijo Juan—, me sorprende que lo adivinaras tan rápido.

—Debe ser nuestro amor mutuo hacia los productores—, le dije—, pensamos exactamente igual.

Juan se rió de eso. —OK, entonces estás dispuesto a trabajar?

—¿Cuándo empezamos?

—El lunes—, dijo Juan. —Tú, Antonio y yo vamos a Livingston a trabajar para Gallo. El sindicato tiene un plan para nosotros—.

—Ah, el sindicato. ¡Así que vamos a ser espías del sindicato!

—¡Submarinos! —dijo Juan.

—¿Cuánto tiempo?—

—Sólo unos pocos días. No me puedo quedar fuera del trabajo tanto tiempo, ni puede Antonio. Qué hay de ti?

—Estoy trabajando en la lechuga en este momento, pero el trabajo es lento. Puedo hacer una escapada de unos pocos días.

Quedamos en vernos el domingo para nuestro viaje a Livingston. En el viaje hasta allí discutimos el plan del sindicato. Íbamos a trabajar con los recolectores de uva esquiroles durante varios días, y luego, en el momento acordado, los huelguistas del piquete invadirían el campo y nosotros, desde dentro, haríamos lo que pudiéramos para "disuadir" a los rompehuelgas de continuar trabajando para Gallo. ¿Qué significaba eso exactamente, ninguno de nosotros lo sabía.

Llegamos a Livingston el domingo por la tarde. Nuestros cuerpos, acostumbrados a las temperaturas suaves del verano de la costa, se vieron afectados por el calor seco del Valle Central. Pasamos por el salón del sindicato de Livingston con la esperanza de ver a Aggie y obtener más información, pero la sala estaba casi vacía, no obstante probé con Pam Whalen, quien se había mudado recientemente a Livingston para ayudar a Aggie como voluntaria. Pam había conseguido un trabajo en una cadena de montaje del procesador de pollos Foster Farms. Era un trabajo desagradable y la paga era pésima, pero Pam estaba feliz y entusiasmada. —Trabajar en una fábrica de este tipo puede tener su lado negativo, pero ofrece oportunidades para hacer juegos de palabras, que no se encuentran en cada puesto de trabajo *chickenshit* (insignificante)—, bromeó ella. Pam estaba interesada en la organización de los sindicatos y vio la oportunidad en esa fábrica.

Incapaces de establecer contacto con los funcionarios de la UFW, salimos a buscar el lugar para inscribirnos como rompehuelgas. No tuvimos ningún problema para encontrar el lugar correcto. Nos fuimos al rancho de Gallo y encontramos la oficina para inscribirnos. Afuera había un par de guardias de seguridad, y les aseguramos que estábamos allí por trabajo. Mientras estábamos fuera de la oficina, alcanzamos a oír a los guardias hablando. Oí a uno, un afroamericano, decirle al otro, un joven blanco, —¿sabes cuál es la palabra, verdad?

—¿Cuál es la palabra?

—¡*Thunderbird*!— El guardia rió.

—Escuché eso—, dijo el guardia blanco.

El joven guardia de seguridad negro continuó: —Eso es cosa de Gallo, Thunderbird, Ripple, las bebidas del gueto, para los borrachos, hombre, es matarratas barato. He visto personas que se pudren con esa mierda. Pero Gallo se las arregla como un bandido al vender esa mierda.

Yo sabía que Thunderbird era una marca de Gallo. El sindicato señaló esto en su literatura para el boicot. Yo sabía que Thunderbird era una bebida a menudo favorita de los alcohólicos de la calle porque es barata. Lo que no sabía era que Thunderbird era adulterada hasta el veintiuno por ciento de alcohol para dar a los bebedores una sacudida rápida. Tampoco sabía cuán conscientemente se desarrolló esta bebida para dirigirla a la comunidad negra.

A finales de 1950, cuando Ernest Gallo estaba consumido por su pasión para la ampliación de la cuota de mercado de Gallo Wines, hizo que su equipo de marketing saliese a las ciudades y barrios para olfatear nuevas oportunidades. Examinando las tiendas de licores en el barrio de Fillmore de San Francisco, una de las personas de marketing observó que esas tiendas mantenían rutinariamente el jugo de limón y el limón con sabor Kool-Aid cerca de los estantes de vino de Oporto blanco. Preguntando, descubrió que a los clientes les gustaba mezclar el jugo de limón para cortar la dulzura del Oporto, dándole un sabor más equilibrado. A partir de este descubrimiento, a Gallo se le ocurrió la idea de mezclar el Oporto blanco con jugo de limón en una bebida y comercializarlo para la comunidad negra. Este fue el origen del Thunderbird, que se convirtió en el producto número uno de ventas de Gallo y puso al frenético Ernest Gallo por encima de los competidores, superando a la colonia suizo-italiana (Italian Swiss Colony) en la carrera de las empresas vinícolas con más ventas.

Para asegurarse de que Thunderbird alcanzaba su objetivo de mercado, Gallo participó en una campaña de promoción agresiva, yendo tan lejos como inundar los barrios bajos con botellas vacías de Thunderbird para aumentar "el conocimiento del producto".[21] Era evidente para nosotros, que el guardia de seguridad negro no estaba hablando solamente en beneficio de sus compañeros de guardia, sino para toda la docena de rompehuelgas potenciales que permanecían de pie por allí. Se estaba riendo de Thunderbird desde su punto de vista, bromeando, pero había sarcasmo en la mezcla y un toque de amargura también, tal vez igual que el limón en ese Oporto dulce. Se sentía libre para criticar a Gallo frente a una audiencia de rompehuelgas y peones de Gallo a la que no le importaba un rábano la compañía Su actitud también confirmó su insolencia "descarada".

Nos inscribimos en la oficina de Gallo para recoger uvas. Cada uno de nosotros completamos una solicitud de trabajo y fuimos escoltados al campamento de los rompehuelgas. Era un conjunto de pequeñas cabañas de madera con una proyección del tejado y pantallas, pero sin vidrios en las ventanas. Era una habitación con dos literas y un lavabo en un extremo con un pequeño mostrador al lado de él. Frente al lavabo había una pequeña mesa y sillas. Había una sola bombilla de luz que colgaba del techo.

En la oficina de Gallo nos dieron una estufa de campamento verde que funcionaba con propano para hacer nuestra comida, y a cada uno de nosotros también nos dieron una manta. Las literas tenían colchones sucios sin cobertores. La manta única no significaba ninguna dificultad, ya que las noches eran tan cálidas que cualquier manta parecería opresiva.

Caía la tarde en el momento en que nos habíamos mudado a nuestro nuevo barrio, y nos fuimos a comer algo. Fuimos a un restaurante mexicano, con la esperanza de oír algo o aprender algo sobre la huelga, pero nada. Hablamos de nuestra "misión" y concluimos que íbamos a tratar de hablar con tantos esquiroles como pudiéramos, para hacerles saber cuán fabulosamente

rico Gallo se había convertido con la mano de obra de sus
trabajadores, y señalarles cómo los trataba ahora. Como éramos
bilingües, pensábamos que podríamos llegar a un buen número
de personas. Eso fue lo más lejos que llegamos en la idea de
cómo planificar.

Por la mañana temprano nos dirigimos a la oficina de Gallo
para tomar un autobús a la viña. El autobús nos llevó a través de
una línea de piquete ruidosa, con los sherifes montando guardia,
junto con otros que probablemente eran matones de Teamster.
Había un cobertizo y un espacio abierto en medio de un gran
viñedo, y a un grupo de nosotros, los nuevos esquiroles, se nos
dio una breve orientación sobre la cosecha, mostrando cómo
funcionaban nuestros tractores, las tinas de metal brillante con
asas para almacenar las uvas y un pequeño cuchillo curvo de uva
para cortar los racimos.

El trabajo se hacía en equipos de tres a cinco personas. Cada
equipo tenía un tractor y una góndola. A medida que el tractor se
movía entre las hileras de vides, cada miembro del grupo recortaría
los racimos de uva en las tinas y luego volcaría el contenido en las
góndolas. Cuando la góndola se llenase, uno del equipo la llevaría
a la estación de pesaje, donde la góndola se pesaba y se vertía
su contenido en un recipiente grande, desde donde sería llevado
a la lavadora y luego a la trituradora. Después del pesaje, una
pesador de la empresa marcaría la tarjeta del equipo con el peso
y la variedad de uva, lo que determinaba su valor, ya que cada
variedad se pagaba a una tarifa diferente por tonelada.

Una vez que la góndola se vaciaba, sería conducida de nuevo
a donde el grupo estaba trabajando para recomenzar el proceso.
Cuanto más rápido y más duro trabajáramos, más iríamos a
compartir al final del día. Íbamos por peso.

Un capataz de Gallo asignó a George, un hombre blanco
de unos cincuenta años, para trabajar con nosotros. George
era bajo, de tez rojiza y cabello claro tornándose gris. Tenía la
mirada enrojecida de quien bebía demasiado. George era del sur
de EEUU, perceptible ligeramente por su acento, y había estado
en camino durante años. Cuando hablaba de sí mismo y de su
pasado, pensé en la canción de Roger Miller, *King of the Road*,
(El rey de la carretera), aunque el camino de George en la vida
no parecía tan romántico como la canción.

Era temprano y todavía fresco y agradable, cuando empezamos a cortar uvas. Nos sentamos arrodillados bajo las parras, de rodillas en el suelo, con nuestras tinas justo delante nuestro, buscando apoderarnos de los racimos de pequeñas uvas rojas, que puede que fuesen *pinot noir*, una uva llamada así por su racimo en forma de cono de pino oscuro. Tuve la tentación, como sin duda todos los nuevos piscadores tienen, de introducir algunas de estas pequeñas cosas dulces redondas en mi boca. Y eran deliciosas, dulces, jugosas y deleitables al principio. Conforme pasó el tiempo el encanto tendió a disiparse, y la dulce jugosidad perdió parte de su atractivo.

Después de que nuestra primera góndola se llenó hasta el tope, Antonio saltó al tractor y se dirigió a la estación de pesaje. Cuando regresó un poco después, nos dijo a Juan y a mí, —tenemos un problema—. Dejando caer su tina bajo las parras y clavando las rodillas explicó—, traté de hablar con los tipos que estaban en la fila con los tractores, pero la mayoría de ellos no hablan español ni inglés. ¡Son portugueses! —Demasiado para el plan A.

Mientras trabajábamos, podíamos oír el ruido de la línea del piquete a lo lejos. El frescor de la mañana dio paso rápidamente al calor, y después más calor. A final de la mañana hacía un calor sofocante, y después realmente sofocante. La suciedad sobre la que nos sentábamos comenzaba a pasar a nuestros cuerpos y a nuestras caras donde se mezclaba con el sudor que manaba de nosotros formando pequeños surcos, volviéndose pegajosa por la adición del zumo de uva que poco a poco se convertía en parte de la mezcla.

Era media mañana cuando George se volvió, sobresaltado por el sonido de un golpe y luego otro golpe mientras Juan y yo vaciábamos nuestras tinas en la góndola.

—¿Qué diablos están ustedes tirando ahí adentro?

—Un poco de esto, un poco de aquello.

—¿Ustedes están tirando piedras allí?—

—Piedras, tierra.

—¡Qué demonios, hombre! —George miró con los ojos abiertos y molesto. —¿No se puede simplemente tirar esa mierda ahí!

—Tómalo con calma, George. Se trata de una huelga. Y

nosotros somos rompehuelgas. Mira a tu alrededor. Gallo tiene pocas personas, ni de lejos las que necesita para cosechar todas sus uvas. Nos necesitan, estoy seguro de que no nos van a disparar fácilmente. Además, él no quiere ver a ningún esquirol descontento saliendo para unirse a la línea del piquete, ¿no?

—Sí, George—, dijo Juan. —Gallo es un jodido millonario y su dinero proviene de los peones como nosotros. ¿Crees que él es consciente de esto? Mira, él abandonó a su propia gente cuando ellos simplemente intentaban obtener un trato mejor, un poco de seguridad, un poco de algo mejor para sí mismos.

George no estaba tan contento con nuestros hábitos de vertido, ya fuese por miedo a ser despedido o por algún sentido de obligación moral hacia su empleador, una moral, que me atrevo a adivinar, su empleador no compartía. Pobre George se encontró recogiendo uvas con un grupo de psicópatas nihilistas, pero ¿qué podía hacer él? Trabajé junto a George y pasé algún tiempo hablando con él acerca de Gallo, pero no le revelé el secreto, de por qué estábamos realmente allí.

Era poco después del mediodía, cuando empecé a sentirme mareado. Me di cuenta de que no había comido nada desde la noche anterior, excepto uvas, y pensé que no me iría bien sin comida. Uno de los capataces de Gallo estaba haciendo la ronda, un chico joven de cabello rubio, y lo llamé. —¿Cuándo es el almuerzo? —pregunté.

—Puedes comer cuando quieras, dijo alegremente.

—No. Quiero decir, ¿cuando se sirve el almuerzo?

—No servimos almuerzo, tienes que traer tu propia comida.

—¡Nadie nos lo dijo! —dije. —Demonios, no vamos a aguantar aquí todo el día sin comer. Llamé a los otros, —eh muchachos. Aquí no sirven comida a los trabajadores. ¿Qué os parece si vamos a conseguir algo de comida? Y entonces el capataz se volvió más atento.

—Oye, espera, voy a ver lo que puedo hacer. Y después de una media hora o así nos dieron a todos bolsas de almuerzo: un sándwich, papas fritas y una soda. Fue un auténtico *Happy Meal*, antes de que McDonald pensase en ello. Era escasa, teniendo en cuenta las calorías que se quemaban en aquel calor, aunque no pude resistir a la tentación. —Escuchen chicos, si van a darnos de comer una gran mierda como esta, qué os parece si nos limitamos a decir que se chingue la huelga y nos quedamos aquí a trabajar?— Juan y Antonio asintieron un sarcástico, "de acuerdo". George me miró con una expresión de desconcierto.

Llenamos nuestra última góndola para el día y volvimos a nuestro campamento. Estábamos sucios, cansados y acalorados. De vuelta en el campamento nos dirigimos al retrete y la ducha. Las instalaciones eran pobres. Algunos de los inodoros no funcionaban, una rejilla de madera fina en el suelo era la única barrera entre nosotros y el agua fétida. El agua de la ducha tenía mal olor, y estaba caliente debido al calor que había absorbido de las tuberías que recorría. Sin embargo, el alivio de conseguir quitarnos el lodo pegajoso de las manos, los brazos y las caras fue tremendo. Después de la ducha nos sentamos un rato fuera de nuestra cabaña y disfrutamos del día aún caliente que se enfriaba, aliviados de que el calor punzante ahora se estuviera desvaneciendo con la puesta del sol.

El día siguiente iba a ser el momento de la verdad. Al mediodía íbamos a salir y provocar el infierno mientras que los huelguistas invadirían la viña para conducir afuera a los rompehuelgas. Hablamos sobre los varios escenarios posibles, incluyendo arrancar los cables de los tractores o volcar una góndola en el caos que asumimos que podría ocurrir. Pero no había mucho más que pudiéramos pensar en hacer.

A la mañana siguiente volví a trabajar junto a George. Podíamos oír los gritos que llegaban desde la línea de piquete.

—George—, le dije. —¿Escuchaste eso? Es la gente en huelga. Están enojados porque estamos tomando sus puestos de trabajo.

—Ah, no te preocupes por ellos. Están todos locos. Sólo causan problemas.

—Si, pero estamos tomando sus puestos de trabajo. Ellos están fuera porque Gallo no quería negociar con ellos, no los respetaría ni aunque trabajaron para él durante años. Estamos tomando el pan de sus bocas y las de sus familias. No está bien, lo que estamos haciendo.

George dijo, —¡piensa así y enloquecerás, hombre! Qué importa esa mierda, no tiene nada que ver con nosotros.

Un poco más tarde dije: —George, realmente no estamos aquí para trabajar por Gallo, estamos con el sindicato, los huelguistas. Estamos aquí para ayudar a la huelga. A mediodía nosotros vamos a salir y los huelguistas van a entrar ¿te quieres quedar aquí, o venir con nosotros?

George fue sacudido por la noticia, pero se recuperó con rapidez. —Bueno, yo no puedo quedarme aquí solo.

—¿Puedes conseguir trabajo en otro lugar? —pregunté.

—Supongo que sí.

—Ven con nosotros entonces. Puedes unirte a la huelga por un tiempo.

Él dijo que tenía que pensarlo. Después de más conversación, dijo— yo no sé nada acerca de unirse a los piquetes, pero voy a salir cuando ustedes se vayan. Todos dimos la mano a George.

A mediodía tiramos nuestras tinas en la góndola, subimos en el tractor y fuimos hasta la estación de pesaje gritando, "¡Strike, Huelga! ¡Este lugar chupa la sangre! ¡Para de trabajar! ¡Fuera! ¡Gallo es un chupasangre! ¡Gallo vende mal vino! ¡Únete a la huelga! ¡Viva la huelga! Gallo es una mierda", y otras cosas de ese tipo. Pero los otros recolectores, si acaso nos escuchaban, nos miraban como si hubiéramos acabado de tomar pastillas para lunáticos. Nadie de la línea del piquete entró, de manera que el único alboroto provenía de nosotros. Y no era demasiado impresionante. Incluso los capataces de Gallo parecían más confundidos y perplejos que enfadados. Así que nos fuimos de allí. Pero nos marchamos solos.

Nos dieron una cálida bienvenida en un piquete de varios cientos de personas. Saludé a Aggie y Pam, y nos presentaron a algunos de los huelguistas. George estaba con nosotros, pero perplejo. Roberto García estaba en la línea, y yo le pregunté por qué nadie había salido de la viña como estaba previsto.

—Hubo un cambio de planes—, dijo. Pero además él no quiso hablar sobre el tema, por lo menos no conmigo.

Fue luego, esa misma tarde cuando uno de los coordinadores de huelga convocó al equipo submarino de Salinas. —Antes de que vuelvan al valle tenemos algo en lo que nos podrían ayudar. ¿Por qué no? Nos metimos en un coche, un viejo Valiant polvoriento de la flota del sindicato, y nos marchamos. A pocos minutos en coche de la línea de piquete aparcamos en una calle lateral y caminamos por un camino de tierra hasta un claro escondido por algunos árboles y arbustos, un estacionamiento improvisado lleno de vehículos conocidos por la gente del ambiente del trabajo agrícola, grandes sedanes y camionetas de fabricación americana, y también camionetas de reparto o furgonetas ocasionales, probablemente, ninguno de ellos de menos de diez años de uso. Vehículos de trabajadores agrícolas. Nuestro jefe de escuadra tendió una bolsa de papel grande. A medida que sacábamos latas de la bolsa, dijo, —tenemos unos quince minutos, vamos a ver qué podemos hacer—.

Más tarde, cuando salimos del solar, caminando a paso rápido hacia nuestro auto, volví a mirar los automóviles aparcados, tenían las palabras "SCAB" y "ESQUIROL" en rojos brillantes, naranjas y amarillos garabateadas por todos lados incluso las ventanas. No era algo que yo sintiese ninguna alegría o satisfacción en hacer. Pero lo acepté como algo que tenía que hacerse como parte de la lucha.

PANFLETO Y CONTROVERSIA

A lo largo del verano de 1973, los comités estaban activos en una serie de ciudades en apoyo a un boicot a Farah Pants. Estos comités tenían vínculos organizativos con la Unión Revolucionaria. A medida que la huelga de la uva se extendía por toda California, estos comités comenzaron a dirigir su atención a la huelga de la uva, con el objetivo de organizar el apoyo para ellos en las ciudades, especialmente en California. Esto incluyó el envío de caravanas de trabajadores y estudiantes a las áreas en huelga, como en Modesto donde Gallo estaba en huelga. Como parte de este esfuerzo se publicó un panfleto sobre las huelgas del campo, colocándolas en el contexto histórico de las luchas de otras épocas en los campos de California. El folleto señalaba las batallas importantes que ocurrían entre los diferentes sectores de trabajadores en Estados Unidos. Hacía hincapié en el carácter común de la huelga en curso y el boicot en la planta de Farah, de El Paso, donde, en mayo de 1972, 4,000 trabajadores de la confección habían hecho huelga por el derecho a ser representados por un sindicato. Los huelguistas eran prácticamente todos hispanos y el 85 por ciento eran mujeres. El panfleto también se refería a las huelgas relámpago en Detroit. En este contexto, criticaba a los líderes de UAW por la supresión de estas huelgas.

El panfleto fue un apoyo abrumadoramente mayoritario a UFW, y condenaba enérgicamente a Teamsters y su alianza con los agricultores. En la parte delantera tenía una imagen compuesta por los trabajadores del campo con una pequeña águila de la UFW en él, y se distribuyó en nombre del "Comité de ciudadanos para la defensa de los trabajadores agrícolas de Salinas". Se distribuyó en las comunidades y lugares de trabajo en el Área de la Bahía.

El comité había enviado un representante, un miembro del personal de UFW, a hablar con Chávez para informarle sobre el trabajo solidario que se estaba haciendo. Pero cuando apareció el panfleto con sus críticas a la represión por parte de los dirigentes de UAW del movimiento de huelgas relámpago de Detroit, fue atacado de inmediato por la dirigencia sindical. El periódico de UFW, *El Malcriado*, realizó una crítica al panfleto, y Chávez amenazó con condenarlo personal y públicamente. Incluso amenazó con un pleito sobre el uso del símbolo del sindicato en la portada. El objetivo de estos comités, era conseguir el apoyo masivo de los trabajadores del campo, sobre la base de su lucha en contra de los productores y por lo tanto, para difundir las chispas de esta lucha a otros sectores de la clase obrera. Nos sorprendimos por la reacción hostil del sindicato. Aunque hubo diferencias ciertamente importantes entre el comité y sus puntos de vista y el de la dirigencia sindical, no parecía haber ninguna razón por la cual no pudiera haber unidad en los puntos comunes. Vimos un conflicto abierto con el sindicato que era perjudicial, algo negativo para el movimiento y algo que podría hacer difícil que los comités funcionasen. Así llegamos a la conclusión de que la situación tenía que enfriarse. Algunos clérigos, que habían trabajado con el sindicato en el pasado y eran próximos a la labor del comité, escribieron a los dirigentes de UFW para defender el panfleto. Se solicitó una reunión en nombre de la comisión, y Chávez concordó. Yo fui parte del grupo que se dirigió a la sede del sindicato en La Paz para reunirse con César Chávez.

Cuando el sindicato trasladó su sede desde el complejo *Forty Acres* de Delano a La Paz, cerca de Keene en las montañas Tehachapi al sureste de Bakersfield en 1971, fue en un momento de optimismo embriagador. Con la poderosa huelga de 1970 de

Salinas que sobrevino inmediatamente después de la victoria en las uvas, decenas de miles de trabajadores estaban ahora bajo contrato sindical.

Para César Chávez los veinte años anteriores habían sido un viaje lleno de acontecimientos. En 1952, él era un hombre joven que vivía en el barrio de San José, que llamó la atención de Fred Ross, un organizador de la Organización de servicios de Comunitarios. El CSO, asociado al organizador comunitario Saul Alinsky, estaba desarrollando una campaña de reforma destinada a potenciar el crecimiento de la población chicana de California. Ross reconoció el talento en Chávez, y este pronto estaba trabajando bajo la dirección de Ross como organizador de la comunidad.

La odisea de Chávez como líder de los trabajadores agrícolas se inició en 1958 cuando, a instancias de CSO fue a trabajar en la comunidad de habla española de Oxnard, una zona agrícola fértil en la costa de California al norte de Los Angeles. La estrategia de organización del CSO se basaba en el registro de votantes, las elecciones, y el trabajo en torno a los problemas inmediatos de la comunidad. A medida que Chávez comenzó a presidir las reuniones de la casa, un método de organización fundamental de CSO, oyó las voces de rabia y frustración de los residentes locales por la falta de puestos de trabajo en las granjas cercanas.[23]

Estos eran los inmigrantes que se establecieron en Oxnard para ganarse la vida en los campos. Después de la operación espaldas mojadas a mediados de 1950, una campaña infame de limpieza étnica dirigida a la comunidad latina, el gobierno federal empujó a los agricultores a ampliar el uso de braceros. Los braceros eran populares con los poderes fácticos porque no tenían derecho legal a la protesta, se podrían utilizar para reducir los salarios y las condiciones de trabajo, y durante el tiempo que permanecieran como braceros no podrían establecerse en el país. Cumplieron el ideal del sistema blanco de una fuerza de trabajo no blanca que proporciona "producción y no su reproducción".[23]

La ley establecía que los cultivadores podían emplear braceros si no había gente disponible y dispuesta a trabajar. Pero como la mayoría de las facetas del Programa Bracero, esta disposición fue violada agresivamente de igual modo.[24] Los cultivadores y agencias gubernamentales trabajaron mano a mano para mantener a los locales sin conseguir puestos de trabajo en los campos. Cuando un "local" lograba encontrar trabajo en el apio, el tomate o la zanahoria, los productores simplemente afirmaban que no estaba a la altura y le despedían.

Bajo la dirección de Chávez estos abusos fueron documentados y utilizados para presionar a las agencias federales a hacer cumplir la ley. Los mínimos avances en la obtención de unos pocos puestos de trabajo motivaron a la gente de la comunidad, y comenzó a tomar forma una lucha. Hubo marchas para respaldar las demandas de puestos de trabajo, entre ellas una que creció hasta muchos millares.

La experiencia Oxnard encendió el interés de Chávez en la organización de los trabajadores agrícolas. Pero este no era el camino que CSO quería tomar, y se pidió a Chávez que renunciara al proyecto. No mucho tiempo después de haber dejado Oxnard, la organización que construyó se desmoronó y, según un Chávez decepcionado, fue consumida por luchas internas y divisiones. Oxnard presagió el trabajo de organización de los trabajadores agrícolas que vendría. También presagió la inclinación de Chávez a favor de los residentes locales sobre los braceros y más tarde los indocumentados, de una manera que tendía a dividirlos en lugar de unirlos contra su opresor común.

La experiencia Oxnard dejó a Chávez con un intenso interés por la organización de los trabajadores agrícolas, y la confianza en su capacidad para conectarse con ellos y guiarlos. Después de varios años de haber salido de Oxnard, Chávez reunió a su familia en una vieja camioneta y se dirigió al corazón del país de la uva de mesa de California en el condado de Kern. Él había decidido asumir el ambicioso objetivo de construir una organización de trabajadores agrícolas.

Chávez había demostrado ser un organizador enérgico con talento para tácticas creativas. Tal como había hecho con CSO, Chávez y los organizadores que formaron el núcleo de lo que se convirtió en la Asociación Nacional de Trabajadores Agrícolas, celebraron reuniones en las casas en las que conocieron las cuestiones que más pesaban sobre los trabajadores. En este punto, uno puede tener certeza de que las historias de explotación y abuso los impresionaron. Sin embargo, las ideas conservadoras de la época y el conocimiento de la historia de los esfuerzos de la organización agrícola derrotados, les hicieron desconfiar de la confrontación directa con los productores. El panorama era más a largo plazo y gradual.

Pero los acontecimientos cambiaron rápidamente sobre el terreno. Primero llegó el final del Programa Bracero, después la huelga liderada por los filipinos de las uvas en Coachella y la batalla que se vislumbraba en los viñedos de Arvin Lamont y Delano, lo que provocó la llamada de los filipinos a los trabajadores mexicanos que se unieran a ellos en una huelga. Chávez dudó en unirse a la huelga, pero luego aceptó de mala gana, cuando quedó claro que no hacerlo retrasaría a la organización.

Unas 800 a 1,500 personas se reunieron en la iglesia de Nuestra Señora la Virgen de Guadalupe en Delano el 16 de septiembre, día de la independencia mexicana, para decidir si debían o no unirse a la huelga. La reunión estuvo llena de referencias a las luchas por la independencia de México y la revolución, y el ambiente era "optimista y lleno de energía". Un activista trabajador local llamó a los trabajadores de allí a convertirse en verdaderos "hijos de Zapata".[25] Este fue un momento poderoso para un pueblo con una larga historia de haber sido víctimas de la opresión racista, la explotación, la invasión, la humillación y el saqueo de su patria, más aún, en el contexto de un país sacudido por el movimiento de los derechos civiles y el movimiento contra la guerra que comenzaba, con movimientos de liberación y revolución que conmocionaban el mundo.

La huelga de la uva que comenzó cuando un centenar de huelguistas se presentaron en la mañana del veinte de septiembre en la oficina de NFWA de Delano, se enfrentó a todos los arduos problemas que las huelgas agrícolas ya habían encontrado muchas veces en el pasado. Pero el contexto era radicalmente diferente, y eso resultaría decisivo.

Lo que está claro en retrospectiva, puede estarlo mucho menos en el calor del momento, con todo su alboroto y contradicciones, con todas sus pesadas inmediateces. Y aquí yo creo dicho a su favor y de importancia histórica, que una vez que la huelga se les impuso, el sentido de la indignación y el deseo de avanzar más allá de lo que los límites que la historia había encomendado a las luchas de los trabajadores del campo de Chávez y los líderes de NFWA, los llevó a buscar formas de mantener la huelga de la uva en Delano, al mismo tiempo que la huelga, al final de la temporada de cosecha de 1965, fue a tropezar con las dificultades endémicas de tales esfuerzos. Intuyendo a partir del contacto con los estudiantes y otras personas, que vinieron a apoyar la huelga de la uva, que había un público simpatizante con la realidad de la lucha en los campos, Chávez y los líderes de la NFWA pusieron esa realidad en marcha, de una ciudad a otra, y en las grandes ciudades.

Se produjo un gran avance en la primavera de 1966, en un momento en que la huelga estaba en su punto más bajo. Lo que comenzó como un impulso de desarrollo de una pequeña marcha en Delano, se convirtió en un acontecimiento importante a medida que avanzaba hacia el norte, debido al momento en que llegó a la capital del estado en Sacramento. Las agotadoras 250 millas de marcha despertaron a los trabajadores agrícolas y a sus aliados en los pequeños pueblos agrícolas, pero también conectaron con una audiencia nacional más grande y revelaron el nuevo estado de ánimo que había comenzado a emerger. La huelga se rompió mediante la campaña de cerco y aniquilación con que los productores contaron para aplastarla. El boicot de la uva que siguió puso a los productores a la defensiva.

Los estudiantes de la Universidad de California de Berkeley y los veteranos de los derechos civiles comenzaron a aparecer en Delano y se convirtieron en una parte importante de la mayoría del personal voluntario del sindicato. Los alumnos recientemente politizados y el más orientado reformista Chávez, que provenía de un ambiente católico conservador, no tenían una sintonía perfecta. Pero había un gran sentido de unión y propósito común. Si bien la lucha de los trabajadores del campo se lanzó hacia delante, había mucho que hacer para mantener a la gente unida: el poder largo tiempo negado a las personas y la mejora de las condiciones enormemente opresivas en una tierra a la que le encantaba presumir de su alto nivel de vida. Tampoco podría decirse que Chávez y los líderes de NFWA (y más tarde UFWOC) eran inmunes a las influencias de las poderosas olas de lucha que golpeaban el imperio de EE.UU.

Los esfuerzos para frenar la lucha de los trabajadores del campo, que se desarrolló y se intensificó con el tiempo, vinieron desde poderosas fuerzas sistémicas. Yo había visto de cerca cómo se habían suprimido las voces más radicales de los trabajadores agrícolas en Coachella. No era el único que percibía un fuerte contraste entre la atmósfera más abierta y democrática de Salinas y el clima más cerrado y controlador que se percibía, cuanto más uno se aproximaba al centro de mando del sindicato.

Hubo presiones poderosas que derribarían a cualquier líder en la posición de Chávez. Allí estaba la perspectiva socialmente conservadora del mismo Chávez, las limitaciones impuestas por las divisiones sociales históricas, y así sucesivamente. De qué modo todos estos factores se combinaban es una ecuación difícil de desenredar, pero a medida que el conservadurismo crecía, chocaba con otros puntos de vista y las pasiones dentro del movimiento. Vietnam es un ejemplo de ello. Después de la masiva escalada del presidente Johnson en la guerra en 1965, la oposición creció rápidamente en los campus universitarios. Martin Luther King denunció públicamente la guerra en un famoso discurso en la iglesia Riverside de Nueva York en abril de 1967, un año antes de que fuera asesinado en Memphis. Chávez, a pesar de las críticas de los otros dentro y en torno al sindicato, se negó a tomar una posición pública en contra de la guerra hasta 1969. Para ese entonces ya era políticamente seguro hacerlo, ya que prominentes demócratas estaban proclamándose como candidatos anti-guerra.

Era tarde cuando llegamos a una caseta de seguridad en el complejo de UFW en La Paz. Este antiguo hospital para tuberculosos había sido comprado por el sindicato a un amigable productor de cine.[26] Yo nunca entendí por qué Chávez había elegido tal lugar, tan lejos de los campos, para la sede del sindicato. En ese período alguno pensó en él como la sede del imperio. Los representantes de los ranchos en toda California y Arizona se dirigieron a La Paz para las reuniones. Los trabajadores del campo fueron transportados en autobús a sesiones educativas. Los voluntarios y el personal del sindicato vivían y trabajaban allí en edificios que una vez albergaron un hospital, pero fueron aislados de los trabajadores agrícolas a los que servían. ¿Pudo este aislamiento haber sido, como algunos han sugerido, parte de los motivos por los que Chávez trasladó la sede del sindicato allí?

Vi poco de La Paz; no tuvimos tiempo para pasear. Fuimos

inmediatamente escoltados al edificio donde Chávez tenía su oficina. Al cabo de unos minutos apareció. En esta segunda reunión a la que asistí junto a él, su saludo fue menos que cordial. No había mucha sensación del hombre amable y modesto al que había estrechado la mano en Salinas varios años antes. Frente a nosotros cuatro, en representación de la comisión de apoyo había un hombre de negocios, un negociador inflexible. Nos trató como alguno de los productores pudo alguna vez tratarlo a él, como a alguien en una posición de negociación inferior. La reunión apenas había comenzado cuando Chávez marcó un número en su teléfono y pidió hablar con su abogado, Jerry Cohen.

—¡Jerry, estás preparando la demanda contra ese comité de apoyo a los trabajadores agrícolas? De acuerdo. Suspéndela por lo pronto, te lo dejo saber enseguida—. Sin sutilezas, sin charlas, sin discusiones filosóficas, sin historias a la luz, ningún esfuerzo para examinar puntos de vista comunes o divergentes; de hecho, ningún esfuerzo para conectar personalmente de ninguna manera, simplemente una bola difícil. Cuando traté de explicar el propósito del folleto, Chávez me interrumpió. Al final nos pusimos de acuerdo para volver a publicar el folleto con las observaciones sobre el liderazgo de UAW eliminadas. A cambio Chávez acordó publicar un artículo en *El Malcriado* reivindicando el panfleto. Que yo sepa, nunca apareció tal artículo.

El color del privilegio

Algunos fines de semana, acompañé a un amigo que conducía un camión grande para el negocio familiar. Aquello podía ser un asunto agotador, ya que la empresa tenía su sede en Los Angeles. Íbamos mucho de Salinas a Los Ángeles en automóvil por la tarde, recogíamos el camión de 18 ruedas alrededor de la medianoche y nos dirigíamos a lugares como Half Moon Bay, San Mateo, Millbrae, e incluso San Francisco a recoger flores. Entonces volvíamos a Los Ángeles con nuestra carga. Dos viajes redondos completos cubriendo 1,300 o 1,400 millas en dos días. Mi trabajo consistía en mantener al conductor despierto, para lo cual tenía muchos incentivos. En algunas ocasiones mi amigo Chad me puso al volante, aunque no era rival para él, ¡especialmente en las colinas! El sistema de cambios, junto con todas las otras cuestiones involucradas en mover y detener un vehículo de este tamaño y tonelaje, no era algo que se manejase sobre la marcha, por lo menos yo no. Y Chad realmente no tenía paciencia para enseñarme. Así que me puse a buscar un lugar para aprender a conducir un equipo de este tipo.

Un día, después de salir temprano del trabajo en un equipo de brócoli, me detuve en un cobertizo de clasificación de lechuga en la calle Abbott, que yo sabía que usaba camiones grandes y pedí un empleo. Mi propuesta era, enséñame a manejar un gran camión, y voy a trabajar a tiempo parcial de forma gratuita en tu cobertizo hasta que pueda conducir por mi cuenta. Yo no estaba tan apasionado en la conducción de un camión para ganarme la vida, pero quería aprender a manejar uno.

El dueño de la tienda estaba en su oficina cuando llegué. Tenía unos cincuenta años, bajo y fornido, con una gran calva. Me puse de pie detrás de una de las puertas de cuatro las bisagras de las que la parte superior e inferior se abren por separado. Yo tenía el aspecto de alguien que acababa de salir de los campos, y cuando llegó a la puerta, notó mis botas para la lluvia. Acababa de empezar a explicar mi petición cuando alguien se acercó a la puerta y preguntó algo en español, que nadie en la oficina entendía. Así que traduje.

—¿Dónde trabajas? —preguntó el jefe.

—Estoy trabajando en un equipo de brócoli—, le dije. Los ojos del propietario se agrandaron.

—Escucha, hijo—, dijo mientras abría la mitad inferior de la puerta de su oficina y salía. —Quiero hablar contigo—. Puso su brazo alrededor de mis hombros y dirigió mi atención hacia el estacionamiento. —¿Ves ese auto ahí?— Estaba señalando un último modelo Chrysler Imperial, un automóvil que yo detestaba como una de esas monstruosidades americanas exageradas con demasiado cromo. —Ese coche podría ser tuyo—, dijo. ¿Iba a darme las llaves?

—En realidad yo sé cómo conducir un auto, lo que me interesa es aprender a conducir un camión—. Después de reírse levemente me condujo hacia afuera.

—Te voy a enseñar algo, hijo—. Yo estaba dispuesto a cortar la cosa ahí, pero tenía una tenaza en mi hombro y él me dirigió a una habitación fresca, donde varias decenas de personas, la mayoría de ellas mujeres, estaban extrayendo el corazón y cortando la lechuga que llegaba por una cinta, depositando la lechuga picada en un recipiente desde donde era llevada a otra área y empacada. Esa era lechuga con destino a McDonalds, Wendy, o algún lugar parecido.

—Tú hablas español. Trabajas en el campo. Es decir que ya conoces a estas personas; apuesto a que sabes cómo manejarlas—. Podría haber estado hablando de un trozo de pescado. ¿Manejarlas?

—Realmente sólo quiero aprender a manejar un camión.

—Escucha—, dijo de nuevo, esta vez como si estuviera hablando con un hijo recalcitrante justo en el lugar en que acababa de conocer al hombre menos de diez minutos antes, — necesito un capataz en este refrigerador. Vamos a empezar con un salario modesto, pero si te quedas aumentará rápido, confía en mí. Estoy seguro de que quiso decir lo que dijo, y por eso quería salir de allí lo antes posible. Al infierno con la conducción de un camión.

—Ok—, dije. —Un trabajo de capataz en el refrigerador. ¿Cuándo empiezo?

—Puedes empezar ahora, si quieres, esta tarde—.

—Bueno, realmente tengo que ir a casa, no he comido. Entonces mañana, voy a empezar mañana. ¿A qué hora empiezas?

—A las ocho. Pero ven a las 7:30.

—Claro—, le dije, feliz de salir de debajo de su abrazo amistoso.

Si yo hubiera estado sin trabajo y hambriento, y tuviese una madre enferma que dependía de que yo consiguiese ese trabajo para salvar su vida, podría haberlo considerado. Pero ninguno de estos eran factores en juego. Aún así quedé impresionado. Sin ni siquiera conocerme, este empresario perspicaz había discernido mi idoneidad para el puesto de capataz: Yo era blanco.

CAPÍTULO 5

LOS FUEGOS SIGUEN ARDIENDO

Cuando la polvareda se disipó después de la temporada de la cosecha de 1973, el sindicato mantuvo algunos contratos. Entre ellos se encontraban los productores de uva de mesa de Coachella, Steinberg y KK Larsen, quienes firmaron justo después de que estallase la huelga en Coachella, las bodegas Almaden, Paul Masson, Vie Del, Novitiate, y los viñedos de Napa Valley, Interharvest y el productor de fresas Pik'd Rite en el área de Salinas, Watsonville, el productor de limón S & F de Ventura y los trabajadores de los cítricos de los ranchos de Coca-Cola en Florida. El movimiento campesino afrontaba una fuerte campaña en su contra. En 1973, se vio despojado de casi todos los contratos de uva de mesa, los contratos de la compañía vinícola Franzia and Gallo, el contrato con el productor de hortalizas D'Arrigo Brothers, que había firmado con Teamsters en mayo y Finerman, un cultivador de hortalizas ubicado principalmente en el Valle Imperial y zonas de Arizona, que rompió las negociaciones con UFW en junio.

En abril, Freshpict, filial de Purex Corporation, una de las primeras empresas en firmar tras la huelga de 1970, y que, en su apogeo, controlaba 42,000 acres de tierra para cultivo de verduras en California, Arizona y Colorado, anunció que estaba vendiendo gran parte de sus operaciones de cultivo de vegetales en Salinas y el Valle Imperial. En julio de 1974, Freshpict anunció que iba a salir del negocio por completo. En abril, un juez de la Comisión de Comercio Federal dictaminó que United Brands (antes United Fruit) debería ser forzado a renunciar a su operación agrícola en Arizona y California y prohibirle el comercio de productos frescos durante diez años. Si se llevaba a cabo, la decisión desmantelaría Interharvest, que representaba el 11 por ciento de todas las remesas de lechuga estadounidenses y destruiría el pilar de UFW en los valles de Salinas e Imperial.

A finales del verano de 1974, *New York Times Magazine* publicó un largo artículo de Winthrop Griffith titulado ¿Está Chávez derrotado? Era el equivalente periodístico de un canto fúnebre.

Como respuesta, César Chávez, parafraseando a Mark Twain, le estaba diciendo a las multitudes en los mítines, "los rumores de nuestra muerte son muy exagerados". Tampoco estar cerca de los campos de Salinas se percibía como una muerte inminente. El movimiento sindical aún conservaba gran parte de su energía, alimentada por un estado de ánimo de desafío entre los trabajadores agrícolas frente a la adversidad.

INCENDIOS EN LA MALEZA

En el invierno, la primavera, y el verano de 1974, las cosas continuaban humeando en los campos y los incendios de maleza hicieron erupción. Hubo grandes huelgas en Stockton en los campos de tomate y pepino, en San Luis, Arizona, en los huertos de limón y en el centro de San Joaquin Valley en el melón. En febrero, UFW cerró con éxito el Valle Imperial durante varios días en una acción llamada para demostrar el desafío a la alianza entre Teamsters y los cultivadores. El paro cubrió todos los cultivos, lechuga, espárrago, melón, remolacha, cebolla, etc. La noche de la suspensión, los trabajadores del espárrago llegaron a la oficina del sindicato de Calexico y manifestaron su intención de continuar la huelga por el aumento de los salarios y el reconocimiento de la UFW, determinación sobre la que no vacilarían a pesar de la insistencia del sindicato de que no tenía fondos para apoyar la huelga.

Estas luchas, fueron una continuación del ambiente agitado del año anterior y los esfuerzos organizados del sindicato, para atizar los incendios de malezas en conflagraciones más grandes, como las huelgas del melón que el primo hermano de César, Manuel Chávez, organizaba en torno al área de Firebaugh.[1]

Hablando antes de la segunda convención de UFW en Fresno en el verano de 1975, Chávez declaró: "En 1974, comprometimos a los productores en más huelgas cubriendo más áreas geográficas y (involucrando) a más trabajadores que en cualquier momento en nuestros trece años de historia", una observación que era, al mismo tiempo, entendida como una advertencia.

Pasé gran parte de la temporada de la cosecha de 1974 cortando y empacando para varias compañías de lechuga. Después del trabajo, de vez en cuando marchaba en las líneas de los piquetes para el boicot en las tiendas de comestibles locales, junto con otros, sobre todo trabajadores del campo y voluntarios. En frente de un supermercado Safeway en Salinas una anciana cogió y arrugó el folleto que le entregué y me gritó:
—¡si no te gusta estar aquí, vuélvete al lugar de dónde vienes!
—¿Te refieres a Long Beach? —dije.
—¿Tú sabes lo que quiero decir—, dijo irritablemente mientras se apresuraba.

"ECONOMICISMO"

Producir, redactar, traducir, diagramar y distribuir *El Obrero de Salinas/Salinas Worker* siguió consumiendo una parte importante del tiempo de varios de nosotros. Algunas tiendas del distrito Alisal eran puntos de salida regulares para el periódico, y fuimos capaces de vender cientos a través de ellos. El periódico estaba consiguiendo ser más conocido en los campos, y los trabajadores del campo lo apoyaban, por lo que fue posible distribuir mayores cantidades en un período más corto de tiempo.

Pero también había preocupación acerca de nuestros esfuerzos. Lo que había motivado a la mayoría de nosotros era el deseo de ser parte de un movimiento revolucionario que podría hacer realidad la promesa de una sociedad diferente, más justa. Esta fue una tarea gigantesca en un territorio desconocido y había muchas presiones para conformarse con algo menos, tal vez una pequeña reforma aquí o allá para "aflojar las cadenas" como decía el refrán. En aquellos tiempos no había mucho conocimiento dentro del movimiento sobre la diferencia entre la lucha económica en el lugar de trabajo y la lucha por una sociedad diferente. Había una fuerte tendencia a creer que una llevaría a la otra. Esto funcionó para reducir el tipo de trabajo político. Una de las maneras en que esto se reflejó, fue la tendencia a limitar la cobertura del periódico a las luchas por las condiciones inmediatas, tales como los bajos salarios, malas condiciones de trabajo, desprecio por la seguridad y el bienestar de los trabajadores, las controversias con los sindicatos, y así por delante. Pero para ello sería necesario abandonar los principios que nos motivaron en primer lugar, y en última instancia, a capitular delante de la maquinaria contra la que estábamos luchando. Todo esto se magnificaba por el hecho de que el movimiento revolucionario estaba comenzando un largo período de reflujo, y como la marea que se mueve, ejerció una fuerte atracción para encontrar algún acomodo político al sistema. Las discusiones alrededor de este tipo de cuestiones eran parte de la vida política de la época.

NIXON

El año 1974 trajo la muerte política de Richard Nixon. Una marcha en Salinas se hizo eco de la demanda de todo el país de que Nixon fuera expulsado de su cargo. En este sentido no todos estaban de acuerdo sobre sus motivos o sus objetivos. Los demócratas y muchos liberales, vieron en este movimiento anti-Nixon la restauración de los valores democráticos después de un período de conducta autocrática imprudente. Para muchos radicales y revolucionarios, Nixon no era una mancha en la democracia, sino su verdadero rostro, y su caída en desgracia ante los ojos de los poderosos intereses, había tenido más que ver con la necesidad sentida de restablecer la confianza de la gente en el sistema, en lugar de cualquier intento por restaurar los principios democráticos. El prestigio de EE.UU. había sufrido un duro golpe durante el periodo de la guerra de Vietnam y había necesidad de colocar un parche a la máscara hecha jirones de América como "defensora de la libertad y los derechos humanos".

Gran parte del *establishment* condenó a Nixon por espiar y realizar trucos sucios sobre los enemigos políticos y borrar partes de una cinta que contenía pruebas de los trucos, y ofreció esto como las razones de su destitución.[2] Para muchos de nosotros, esto era apenas el funcionamiento normal del gobierno y las luchas internas en un sistema político corrupto. Lo que no se mencionaba en los medios de comunicación eran los bombardeos salvajes de Vietnam y Camboya, la invasión de Camboya, el sangriento golpe de estado en Chile que Nixon y el secretario de estado Henry Kissinger ayudaron a organizar, y el asesinato de los estudiantes de Kent State y Jackson State que se llevó a cabo bajo su mandato. Estos fueron los verdaderos delitos graves de los que Nixon, entre otros, debería haber sido acusado. Pero ni siquiera fueron considerados ofensivos, mucho menos punibles, en el sistema político de Estados Unidos.

LA CALLE PEARL

A finales del verano de 1974, me mudé a un pequeño patio en la calle Pearl en el área Hebbron Heights de Alisal. Una colección de pequeñas chabolas, dispuestas en forma de herradura alrededor de un solar de tierra para estacionamiento y algunos juegos de recreo formaban este modesto patio. Cada casucha consistía en un dormitorio, una pequeña cocina y un cuarto de baño tan pequeño que sentarse en el inodoro requería apuntalar las rodillas contra la pared opuesta.

El traslado a la calle Pearl se produjo bajo presión del propietario del dúplex más amplio de la calle King. El propietario vivía en el dúplex contiguo y su mal humor creció por el flujo constante de recién llegados a nuestra parte del dúplex, en aparente violación del contrato de arrendamiento. Cuando Betsy, una mujer joven que había ido a Salinas el año anterior para intentar el modo de vida en las zonas rurales de California, abandonó la zona volviendo a Milwaukee para continuar la universidad, yo no estaba de humor para librar una lucha por el lugar, que en todo caso habría sido demasiado costoso mantener por mi cuenta. Así que yo también me mudé. Con pocas posesiones, no mucho más de lo que cabía en mi oxidada furgoneta, mi traslado resultó bastante fácil.

La pequeña corte de la calle Pearl estaba llena de trabajadores agrícolas y sus familias. Aunque mi pequeño apartamento era agobiante, yo no tenía que compartirlo con una familia con hijos o parientes como otros en el complejo hacían. Por lo que cualquier inconveniente para mí era relativo. No me importó. Vivir simplemente era preferible, y en ese momento yo no tenía aspiraciones de vivir de otra manera.

BUAK

A principios de julio de 1974, el Teamsters Local 1973, llamado así por el año en que los Teamsters lograron eliminar los contratos de UFW en las uvas, anunciaron que habían firmado contratos con quince productores de manzanas de Watsonville. Los primeros contratos de manzana de muchos por venir, dijeron. "Los trabajadores agrícolas mejor pagados de todos", afirmaron los Teamsters de sus nuevos miembros en los huertos de manzana. Era un tipo de espectáculo arrogante que Teamsters estaba organizando para convencer al mundo de que ahora tenían en el bolsillo a los trabajadores del campo.

El momento del anuncio parecía de todo menos una coincidencia. Llegó un día antes de una aparición muy publicitada del líder de UFW, Chávez ante una gran reunión de los trabajadores agrícolas de Alisal High School, donde el padre Higgins, un activista de la iglesia de toda la vida por la causa trabajadora y activo en torno a cuestiones de los trabajadores agrícolas en los primeros años de la huelga de la uva de Delano, reafirmó el apoyo de los obispos católicos a UFW y su convicción de que el conflicto en el campo no era una contienda jurisdiccional, sino un esfuerzo para destruir el auténtico sindicalismo. David Castro, portavoz de Teamster Local 1973, desafió públicamente a Chávez a un debate televisivo cuando proclamó su nueva conquista con los productores de manzanas.

Había rumores en el salón de UFW de que los contratos de la manzana de los Teamsters podrían ser impugnados en los huertos. Como el final del verano el trabajo en la lechuga estaba lento, me dirigí a Watsonville para averiguar lo que podría resultar perturbador en los huertos. Otros, entre el personal de *El Obrero* me animaron a ello, pensando que una historia desde dentro de los huertos daría para un artículo interesante.

Hubo una huelga entre los trabajadores de la fresa de Watsonville, y los huelguistas estaban observando la situación en las colinas, donde las manzanas estaban madurando. A través de algunos amigos entre los huelguistas, me dirigí a una empresa de fresas sin huelga, donde trabajé unos pocos días mientras esperaba para la temporada de cosecha de manzanas.

La cosecha de la fresa parece plácida desde la distancia, pero es un trabajo tremendamente duro. Requiere largos períodos doblado sobre la fruta, que es de crecimiento rastrero. Requiere dedos ágiles y suaves para tirar de las fresas de forma rápida y suave, sin aplastarlas, y sin quitar las cubiertas verdes, sin la cual las bayas son invendibles. Para ganarse la vida en las fresas no hay truco fácil.

Observé cómo se movían entre las hileras los recolectores experimentados. Su cuerpo pivotaba de lado a lado y sus manos desaparecían bajo las plantas y rápidamente resurgían con los puños llenos de fruta. Depositaban las fresas en cajas de madera planas que se asentaban en pequeños cuadros movibles, como carretillas de una sola rueda en miniatura que los trabajadores empujaban por delante de ellos a medida que avanzaban. Una vez llenas, las cajas se llevaban hasta el final de las filas donde eran registradas por un verificador, que estaba junto a una pila de cajas vacías. Esta era una danza de la cosecha que tenía una calidad mágica para un principiante que se movía torpemente, como yo, luchando sólo para ganar lo suficiente para pagar el gas, y los alimentos para los almuerzos.

Trabajar en las fresas también me ponía nervioso a causa de una sustancia en polvo de color blanco que había alrededor de las plantas, algo que no estaba acostumbrado a ver en los campos de hortalizas. Las garantías de que no había nada malo en ese residuo de los herbicidas no eran de ninguna manera tranquilizadoras.

Después de una semana en las fresas me enteré de que Buak, el mayor productor de manzanas de Watsonville, y uno de los primeros en firmar con Teamsters, estaba contratando piscadores. No hizo falta una gran persuasión para dejar las fresas y dirigirme a las colinas que bordeaban el Valle Pájaro, donde el otoño tenía la fragancia de la maduración de las manzanas.

Pedí prestado un saco para recoger manzanas a Mickey, quien una vez había trabajado un par de temporadas en las manzanas, y me dirigí hasta el huerto de Buak. Green Valley Road es un hermoso paseo a finales del verano, con las hierbas silvestres secas mostrando sus tonos de amarillo contra el verde oscuro de los arbustos y árboles que yacían en los barrancos y los pliegues de las colinas. El camino hasta las estribaciones de Pájaro pasa por pequeñas granjas, casas rurales, jardines bien cuidados, viñas de frambuesa y zarzamora y espacios abiertos con una vegetación exuberante, vistas panorámicas de la bahía de Monterey, con sus aguas azules resplandeciendo bajo la brillantez de septiembre.

Los placeres de la vista distrajeron mi atención. Cuando llegué al punto culminante de la colina y un letrero decía Hecker Pass, supe que había ido demasiado lejos y volví sobre mis pasos. Era primera hora de la tarde, y yo estaba empezando a pensar que no iba a encontrar el lugar antes de la hora de cierre. En el regreso por el camino hacia Watsonville, en un gran madero gris vi un cartel hecho de estaño, "Manzanas Buak". ¿Cómo se me pasó por alto esto? Me volví hacia el estacionamiento rodeado de enormes pilas de grandes cajas de madera desgastada.

En el almacén me dirigieron a una oficina, donde mostré mi interés por aprender la cosecha de manzanas a las personas que estaban sentadas detrás de un mostrador. Al poco tiempo un hombre alto con un corte de cabello militar salió de la oficina. Sin muchas preguntas o escrutinio me pidieron que llenase un formulario de solicitud de trabajo. Escribí mi nombre y otras informaciones que se me pidió escribir. Monté en la camioneta de un capataz y él me llevó a la zona, empezaría al día siguiente.

En un bosquecillo no muy lejos de la sede de Buak me quedé con el capataz bajo lo que iba a ser mi primer árbol. Se veían escaleras de madera altas por todas partes. Algunas manzanas ya habían caído del árbol, que medía unos treinta pies de altura, sus ramas, se esparcían alrededor unos treinta pies o más, estaban cargadas de frutos rojos, las ramas más bajas se doblaban hacia el suelo por el peso. El huerto tenía un olor agradable y saludable.

Recibí instrucciones sobre las reglas de la pisca. —En primer lugar—, dijo el capataz con gran convicción—nunca eches en el cesto una manzana que ha caído en la tierra. Llena el recipiente hasta aquí—. Puso su mano en la parte superior. —Recibes $5.50 por cada uno que llenas. Tu tarea es despojar eficientemente al árbol de su fruto. Así que tienes que saber cómo atacarlo—, una analogía militar que parecía dar peso a sus palabras. —Eso significa que tienes que pensar dónde vas a colocar la escalera, y ser sistemático—, dijo, mirándome con atención, tal vez preguntándose cuánto tiempo soportaría un tipo de trabajo duro que puede cansarlo a uno enseguida. —Esto es *Indian Summer* (verano indio) así que te sugiero llegar temprano, te irá mejor con el fresco de la mañana. El calor puede minarte.

Seguí su consejo. Me presenté temprano al día siguiente. Parecía temprano. Apenas había luz. Pero los trabajadores ya estaban ocupados en los árboles cercanos a los que me habían asignado a mí.

No podía recordar si el jefe de campo había dicho recoger, de arriba abajo o de abajo hacia arriba. Pero fue a partir de la parte inferior que empecé, seducido por las presas fáciles desde el principio. Recogiendo desde el suelo, era capaz de llenar el saco de manzanas y la caja rápidamente. Mi energía y esperanzas aumentaron. Pero pronto las manzanas quedaron lejos del suelo, y empecé a subir la alta escalera de madera de tres patas. La recogida se volvió más lenta y dura. La caja debía de haber aumentado de tamaño. Mi primera estimación de una caja llena en una hora resultó ser extremadamente optimista. A medida que pasaban las horas la caja y mi ambición permanecían sin completarse.

A medida que continuaba recogiendo, había que subir más y más alto por el árbol. Empecé colgando precariamente, hasta alcanzar un par de ellas de color rojo brillante. Mi pierna se resbaló cuando extendí mi alcance y me agarré a una rama a tiempo de evitar caer. ¡Me di cuenta de que estaba arriesgando el cuello por esa mierda!

A medida que recogía, unas cuantas manzanas cayeron en el suelo. Me habían avisado para no poner ninguna manzana de la tierra en la caja, pero a medida que avanzaba el día y mis brazos se volvieron doloridos y pesados, la tentación se hizo demasiado grande. Cogí unas cuantas que parecían haber sobrevivido impecables a su caída. Después de una breve prueba las puse en la caja.

Me llevó hasta la tarde terminar mi primer árbol y llenar mi primera caja. Me había quedado corto en mi optimista estimación por un factor de cuatro o cinco. El capataz dio una vuelta después de que mudé la escalera hasta el siguiente árbol, me llamó. Se refirió a la parte superior de mi primer árbol donde unos pocos grupos de manzanas colgaban desafiantes. Mantuve mis pensamientos para mí mientras arrastraba la escalera, ahora considerablemente más pesada que por la mañana, volviendo a mi primer árbol, me trepé a través de las ramas, me colgué de una rama alta que se balanceaba y se deformó bajo mi peso, mientras que el capataz se situaba por debajo fijándose para asegurarse de que las recogía todas.

Cuando yo no estaba colgando de los árboles, estaba olfateando alrededor para ver lo que estaba pasando. Durante un descanso por la tarde fui y visité a un par de personas que trabajaban los árboles cercanos al mío. Eran trabajadores experimentados y cada uno de ellos ya había recogido tres veces más que yo. Me enteré de que consideraban que el precio de la caja era demasiado bajo. Era más bajo que el año anterior, y no estaban contentos. Buak declararía más tarde que él había querido subir el precio por caja, pero que, por acuerdo general, los productores de manzanas de Watsonville habían establecido una tasa más baja y se vio obligado a respetar ese acuerdo. Si eso era cierto o no, ¡era evidente que los inteligentes fanfarrones Teamsters habían logrado, al ganar sus contratos con los sindicatos, negociar en realidad una tasa menor de la que había existido previamente!

Estos trabajadores no tenían un gran respeto por Buak, o por los productores de manzana en general. No tenían ni idea de que Buak tenía un contrato con los Teamsters, ni sabían nada acerca de los Teamsters. Nadie les había dicho que las cuotas sindicales se deducían de sus cheques de pago. Nunca habían visto un organizador Teamster, leído un folleto Teamster, o firmado carta alguna de autorización. Ellos tenían una impresión favorable en general del "sindicato de Chávez", pero no habían tenido mucha experiencia personal con él.

Había un supervisor de Buak llamado Frank, un chicano de pelo oscuro manchado de gris y peinado hacia atrás, que daba una vuelta de vez en cuando en su pickup blanco. Era bastante hablador, le gustaba bromear, y siempre se refirió a su jefe como "el viejo Buak". A través de él conseguí tener una idea de donde estaban los huertos de Buak y del número aproximado de trabajadores que tenía. Era bastante obvio que la mayoría de los trabajadores eran indocumentados, pero sólo más tarde descubrí que Frank tenía una pequeña tranza, cobrando a cada trabajador indocumentado $10 por semana por un número falso de la seguro social.

Al segundo día de trabajo seleccioné otros trabajadores más agresivamente y empecé a hablar más abiertamente con ellos sobre el precio de la caja. Cuando repetí lo que los trabajadores habían dicho el día anterior, me encontré con que el menor precio de la caja era una fuente de irritación considerable. Había otros agravios, sobre todo que el encargado sólo se acercaba con un poco de agua potable muy de vez en cuando, a pesar de que se estaba llegando a los 90 grados durante el día. Yo les dije que pensaba que era necesario un sindicato auténtico, no Teamsters que estaban allí sólo para mantener fuera a un sindicato auténtico. También les dije que pensaba que "la unión de Chávez", era la mejor, pero que su política sobre los trabajadores sin papeles era pésima, que necesitaba cambiar, y que había gente en el sindicato que quería cambiarlo. A pesar de que mi entusiasmo anterior con el sindicato y sus dirigentes había disminuido, todavía creía que era una fuerza positiva y muy necesaria, de lo contrario no lo hubiera promovido. Sin embargo, yo no quería engañar a estos trabajadores, para conseguir que se arriesgaran a algo sin saber que era en lo que se estaban metiendo. También les dije que era un partidario del sindicato y que había venido a la huerta para ayudar al sindicato a estudiar la situación. Tenía entendido que había un plan para comenzar una huelga allí bastante pronto.

La mayoría de los trabajadores con los que hablé eran muy jóvenes, en la adolescencia tardía o alrededor de los veinte años. Algunos habían participado en acciones sindicales en otras áreas del estado, pero la mayoría, por lo que pude ver, no había estado directamente implicada en ninguna lucha sindical. En su mayor parte escuchaban sin comentarios mis sugerencias sobre la necesidad de un sindicato, pero sentía por su estado de ánimo que si la huelga se llevase hasta ellos, se unirían.

El segundo día durante la hora del almuerzo, le pregunté al capataz si le importaría distribuir el agua con más frecuencia para los que estaban "haciendo el trabajo". No pareció muy contento de que yo estuviera haciendo esa solicitud, o del hecho de que estuviese hablando con los otros trabajadores, o que yo pudiera hablar con ellos. Me di cuenta de que en general no estaba contento conmigo, pero obtuvimos nuestra agua.

A la mañana siguiente, cuando llegué al pequeño grupo de árboles que me había sido asignado, el capataz estaba de pie sobre una de mis cajas. Las manzanas estaban apiladas en una esquina, había excavado en la caja y dijo que encontró un par de manzanas con pequeñas manchas de color marrón donde habían sido magulladas. —¿Has estado recogiendo del suelo, no es así? No vales una maldita mierda, ya lo sabes—. Supe en ese preciso momento que cualquier posibilidad de una promoción estaba eliminada. —Ve a recoger tu cheque, idiota—. La última vez que me habían echado fuera un lugar de trabajo fue en 1969, cuando me llamaron a la oficina del comandante de la base de la guardia costera y me dijo que me fuera de la base militar *Government Island* y no volviese nunca más. Yo estaba más feliz en aquella ocasión que en esta. Pero tampoco se me partió el corazón esta vez, simplemente me sorprendió por la brusquedad y la vehemencia de la misma. El jefe de campo estaba muy molesto porque algunas de sus manzanas podrían haberse echado a perder. Pero no tenía ni idea de cuantas de las manzanas del señor Buak se iban a echar a perder esa temporada.

Después de agarrar mi cheque, estuve en una línea de piquete en un campo de fresas en Watsonville. Roberto García, director de la oficina de Salinas, estaba allí en la línea y le conté lo que había pasado en Buak. Le dije que pensaba que la situación era favorable para una huelga. Había un grupo de huelguistas de la fresa alrededor escuchando. Iban a ser parte de la fuerza de choque para golpear los huertos de manzana y hacer funcionar la huelga en la manzana. Conforme le conté lo que había encontrado en el huerto, le dije que todo el asunto debía pensarse cuidadosamente. —La mayoría de los trabajadores, por lo que pude ver, eran ilegales. ¿Estás seguro de que queremos iniciar una huelga entre un montón de esquiroles potenciales?— Roberto, con quien había discutido sobre la posición del sindicato hacia los trabajadores indocumentados, no apreció la broma, mucho menos que fuese puesto en entredicho delante de los huelguistas de la fresa. Tampoco fue fácil para mí hacerlo. Además de su presencia más bien intimidatoria y su autoridad sindical, él no estaba por encima por utilizar el hecho de que hablaba español cincuenta veces mejor que yo, a su favor. Él replicó algo acerca de mí siendo todos atrapados con los ilegales de una manera claramente burlona.

En el camino hacia el huerto de Buak subí al vehículo con Roberto, y él me dijo, a su manera: —puedes tener la opinión que quieras acerca de las cosas, siempre y cuando recuerdes quien es el que manda—. Yo pensé: ¿Caramba, realmente permiten que la gente tenga sus propias opiniones? Pero me lo guardé para mí mismo.

Entramos en la misma huerta de la que había sido despedido por la mañana. Entramos con una docena de automóviles, ondeando banderas sindicales, con las bocinas bramando y gritos de "¡huelga!" por el megáfono. A medida que salíamos de nuestros autos, los piscadores fueron bajando de sus escaleras. Volcaron las manzanas de sus sacos y llegaron vacilantes hacia nosotros. Mientras se reunían alrededor, Roberto les dijo que el sindicato estaba llamando a una huelga para desafiar el contrato sin valor de Teamsters y conseguir auténticos beneficios. ¿Sabían siquiera que había un contrato? Buak había bajado el precio que se pagaba por caja en la campaña anterior. Eso era injusto, pero necesitarían organización para desafiar eso. La elección era suya. Si querían hacer huelga, no había garantía de que fuesen a ganar, pero el sindicato los respaldaría. El sindicato podría pagar algunos beneficios de huelga, pero eran mínimos. ¿Tienen alguna pregunta? Silencio. Entonces una mano se levantó.

—¿Cuánto son los beneficios de huelga del sindicato?

—Veinticinco a la semana—, dijo Roberto. —¿Están de acuerdo para irse? Vámonos—. Estaba en marcha.

Con los huelguistas de la manzana en nuestros coches alcanzamos otras áreas donde los trabajadores estaban cosechando. En todas partes a las que fuimos, los trabajadores bajaron de sus escaleras a escuchar. Todo el mundo salió.

Los primeros días de una huelga son los más fáciles. Los ánimos y la anticipación están altos. Es como una fiesta. Es el largo recorrido lo que desgasta los espíritus y los recursos, y, por supuesto, los empleadores son muy conscientes de esto.

En esos primeros días de huelga de la manzana las líneas de piquetes eran grandes. No había aún mandatos judiciales. Una gran cantidad de trabajadores de la fresa se unió a los trabajadores de la manzana y marchó en las líneas. Algunos de los huelguistas de la fresa permanecerían durante toda la huelga como una columna vertebral de la misma.

Todos los piscadores de Buak habían salido, y la mayoría estaban en las líneas de aquellos primeros días. Les preguntamos acerca de las condiciones en Buak como munición para popularizar la huelga. Nos dieron mucho de qué hablar. En el primer día de la huelga, sin guardias en las huertas, ni sherifes movilizados, era posible entrar en los huertos. Algunos de los trabajadores de la manzana que había conocido en el trabajo querían mostrarme los alrededores. Muchos vivían en chozas improvisadas bajo los manzanos. Habían construido estos toscos refugios con cajas de cartón desechadas unidas a un marco de madera y cubiertas con láminas de plástico. Dentro de estas "casas de cartón" había literas de estilo militar, donde dormían de cuatro a seis trabajadores. Por el privilegio de hospedarse en estas chozas los trabajadores pagaban $14 por semana cada uno, de $224 a $336 al mes. En aquellos días, podrías alquilar una casa grande y bonita en la ciudad por esa cantidad. Sus comidas consistían en su mayor parte de bocadillos fríos y alimentos enlatados sin calentar, ya que no había instalaciones de cocina, y, ni que decir, sin baños, duchas, lavabos, etc.

Algunos de los trabajadores más afortunados vivían en instalaciones de barracones con agua corriente, pero eran la minoría y el lugar también estaba sobre poblado. La vivienda llegaría a ser el tema que más pondría a la defensiva a Buak.

Además de alquiler y $10 a la semana por un número falso de la seguridad social, los trabajadores pagaban $11 por un saco para manzanas, $4 por el transporte a la huerta para aquellos que no vivían bajo los árboles, y $8 al mes por las cuotas de Teamster. El noventa por ciento de los trabajadores eran indocumentados.

El primer día de la huelga se inició con los ánimos altos. Formando una cadena a lo largo de la carretera que bordeaba el huerto de Buak, los trabajadores gritaban, cantaban, bromeaban y observaban los árboles reposando que se balanceaban con la brisa, con sus ramas cargadas de frutos maduros.

Pero el feliz momento se rompió abruptamente hacia las ocho de la mañana cuando un autobús verde, varias furgonetas verdes y un coche se acercaron a Green Valley Road más allá de la línea de piquete repentinamente tranquila. ¡La migra! Casi todos los huelguistas de la manzana en la línea, y también algunos otros trabajadores, aferrados a sus bolsas de almuerzo proporcionadas por el sindicato, miraba hacia los árboles, trazando su fuga. Se hizo un silencio sepulcral a medida que la caravana de los vehículos verdes se detuvo al otro lado de la calle. Alguien comenzó a gritar "¡huelga!" y la línea explotó en gritos. Los agentes de la migra bajaron de las camionetas y autobuses y se pusieron junto a ellos mientras gritábamos, con algunos de nosotros con los puños al aire, en su dirección. —¡Si tocan a cualquiera de nosotros, vamos todos a la cárcel! Mientras tanto, el agente a cargo, el señor Sills, un hombre alto con un uniforme verde, con cada vez menos cabello gris, cruzó la calle para hablar con varios funcionarios de la UFW. "El viejo Buak", que había llegado esa mañana a ver el espectáculo, observaba.

—¿Ustedes son los que mandan aquí?— Roberto, con los brazos metidos en su poncho, y Santos, un joven oficial de la oficina del sindicato de Watsonville, asintieron con la cabeza. —El sherife de Santa Cruz nos llamó—, dijo Sills, con los brazos cruzados delante de él, con la mirada perdida entre los árboles, tal vez calculando la cantidad de "espaldas mojadas" que sus agentes podrían realmente atrapar si la línea echaba a correr dentro del huerto. Dejar una ruta de escape tan abierta era una flagrante violación de las reglas de la guerra de la inmigración. No se veía bien. —Dijo que había ochenta mojados a mano aquí.

No me mires así—. Bajó la mirada hacia el suelo, trazando con su zapato un pequeño semicírculo en la tierra. —Yo no creo que tengamos nada que hacer aquí—, dijo lentamente, mirando ahora por encima de su hombro a los agentes dispuestos. Ahora fue el turno del viejo Buak empujar la tierra con el pie, pero aquello fue más una patada de frustración. Sills regresó a su coche, haciendo señas a los agentes para que hicieran lo mismo. Se retiraron a sus vehículos con una ovación proveniente de la línea. "Huelga, cabrones!", "¡Qué viva la huelga!", "¡Abajo la migra!" Esa fue la primera victoria de la huelga.

Esa celebración también se vio pronto interrumpida. Veinte Teamsters de Salinas aparecieron, parando exactamente en el mismo lugar en que la migra lo había hecho, saliendo de sus coches con miradas gélidas. Esto desencadenó varias horas de dardos incisivos, cantos, consignas, y denuncias, hasta que muchos de nosotros nos pusimos roncos de tanto gritar. Elías, un trabajador grande y de buen carácter, que tenía una pequeña granja en la zona donde criaba calabacines y cerdos, y con quien se podía contar para incluir un chiste en casi cualquier situación, estaba ahora de pie en medio de la carretera, a unas pocas yardas de los Teamsters.

—Dónde están los miembros manzaneros de los timstos?— preguntó con sarcasmo, con los brazos extendidos. —¡Dónde están sus miembros leales, cabrones! ¡Pinches fraudes! —Hubo risas en la línea de piquete. La gente se lo estaba pasando en grande.

En la década de 1970, las manzanas continuaban siendo el mayor cultivo comercial en el Valle Pájaro. Había más superficie dedicada a las manzanas que a cualquier otro cultivo. Las fresas estaban empezando a ganar aceptación, y su ingreso bruto por hectárea superaba con creces lo que era posible con las manzanas. Pero las manzanas continuaban siendo el pilar principal y una parte importante de la identidad de Watsonville, por lo que el hecho de que hubiera una huelga en el huerto fue una gran noticia en Watsonville y el periódico local, *The Pajaronian*, llevaba todos los días una historia sobre la huelga en primera plana.

La huelga fue notablemente embarazosa para los Teamsters, y se volvió peor aún a medida que la huelga continuó. Después del primer o segundo día de huelga, Buak declaró a la prensa que estaba agradecido por sus contratos con Teamsters porque estaba seguro de obtener ayuda con su cultivo. Los funcionarios Teamster se jactaron de que Buak pronto tendría trabajadores más que suficientes, porque la lechuga estaba terminando y los lechugueros Teamster pronto estarían dirigiéndose a los huertos de manzana. Todo lo que podíamos decir a eso fue un sarcástico "¡si claro!"

Con la huelga de manzana llegando a los periódicos de la zona, los funcionarios del sindicato (UFW) estaban muy contentos. Se trataba claramente de la publicidad que estaban buscando.

Sin embargo, después de los primeros días de huelga, y después de hacer que los huelguistas firmasen cartas de compromiso con el sindicato, que les daba derecho a un pequeño beneficio de huelga y ponía al sindicato en condiciones de afirmar ser los representantes de los trabajadores de la manzana de Buak, y luego de varios días de rumores que Manuel Chávez iba a venir para ayudar a dirigir una huelga general en las manzanas, la atención del sindicato por la huelga cayó bruscamente.

Después de unos días en el conflicto, Roberto García pidió verme en la oficina del sindicato de Watsonville. Su irritación anterior había desaparecido, y era todo cordialidad y buen humor. El éxito de la huelga de la manzana había mantenido a flote su ánimo, y tal vez su posición en el sindicato también. Estaba formando un comité para dirigir la huelga, dijo, y yo, junto con algunos de los huelguistas de la fresa, fui elegido para ello. Esto me desanimó bastante. ¿No era esta una huelga de los trabajadores de la manzana? ¿No los habíamos llamado con la promesa de luchar por mejores condiciones en las manzanas? ¿No deberían de ser los trabajadores de la manzana los que estuviesen en este comité? ¿No deberían los huelguistas tener la oportunidad de elegir su comité? Pero Roberto no quiso saber nada de esto. Una vez más me acordé de quién tenía "la última palabra". Yo le dije que no iba a estar en ningún comité sin los trabajadores de la manzana. Eso puso fin a la reunión. Y apenas nos hablamos el uno al otro durante el resto de la huelga.

En el tercer día de la línea de piquete gran cantidad de cajas llenas fueron llegando desde el campo. Carlos, que trabajaba en la oficina del sindicato de Watsonville, y Pedro, un trabajador de la fresa en huelga, se colaron en el huerto para comprobar quién estaba trabajando. Cuando estaban al acecho entre los árboles para echar un vistazo, fueron descubiertos por los matones Teamster. A medida que intentaban salir de la huerta, un Teamster se dirigió hacia ellos con un garrote. Volvieron la cabeza en otra dirección, pero cuando lo hicieron varios guardias más Teamster vinieron a ellos y los tiraron al suelo. El primer Teamster comenzó a golpearlos con un palo. Pedro trató de defenderse, y el palo cayó pesadamente sobre su brazo levantado, rompiéndolo.

Cuando llegó la noticia de la golpiza, los Teamsters afirmaron que Carlos y Pedro habían sido atrapados tratando de zarandear del árbol a un piscador. Queríamos hacer un panfleto denunciando el vandalismo Teamsters, pero los funcionarios locales de UFW no querían eso, argumentando que podría enfadar demasiado a la gente y podría hacer que las cosas "se saliesen de control".

Durante los días siguientes los ánimos se enfriaron un poco. Había necesidad de hablar de las cosas. Varios huelguistas y simpatizantes fueron a la línea de piquete junto a los huelguistas de la manzana y de la fresa, entre ellos Pedro con el brazo roto; mi viejo amigo FJ, que estaba trabajando en el apio en Watsonville y se había unido a la huelga el primer día; Carla a quien conocía desde la época del café (en Seaside) y había bajado de la zona de la bahía para comenzar lo que serían muchos años en los campos; y Mickey, quien se tomó un tiempo libre de la lechuga para unirse al frente. También había otros allí, gente de la comunidad de Watsonville que vendría a la línea de piquete algunas veces durante la huelga, para apoyarla.

Era evidente que la situación de muchos de los huelguistas de la manzana era precaria. Sus pequeños beneficios de huelga, de 25 dólares a la semana, no los llevarían lejos y la búsqueda de vivienda y el suministro de alimentos era un gran problema. Comprensiblemente, algunos se habían mudado o estaban considerando hacerlo. Pero si la huelga podía llevarse adelante, si los rompehuelgas podían ser mantenidos fuera de la huerta, no sólo se debilitaría la alianza de los productores con los Teamsters, sino que Buak podría verse obligado a hacer concesiones y otros podrían seguirlo.

Teníamos que averiguar de dónde venían los rompehuelgas. Teníamos que ampliar la publicidad de la huelga y el apoyo de la comunidad. Necesitábamos intensificar la agitación en la línea de piquete. Estuvimos de acuerdo en que lucharíamos para ganar lo más posible en la huelga, sin recurrir a culpar a nadie entre la gente. Queríamos mantener nuestro objetivo de oposición donde pertenecía, en contra de los productores y el sistema que vivía de la explotación de los trabajadores agrícolas en beneficio privado de unos pocos.

Al día siguiente en la línea tuvimos una gran oportunidad. Uno de los rompehuelgas resultó ser un espía de UFW. Informó que Buak estaba "perdiendo el culo". Buak tenía algunos esquiroles, dijo, pero eran inexpertos, trabajando sobre todo por hora. Un contratista de mano de obra de Salinas, Jaime Amezcua (cuya carrera de revienta huelgas comenzó en 1970), los estaba trayendo. La producción fue hacia abajo. La primera semana de la huelga se cosecharon 200 cajas.

—Muchas tienen manzanas que probablemente nunca van a llegar al mercado—, dijo el espía guiñando su ojo. Buak necesitaba por lo menos 3,000 cajas a la semana para absorber su cosecha.

De hecho, la huelga estaba haciendo daño a Buak. La industria de la manzana de Watsonville estaba en decadencia desde más de una década atrás. El mercado de las manzanas frescas, mucho más lucrativo, estaba siendo ocupado por manzanas del estado de Washington. Estaban ganando una mejor reputación, justificada o no. Pero el hecho de que las manzanas de Watsonville maduraban más temprano que las de Washington, tanto sólo diez días antes, daba a los productores de Watsonville una ventaja potencial en el inicio de la temporada, cuando los precios tendían a ser más altos. Quién pudiese conseguir cosechar su cultivo más temprano permanecería ganando en el lucrativo mercado de la fruta fresca. Por lo tanto, los primeros días de la cosecha eran potencialmente cruciales para el resultado final. Las manzanas que no podían ser vendidas como frescas, podrían ser vendidas como manzanas para jugo o a los procesadores de frutas secas, pero a precios considerablemente más bajos. Era evidente ahora que estas opciones eran la única esperanza de Buak.

Comenzamos siguiendo al bus de Amezcua cuando salió del huerto. Mientras tanto, en Salinas, había aliados de la huelga y partidarios del sindicato que también estaban aguardando vigilantes. Una mañana temprano, Amezcua aparcó el autobús cerca del corralón, justo en la calle Market. A medida que se corrió la voz acerca de un autobús que estaba esperando para recoger a los rompe huelgas, cientos de trabajadores, en el área que esperaban sus propios paseos a los campos, se congregaron alrededor del autobús de Amezcua. Nadie podía acercarse al autobús, y mucho menos subir a él.

Después de varias mañanas así, Amezcua cambió de táctica. Uno de nuestros grupos de huelguistas de Watsonville había estado explorando los alrededores a principios de la mañana y detectó el autobús de Amezcua en la calle Alisal, en frente de la cárcel del condado y la oficina del sherife. Cuando nos acercamos al bus, Amezcua hizo sonar su bocina, asomó la cabeza por la ventanilla del conductor, y comenzó a gritar pidiendo ayuda. Pronto, una línea de varios sherifes, con sus rostros protegidos por escudos de plexiglás, se presentó fuera de un edificio al otro lado de la calle. Porras en la mano, se alinearon para resguardar su autobús mientras que quince o veinte rompe huelgas iban tranquilamente hacia el autobús. Se rumoreaba que algunos de ellos eran prisioneros de la cárcel del condado a los que habían dado libertad anticipada por haber accedido a hacer "un servicio a la comunidad", pero no fueron capaces de justificar eso. Después de pasar algún tiempo cerca del autobús, suplicando a los rompe huelgas para que salieran, sin ningún resultado, nosotros los huelguistas nos echamos las manos a la cabeza. Todos los huelguistas parecían completamente abatidos. "¡Vámonos, ya nos ganaron ahora!"

A medida que avanzábamos en dirección a Watsonville, el conductor del vehículo en que yo estaba giró en redondo y se dirigió de nuevo hacia el bus contratista. Iba a preguntarle a dónde se dirigía en el mismo momento en que arrancamos a la par del autobús, que justo entonces partía hacia adelante. De repente, hubo una serie de sonidos sibilantes y el autobús se hundió sobre el pavimento ¡con las cuatro llantas pinchadas! Nuestro conductor soltó un grito, agitó el puño cerrado a un contratista de trabajo asombrado, y empujó su mano sobre la bocina cuando aceleramos después de pasar al bus.

Ahora Buak estaba furioso. Desde el inicio de la huelga, su hijo, que estaba a cargo de la operación más tranquila, había insistido en que todo era normal y las manzanas estaban llegando en número suficiente. Pero eso también era parte de la guerra psicológica que forma parte de todas las huelgas. A pesar de estas desafiantes palabras, en la segunda semana de la huelga, el *Pajaronian* de Watsonville publicó un titular de primera página, "Los Teamsters me decepcionan, dijo Buak". La gran fuerza de trabajadores de la lechuga despedidos que los Teamsters se comprometió a enviar resultó ser un mito, como era previsible. La posibilidad de que trabajadores de la lechuga con experiencia vinieran a trabajar en las manzanas era bastante improbable. Que viniesen para romper una huelga en nombre de los Teamsters era tan probable como que las manzanas se recogieran ellas mismas. Buak se quejó abiertamente de que la carga de encontrar rompe huelgas había recaído sobre él, y, sin decirlo, era evidente que sus esfuerzos, disculpen la expresión, no estaban dando muchos frutos.

Pero Buak y Amezcua no se dieron por vencidos. La segunda semana de la huelga, un pequeño número de los huelguistas originales regresó cuando Buak les ofreció $7 dólares la caja. Por lo que pudimos ver, trabajaron unos días y se trasladaron, el dinero ayudó a pagar sus gastos hasta su próximo destino. Este era un modelo común en las huelgas del campo. Los trabajadores se irían, hicieron huelga durante el tiempo que pudieron o se sintieron motivados para resistir, y luego siguieron adelante, por lo general a ranchos o zonas no afectadas.

La huelga se convirtió en una especie de guerra de guerrillas. Hubo incidentes de huelguistas que golpearon al enemigo prácticamente bajo sus propias narices. Un trabajador de Calexico pasó una semana marchando en las líneas de piquete de Buak. Había pasado los últimos meses viajando por todo el estado de huelga en huelga, participando en las batallas desde el espárrago en el Valle Imperial, a los huertos de limón de Yuma, y los campos de tomate y pepino de Stockton. Se había convertido en una especie de huelguista profesional ambulante. Tenía una tonelada de historias que contar.

No mucho tiempo después del incidente de los pinchazos,

Jaime Amezcua logró llevar varios autobuses llenos de esquiroles a un huerto de Buak. Estaban trabajando un área bastante lejos de la vía pública, fuera del alcance del megáfono. Tratamos de llegar a algún plan para o bien llevarlos fuera de la huerta o desactivar los autobuses, pero no pudimos ni llegar cerca de la escena debido a los guardias y los hombres del sherife. Estábamos de pie en torno a un sentimiento de frustración cuando el compañero de Calexico se acercó a nosotros con una sonrisa pícara en su rostro.

—No te preocupes—, dijo. —Amezcua va a tener algunos problemas para salir del rancho de hoy—. Y en esto se levantó la chaqueta revelando un puñado de cables de diversos colores que había "¡encontrado" en el tablero de mandos de uno de los autobuses de Amezcua!

La ausencia casi total de la dirección del sindicato en el piquete permitía que algunos sentimientos radicales se expresasen de manera más abierta y libremente. Esto se hizo en gran parte por medio de la agitación de los rompe huelgas.

El megáfono por el huerto era un foro público destinado a que cualquier huelguista o simpatizante expresase su indignación, ultraje, sarcasmo o ironía. Esta fue una guerra psicológica, en la que el objetivo era desgastar la moral de la otra parte. Algunos de los trabajadores del campo en la línea de ataque tenían mucho que decir, sobre una serie de cuestiones en relación con el robo por parte de los cultivadores, la discriminación contra los mexicanos y los inmigrantes, y las injusticias de la sociedad. A veces eran estrictamente apelaciones a la lealtad de clase, otras veces amplias denuncias sociales, la exposición a los productores, la policía o la migra, o llamadas a una respuesta radical contra la injusticia. A veces se usaba el megáfono para asesorar a las personas que trabajaban en el huerto sobre el estilo de trabajo propio de un rompe huelgas. Con los recolectores inexpertos como rompe huelgas encontramos que Buak les pagaba por horas. Los huelguistas les dieron un consejo sincero. "¡Despacio, tómalo con calma, toma un descanso! ¡Buak te necesita como un gusano necesita una manzana, no puede dispararte!" A veces, si estuviésemos lo suficientemente cerca, los veíamos incluso reírse de estas burlas.

Un día, mientras estábamos en la línea de piquete con nuestro megáfono dirigido a susurrar a las ramas de los árboles en la distancia, vimos un espectáculo inusual. Una media docena de rompe huelgas se dirigían hacia nosotros. Emergieron de los árboles saludándonos y varios de ellos gritaban "huelga" y "huelga de manzana". Los líderes de este pequeño grupo resultaron ser dos jóvenes "chucos" (jóvenes de la calle) de la comunidad de Salinas, quienes tenían, toda la apariencia, de haberse embarcado en un equipo de esquiroles con el propósito explícito de conseguir que otros rompe huelgas saliesen. Y tuvieron mucho éxito.

Francisca, una trabajadora de la fresa de Michoacán, fue una agitadora de gran alcance en la línea de piquete. Baja, con una voz un tanto ronca, dejó su indignación resonar con la indignidad de un pueblo obligado por la explotación despiadada de su tierra natal a emigrar, sólo para ser explotado y maltratado de nuevo en esta nueva tierra. En la línea de piquete, explicó sus sentimientos acerca de esto por medio de historias. Una de esas historias involucraba una visita a su familia en Michoacan. Había ido a casa en un viaje y llevaba un poco de fruta que había traído de Estados Unidos. Después de saludar a su madre, Francisca le obsequió un grande y hermoso melón.

—¡Qué bonito!—, dijo su madre mientras inspeccionaba la fruta con una etiqueta de la compañía de Estados Unidos en él. —¡Si tan sólo pudiéramos cultivar frutas como esta en México!

—¡Mamá—, dijo Francisca, entregando a su madre la gran fruta redonda, —este melón es de México! Una vez más, lo mejor de los productos agrícolas de México, junto con su población activa en edad productiva, venían del norte.

La línea de piquete resonó con denuncias sobre la política de inmigración de EE.UU. e hizo un llamamiento a los inmigrantes indocumentados dejando en claro que nos oponíamos a toda noción de "trabajadores ilegales", y que todo el que trabajase en los Estados Unidos debía tener los mismos derechos, que la política estaba dirigida a intensificar la explotación, y que en todo caso, la frontera misma se había impuesto de manera ilegal, a través de una guerra injustificada y tratados rotos desde de entonces. Y hablando de fronteras, ¿no había violado Estados Unidos la sacralidad de las fronteras de otros países con decenas de invasiones de lugares como México, Nicaragua, Panamá, Vietnam, Corea, etc.?

Los efectos que solamente esta propaganda tenían eran

difícil de juzgar y medir. En una situación que simplemente pudo haber salvado mi pellejo. Un día, un grupo de huelguistas, aprovechando uno de los pocos momentos en que los sherifes no estaban, corrió al huerto a perseguir a los esquiroles. Nosotros llevábamos palos, pero no teníamos la intención de hacer más que asustar a la gente, y funcionó. Algunos esquiroles se fueron y nunca regresaron.

A la mañana siguiente estábamos preparando nuestra línea de piquete fuera de la misma huerta cuando el coche de un sherif me detuvo.

—Amezcua presentó cargos por asalto contra ti—, dijo el joven ayudante, sosteniendo el documento delante de mí. Me pidió que entrara en su coche patrulla. FJ estaba en la línea de piquete aquel día y se metió en su coche y nos siguió hasta el bosque donde estaba estacionado el autobús del contratista. Yo estaba sentado en el coche patrulla cuando FJ bajó de su coche.

Amezcua llegó corriendo excitado hacia FJ gritando. —Ese es el tipo. Es el que estuvo aporreando a mi gente—. FJ no había estado en la línea de piquete del día anterior, y él no era la persona que Amezcua había indicado primero a los sherifes.

—Bueno, el tipo del que nos hablaste está en el coche patrulla—. El ayudante me señaló a mí.

—Oh, sí—, Amezcua se corrigió a sí mismo. —Este es el hombre.

Los ayudantes trajeron entonces un joven mexicano, probablemente de diecinueve o veinte años, para identificarme. Lo había visto en el manzanar el día anterior, y seguro que me vio porque habíamos estado a pocos metros el uno del otro. Se acercó al coche patrulla y se quedó un momento mirándome a través de la puerta abierta. Sonrió ligeramente antes de hablar, —no, no reconozco a este tipo—. Jaime Amezcua se puso histérico, pero tuvieron que dejarme ir. Los ayudantes del sherife me aseguraron que se interpuso en el incidente una denuncia de falsa acusación. No pude haber imaginado lo afortunado que eso sería.

Yo hubiera deseado conocer a ese compañero para descubrir por qué no me delató ese día. ¿Por qué correr el riesgo de cabrear a su jefe? ¿Era por miedo a los huelguistas? ¿O era que algo en esa huelga que le dio la sensación de que lo que estaba ocurriendo en el piquete era realmente de su interés? Una incógnita.

Como casi siempre sucede en tales huelgas, se dictó una orden judicial limitando los piquetes a un grado ridículo, un piquete cada 25 yardas. Lo ignoramos cuando pudimos, jugando al gato y al ratón con los sherifes.

Desde que Buak empleó a varios guardias afroamericanos, nos dirigimos a nosotros mismos para los elementos comunes entre los trabajadores en huelga, los trabajadores del campo y los negros que habían sufrido enormemente por las mismas manos capitalistas. Los mexicanos desposeídos de sus tierras y medios de vida, obligados a emigrar para sobrevivir, los negros privados de su libertad, esclavizados durante siglos y brutalmente discriminados en contra. ¿No eran los negros y los latinos enviados en número desproporcionado a luchar en Vietnam? Este llamamiento a la solidaridad en contra de un sistema de explotación también tuvo sus efectos. Había ocasiones en que aquellos guardias mostraban su solidaridad con la huelga, o trataban de permanecer neutrales cuando podían.

La huelga tuvo un apoyo considerable en Watsonville. Tratamos de intensificar ese apoyo panfleteando, movilizando caravanas de automóviles por la ciudad e incluso con una marcha de solidaridad con la gente que vino a apoyar la huelga desde el Área de la Bahía. Hubo apoyo de la comunidad, y la gente de la ciudad salió a las líneas de piquete, a veces trayendo comida o algo para beber, como café y panecillos dulces por las mañanas. Durante la segunda semana de la huelga hubo un mitin en la plaza en la zona centro de Watsonville. César Chávez debía venir con Teatro Campesino, pero no pudieron hacerlo. Aún así el mitin, con presentadores de los dirigentes sindicales locales y los huelguistas, junto con la música de un grupo de mariachis local, atrajo a una multitud de varios cientos de personas.

A medida que la huelga de Buak continuó, su liderazgo cayó por efecto a un grupo de trabajadores de *El Obrero*, los huelguistas de la fresa, y un número menguante de trabajadores de la manzana. Aunque sólo unos pocos huelguistas de la manzana se quedaron hasta el final, ninguno de los huelguistas originales de Buak volvieron a Buak por más de unos pocos días.

Los Teamsters con frecuencia se presentaron en los ranchos de Buak para actuar como guardias. La mera visión de ellos despertaba un gran enojo entre los trabajadores. Los Teamsters se quedaban hasta el final de la línea de piquete y escoltaban los autobuses de Amezcua para desanimarnos de ir tras ellos y averiguar dónde dejaban a los rompehuelgas. Un día, cuando un autobús salió del campo, tres o cuatro vehículos de Teamsters lo siguieron. Los seguimos hasta la autopista 1. Los vehículos Teamsters bloquearon ambos carriles de la carretera y desaceleraron para permitir que el autobús se adelantase. Uno de los huelguistas más atrevidos aceleró su motor y se desvió hacia el lado derecho, deslizando en la tierra, aunque logrando aguantar y jalar delante de los coches de los Teamster.

La ruta 1 entre Watsonville y Salinas es una carretera de cuatro carriles completos con mucho tráfico de movimiento rápido. Incluso en circunstancias normales, es peligrosa para conducir. A medida que acelerábamos por la carretera, el ritmo aumentó y la maniobra se hizo más y más arriesgada con los automóviles de los huelguistas los Teamsters tratando de ir más deprisa, cada uno virando, y casi chocando varias veces.

Cuando llegamos a Salinas, algunos de nosotros los cazadores, de repente nos convertimos en la caza de los Teamsters, que trataban de atraparnos usando radios de aficionado. Varios vehículos Teamsters estaban siguiendo el auto que yo conducía. Hice un giro para alejarnos de ellos en una calle lateral, pero un tercer auto Teamster estaba bajando en sentido contrario directamente hacia nosotros. Giró rápidamente para bloquear la calle. Parecía que íbamos a quedar atrapados en una prensa. Había otros huelguistas en el vehículo conmigo. Pedro se sentó a mi lado en el asiento delantero, con el brazo roto todavía con un yeso. Nos miramos el uno al otro y nos agarramos a cualquier cosa que pudiera servir como arma. A medida que nos íbamos acercando al coche Teamster frente a nosotros, yo fui capaz de virar bruscamente sobre la acera y encontrar suficiente espacio para evitar al otro automóvil.

Mickey no tuvo tanta suerte. Él y Carla estaban en su auto seguidos de cerca por un Teamster. Mientras trataban de despistar al que los seguía, las barreras de un cruce de ferrocarril bajaron, bloqueando su camino hacia delante en la calle Market. Uno de los matones de los Teamster, uno particularmente detestable que fue asesinado por su novia un par de años más tarde, se acercó al coche de Mickey llevando una llave grande. Mickey tenía la ventana cerrada, pero la bajó por lo que el matón al acercarse pudo ver el arma que tenía en la mano, con el cañón dirigido directamente hacia su pecho. El matón dio un paso atrás, gruñó y se alejó.

El costo de la huelga para Buak "el viejo Buak" fue muy caro. Se estimó que más de la mitad de su cosecha nunca fue recogida. Sin lugar a dudas, sufrió otras pérdidas derivadas del trabajo deficiente, como manzanas magulladas colocadas en las cajas por los rompe huelgas, que sabían que podían salirse con la suya. Además de eso estaban los gastos con los guardias de seguridad, el contratista de trabajo, y así sucesivamente. Bien entrada la huelga el sindicato envió un telegrama proponiendo negociaciones a Buak, pero él nunca respondió. Es ciertamente posible que sus pérdidas fueran amortiguadas por la ayuda de otros productores que tenían mucho que ganar al mantener al sindicato fuera de sus huertos.

Tratamos de hacer la mayor parte de la huelga políticamente. Editamos un número especial de *El Obrero* durante la huelga, en el que atacamos con especial dureza la cuestión de los "ilegales", la exposición de las crueles condiciones impuestas por los productores y defendimos la lucha tenaz que los huelguistas opusieron. Debido a que en esos días sobrestimamos la importancia de los trabajadores de "aprender de sus propias experiencias", nosotros no hicimos el tipo de trabajo político que podría haber sido posible para exponer al sistema.

Aunque al principio fue difícil entender por qué el sindicato se había alejado de la huelga, fue FJ quien señaló que era perfectamente consistente con la estrategia de la evolución. Había un creciente interés dentro de la clase política de que se ponga fin a la contienda y la lucha en el campo. El sindicato estaba interesado en hacer que estallara la lucha como fuese posible a fin de demostrar que, sin su intervención, sin el reconocimiento de los cultivadores de la misma y la garantía de su existencia, no habría paz. UFW estaba diciendo, tenemos la llave, si quieres la paz, haz que los perros retrocedan. Los Teamsters no pueden garantizar la paz, pero nosotros sí podemos. Esas "huelgas publicitarias" formaban parte de una estrategia sindical.

Arson — Incendio premeditado

El otoño se aproximaba cuando terminó la huelga de Buak. Volví a Salinas a la chabola de una habitación de la calle Pearl que había visto sólo en raras ocasiones durante la huelga.

No había trabajado en semanas, recibía beneficios de huelga, así que estaba bastante quebrado. Pero pude encontrar trabajo casi de inmediato en Paul Masson en San Lucas, al sur de King City, trabajando en un equipo con la familia Margarito. Los Margaritos eran fuertes partidarios del sindicato. Yo sabía que Tony, el padre del clan, había participado durante varios años, en los piquetes, marchas y reuniones. Nos llevábamos razonablemente bien, a pesar de que nuestros puntos de vista sobre el sindicato y sus políticas eran divergentes. Tony, como muchas otras personas entonces, se mostró reacio a criticar al sindicato, aun cuando había cosas con las que no estaban de acuerdo. Pensaba que mientras estuviera bajo ataque sólo contribuiría a debilitarlo. Argumenté con él que la fuerza del sindicato siempre fueron los trabajadores y en la medida en que alguien los dividiera, incluso la dirección del sindicato, iban debilitando el sindicato y la lucha más amplia.

Tony vivía con su familia en Salinas y al igual que muchos trabajadores del campo, trabajaba en diferentes cultivos en diferentes épocas del año. La cosecha de la uva de otoño para vino fue uno de esos cultivos. Algunos de sus familiares—los que no estaban en la escuela en aquel momento trabajaban juntos en las uvas. Esto era bastante común en los cultivos de uva, que son muy adecuados para este tipo de arreglo. Trabajábamos en equipos de seis, Tony, su esposa, sus tres hijos mayores, y yo, con nuestro tractor y la góndola, cada uno con nuestra tina para la uva y el pequeño cuchillo curvo. Avanzábamos por la viña hasta que llenábamos la góndola. Entonces uno de nosotros la llevaba a las balanzas, mientras que los demás miembros del equipo continuaban llenando sus baldes con la variedad que estaba siendo recogida aquel día. Por lo general, trabajábamos una variedad durante dos o tres días: Pinot Noir, Emerald Riesling, Gamay, Gewürztraminer, Pinot, Chardonnay, etc. Cada variedad paga un precio diferente por tonelada, dependiendo del peso de la fruta. Era un trabajo duro y sucio, pero también era agradable trabajar con esta familia. El tiempo era cálido, como es habitual en las zonas de cultivo de uva, pero sin el calor sofocante que se había producido en Gallo. Los Margaritos tenían experiencia, eran amables, con buen humor, y me enseñaron bien. El equipo trabajaba bien en conjunto.

Con los viñedos de San Lucas, a unas buenas cincuenta millas al sur de Salinas, tenía que salir temprano y solía llegar a casa por la tarde. Un día llegué a casa del trabajo y encontré mi habitación patas arriba. Mi ropa estaba esparcida por todas partes. Mi cama, un colchón sobre una pieza de madera contrachapada que descansaba sobre cajas de leche, había sido volteada, y todas las cajas de libros y papeles de debajo volcadas. Mis cajones habían sido vaciados en el suelo. Incluso abrieron los armarios de mi pequeña cocina y las pocas sartenes y platos fueron sacados y arrojados sobre el hornillo y el fregadero. Encima del aparador encontré una orden de registro emitida por un juez de la corte superior de Salinas y firmado por un tal capitán Miracle (milagro). Me reí del nombre, y por un segundo pensé que esto podría ser una broma, pero el aspecto oficial del papel y el extremo desorden del lugar decían otra cosa.

¿Qué estaban buscando? Estaba cansado, acalorado, y sucio y muy necesitado de una ducha. Así que empecé a desvestirme. En mi dormitorio-sala de estar tenía un tonel de madera que permanecía junto a la puerta. Por lo general, lo primero que hacía después del trabajo era echar mi ropa de trabajo en ese tonel, así no me sentaría sobre nada con ella puesta. Empecé a desprenderme de la ropa y me había quitado la camisa y los pantalones deshechos cuando alguien llamó a la puerta. La puerta principal era principalmente vidrio, pero estaba cubierto por una persiana. Me asomé por la persiana y vi a un tipo con una chaqueta de pana marrón claro. En este estado de agotamiento y un poco mareado mentalmente, no se me ocurrió preocuparme por eso, hasta que abrí la puerta, sujetándome los pantalones con una mano.

—¡Suéltala. Suelta la jodida pistola! —gritó una voz. La voz venía de detrás de un cañón que parecía un obús, a no más de seis pulgadas de mi nariz.

—¿Qué pistola? Yo no tengo ninguna pistola. Todo lo que podía hacer en ese momento era reaccionar por instinto. Levanté mis manos al aire, y muy rápidamente. Un segundo detective las agarró y empujó por detrás de mí. Mientras tanto el de la chaqueta de pana había enfundado su pistola y estaba sacando la ropa sucia fuera del tonel.

¿Cuántas veces habían pensado los policías que habían visto un arma y dispararon primero antes de saberlo con seguridad? Estaban aquí para detener a "un peligroso radical" que vivía en una "chabola miserable" en el centro del barrio. No es difícil suponer que si yo hubiera sido negro o mexicano, un policía nervioso que sabría que matar tal persona siempre se excusaría con el argumento de: "pensé que estaba en peligro", me hubiera reventado la cara. Estos pensamientos en realidad pasaban por mi mente en el preciso momento en que estaba siendo esposado y sacado por la puerta, todavía a medio vestir. Mi súplica para que me permitieran una ducha fue enérgicamente denegada, y ahora yo permanecía de pie al aire libre, frente a un pequeño grupo de niños que habían detenido su juego para ver el espectáculo en su patio.

—¿Le importaría decirme de qué se trata? —pregunté.

—Claro—, dijo el de la chaqueta de pana, —estás bajo arresto, por incendio premeditado. Anoche atacaron con bombas incendiarias algunos autobuses, ¿supongo que no sabes nada acerca de eso? Mi automóvil estaba aparcado en un pequeño garaje junto a mi casa, y el policía pidió las llaves para que pudieran registrarlo.

—¿Tiene usted una orden de registro para el auto? —les pregunté. Ellos tuvieron la amabilidad de explicarme mis opciones.

—O nos das las llaves, o vamos a hacer que lo remolquen y lo destrocen. Yo estaba bastante seguro de que legalmente eso era basura, pero no protesté. Tal vez esto podría ser expuesto más tarde. Revisaron el auto, por dentro y por fuera, estudiándolo, dijeron, en busca de material inflamable para bombas incendiarias, pero también leyeron las cartas que tenía en el asiento delantero. Luego me metieron en su coche patrulla y nos dirigimos a la cárcel del condado.

De camino a la cárcel el policía acompañante se volvió hacia mí:

—¿Conoces a ese tipo Amezcua?

—Sí.

—Él jura que le dijiste que ibas a explotar sus autobuses. ¿Es cierto?

—No—, dije.

—Bueno, eso es por lo qué estás aquí.

Fui fichado y encerrado con 15.000 dólares de fianza. Me puse a pensar en los motivos, coartadas, testigos, y similares, y estaba empezando a pensar que había una oportunidad, tal vez incluso una buena oportunidad, de ser declarado culpable del incendio. Me di cuenta de lo relativamente fácil que es para alguien ser acusado y declarado culpable por algo con lo que no tenía nada que ver. En este caso había un contratista de trabajadores deseoso de dar testimonio de que yo le había amenazado (testigo), estaba muy involucrado en una huelga que estaba tratando de romper (motivo) y estaba durmiendo después de un día en las uvas cuando el delito se produjo (falta de coartada). ¿Y si por casualidad hubiera tenido un poco de material inflamable en el garaje (evidencia)? Pensé en el incidente en el huerto de Buak cuando Amezcua me acusó y luego no pudo identificarme. Pensé en el joven rompe huelgas al que me miré directamente a los ojos, negó con la cabeza y dijo: "yo no lo reconozco". Los ayudantes del sherif dijeron en aquel momento que iban a poner una denuncia de falsa acusación en sus archivos. En ese momento parecía que sólo eso podría ser mi salvación.

Utilicé mi derecho a una llamada de teléfono para llamar al sindicato. Me dijeron que el sindicato ayudaría, pero que públicamente iban a desvincularse de mí para evitar las malas relaciones públicas. Vaya malas relaciones públicas, pensé. Yo no había hecho absolutamente nada.

Pasé la noche en una celda minúscula de la cárcel del condado tratando de leer una novela de vaqueros que encontré en mi litera, con la luz que brillaba en el pasillo a través de los barrotes de mi celda. Al día siguiente leí la novela de vaqueros y vi la televisión a través de los barrotes.

Por la tarde un guardia me llamó por mi nombre, y me llevó a una habitación con una mesa y varias sillas. Me sentaron y me dijeron que esperara. Pensé que había sido enviado un abogado a verme, pero el tipo rubio fraternal, de unos treinta o treinta y pocos años, que entró unos minutos después no era abogado. Se sentó y sonrió, me dio la mano, y se presentó a sí mismo. Luego sacó su placa. Él era el agente X del FBI.

El objetivo del FBI es encontrar información, y están capacitados para hacerlo. A veces, sus tácticas son sutiles, a veces más directas. Pero siempre es un error hablar con ellos sobre cualquier cosa. En este caso, el agente no comenzó con cualquier pregunta. Él empezó hablando sobre cómo había estado en Puerto Rico y había aprendido a respetar el movimiento de independencia de allí. Yo no sabía nada acerca del movimiento en Puerto Rico, y muy poco en absoluto sobre Puerto Rico. Así que no pude comentar nada, incluso aunque quisiera, que no era el caso. Debería haberme excusado cortésmente en ese momento, pero me decidí a escucharle. Era evidente que estaba tratando de ganarse mi confianza y simpatía. Después de un tiempo, empezó a impacientarse y comenzó a preguntar directamente sobre las cosas. ¿Estaba siendo bien tratado?

—No tengo ninguna queja—, le dije. ¿Quería hablar sobre lo que pasó? "No". ¿Estaba contento con el resultado de la huelga? A esto le contesté que sentía nostalgia de mi celda y que me gustaría volver. Eso puso fin a la entrevista.

No creo que el agente X tuviera el más mínimo interés en la huelga. Si la conversación hubiera seguido, probablemente habría expresado simpatía por ello y hubiera tratado de aparecer como un amigo de los trabajadores agrícolas. Tampoco estaba allí debido al cargo de incendio provocado. Estaba pescando para obtener información útil para debilitar o destruir cualquier movimiento político de oposición.

Durante los períodos de levantamiento popular el FBI a veces trataba de quedar fuera, comprensivo con las causas progresistas tales como los derechos civiles. Eso es una farsa. El FBI estaba implicado en el asesinato de Malcolm X, Martin Luther King Jr., Fred Hampton y otros líderes importantes. Llevaron a cabo y siguieron llevando a cabo acciones destinadas a desacreditar, dividir, y destruir los movimientos progresistas que representaban obstáculos o peligros para el funcionamiento del imperio en sus represivos y brutales hechos. Creer que el FBI es algo más que un implacable enemigo de todos los movimientos progresistas genuinos y de la lucha de los oprimidos es participar en un autoengaño. Pensar que puedes ser más listo que ellos, o analizarlos, lo que hasta cierto punto yo creía en ese momento, es estar cegado por la propia necedad.

Temprano por la tarde del día siguiente me dijeron que estaba libre, los cargos se abandonaron, por falta de pruebas.

Esa noche fui a la casa de FJ para dejar que él y otros en Watsonville supieran lo que había sucedido. Poco después de llegar allí recibí una llamada de Ken Dursa, mi antiguo compañero de habitación, preguntando cómo estaba.

—Bien—, dije. —¿Por qué lo preguntas?

—Me preocupaba que estuvieras en la cárcel.

—¿Cómo sabías que estaba en la cárcel?

—Por la televisión—, dijo. —Pasó en las noticias!

—¿Pasó?

—Si, un tal capitán Miracle, hablaba de ti esta noche. Dijo que te habían detenido y que creen que eres la persona responsable de una serie de incendios provocados en diversas instalaciones por toda la ciudad—. ¡Así que ahora yo era el pirómano loco! Parece que los comentarios del capitán Miracle fueron retransmitidos en el noticiero de la noche casi al mismo tiempo que estaba siendo puesto en libertad por falta de pruebas.

—Wow—, dijo Kenny, ya que el momento escogido se hizo evidente.

—Parece como si hubiera un proceso judicial en alguna parte.

Proceso judicial

El personal jurídico del sindicato se negó a vivir en la sede de UFW en La Paz. El abogado jefe del sindicato, Jerry Cohen, era lo suficientemente importante para el sindicato, tanto que Chávez no presionó. Por eso pude encontrar a Jerry en su oficina en el centro de Salinas. Cohen tenía una reputación como abogado descarado, capaz de competir con los abogados de los rancheros, los jueces conservadores, y similares, y por lo general salir ganando.

Al parecer estaba informado de mi caso y de mí, porque poco después de llegar a la oficina fui interrogado por él, aunque de forma indirecta.

—¿Has oído hablar de ese grupo, ese grupo nacionalista que defiende a Juan Corona, no?—, dijo, casi tan pronto como me presenté. Yo había oído algo al respecto. Y yo sabía al respecto de Juan Corona, un contratista de trabajadores de Yuba City acusado de asesinar a decenas de campesinos que habían trabajado para él. Se decía que él enterró a los trabajadores en el huerto de durazno de un granjero vecino, que descubrió la tierra recién cavada en su propiedad y llamó a las autoridades locales. Había sido publicado en la prensa que Corona había explotado a alcohólicos y otros desvalidos durante algún tiempo, manteniéndolos en un estado de semiesclavitud, pagándoles sólo pequeñas cantidades de sus salarios, por lo general sólo lo suficiente para alimentar su adicción a las drogas o el alcohol, lo que hacía difícil para ellos marcharse.

A estos trabajadores ambulantes se les debía grandes sumas de dinero, y Corona pensó que podía evitar el pago de lo que les debía sólo deshaciéndose de ellos. Contaba con su aislamiento, el alejamiento de sus familias, y la indiferencia de la sociedad hacia su difícil situación para escapar de ese crimen horrendo. Eso es lo que se desprendía de los informes de prensa.

—¿Sabes por qué defienden a Corona?— Cohen continuó, refiriéndose a un grupo chicano que protestaba por su procesamiento. —Ellos lo defienden porque es mexicano. Y es perseguido solamente por lo mismo, ser mexicano—, dijo con algo más que un poco de sarcasmo. —Y de todos modos, ¿no había un montón de trabajadores agrícolas blancos a los que él mató? Yo no sabía lo suficiente acerca de la fuerza o la naturaleza de la evidencia en contra de Corona, la naturaleza de las objeciones del grupo, o incluso lo que era el grupo, por decir algo. —Escucha—, dijo Jerry. —Esto es tan descabellado, limitado y al margen de la manera real de ver el mundo; un irresponsable nacionalismo visceral. Si no tienes ninguna responsabilidad real por lo que ocurre, por el destino de las personas, qué demonios, no importa, puedes tomar cualquier tipo de posición. Pero si estás luchando por algo real y tienes que ser responsable de lo que haces, si la vida de las personas reales se ven afectadas por lo que haces, las cosas parecen diferentes.

Sabía por ahora a lo que quería llegar, pero él estaba usando lo que se podría llamar un testaferro para hacerlo. Levantar un argumento obviamente débil y derrotarlo para colocar la idea. Defender a alguien como Juan Corona sólo porque era latino —si, de hecho, era este el motivo ciertamente no era defendible. Pero el verdadero foco de Cohen fue que criticar la postura del sindicato sobre los rompe huelgas "ilegales" indocumentados equivalía a defender a Juan Corona. Los inmigrantes indocumentados utilizados como esquiroles eran esquiroles, y punto. Un esquirol es un esquirol, es lo que a Cohen y a otros cercanos a la dirección del sindicato les gustaba decir. Cualesquiera otras circunstancias eran irrelevantes. Ellos estaban siendo utilizados conscientemente o en contra de su voluntad, pero estaban siendo utilizados para derrotar al movimiento sindical, derrotar la lucha para organizar a los trabajadores agrícolas, la lucha para dar a los trabajadores la fuerza colectiva con la cual liberarse a sí mismos de la opresión de los cultivadores. Las esquiroles eran instrumentos del enemigo y tenían que ser combatidos por todos los medios necesarios. Debido a su vulnerabilidad, los productores y contratistas de mano de obra manipulaban más fácilmente a los "ilegales", y era difícil organizarlos. A menudo temían asociarse al sindicato, no porque fuera malo, sino porque estaban intimidados por las condiciones. Por otra parte, ya que era interés de todos los trabajadores agrícolas que el sindicato tuviera éxito, deportar a los rompe huelgas indocumentados entraba en los intereses más amplios de los indocumentados también. Este era el argumento. Jerry no tenía que decirlo todo. Yo ya lo había oído antes.

Cohen era un fuerte defensor de esa política. Y estaba atrapado en la controversia que la rodeaba. Cada verano abogados y estudiantes de derecho relacionados con el gremio nacional de los abogados, una organización progresista de abogados y estudiantes de derecho, se ofrecían como voluntarios en el sindicato. Habían realizado una valiosa labor en calidad de observadores e investigadores jurídicos. Sin embargo, un gran número de ellos se negó a tener nada que ver con la campaña de los anti-ilegales, y debido a la insistencia del sindicato de que todo el personal del sindicato, incluido el personal voluntario, se adhiriera a todas sus políticas, se estaba volviendo imposible para estos abogados y estudiantes de derecho trabajar con el sindicato. Esto se había convertido en un tema muy polémico debido a que la campaña anti-ilegal era ahora la prioridad principal del sindicato en California, teniendo preferencia sobre los boicots y huelgas.

El equipo legal estaba profundamente involucrado en la campaña de los "ilegales", con los miembros del personal jurídico del sindicato pasando largas horas recogiendo las declaraciones de los huelguistas, residentes de las zonas rurales, y vecinos de los presuntos trabajadores indocumentados. Ellos estaban reuniendo pruebas de la confabulación entre el INS y los rancheros, que documentaban el fracaso del INS para hacer cumplir las leyes de inmigración y no actuar, incluso cuando había evidencia clara sobre el paradero de los indocumentados, como cuando, por ejemplo, el sindicato les informaba de la ubicación de esos trabajadores.

Las declaraciones recogidas por miembros del personal del sindicato incluyeron testimonios inflamatorios que daban fe del malo, incluso malicioso, carácter de los indocumentados. Estas declaraciones fueron utilizadas para presionar a los políticos para conseguir que la migra "hiciese su trabajo". Estaban acostumbrados a apelar directamente a los agentes de inmigración. Chávez escribió cartas personales de agradecimiento a los que se unieron a la campaña de denuncias contra los ilegales, alabándolos como amigos del movimiento. Fue un claro ejemplo de cómo los estereotipos negativos sobre un grupo pueden comenzar a tomar fuerza cuando se sienten alentados por fuentes influyentes.[3]

La oposición entre los abogados y estudiantes de derecho a esta política dio lugar a una batalla interna en el gremio nacional de los abogados. El gremio tomó una postura en contra de la política de la UFW y aconsejó a sus miembros a no participar en ninguna de las actividades sindicales, destinadas a cooperar con los agentes de inmigración contra los inmigrantes. Esta posición enfureció a algunos de los principales líderes de UFW, y Jerry Cohen escribió una carta escueta de ruptura de la relación entre el sindicato y el gremio. Se pidió a los abogados del sindicato que hicieran lo mismo y fueron severamente criticados si no pudieron defender enérgicamente la posición del sindicato.

Nosotros en el periódico *El Obrero* nos opusimos firmemente a la política del sindicato por una serie de razones, incluyendo filosóficas. Era miope desarrollar una política para alcanzar una meta limitada e inmediata sin tener en cuenta el daño a largo plazo que podría causar.

Traté de introducir ese punto en la conversación, pero no pudo ser. Jerry no estaba interesado en debatir sobre el punto.

—Mi tiempo es limitado—, dijo, —y tú estás aquí por ese caso la detención falsa, ¿no? Creo que tenemos que llegar a eso; esta oficina tiene mucho que hacer.

A continuación, procedió a resumir rápidamente la estrategia del sindicato en mi caso con la policía.

—Los policías cagan todo ellos mismos en este caso—, dijo Jerry. —Los tenemos agarrados por las pelotas. Vamos a enviar el departamento de policía de Salinas unos pocos cientos de preguntas oficiales. El costo de responder a ellas será mayor que la solución de este asunto fuera de los tribunales. Ellos decidirán. Me entregó un grueso expediente de papeles con las preguntas para echar un vistazo. Las preguntas estaban dirigidas a descubrir los procedimientos del departamento de investigación de delitos y la forma en que se había desarrollado en este caso, la obtención de información que hubiera sido muy lenta de producir, incluso si la policía estuviese así de predispuesta a proporcionarla. Cohen dejó claro que el sindicato no iba iniciar un procedimiento más agresivo contra la policía; que no era tan importante para ellos. Y yo acepté eso.

DE "ILEGALES" E IDEOLOGÍAS

En ese momento estaba más interesado en seguir la polémica que Cohen había planteado. Para la gente como yo, con un punto de vista revolucionario, el aspecto más importante del movimiento de trabajadores agrícolas fue su desafío a la explotación y a la opresión nacional de los mexicanos y otros pueblos oprimidos. Entre las expresiones más evidentes de que la opresión estaba la manera en que los inmigrantes fueron despojados de sus derechos legales al ser etiquetados como indocumentados. Este es un sistema que vive de saquear a otros países como México y luego usa y abusa de las personas obligadas por ese saqueo a emigrar para sobrevivir.

La policía de inmigraciones (la migra) es la ejecutora de dicho sistema. Hacer un llamamiento al INS a "hacer su trabajo" significaba respaldar ese papel, suavizando la realidad que representaban, mientras inducía a la gente a colaborar con el sistema. Era una política que entrenó a la gente a pensar en la migra y el gobierno como aliados o al menos como una autoridad neutral que podría, con suficiente presión desde abajo, actuar en el interés de la gente.

Este, supongo, era el lado práctico de la política por el liderazgo de UFW. Ya sea que fuese concebido conscientemente de esta manera o no, colocó al sindicato en una alianza más estrecha con el sistema político, mediante el aumento de la fe del pueblo en ese sistema. Por lo tanto, dio resultados positivos, no por impulsar al INS a ayudar contra los esquiroles, lo que rara vez sucedió en todo caso, sino en el fortalecimiento de una alianza con los demócratas liberales y otros representantes del sistema.

Estaba en movimiento una dinámica. La política de los ilegales enajenó las fuerzas radicales y progresistas, no sólo fuera sino también dentro del sindicato al mismo tiempo que llevó al sindicato más cerca de una política favorable a una clase dominante en EE.UU. que seguía luchando contra el radicalismo y los sentimientos revolucionarios desatados por los levantamientos de la década de 1960.

DOBLEGÁNDOSE ANTE ISRAEL

Esta dinámica no fue tan clara en el momento, como lo es ahora en retrospectiva. Eso ayuda a explicar otro incidente que se produjo en ese momento. A finales de 1973, César Chávez hizo circular una carta entre el personal del sindicato que más tarde se hizo pública, apoyando a Israel. Se produjo apenas unos meses después del triunfo de la guerra de Yom Kipur en 1973 y el triunfo de Israel contra los ejércitos de Egipto y Siria. La declaración de Chávez, decía en parte: "Como individuos comprometidos con la causa de la libertad, preocupados por la suerte de las víctimas de los prejuicios y la discriminación racial, étnica y religiosa, sentimos un particular sentido de solidaridad con la lucha de Israel para sobrevivir como una democracia en paz. Como personas de orígenes mexicanos y americanos, compartimos las aspiraciones de Israel de integrar a personas de muy diferentes trasfondos y proporcionar a todos, incluidos árabes y judíos por igual, los beneficios de un sistema social avanzado. . . . Hacemos un llamamiento a nuestro gobierno para proveer a Israel la ayuda material para los necesitados y la influencia moral para llevar a ambas partes a la mesa de negociaciones con la esperanza de lograr la paz".

Esta declaración causó un alboroto entre algunos progresistas, que se preguntaban cómo el sindicato podía apoyar a un estado que oprimía y discriminaba a todo un pueblo, los palestinos. El soporte de Israel ha sido un elemento esencial de la estrategia de EE.UU. en el Oriente Medio tan rico en petróleo, y cualquier persona seriamente interesada en aliarse con cualquier partido político, republicanos o demócratas, debe adherirse al mismo. Cuánto de esta declaración de apoyo a Israel fue tomada por iniciativa del sindicato o debido a la presión del presidente de AFL-CIO George Meany u otros aliados de la unión no está claro. Pero la implicación era obvia. Este fue un acomodamiento ideológico abierto y claro para el imperio.

¿DESHONRA EN SAN LUIS?

Unos meses después de mi conversación con Jerry Cohen, recibí un cheque de $500 de la policía de Salinas. Recibí el dinero para abjurar de cualquier acción legal en este caso.

Alrededor de la época en que recibí este arreglo, yo estaba caminando por la calle Alisal, cerca de la sede del sindicato, cuando oí que alguien me llamaba. En la esquina de enfrente había un hombre fornido de unos treinta años, con el pelo corto fino y fuerte de color castaño. Fue por su voz, no por su figura, que le reconocí primero. Conocía a Rubén Martínez, del sindicato y otras actividades políticas. Más recientemente, habíamos pasado tiempo juntos en los piquetes de Buak donde su personalidad volátil y los ocasionales estallidos de ira hicieron que la gente se sintiera incómoda con él en la línea.

El hermano y la cuñada de Rubén eran activistas de la comunidad desde hacía mucho tiempo en Watsonville que dieron su apoyo al sindicato de los trabajadores agrícolas durante la huelga general de 1970. Aunque su relación con el sindicato se agrió a consecuencia de lo que dijeron era su creciente intimidad con la clase política. El sindicato denunció a su vez a la familia Martínez como militantes locos e irresponsables.

Pese a las críticas de su familia, Rubén trabajaba con el sindicato. El sindicato encontró su estilo bravucón y su inclinación hacia la acción física útil, y encontraron un lugar para él dentro de una sección especial encabezada por Manuel Chávez.

Tras los saludos, Rubén preguntó acerca de cómo habían ido las cosas con la huelga de Buak, y le conté algunos de los aspectos más destacados. Cuando le hablé de la policía, el arresto por incendio provocado y el acuerdo, él se enfadó mucho.

—¡Oh, mi hermano, el sindicato te apretó, hombre! ¿Tú debías de haber conseguido tu propio abogado y quemado los culos de los policías por lo que te hicieron, no un pequeño arreglo de mierda como ese! Le dije a Rubén que no estaba realmente interesado en perder mucho tiempo con el asunto, pero él no estaba aplacado. Pensó que yo podría haber ganado una gran demanda contra la ciudad, y que era estúpido no seguir adelante con eso. Tal vez tenía razón, no lo sé.

Deseando cambiar de tema, pregunté, —Y tú, Rubén, ¿continúas trabajando en el equipo nocturno?— Este equipo especial del sindicato hizo cosas no reconocidas públicamente, y yo sabía que Rubén y algunos otros estaban involucrados en eso.

—Sí, he estado trabajando con ellos—, dijo Rubén. No parecía contento. —Acabamos de regresar de San Luis.

Había oído hablar de la gran huelga en los huertos de limón cerca de la frontera de Arizona opuesta a la ciudad de San Luis Río Colorado. Allí la campaña del sindicato contra los esquiroles ilegales se elevó a un nivel completamente diferente. La orden fue que el sindicato estableciera tiendas de campaña a lo largo de la frontera para impedir que los trabajadores la cruzasen, para evitar que rompieran la huelga. Hubo rumores acerca de las acciones sindicales nada bonitas en la frontera.

—¿Que pasó allá abajo? —pregunté. Rubén miró hacia otro lado y golpeó un poste de luz con fuerza varias veces con la mano abierta. Negó con la cabeza. Miró al suelo y luego a mí; su rostro se contorsionó como si le doliera.

—No estoy orgulloso de lo que hice allí, hermano, ¿de acuerdo? No estoy orgulloso. Joder no. No estoy orgulloso de ello, en absoluto, en absoluto—. Eso es todo lo que dijo al respecto. Sin embargo, su estado emocional me hizo pensar que los rumores eran verdaderos.[4]

CAPÍTULO 6

LA NUEVA LEY, 1975

TRANSCURRIÓ UNA DÉCADA desde que se inició el movimiento en los campos de California, una década que incluyó una gran agitación a escala mundial: creciente inestabilidad económica, eliminación de los acuerdos financieros vigentes desde el final de la Segunda Guerra Mundial; embargo de petróleo de Oriente Medio; y quizá lo más importante de todo, la derrota de EE.UU. en Vietnam. La imagen de los funcionarios en pánico abordando helicópteros en la azotea de la embajada de EE.UU. en Saigón marcó el humillante final de la mayor derrota militar en la historia de EE.UU.

La guerra fría entre Estados Unidos y la Unión Soviética estaba a punto de entrar en una nueva y más peligrosa fase, por lo que los que ostentaban el poder vieron la necesidad de poner orden en el frente doméstico. El gobierno se había movido para acabar con la lucha de la población de raza negra, combinando la represión política y el asesinato con concesiones económicas y la legislación de los derechos civiles. El punto alto de la lucha anticolonial y la rebelión política había pasado, y lo que la década de 1960 había forjado en términos de quitar la máscara a la democracia de EE.UU. e inflamando las pasiones de la liberación y la revolución, ahora estaba volviendo bajo la forma de un contraataque feroz.[1]

La rebelión que surgió de los campos, y en algunos aspectos se fusionó con un movimiento social más amplio, no podía dejar de estar influenciada por estos cambios. El sindicato organizó el resurgimiento en los campos, lo alentó y le dio la dirección política, pero ahora se encontraba bajo una gran presión para abandonarlo.

La represión desatada en el verano de 1973 no pudo aplastar el movimiento sindical en el campo y en realidad, había desatado una agitación aún mayor y más generalizada. Los aliados del sindicato, como los grandes sindicatos y los políticos demócratas, buscaron otra manera de tranquilizar las aguas y restaurar "la paz" en los campos. Cuando el demócrata Jerry Brown ganó la elección como gobernador de California en noviembre de 1974, se abrió un camino para un compromiso político con el que los dirigentes de UFW sintieron que podrían vivir.

El sindicato alentó la ola de huelgas de 1974 con un ojo en un quid pro quo, es decir, para ganar un favor a cambio de otro que estaba dispuesto a conceder. El mensaje era claro: no habrá paz en el campo, no habrá fin a las huelgas y boicots, de no garantizar al sindicato las concesiones que aseguren su supervivencia. El escenario estaba listo para Agriculture Labor Relations Act (Ley de Relaciones Laborales para la Agricultura), ALRA.

La campaña para presionar al INS a deportar a los rompe huelgas "ilegales" y la declaración de apoyo al Estado de Israel eran señales inconfundibles: la UFW, por mucho que su desarrollo estuviera entrelazado con las rebeliones de los años 1960, ideológicamente se movía en el campamento de los imperialistas. Estaba dispuesta, de hecho, tenía que hacerlo, a romper con las fuerzas progresistas para hacer esto. Del mismo modo que existe un castigo para aquellos que permanecen firmes y se niegan a hacer las paces con el sistema, hay recompensas para aquellos que se mueven bajo su sombra protectora. El sindicato demostró su voluntad ideológica para hacer precisamente eso. Ahora buscarían su recompensa política.

La carrera está ganada

Era la primera semana de junio de 1975, por la mañana temprano. A pesar de que se acercaba el solsticio de verano, aún estaba oscuro cuando me paré en una esquina de la calle Market en Alisal. Los autobuses de trabajadores agrícolas pasaban, gimiendo y rugiendo a medida que sus conductores aceleraban los motores sacudiendo la palanca de la transmisión. Un grupo de trabajadores del brócoli con sus pantalones de lluvia amarillos y botas de goma oscura se acercó a un autobús que se detuvo en una calle adyacente a donde yo estaba, su equipo de goma crujía con cada paso mientras subían al autobús. Otros trabajadores permanecían de pie en las esquinas opuestas de la calle. Continuaban acercándose en silencio por las calles laterales del barrio, o surgiendo de las pequeñas casas de madera situadas junto a la calle Market entre puestos de frutas, tiendas de ropa de segunda mano, y bares.

Era una mañana relativamente cálida. El aire estaba quieto y seco y la mayoría de los trabajadores llegaba sin chaquetas, algunos incluso con camisas de manga corta. Sus guantes de goma colgaban por fuera de los bolsillos traseros; los cuchillos de lechuga y las fundas sobresalían de los otros. Había bolsas de malla de plástico de colores llenas con termos, y sombreros varios tipos para protegerse de la intensa luz del sol del verano algunas horas después.

Forzaban los ojos para identificar los colores y letreros de los autobuses y camionetas a medida que se acercaban, una tarea dificultada por el resplandor naranja-amarillo de las luces de la calle que distorsionaba los colores normales. Eché una ojeada a un autobús de Finerman Company.

En la oscuridad, varias figuras se abrieron paso hasta la calle. Repartieron panfletos mientras caminaban, y los trabajadores asentían con la cabeza a sus palabras mientras pasaban. Los reconocí como miembros del personal de la oficina del sindicato y trabajadores agrícolas activos en el sindicato. "Buenos días. Mira, ya ganamos, compa. La victoria es nuestra," les oí decir mientras se acercaban. Agarré un folleto y me esforcé para leerlo al tenue resplandor de la luz del otro lado de la calle. En la parte superior había un gráfico de un corredor cruzando la línea de meta, con la cabeza echada hacia atrás victorioso mientras su pecho rompía una cinta. El titular decía: "¡Ya se ganó la carrera!" El 5 de junio de 1975, la asamblea legislativa de California aprobó la ley de relaciones laborales agrícolas, conocida desde entonces como ALRA, estableciendo un proceso de elecciones para el reconocimiento del sindicato en los campos.

Una clasificación de los folletos sindicales editados a lo largo de los años, pondría este, anunciando la aprobación de la ley citada, en lo alto de la lista de los más conocidos y más ampliamente distribuidos. Esto marcó un cambio considerable, un punto de inflexión en la historia del movimiento de los trabajadores agrícolas y el comienzo de una nueva era en el campo.

ALRA

Durante los diez años anteriores los productores y el sindicato habían exigido un proceso electoral en diferentes momentos, por lo general cuando se pensaba que el resultado iría a su favor o cuando la convocatoria de elecciones servía a la necesidad de relaciones públicas. Durante la huelga y el boicot de Delano y Salinas en 1970, los rancheros pidieron elecciones. A veces, estas llamadas electorales llegaban con condiciones que aseguraran un resultado favorable para el partido que las promovía. En 1973, los productores de uva volvieron a sus contratos con Teamsters, UFW convocó elecciones para contrarrestar las afirmaciones de los rancheros de que estaban "obedeciendo la voluntad de sus trabajadores".

En 1935, en medio de una profunda depresión económica, oleadas de huelgas, ocupaciones de fábricas, y otras rebeliones laborales sacudieron el país. Uno de los resultados fue un proceso de elecciones sindicales bajo la ley National Labor Relations Act. La agricultura fue excluida de la protección laboral de NLRA. A medida que la situación en los campos se calentaba a finales de 1960 y la década de 1970, hubo llamadas de diferentes sectores para incluir la agricultura en sus disposiciones. UFW se opuso a esto porque las disposiciones de la NLRA se adaptaban mal a la organización sindical de los trabajadores agrícolas de temporada. Los retrasos permitidos por la NLRA, entre la presentación de una solicitud de elecciones y su realización, no funcionarían en los campos, donde la cosecha probablemente habría terminado en el momento en que se efectuase la elección. La NLRA también prohibió los boicots secundarios, como el boicot a los supermercados que comercializaban las uvas,una restricción perjudicial para la realización de un boicot a un producto sin ningún tipo de etiquetado claro.

La Agricultural Labor Relations Act representaba un compromiso más favorable a un sindicato de trabajadores agrícolas. Permitió a los organizadores del sindicato el acceso a los trabajadores en los campos. Estableció un proceso para las elecciones que tendrían lugar poco después de que se presentase el número necesario de tarjetas de autorización. En el terreno político de 1975, con el demócrata Jerry Brown como gobernador de California, el sindicato tenía cierta influencia sobre quién se sentaría en el Agricultural Relations Board (Consejo de Relaciones Agrarias). De hecho, la junta seleccionada para supervisar el trabajo de la ALRA, se inclinó a favor del sindicato, con el obispo Roger Mahoney y Leroy Chatfield, ambos partidarios de UFW, entre los cuatro miembros a favor de UFW de la junta directiva de cinco personas. Pero ALRA, era parte del aparato gubernamental y en el análisis final, territorio favorable para los rancheros y las autoridades en el poder.[2]

CONFESIONES

La UFW utilizaba los símbolos religiosos, en particular "La Virgen de Guadalupe", como elemento unificador entre el pueblo de México. El origen de "La Virgen" data de 1531 cuando, cuenta la historia, un joven campesino, Juan Diego, fue visitado por una aparición similar a la Virgen María, pero con rasgos faciales indígenas mexicanos. Eso fue tan sólo diez años después de que el pequeño, aunque agresivo ejército invasor de los españoles liderado por Hernán Cortés, sagazmente y brutalmente aprovechó las diferencias entre los pueblos del centro de México y derrotó a los aztecas en su magnífica ciudad de Tenochtitlan. Las enfermedades, los caballos, las supersticiones religiosas, y los conflictos entre los pueblos rivales del centro de México ayudaron a la conquista.

Cuando la sangre se secó, los españoles mantuvieron el control político sobre la mayor parte de México. La captura del poder político fue un primer paso decisivo, pero se quedaron para establecer firmemente su dominio sobre los muchos pueblos de la zona. Sus armas habían demostrado ser superiores, pero, ¿se sometería este pueblo a sus reglas? Las autoridades católicas españolas saludaron la aparición "milagrosa" de la Virgen India como prueba de la superioridad de su religión, y les dio un poderoso símbolo local para combatir la influencia de los dioses aztecas y los dioses de otras sociedades indígenas de México que los españoles trataron de suplantar.[3]

Doscientos ochenta años más tarde, la Virgen de Guadalupe fue llevada a la batalla por las fuerzas de la rebelión para la independencia de México dirigida por el sacerdote Padre Miguel Hidalgo. El símbolo de los colonizadores españoles creado y promovido para solidificar su dominio ahora se reivindicaba como un símbolo de la lucha para derrotarlos.

Para muchos trabajadores del campo, La Virgen era tanto un símbolo de la unidad nacional como religioso. A pesar de que la devoción religiosa entre los trabajadores agrícolas era y es sin duda una poderosa influencia, la piedad religiosa no es universal y había mucha oposición a la Iglesia como institución, si no tanto la idea de Dios.

La gente a veces me preguntaba acerca de mi religión. Les decía que nací en una familia moderadamente religiosa, pero ahora, confesé, yo era un ateo. Para muchos compañeros de trabajo, la idea de que yo fuese un ateo fue impactante, y a veces esto despertaba interés e incluso preocupación. Manifestar convicción en el socialismo o la revolución despertaba el interés. Pero como muchos en México y América Latina consideraban para sí mismos estas cosas, y había un montón de trabajadores agrícolas que utilizaban este tipo de etiquetas para describir sus propias simpatías, las etiquetas tenían un valor de impacto limitado. ¿Pero ateo? Esa era otra cuestión, y a menudo provocó comentarios como "¿Cómo puedes no creer en Dios?" Hubo momentos en que podías sentir el temor, como si la incredulidad en Dios estuviera incitando a una terrible calamidad. Incluso gente que no era particularmente devota o no daba mucha importancia a las celebraciones o las instituciones religiosas tenían este temor, que venía de un adoctrinamiento temprano e intenso. Para la mayoría, Dios era un hecho.

Cuando se presentaba la oportunidad, trataba de explicar el origen de mi creencia porque yo creía en muchas cosas, pero no en un "dios". La incredulidad seria en Dios comenzó cuando tenía trece años. Correspondió a un intenso interés en la evolución. Las incongruencias obvias entre la ciencia de las teorías de la evolución y las enseñanzas religiosas me obligaron a cuestionar a mis maestros religiosos y, en última instancia, a la religión misma.

Me pareció que la religión, tenía muy pocas respuestas a los misterios interesantes de la vida. La Biblia tiene sus historias pintorescas, sus canciones y poesía, pero la ciencia tenía un vasto y creciente almacén de información sobre el mundo, el sistema solar, el universo y la vida. Tenía un método para explorar el mundo, aumentar el conocimiento y el descubrimiento de las maneras asombrosas en que las cosas funcionaban y cambiaban. El método religioso consistía en aceptar las cuestiones de la fe. Cuando se trataba de entender el mundo, la religión era, por el contrario, pálida y simplista, inconsistente, empobrecida, y a veces terriblemente mezquina. No es que la ciencia nunca haya sido distorsionada y mal utilizada. Pero la religión estaba bloqueada en espera, volviendo a contar las historias de hacía miles de años de un pequeño rincón del mundo, como si poco de importancia se hubiera producido fuera de su reducido tiempo y ámbito "bíblicos".

Por supuesto, había muchas cuestiones filosóficas profundas en las mentes de las personas que influyeron en su creencia en Dios. "¿Por qué estamos aquí?", "¿Cómo hemos llegado hasta aquí?", "¿Qué sucede cuando morimos?" Mucha gente cree que no hay respuestas a estas preguntas fuera de la religión. La ciencia ofrece respuestas, o un método para la búsqueda de estas. No ofrece promesas tranquilizadoras.

Por otro lado, para el infierno que existe aquí en la tierra para muchas personas, la ciencia ofrece una metodología para llegar a una explicación veraz de su existencia y buscar maneras de cambiar las cosas. Es una metodología que ayuda a desvanecerla noción de que todo está ordenado por un dios y por lo tanto fuera del alcance de los seres humanos para cambiarlo. Esto puede potenciar a las personas a buscar soluciones, una gran ayuda para la existencia de los seres humanos.

Mientras que la creencia en Dios era, en mi experiencia, casi universal en los campos, la reverencia por la iglesia era otro asunto. John Dury, quien llegó a Salinas para trabajar en un proyecto contra la guerra alrededor de 1972 y terminó por quedarse y trabajar en el campo, descubrió esto en un equipo de desije de Interharvest y me narró su experiencia.

Interharvest tenía una política de permitir que los trabajadores salieran del trabajo temprano el Viernes Santo. No era un día festivo pagado, sólo se permitía un pase para dejar el trabajo para ir a la iglesia. Cuando llegó el Viernes Santo, John esperaba que su equipo tuviera la oportunidad de honrar su religión. Se sorprendió cuando casi todo el mundo trabajó durante todo el día. No sólo eso, hubo compasión e incluso ridículo, para los que se fueron temprano. "Van a perder dinero, la gente decía, ¿y para qué?, para sentarse la mitad del día en la iglesia aburridos?" Esto tomó a John por sorpresa y despertó su curiosidad.

—¿Por qué no están observando este día de fiesta—, preguntó?

—Somos malos católicos—, dijeron sin remordimientos. Y como John me contó como ellos pasaron a explicarle:

Muchos de nosotros venimos de ranchos de la misma zona, en Michoacan. Éramos agricultores pobres. La vida siempre fue muy difícil para nosotros allí. En nuestra zona había un gran terrateniente, un propietario de tierra, que era rico y políticamente poderoso. Él abusaba de nosotros con su poder y eso creó un gran resentimiento.

De vez en cuando un animal, como una cabra por ejemplo, se alejaba de la granja del hombre rico e iba a la tierra de uno de nosotros los vecinos más pobres. En las condiciones adecuadas esto podría ser motivo de celebración de nuestra rara buena suerte, ¡una cabra para hacer una excelente comida para todos nosotros! ¡Por supuesto, comprendimos que era un acto pecaminoso, disfrutar de aquella cabra que no nos pertenecía!

El sacerdote de nuestra iglesia siempre nos dijo que los pecados nos meterían en problemas con Dios, pero que si confesábamos nuestros pecados, seríamos perdonados. En otras circunstancias podríamos haber confesado al sacerdote sobre la posibilidad de que esto nos salvara de dolor después. Sin embargo, hicimos una excepción en este caso. Entendimos que la confesión de este "pecado", sin duda, nos llevaría al dolor inmediato. Pero era seguro que el propietario sabría sobre esta confesión, quizá incluso antes que el mismísimo Dios. Y sería el propietario, y no Dios, quien impartiese el castigo. Nosotros no confiábamos en el sacerdote, ni en las autoridades religiosas en general. La Iglesia era un amigo cercano de los terratenientes. Esa relación era muy clara para nosotros.

LECHUGAS Y COMUNISMO

Los trabajadores de la verdura eran una fuerza de trabajo muy productiva. Un equipo de lechuga modesto de treinta y cinco podía cosechar y embalar 150,000 cabezas al día, lo suficiente para alimentar a una ciudad pequeña. En el apogeo de la temporada de la lechuga esta franja de tierra llamada el Valle de Salinas producía en torno a seis millones de cabezas de lechuga al día (al igual que muchos otros productos agrícolas), el 70 por ciento de la lechuga que se consumía en el país, con una mano de obra para la cosecha que llegaba a unos pocos miles. Trabajar en esta matemática me hizo pensar en la desconexión entre lo que producimos y lo que podríamos producir con la aplicación racional de la ciencia y cómo se distribuyen las cosas que producimos. Y pensé en cómo la mayoría hace el trabajo, mientras que los pocos que controlan este trabajo y hacen que sea miserable para nosotros obtienen la mayor parte de los frutos de nuestros esfuerzos. ¿Qué pasaría si hiciéramos las cosas de otra manera? Compartiéndolo todo. Esto me hizo pensar en el comunismo.

Miré al equipo a mi alrededor y pensé en la fabulosa cantidad de producción que pasaba por nuestras manos callosas y magulladas. Y como señaló Karl Marx, la enorme producción desatada por la gran industria creó la base para un mundo en el que toda la humanidad puede participar en muchos aspectos de la vida y la cultura, no sólo la producción. Sin embargo, en este mundo casi no teníamos fuerzas para meternos en la cama por la noche, mucho menos para participar de manera significativa en la ciencia o las artes. Nosotros no teníamos nada que decir, en la organización de la producción, por no hablar de la administración de la sociedad. Ni se nos animó a hacerlo. Los trabajadores agrícolas somos arrojados a la fosa denominada "bestias de carga"; fin de la historia. Obviamente algo tendría que cambiar antes de que un mundo comunista pudiera llegar a existir sobre la base de este enorme sistema productivo.

A veces, se iniciaba una discusión a la hora del almuerzo, apoyados de espaladas contra las cajas de lechuga, el olor de la comida se mezclaba con el olor de la tierra y la lechuga recién cortada, y yo miraba al suelo cubierto de camisas sudorosas y a los rostros envejecidos e imaginaba un mundo en el que lo que estábamos haciendo ocurría voluntariamente —en el sentido de que estábamos trabajando para el beneficio común de la comunidad mayor, y no habría ningún estigma conectado al "trabajo manual". Un mundo en el que lo que estábamos haciendo era una contribución consciente, para garantizar las necesidades de la sociedad y no un esfuerzo alienante, hecho bajo mano coercitiva por una fuerza "extraña" que utilizaba esa riqueza para avanzar en los intereses privados. Y mañana o la próxima semana, podríamos estar conversando sobre la evolución de la astronomía, aprendiendo a realizar un nuevo arreglo musical, o debatiendo cuestiones de producción o de políticas de gobierno.

La idea de tal sociedad cooperativa no es poco atractiva para las personas cuyas vidas están restringidas a ser instrumentos de producción. Pero a menudo era desechada en razón de la naturaleza humana. "Ni siquiera podemos estar de acuerdo en cosas de importancia menor relacionadas con el trabajo, ¿cómo se supone que usted conseguirá que la gente se ponga de acuerdo siempre sobre la forma de dirigir la sociedad?" O, "no somos lo suficientemente inteligentes. Y la gente inteligente siempre se hará cargo". O, "las personas son demasiado egoístas. Alguien encontrará siempre una manera de pasar por encima del tipo de al lado". Mi propio entendimiento se ponía a aprueba bajo estas objeciones, y las preguntas y argumentos se apagaron a medida que nos levantábamos y volvíamos con el cuerpo rígido a nuestras hileras.

En aquellos años de la década de 1970 sentí que de un modo u otro nuestra creciente capacidad para producir, algún día, se afirmaría y produciría un nuevo orden social, estallando a través de la vieja coraza que ya no podría contenerlo. Los seres humanos estaban en marcha hacia ese futuro mejor y, aunque muchas cosas podrían retrasarlo, nada podría en última instancia detenerlo. Y con esto yo estaba acercando una forma diferente de pensamiento religioso, ¡sólo este dios mío tenía una necesidad histórica!

Ya no mantengo este punto de vista. Para bien o para mal nosotros los humanos no tenemos tal dios para asegurar nuestro destino. Sólo las luchas valientes, guiadas por nuestros mejores esfuerzos para comprender el mundo tal como es, pueden hacer de ese potencial una realidad. No hay ninguna garantía.

Pero el potencial está ahí. Vi como partió hacia la carretera en su camino para alimentar a la nación.

La moralidad de la lechuga

Años después de salir de los campos, me encontré con un lechuguero antiguo con el que yo había trabajado en Cal Coastal. Se había convertido en supervisor para un contratista de lechuga.

—Me llevó treinta años—, dijo Tony con gran convicción, mientras estábamos sentados en su camioneta de reparto de la compañía,—para darme cuenta de que lo que estábamos haciendo en el campo era la producción de alimentos. Siempre tengo que insistir a los trabajadores acerca de eso.

Al principio, yo no entendía a lo que quería llegar. Pero se hacía evidente mientras hablábamos. Como supervisor él ahora era crítico con la descuidada actitud de los trabajadores, especialmente los que trabajaban por contracto, que estaban más interesados por la cantidad que por la calidad de su producción. Tony llegó a la conclusión de que los trabajadores no tenían un compromiso moral con su trabajo, no apreciaban el valor de lo que producían para el sustento humano. Me di cuenta de que esta moral, aunque muy digna, nunca sería más que una cuestión secundaria en una sociedad donde todo, incluyendo lo esencial para el bienestar de las personas, se juzga por su capacidad para producir una ganancia. Los agricultores pueden ser sentimentales sobre su lechuga, pero al final, si no produce una ganancia no tiene ningún valor.

—Sí, los trabajadores a veces muestran una falta de interés por el producto que están cosechando—, le dije, recordando mi propia actitud como lechuguero, —¿pero los productores no mostraban la misma falta de preocupación cuando araban un campo de buena lechuga porque el precio del mercado era bajo? Incluso si se sentían mal por arar (así como el trabajador puede sentirse mal embalando una caja de lechuga aplastada invendible), ellos no dudarían—no podían dudar en realidad— enfrentados a los dictados de lo primordial. El agricultor que permite que la moralidad se interponga en el camino del cálculo económico frío, pronto estará buscando otro empleo. Sólo cuando vivimos en un sistema económico donde las cosas se producen conscientemente para beneficiar a la sociedad en su conjunto, la brecha entre las necesidades humanas y la producción humana se traspasa y podemos hablar de un mundo en el que la responsabilidad moral por las cosas producidas en beneficio de las personas y la tierra es algo más que una retórica publicitaria.

Discutimos un rato sobre este tema. Finalmente, Tony dijo que a través de sus años como supervisor había aprendido a apreciar el punto de vista de los productores, una afirmación que yo tenía pocas dudas de que era verdad.

PLANETAS Y ÓRBITAS

Cuando los seres humanos son tratados como meros instrumentos para producir, y se aplasta su existencia para que se adapte a las necesidades de la producción, pueden empezar a interiorizar una visión negativa de sí mismos y de unos con los otros. Algo de esto se divulgó en los términos que las personas usan. Por ejemplo, los trabajadores agrícolas a menudo se saludan con "Hey, que pasa güey!" El uso frecuente de güey— buey—reflejaba parte de esta negatividad, incluso, cuando era utilizado en una broma, de manera lúdica. Y de vez en cuando necesitabas recordar que tú y las personas a tu alrededor eran seres humanos, capaces de elevar su creatividad como cualquiera, con ese potencial coartado por una orden social de restricción. Esto podría hacerte considerar lo que la gente podría ser en una sociedad que los valorase como personas y les brindase la oportunidad de dar expresión a esa humanidad plena.

Un día John se acordó de algo sobre su equipo de cuadrilla de desije. El tenía un compañero en ese equipo llamado Antonio, y ellos pasaron mucho tiempo hablando de cosas diferentes relacionadas con el trabajo, sus vidas, y sus ideas del mundo. Cierto día Antonio señaló al cielo y comentó sobre el movimiento del sol alrededor de la tierra. Esto detuvo en seco a John, hasta que se dio cuenta de que, desde un punto de vista empírico, esto es exactamente lo que el movimiento del sol parece. Antonio había tenido poca educación formal. Pero él tenía una mente curiosa y creativa que quería saber lo que John conocía sobre el tema. Así que, por un tiempo, durante los descansos y el almuerzo John relataba a Antonio lo que sabía acerca de tales asuntos, incluso dibujando en el suelo con el mango de el azadón un diagrama del sistema solar, los planetas que orbitan alrededor del Sol, y la rotación de la tierra. Fue una experiencia fascinante para Antonio, que nunca había sido introducido a esta ciencia antes, y para John, al ver el efecto que esta información tenía sobre su amigo y cómo se abrió una nueva perspectiva sobre el mundo para él.

FINERMAN

Entre las granjas y empresas agrícolas de Salinas, Mel Finerman puede que haya sido el más puramente capitalista. Igual que un coche reducido al mínimo, despojado de todo menos lo esencial, la empresa fue construida para un máximo rendimiento, lo que significaba ganar dinero para sus inversores. No fue para Finerman el espectáculo que otros cultivadores hicieron de su conciencia cívica. Las Bruce Churches, y D'Arrigos, Hansens, Hardens, Antles, Oshitas, Crosettis y Merrills—empresas familiares o por lo menos empresas iniciadas familiarmente—saborearon los elogios como incondicionales de la comunidad. Sus posiciones de prominencia en el Valle de Salinas eran exhibidas en las oficinas permanentes, patios de equipos y en algunos casos sus propios refrigeradores y cobertizos. Sus autobuses y camionetas generalmente llevaban sus nombres y logotipos. Incluso Interharvest, el gigante de United Brands, que había entrado en el valle como un extraño, tenía sus propios campos, camiones y autobuses reconocibles, por lo que tenían una imagen de estabilidad y de estatus, si no popularidad, en la comunidad de cultivadores.

Finerman no tenía ni esa presencia ni, tal vez, pretensiones. Incluso la oficina de Finerman, en un edificio alquilado en el centro de la vieja ciudad de Salinas, sufría de un sentimiento transitorio hacia esto. En otros tiempos había sido una sucursal de Bank of America.

En la película The Sting (La Estafa), que se estrenó en 1973, Paul Newman y Robert Redford son estafadores que encuentran una manera de estafarle el dinero a un matón. Convierten un almacén vacío en una oficina de operación de apuestas bulliciosa de aspecto realista. Después de perder una fortuna en la casa de apuestas, el matón, interpretado por Robert Shaw, regresa al establecimiento, sólo para descubrir que vuelve a un almacén vacío. Al entrar en la oficina de Finerman, te sentías como si esto también fuese una fachada, y que la próxima vez que vinieras a recoger un cheque, podría ser solamente un edificio vacío, cubierto de cajas desechadas y cajones archivadores abandonados dejados a toda prisa en una maniobra hacia pastos más verdes.

Mel Finerman firmó con el sindicato después de la huelga de 1970, luego en 1973 siguió a otros productores y dejó caer a UFW, buscando el amparo de un contrato con Teamsters. Y lo hizo por el mismo par de razones básicas que los otros habían tomado ese camino, para mantener el control sobre la producción, y los instrumentos de producción—los con dos piernas.

Me contrataron en Finerman al final de la primavera de 1975, y ahora era pleno verano. Un día estábamos en un campo cerca de la fábrica Firestone Tire, a las afueras de Salinas, cuando varios coches se detuvieron en el campo. De ellos salieron personas que parecían funcionarios de la compañía, con pantalones y camisas de manga larga. Estaban acompañados por un supervisor de Finerman. Venían caminando por las hileras, algo cautelosos, hacia nosotros. Elías, uno de mis compañeros del trío que cortaba frente a mí, se volvió y sonrió. —Aquel señor allá—, dijo señalando a un hombre con una chaqueta deportiva de color gris, —el es dueño de la parcela aquí. El mayordomo le había dicho eso. Luego se echó a reír. —Supongo que él trajo los zapatos equivocados.

El propietario usaba unos zapatos de gamuza ligeros. El campo estaba todavía húmedo por la densa niebla matinal, y estaba teniendo problemas para mantener sus zapatos sin fango mientras avanzaba cuidadosamente hacia adelante en su camino hacia nosotros. Tan sólo ver a alguien en el campo con dichos zapatos parecía gracioso.

Elías no sabía nada acerca de los otros hombres que habían venido, pero supuso que eran los inversores de la compañía. Se dirigieron hacia donde estábamos trabajando para ver la operación, observando con curiosidad, como es de esperar en las personas que ven un lugar de trabajo como este por primera vez.

Me sentí extraño con ellos en el campo. Cada día trabajábamos semiconscientes o ajenos a la relación entre nuestro trabajo y la riqueza que las empresas estaban acumulando. Pero aquí, con alguien claramente ajeno a los campos, el trabajo o los trabajadores, excepto a través de un tipo de propiedad abstracta de la tierra, todo se tiñó con una luz ligeramente diferente. Yo no estaba juzgando al propietario; que podría haber sido una buena persona, amable y generosa, con conciencia social y colaborador con causas sociales justas. O podría haber sido un racista de mente estrecha. Es posible que haya heredado la tierra de un familiar, o puede haberla comprado como inversión. Es posible que haya trabajado la tierra en algún momento y sido expulsado por un capital más poderoso. No importaba. Por otra parte había hilos invisibles que conectaban su bienestar y el nuestro. Ya fuese que hiciera dinero en esta tierra, o se endeudara para pagar impuestos sobre ella, dependía de nosotros. Algunos de nuestros esfuerzos, nuestro sudor, nuestro dolor, una parte de nuestras horas activas, y nuestra energía se fueron a producir una riqueza que iría a su bolsillo, para usar a su antojo, ya fuese contribuyendo con los huérfanos de guerra de Vietnam, comprando el último modelo de Jaguar, o financiando a *Daughters of the American Revolution* (Hijas de la Revolución Americana).

Sentí un fuerte sentido de alienación y distancia de esos hombres que caminaban hacia nosotros. Era algo más que los pantalones y camisas de vestir. Si hubiéramos comido por casualidad en el mismo restaurante, probablemente no hubiéramos notado ninguna diferencia, pero aquí ellos se sentían como seres extraterrestres.

Yo era consciente de lo extraño que yo podría resultar en aquel lugar al ser percibido por los visitantes. El resto de la cuadrilla, los mexicanos, se daría por sentado que pertenecían a los campos. Esto era un hecho. Si todos los del equipo fuesen doctorados de universidades latinoamericanas prestigiosas, habrían parecido, con su piel marrón y gorras de béisbol que ocupaban su propio lugar en el universo. Por otra parte, puede que me mirasen con lástima o desprecio. Esta era la cara oculta de formar parte de un grupo privilegiado.

Para los propietarios e inversores nosotros, a pesar de nuestros orígenes y etnias, en realidad sólo éramos instrumentos de producción. Tal vez se sentirían agradecidos a nosotros; tal vez nos considerarían problemáticos o demasiado bien pagados. Lo más probable era que ellos no pensaran en nosotros en absoluto.

Después de que los visitantes se fueron y paramos para el almuerzo, Elías, yo y nuestro otro socio en el trío empezamos a hablar sobre los visitantes, sobre la tierra, y sobre lo que significaba todo aquello.

Como la mayoría de los niños en edad escolar en los Estados Unidos, aprendí la historia de la compra de Manhattan muy pronto en la vida. Los indígenas que ocuparon la isla, en su inocencia infantil—dice la historia—vendieron la isla, que estaba destinada a convertirse en el gran centro monetario del mundo —a los comerciantes holandeses a cambio de algunas perlas brillantes. Solamente más tarde y fuera de la escuela, me enteré de que los ocupantes nativos de Manhattan no vendieron la isla, puesto que la idea de vender la tierra y ser dueño exclusivo de la tierra no era parte de su perspectiva social. Para los indígenas, los intercambios de regalos significaban un acuerdo para compartir la tierra. Fueron los holandeses quienes interpretaron esto como una venta, un cambio permanente del control, y actuaron en consecuencia, expulsando a los nativos de sus tierras, confiscándolas para su uso, y construyendo un gran muro con mano de obra esclava (el origen de "Wall Street") para evitar que los indios volviesen a recuperar lo que habían perdido.

El hecho de que los indios no podían vender la tierra porque ese concepto no existía en su cultura fue una idea que cambió para siempre mi visión del mundo y en especial lo que se refiere a la naturaleza humana. Aparentemente, la naturaleza humana en cuanto a la propiedad de la tierra no pertenece una categoría fija y congelada, sino que varía con el desarrollo de la sociedad. Conté esta historia a mis compañeros de trío, y luego Elías dijo que tenía una historia para contarme, también sobre la tierra y sobre los sentimientos hacia ella.

La historia de Elías y la Rosa Blanca

Elias tenía un tío que vivía en un *rancho* (pequeño pueblo) en el estado de Morelos. El tío era un pequeño propietario y maestro. Era alguien tenido en alta estima en la comunidad. Un día, el tío recibió la visita de un funcionario del partido gobernante PRI de un pueblo cercano (Partido Revolucionario Institucional, o PRI, que entonces era el partido gobernante dominante en México). El funcionario fue cordial y amable, comentando sobre la buena reputación del tío y la confianza que los otros tenían en él. El tío encontró sospechoso el elogio y la alta consideración, y estaba lejos de sentirse halagado por ello. Él no era un hombre político, pero sabía lo suficiente sobre el PRI para no confiar en él. Él estaba, después de todo, en el estado que produjo a Emiliano Zapata, y fueron los políticos del PRI los que asesinaron a Zapata, a pesar de que más tarde construyeron estatuas de él y elogiaron sin cesar su nombre en las ceremonias públicas.

El funcionario del PRI se fue sin presentar una propuesta determinada que no fuese encontrarse con el tío, pero volvió varias semanas más tarde para otra visita. Esta vez trajo un representante de una empresa que tenía interés en el desarrollo en el área del pueblo. Ellos no fueron específicos sobre el proyecto, pero dijeron que era algo que sería muy beneficioso para la comunidad, traería empleos e ingresos, y ayudaría a la comunidad con las instalaciones de la escuela y otras instituciones. Como maestro, el tío, sin duda, estaría interesado en algo que aportaría recursos a la escuela. Así dijeron.

El funcionario del PRI quería el tío de Elías conociera a las personas que estaban por detrás del proyecto. Eran forasteros, confidenció el funcionario del PRI, y no se podía esperar que entendieran la comunidad y sus necesidades. El tío podría desempeñar un papel para garantizar que el proyecto se llevase a cabo pensando en los intereses de las personas. El tío escuchó pacientemente, pero con inquietud a aquellos dos hombres amables, tratando de averiguar sus motivos reales. Cuando preguntó cuál era el proyecto, se le dijo que se le darían todos los detalles más adelante.

Él lo descubrió pronto. Una semana después de la segunda visita, el hombre, que representaba a una empresa con inversionistas mexicanos y estadounidenses, regresó. Esta vez el hombre reveló un proyecto para traer turistas a la zona. Una vez más, el hombre elogió el proyecto como una gran bendición para la comunidad e insistió en que el tío, como una persona educada de mente amplia, lo entendería y lo abrazaría. Además, teniendo en cuenta el prestigio del tío en la ciudad, el representante estaba seguro de que su ayuda sería de gran valor. El mayor obstáculo era conseguir la tierra adecuada para la inversión. Si el tío fuera a vender su tierra para el proyecto, se le pagaría un precio muy bueno. Su ayuda para influir en los demás de una manera positiva sería apreciada y generosamente compensada.

El tío le escuchó, le dio las gracias por su confianza, pero no, él no podía vender su tierra. La tierra era parte de la gente y la cultura. Se había librado una revolución para conseguir la tierra. Fue pagada con sangre. Pedirle que abandonara su tierra sería como pedirle que vendiese sus brazos y sus manos. La tierra era la base y sustento de la comunidad. Sin su tierra la comunidad dejaría de existir.

El hombre de la compañía fue insistente. Ofreció al tío no sólo una cantidad generosa por su tierra, sino una bonificación si estaba de acuerdo en vender. Si él le ayudaba con los otros, sería considerado con una bonificación por cada uno de ellos. Una vez más el tío se negó. La oferta de soborno lo enojó, y comenzó a expresar sus sentimientos. Si el hombre quería hablar con otros pequeños propietarios, era libre de hacerlo, pero el tío no vendería su tierra o trataría de convencer a otros de que lo hicieran.

El hombre de la compañía se desanimó, pero no se rindió. Ofreció una recompensa mayor y luego, también algunas advertencias. Hubo personas que se establecieron en el proyecto y habían invertido tiempo y dinero en él. Tenía que seguir adelante. No estarían contentos con los obstáculos que se interponían en su camino.

El tío respondió que los beneficios prometidos a la comunidad podrían no aparecer si las personas vendían la tierra. La gente de México había visto mucho de este "progreso", y siempre terminaba por beneficiar a otro. El progreso siempre parecía ir en detrimento de los campesinos. El progreso había conducido a millares de ellos de la tierra a las grandes ciudades. ¿Cómo podían ser buenos los ingresos si su comunidad era destruida?

El hombre de la compañía expresó su sorpresa porque el tío fuese un hombre tan poco razonable. Advirtió al tío de Elías de que debía despertar a la realidad económica. El mundo está cambiando, dijo. Había poderes económicos a los que no se podría resistir por mucho tiempo. Los campesinos con sus maneras pintorescas eran un anacronismo. Apenas podían producir lo suficiente para alimentarse y alimentar a sus familias. Aquí había una oportunidad de progreso.

Más tarde el tío confesó a su familia que le había dicho al agente—Que se chingue tu progreso. El progreso para ti no es progreso para nosotros. ¿Sabes cuántas personas de por aquí han tenido que abandonar el DF (Ciudad de México) o el Norte?—.

—Usted está argumentando en contra de sí mismo—, dijo el hombre. —Este proyecto traerá dinero aquí a esta comunidad.

Pero el tío no se decidió por aquello. En lo que a él se refería, cualquier dinero que llegase a la comunidad por esta inversión iría para los propietarios. Las personas podrían obtener algunos puestos de trabajo de baja remuneración, probablemente sirviendo a los turistas. Pero él no quería nada de eso.

Así pues, las líneas de actuación se endurecieron. Y la animadversión creció.

Le dije a Elías, —así que no vendió el terreno a la empresa?

—No.

—¿Y entonces, que pasó con tu tío?

—Desapareció más tarde. Encontraron su cuerpo en una zanja fuera del pueblo, con veinte balazos.

—Lo mató porque no quiso vender su tierra. ¡Qué mierda! Y el proyecto, ¿qué pasó?

—Fue un gran escándalo y la gente local protestó. Los habitantes locales del PRI en un momento dado tuvieron que huir para salvar sus vidas. No había manera de que el proyecto pudiera seguir adelante, por lo que fue abandonado. Pero el PRI encontró la manera de vengarse de la comunidad. Todo el asunto fue una gran desorden.

¿Y qué pasó con los inversores, personas que podían solamente haber invertido algo de dinero inocentemente en un desarrollo en México? Me pregunté si tenían alguna idea del trauma que habían causado al invertir en tal comercio de tierra.

Yo dije: —Eso es algo así como la historia de *The White Rose* —(La rosa blanca). *The White Rose* fue una novela de B. Traven, un inmigrante alemán que escribió historias ambientadas entre los pueblos indígenas de México. Supe de Traven y sus libros en un viaje a México en el invierno de 1973. Allí empecé a leer, despacio y con dificultad, una serie de libros llamados *The Jungle Novels* (Las novelas de la selva) acerca de la esclavitud y la rebelión de los indígenas en Chiapas. Más tarde encontré *La Rosa Blanca*, la historia de una comunidad campesina indígena cuya mala fortuna residió en ubicarse en tierras codiciadas por una compañía petrolera de EE.UU. Al igual que el tío de Elías, el patriarca de la comunidad de La rosa blanca se negó a vender la tierra, con trágicos resultados.

La similitud entre la historia de *White Rose*, interesó a Elias, pero no le sorprendió. —Robar tierras a las comunidades indígenas y campesinas ha sido durante mucho tiempo un modo de vida en mi país. Sabes que hubo una revolución que peleó por eso!

Traté de expresar mi fascinación, no sólo por las historias de este escritor alemán, sino por el propio escritor. Traven se negó rotundamente a revelar su verdadera identidad. Sólo después de su muerte, algunos de los detalles de su vida fueron confirmados por su viuda, y el mundo descubrió que Traven, que había afirmado ser estadounidense, tal vez para protegerse a sí mismo, tenía raíces alemanas.

Traven formaba parte de un movimiento revolucionario que se extendió por Alemania después de su derrota en la Primera Guerra mundial. Los rebeldes de Múnich tomaron el poder en la ciudad y declararon una república socialista. La república fue de corta duración. La contrarrevolución movilizó a ex soldados llamados Stahleim, por los cascos de acero que llevaban, para aplastar la revuelta. En un golpe de suerte, Traven consiguió de escapar del país, dirigiendo su camino eventualmente a México, donde pasó un tiempo entre los campesinos indígenas en los estados de Oaxaca y Chiapas. Allí su alma rebelde floreció en el rico suelo de un pueblo cuyas inclinaciones propias hacia la rebelión estaban en gestación hacía casi quinientos años.

Elías quería saber el porqué de mi interés por este escritor alemán. Tal vez en parte porque mi padre, que se crió en Munich, relataba acontecimientos de aquellos días para mí, como él los recordaba. Él era un niño cuando la República Soviética de Munich (Münchner Räterepublik) fue aplastada. Y unos años después, vio a un oscuro derechista y organizador político que paseaba a su perro por la calle en frente a un apartamento en la misma calle de su propia casa. Más tarde, cuando Hitler estaba políticamente en ascenso, mi padre le vio a él y a sus compañeros nazis conduciendo por las calles de Munich. Mi padre estaba allí en la década de 1920, cuando el partido de Hitler trató de tomar el poder, sólo para ser derrotado y Hitler enviado a la cárcel. Y él estaba allí cuando Hitler llegó al poder en 1933 como canciller alemán. A finales de 1930, la hermana de mi padre, cerca de una crisis nerviosa por la intensa presión ejercida sobre los judíos, imploró a mi padre para hacer los preparativos e irse. Encontraron una manera de salir con la ayuda de un primo que estaba en Chicago, pero sus padres nunca pudieron obtener la visa necesaria para salir de Alemania.

Pero la historia no terminó ahí. Aquí me dirijo al lector, ya que estos hechos no eran conocidos por mí en ese momento en los campos. Durante la época nazi un grupo de jóvenes alemanes formaron una oposición clandestina al régimen de Munich. Y se llamaron a sí mismos La Rosa Blanca. Eran, probablemente, el grupo de la resistencia anti-nazi de mayor éxito en Alemania y, al parecer, fueron inspirados por las historias de los pueblos indígenas de México.[4]

CONVENCIÓN DEL SINDICATO

A mediados de agosto de 1975, United Farmworkers (Trabajadores Agrícolas Unidos) celebró su segundo congreso bianual en el mismo escenario en Fresno, donde había celebrado su primera convención en 1973. La situación era bastante diferente y el estado de ánimo más optimista. En 1973, la gente estaba en estado de sitio, acaba de perder casi todos los contratos de la uva. Ahora, con la ley ALRA, había previsión de que las cosas mejorarían.

Un cierto número de personas asociadas a *The Worker—El Obrero* fueron como delegados a la convención. Yo no estaba entre ellos, pero todos nosotros habíamos trabajado en una resolución sobre la cuestión de los trabajadores indocumentados e intentábamos presentarla en la convención.

Creíamos en principio que cualquier persona que vive y trabaja en el país debería tener concedidos los derechos humanos básicos y permitírsele vivir y trabajar sin temor a la persecución. La resolución llamaba al sindicato a utilizar su poder y prestigio para elevar la demanda para el fin de las deportaciones. Un movimiento para poner fin a la deportación impactaría a la comunidad. Cada vez que la migra venía para deportar a las personas, cada vez que una furgoneta de la inmigración era vista cruzando un barrio y disponerse al acecho fuera de una iglesia, la gente se sentía reconfortada sabiendo que había un movimiento para poner fin a ese tipode acoso. Sería de gran ayuda para construir un sentido de resistencia y fortalecer el movimiento sindical como defensor de los derechos humanos. Y aunque las posibilidades de ganar una demanda de este tipo no eran buenas, ciertamente no sin una masiva campaña para poner fin a las deportaciones, sería una manera positiva de educar a las personas acerca de cómo estaban siendo castigados los inmigrantes. Esto tendría el efecto de unir a las personas y servir como plataforma para educarlos acerca de la causa subyacente a la inmigración en primer lugar y las desigualdades entre los países explotadores, como Estados Unidos y los países explotados como México. Además, las deportaciones fueron un arma utilizada contra el sindicato; minaron la voluntad de los trabajadores de participar. La gente a la que mostramos la resolución, incluyendo los trabajadores de nuestras cuadrilla, vieron este enfoque favorable.

Pero no pudo ser. La resolución nunca llegó a discutirse. Fue presentada apropiadamente de acuerdo a los procedimientos, pero fue dejada de lado y suprimida, a pesar de que encontró apoyo entre los delegados para ser discutida. Cuando uno de los delegados que apoyaba la resolución se levantó a hablar de ello, el micrófono fue apagado y un grupo de música comenzó a ahogar su voz.

El consejo ejecutivo del sindicato ofreció su propia resolución. Propuso luchar por los indocumentados. Decía en parte:

> CONSIDERANDO, que los trabajadores ilegales a menudo sufren más en las manos de los rancheros que los residentes legales, y
> CONSIDERANDO, que United Farmworkers of America (Trabajadores agrícolas unidos de América) se dedica a liberar a todos los trabajadores agrícolas que sufren independientemente del color, credo, origen étnico, religión o estatus de residencia,
> AQUÍ POR LO TANTO SE RESUELVE por los miembros de United Farmworkers of America, AFL-CIO, en sesión en la convención en Fresno, California, que esta organización inste a la promulgación de una legislación para otorgar el indulto a todos los trabajadores ilegales, y
> SE RESUELVE ADEMÁS que si los productores pueden traer trabajadores ilegales a este país con el propósito de explotarlos, entonces nosotros podemos organizar a los trabajadores ilegales para liberarlos.

Con las elecciones del sindicato a punto de comenzar UFW continuó con su pragmatismo, esta vez inclinándose en la dirección de los trabajadores indocumentados que serían un electorado importante en muchos ranchos. Pero la resolución, mediante el uso del lenguaje de la amnistía cedía al argumento de que los "ilegales" tenían que ser perdonados por alguna ofensa, y evitaba el tema de las deportaciones, que era realmente el corazón de la cuestión.

DESPEDIDO DE FINERMAN

Era un día caluroso de otoño y estábamos cortando en un campo al norte de Salinas. Era un campo de segundo corte, lo que significa que ya se había cosechado una vez. Las cabezas restantes de lechuga de este campo, no sólo estaban más dispersas, estaban curiosamente formadas y difíciles de manipular. Para empeorar las cosas, lechuga de final de temporada estaba inundando el mercado, con lo que los precios bajaron. Los productores estaban apenas manteniendo su precio sin perdidas. Hombres de la compañía hormigueaban por el campo, inspeccionando la lechuga de las cajas, quejándose de la calidad. Era un mercado nervioso.

Era uno de esos días en que el trabajo es difícil y el dinero escaso. Cada dolor normal, se amplifica y multiplica, y estás impaciente porque todo termine de una vez. Yo estaba empaquetando y maldiciendo, con los dedos doloridos de golpear en el borde de las cajas. Elías vino con una alta pila de cajas de la engrapadora—se enorgullecía de la cantidad que podía llevar a la vez—y después de dejar la última caja en frente de mí, me dio un codazo de una forma que fue inusualmente seria. El apuntó hacia un trío a algunas filas por encima. Había cajas de lechuga volcadas, con su contenido derramado por el suelo. Un supervisor iba por su fila volcando las lechugas. Al menos media docena de cajas, habían sido volcadas de esta manera. Dejé de empacar y me acerqué a esa hilera. Los empacadores estaban de pie alrededor mirando. El supervisor estaba maldiciendo en Inglés: "Tenéis que hacerlo mejor que esto". Luego saltó a la siguiente hilera y empezó a aplicar la misma rutina de volcado. Al parecer, la lechuga de Finerman no estaba teniendo éxito en el mercado ese día.

Al ver esta muestra de cólera, de cajas que eran volcadas, de trabajo duro desparramado por el suelo y la ira irrespetuosa del supervisor, me enojé. El problema con el embalaje tenía mucho más que ver con la lechuga que estábamos cosechando que con cualquier fallo de los cortadores o empacadores.

—¡Es por esto que necesitamos un sindicato!— Lo dije en voz alta para que otros me oyeran. —Como nos insultan, nos chingan por su maldita lechuga, sus chingadas ganancias. Que nos importa, sus pinches ganancias. ¿En qué nos beneficia? Fíjense, como la compañía nos trata como mierda. El lector puede encontrar el lenguaje un poco salado, pero créame, esa era únicamente la manera normal de hablar en los campos. El supervisor se volvió hacia mí y se acercó a donde yo estaba, junto con el mayordomo.

—¡Tú ve al bus. Nosotros no te necesitamos más aquí!

—Está bien—, dije. Acto seguido comencé a caminar hacia el autobús.

Entonces, escuché la voz de alguien. "¡Vámonos muchachos. Vamos todos!" Y sin más comentarios, todo el mundo comenzó a caminar hacia el autobús. El mayordomo se acercó y se produjo una discusión. La compañía ofreció acabar por ese día si la cuadrilla terminase la carga, algunas cajas más para cada trío. Estuvieron de acuerdo.

Cuando regresamos a Salinas, algunos de nosotros se dirigieron a la sede del sindicato. Allí nos dirigieron a la nueva oficina de ALRB en Laurel Drive. Alrededor de una docena de nosotros nos dirigimos a la oficina de atención creada para la burocracia, supervisar las elecciones sindicales y manejar los asuntos relacionados. El lugar acababa de abrir, y por lo que parecía estábamos entre sus primeros clientes. Una de las personas de la oficina con traje y corbata quedó un poco aturdida, a medida que deambulábamos con nuestros rostros sudorosos, ropa sucia y botas polvorientas. Un empleado de la oficina, un joven latino, nos preguntó qué había pasado y le dimos un breve informe. Se me pidió que rellenar un formulario. Y entonces, una mujer joven de unos veinticinco años, baja y delgada de cabello rubio medio largo, se acercó a mí. Ella extendió la mano.

—Soy Susan—, dijo ella.—Tengo que hacerle algunas preguntas.

Entramos en un pequeño cubículo, y le dije lo que pasó mientras ella tomaba notas. Este era su primer día de trabajo, su primer trabajo desde la graduación en Berkeley's Boalt Law School (Facultad de derecho Boalt de Berkeley). Ella era una estudiante de derecho con conciencia social llena de vigor, con la expectativa de utilizar su estatus de abogado y su conocimiento legal para hacer algo bueno por las personas que con mayor frecuencia son víctimas de la ley, o que nunca podrían pagar un abogado si necesitasen uno. Después de hablar con ella un rato, se hizo evidente que ella simpatizaba con el movimiento sindical. Una vez que terminé con mi relato de lo que había sucedido en el equipo, me aseguró que en este caso la empresa estaba claramente violando la nueva ley. Las empresas tenían expresamente prohibido el despido de trabajadores por sus opiniones sindicales, dijo. Ella estaba segura del resultado. ¿Y qué significaría ganar?, le pregunté.

—Obtendrás el pago retroactivo por todos los días que pierdas hasta que se resuelva el caso. Y recuperarías tu trabajo ¿Quieres recuperar tu trabajo? —Ella se echó a reír.

—Ya, supongo que sí—, le dije.

Yo no estaba tan seguro de su optimista evaluación, pero aprecié su entusiasmo y su confianza.

—Si ganamos este caso, ¿puedo invitarte a cenar?—pregunté.

—Por supuesto—, dijo.

Susan

Recibí una carta que me informaba que debía ser compensado con el pago retroactivo por Finerman junto con la restauración de mi trabajo, y llamé a Susan a la oficina de ALRA.

—Te lo dije—, dijo, cuando le di las gracias por su ayuda.

—Bueno, te prometí una comida, ¿una cena? Algunas noches después fuimos a un restaurante ubicado en una antigua iglesia en la calle Pájaro con el muy apropiado nombre para Salinas de *East of Eden* (Al este del Edén).

Mi relación con Susan comenzó con una nota armoniosa, que pronto se convirtió en tormentosa. No debería de haber sido difícil predecir esto. Teníamos mucho en común a un nivel. Ambos éramos de familias judías de clase media del sur de California. Ambos abominábamos las injusticias que veíamos en el mundo. Los dos nos habíamos opuesto a la guerra de Vietnam y creído en el movimiento por los derechos civiles, el movimiento de liberación de la mujer y así sucesivamente. Pero nuestros puntos de vista y objetivos en la vida eran muy diferentes. Yo no era menos de clase media que ella en cuanto a educación familiar, pero en ese punto yo no tenía ningún deseo de vivir una vida de clase media, mientras que ella sí. A pesar de su aversión hacia la injusticia, ella sentía que había pocas posibilidades de ponerle fin realmente, así que se conformaba con acciones para aliviarla en la medida en que pudiese mediante sus propios actos. Tenía una sensación de ardor en el estómago contra todas las injusticias que percibí, y nada podía calmarlo. Yo quería unirme con cualquiera con quién pudiese perseguir alguna manera de poner fin a la injusticia y lo que entendía que era su origen.

Podríamos ser amigos, pero esos diferentes puntos de vista implicaban un estilo de vida diferente y los intentos de reconciliar las diferencias no satisficieron a ninguno de los dos y dieron lugar a estallidos periódicos de ira y frustración, y finalmente la separación.

Debatimos sobre las diferencias de opinión. Los argumentos comenzaron poco después de que empezamos a estar juntos. El primer argumento que recuerdo era sobre la homosexualidad. Hasta ese momento, gran parte de lo que fue el movimiento marxista había desarrollado una postura sobre la homosexualidad que era superficial y mecánica. Basándose en una visión "reduccionista" de la evolución, algunos marxistas llegaron a la conclusión de que la homosexualidad no era natural, estaba en la oposición a la necesidad básica de las especies de procrear, por lo que debía ser resultado de las relaciones distorsionadas por la sociedad de clases. En la era capitalista, los marxistas llegaron a la conclusión de que la homosexualidad era un producto del capitalismo en su fase decadente en declive. Esta fue la opinión que adopté y defendí, y chocó con la de Susan. Ella no veía la homosexualidad como algo en absoluto negativo, sólo como una parte de la sexualidad humana, más ampliamente definida. No estábamos de acuerdo y argumentábamos. Cuando estaba concluyendo que Susan tenía una actitud más liberal hacia el sistema, decidí que tenía que estar equivocada en esto también. Este fue mi error y también una manera equivocada de pensar.

Pasarían años antes de que yo concluyera (y otros que conocía que se consideraban revolucionarios también) que estos puntos de vista sobre la homosexualidad eran demostrablemente erróneos. Fue una enseñanza aleccionadora, una lección sobre la necesidad de estar dispuestos a cuestionar los propios puntos de vista y considerar otros argumentos seriamente. Todo el mundo es susceptible a las opiniones religiosas, no necesariamente una creencia en Dios, sino la visión que tienen de sí mismos por encima de un escrutinio serio, puntos de vista que se convierten en parte de una fe o dogma, conscientemente custodiado por evidencias que podrían demostrar que estaban en conflicto con la realidad.

Elecciones para escoger un sindicato

La Agriculture Labor Relations Act (Ley de Relaciones Laborales Agrícolas) se creó para entrar en vigor el 27 de agosto. En julio, anticipándose a las elecciones, Teamsters renegoció contratos con 135 productores, en su mayoría en la lechuga. Los nuevos contratos aumentaron los salarios y los beneficios marginales un veinticinco por ciento. El salario mínimo se elevó de $2.50 a $2.92 por hora. El destajo subió del 4 al 6 por ciento. Los rancheros y los Teamsters estaban tomando un pequeño seguro de UFW.

La oficina de ALRA abrió el 28 de agosto. Ese mismo día, la policía de Salinas llevó a cabo redadas en siete campos de trabajo alegando que buscaban objetos robados. Treinta y dos inmigrantes fueron arrestados y llevados al INS, en el que sería el mayor arresto masivo de inmigrantes indocumentados que jamás había hecho la policía de Salinas. En Watsonville, cuarenta inmigrantes más fueron arrestados. UFW protestó ruidosamente por las redadas y las denunció como una táctica para intimidar a los inmigrantes a la espera de las próximas elecciones. Tres funcionarios de UFW fueron detenidos en la oficina de INS en Salinas, una acción que parecía tener bastantes relaciones públicas.

En septiembre, se celebraban casi a diario elecciones sindicales en California, con UFW ganando la mayoría, pero no la gran mayoría de ellas.

UFW ganó ochenta y seis elecciones el primer mes de la votación, con un total de 13,410 votos, el 52 por ciento de los emitidos. Teamsters ganó setenta y tres elecciones con 8,037 votos, el 31 por ciento de todos los votos. La opción no sindicada recibió la mayoría diecinueve veces, con 4,175 votos, o el 17 por ciento de los votos emitidos. Después del segundo mes de votación, UFW había ganado 114 elecciones y Teamsters ochenta y seis. El voto más desequilibrado estaba en Interharvest, donde UFW ganó por 1,167 votos a veintiocho de No Union. Casi al mismo tiempo, Teamsters obtuvo una gran victoria en Bud Antle. A nivel estatal, en la primera semana del mes de octubre 30,000 trabajadores agrícolas estaban en los ranchos cubiertos habían votado en las elecciones sindicales en

267 granjas. Treinta y seis de las victorias de UFW fueron en compañías con contratos con Teamster. Esto incluía nueve de diez elecciones sindicales entre los productores de manzana de Watsonville.[5]Las otras elecciones fueron para No Unión o no eran decisivas, votos disputados que eran mayores en número que el margen de victoria, para cada sindicato. En la zona de Salinas-Watsonville las victorias electorales eran parejas.[6]

Tales estadísticas por sí solas no cuentan toda la historia. Las elecciones en algunos ranchos se llevaron a cabo entre los trabajadores que habían sido rompehuelgas. Y aunque los huelguistas técnicamente tenían derecho a voto en los ranchos anteriormente afectados, encontrarlos y llevarlos al lugar de votación fue un tarea desafiante.

Los Teamsters tenían la ventaja de la incumbencia. Antes de las elecciones UFW tenía menos de veinte contratos que cubrían 10,000 de los 220,000 trabajadores agrícolas de la temporada alta en California. Teamsters reclamó más de 400 contratos que cubrían alrededor de 50,000. Los productores a menudo se podía contar con que estarían de parte de los Teamsters.

Sin embargo, la elección rompió el dominio de los Teamsters que se mantenía en muchos contratos. UFW ganó las elecciones en algunas de las principales empresas, como D'Arrigo y Bruce Church, que habían estado luchando durante años contra UFW.

Pero aquellos eran los resultados de la elección. Quedaba por ver cuántos de estos resultados serían verificados después de los retrasos y dificultades a los que los rancheros no tardarían en convertirse en adeptos a utilizar.

LA CORRIDA

La campaña de las elecciones sindicales se dirigía al sur con el cultivo, y Susan, como abogado de ALRA, se movía con ellos hacia el Valle Imperial. Mickey y yo decidimos seguir "la corrida" al sur con el cultivo. Susan y yo planificamos reunirnos en Calexico.

La corrida es el circuito que hace la lechuga, conforme acompaña al sol a lo largo de las estaciones. A medida que la temporada de cosecha otoñal terminaba en Salinas, se desplazaba a otras áreas, como Mendota-Firebaugh y Huron, ambas a unos cientos de millas al sur de Salinas. Los equipos de Finerman estaban siendo dirigidos por el contratista Willie Morales en Huron, un pequeño pueblo agrícola de la autopista 5, cerca de Coalinga y Harris Ranch.

La temporada de cosecha en Huron es corta. Los equipos llegan conforme los cultivos maduran y por lo general tardan un par de semanas para completar el trabajo. Llegué un día antes de que comenzase la cosecha. Morales/Finerman había alquilado un campamento en la ciudad, una estructura de barracones de madera, sin aislamiento, sólo una losa de cemento, paredes de madera simple, y tejado. Había un gran calentador suspendido del techo que estuvo demasiado tiempo prendido y sobrecalentó el barracón.

En una esquina del lugar, había colchones viejos que estaban apilados en un montón al lado de un cúmulo de mantas delgadas y ásperas y telas bastas para usar como sábanas. Todos nos apropiamos de las pilas y preparamos nuestros catres en la grande, larga y abierta sala del barracón.

La lluvia llegó temprano ese otoño. Llovió el día que llegué al campamento, y después siguió durante varios días. El barracón se asentaba en un patio polvoriento que se volvió pantanoso con el aguacero, por lo que teníamos que chapotear por el barro para ir desde el barracón al baño y al comedor. Era imposible mantener limpios los suelos de estos lugares, y así nos acostumbramos a arrastrar los pies en el barro, dentro y fuera.

Las cosechas que siguen al otoño "deal" (nombre que los productores usan para la cosecha) de Salinas y anteceden a la estación en el Valle Imperial son mucho menores que las que se llevan a cabo en los dos extremos de la temporada de cosecha, y el mercado puede volverse hambriento. La escasez alimenta el precio y con la lluvia martilleando el centro de California, la alquimia del mercado convirtió lechuga plomo en lechuga oro; el precio se disparó a la estratosfera.

Es casi inaudito para los equipos de lechuga trabajar bajo la lluvia. Pero eso es exactamente lo que el mercado caliente nos llevó a hacer. Nos embarramos de fango, los cortadores luchaban por mantenerse en pie conforme se doblaban para cortar las cabezas; los empacadores resbalaban mientras agarraban las cabezas de tres en tres y las colocaban en las cajas.

Normalmente, las cajas de cartón de lechuga se reblandecerían con tanta agua, pero la empresa tenía cajas de cartón que tenían una capa más gruesa de cera o alguna otra protección. Fue una tarea complicada, y peligrosa, especialmente para los cargadores que tenían que cargar las cajas de cincuenta y sesenta libras en los camiones, mientras luchaban para mantenerse en el barrizal. Todo este sufrimiento, y también las condiciones peligrosas, y no estábamos haciendo casi nada.

Teníamos un gran equipo, de doce o catorce tríos, por lo que parecía que la producción iba a salir, pero el trabajo era lento y feo. Y la fealdad igual una enfermedad transmitida por el agua se propagó a nuestro estado de ánimo. En un par de días era una epidemia.

Todo comenzó con quejas. "¿No es una mierda, hombre?" Entonces algún alma en sufrimiento empezó a gritar y pronto, sin plan ni previsión, los empacadores se sentaron en sus cajas y los capataces y supervisores se apiñaron y hablaron. Pronto estuvieron de acuerdo para elevar el precio de la caja diez centavos más o menos. Eso fue suficiente para tranquilizar nuestras almas, arrugadas por la humedad que empapaba nuestra piel y nuestros huesos.

Las lluvias cesaron después de la primera semana, y el trabajo se volvió más o menos normal. Huron tenía una calle con algún comercio, algunos restaurantes y pequeñas tiendas de comestibles, así que había poco que hacer después del trabajo y la cena sino yacer en nuestros catres y mirar fijamente las vigas desnudas o jugar una partida de Conquian (juego de cartas).

Después de Huron, nos trasladamos a Parker-Poston, Arizona, área de varias semanas de la cosecha, cerca del río Colorado. Parker es parte de una reserva india, y fue el escenario del mayor campo de concentración de la segunda guerra mundial. Japoneses de la zona de Salinas-Watsonville fueron transportados allí en el invierno de 1942, muchos de ellos procedentes directamente de los establos de caballos del recinto del rodeo de Salinas agarrándose la única maleta o envoltorio que cada uno fue limitado a llevar. El desierto de arena barrida con sus veranos a la parrilla se convirtió en su casa hasta el final de la guerra. Yo no sabía eso de Poston en ese momento. Mirando hacia atrás, a veces me pregunto si nuestros barracones desgastados eran sobras de ese campo de internamiento.

El invierno en Poston fue soleado y frío. La irrigación de agua desde el cercano Colorado había transformado esa zona del desierto en una franja exuberante y fértil de tierra agrícola.

Había un pequeño pueblo cerca del campamento, una vía de escape a la monotonía de los cuarteles. Pasé algunas noches en uno de los bares bebiendo cerveza y charlando con los lugareños de la tribu que merodeaban por ahí, gente de las tribus Navajo, Hopi, y Mojave que vivían en la reserva. Recuerdo en especial a las mujeres, su pelo largo, su físico fornido, su amabilidad, sus narraciones de cuentos y sus personalidades amantes de la diversión. Lo recuerdo como genuino, cálido, y acogedor, y me sentí cómodo en ese lugar bebiendo cerveza con ellos.

Después de Poston, conocí a Mickey en El Centro. Él había tomado una ruta diferente al sur con la empresa Bruce Church en su primera corrida. Conseguimos un motel juntos con una tarifa semanal y esperamos el inicio de la temporada en Calexico. Aún faltaban un par de semanas para la cosecha del Valle Imperial, y el dinero comenzó a quedarse corto. Para ahorrar, comíamos solamente una comida al día, en un restaurante bufé cercano a nuestro motel. Comíamos hasta que estábamos llenos, y luego nos hinchábamos más, nuestras chaquetas y pantalones de bolsillos abultaban con bollos y pan para llevar con nosotros hasta la siguiente comida.

CHAPO

La cosecha se acercaba, y empezamos a pensar en nuestro próximo movimiento. Había un cortador en el equipo de Finerman que respondía al apodo de "Chapo". Y con razón: se detuvo alrededor del metro sesenta. Cuando Chapo oyó que Mickey y yo estábamos buscando un lugar en Mexicali donde conseguir la comida y el alquiler baratos, le preguntó si podía venir a un apartamento con nosotros. Estuvimos de acuerdo, y Chapo nos encontró un pequeño lugar en Madederos Sur en un barrio cerca del centro llamado La Colonia Industrial. La colonia era una de las principales vías públicas y había un corto viaje desde allí hasta la garita, como era llamado el cruce fronterizo.

Chapo tenia los cuarenta y pocos años. Tenía un pequeño bigote y cabello rizado fino, con tonos grises comenzando a aparecer en sus sienes. Tenía una complexión delgada y fuerte y un aura que hablaba de una fuerte herida de energía en su interior.

Todos mis tratos con Chapo habían sido positivos, pero también había oído rumores de que tenía un lado emocionalmente explosivo. A medida que lo conocía mejor, se hizo evidente que su reputación como alguien con quién no había que meterse era tanto un mecanismo de supervivencia como el producto de una actitud malévola. Por lo menos así es como Chapo contó la historia.

Chapo insistió en más de una ocasión en que la vida como un hombre chaparro requería algo más que una perspectiva agradable. Él no podría sobrevivir, y mucho menos encontrar respeto, nos aseguró, sin la consolidación de una reputación que le daría una pausa con los verdugos potenciales. Como se trataba de una realidad fuera de mi ámbito de experiencia, no me sentí en condiciones de emitir un juicio. Entonces escuché en silencio en nuestra pequeña cocina del apartamento los cuentos de Chapo de peligro y combate.

Un fin de semana Chapo desapareció y no se presentó de nuevo hasta el trabajo de la semana siguiente. Cuando lo hizo, le pidió al capataz un adelanto porque había perdido la paga de la semana en una disputa en el bar de Mexicali. Me enteré de la versión larga más tarde en nuestra cocina. Chapo juró que él acababa de tomar un par de copas y sólo estaba tratando de ser amable con una mujer en el bar cuando su novio, quien Chapo afirmó era abogado, enojado con él le agredió físicamente. Durante el altercado que siguió la policía de Mexicali se presentó. No había ninguna duda, dijo Chapo, a cual persona la policía iba a favorecer. Y de esta manera Chapo el trabajador del campo, fue arrastrado a la cárcel. Entre la policía y otros reclusos los bolsillos de Chapo fueron limpiados al vacío. Sólo con una acción agresiva, dijo, mantuvo en su poder los zapatos y la camisa.

Richard, que había seguido la corrida de Mexicali ese año, también tuvo un encuentro con un policía de Mexicali. Él salía de un bar de Mexicali una noche de fin de semana, bastante tarde, y "la chota" lo detuvo en la calle, probablemente también en busca de una propina. Richard no estaba de humor para comportarse, y el alcohol le había puesto más temerario que su propia sensatez, así que cuando el policía empezó a hostigarlo por estar borracho Richard dijo: "¡Con mi chile engordes!" Una traducción literal del inglés, *"Get fat on my chile"* que tiene un significado figurativo en español. Tal vez no impresionado por el ingenioso insulto, el policía empujó a Richard al suelo y luego lo arrestó. Pasó el resto de un largo fin de semana en la cárcel de Mexicali, donde pagó una cuenta exorbitante por alojamiento y comida antes de que se le permitiera salir.

A Chapo le gustaba nuestra política radical. No profesaba ningún amor por el sistema a ningún lado de la frontera. Chapo también despreciaba la condescendencia hacia los supuestamente "ignorantes campesinos" como él que se sentía desde diversos sectores. El hecho de que nosotros denunciábamos enérgicamente esta clase y el chovinismo racial, y defendíamos a las personas que eran objeto de los ignorantes y las majaderías racistas, impresionaron enormemente a Chapo. Esto y el hecho de que compartimos las tribulaciones del trabajo en la lechuga, hizo que nos entendiéramos bien. Él no era un activista. La política para Chapo era a lo sumo un deporte para espectadores. Sin embargo, en los días en que Mickey y yo nos levantábamos más temprano para cruzar la frontera para vender *El Obrero* en Calexico en los diferentes lugares donde los autobuses se detenían para recoger a los trabajadores, Chapo venía con nosotros. El no estaba interesado en distribuir el periódico. Tenía dificultades para leer, y si había un artículo que realmente le interesaba nosotros se lo leíamos. Él no se sentía cómodo hablando sobre política. Pero cuando dijo que él estaría allí si alguien se metía con nosotros, le creí.

Mickey y yo, y de vez en cuando los amigos del equipo de Mickey, deambulábamos por las calles aún oscuras de la mañana de Calexico donde nudos de trabajadores esperaban los autobuses o estaban alineados en los camiones "fayuca" (contrabando) para comprar su café o bollos dulces matinales.[7] El mayor de aquellos puntos era *El Hoyo*, un estacionamiento de forma irregular bordeado por una valla metálica a la orilla de un arroyo que serpenteaba a través del *New River*. Esta era la línea divisoria entre ambos países. Al otro lado del arroyo había una valla de colores que delimitaba la frontera en el lado mexicano.

En todos estos lugares saltábamos de bus en bus, de grupo en grupo, distribuyendo tantos periódicos como podíamos antes de viajar con nuestros propios equipos de trabajo.

"ACTOS DE DIOS"

Madrugarse es un verbo que significa levantarse temprano por la mañana. Para los trabajadores agrícolas de Mexicali que cruzan la frontera para trabajar en el lado de EE.UU., madrugarse tiene su propio y especial significado.

Generalmente el trabajo en los campos, comenzaba tan pronto como había luz suficiente, pero mucho antes de eso, líneas de automóviles y cuerpos se extendían al otro lado de la frontera esperando para entrar en el lado de EE.UU. a trabajar. Añadir a esto la exigencia de los cultivadores de que los trabajadores llegasen a los autobuses temprano y los frecuentes y largos desplazamientos a los campos a lugares como Yuma y Blythe, ambos a unos cien kilómetros de Calexico, y madrugarse fácilmente podría significar levantarse a las dos de la madrugada. Añadiendo a esto el hecho de que una noche fría podía dejar la lechuga ligeramente congelada e imposible de cortar—corta una cabeza congelada de lechuga y se volverá negra—y que luego tenían que esperar varias horas en los campos hasta que se deshelase, y los días de trabajo se prolongaban hasta horas interminables.

Salir de Mexicali en la oscuridad de la madrugada y regresar en la oscuridad de la noche era la norma en esos días diciembre, enero y febrero. Eso cuando el tiempo era bueno. A veces, después de un largo viaje a los campos, la lluvia retrasaba o cancelaba el trabajo por completo, en cuyo caso todo el día habría sido en vano.

Esta dolorosa realidad llevó a los trabajadores a exigir una compensación por el tiempo perdido. Aunque la compañía afirmaría: "¡Nosotros no somos responsables por los actos de Dios!". Y esto incluso se especificó en algunos contratos. Pero la gente diría que no fue Dios, quién los llevó en el maldito autobús, ¿o sí?

A veces el rencor del equipo era tal que la empresa tenía a bien concederles el pago de algunas horas. Fue así como los contratos sindicales más tarde incluyeron cláusulas que obligaban a la empresa a pagar si llevaban al equipo a un campo prematuramente. La compañía descubrió la manera de sortear este obstáculo, ajustando sus acciones para que los equipos esperaran en los autobuses en Mexicali y no al borde de un campo determinado.

Las largas horas perdidas no fueron las únicas molestias sufridas en los largos viajes a Yuma o Blythe. En las carreteras de estas ciudades, los trabajadores del campo se encontraron otras desgracias.

PELIGROS EN LA CARRETERA

Una mañana de enero de 1974, Pablo Arellano, un conductor del contratista Jesús Ayala, comenzó un viaje de dos horas y 130 kilómetros desde el Valle Imperial a Blythe, cerca de la frontera con Arizona. Eran las 03:30, Pablo estaba levantado desde las 02:00 recogiendo trabajadores de la empresa High and Mighty. Pablo estaba cansado de los 260 kilómetros de ida y vuelta a Blythe el día anterior. Todavía era de noche cuando el viejo autobús de trabajo agrícola llegó a las afueras de la ciudad. El autobús estaba en malas condiciones; sus frenos no funcionan bien y los faros necesitaban un ajuste. A medida que tomaba una curva al lado de un canal de riego, las ruedas del autobús se salieron del pavimento, golpearon la tierra a un lado de la carretera, y se deslizaron por un terraplén a las frías y turbias aguas del canal. En el interior del autobús, el impacto con la zanja rompió asientos sueltos que volaron hacia adelante, atrapando y aplastando al conductor e inmovilizando a los pasajeros bajo los escombros, de forma que no podían escapar de la subida del agua. Entre los diecinueve que murieron había hombres, mujeres y adolescentes, incluido un padre y sus tres hijos adolescentes.

Varios miles de personas asistieron al funeral la semana siguiente en la armería Calexico para los fallecidos en el accidente del autobús. Sería señalado muchas veces por UFW que las granjas de High and Mighty, para quién Pablo Arellano trabajaba, tenían un contrato con los Teamsters.

Otros peligros acechaban en estas carreteras. Mickey, quien trabajó varias temporadas de invierno con la empresa Bruce Church, hacía el largo viaje de ida y vuelta a sus campos en Yuma. En una entrevista relató la siguiente experiencia en el invierno de 1977.

Todas las mañanas durante la temporada de la cosecha de invierno, nosotros abordábamos el autobús de la compañía en Calexico en la oscuridad, yo con una taza de café de 7-Eleven y un ejemplar de *Los Angeles Times*. Todos los demás tenían sus propios rituales. Más o menos todos nos sentábamos en el mismo asiento tras día. Yo me sentaba con los chicos jóvenes en la parte trasera. Las parejas se sentaban en el medio, y las mujeres solteras, las madres y las hijas delante, cerca del conductor.

La mayor parte del equipo de la máquina de la lechuga cruzaba la frontera de Mexicali cada mañana. Algunos, con documentos cuestionables y ninguna familia en el lado de Mexicali, alojados en alguno de los moteles que salpicaban Calexico, cerca de la frontera. A veces, seis u ocho hacinados en una habitación.

Era una hora y media hasta Yuma, donde la empresa tenía la mayoría de sus campos de invierno. Debido a las reducidas horas diurnas de febrero, nos trasladábamos en completa oscuridad durante la ida y la vuelta. Me sentaba con los chicos jóvenes en la parte trasera y practicaba mi español, tratando de entender los chistes vulgares, las insinuaciones espinosas, y los acentos regionales. De vez en cuando, me gustaba hacer circular nuestro periódico, *El Obrero*, e involucrar a los *vatos* (hombres) en las discusiones políticas sobre el imperialismo, el capitalismo, el sindicato de Chávez, los políticos mexicanos, y temas de actualidad en general. Con estos chicos, si no podías probarte a ti mismo en el trabajo diario de cortar lechuga, en realidad no te escucharían sobre ninguna otra cosa. Así que, me sentía muy bien porque tenía su respeto en ambos frentes y porque éramos amigos y compadres.

Podríamos haber compartido una gran parte de la suerte y la desgracia de esos meses de la cosecha, pero en un aspecto mi situación no era en absoluto la misma. La mayor parte del personal tenía tarjeta verde de residente oficial. Algunos solamente certificados de nacimiento, y otros consiguieron tarjetas verdes falsas. Los que no tenían ningún tipo de tarjeta, o alguna en la que confiar, por lo general no tomaban el autobús. Hacían el trayecto en coche. Era más seguro que viajar en el autobús. Sin papeles una persona nunca estaba segura. Incluso con ellos nunca se sabía cuando la patrulla fronteriza te detendría y te acosaría.

Era un día de febrero como muchos otros. Después de cortar en Yuma, el autobús recorrió el camino de vuelta a Calexico. Pero primero nos detuvimos en las afueras de Yuma para un refresco o una cerveza. Para los chicos jóvenes de la parte trasera del autobús eran cuartos de cerveza y pintas de jugo Clamato picante. En ese momento, no había nada como una buena ración de cerveza para aliviar las punzadas en la parte inferior de la espalda de un día escabroso de agacharse y levantarse de diez a veinte veces por minuto para cortar las lechugas y ponerlas en la plataforma para que las mujeres las envolvieran en celofán. El atardecer del invierno del desierto podía ser verdaderamente frío, y ni siquiera la cerveza podría salvarnos del frío y el agarrotamiento que aparecerían eventualmente. Resultaba imposible encontrar una posición cómoda en aquellos asientos de tipo autobús escolar.

Ese día, sin embargo, hicimos una segunda parada. Había una puesto de inspección agrícola, cerca de la frontera con los estados de Arizona y California. Normalmente nos habrían pasado con un movimiento de mano. Pero esta vez, cuando llegamos al punto de control, el conductor fue obligado a parar a un lado, y fuimos abordados por un par de agentes de la Patrulla Fronteriza (migración) para comprobar los documentos.

Aquellos tipos eran auténticos vaqueros: sombreros, botas, español horrible, armas e insignias. Recorrieron el pasillo, pidiendo a cada persona que les mostrara sus tarjetas de residencia. Vi un par de chicos que rebuscaban muy incómodos. Tal vez olvidaron sus tarjetas o las perdieron, quién sabe. La migración también se fijó en ellos, se acercó y los iba a sacar del autobús. Cuando vi aquello dije: —Oye, ¿por qué no te consigues un trabajo honesto? Aquel policía alto me oyó y se llegó realmente muy cerca,

—¿Qué has dicho?— me gritó. Repetí lo que había dicho, y él

me agarró de la chaqueta y me sacó de mi asiento y del autobús. Me llevó detrás de un cobertizo en el borde de la estación de inspección, y pensé, oh mierda. Él comenzó a gritar sobre el respeto y me golpeó contra el cobertizo un par de veces. Mi cabeza rompió la ventana de cristal detrás de mí y mis gafas se retorcieron. Luego me llevó de vuelta al autobús y me dio unas palmaditas. Después de unos cuantas voces y gritos más, me dijo—lárgate de aquí.

Las personas del autobús dijeron: —¡Tienes que hacer algo al respecto!— Y yo dije: —¿Tengo algún testigo aquí? La gente gritó, —¡sí! Más tarde fui con algunos del equipo a la oficina de inmigración para presentar una queja. Por supuesto, nunca ocurrió nada.

MELE

Ese invierno trabajé con el personal de tierra de Finerman; Mickey, las máquinas de la lechuga con Bruce Church. Pero un día se trabajaron casualmente campos adyacentes cerca de Yuma. En el descanso de la mañana nos encontrábamos en un camino de acceso de tierra al borde del campo. Mientras hablábamos, escuchamos una conmoción y vimos las furgonetas verdes de inmigración dirigiéndose desde varios puntos en nuestra dirección. Mientras estábamos allí, un compañero se acercó a nosotros. A primera vista parecía un poco extraño. Llevaba zapatos y ropas más apropiadas para alguien que fuera de compras en el bulevar comercial de Calexico que para pisotear por todo un campo de lechuga ligeramente embarrado. Era bajo, de nuestra estatura, de tez oscura y pelo castaño espeso ondulado. Mientras se acercaba, él extendió su mano, y cada uno apretó una mano gruesa, fuerte y callosa.

"Talk in Engliss, mi frind", dijo en un inglés apenas inteligible. "¿Qué?" *"Talk in Engliss"*. El volvió un poco la cabeza hacia atrás para llamar nuestra atención hacia una furgoneta verde de la migra que conducía lentamente por la carretera de acceso llena de surcos que bordeaba el campo donde nos encontrábamos.

Mickey se volvió hacia la figura ante nosotros, agarró su hombro y dijo en voz alta: —Hey, ese fue uno de los mejores chistes que he oído, hombre.

—Ya—, dije.—Le conté este chiste a algunos de mis amigos; hombre, ellos casi se partieron de risa con él.

—¿Cuándo vas a venir?—, dijo Mickey, y tuvimos una pequeña charla mientras la furgoneta pasaba por nosotros. El pasajero de la furgoneta miraba en nuestra dirección con la ventanilla bajada, un agente echando una mirada por el campo. Le saludamos con la cabeza y el nos devolvió el saludo mientras manteníamos nuestra conversación. Por su parte, el agente de inmigración, un joven con un corte de pelo militar, tenía una mirada vacía, como si su mente pudiera no haber estado en exactamente el mismo lugar que sus ojos vigilantes indicarían.

Para el observador desprevenido podríamos haber parecido una reunión de personas con deficiencias auditivas participando en una conversación inconexa. Pero a medida que la camioneta pasó y luego dio media vuelta y abandonó el campo, nuestro interlocutor nos colmó de *"thank you's"* y *"mi frinds"*. Esta fue nuestra introducción a Mele.

Empezamos a hablar con él en español.

—¡Mi nombre es Mele, no sabía que ustedes hablan español, pero me salvaron!—Él sonrió feliz. Le dimos a Mele una breve descripción de nuestro propio disgusto por la migra y nos presentamos. Poco podía yo imaginar que este era el comienzo de una amistad que duraría a lo largo de décadas.

Mele no era un trabajador del campo, como uno podría haber adivinado por su ropa, pero había llegado a través de la frontera con un permiso prestado por su primo. Este era su primer trabajo en los campos, y él estaba trabajando como aguador para un equipo de tierra, el único trabajo por horas en un equipo de este tipo. No expresó ningún interés real en aprender más en el arte de la cosecha de lechuga. Él estaba fuera temporalmente para hacer un poco de dinero para complementar los ingresos de su taller mecánico de barrio en una de las nuevas colonias de Mexicali.

El permiso de su primo le permitió cruzar a los Estados Unidos, pero sólo quince kilómetros hacia dentro de la frontera. Esto no le concedía el permiso para trabajar. Mele estaba preocupado por la migra, no tanto por temor a la deportación, ya que él iba a regresar a México esa noche de todos modos, sino más bien porque si encontraban el permiso podrían dejarlo sin efecto. También estaba el inconveniente de la posibilidad de perder su puesto de trabajo.

Después de haber intercambiado nuestras presentaciones y se estableciese el hecho de que también vivíamos en Mexicali, Mele insistió en que le visitáramos en su casa. Trató de explicar cómo llegar a su colonia. Una vez allí, dijo, podríamos encontrar a alguien que nos dirigiera a su lugar. Pero Mexicali seguía siendo para nosotros un laberinto indescifrable.

—Te veré donde vives— sugirió Mele, —el domingo por la mañana. Nos pusimos de acuerdo.

El Valle Imperial

Salinas a menudo es llamado "la ensaladera" del país. El Valle Imperial es la ensaladera del sur o la ensaladera de invierno.

El Valle Imperial fue una vez parte de un inmenso lago conocido como Cahuila que cubría la actual zona de Salton Sea en el golfo de California, de seis mil millas cuadradas. Durante muchos milenios el río Colorado, que tiene diez veces el volumen del sedimentos del Nilo, transportó materiales de las pendientes erosionadas de las Rocosas y los restregó por las paredes del imponente el Gran Cañón, una parte de la gran área de drenaje que abarca el ocho por ciento de toda la superficie de la parte continental de Estados Unidos, y los depositó en el lago. Cuando el lago se secó dejó expuesto el legado del poderoso río, un fértil potencial que los grupos indígenas y más tarde, los colonos anglos explotarían a una escala mucho mayor.

En la década de 1850, el Congreso de Estados Unidos envió equipos de topógrafos para encontrar pasajes adecuados para un ferrocarril intercontinental. Uno de esos equipos exploró el extremo sur de California, y llegó a la región del Valle Imperial. Había un geólogo llamado William Blake que vio el potencial del lecho seco del lago. Blake observó que donde se aplicaba agua al desierto, los suelos, los árboles y las hierbas crecían exuberantemente. La región lindaba con uno de los principales ríos de América del Norte, el Colorado. Las implicaciones eran obvias.

Las noticias del potencial de la zona fronteriza se propagaron. Pero no fue sino hasta alrededor del cambio de siglo que las condiciones para convertir el potencial en realidad, y dinero en efectivo, se hicieron factibles.

Esta fue la época de la consolidación de los monopolios, del capital en busca de nuevas fuentes de inversión, de los gigantescos proyectos de ingeniería, como el canal de Panamá, que rebanó un continente para estimular el comercio. A este desierto del sur de California llegaron empresarios rebosantes de confianza temeraria, en busca de su fortuna. Del mismo modo que los buscadores de oro que devastaron los ríos y el campo de Northern California en el frenesí por la riqueza mineral algunas décadas antes, los empresarios que acudieron al Imperial también perseguían la fortuna. Todo lo demás era secundario.

No eran agricultores, sino especuladores. Pusieron en marcha la Compañía de desarrollo de California y se dedicaron a desviar las aguas del Colorado River a través de un canal hasta el Valle Imperial, donde calcularon que con la venida de los agricultores podrían hacer una fortuna con los derechos de la tierra y del agua. Contrataron a un ingeniero canadiense llamado Chaffey que estudió el asunto y encontró una manera de canalizar el agua del Colorado a través de un canal de cincuenta millas en el lado mexicano de la frontera (en tierra entonces propiedad de los intereses de EE.UU.) a Calexico. Desde aquí la gravedad la llevaría hacia el norte hasta el seco el Valle Imperial.

El agua comenzó a fluir en la primavera de 1901. Para el otoño de 1903, ya habían sido irrigadas cien mil hectáreas de campos. La población de colonos llegó a 2,000, y siguió creciendo posteriormente. Pero el río tenía sorpresas guardadas. El limo llenó la entrada del canal de Chaffey, reduciendo el flujo a un goteo. En 1905, los esfuerzos para dragar y desviar el agua coincidieron con una época de fuertes precipitaciones en la gran cuenca del Colorado y la subsiguiente gran escorrentía. El Colorado sobrepasó los esfuerzos para controlarla.

Durante varios años, y dos temporadas inusuales de agua a su mayor nivel, a través de una brecha de media milla abierta en la entrada del Chaffey, un enorme torrente de agua se agitaba en su camino hacia el norte por el Valle Imperial hacia la gran depresión al sur de lo que hoy es Palm Springs. El Valle Imperial se encontraba bajo una lámina de agua de ocho a diez millas de ancho. Cuando las aguas se reunieron, formaron nuevos ríos o recorrieron los senderos de los antiguos, transportando grandes cantidades de tierra, que se calculó habían superado en cuatro veces la cantidad excavada para el Canal de Panamá.

Las aguas arrasaron la mayor parte de la ciudad de Mexicali y casi se tragaron Calexico. Borraron dos lagos importantes y los pequeños asentamientos cercanos a ellos.

El agua fluyó ochenta millas al norte de la frontera y se acumuló en el punto más bajo, formando un nuevo y enorme lago. Mientras fluía, el agua recogió la sal que yacía sobre la tierra en el suelo. El resultado fue un lago de 450 millas cuadradas con una concentración de sal solamente superada por el Mar Muerto llamado mar de Salton. Hicieron falta varios años para finalmente cerrar la brecha y poner bajo control, al menos temporalmente, a uno de los ríos más grandes y poderosos del mundo.

El valle se recuperó. En la década de 1920, la producción de lechuga a gran escala comenzó en el Valle Imperial. Pronto se convertiría en una de las zonas agrícolas más productivas del mundo y la principal fuente de verduras de invierno para los Estados Unidos. Pero este potencial sólo podría ser realizado con otro recurso; trabajadores. Impulsada por la falta de tierras y los bajos salarios, la gente del interior de México comenzó a migrar hacia el norte hasta la ciudad fronteriza de Mexicali. Así pues, el Imperial adquirió el agua barata y la mano de obra barata que necesitaba para hacer florecer la tierra seca.

NUEVA LEY, CONTROVERSIA Y ELECCIONES EN EL IMPERIAL

La temporada de cosecha de 1975 a 1976 vio la continuación de las elecciones sindicales que se habían iniciado a finales de agosto en Salinas. Poco después del inicio de la temporada de cosecha en el Imperial, el sindicato convocó una reunión a pocas cuadras de la frontera para discutir las elecciones sindicales. La reunión se celebró en un auditorio de la escuela, y presentó un buen grupo. Marshall Ganz dirigió la reunión, paseándose por el escenario del auditorio, micrófono en mano, abordando la ALRA, el proceso electoral, los avances que el sindicato había hecho y las dificultades que se avecinaban. Llegué tarde y me estaba acomodando en un asiento cuando escuché a Ganz decir:

—Compañeros, tenemos una visita especial en nuestra reunión de esta noche—. Entonces oí mi nombre. —Bruce fue despedido de Finerman Company en violación de la nueva ley. Presentó una denuncia y ganó su caso. Tenemos un ejemplo de la potencia de esta ley. Obtuvo el pago retroactivo y su trabajo. ¡Que viva la ley!

La multitud respondió con "¡Viva!" Las observaciones me cogieron desprevenido. Pensé que debería decir algo sobre eso, pero tardé demasiado tiempo para encontrar las palabras y el orden del día, como dicen, siguió adelante.

Las declaraciones de Ganz eran realmente polémicas, aunque la gran mayoría de personas reunidas allí no podía haber anticipado esto. Poco después de la aprobación de la ALRA, *El Obrero* publicó un polémico artículo, ampliamente distribuido en los campamentos y la comunidad, en el que reconoció la ley como un logro importante para la consolidación de la organización sindical de los trabajadores agrícolas, pero advirtió contra la dependencia de él. El artículo de *El Obrero* argumentó que la ley, la asamblea legislativa que la estableció y el sistema judicial que la impondría o arbitraría, eran el territorio del sistema y los capitalistas, aparatos establecidos para imponer su dominio, en el corazón de lo que es la explotación de los trabajadores. No era equivocado hacer uso de estas leyes cuando fuese posible, pero predicar la dependencia de ellas sería poner a la gente en una posición pasiva y minar la fuerza del movimiento. Estas instituciones no eran neutrales y podrían ser fácilmente manipuladas para servir a los intereses de los productores, lo que sin duda sucedería.

Hubo fuertes presiones en el trabajo para establecer al sindicato como garante de la paz en los campos a cambio de un lugar a la mesa del maestro. Si eso llegara a suceder, el sindicato ya no desafiaría la explotación de los trabajadores y los abusos interminables, sino que encontraría la manera de reconciliar estos en aras de preservar su posición y poder.

Lo que los dirigentes sindicales pueden haber sentido en privado acerca de la ley, no era la posición pública de la unión, por lo que Ganz polemizó contra de este argumento.[8]

En el proceso de elecciones sindicales, los Teamsters tenía

algunas ventajas de jurisdicción, por no decir nada del apoyo de los productores. Pero UFW todavía tenía algo del espíritu creativo del advenedizo. UFW pretendía exponer los contratos de los Teamsters desde todos los ángulos, y la campaña de elección avanzaba en medio de una furiosa tormenta de nieve de panfletos de UFW.

Los panfletos criticaban lo que UFW llamaba "impuestos durmientes"; la práctica de obligar a los trabajadores a llegar temprano y esperar durante horas antes de partir hacia los campos. Esta fue una dificultad impuesta a los trabajadores para dar a los productores y contratistas una mayor flexibilidad en el envío de equipos a grandes distancias.

Hubo panfletos que recordaron el horroroso accidente de autobús de Blythe en 1974, echando la culpa a los Teamsters por no hacer cumplir las normas de seguridad en los autobuses de trabajadores agrícolas en una empresa bajo su contrato.

Los panfletos criticaron los nuevos métodos de trabajo introducidos por los productores en el contrato de la lechuga, al igual que la introducción de la burra, el carro de lechuga que ralentizaba el trabajo y lo hacía más difícil físicamente.

Los panfletos defendían el salón de contratación del sindicato como una protección contra las prácticas discriminatorias y el favoritismo de las empresas y contratistas, reconociendo al mismo tiempo que hubo también abusos de favoritismo algunas veces por la forma en que se manejaba la sala de contratación.

Los panfletos señalaron que Teamsters, rara vez por no decir nunca celebraba reuniones y que los equipos Teamsters no tenían representación sindical. Y otros denunciaron que las cuotas de jubilación Teamsters eran deducidas de los cheques de pago, alegando que estaban siendo utilizadas para financiar actividades mafiosas. UFW jugaba con la percepción de las conexiones mafiosas de los Teamsters (tanto como los Teamsters se vengó de UFW con cargos de inclinaciones "comunistas").

Los folletos se refirieron a la falta de un procedimiento de reclamaciones en las empresas de los Teamsters, y consecuentemente a cualquier método para combatir el aumento de velocidad o las malas condiciones laborales.

Los panfletos de UFW señalaron la falta de compensación a los trabajadores por el tiempo pasado en el transporte al trabajo.

Algunos panfletos eran reimpresiones de cheques para el pago negociado de vacaciones en los contratos sindicales, por lo general inexistente en los ranchos no sindicados.

Otros folletos mostraron los beneficios que algunos trabajadores habían recibido de plan médico de UFW para los servicios de salud, y señalaron los centros de salud establecidos por el sindicato en algunas áreas.

Muchos de los folletos eran artísticamente lúgubres y fuertemente sarcásticos, exponiendo sin descanso la hipocresía que era la farsa de Teamsters y productores.

Cuando se celebraron las elecciones en diciembre y enero en el Valle Imperial, cerca de la frontera con México, UFW ganó once de las doce disputas. UFW atribuyó las victorias a la "aplicación de la ley ALRA," que reducía la intimidación que los trabajadores sentían por parte de los cultivadores.

No mucho tiempo después, se celebró una elección en Finerman y UFW salió vencedor. Las elecciones en general eran una victoria significativa para UFW. Demostraron que en muchos ranchos Teamsters la mayor parte claramente escogió UFW. Esto demostró que, UFW estaba construyendo un baluarte en el seno de los trabajadores de la verdura, incluso si esto definitivamente no era el caso en el lugar de nacimiento de UFW, los viñedos de uva.

Pero las victorias electorales no eran garantía de contratos. Una lista de espera de negociaciones estancadas y quejas de los trabajadores comenzó a acumularse en la agenda de ALRB.

Mexicali y Flores Magón

Geológicamente Mexicali Valley es un espejo del Valle Imperial al norte. Ambos son realmente una extensión fértil de tierra seca y plana, que una vez estaba en el fondo de un enorme lago. Ahora los dividía políticamente una frontera decidida por una guerra. La historia y la geopolítica, no la geología, han dado al Valle de Mexicali una realidad marcadamente diferente de su gemelo del norte.

Porfirio Díaz, que gobernó México de manera casi continua desde 1876 hasta que la revolución lo despojó del poder en 1911, tenía la misión de llevar las relaciones capitalistas modernas a las zonas rurales de México. Los campesinos mexicanos pagaron un amargo precio por el estigma del "progreso" de Díaz. Los campesinos fueron expulsadosde sus tierras; las comunidades indígenas fueron despojadas de sus tierras tradicionales. En los grandes terrenos llamados latifundios, los campesinos trabajaban en condiciones de esclavitud. Los recursos de México fueron vendidos a los intereses extranjeros, y la estructura económica de México quedó bajo el dominio creciente del capital estadounidense.

En la zona de la frontera norte de México escasamente poblada y poco desarrollada, Díaz cedió cientos de miles de hectáreas al general Guillermo Andrade. Después de esfuerzos fallidos para desarrollar el área del delta del Colorado en asociación con empresarios de EE.UU., Andrade, cónsul de México en Los Angeles, la vendió a Harrison Otis, el editor del *Los Angeles Times* y su yerno Harry Chandler. Ellos y sus socios de negocios se convirtieron en los "dueños absolutos", los propietarios virtuales, del Valle de Mexicali. Su Colorado River Land Company controlaba 862,000 acres (340,000 hectáreas) y desde hacía treinta años operaba una de las mayores actividades algodoneras del mundo, utilizando agua gratis, mano de obra barata, y el fuerte mercado de los EE.UU. para su producto.[9]

El creciente descontento con Porfirio Díaz fue canalizado en la elección prevista para 1910. El principal rival de Díaz fue Francisco Madero, él mismo un rico terrateniente, aunque descontento con las políticas del régimen y la monopolización del poder. Madero fue derrotado en la que fue ampliamente considerada una elección fraudulenta. Cuando Madero se negó a aceptar los resultados oficiales lo arrestaron, y el descontento provocó una rebelión abierta que se extendió por todo el país.

En febrero de 1911, conforme la revolución iba en aumento en otras áreas de México, un grupo de rebeldes, reunidos por el partido liberal mexicano de Ricardo Flores Magón, influenciado tanto por ideas marxistas como anarquistas, protagonizó una rebelión en el Valle de Mexicali. Ellos se hicieron cargo del pequeño asentamiento de Mexicali y repelieron un intento para expulsarlos desde Ensenada por parte de las fuerzas de Díaz. Magón y sus socios planeaban tomar Mexicali como paso hacia la construcción de una base al norte desde la que difundir a todo el país la revolución dirigida por su partido. A diferencia de Madero, quien propuso un programa de reformas, el núcleo del movimiento magonista abogó por el derrocamiento del capitalismo, el embargo de los bienes de los grandes terratenientes y los capitalistas, y el establecimiento de un gobierno basado en la propiedad comunal de granjas y fábricas.

En 1911, el Valle de Mexicali era una región con una población pequeña alejada de los centros de la sociedad mexicana. Para tener un impacto nacional, los "magonistas" tuvieron que salir de la zona. El Partido liberal mexicano tenía un periódico llamado *La Regeneración* con una distribución bastante amplia. Pero no fue rival para los medios de comunicación de masas en la formación de opinión pública. En este importantísimo escenario los magonistas tropezaron con problemas. Eran un grupo multinacional; una buena parte del ejército rebelde magonista eran anglos con tendencias anarquistas y socialistas, algunos de ellos asociados a Industrial Workers of the World (Trabajadores industriales del mundo). Los periódicos reaccionarios de los Estados Unidos y México se refirieron a la participación de los anglos como la prueba de que la rebelión de Mexicali era en realidad una jugada de los "filibusteros" pro-Estados Unidos para crear condiciones para la anexión del norte de México. Esta caracterización, así como los errores cometidos por los rebeldes al no dar a conocer claramente sus objetivos socavó el amplio apoyo inicial a la rebelión disfrutado por las fuerzas progresistas a ambos lados de la frontera. Incapaces de ampliar su base, y debilitados por divisiones internas, los magonistas no lograron salir de la zona de Mexicali y allí fueron derrotados.

La rebelión magonista no llegó a luchar por el poder. Su programa político y organizativo no habría permitido llevar a cabo los cambios radicales que sus seguidores esperaban. Sin embargo, tuvo trascendencia como la primera rebelión del siglo veinte para levantar la bandera de la revolución contra el capitalismo. Y el nombre de Flores Magón continuará reverberando positivamente entre los mexicanos durante décadas.

Porfirio Díaz fue despojado del poder en 1911. La revolución continuó con giros y vueltas durante muchos años. El partido que finalmente emergió con el poder en sus manos no era menos capitalista que Díaz. Tampoco era más independiente económica o políticamente de su amo imperialista del norte. Pero incorporó la palabra revolución en su nombre—Partido revolucionario institucional—y sus dirigentes dominaban el arte de la invocar "la revolución" en cada acción para expandir su poder y enriquecer sus filas. Se cubrió el país con calles y plazas con los nombres de los revolucionarios de Zapata, Villa, Flores Magón y otros, contra los que la nueva élite gobernante había luchado e incluso asesinado en el transcurso de la consolidación de su poder.

Al final, la revolución apenas tocó el Valle de Mexicali. La tierra todavía estaba en manos de los hombres ricos del otro lado de la frontera. Nada había salido de la promesa de la revolución de tierra para los campesinos sin tierra.

En la década de 1920, un movimiento para apoderarse de las propiedades de propiedad estadounidense operadas por empresas de tierra, ganó algo de impulso. Hubo breves tomas de tierras por los proletarios sin tierra dirigidos por un antiguo coronel rebelde del ejército de Pancho Villa, pero estos esfuerzos no lograron alcanzar su objetivo. La propiedad de la tierra en el valle se mantuvo casi de la exclusiva competencia de los intereses de los ricos de Estados Unidos hasta la Gran Depresión de la década de 1930.

A medida que se profundizó la depresión, decenas de miles de trabajadores mexicanos perdieron sus empleos o fueron expulsados a través de la frontera por la inmigración de EE.UU. Muchos se quedaron a vivir en Mexicali.

Lázaro Cárdenas era el presidente de México en la época de la depresión. Su gobierno quería estimular el crecimiento en el campo y aliviar la creciente presión desde abajo, y la gente le preguntó: ¿Dónde está la tierra para los campesinos sin tierra que la revolución había prometido? Cárdenas puso en marcha programas de distribución de tierras en diversas partes del país, y se comprometió a romper el control de la tierra en Mexicali presionando a *Colorado River Land Company* de Chandler para dividir sus propiedades y vender extensiones de tierra.

Sin embargo, hubo muy pocos cambios hasta que los campesinos y los trabajadores sin tierra, con la paciencia agotada, tomaron el asunto en sus propias manos con la invasión de propiedades privadas y la incautación de la tierra. El gobierno de Cárdenas se reunió con representantes de los campesinos invasores y ordenó la formación de sesenta y siete ejidos—fincas colectivas—en un cuarto de millón de hectáreas, lo suficiente como para proporcionar medios de vida a 16,000 campesinos anteriormente sin tierras. Otras 150,000 hectáreas fueron distribuidas como tenencias privadas a agricultores y colonos independientes, y se ordenó subdividir y vender las tierras de Chandler bajo los términos de un acuerdo de 1936. El gobierno de Cárdenas nacionalizó la tierra en poder de *Colorado River Land Company* en 1937.[10] Estas reformas desataron una ola de migración de los campesinos hambrientos de tierras. Nuevos pueblos surgieron en el valle, con nombres como Michoacán de Campo, Toluca, Querétaro y Veracruz, reflejando los orígenes de la gente que vino a apostar por una nueva vida, en el noroeste de México. En 1930, la población de Mexicali pasaba de 50,000 habitantes. Cuarenta años más tarde se acercaba al medio millón.[11]

El río Colorado es el sustento de toda la región. Por los tratados Estados Unidos está obligado a entregar 1.5 millones de acres pies de agua a México, alrededor del 10 por ciento del caudal normal del río. Desafortunadamente, en el momento en que el Colorado entra en México, ya ha recogido la sal de los campos del lado de los Estados Unidos. Tampoco hay suficiente agua para lavar la sal de las tierras del valle. Los agricultores de Mexicali deben hacer con un promedio de la mitad de agua lo que sus equivalentes en el lado de EE.UU. Esto resulta en cosechas que son inferiores de aquellas cultivadas en los Estados Unidos.

MEXICALI Y LOS MARIACHIS

Tal y como había prometido, Mele llegó a nuestro apartamento de Mexicali el domingo. Desde allí nos dirigimos a la colonia donde vivía. Igual que muchas otras colonias o barrios en Mexicali (y en otros lugares), la colonia de Mele parecía una improvisación. Estas no eran las comunidades habitualmente planificadas en la posguerra por Estados Unidos. Estas fueron y son las comunidades de las oportunidades, la que una vez fue tierra árida hoy ocupada por gente con pocos recursos y grandes necesidades. La casa de Mele, una aventura ecléctica de bloques de cemento, láminas de estaño, madera contrachapada y ladrillos, ocupaba una parcela de terreno a algunas cuadras de distancia de su hermano y su hermana, quienes le habían precedido desde su estado natal de Nayarit. Cada lote fue tallado por sus residentes, y luego equipado para, cocinar, bañarse, etc. Igual que en muchas comunidades similares la ocupación por ocupantes ilegales o paracaidistas comenzaba sin la regulación, el establecimiento de líneas de propiedad, etc. No había, hasta el momento instalación de agua corriente. En su lugar había una letrina de madera a pocos pasos de la casa, y una pequeña estructura portante de ladrillos, del tamaño de un armario, con una puerta abierta, que servía como ducha. En los días fríos, con el agua del grifo de fuera de la ducha podía llenarse la olla grande de metal que se calentaba en una estufa en la cocina de propano. En los días cálidos, especialmente durante el verano escaldante, el agua del grifo serviría. El suministro eléctrico de Mele, como el de muchos otros, estaba conectado ilegalmente a una línea eléctrica cercana para encender algunas bombillas, o bien, en los hogares más adinerados, la televisión y el equipo estereofónico.

Las calles de Colonia Aurora estaban sin asfaltar y se mantendrían así durante décadas, lanzando una serie de críticas hacia la ineficiencia del gobierno y la corrupción. Aurora entonces no estaba lejos de las afueras de la ciudad. Los próximos años la verían flanqueada por un anillo en expansión de barrios residenciales en una ciudad que fue lenta pero constantemente hinchándose como un globo en expansión.

En nuestra primera visita a la colonia, Mele nos invitó a una boda. Descartando nuestros reparos por ser desconocidos y no convidados nos llevó a una casa rodeada por una valla. Había música mariachi y otros sonidos de celebración, olor a carne asada, birria y frijoles; una reunión del barrio. Lo que me sorprendió fue la informalidad, la interacción fácil entre las generaciones y el hecho de como dos extraños de otro mundo fueron recibidos en un banquete de boda.

NORTON Y LA HUELGA RELÁMPAGO

A principios de febrero UFW obtuvo la victoria en las elecciones por un amplio margen en la compañía Norton. Este fue el segundo triunfo de UFW en Norton, pero la empresa impugnó los resultados ante ALRB. A la semana siguiente a la elección, después de varios días de lluvia, los cargadores de lechuga de Norton, por temor a una lesión en el barro resbaladizo, exigieron un cambio en el método de manejo de las cajas. Cada equipo de lechuga tiene su propio pequeño sub-equipo de cargadores que levantan cajas de 50 a 60 libras sobre un camión a medida que se va moviendo a través del campo. En un día cualquiera el grupo de tres o cuatro cargadores podía manejar más de 2,100 de aquellas cajas. Este es un trabajo hábil y arriesgado, como descubrí cuando en algunas ocasiones bromeé con los cargadores sobre su dinero fácil y traté de lanzar algunas cajas en el camión. ¡Apenas podía conseguir poner las cajas al nivel de la plataforma del camión, y mucho menos lanzarlas en lo alto de las pilas, al estilo del baloncesto, como los cargadores experimentados podían hacer!

La protesta de los cargadores era de las graves. Lesiones en la espalda eran comunes y podrían reducir la vida laboral de una persona en una fracción de segundo. Conocí a un buen número de trabajadores cuyas vidas fueron dolorosamente constreñidas por las lesiones de espalda incapacitantes sufridas en el trabajo y por los esfuerzos sin fin de minimizar la agonía que causaban. La compañía, sin embargo, no estaba de humor para atender el desafío de los cargadores. Rehusó las demandas de los cargadores, y les despidieron por detener ilegalmente trabajo.

Como los cortadores y los empacadores estaban terminando su trabajo ese día, la empresa les pidió que cargasen las cajas que había en el campo, con la promesa de pagar extra por el trabajo. Cuando se hizo evidente que los cargadores se habían negado a cargar las cajas y que habían sido despedidos, los cortadores y empacadores también se negaron y abandonaron el campo.

Los trabajadores se dirigieron a UFW, pero se les dijo que volvieran al trabajo y esperaran a que la situación se resolviese con negociaciones. Insatisfechos, los cinco equipos de Norton se negaron a trabajar hasta que los cargadores fueran de nuevo contratados. Después de varios días de protesta y la lechuga a punto de ir a la ruina en los campos, la empresa cedió. Se negó a cambiar el método de carga, pero los cargadores que protestaban fueron contratados de nuevo.

El 16 de febrero, a raíz de las maniobras de los legisladores pro-cultivadores en Sacramento, *Agricultural Labor Relations Board* (Junta de Relaciones Laborales Agrícolas) se quedó sin dinero y cerró sus puertas. La elección de Norton y muchas otras fueron al limbo.

VOLVIENDO AL NORTE

Con el fin del trabajo en el Imperial, Mickey y yo nos dispusimos a regresar a Salinas a la espera de la estación de la cosecha de primavera. Estábamos haciendo las maletas para irnos cuando Mele apareció con una maleta vieja que se mantenía cerrada por una cuerda gruesa.

—Voy al norte—, dijo con su voz gruesa, —a ver qué encuentro. No hay problema. Mele tenía una visa para cruzar la frontera, por lo que solamente nos encontraríamos con él en el lado de EE.UU. y partiríamos.

No fue sino hasta que todos estábamos en el coche que pensamos sobre el control de inmigración a menos de una hora al norte de la frontera. Cada coche es parado y revisado. ¿Qué pasaría con Mele? Nos detuvimos a un lado para debatir nuestras opciones. Allí estaba la cajuela. En mi pequeño Datsun era pequeña y estrecha. Y tendríamos que poner todo el equipaje en la parte delantera del coche. ¿Levantaría sospechas? Y si nos agarraban con esta carga, no sería bueno para Mele, o para nosotros.

—Voy a ir delante—, dijo Mele, proponiendo un escenario similar a nuestro encuentro en Yuma. Yo conduciría y Mickey participaría en una conversación unilateral con Mele cuando nos acercáramos al puesto de control. Con la conversación fluyendo en inglés, podría ser que la migra apenas nos saludase. Si revisaran, Mele echaría una ojeada a su cartera y exclamaría a su pesar que su tarjeta verde no estaba, ¡debo de haberla dejado en casa! En el peor de los casos, sería puesto en un autobús de la migra, enviado de nuevo a Mexicali y tendríamos que empezar de cero.

Entonces, alguien dijo, ¿el trabajo de la migra no es revisar a las personas que sospechan que no tienen papeles? ¿Por qué no habrían de revisar a Mele? "Naw, ellos no lo revisarían porque nunca sospecharían un par de güeros americanos como nos que jugar uno de ellos". Pero, podían. Y las consecuencias serían graves. Debatimos esto por un tiempo. Al final tomamos una decisión basada en el más científico de los métodos, el lanzamiento de moneda.

Pasamos momentos de nerviosismo anticipando la parada de inmigración. Cuando finalmente apareció a la vista, varios agentes vestidos de verde permanecían de pie junto a cada carril, mi presión arterial subió. Mis sienes palpitaban, sentí un calor súbito, bajé la ventanilla en busca de aire. Un agente joven y alto con el pelo cortado al rape y una linterna apagada en la mano examinaba los autos que se acercaban. Mientras me movía lentamente hacia él, vi en el espejo una línea de coches desacelerando detrás de mí. Me situé parejo al agente mientras sus ojos verdes observaban los míos.

—Buenas noches—, dijo.—¿Todo bien?

—Bien—, dije. A mi derecha, Mickey estaba bajando la música de una emisorade country-western. El agente miró a Mickey y dirigió su linterna al asiento trasero y al equipaje cubierto por una manta nativa resplandeciente que yo había comprado en un puesto en Mexicali. Dirigió la mirada hacia detrás del coche, hacia la línea de coches que se estaba acumulando detrás de nosotros.

—Conduce con seguridad—, dijo, moviendo su linterna hacia adelante con un ligero movimiento de mano.

Más tarde, en Salinas, boyante con su exitoso viaje y en un estado de ánimo jocoso, Mele dijo con una tímida sonrisa, —me olvidé algo en Mexicali.

Mickey dijo, —¿Tienes que regresar? Estoy seguro de que la migra estaría feliz de ayudarte a volver.

—Ah, quizá no lo necesito tanto—, dijo Mele.

EL AUTOR EN UN CAMPO DE LECHUGA EN EL VALLE IMPERIAL.

MÁQUINA DE LECHUGA EN BUD ANTLE, PRINCIPIOS DE 1970.

COMINOS HOTEL: UN ANTIGUO HOTEL DE LUJO DE LA DÉCADA DE 1970 EN RUINAS. ERA UN LUGAR ASEQUIBLE PARA LOS TRABAJADORES AGRÍCOLAS Y OTROS, PERO IMPOPULAR PARA LAS AUTORIDADES MUNICIPALES. FUE DEMOLIDO EN 1989.

CAMPAMENTO DE TRABAJADORES DE UN CONTRATISTA EN EL VALLE DE SALINAS, ALREDEDOR DE 1972.

CAMPAMENTO DE FAMILIAS DESALOJADAS DEL CAMPAMENTO DE REMOLQUES
LA POSADA, 1972. UNA FAMILIA PUSO UN LETRERO: "LA POSADA-MY LAI
(ALDEA VIETNAMITA MASACRADA POR SOLDADOS DE EEUU EN 1968).
MISMO ENEMIGO LOS JEFES Y ARMAS DE EEUU"

UNA CUADRILLA DE TIERRA COSECHANDO EN EL VALLE DE SALINAS, 1970.

ALGUNOS TRABAJADORES DE LA LECHUGA EN HUELGA.

ESTIBADORES DE SAN FRANCISCO VISITANDO LA SEDE DEL SINDICATO
DE LOS TRABAJADORES AGRÍCOLAS EN SALINAS, A PRINCIPIOS DE 1970.

TRABAJADORES DE LA LECHUGA DE LA COMPAÑÍA NORTON EN UNA PARALIZACIÓN
DEL TRABAJO EN EL VALLE IMPERIAL EN APOYO DE LOS CARGADORES DESPEDIDOS
POR LA EMPRESA, 1975.

OTROS TRABAJADORES DE LA LECHUGA DE NORTON EN
UN PARO DE TRABAJO EN EL VALLE IMPERIAL.

ALGUACILES Y GUARDIAS DE CULTIVADORES CONTRATADOS
GUARDANDO UN VIÑEDO DURANTE UNA HUELGA, ALREDEDOR DE 1973.

TRABAJADORES DE LA LECHUGA DE SALINAS MARCHANDO EN LA AREA DE LA BAHÍA,
EN SOLIDARIDAD CON LOS TRABAJADORES DE LA CONFECCIÓN FARAH Y ONEITA
EN HUELGA.

CAPÍTULO 7

1976

UFW CONTINUÓ ganando más elecciones. Aunque UFW mostró fuerza en los campos de hortalizas desde Salinas/ Watsonville al Valle Imperial y poco apoyo en las principales zonas de cultivo de uva del Valle Central, en la contienda con los Teamsters el apoyo era para UFW.

Empezó a circular un nuevo lema de UFW: *"Una sola unión"*, así como proyecciones para una organización de decenas de millares por todo el país. En el caso de la alianza de los Teamsters con los cultivadores estaba escrito que terminaría. En marzo de 1977, Teamsters hizo una retirada formal, de los campos, manteniendo sólo el contrato que había firmado con el gigante verde Bud Antle a principios de 1960.

Pero en Sacramento los políticos aliados con los intereses de los productores habían tenido éxito en la reducción de los fondos para la ley ALRA en febrero de 1976. Ellos trataron de utilizar los fondos de apalancamiento para implementar cambios en la composición de la junta directiva que supervisó la implementación de la ley. La ALRB no empezó a funcionar de nuevo hasta julio. Estaba comenzando a emerger un patrón. Los productores estaban aprendiendo por sí mismos a utilizar las maniobras políticas y la ley ALRA para canalizar los resultados electorales desfavorables hacia un laberinto legal.

Para Estados Unidos, 1976 fue un año bicentenario. La década anterior no había sido la más feliz para los creyentes y defensores del imperio americano. La debacle de Vietnam tuvo mucho que ver con esto, pero era sólo una parte de las malas noticias. Todo aquel período de agitación social, que ahora disminuía, dejó la imagen de la América democrática cubierta de cicatrices profundas. La "democracia burguesa" en sí fue puesta en duda. Una gran cantidad de mitos yacía destrozada o por lo menos muy dañada. El argumento de Estados Unidos que se construyó sobre el ideal de Jefferson de que "todos los hombres son creados iguales" resultaba ahora una burla para muchos de los que habían sido destetados con esta papilla en la escuela. La Unión Soviética, aprovechando el fuerte descontento y el odio hacia Estados Unidos, estaba compitiendo por la influencia en partes de Asia, África y América Latina. Bien podría haberse argumentado que el imperio soviético estaba ganando terreno. Una revista de noticias popular conjeturó que "la campaña soviética por la supremacía podría dejar a EE.UU. aislado en un mundo hostil".[1] En esta nueva y más polémica fase de la guerra fría, "la tranquilidad doméstica" y el apoyo a las instituciones estadounidenses fueron vistos por la élite política y económica como cruciales para el mantenimiento del poder imperial de EE.UU. El imperio de EE.UU., aunque sacudido, estaba lejos de ser derrotado. Todavía tenía recursos y reservas para restaurar su prestigio, y el bicentenario proporcionó la ocasión de trabajar en la restauración.

Los eventos del bicentenario se planificaron para celebrar las glorias de América, pero para aquellos que veían el imperialismo de EE.UU. como una fuerza opresiva para el mundo, el bicentenario ofrecía una apertura para enfrentar estas cuestiones y pedir otras diferentes: ¿Esto es lo mejor que podemos hacer? ¿Existe otra manera?

Por ejemplo, el Revolutionary Communist Party (Partido Comunista Revolucionario), formado en 1975 como sucesor de Revolutionary Union (Unión Revolucionaria), inició un proyecto para contrarrestar el mensaje del bicentenario con el lema "Hemos cargado a los ricos durante 200 años, vamos a sacarlos de nuestras espaldas". En Salinas algunos de nosotros escuchamos la llamada y partimos (modestamente) a la batalla. Con un proyector de diapositivas y una sábana vieja, nos pusimos en camino hacia los campos de trabajo y salas de estar para comparar nuestra comprensión de la historia, con la que las instituciones dominantes y los medios de comunicación estaban promoviendo.

Se podría argumentar que estábamos casi hablando a Noé de la lluvia. La creencia en los ideales estadounidenses no era particularmente fuerte en los campos de trabajo. El chovinismo nacional de "U.S.A. en primer lugar" estaba a la defensiva, pero aún así continuaba ampliamente generalizado sobre el terreno. No aquí en los campos. Aquí la historia narraba un relato diferente de Estados Unidos; más arrogante invasor que faro de la libertad, más opresor y agresor que campeón de los derechos humanos.

Los ejércitos estadounidenses ocuparon tierras de México en 1848 e invadieron y ocuparon su capital, Mexico City. Estados Unidos amenazó su camino hacia la guerra y luego restregó las narices de los conquistados sobre el polvo de las tierras robadas. Los marines podían cantar triunfantes en los "salones de Moctezuma", pero México cantó a los jóvenes heroicos que, siguiendo la tradición de la resistencia, optaron por la muerte antes que rendirse a los ocupantes yanquis en Chapultepec.

En 1914, interfiriendo en un conflicto interno con el gobierno mexicano, los marines desembarcaron en Veracruz, con una enorme flota naval amenazadoramente dispuesta frente a la costa. Para los mexicanos parecía un matón pavoneándose.

En 1916, el ejército de EE.UU. invadió de nuevo México, bajo el comando del general Pershing, para perseguir al "bandido" Pancho Villa. Pero para los mejicanos Villa era un héroe que superaba a sus perseguidores, que tuvo que abandonar la persecución y retirarse.[2]

Lo que Estados Unidos hizo en México fue repetido decenas de veces en América Central, América del Sur, y Caribe para forzar tratados desiguales, imponer gobernantes sumisos o dictar condiciones favorables para los bancos y las corporaciones estadounidenses. Smedley Butler, general de Estados Unidos y dos veces destinatario de la medalla del honor, denunció su papel como "extorsionador" del capitalismo y defensor de los intereses de Wall Street en su clásico de 1935, *War is a Racket* (*La guerra es una estafa*):

> Pasé 33 años y cuatro meses de servicio militar activo y durante ese período pasé la mayor parte de mi tiempo como un matón de clase alta bajo las ordenes de los negocios a gran escala, Wall Street y los banqueros. En resumen, era un chantajista, un gánster del capitalismo. En 1914, ayudé a hacer que México y en especial Tampico fuesen seguros para los intereses petrolíferos americanos. Ayudé a hacer de Haití y Cuba un lugar decente para que los chicos del banco National City recogiesen ingresos. Ayudé en el saqueo de media docena de repúblicas centroamericanas en beneficio de Wall Street. . . . Mirando hacia atrás, quizá yo le podría haber dado a Al Capone algunos consejos prácticos. Lo máximo que él podía hacer era operar su tinglado en tres distritos. Yo operaba en tres continentes.

Los medios de EE.UU. podían hablar acerca de los inmigrantes que no respetaban "las fronteras de soberanas", pero a los ojos de muchos del sur, esto no era más que hipocresía grotesca. Muchos trabajadores agrícolas estarían más inclinados a identificarse con el comentario de Malcolm X acerca de las personas de raza negra. "No somos americanos, somos víctimas de América".

En los pases de diapositivas y discusiones había muchas otras cuestiones relacionadas con Estados Unidos, desde la invasión original de las Américas por Colón a la aniquilación de los pueblos autóctonos y la importación masiva de africanos secuestrados. Hubo comentarios sobre historias apenas conocidas de la esclavitud, la reconstrucción, y la segregación de las leyes de Jim Crow que continuaron hasta la década de 1960. Esta historia no era consecuencia de cierto racismo inmutable por parte de los blancos, sino de un sistema económico y social que creció sobre la base de la explotación y la opresión, especialmente de los grupos no blancos.

La presentación de diapositivas también trató sobre la evolución histórica de Estados Unidos y otras potencias industriales imperialistas, la división del mundo entre ellos y las estupendamente violentas guerras por detrás de esa división. Nuestra presentación era la historia desde el punto de vista de los vencidos, los dominados.

Los pases tuvieron lugar en los rincones de los barracones, proyectados sobre una lámina fijada por tachuelas a los palos dos por cuatro. Las audiencias se sentaban en catres colocados en semicírculo alrededor del proyector; muchachos al final de la adolescencia, veteranos en sus cincuenta y sesenta, con décadas de trabajo sedimentadas sobre sus manos ásperas y sus recios hombros. Ellos estaban interesados y recelosos. Los más jóvenes, eran exteriormente más alegres, los trabajadores de mayor edad tendían a la duda que le llegaba a la gente después de que los largos años hubieran grabado la resignación en sus ojos, que sabían de promesas rotas y revoluciones traicionadas. A pesar de que no siempre tenían una comprensión clara de cómo todo esto había sucedido en México, sin duda sabían que las revoluciones no eran juegos.

Es un reto sentir bajo los cimientos del presente las presiones tectónicas en desarrollo. A veces, lo que parece imposible puede, en otras circunstancias, aparecer como inevitable. Pero eso es casi siempre en retrospectiva. "¿Había surgido de la nada el recrudecimiento de 1960?" Y el edificio robusto e impenetrable de la sociedad ¿no comenzó de pronto a parecer extraordinariamente precario? ¿No había un ejército invencible que casi se desintegró en Vietnam? ¿De repente no había comenzado a resquebrajarse el orden social de larga data de Jim Crow? ¿No habían marchado las "manos silenciosas" de repente desde los campos hacia la conciencia de la sociedad? ¿Podrían las nuevas presiones estar construyendo, en silencio, lo nunca visto?

Los debates de las presentaciones de diapositivas saltaron más allá de los estrechos límites de los contratos, los aumentos salariales y las vacaciones pagadas. Por breves momentos esto nos permitió a todos, aunque limitados por las dificultades y necesidades de la vida y debido a nuestra a menudo reducida comprensión de la complejidad de la realidad, vislumbrar más allá de lo *inevitable* para considerar lo *posible*.

La gira de Lupe a las viviendas

Era un sábado por la mañana de aquel verano de 1976, y Lupe, mi compadre, vino de visita. Después que nos saludamos dijo—tengo algo que enseñarte, es necesario que veas esto, toma tu cámara.

Lupe había dejado el trabajo de la lechuga el año anterior. En una ocasión él había trabajado en la lechuga todo el año, siguiendo la cosecha hacia el sur. Pero ahora estaba casado, con un hijo y no tenía ningún interés en estar lejos de su familia durante cuatro o cinco meses en otoño e invierno y continuar con la vida solitaria de lechuguero nómada. Así pues Lupe dejó los campos en busca de trabajo durante todo el año cerca de casa. Apostó su inglés fluido y el sentido común local en una empresa que hacía la recogida de basura.

Su ruta lo llevó a Prunedale y Aromas, ciudades pequeñas y semi-rurales al noreste de Salinas, en dirección a Watsonville. Esta es una zona de colinas que atrajo a los agricultores que fueron hacia el oeste desplazados por las tempestades de polvo de la década de 1930. Era atractivo para la gente del campo, porque aquí uno podría tener la gran fortuna de un modesto huerto, pollos, tal vez una cabra o incluso un caballo. Prunedale fue llamada así por uno de los primeros colonos que plantó ciruelos en un esfuerzo no cumplido para sacar adelante el cultivo de frutas. Se decía que Aromas, había obtenido su nombre del olor de azufre de las aguas termales de la zona, es una tierra de colinas y campos de fresas.

Era a través de esta zona que Lupe circulaba en su camión de la basura con la primera luz del día, golpeando caminos de tierra y grava, a través de las vías de acceso al campo que el visitante ocasional probablemente nunca vería.

Abandonamos la autopista 129 que conduce desde la autopista 101 a Watsonville y Rogge Lane hacia la pequeña aldea de Aromas. Después de una serie de vueltas por caminos de grava, llegamos a un claro entre los campos rodeado por cobertizos y varias caravanas pequeñas de techos agrietados, laterales descascados y ventanas cubiertas con plástico y cinta adhesiva. Los remolques parecían inhabitables, como las reliquias abandonadas que uno podría ver en un desguace. No había nadie en el claro. La única señal de que las caravanas estaban ocupadas era un tendedero que se extendía desde la parte trasera de una de ellas a la rama de un árbol que estaba justo al lado de la zona despejada. En la cuerda había un surtido de pantalones de trabajo y camisas en tonos azules y grises. No muy lejos de los remolques había un grifo de agua y bajo él una gran cacerola de metal galvanizado.

—Compadre, echa una mirada a cómo vive mi pueblo—, dijo Lupe. —Y la pena de esto es, que ellos trabajan para otros mexicanos. Sacamos unas cuantas fotos y nos fuimos.

Desde este claro fuimos a otra zona a lo largo de una estrecha carretera que bordeaba un campo de fresas. De nuevo nos desviamos hacia un claro que bordeaba un campo. Dispersa alrededor había maquinaria agrícola cerca de lo que parecía un cobertizo de madera para herramientas.

Justo a un lado del claro, al lado del campo, había un pequeño grupo de árboles. Cerca de ellos había varios agujeros grandes excavados en el suelo. En el agujero, que había sido en parte excavado lateralmente bajo el suelo para formar una pequeña cueva, se asentaba un tosco horno excavado en el suelo. Un círculo de piedras rodeado por las cenizas de un fuego reciente. Algunas ollas de metal estaban apiladas sobre las piedras. Había mantas mugrientas dispuestas alrededor del horno y más allá de ellas varias cajas de embalaje de madera con ropa y otros artículos.

Vimos varios lugares similares, tomamos fotos y, por suerte, no encontramos a nadie que se opusiera a nuestra presencia, muy probablemente porque todo el mundo en cuestión estaba fuera en los campos de trabajo. Los lugares eran como yo había imaginado que serían los campamentos de los vagabundos. Estas eran las casas de los trabajadores de la fresa, que no trabajaban para un contratista o cultivador tradicional, sino para medieros o aparceros.

Los medieros eran, muy a menudo, trabajadores agrícolas mexicanos y sus familias, atraídos por la promesa de escapar de la vida de trabajadores asalariados para alquilar la tierra y convertirse en una especie de pequeño agricultor. Eran considerados legalmente contratistas independientes, sin embargo, estaban contractualmente vinculados a un agricultor o terrateniente. Las relaciones de aparcería variaban, pero el mediero era el responsable por la recolección de las bayas, y, a cambio, tenía un porcentaje del precio recibido por la venta.

La aparcería fue practicada con mayor frecuencia en las fresas que en otros cultivos. La tradición de aparcería en las bayas retrocedió al período anterior a la segunda guerra mundial. Los propietarios de tierras encontraron ventajoso alquilar tierras a los agricultores japoneses que, debido a las leyes sobre tierras foráneas, no podían poseer tierras. Los japoneses eran granjeros ingeniosos, ambiciosos y agricultores expertos que traerían técnicas para el cultivo de la fruta que muchos propietarios no tenían, de manera que el acuerdo era rentable. A los aparceros japoneses se les dio mucha libertad en la preparación y recolección de la cosecha. Pero el estallido de la guerra con Japón y las redadas contra la comunidad japonesa llevaron esta práctica a un final abrupto.

Los braceros reemplazaron a los agricultores japoneses, y se contrató mano de obra para reemplazar el sistema de aparcería. El fin del programa bracero de mediados de la década de 1960 y el movimiento en los campos para organizar a los trabajadores agrícolas estimularon a los propietarios de las tierras y a los grandes agricultores a volver una vez más a la aparcería. Algunos productores encontraron en la aparcería una forma útil de evitar las presiones del movimiento sindical y sus demandas de mejoras económicas, ofreciendo a los trabajadores una parte de la acción, convirtiéndolos en "socios" en lugar de "empleados".

Habitualmente el productor o propietario preparaba y plantaba la tierra, aplicaba los fertilizantes e insecticidas, etc. Esto mantenía el control de la tierra y de los cultivos en sus manos; tenían el acceso al capital necesario para la agricultura que dependía de costosos recursos como fertilizantes, pesticidas y acceso a refrigeradores.

Los medieros de los años 1960 y 1970 mantenían la cosecha, limpiaban la maleza, recortaban los corredores y suministraban mano de obra para recoger la cosecha, a menudo contando con parientes o conocidos para hacerlo. Los medieros con familias numerosas podían poner a trabajar a sus hijos, sobrinos y primos, aumentando así los ingresos colectivos, incluso cuando—lo cual no era algo inaudito—la paga por hora estaba por debajo de lo pagado a los trabajadores por horas, y por debajo de salario mínimo. Era como lanzar a los dados, una apuesta de que el precio de mercado pagaría las horas invertidas. Era una apuesta que daba sus frutos con la suficiente frecuencia como para mantener a los medieros en el juego. Pero la cosecha no espera. Cuando la cosecha estaba a punto y la mano de obra familiar no estaba a mano, los medieros contrataban ayuda externa para cumplir con su obligación contractual. Y debido a que los márgenes de los medieros eran generalmente pequeños, buscaron trabajadores en el escalafón más bajo de la jerarquía de la mano de obra explotada, los más vulnerables y de menor salario. Así, la aparcería convirtió a los medieros de la fresa en contratistas de mano de obra de poca monta que exprimían el beneficio con jornaleros que con frecuencia vivían en condiciones miserables.

Aparcería no fue la única alternativa para someter a la esclavitud perseguidos por los trabajadores agrícolas. A principios de la década de 1970, me relacioné con una cooperativa llamada Rancho de la fe, que atrajo a algunos trabajadores agrícolas activos y militantes cerca del sindicato. José Pérez, uno de los primeros organizadores de UFW en el área de Salinas, me llevó a recorrer la cooperativa y me quedé impresionado por su visión entusiasta de un movimiento de granjas cooperativas que ayudaría a los trabajadores a salir de la esclavitud de la explotación del productor y darles una autonomía digna. Sin embargo, las grandes esperanzas alrededor de Rancho de la fe no duraron, y después de unos años más en el intento, cayó en el desorden interno y luego se derrumbó.

A medida que Lupe y yo reflexionábamos sobre esto, se producía un esfuerzo para buscar a los culpables y amontonar la culpa sobre ellos por las condiciones miserables en estos lugares clandestinos. Los medieros, que estaban más mano, parecían ellos mismos demasiado vulnerables para soportar la etiqueta de villanos. Los terratenientes, muchos de ellos japoneses, que arrendaban la tierra a los medieros, podrían servir al propósito, pero ¿en realidad no eran solamente peces pequeños? ¿Y los bancos que prestaron los fondos para la producción y exigieron su libra de carne con intereses? ¿O las tiendas como Safeway? que utilizaban su poder de comercialización para comprar barato y vender caro. ¿O los inversores y especuladores en todas estas cuestiones diversas, que siempre exigen un rendimiento mayor de sus inversiones?

En este punto, a mí me parecía, que se extendían ante nosotros, entre los remolques agrietados y las cuevas arañadas en la tierra, los escombros de las ilusiones que buscan un escape de un sistema de explotación, sin tener que poner fin al sistema.

No mucho después de la gira con Lupe, los medios de comunicación y la entonces California Rural Legal Assistance (Asistencia legal rural de California) y otras agencias se enteraron de la situación entre estos trabajadores de la fresa, hubo denuncias en los periódicos locales y acciones legales y se habló de reformas. Pero la situación no cambió realmente, y, dado el sistema de la agricultura, era poco probable que alguna vez lo hiciera.

CARTEL DE BÚSQUEDA

Desde el periódico *El Obrero* de octubre de 1976, un trabajador de la fresa de Watsonville cuenta esta historia (editada para este libro):

El 23 de septiembre, la patrulla fronteriza llegó a Silliman Ranch (cerca de Watsonville) para comprobar los documentos de la gente. Las furgonetas verdes, guiadas por el planeamiento táctico, entraron en los campos desde muchas direcciones, con el objetivo de cortar cualquier vía de escape a sus objetivos previstos. Había alrededor de cincuenta de nosotros, los aparceros y otros más. Quince personas corrieron. Doce corrieron hacia las colinas, y tres chicos jóvenes lo hicieron fuera del campo.

La patrulla fronteriza comenzó a rodear a la gente. Un patrullero atrapó a dos. El nombre del patrullero jefe era B.G. Harkendahl. Él no les hizo nada, solo dijo "bueno, la próxima vez".

Había otro patrullero de pelo oscuro tejano o mexicano, no sé su nacionalidad ni su nombre porque él había desprendido del uniforme el parche identificativo. Estaba persiguiendo a otro chico joven. El joven estaba asustado, se podía ver el terror en su rostro mientras corría. Justo antes de que el agente agarrara al joven trabajador, él giró y lo golpeó desde atrás con un puño americano. Le golpeó con tanta fuerza que lo lanzó al suelo. Después de que el chico cayera, le golpeó tres o cuatro veces más en la cabeza. Vimos la sangre que salía de sus heridas, y el dolor que reemplazó al miedo en su rostro. Posteriormente nos enteramos de que el joven tenía dos heridas, una precisó de doce puntos de sutura para cerrarla y la otra ocho.

Bueno, ver algo así te conmociona. . . En el momento en que vimos esto fuimos corriendo para ayudarlo, para que el agente de policía no le pegara más. Fuimos corriendo y gritando, con nuestros corazones martilleando y nuestra rabia explotando; —¡Alto! ¿Quién le da el derecho a golpearnos?"

El joven todavía estaba caído. Le dijimos, —no te levantes. A continuación, el agente lo agarró porque se iba a levantar. Comenzó a llevárselo fuera del campo. Así que hicimos un círculo alrededor de ellos y dijimos: —¿Por qué le pegaste?

La gente continuaba acercándose para ver lo que había sucedido y el agente nos amenazaba con el puño americano. Y se aflojó la pistola en la funda. Dijimos: —¡No seas tan hijo de la chingada!— ¡Estábamos gritando todos, diciendo que lo que había hecho era tan malo que no se podía dar nombre a ello!

De manera que los demás patrulleros llegaron corriendo. Nos movimos rápido, queríamos que el chico joven recibiera atención médica, así que cerramos las calles con nuestros vehículos, bloqueando a la migra para que no pudieran llevárselo a su prisión de inmigración. Pero el policía que tenía al joven llegó a su coche patrulla antes de que pudiéramos bloquearle y se las arregló para salir del campo. Tuvo que hacer un gran círculo, pero lo consiguió. Llamamos a la policía, pero para cuando llegó ya se habían ido.

Cuando estábamos haciendo un círculo alrededor del patrullero, los otros policías corrieron a ayudarlo.

Así que los doce chicos que ya habían agarrado y puesto en la furgoneta forzaron la puerta ¡y corrieron libres! Nosotros gritábamos, "¡corran como locos!" Los patrulleros también corrían, ellos estaban empujando los coches de la carretera para poder salir. ¡Algunos de los trabajadores se escaparon! Estábamos muy contentos porque les habíamos ganado. Pero ellos dijeron: —No nos importa, vamos a tener mucho trabajo aquí mañana.

Pero no dieron la cara al día siguiente. Yo no creía que el que golpeó al chico joven fuera a volver por allí de nuevo. La próxima vez que vengan estaremos preparados. Nuestros hijos están en los campos y de la forma en que conducen algún día van a atropellar a una de mis niñas. No tienen derecho a conducir de esa manera ni tienen derecho a tratarnos así.

El incidente en Silliman Ranch originó una marea por todo Watsonville. Trabajadores de la fresa y otras personas de la comunidad formaron una comisión para abordar el ultraje. Algunos de nosotros de *The Worker* estábamos en el comité, y decidimos que la paliza no podía quedar sin respuesta. FJ, que formaba parte de la comisión, dijo que cuando los delincuentes andan sueltos, las autoridades editan carteles de búsqueda para advertir a la comunidad y obtener apoyo para perseguir y llevar al "malhechor" ante la justicia. La patrulla fronteriza abusó de las personas, las trataron con rudeza. En sus manos, los inmigrantes fueron humillados, golpeados e incluso asesinados. ¿No era este un comportamiento criminal? ¿Por qué no hacer un cartel de búsqueda del agente de inmigración que atacó al trabajador?

Esta fue una sugerencia muy popular y se asignó un grupo para trabajar en el proyecto. Conseguimos descubrir el nombre del agente que dio la paliza, el agente Hawkins. Pero no teníamos fotografía y había pocas posibilidades de conseguir una de la migra. Decidimos que teníamos que conseguir la nuestra propia. Así que conseguimos una furgoneta y pusimos cortinas en las ventanas, también teníamos una cámara con una lente telescópica, entonces estacionamos la camioneta frente a la sede de INS. Teníamos que contar en la furgoneta con uno de los trabajadores que fueron testigos de la golpiza para identificar al agente. Tomó tiempo y perseverancia, pero conseguimos una foto.

El "cartel de búsqueda" apareció por todo Watsonville y Salinas, incluso, me informó Lupe feliz, en la puerta de la oficina de inmigración en Salinas. Al cabo de varios días, INS anunció que por el bien de la seguridad del agente Hawkins, había sido trasladado a Arizona. La prensa no mencionó la golpiza, o la indignación de la comunidad, sino que sólo mencionó que el agente Hawkins había sido "amenazado".

El comunismo llega a Salinas

El gran revolucionario Mao Tse-tung murió el 23 de septiembre de 1976. A raíz de su muerte, tuvieron lugar tremendas luchas en China, conforme un nuevo grupo de líderes trató de revertir el curso del socialismo y restaurar el capitalismo. Mao reconoció que la revolución que trajo el socialismo era sólo un pequeño primer paso en un período de transición en el que la vieja sociedad de clases se transformaría radicalmente, y que a lo largo de ese período, habría lucha entre la vieja sociedad y los que ganaron con ella, y la nueva sociedad comunitaria que trataba de nacer. Nada garantizaba que el viejo orden no sería restaurado; que las desigualdades, las costumbres, las ideas tradicionales y las formas culturales que habían existido durante miles de años en la sociedad de clases desaparecerían durante la noche. Sería necesaria luchar constantemente para eliminar lo viejo y dar a luz a lo nuevo, y esta fue la motivación para la Revolución Cultural, casi todo lo demás Mao lo hizo en los últimos años de su vida. Por desgracia, sus puntos de vista y las acciones de sus partidarios no prevalecieron después de su muerte, y comenzó un proceso de desmantelamiento de las granjas colectivas, las empresas estatales y las medidas de bienestar social dirigidas por el estado, un proceso que continúa en la actualidad y que ha convertido a China de uno de los países más igualitarios del mundo en uno de los más desiguales. Los avances en la creación de una nueva cultura revolucionaria retrocedieron, y fueron reemplazados por una inundación de la cultura del comercialismo, sexismo y glorificación de la riqueza privada. Los trabajadores y los campesinos, que luchaban por convertirse en los amos de la sociedad en los años de Mao, se redujeron a activos negociables que se vendían a precios de ganga a las corporaciones multinacionales en la sociedad post-Mao.[3] En todo el mundo hubo un debate acerca de los cambios en China.[4] Igual que muchos otros que habían sido influenciados por Mao y los acontecimientos en China, yo estaba observando y tratando de entender lo que estaba pasando allí. Al mismo tiempo, mis propias e ingenuas suposiciones sobre el socialismo, su inevitabilidad y desarrollo irreversible, fueron duramente cuestionadas.

Recuerdo haber asistido a una conferencia de U.S., China Friendship Association (Asociación para la Amistad entre Estados Unidos y China) en San Francisco. En uno de los grupos de trabajo alguien de esa organización confirmó las reformas del régimen post-Mao y argumentó vigorosamente a favor de nuevas políticas en las fábricas chinas.

Después de la revolución China de 1949, se llevaron a cabo cambios que mejoraron en gran medida la vida de las personas. Pero muchos de los hábitos de la vieja sociedad de clases persistían, tales como las relaciones entre las personas que ocupaban posiciones de autoridad y los campesinos y obreros. En muchas fábricas había administradores que dictaban las normas y controlaban las finanzas, y había trabajadores que llevaban a cabo la producción con poco o nada que decir sobre los asuntos de la fábrica y menos aún las cuestiones gubernamentales y sociales más amplias. Ocurrirían luchas de masas si los campesinos y los trabajadores tuvieran que controlar democrática y colectivamente el trabajo que ellos hacían y en qué direcciones se estaba moviendo el conjunto de la sociedad. El resultado de la lucha de clases provocada por la revolución cultural fue que surgieron nuevos sistemas de gestión en las fábricas, que implicaban a trabajadores y directivos en diferentes combinaciones de dirección colectiva. Por ejemplo, las reformas en las fábricas dejaban un tiempo para que los trabajadores participasen en el estudio y los debates sobre cuestiones políticas, incluidas las políticas de los órganos de gobierno del estado. Estos experimentos se hicieron con una visión estratégica en mente.

Los líderes post-Mao comenzaron a denunciar tales prácticas como descabelladas y derrochadoras. Fueron lo suficientemente inteligentes como para hacer esto sin criticar directamente a Mao, en cambio culparon de todo a supuestos pervertidores de las ideas de Mao, como la llamada "banda de los cuatro". China, se decía, tenía que promover su potencial de producción. Deng Xiaoping, que por la década de 1980 surgió como el nuevo líder de China y definió básicamente el socialismo como el progreso rápido de la producción. El nuevo liderazgo capitalista argumentó que al expandir la producción se creaba la base material para construir el comunismo. Por lo tanto, cuanto más rápidamente se expandiese la producción, más rápidamente la sociedad llegaría al comunismo. Los trabajadores tenían que concentrarse en lo que ellos tenían que hacer en la fábrica; producir. El énfasis que se había puesto en que los trabajadores se convirtieran en los señores de la sociedad, esforzándose por reducir las diferencias entre los trabajadores intelectuales y manuales, transformando las relaciones sociales hacia un modelo más cooperativo y proponiendo una cultura sobre esa base—la construcción de una sociedad próspera y sin explotación a nivel nacional o internacional y así sucesivamente—todo eso llegó a su fin.

En la reunión de U.S. China Friendship Society tuvo lugar un debate sobre las nuevas políticas para las fábricas. Los que se favorecían con ellas criticaron lo que llamaron las políticas erróneas y destructivas de la banda de los cuatro y elogiaron las reformas que eliminaban las reuniones "despilfarradoras" y las sesiones de estudio que menospreciaban las tareas de producción. Apoyaron las políticas que alentaban a los directores de fábrica y supervisores a pasar tiempo en la línea de producción trabajando lado a lado con los trabajadores, garantizando así una especie de democracia en el lugar de producción.

Los argumentos a favor de estas políticas de fábrica post-Mao y en contra de la participación de los trabajadores en las discusiones sobre asuntos importantes de política de estado, en nombre de una mayor producción, me parecieron irónicos. En los campos nosotros trabajábamos en algunas de las fincas más productivas del mundo. En ocasiones supervisores y capataces venían por allí por diferentes razones y ayudaban con el trabajo. Pero este tipo de gestos difícilmente podría cambiar las relaciones sociales que existían en los campos y en la sociedad en general. Si los nuevos líderes chinos tenían razón al insistir en que los altos niveles de producción y de benevolencia gerencial fueron factores clave en la promoción de un nuevo sistema social revolucionario, entonces, ¡infiernos, debíamos de haber estado al mismo nivel aquí en Salinas!

De vez en cuando hablaba con los compañeros miembros del equipo acerca de estos temas y de mi esfuerzo por entender los cambios en China. Yo estaba interesado en su punto de vista sobre este debate en torno a las políticas del lugar de trabajo. Un día, yo estaba empacando y uno de mis compañeros de trío me dio un codazo cuando íbamos a agarrar cajas de la engrapadora.

—Eh, Güero—, dijo, señalando una camioneta que venía hacia nosotros por un camino de acceso. —Hay viene el super, nos va ayudar a llegar al comunismo!

—Simón, a lo mejor nos va empujar, para que lleguemos más pronto!

"YO" Y J. CARTER

Finales de 1970 fue testigo de una nueva atmósfera de auto refinamiento, de preocuparse por uno mismo, lo cual estaba ganando terreno. Esto no era un asunto completamente espontáneo. Estaba siendo promovido a través de poderosos distribuidores culturales. Esto dio lugar a organizaciones para ayudar a las personas a abandonar su "adicción" a las preocupaciones sociales, su activismo y rebeldía, y hacer la transición para "cambiarse a sí mismo," no al mundo. Se decía que la conciencia social había pasado de moda. Ahora, todo se trataba de "mí". El escritor Tom Wolfe incluso apodó esta nueva era como la "década del mí".

En 1976, Jimmy Carter fue elegido como el "presidente de los derechos humanos", ablandando las imágenes feas que los bombardeos saturados de los B-52 y el uso de napalm contra niños habían clavado en las conciencias de decenas de millones de personas alrededor del mundo. Carter podría ser campechano y humanista, pero cuando se trataba de defender los intereses de Estados Unidos, podía hacer sonar los sables tan bien como cualquiera. Aparte de la imagen, él no era fundamentalmente diferente de los presidentes que le precedieron, ni podía serlo por las exigencias del imperio. En vista de la creciente disputa con la Unión Soviética, Carter amenazó con la fuerza militar, incluido el uso de armas nucleares, en defensa de los intereses petroleros de Estados Unidos en el Golfo Pérsico, en lo que se conoció como Doctrina Carter. Así comenzó una carrera armamentista en la región, que continuaría a través de muchas presidencias en las décadas siguientes.

En 1976 todavía había una batalla que librar para que el sindicato venciese en los campos. El espíritu rebelde del movimiento de los trabajadores agrícolas, imbuido de las aspiraciones de un mundo mejor, se estaba desvaneciendo, pero todavía quedaba "La causa", que en cierta medida encarnaba esa idea. Esto también cambiaría.

Propuesta 14

Cuando ALRB se quedó sin fondos en febrero de 1976, los casos de despidos de trabajadores y otros abusos pendientes ante la junta, así como las elecciones aún no certificadas, quedaron suspendidos en el aire. Tales circunstancias causarían dificultades en cualquier sector. En la agricultura el problema se agravó en gran medida por el ciclo de la cosecha y la movilidad de los trabajadores. La desmoralización se convirtió en un problema creciente en los campos. El sindicato solicitó más fuerza política para evitar el colapso de la campaña electoral en la que había apostado mucho. Quedó más enredado en la maquinaria de la estructura política.

César Chávez buscó una manera de proteger la ALRB de convertirse en un instrumento que los rancheros podrían utilizar para obstaculizar el avance del sindicato. Así comenzó la campaña para una propuesta electoral que garantizase al mismo tiempo financiación para ALRB y el acceso al sindicato de los trabajadores de los campos cada vez que hubiera un proceso electoral. Esta fue la propuesta 14. Gran parte de la atención del sindicato fue dirigida a la recopilación de los cientos de miles de firmas necesarias para disputar las elecciones de noviembre de 1976.

La propuesta 14, fue escrita para garantizar a los organizadores sindicales el acceso abierto a los ranchos para hablar con los trabajadores en el período previo a las elecciones sindicales. Los productores combatieron la propuesta, recurriendo a una campaña masiva de distorsión, alegando que ello equivaldría a una agresión general sobre los derechos de privacidad de las personas. Esto fue, por así decirlo, demagogia pura. Las gente no estaba familiarizada con las particularidades de la organización de los trabajadores agrícolas y estaba confundida por el hecho de que había una ley electoral vigente, que el propio UFW había aclamado como el triunfo final. Esta confusión favoreció a los productores. A pesar del esfuerzo masivo de UFW para movilizar a todas sus fuerzas por la propuesta 14, fue derrotada por un amplio margen.

Se dijo que había surgido un cambio en César Chávez, como resultado de la derrota de la propuesta 14, una pérdida de confianza en el público a unirse a los trabajadores agrícolas, la pérdida de confianza en el ámbito electoral como una vía de lucha. Pero ya se había producido un cambio más fundamental. Antes de la ley ALRA, el sindicato libró batallas legales para prestar servicio a la lucha en los campos. Después de que la ley entró en vigor, el movimiento en los campos estaba subordinado a la lucha en el terreno legal. Esto tendría un efecto en cómo las cosas se desarrollaron en los meses y años venideros.

CAMPAMENTO DE NORTON EN BLYTHE

J. R. Norton era una empresa de lechuga de tamaño medio. Acabé en Norton durante el final de la cosecha de verano de 1976 en Salinas. De la misma manera que la cosecha terminó, yo estaba preparado para salir a la carretera una vez más.

La primera parada después de salir de Salinas fue Blythe, una franja de tierras de cultivo en el desierto cerca de la frontera entre California y Arizona, uno de esos pedazos de tierra árida que se volvió verde por las aguas transformadoras del río Colorado, que bordea el extremo oriental de Blythe. La ciudad debe su nombre a Thomas Blythe, un especulador de oro de esa zona, que logró obtener derechos de agua en el Colorado en 1877.

Norton plantó lechuga durante de varias semanas en la cosecha de otoño de Blythe. Vivíamos en un campamento que la empresa alquiló fuera de la ciudad. De entre todos los campos de trabajo en que pasé algún tiempo durante aquellos años, el campo de Blythe se destacó por su miseria. Estaba en ruinas y era asqueroso. Los baños tenían una larga fila de retretes, muchos obstruidos y desbordados, sin división alguna entre ellos. El suelo estaba cubierto por una capa de suciedad tan espesa que alcanzaba por encima de una rejilla de madera que se colocó en el suelo para "proteger" de la suciedad. Las visitas al baño requerían botas protectoras.

Una de las pocas comodidades que uno experimentaba como trabajador agrícola era la ducha después del trabajo. Después de un día sudoroso en los campos la ducha adquiría un significado que sólo podrían resultar aproximado para las personas en puestos de trabajo menos físicos. En el campamento de Norton la ducha despedía un olor desagradable de azufre, por lo que ducharse perdió todo su atractivo. Después de unos días me di por vencido de ello por completo.

Había un montón de quejas sobre estas condiciones. Pero los pocos días y la seguridad absoluta de que pronto estaríamos fuera de allí impidieron que las quejas se convirtiesen en algo más que ruido.

Blythe se encuentra en la autopista 10, que une Los Ángeles con Phoenix, Arizona. Blythe, además de los campos de hortalizas que bordean el camino a lo largo del borde del río Colorado, se destaca como un importante punto de tránsito y parada para camioneros y otros viajeros. Las decentes instalaciones de los cuartos de baño disponibles en las paradas de camiones y moteles que atendían a los transportistas fueron una atracción para mí. Comencé a traer mi ropa del campamento y tomar baños con esponja en los cuartos de baño de las parada de camiones lejos del insulto de los inodoros pútridos y las repugnantes duchas sulfúricas.

El contratista y su pistola

Después de la cosecha de Blythe, yo estaba una vez más entre cultivos, a la espera de empezar la cosecha en el Imperial.

Mientras esperaba a que los campos de Norton en el Valle Imperial madurasen, encontré un apartamento en la zona y un trabajo con un contratista de mano de obra local que vivía y era dueño de un pequeño bar en El Centro.

Nos estaban pagando en efectivo. El día de pago era el último día de la semana, que era el viernes o, a veces el sábado. Era normal que se pagase al final de ese último día de trabajo. Un viernes nos enteramos de que no íbamos a trabajar el sábado, pero que no cobraríamos hasta el día siguiente. Nos dijeron que teníamos que estar en el bar del contratista para recibir nuestros salarios a la mañana siguiente. Yo no era el único infeliz con este arreglo. Pero ¿qué otra opción teníamos? La gente necesitaba el dinero para pasar el fin de semana.

La cuadrilla se presentó alrededor de las nueve de la mañana y se quedó fuera del bar del contratista a la espera de que llegase nuestro salario. En el momento en que el contratista llegó horas después, estábamos inquietos por la espera. Entramos y nos pusimos en fila para cobrar. El contratista se quedó con su mayordomo detrás de la barra y distribuyó el dinero. El proceso fue tomando más tiempo de lo que parecía necesario, y se hizo evidente que sucedía algo extraño con nuestro contratista de trabajo esa mañana. Sus párpados parecían tan pesados que podrían ocasionalmente bajarse, cerrando sus ojos. Entonces sacudió la cabeza hacia atrás y los abrió completamente de nuevo. A veces se reía con torpeza y elevaba su voz con una pronunciación incomprensible. El hombre estaba borracho o condenadamente cerca.

Por todas las historias que había oído acerca de los contratistas de mano de obra y su tratamiento abusivo hacia los trabajadores, yo tenía poca simpatía hacia ellos. Sabían utilizar su control sobre el trabajo para extraer todo tipo de favores, incluidos los sexuales. Eran famosos por estafar a los trabajadores en el salario. Años más tarde, me enojé, pero no me sorprendió saber que los trabajadores habían aportado fondos durante largos años con los contratistas de mano de obra, sólo para descubrir al llegar a la edad de jubilación que se habían embolsado las deducciones de sus cheques de pago para la Seguridad Social, dejándolos sin los beneficios por los que habían pagado y con los cuales contaban. Esta fue únicamente una estafa contratista más de entre muchas otras. Tener las manos libres para robar a sus trabajadores fue un beneficio adicional que mantuvo a muchos de ellos en el negocio.

Cuando me acerqué a la barra, vi que el contratista borracho tenía un revólver en el mostrador. El arma estaba desmontada. El conjunto de gatillo y el cañón estaban al lado del tambor. El cilindro parecía vacío de balas, pero no lo podría decir con seguridad. Conforme llegó mi turno y me acerqué a la barra, el contratista cogió el revólver y me miró fijamente. Entonces empezó a agitar la pistola sin tambor, balbuceando sobre que no sabía lo que le pasaba al arma, que no funcionaba bien o algo así.

Yo no tenía miedo de la pistola; era claramente incapaz de disparar a cualquier cosa. Pero estaba molesto con la larga espera, el sábado perdido, y este hombre borracho delante de mí agitando la pistola por allí. Yo dije, —¡No me apuntes con la pistola, OK!

El contratista me miró con los ojos legañosos inyectados en sangre que ahora también tenían un brillo furioso. —¡La chingada pistola no está cargada, hijo de la chingada, no puedes ver esta mierda!

Yo dije: —No le hace (no importa). Yo no quiero que me apuntes a mí, ni a nadie. Solamente págame para que pueda salir de aquí.

El contratista tomó lo que dije como una especie de reto, y no iba a ser desafiado en su bar frente a su capataz y su cuadrilla, por lo menos no por mí. —¡Pinche cabrón, no ves que la pistola no tiene balas!

—Vete a la mierda—, le dije, —sólo dame mi dinero.

Todo lo que tenía que hacer era darme mi dinero y acabar con aquello. Pero en lugar de eso se detuvo en la sección con bisagras de la barra que sirve como una entrada entre el área de clientes y la parte posterior y vino hacia mí.

—¿No me hables así, mierda!—, dijo, y se abalanzó hacia mí. El hombre era de mi estatura, pero sin duda tenía una gran ventaja de peso. Por otro lado, estaba borracho y no coordinaba muy bien. Me agarró bruscamente, y caímos al suelo. Tuve la oportunidad de soltarme y salté con bastante rapidez cuando él aún estaba en el suelo. Estaba teniendo dificultades para levantarse, pero no porque yo le hubiera hecho algo, sino por los efectos del alcohol. Tomé mi paga en el bar y me fui. Él me estaba maldiciendo, pero conseguí lo que quería. Se veía como un tonto, y me sentía bien por ello.

PABLO Y MARÍA

Ese invierno me encontré con Pablo Ramos en una calle en el centro de Mexicali. Él estaba de camino a un pequeño restaurante cerca de la frontera para tomar *menudo* (sopa de tripa), que era el antídoto popular para la cruda un sábado por la mañana. Llevaba una bolsa con la correa sobre su hombro.

—*Whatchya up to?* —pregunté.

—Tan pronto como me deshaga de este pequeño crudo (resaca) voy a mi oficina—, dijo con una sonrisa. Su pequeño crudo fue el premio que ganó de su pelea la noche anterior con una botella de tequila.

—¿Tu oficina? —dije. Mi tono escéptico era justo lo que él estaba esperando.

—¿Crees que no puedo tener una oficina? ¿Tengo que ser un pez gordo para tener una oficina? No es sólo una oficina, ¡es una oficina con vista!

Tras el menudo, nos dirigimos al otro lado de la frontera de El Hoyo, al gran solar que era el área principal de captación de trabajadores agrícolas. Cuando llegamos allí, se sentó en un banco debajo de un saliente entre la oficina de trabajo agrícola y la valla que bordeaba el solar. Tomó una máquina de escribir portátil de la bolsa que llevaba y la dejó sobre la mesa de madera bajo el refugio.

—Así que aquí estás, mi muy dudoso amigo—, dijo riendo.

—Esta es mi oficina. Lo único que me falta es una secretaria.

—Está bien, pero ¿dónde está la gran vista sobre la que estabas fanfarroneando?

Señaló en dirección a la valla fronteriza, una franja de madera marrón decorada con esferas rojas y triángulos azules que serpenteaba a través del paisaje.

—Así que tienes una vista de una valla de madera.

—No cualquier valla. Mira allí— dijo, apuntando hacia abajo. Entre la cerca de madera con sus círculos rojos y triángulos azules y amarillos y el gran solar abierto de El Hoyo había un arroyo, con el cauce de color marrón desnudo y un río estrecho en el fondo, que corría lento y oscuro, con una capa de espuma. La espuma era tan espesa en algunos lugares, que no resultaba en absoluto evidente que hubiese algo de agua bajo ella.

—Una vista del río. . . El río Nuevo—, dijo. —Una oficina con vistas a un río.

—A mí me parece el río *Feo*—, le dije. Pablo se rió, con el fino sarcasmo que era característico de él. —Y no se parece a nada nuevo—, añadí.

—Era nuevo hace unos años.

—Entonces, ¿por qué no lo llaman El viejo río Nuevo?

Hizo una pausa para pensar. —No es tan viejo. Quizá unos sesenta años más o menos.

—Entonces, ¿cómo un río nuevo fluye de esa manera?

—Bueno, después de que tus antepasados gringos robaron nuestra tierra, decidieron robar nuestra agua del río Colorado, que desembocaba en el lado mexicano. Pero el río se salió de control y casi los borró del mapa. Pero este río fue el resultado de aquello. Así que, ¿ves lo que hicieron sus antepasados?

Pablo, igual que muchos campesinos, utilizaba a menudo la palabra gringo. Y a veces me pedían disculpas. Pero para ser honesto, nunca me ofendí por eso. Le pregunté a Pablo lo que quería decir cuando lo utilizaba, y me dijo que por lo general sólo se refería a los blancos de Estados Unidos. En otras ocasiones, cuando estaba enojado, significaba bastardos arrogantes que creen que tienen el derecho otorgado por Dios de chingar al resto del mundo. En el primer caso, parecía bastante inocente. En el segundo, compartía los sentimientos hacia las arrogantes, ignorantes y brutales sandeces por las que los estadounidenses se habían vuelto tristemente célebres en todo el planeta. Le pregunté a la gente de donde venía la palabra gringo y las dos versiones que recuerdo fueron que los soldados que invadieron México con Pershing en 1916 cantaban una canción, "Green Grow the Lilacs [Las lilas crecen verdes]. . ." en su marcha hacia el sur. Entonces: "¿Quiénes son?" Oh, son los *Green Grows*". La otra versión es que aquellos soldados llevaban uniformes verdes. Las gente expresaba su enojo por los invasores gritando, "¡*Green, go!*", como en "*Yankee, go home!*" En cualquier caso, el nombre se asocia con los invasores que robaron tierras mexicanas, trataron a los mexicanos como inferiores, y explotaron y saquearon sus tierras, recursos y su gente. Teniendo en cuenta todo eso, gringo parecía un insulto bastante moderado. Si gringo es un peyorativo, que sea, por lo menos, un peyorativo con contenido histórico. Es el desprecio mostrado hacia las acciones injustas y el comportamiento brutal. Eso es muy diferente de los indecentes términos racistas con que los americanos han acribillado a casi todos los no blancos, ya algunos grupos blancos, étnicos y raciales. Tú sabes los nombres a que me refiero.

—No eran mis antepasados—, le dije a Pablo. —Mis antepasados eran alemanes y nunca harían nada de esto. Era mi vez de reír con sarcasmo. —Entonces alguien empezó a verter su mierda en este río.

—Sí, el río ahora es más mierda que río—, dijo Pablo.

Era evidente que el pequeño río era la única cosa importante que se interponía entre la valla de madera del lado mexicano y El Hoyo en el lado de EE.UU. Aparte de la valla de madera del lado de México, no había ninguna hasta El Hoyo y había una simple valla de tela metálica.

—Es una lástima el mal estado del río—, dije. —Este sería un lugar fácil de cruzar.

La expresión de Pablo se hizo más grave. —He visto a la gente cruzar en ropa interior, con su ropa en bolsas de plástico sobre la cabeza, vadeando a través del tifus o quién sabe qué. He visto grupos de mujeres cruzar y una vez vi que la migra las hacía retornar pistola en mano. Odiaría ir dentro de los cinco metros de ese revoltijo apestoso.

Entonces él no pudo contenerse: —Mira que mierda la gente aguanta para venir aquí—! Este era el humor favorito de Pablo, mezclado con ironía.[5]

La gente se arremolinaba alrededor de la oficina de trabajo agrícola y de la zona cubierta donde Pablo y yo estábamos sentados. Los trabajadores venían a la oficina en busca de trabajo, y veces tenían que rellenar papeles. Pablo hizo algunos dólares ayudando a aquellos que tenían dificultades con los formularios. Un hombre se acercó a nosotros y preguntó a Pablo si le podía ayudar con unos papeles que tenía que rellenar. Tenía unos sesenta; sus manos eran gruesas y sus dedos nudosos. Llevaba un sombrero con una pequeña borla que colgaba en la parte posterior. Sacó un papel del bolsillo de su camisa y lo desdobló cuidadosamente, colocándolo delante de la máquina de escribir. Pablo lo cogió para examinarlo.

—Déjame hacerte algunas preguntas—, dijo Pablo al hombre, que entonces se sentó a mi lado.

—Siéntate aquí—, dije y le dije a Pablo que le iba a dejar con su trabajo de oficina, y me invitó a cenar con María. Con el recuerdo de su cocina todavía presente, acepté rápidamente. Quedamos en vernos más tarde ese día.

Conocí a Pablo en Salinas cuando trabajamos juntos en una máquina de brócoli. Él tenía treinta y pocos años: bajo, de complexión ligera, pelo largo y oscuro, cara alargada, y sonrisa traviesa. Creció huérfano en las calles de Calexico. Su padre abandonó a su madre poco después de que él naciera, y Pablo nunca lo conoció. Su madre murió cuando él tenía unos ocho años, y sus únicos parientes—una tía y varios tíos— estaban en el lado de Mexicali. Pero él nunca estuvo muy cerca de ellos, y se crió principalmente en las calles. Su primer idioma fue el español, pero también aprendió inglés de niño, por lo que hablaba con fluidez ambos idiomas. Era lo bastante inteligente como para haber aprendido a leer y escribir bastante bien, tanto inglés como español, lo que demostró ser útil. A veces echaba una mano con la traducción de algún artículo para *El Obrero*, o corrigiendo textos.

Pablo pasaba los meses de primavera y verano trabajando en diferentes puestos de trabajo, tanto contratado como por horas, en la cosecha y en ocasiones en el riego, moviendo las grandes tuberías de riego, que se habían convertido en el modo común de regadío, desde que Bruce Church empezase a utilizarlas algunas décadas antes. Pero trabajó con mayor frecuencia en el contrato del brócoli, donde pasamos muchas horas conversando.

Un día trabajamos hasta tarde en el brócoli. Fue hacia el final del otoño, por lo que era casi de noche cuando llegamos a la ciudad. Los dos estábamos muy hambrientos. Llevé a Pablo a casa desde el estacionamiento de Safeway donde el autobús nos dejó, y me invitó a comer en su pequeña casa de campo en la parte trasera de una casa en Sanborn Road. Su apartamento estaba en la unidad de la parte de arriba de detrás de la casa y no era visible desde la calle.

Pablo estaba viviendo con una mujer llamada María. Era corpulenta, de mediana estatura, y tenía el pelo largo y oscuro. Pablo la llamaba *la india*. Ellos llevaban viviendo juntos algunos años, pero este era el primer año que María había venido al norte con Pablo. Ella no trabajaba en los campos, sino que lavaba y planchaba la ropa para algunas familias trabajadoras, mayormente fuera de su pequeña casa de campo. Pensé que ella debía de estar aburrida de quedarse en casa la mayor parte del día en su pequeño apartamento.

Después de que Pablo y yo tomamos unos tragos de tequila, María entró en la sala de estar. No había muchos muebles y estábamos sentados en el suelo junto a una pequeña mesa de café. Había una silla, pero había algunas almohadas en el suelo y nos sentamos allí, bebimos tequila, y esperamos la comida.

No sé si fue la intensidad de mi hambre o el estímulo del tequila, pero fue una comida tan deliciosa que el placer permaneció conmigo durante mucho tiempo. Vacié los últimos restos de jugo y frijoles con el último trozo de tortilla. No era una comida elegante; filetes delgados, frijoles, nopales, arroz y tortillas hechas a mano y algunos jalapeños. Pero fue fantástico. No sé cómo se las arregló para crear tal delicia con estos ingredientes simples, pero fue lo que ocurrió.

Como en casi todos los hogares mexicanos que visité, los hombres se sentaban para ser servidos por la esposa o una hija, una sobrina, o cualquier otra mujer en la casa. Me sentía incómodo con esa manera de actuar, aunque por lo general nunca hice un problema de esto. Pero al estar bastante bien familiarizado con Pablo, yo sabía que podía decirle cosas sin que se ofendiera. Así que le pregunté por esta costumbre de la mujer como sirvienta. El tequila hizo que su rostro se sonrojase, su risa sarcástica era más fuerte de lo normal, y se lanzó a la defensiva diciendo que él trabajaba todo el día, María no estaba trabajando fuera de casa, así que era justo que ella hiciera el trabajo de la casa, incluyendo cocinar y servir.

—Sé que tú crees en la igualdad de las mujeres—, dijo Pablo. —Pero una realidad—,tomó otro sorbo de tequila. — Podemos llamarlo una división del trabajo, ¿eso queda bien? Ya, las mujeres siempre se llevan la peor parte. Pero los hombres tampoco conseguimos la mejor parte como trabajadores del campo. Lo sé—, dijo Pablo, tal vez anticipando una respuesta que yo aún tenía que formular. —No podemos nunca ser liberados a menos que todo el mundo esté liberado, pero tenemos que vivir mientras tanto. Luego me sirvió otro tequila e insistió en que brindase con él "por la liberación de todos nosotros de este mundo de mierda".

Pablo podía leer entre las líneas de la prensa del sistema. En cierto modo, había descifrado el código. Igual que la mayoría de los mexicanos que yo conocía, él era amargamente cínico sobre el gobierno y sobre "la política", por la que la gente entiende el sistema en México y en otros lugares. Había una profunda desconfianza hacia el liderazgo en general, y la creencia de que cualquier persona que se elevase a una posición de liderazgo político podría venderse. Una de las frases que la gente utilizaba para describir esto era "pura conveniencia" puro interés propio. La gente no esperaba que nadie pudiera realmente superar aquello.

Pablo tenía una tristeza en él, una tendencia a la depresión, y se podría decir en términos psicológicos que él se "medicaba" con atracones ocasionales pero devastadores del alcohol. Más de una vez cuando desaparecía del trabajo, yo lo veía por la calle en bastante mal estado. Le regañaba y me enfrentaba con él por ello, por cómo él tenía cosas que ofrecer al mundo, pero era una batalla difícil de ganar. Me enteré de que esto también entristecía en gran medida a María.

La casa de Pablo en Mexicali era una casa de adobe ubicada en una colonia nueva en lo que eran en ese momento las afueras de la ciudad fronteriza que se extendía. Arbustos secos rodeaban la estructura cuadrada de color marrón. El lugar tenía gruesas paredes que contenían dos habitaciones. Una era una combinación de sala de estar y cocina; la otra era un dormitorio. Las instalaciones sanitarias se encontraban en un retrete exterior de madera.

El suelo era una losa de cemento, que en la sala de estar estaba cubierta con varias capas de mantas. Había un sofá contra la pared frente a la zona de la cocina y una mesa debajo de una ventana cuyo marco no estaba perfectamente situado en la pared, dejando un espacio a un lado de ella. Había sólo unas pocas luces en las habitaciones, conectadas a un cable traído desde fuera que pasaba a través del espacio entre el marco de la ventana y el adobe que lo rodeaba. El cable se dividía en dos, con cada sección dirigida a una parte diferente de la sala, en la cual un gancho en el techo sujetaba cada uno con un pequeño accesorio y una bombilla, probablemente de 60 vatios. La casa era bastante oscura, incluso de día. Pero yo tenía la sensación de que la estructura de adobe mantenía el frío en el interior en los días de altos hornos de verano.

Pablo y yo hablamos sobre otra deliciosa cena. Bebimos cerveza Pablo se rió de mi altercado de la cantina con el contratista de trabajo, pero sugirió que si alguien como él hubiera tratado de hacer de un truco como ese, el resultado habría sido diferente. Hablamos de las elecciones sindicales. Él había captado algo del escepticismo que circulaba sobre el sindicato, que alimentaba con su propio cinismo innato, como hizo con nuestro debate acerca de China, y lo que realmente estaba pasando allí. Pablo estaba seguro de que los malos habían llegado al poder, pero basaba esto tanto en su visión oscura del mundo, como en ninguna prueba que viniese de la propia China. María permaneció en un segundo plano, ocupada en reponer nuestro suministro de tortillas calientes y cerveza fría y limpiar la mesa después de que termináramos de comer.

Pablo bebió sin mucha pausa, y a las nueve estaba semiinconsciente en el sofá. Yo no tenía ni idea de dónde estábamos de Mexicali y ningún interés en explorar la zona por la noche. Tampoco parecía que Pablo estuviese en forma para guiarme al centro hasta el Hotel San Antonio, donde estaba ahora. Con el asentimiento de María, me decidí a pasar la noche, y preparé un lugar en el suelo cerca del sofá.

María estaba poniendo las cosas en la pequeña zona de la cocina, donde había un fregadero, una mesa de madera y una estufa alimentada a gas propano por un tanque de metal situado en posición vertical a su lado. Le di las gracias por la comida y le dije que si persistía en alimentarme, nunca podría librarse de mí. Me enteré de que era de Tabasco, en el sur de México. Allí ella tuvo tres hijos, pero vino al norte, ya que era difícil encontrar trabajo para alimentarlos. Su madre estaba cuidando de los niños. Por lo que pude ver, el padre de sus hijos los había abandonado y ahora ella enviaba dinero a casa para ayudar a mantenerlos. Tal vez algún día ella les traería al norte, pero no en aquel momento. Pablo a veces le daba algo de dinero, para enviar a casa, y ella ganaba dinero, ayudando en una lavandería cerca de la colonia.

Cuando le dije que me sentía incómodo cuando los hombres comían y las mujeres les servían, ella se echó a reír. Yo no sabía si ella iba a pensar que estaba loco, pero lo entendió bastante bien. Ella dijo que comparado a otros hombres que conocía, Pablo era bastante bueno. Excepto por su forma de beber. Pero nunca era grosero con ella, como otros habían sido con las mujeres que conocía. E incluso con la vida limitada de Mexicali y Salinas, era más libre ahora que cuando vivía en el sur en el pueblo, donde la vida de las mujeres estaba fuertemente excluida. Le dije que no me gustaba la forma en que los hombres trataban a las mujeres, pero comprendí que a los hombres se les enseñaba de esa manera, que la sociedad les moldeaba esa manera.

Le dije cómo había tenido que enfrentar mis propias e inculcadas actitudes masculinas. Un grupo de mujeres feministas había llegado a Seaside desde Berkeley a visitar el proyecto de la cafetería GI (de las fuerzas armadas). Ellas fueron críticas con la "división del trabajo" en la cafetería, donde las mujeres eran más a menudo relegadas a trabajos como cocinar y preparar café. Una noche, un grupo de mujeres, el personal de la cafetería y visitantes se hicieron cargo del lugar, lleno de clientes que habían venido a escuchar música y hablar. Ellos llamaron la atención de todo el mundo y luego pusieron la canción de Tammy Wynette *Stand by Your Man*. Yo daba palos de ciego tratando de traducir el título de la canción: "Pararse junto a tu hombre" la traducción literal, no lo hizo. Así que dije, "apoyar a su hombre a pesar de su estupidez". María se echó a reír a carcajadas con aquello.

—Bueno—, dije, —las mujeres estaban muy enojadas con la canción y con nosotros por asumir que harían el trabajo sucio en el café, limpiar los platos, y todo eso.

Yo también estaba enojado. Pensé, aquí estamos tratando de organizarnos contra la guerra y estas mujeres se están centrando en nuestros menores errores. No deberían ampliar las diferencias con los hombres de tal manera que amenace nuestra importante labor. Estaban sacando defectos, buscando cosas para criticarnos. Ellas estaban planteando sus quejas por encima de cuestiones mayores y más importantes. Sin embargo, el evento agitó a los hombres y nos hizo pensar.

Más tarde me di cuenta de que mi actitud era en gran medida inaceptable. El hecho de que nos hubiéramos vuelto activos en la oposición a ciertas injusticias no significaba que estuviéramos libres de relaciones sociales distorsionadas y actitudes retrógradas.

María escuchó pacientemente todo esto. Luego dijo que esperaba ser capaz de trabajar y mantenerse a sí misma para poder decidir sobre las cosas de su vida propia. Dijo que conocía mujeres que eran muy mal tratadas en sus relaciones, pero que aceptaban esto como destino y obligación.

Le pregunté a María acerca de su marido, el hombre que la había dejado abandonada con los niños. Su cara se volvió sombría a medida su cuerpo robusto se aflojaba. Por un momento pensé que iba a caer y yo tendría que sujetarla. Una sensación de temor y pesar se apoderó de mí. ¿Por qué abrí mi estúpida boca? Se contuvo y se volvió hacia mí.

—Lo siento, Bruch—, dijo ella, con los ojos llorosos y en ese instante yo también sentí que las lágrimas nublaban los míos, no sabía por qué, pero con la intensidad de la tristeza que apareció en su rostro y en su voz, yo no podía ayudarme a mí mismo. Me sentía estúpido a punto de llorar cuando era su tormento, no el mío.

Yo no continué la conversación, y María no la prolongó más. Se limpió la cara, entró en el dormitorio, sacó una gran manta y la puso sobre la alfombra de la sala de estar. Pablo seguía durmiendo en el sofá, me enrollé en la manta y traté de dormir.

—Hasta mañana, dijo María.

—Hasta mañana—, repetí desde mi capullo.

HOTEL SAN ANTONIO

La antigua guarida de Richard en Mexicali era el San Antonio. Aquí es donde Mickey y yo terminamos durante esta y otras cosechas de invierno posteriores. El hotel estaba a sólo unas cuadras del cruce de la frontera, a lo largo de una franja de hoteles, tiendas de ropa, bares, restaurantes y puestos de tacos en el centro de Mexicali. Las habitaciones eran baratas, mucho menos de lo que pagaría en el lado de Calexico. Nosotros nunca pagábamos más de tres dólares por noche por una habitación.

Siempre tenía la misma habitación en la tercera planta de la parte trasera del edificio. Las habitaciones eran pequeñas, sencillas y casi idénticas, con piso de cemento, una desvencijada cómoda con cajones, y un catre de tipo militar con un colchón delgado. Los muelles del catre se quejaban ruidosamente cada vez que ponías tu peso en ellos. El cuarto de baño no tenía ni puerta ni cortina de ducha, y cuando la ducha estaba funcionando, tendía a mojar todo el piso a causa de su diseño, ya que el desagüe estaba en el medio, no estaba muy cerca de la ducha en sí.

Se decía que el hotel tenía agua caliente. Pero eran sólo rumores no confirmados. Nunca había agua caliente después de las cinco de la tarde, lo que significaba que los trabajadores agrícolas rara vez podían contar con una ducha de agua caliente o incluso templada, ya que rara vez volvíamos antes del trabajo. Hubo veces en que, después de haber llegado a Calexico por la tarde, corría precipitadamente hacia la frontera y el hotel decidido a confirmar el rumor del agua caliente, sólo para decepcionarme en todas las ocasiones.

Años de esas experiencias llevaron a Richard, un habitual en el San Antonio, a idear un método de ducha que Mickey y yo tratamos de imitar. Richard mantenía una botella de tequila en la cómoda junto a la entrada del baño. Un trago rápido y correr a la ducha—en la teoría el calor del tequila descendente equilibraría el frío gélido del agua—luego otro trago, hasta que se terminaba la limpieza. Ante la insistencia de Richard probé este método varias veces pero me pareció poco satisfactorio. Continuaba sintiendo un frío doloroso, sólo frío y una ligera embriaguez, debida especialmente a que la ducha se llevaba a cabo con el estómago vacío. Así que prefería el baño público del barrio, donde una ducha caliente costaba el equivalente a unos cincuenta centavos de dólar, al del hotel. También me saltaba la ducha algunos días a la semana, con el razonamiento de que al día siguiente iba a ensuciarme de todos modos.

En invierno el hotel San Antonio era conocido por albergar dos clases de ocupantes; los trabajadores del campo y las prostitutas. Había un montón de bromas sobre eso que se extendieron. Había una por ejemplo, de los conciertos que los viernes por la noche resonaban por los pasillos desiertos del hotel como sinfonías de somieres chirriantes. Ese asunto de la noche del viernes confirma el hecho de que la prostitución, igual que casi todo lo demás en esa zona fronteriza, se movía al ritmo de la agricultura. El viernes por la noche tenía dos cualidades especiales: era noche de paga y muchas veces la noche anterior a un día libre del campo.

FICHERAS

Cierto día después del trabajo, yo estaba sentado bebiendo una cerveza solo en un bar en la calle del San Antonio, cuando una de las mujeres que trabajaban en el bar como *fichera* (bailarina por dinero), a quien yo había visto por el hotel, se acercó y se sentó a mi lado. Se me acercó y pasó un brazo por encima del mío. Del mismo modo de pronto apareció un hombre en la mesa. Sus ojos vidriosos denotaban muchos tragos. En un tono agresivo, amplificado y entorpecido por el alcohol, le preguntó a la mujer que estaba a mi lado lo que estaba haciendo.

—Sólo he venido a sentarme con mi novio un momento—, dijo en voz baja pero con firmeza, dándome un apretón en el brazo. En eso, el hombre dio un gruñido de disgusto, miró a su alrededor, y luego se tambaleó en dirección al bar. El nombre de la mujer era Gloria, me dio las gracias y me preguntó si quería pagar un trago para ella y para mí.

—Claro—, le dije, y ella llamó al camarero quién nos sirvió. Explicó que su cliente había estado volviéndose desagradable con ella, y ella me dio las gracias de nuevo por entrar en el juego para que pudiera deshacerse de él.

El término *fichera* proviene de la pequeña ficha parecida a una moneda, que los clientes usan para pagar a las mujeres por los bailes. Al final de la noche, las mujeres cambian las *fichas* en la barra para obtener su paga. En los bares con los que estaba familiarizado en Mexicali, las mujeres también recibían una cuota por cada bebida que sus clientes pagaban. Alentar a los clientes a beber era a la vez un medio para ganarse la vida y jugar con fuego.

Después nos sirvieron varias bebidas, tragos de mescal que yo tomaba con un poco de limón y una bebida que parecía similar para ella yo comencé a sentir los efectos del alcohol. ¿Cómo era que ella podía beber y parecer tan poco afectada? Gloria me entregó su vaso y me pidió que la probara. ¡Gaseosa! Fue entonces cuando me di cuenta de que las ficheras no sólo tienen que ganar su dinero bailando con extraños; tienen que emplear algunas cualidades de actuación bastante realistas. Sus clientes esperan que beban alcohol, esto, además de su propio deseo de beber, es una de las motivaciones para pagar bebidas a sus compañeras de baile. Para demostrar que las bebidas están teniendo los efectos deseados, las mujeres fingen ser más amables, a medida que la noche continúa.

Después de esa noche saludaba a Gloria cuando la veía en el San Antonio. Me quedé muy sorprendido al descubrir que ella vivía allí con tres hijas pequeñas. Una noche, cuando no había mucho movimiento, Gloria se acercó a donde yo estaba sentado, y hablamos un rato. Esta vez ella no me pidió que le pagase alguna bebida. Nos habíamos hecho amigos, y yo estaba feliz hablando con ella. Ella gradualmente desveló piezas de la historia de su vida que la llevaron a este trabajo como fichera. Supe que había estado casada con un hombre que creía que su papel era el de servirle y tener sus bebés. Después de cada niño él no le daba tiempo para recuperarse. Poco después del tercer hijo, él fue a ella una noche y ella se resistió. Era demasiado pronto, le dijo; necesitaba tiempo para descansar y recuperarse. El hecho de que ella protestase era demasiado, y la golpeó. Vi la cicatriz de su mandíbula inferior que daba testimonio de la paliza. Para agregar ofensa a la lesión, él empezó a salir con otra mujer, y ella se encontró sola con tres niños pequeños. Aunque sus hijas eran muy jóvenes, no tenía más remedio que dejarlas solas en la habitación cuando ella tenía que hacerse cargo de las cosas, y por supuesto durante el trabajo por la noche. Después de que me enterase de las niñas, empecé, de vez en cuando, a agarrar alimentos en el camino a casa desde El Hoyo y dejarlos en la habitación de Gloria.

CERVEZA, CHEQUE DE PAGA Y VIERNES POR LA NOCHE

A través de Gloria y algunas otras mujeres que llegué a conocer viviendo en el San Antonio, obtuve una visión del mundo en que vivían las ficheras. Y también llegué a conocer un poco sobre aquellos hombres que buscaban sus servicios como un respiro a la soledad de la vida de los emigrantes. Lo que sigue es la historia no del todo infrecuente contada por un amigo de los trabajadores agrícolas en un compungido lunes por la mañana.

Había sido un largo día y una larga semana. La cerveza en el camino de regreso a la ciudad después de una dura semana suaviza el dolor, tranquiliza y trae un poco de equilibrio líquido, pero es viernes y se puede hacer muy poco con la soledad que se filtra en el espacio ocupado por el dolor físico. No apaga el deseo de contacto humano, pero parece que hace esa búsqueda más realizable.

Es viernes un gran cheque por el trabajo sudado de una semana, incluso después de que su cambio en efectivo se llevara una parte, se convertía en un bulto tranquilizador sobre el muslo al entrar en la oscura cantina, llena de humo, música y risas.

Pronto había alguien a tu lado, sonriendo y bromeando con sus manos en tu brazo. Puedes estar entre los más pisoteados del planeta y bien jodido, pero continúas siendo hombre y hay cosas en la cultura que te aseguran que <u>ellas</u> están en este mundo para que las persigas legítimamente— la biología y la ideología. Uno mira su sonrisa con esos ojos de "esta noche" y siente una contracción en la ingle.

El alcohol (el pisto) comienza a fluir.

—¡Hey, cantinero, un tequila, por favor!— La música, un conjunto, un grupo de música, —compa, una canción, por favor, amigo—. Se echa mano del bulto del muslo, y todo es posible; los hombres y las mujeres que rodean la barra, la multitud que ríe en las mesas aplaudiendo la selección de la música.

—¡El rey, qué suave compa!— *"¡Con dinero y sin dinero, hago siempre lo que quiero!"* Una ronda para la mesa, cerveza, y luego tequila.

—Gracias mi amigo, y gracias por tu amistad—, asentían. Las gracias eran genuinos.

Los campos, el dolor, la soledad, todos están a mil millas de distancia ahora. Música, risa, baile, su cuerpo caliente, la humedad por debajo de la tela de su vestido, el toque de perfume en su pelo, una poderosa y seductora calidez que irradia desde debajo de su abdomen; cerveza, tequila, música, llamadas de amistad, risa, el bulto es ahora menor, pero sigue ahí; su sonrisa, sus ojos, su boca mientras ella se ríe; camaradería, liberación, amnesia y el omnipresente deseo. La sonrisa vale unos pesos, la risa y aquellos ojos mucho más. Más risas, más baile, una cabeza sobre tus hombros, el bulto se vuelve más generoso, la habitación más nebulosa, la tirantez en su ingle más palpable. Otra canción, otra ronda, otro baile. . . *"En la penca de un maguey tu nombre, unido al mío. . ."* Tu voz, ronca y temblorosa, suena solida a tus propios oídos de media noche, los ojos buscan por la habitación ahora en una especie de movimiento ondulante. . . pero deseas que esto continúe.

—Hey amigo, ya vamos a cerrar—, dice despreciativamente el camarero de ojos y pequeña barba oscuros. —Es hora de cerrar.

—¿Ya? ¡Espera cantinero! Espera, sólo una canción más, sólo una más—, dices, dando traspiés. El bulto se ha fundido, pero tienes suficiente para una canción, una última canción, y algunos pesos por su compañera de sonrisas. Esta noche, aquí te doy, por esta noche, vamos a estar juntos esta noche, voy a hacer que sea una buena noche para ti, dices, o crees que dices. La bruma es más densa ahora, incluyendo la bruma de tu lengua.

Quieres poseerla allí mismo, pero la calentura se ha vuelto dolorosa.

—De acuerdo—, dice ella. —Pero, espera, tengo que usar el baño de mujeres ya sabes.

—De acuerdo, fuera, nos vemos fuera.

—Espérame allí—; una sonrisa de espérame mientras se aleja.

La sala se mueve. Un pequeño balanceo ahora para mantener tu equilibrio, como si estuvieras en un barco en el mar. A continuación la puerta de la calle y el aire fresco de la madrugada, una avalancha de personas, algunas tambaleantes, con dificultad para hablar y policías pasando. ¿Dónde está ella?

La puerta ya está cerrada. Aún así, ella no está aquí. Las luces se apagan en el interior. El bulto casi ha desaparecido, algunos billetes pequeños es todo lo que queda de los quinientos dólares con que llegaste. Pero todo en lo que puedes pensar es en esa caliente y húmeda espalda y el alivio que vendrá poseyéndola, presionando su carne contra la tuya... Una furgoneta, una puerta que se abre, una figura, una figura familiar se cuela dentro. Es ella, dentro de la furgoneta que empieza a moverse. Ahora caminas por la calle mientras la furgoneta pasa. Das vuelta, corres, y tu puño se estrella contra la puerta trasera de la furgoneta que se aleja, una vez, dos veces, tres veces.

—¡Pinche puta, cabrona!¡Pinche cabrona engañosa!— Un coche que pasa por la calle con poco no golpea a ti conforme te tambaleas de nuevo sobre la acera dando traspiés de vuelta al hotel.

¡The fucking pinche menso, que soy yo! Compites con la opresión dolorosa y la ira. Arruinaste el maldito alquiler. Ahora tendrás que pedir un anticipo al pinche mayordomo. ¡Qué pinche suerte tan gacho!

CAPÍTULO 8

DESENCANTO

EN EL VERANO DE 1977, yo estaba trabajando para Interharvest en la cuadrilla de tierra con menos antigüedad, el equipo número siete. Con la intención de dar a cada equipo más o menos la misma cantidad de trabajo, Interharvest creó un sistema de rotación; era todo o nada para todos nosotros.

El campamento Toro, en Hitchcock Road a pocos kilómetros del centro de Salinas, era el campamento de las cuadrillas de tierra de Interharvest. Muchos de los lechugueros de las cuadrillas vivían allí, o como yo, llegaban por la mañana temprano para tomar un autobús para los campos.

Desde la lejanía el campamento Toro parecía una nave blanca solitaria flotando en un inmenso mar de color marrón o verde (dependiendo de la temporada). De cerca, el barco se convertía en un conjunto de largas barracas blancas de madera dispuestas de forma cuadrada que rodeaban a las demás estructuras igualmente espartanas que albergaban la cocina, el comedor, el baño y las duchas. Todos eran edificios blancos con ventanas de madera pintadas de verde.

El campamento estaba asentado sobre un gran solar asfaltado que se extendía por tres de los cuatro lados del perímetro exterior de los edificios hasta los campos y carreteras circundantes. El suelo asfaltado permanecía imperturbable a la vegetación excepto la rara maleza que lograba liberarse a través de la envejecida capa de asfalto.

Al oeste del campo de los hombres, había un campamento para las familias compuesto de cabañas de madera, dispuestas en fila frente a la carretera de acceso. Entre los dos campamentos había una parcela de césped con columpios oxidados y aparatos de juegos para los niños y por lo general una modesta colección de autos desgastados que aprovechaban el aparcamiento barato por tiempo indefinido.

El campamento Toro (mientras escribo esto, todavía existe como campamento de braceros) estaba rodeado de campos que se extienden una buena distancia en todas direcciones. Hacia el oeste lindaba con la frontera de Fort Ord, al norte se extiende hasta la autopista uno, que bordea la Bahía de Monterey, al este de los campos se encuentran las colinas que conducen a Boronda Heights y al sur se orientan a Spreckels y más allá.

Por la mañana me desplazaba diariamente desde Salinas al campo Toro cuando la luz del día aún no había aparecido sobre el horizonte. Igual que los otros ciudadanos del campo semi-despiertos, me introducía en el capullo del autobús que esperaba para el viaje de los sueños hacia campo.

A veces pasaba un tiempo en el campamento después del trabajo hablando con la gente y, en ocasiones, comiendo en el comedor, por invitación de un miembro de la cuadrilla, con la certeza de "vamos a arreglarlo con el cocinero". Como comida de campamento era sencilla pero sabrosa con generosas porciones de carne, a menudo incluso había filetes pequeños, ensaladas, frijoles, arroz, salsa y tortillas. Su relativamente alta calidad se debía a la organización y a la atenta presión a la que los trabajadores sometían a la empresa.

En Interharvest me hice muy amigo de Tony, un lechuguero veterano de la época de bracero. Después de que el programa terminase obtuvo su tarjeta verde, que en aquellos días era un asunto bastante simple porque los productores estaban desesperados por trabajadores con experiencia y el INS, bordeando las enrevesadas cuestiones legales inventó una categoría especial —"la tarjeta verde de cercanías"— y la puso a disposición de los trabajadores que ellos necesitaban para los cultivos de verduras y frutas. Tony, como muchos otros lechugueros, era el trabajador "ideal". Tony y su familia vivían en Juárez, por lo que los costos sociales de las familias, la educación, la atención sanitaria, y así sucesivamente, venían de México. Los cultivadores estadounidenses conseguían trabajadores baratos cualificados en la flor de su vida laboral. Según algunas versiones, la gente con tarjeta verde suponían un mejor negocio que los braceros, porque los productores no tenían obligaciones contractuales de vivienda, salarios u otros costos de mano de obra.[1]

Tony había estado con Interharvest desde que se formó en 1968, y era el segundo o tercero en antigüedad en el equipo de mayor antigüedad. Él era un socialista y no era ningún secreto. Nos hicimos amigos a causa de nuestro mutuo interés en la política radical. El padre de Tony era un activista campesino en México, que trabajaba con los pequeños agricultores y campesinos sin tierra en uno de los estados del norte. Tony no siguió a su padre en el activismo, pero se aferró al desprecio de su padre contra la tiranía de la riqueza.

Tony tenía su familia a la que sólo veía de vez en cuando en Juarez. Había siete niños, aunque no todos eran biológicamente suyos. Una gran cantidad de sus ganancias iba para mantenerlos, y él vivía, como muchos otros, frugalmente, haciendo la corrida durante todo el año desde Salinas a Mexicali, donde trabajaba en el invierno.

Un día, cuando nuestros equipos llegaban casi al mismo tiempo al campo, Tony y yo tuvimos una conversación que siguió hasta el comedor. Después de comer, Tony dijo que quería que conociera a uno de sus amigos, así que me dirigí con él a los barracones de detrás del comedor, a uno de aquellos espacios alargados con poco más que paredes, ventanas y un suelo de cemento. Muchos de los trabajadores colgaban sábanas o mantas de las vigas alrededor de sus literas para crear pequeños compartimentos de intimidad. En uno de ellos, con la manta colgante abierta, encontramos a Carlos, recostado en su litera, leyendo y escuchando la pequeña radio que tenía sobre una caja de naranjas vacía junto a su litera.

Carlos saludó con la cabeza cuando llegamos, y extendió la mano para bajar el volumen de la radio. Yo ya había visto a Carlos por allí y quizá había hablado con él en algunas ocasiones, pero nunca habíamos sido presentados formalmente. Él parecía ser un poco más viejo que Tony, quizá mediados los cuarenta, con una barba incipiente salpicada con algunas canas. Tenía el pelo corto y rizado, y llevaba una camisa azul de trabajo abierta hasta el ombligo, dejando al descubierto el cuello en uve de la camiseta y el pecho parcialmente expuesto con hebras dispersas de pelo. Al mirar hacia arriba, vi que sus ojos eran oscuros y sagaces.

—Este es mi amigo Bruce—, dijo Tony, pero lo pronunció Bruch, uno de los errores de pronunciación comunes de mi nombre. (Bruce era un nombre poco común para la mayoría de los trabajadores agrícolas. Sólo había un Bruce del que la mayoría tenía algún conocimiento, la empresa Bruce Church. Debido al sonido engorroso de ese nombre, la mayoría de los trabajadores agrícolas se referían a Bruce Church como "la brocha").

Carlos extendió una gruesa y callosa mano, con uñas negras de empacador de lechuga. —Mucho gusto, Bruch—, dijo, imitando a Tony. —Siéntate—, dijo, levantándose contra las barras curvadas del catre.

—Enséñale tu biblioteca—, le dijo Tony. —Le interesa.

En ese momento, Carlos se agachó debajo de su litera y sacó una maleta atada con una cuerda deshilachada. Carlos desató la maleta, la dejó caer sobre la cama, y la abrió. Dentro había una colección de libros en español. Entre ellos había títulos que conocía: *Imperialismo la etapa superior de capitalismo* de Lenin, *El origen de la familia, la propiedad privada y el estado* de Engels y *El manifiesto del partido comunista* de Marx y Engels, entre muchos otros. También había literatura sobre Cuba, y algunos libros de Mao, incluyendo *Sobre las contradicciones* y *Sobre la práctica*. Estos, estaba claro por el interés que mostraba en ellos y el cuidado con el que los manejaba, eran los tesoros de Carlos.

Después de hablar brevemente sobre algunos de los libros que habíamos leído en común, Carlos empezó a expresar algunos de sus puntos de vista sobre la sociedad y su visión del futuro. Carlos estaba seguro de que el socialismo triunfaría un día. Tenía que ser, dijo él; el capitalismo nos está causando demasiados problemas. La tendencia de algunos de hacerse cada vez más y más ricos y muchos otros más pobres podía un día desencadenar una situación explosiva que no pudiese ser controlada. El hecho de que los capitalistas, en su frenética búsqueda de más y más ganancias, estuviesen conduciendo a los países a la ruina y al pueblo a la rebelión significaba que con el tiempo la rebelión barrería el mundo y el juego capitalista habría terminado. Él dijo que sentía que la gente estaba cada vez más y más inquieta acerca de esto. En este mundo mejor que vendría, insistió, se seguiría trabajando en los campos, pero no para una empresa. Para él, el trabajo era natural y saludable. La explotación no lo era. El trabajo en los campos sería para el beneficio de la personas, para darles de comer y alimentar a la sociedad.

—La gente sabría para que estaban trabajando—, dijo. —No como ahora. ¿Sabes tú para qué o para quién estás trabajando?—, preguntó. —¿Alguien de Nueva York. O algún accionista?— Se detuvo intentando recordar algo. —¿En Chicago?—

Tony y yo encogimos los hombros.

—No lo sabemos—, dijo Carlos. —En México sabemos que trabajamos para el güero—, dijo, refiriéndose a los Estados Unidos y se rió. —Si ni siquiera sabemos para quién trabajamos, ¿cómo podemos pretender tener algo que decir sobre cualquier cosa que hagamos?— En el nuevo mundo de Carlos los trabajadores tendrían más que decir sobre cómo se organizaban las cosas y cómo se llevaba a cabo el trabajo. Y habría más por lo que vivir que solamente el trabajo.

—Vamos a estudiar, vamos a participar en deportes y otras actividades, y no sólo ser animales de trabajo en los campos, sino seres humanos reales que participan de la vida—. Mientras Carlos hablaba, tuve la visión de una especie de campo de trabajo ideal, con escuelas, instalaciones deportivas y similares. Pensé en las luchas en China y dije que pensaba que los trabajadores tendrían que estar mucho más involucrados en la forma en que funcionaba la propia sociedad, no sólo sobre el funcionamiento de tal o cual fábrica o granja.

Creo que Carlos veía el socialismo como una especie de producto final último, lo cual era un punto de vista común en aquellos días. Pero la nueva sociedad socialista es dinámica, llena de luchas y contradicciones.[2] Yo también entendía que un punto crucial para la gente como Tony, Carlos y otros trabajadores con conciencia política, era la aspiración a vivir en un mundo donde la gente no fuera utilizada y ultrajada para que otros pudieran acumular y utilizar para fines contrarios a sus intereses las riquezas que les habían sido expropiadas.

Era mucho más fácil para las personas concebir un cambio revolucionario en México u otros países oprimidos que imaginar una cosa así en Estados Unidos, sentimientos magnificados por el aislamiento que los trabajadores agrícolas percibían desde el resto de la sociedad de EE.UU. incluidos otros trabajadores. Había oído a los trabajadores del campo con mentalidad política argumentar que ellos eran la clase obrera en Estados Unidos, y todos los demás eran de clase media. En muchos aspectos, los trabajadores agrícolas no eran parte de la clase trabajadora industrial más amplia, sino una casta aparte, separada por bajos salarios, malas condiciones de trabajo, aislamiento social, discriminación, y un aparato de hostigamiento y deportación. Y ellos estaban separados también por las diferencias culturales que se expresaban en el término "obreros campesinos"; trabajadores de origen campesino. Este aspecto de las castas era cierto incluso en aquellos casos en que los ingresos de los trabajadores agrícolas eran iguales o superiores a los ingresos de los trabajadores de otras áreas de la economía. El aislamiento geográfico y la lengua también separaban a los trabajadores agrícolas del grupo que compartía más de cerca sus condiciones sociales: los afroamericanos.

Carlos sabía algo de la historia de los trabajadores de Estados Unidos y creía que había una base para la unidad a través de las fronteras de la raza y la nacionalidad. Y él suscribió la opinión de que esta clase podría y tomaría conciencia de sí misma y del papel que tenía que desempeñar para dar vida a un mundo mejor.

Carlos también habló de Estados Unidos utilizando la imaginería popular de la época; como un pulpo, sus tentáculos se extienden por todo el planeta, succionando recursos y riquezas. En este simbolismo, los movimientos para la liberación nacional y la independencia cortarían los tentáculos, desangrando y debilitando a la bestia, y creando las condiciones internas para el cambio. De esta manera el imperio de EE.UU. sería reprimido.

Estas eran algunas de las opiniones que tenían vigencia para radicales como Carlos que miraban más allá de sus situaciones inmediatas y luchaban acerca de cómo podría cambiar el mundo.

Otras personas del barracón entraban y salían de la conversación. Y entonces, la conversación cambió rápidamente cuando un trabajador que estaba en una de las literas cercanas se sentó y dijo: —están hablando de sueños compa. Y aquí vivimos con pesadillas—. Él empezó a hablar acerca de los problemas con la empresa, con las cuadrillas y de la molesta sensación de que las cosas no iban bien. El sindicato no estaba apoyando a los trabajadores en sus problemas con la compañía. El dinero real que estaban llevando a casa de los salarios estaba disminuyendo por el aumento de los precios. Un trabajador, que acababa de llegar de la ducha, con una toalla húmeda sobre el hombro, se detuvo para relatar, en tono de frustración, su esfuerzo para obtener compensación por los gastos médicos de la familia. —¿Dónde está el dinero del plan médico?—, dijo con cierta exasperación. —Con los politiquillos de Sacramento, primo—, dijo otra persona cercana, haciéndose eco de un sentimiento creciente de que sus preocupaciones estaban siendo dejadas de lado por otros intereses que el sindicato perseguía, intereses que tenían más que ver con convertirse en parte de la clase política. Lo que particularmente enfureció al trabajador que planteaba el problema del plan médico fue el tono desdeñoso del personal de la sede del sindicato cuando buscó ayuda. Tampoco el comité del rancho fue muy útil, dijo, y maldijo airadamente al jefe del comité del sindicato del rancho Interharvest, Armando Ruiz.

Y así estuvimos durante un tiempo. Otros se unieron al coro, y la conversación cambió hacia las preocupaciones inmediatas del día a día. Un estado de ánimo de descontento había estado creciendo durante algún tiempo. Había decepción general y desilusión por el contrato firmado con Sun Harvest en 1976, que muchos pensaban era inadecuado. Pero el tono del enojo y la intensidad de los sentimientos expresados ahora, estaban en un nivel diferente. Nunca había escuchado ese tipo de ira, de manera tan amplia e intensamente expresada por los trabajadores y dirigida a UFW.

Chávez, una nueva visión y una concentración

Fue catalogado como un discurso importante, y varios miles de trabajadores agrícolas fue a escuchar lo que César Chávez tenía que decir en el gimnasio de Hartnell College. La gente continuaba hambrienta de la inspiración que el movimiento les había traído y que Chávez representaba. Era el verano de 1977.

El mitin comenzó con una película sobre las huelgas de la uva que habían sacudido el estado en 1973 y 1974. Mostraba los arrestos y la represión; los trabajadores acobardados ante los brutales sherifes, las detenciones en masa. Hubo algunas buenas imágenes, pero no me gustó la película. No me gustaba que los trabajadores agrícolas aparecieran como víctimas, lo cual era su mensaje. Tal vez funcionó como propaganda del boicot. Pero me sentí avergonzado y molesto al verlo. ¿Las personas sólo son solidarias con aquellos que parecen indefensos? ¿Se habían unido las personas para apoyar a los vietnamitas porque no podían defenderse? No lo creo. Mi imagen de los trabajadores agrícolas después de trabajar y vivir con ellos durante estos años no era de ninguna manera de debilidad o impotencia.

César Chávez habló, recordando a la gente las luchas que habían pasado, lo que habían logrado y los obstáculos que se habían superado. Ahora tenían una ley que protegía su derecho a organizarse, a elegir un sindicato, un nuevo día había comenzado. Ahora ellos y el sindicato, en conjunto, estaban en condiciones de hacer grandes avances. "Una sola unión"; un gran sindicato para los trabajadores agrícolas. Esta era la meta, y la meta estaba a la vista. ¿Qué podía hacer un gran sindicato como éste? Podría llevar a los trabajadores a nuevas alturas, las alturas de la estabilidad económica y el bienestar. Así como los sindicatos de artesanos, fontaneros, carpinteros, electricistas, y similares habían logrado grandes ganancias materiales para sus miembros, aportándoles el sueño americano, de la misma manera los trabajadores agrícolas estaban en la cúspide de la realización de tal logro. Esta era la visión, el objetivo al que el sindicato estaba acercándose. La gente necesitaba mantenerse enfocada en ese objetivo: realizar aquello a lo que habían aspirado durante tanto tiempo.

Conforme salíamos del gimnasio, pensé en lo que había sido propuesto, y cuanto más pensaba en ello, más imposible y poco inspirador me parecía todo aquello. Yo no era un gran admirador del sueño americano. Los sueños son grandiosos, siempre y cuando no estén construidos sobre las pesadillas de los demás. Y había muchas pesadillas que acompañaban a este sueño, las suficientes para producir noches de insomnio. Como Jackson Browne dijo: "Doctor, mis ojos, me dicen lo que está mal. ¿Era yo tan necio como, para mantenerlos abiertos durante tanto tiempo?"

Había otros problemas evidentes con el discurso. En 1977, había comenzado a aparecer un nuevo fenómeno que afectó al bienestar de los trabajadores en Estados Unidos; "empresas fugitivas". Después de la segunda guerra mundial, y debido a la supremacía económica de EE.UU., los salarios, especialmente los de los trabajadores blancos y especializados habían aumentado considerablemente, pero ahora había presión a la baja sobre ellos debido a la creciente competencia de potencias industriales emergentes como Japón y Alemania. El estatus de esos sectores privilegiados estaba en declive, y parecía poco probable que los trabajadores agrícolas pudieran resistir esa tendencia. Y luego estaba la cuestión de la opresión nacional. El movimiento por los derechos civiles, la lucha para la liberación de los negros, el movimiento chicano, las batallas de los estudios étnicos en los campus y las luchas de los trabajadores del campo, todas eran en algún grado rebeliones contra la discriminación y la opresión. Se habían producido cambios importantes, pero las estructuras de opresión todavía estaban allí y tenían modos para reafirmarse a sí mismas de nuevas y depravadas maneras. En 1977, la discriminación positiva ya estaba bajo ataque. La situación general de los trabajadores del campo había cambiado poco. El INS permanecía ahí acosando y persiguiendo activamente a la gente; un apartheid clandestino contra los trabajadores inmigrantes que les confinaba en los estratos peor pagados que continuaban existiendo. Esta tendencia de sustentar la economía sobre las espaldas de los trabajadores inmigrantes con bajos salarios estaba aumentando, no disminuyendo. En primer lugar el discurso de Chávez en realidad no había tocado en las formas de opresión que habían dado lugar al movimiento proporcionándole la mayor parte de sus poderosa vitalidad.[3]

En la época en que Chávez pronunció el discurso de Hartnell, escribió una carta para el personal del sindicato sobre "la actividad y el propósito del sindicato". Era una convocatoria extraordinaria para la reestructuración del sindicato y la reconsideración de sus perspectivas y objetivos. A medida que la carta definía: "Una teoría clara, sencilla y penetrante del negocio en lugar de la intuición, caracteriza al emprendedor realmente exitoso (todos los empleados somos emprendedores) que tiene que construir una organización para aguantar y crecer mucho después de que él ya no esté. . . . La cuestión central es cuál es nuestro negocio, lo que será y lo que debería ser. A menos que los conceptos básicos sobre los que un negocio se ha construido sean visibles, claramente comprensibles, y se expresen de manera explícita, la empresa de negocios se encuentra a merced de los acontecimientos". Esta nueva teoría y la perspectiva de unirse al sindicato no contenían ni una palabra acerca de la lucha por justicia, dignidad e igualdad que el movimiento sindical había llegado a representar para muchas personas. "Por nuestra propia salvación", la carta argumentaba, "hay que plantear la cuestión de lo que es nuestro negocio de manera clara y deliberada, y responder a ella, pensativa y completamente. Esta pregunta originará argumentos contrarios y desacuerdos".[4] Efectivamente, la carta generó discusiones y desacuerdos entre personal del sindicato y los voluntarios que se opusieron a esta visión de un sindicato empresarial. La carta anticipaba un período de discusión y desacuerdo. Pero no había ni rastro del tratamiento intolerante que debía darse a los que realmente se atreviesen a discrepar.

CONVENCIÓN DE LA UNIÓN Y UN INVITADO FILIPINO

UFW celebró otra convención en Fresno, en agosto de 1977. Fui a Fresno para la convención con algunas otras personas del periódico, que ahora se llamaba *The Worker from the Salinas and Pajaro Valleys*. Queríamos mantenernos al día de lo que sucedía en el sindicato y distribuir el periódico, conscientes de que esto podría ser un asunto arriesgado. De la experiencia pasada en tales eventos, sabía que la dirección del sindicato tenía personal de seguridad activa que "desalentaba" a alguien no sancionado oficialmente por el liderazgo de ejercer alguna influencia, inclusive distribuyendo un panfleto o un periódico.

Habíamos oído decir que César Chávez había visitado recientemente Filipinas como invitado del presidente, Ferdinand Marcos, y que un representante de Filipinas iba a estar en la convención. Hubo bastantes rumores acerca de eso. Marcos era una figura notoria. Bajo su régimen, que comenzó en 1969, Filipinas se había convertido en uno de los más firmes aliados de Estados Unidos en Asia, apoyando firmemente la guerra de EE.UU. en Vietnam y permitiendo el uso ilimitado de las bases estadounidenses en las islas como zonas de escenificación de la guerra. Marcos también era infamemente corrupto, utilizaba su posición de poder para enriquecerse a sí mismo y a sus compinches.

En el año 1972, ya que su impopularidad y la insurgencia naciente amenazaba su permanencia en el poder, Marcos llevó a cabo un golpe de estado, suspendiendo las elecciones previstas para el año siguiente. En el curso para consolidar su posición en el poder y aplastar la creciente oposición, su gobierno encarceló, torturó, asesinó e hizo desaparecer a muchas personas. Entre las víctimas había revolucionarios, sindicalistas, dirigentes campesinos y miembros de los partidos burgueses oponentes. Este era el gobierno que Chávez visitó e incluso elogió en su regreso a casa.

El rumor de que el sindicato había invitado a huéspedes del gobierno de Filipinas para hablar en la convención de los trabajadores del campo resultó ser cierto. El primer día de la convención fue presentado a los delegados allí reunidos el cónsul general de Filipinas. Estaba acompañado en el escenario de la convención por un grupo de trabajadores agrícolas filipinos. Se produjo un ruidoso espectáculo de entusiasmo en la convención por este huésped. Desde donde yo estaba sentado en la galería de arriba, me di cuenta de que algunas personas que me rodeaban saltaban y aplaudían en ciertos momentos, como si fuese el momento correcto. Era evidente que había algún guión establecido y que lo que parecía espontáneo fue realmente planeado con antelación.⁵ Cuando se anunció al cónsul general, aquellas mismas personas aplaudieron y vitorearon. Otros alrededor de ellos se les unieron, creando la impresión de un gran entusiasmo, surgido en proporción a lo que estaba sucediendo en el escenario. Vi a Roberto García entre los delegados presentes en la convención, con su cuerpo pesado saltando bajo su poncho, gritando como una animadora de fútbol cuando el cónsul general subió al podio. La visión de tal entusiasmo por el representante de un régimen que había prohibido y reprimido las organizaciones sindicales parecía más que disparatada.

La seguridad en esta convención fue extremamente estricta, y los guardias, la mayoría de ellos de Delancy Street (un grupo con sede en San Francisco que proporcionaba servicios a toxicómanos y ex-convictos) eran prepotentes y agresivos. No sólo era casi imposible la distribución de cualquier literatura en el área de la convención, sino que incluso era difícil hablar con las personas debido a que los guardias estaban envalentonados y permanecían junto a mí y otros del periódico mientras intentábamos comunicarnos con las personas. Expresé mi malestar sobre sus tácticas gansteriles que conocía tan ampliamente como podía dadas las circunstancias.

En un momento dado, me encontré con Phil Vera Cruz cerca del recinto de la convención y me las arreglé para hablar con él por un corto tiempo. Vera Cruz fue segundo vicepresidente del sindicato y había sido parte de la lucha desde los primeros días de Delano. Él era uno de los primeros huelguistas de la uva de AWOC que transitaba en el Valle de Coachella en 1965. Era muy respetado y considerado como alguien íntegro. Yo no lo sabía entonces, pero él había sido el único miembro de la junta directiva del sindicato en oponerse a la política del sindicato sobre los "ilegales," una postura que requería coraje. Le pregunté a Vera Cruz lo que pensaba sobre la aparición del representante de Filipinas, y no me sorprendió encontrarlo muy descontento.

—Espero que digas algo públicamente—, le dije. —Esto es una traición a lo que el sindicato representa para muchas personas y a ellas mismas.

Vera Cruz dejó claro que había cosas que estaba fuertemente en desacuerdo con el sindicato y con Chávez, pero él era reticente a hablar públicamente de ellas en aras de mantener la unidad del movimiento. Me preguntaba por qué se debería mantener la unidad en un movimiento que estaba tomando una postura reaccionaria.

Había gente del sindicato que yo conocía de Salinas que defendía la invitación al representante de Filipinas sobre la base de que podría ayudar al sindicato a ganar el apoyo de los campesinos filipinos. Con el establecimiento del punto de vista del sindicato de convertirse en el sindicato de todos los trabajadores del campo, era importante encontrar maneras de superar el antagonismo que trabajadores agrícolas filipinos sentían hacia el sindicato. Si el desarrollo de los vínculos con el gobierno de Filipinas podía ayudar, ¿por qué no? Ese fue su argumento. Pero en primer lugar ¿por qué fueron los trabajadores filipinos alienados del sindicato? Nunca he escuchado una buena explicación para eso.

El segundo día de la convención, otro invitado filipino, Blas Ople, fue presentado en la reunión. Era secretario de trabajo en el gobierno de Marcos. Tener en la convención de los trabajadores agrícolas al secretario del trabajo de un régimen que esencialmente ilegalizó los sindicatos era una píldora que dejó a mucha gente sin palabras. La exhibición externa de unidad comenzó a resquebrajarse después del discurso del secretario. Uno de los organizadores filipinos del sindicato se puso de pie, fue al micrófono y, tras agradecer al secretario por su discurso, añadió: "espero que no te olvides de decirle a Marcos que levante la ley marcial."[6] Este comentario obtuvo un fuerte y largo aplauso que tuvo un toque de espontaneidad.

Antes de la convención, Phil Vera Cruz había decidido renunciar a su cargo como vicepresidente segundo, y había hecho arreglos para llenar la vacante con Eliseo Medina. Cuando llegó el momento de Vera Cruz hacer pública su dimisión, dejó claro que estaba dimitiendo no retirándose. También se refirió indirectamente a la supresión de puntos de vista diferentes en el sindicato arguyendo que la diversidad de ideas en un sindicato era natural y su crecimiento y desarrollo no puede garantizarse sin ellas. Criticó la alabanza dada en la convención a la dictadura de Marcos. Pero fiel a su palabra, no hizo ninguna mención de sus marcadas diferencias con César Chávez o el desacuerdo con otras políticas del sindicato.

CAL COASTAL Y BÉISBOL

Era finales de verano, y los trabajadores de las cuadrillas de tierra de Interharvest no tenían mucho trabajo. Se habían extendido rumores de que más producción estaba siendo pasada a las máquinas que empaquetaban la lechuga, en respuesta a las presiones del mercado. Esto creaba ansiedad adicional sobre las cuadrillas. Yo estaba en la cuadrilla número siete, el equipo de baja señoría. Nos despedimos por un tiempo, y no había ninguna indicación de cuando el trabajo podría comenzar de nuevo. Por suerte me las arreglé para conseguir un despacho de Cal Coastal. Los trabajadores de Coastal habían votado para unirse a UFW durante la campaña electoral en 1975, y la compañía finalmente firmó un contrato en mayo del 1976. Trabajé en Coastal el resto de la cosecha de Salinas y me preparé para encontrarme con la cuadrilla en Calexico para la cosecha de invierno.

La cuadrilla de Cal Coastal era joven y rápida. Pensé que si alguna vez hubiera un evento olímpico de corte de lechuga, este grupo podría competir por la medalla de oro. Necesité poner todo de mi parte para mantenerme al día con ellos.

Había un par de trabajadores realmente rápidos en mi trío. Nos turnábamos entre corte y empaque, y cuando yo empacaba era siempre a toda velocidad. Mis manos y uñas ya magulladas recibieron una paliza en mis furiosos esfuerzos para mantenerme a la par con mis cortadores. Años más tarde, un ex miembro de la tripulación afirmó que uno de mis compañeros de trío estaba tomando algún tipo de medicamento legal para matar el dolor que ayudaba a su velocidad. No sé si eso era cierto; no estaban haciendo las pruebas de drogas en esos días, lo cual fue bueno, porque de lo contrario la compañía podría haber hecho que todos las tomásemos; es decir, drogas.

Como mi orgullo estaba en juego, nada me satisfacía más que empacar tras los talones de mis cortadores, correr al camión engrapador para agarrar nuestras cajas y continuar manteniendo el ritmo. Pero esto era raro, y más a menudo uno de los cortadores doblaba la hilera y empacaba cajas para aportarme velocidad. En el mejor de los casos yo era un empacador promedio en esta cuadrilla pero mis cortadores estaban entre los mejores de cualquier cuadrilla en la que yo jamás había estado.

Tuvimos un cerrador llamado Ronco. Cada vez que hablaba o reía, era obvio de donde venía su apodo; tenía una voz que sonaba como la grava. Ronco era un animador entre los trabajadores, adecuado para un equipo que siempre parecía estar en una carrera contra sí mismo. Con Ronco alrededor, el equipo nunca estuvo escaso de desaires humorísticos y exhortaciones pintorescas. Ronco tenía un buen corazón, y su espíritu nunca se contaminó de mezquindad hacia nadie.

Cuando pienso en esta cuadrilla, la imagen que me viene a la mente es mi equipo favorito de béisbol, los Dodgers en sus primeros días en Los Angeles cuando eran un equipo de correr y golpear, con Maury Wills como su duro de derrotar primero al bate y Junior Gilliam y Charlie Neal bateando detrás de él, acelerándole por las bases sobre las bolas de tierra que "tenían ojos", como solían decir. Pequeño, luchador, y rápido. Esta metáfora de béisbol es apropiada, ya que esta cuadrilla estaba llena de fanáticos del béisbol.

El béisbol profesional había llegado a Mexicali sólo un año antes, en 1976, con la creación del Águilas de Mexicali de la Liga Mexicana del Pacífico. El Águilas fue una de las pasiones del equipo, ocupaba el segundo lugar detrás su primera pasión; jugar al béisbol. Debido a que el equipo era tan rápido, a menudo terminábamos el pedido —la cuota diaria— temprano de modo que a pesar de que era invierno, a veces éramos capaces de llegar al diamante y jugar antes de que oscureciera. La compañía cooperó y suministró al equipo bates, pelotas y guantes.

A pesar de que Mexicali se estaba expandiendo rápidamente, algunas parcelas de tierra permanecieron vacías, y éstas se convirtieron en presa fácil de una población joven, con hambre de béisbol. Parecía que donde hubiera una zona grande abierta plana y adecuada (¡flexiblemente definida!), alguien ponía una sencilla barrera y dibujaba algunas líneas básicas. Aquellos eran campos sin adornos, nombres, vallas, hierba ni bases, excepto alguna sudadera o chaqueta echada en el suelo antes del partido y tal vez un banco o dos en una primitiva caseta.

El campo donde jugábamos era un pedazo de tierra no muy lejos de Infonovit, un proyecto de vivienda pública de diminutos bloques de hormigón estrujados unos contra otros, para salvar a sus habitantes de cualquier desperdicio de espacio abierto.

Llegábamos por la tarde, a veces directamente desde el trabajo o después de una parada rápida para cambiarse de ropa, recoger el equipo, y conseguir la bebida que era la característica central de estos juegos, la cerveza. Al describir lo que hacíamos en aquellas tardes es difícil decir si bebíamos cerveza mientras jugábamos al béisbol, o jugábamos al béisbol para acompañar el consumo de cerveza.

Cuando los capitanes de los equipos seleccionaban a sus jugadores, yo era una opción popular debido a que, a diferencia de mis compañeros de equipo, relativamente nuevos y recientes conversos al juego, yo lo había jugado cuando era más joven. Pero tal vez más que mi experiencia estaba el hecho de que yo bebía menos que los demás y me mantenía sobrio más tiempo. Esto me transformó en un activo para aquellos que pudiesen, en esos primeros momentos de sobriedad, tener en cuenta la posibilidad de ganar algo digno de considerar. De la misma manera que ganar podría haber sido una motivación al comienzo del juego, así se desvanecía, con mayor rapidez incluso que la débil luz del sol de esas tardes de invierno. El juego por lo general empezaba bastante bien, con la gente pendiente de la puntuación y bateando en algún tipo de orden organizado. Los receptores estaban atentos y seguían la bola cuando se ponía en juego. Pero después de algunas vueltas llegaban los indicios de un desmadre: bolas que pasaban entre las piernas de los jugadores internos; jardineros que perseguían en dirección equivocada pelotas golpeadas por encima de sus cabezas; lanzadores volviéndose un poco desenfrenados. A medida que el juego avanzaba, era posible ver un bateador que trataba de golpear la pelota antes de que fuese lanzada; un lanzador que se salía del montículo—tambaleándose podría ser una descripción mejor—antes o después de lanzar; bolas fáciles pasando y descendiendo, mientras que el jugador estaba meando; bolas bajas que se convertían en carreras así como jugadores internos que perseguían los lanzamientos muy fuera de control. El objetivo del juego poco a poco comenzaba a desaparecer del todo entre el flujo de cerveza y los insultos.

Si bien me mantuve en términos de béisbol, en el ejercicio de insultos, humillaciones y chistes de desaprobación estaban fuera de mi alcance. Aunque en siete años de mi curso de español yo había hecho progresos, cuando era muy enérgico, cuando se trataba de conversaciones en grupo que cambiaban rápidamente, juegos de palabras, comentarios sarcásticos y calumnias, yo estaba estrictamente en segunda división. Me contentaba con la observación de la escena a mi alrededor, feliz de estar fuera del camino del escarnio tanto como de los lanzamientos salvajes de las últimas entradas.

Este no era el softbol de lanzamiento lento. Utilizábamos pelotas de béisbol, y los lanzadores tirábamos relativamente rápido. Que nadie resultara gravemente herido fue quizás la parte más milagrosa del juego, que terminaba cuando la cerveza se acababa o las sombras oscuras invadían el campo.

AFILANDO LÍNEAS

Cuando regresé a Salinas después de la cosecha de invierno, me enteré de que las relaciones entre aquellos de nosotros de *El Obrero* y el personal de UFW se habían vuelto más tensas. Se les decía a los trabajadores agrícolas en las reuniones que no debían comprar o leer el periódico, que era "comunista" y "contrario al sindicato". Algo de esto se estaba volviendo bastante extraño. Si alguien estaba vendiendo el periódico y había un miembro del personal del sindicato en las proximidades, él o ella trataba de acorralar a los trabajadores y alejarlos del periódico. Si estas tácticas intimidaron a algunas personas, enfurecieron a los demás y motivaron a algunos a comprar el periódico no por otra razón que la de mostrar que ellos no iban a hacer o leer lo que les dijeran.

Carla, quien trabajaba en el periódico, era la representante del sindicato en el equipo de desije de Interharvest. Una mañana, un representante de la oficina del sindicato se presentó en el lugar donde la cuadrilla se reunía para tomar su autobús y anunció que los dirigentes sindicales habían decidido nombrar a otra persona para ser representante de la cuadrilla. Esto fue recibido con una respuesta hostil. "No se puede reemplazar al representante, porque es nuestra la decisión de quién representa a este equipo, no la de ustedes!" fue el mensaje de la cuadrilla. Después del trabajo, algunos de los trabajadores se presentaron en la oficina de la unión, y una de las mujeres de la cuadrilla confrontó a Roberto, el jefe de la oficina. Ella le dijo en voz alta, para que otros pudieran oír, "no te gustan las personas de *El Obrero* porque son comunistas. ¡Pues, a nosotros nos gustan porque lo son!" En general, las tácticas anticomunistas empleadas por el personal del sindicato no les servían, y alienaban aún más a los trabajadores.

DESPEDIDO DE NUEVO

Ahora era la primavera de 1978. Volví a trabajar con el equipo de Cal Coastal en Salinas ya que la cosecha se puso en marcha, pero yo tenía la vista en la cuadrilla-de tierra de Interharvest, esperando a que el equipo número siete se pusiera en marcha. Yo tenía intención de volver allí.

Estábamos en las primeras semanas de la temporada de cosecha de Coastal, trabajando por el valle alrededor de Gonzales o Soledad. La tarde estaba avanzada, y estábamos a punto de terminar el pedido, lo cual era un alivio porque era un día caluroso, y yo estaba bastante aniquilado.

Había estado empacando la mayor parte del día y pensé que todo iba bien cuando un supervisor se acercó a mi hilera y comenzó a rebuscar en las cajas terminadas. Después de unos minutos me llamó a una de las cajas que había empacado y me dijo que iba a tener que hacerlo mejor que eso. Yo estaba irritado por su tono y por ser señalado. Le dije que pensaba que el paquete era bueno; tal vez podría ser mejor, pero era el final del día y lo único que había era un poco de cansancio.

—Bueno, puedes ir al bus, entonces—, me dijo. Yo estaba un poco sorprendido por eso.

—¿Me estás despidiendo?—, pregunté.

—Sólo tienes que ir al bus, ya hablaremos de eso más tarde—.

—No—, dije. —Quiero saber ahora si me estás despidiendo.

—Sí—, dijo, —¡estás despedido, ahora ve al autobús!

Yo estaba enojado. —Ah, vete a la mierda de todos modos— le dije y me alejé. Mientras me dirigía al autobús, algunos de los trabajadores me llamaron,

—¿Dónde vas, güero?

—Me corrieron los pinches cabrones culeros—, dije. —Ya no sienten ninguna necesidad de cortesía—. Antes de subir al bus, me decidí a hablar con el representante del sindicato del equipo y le pedí que echara un vistazo a las cajas que había empacado. Yo quería un testigo de que yo estaba haciendo un trabajo aceptable. Tuve unos cuantos pensamientos que estaba interesado en transmitirle al hombre de la compañía, pero el representante del sindicato me aconsejó que me mantuviese callado. Después de mirar las cajas, me aseguró que habría una queja del sindicato. En ese momento, fui al autobús para esperar a que el equipo terminase.

Alrededor de una semana después recibí en mi cabaña de Central Avenue la visita de un miembro del personal del sindicato llamado Frank Ortiz. Yo lo había visto antes, durante la movilización en Coachella en 1973, pero sabía poco sobre él. Ortiz preguntó si podía entrar, y le ofrecí café. No, gracias, dijo, él no tenía intención de quedarse mucho tiempo. Quería hablar de la situación en Cal Coastal. Él no me preguntó qué pasó o qué pensaba de ello, ni lo que yo quería hacer. Dijo que el sindicato había decidido no luchar contra el despido. Ninguna explicación. Era decisión del sindicato y eso fue todo.

No tuve mucho tiempo para pensar en qué hacer con esto. Tenía la oportunidad de volver a Interharvest y unirme al equipo número siete a corto plazo. Dejé Cal Coastal atrás.

DESENCANTO

El ambiente entre los trabajadores de Interharvest (ahora Sun Harvest) era bastante tenso. El disgusto con la situación estaba aumentando e hirviendo en la superficie. Este fue un cambio notable desde varios años antes, cuando los trabajadores de Interharvest votaron 1167 con UFW y 28 con Teamsters en la más abultada de las elecciones en ALRA. La tasa de inflación en el país fue en aumento, y los salarios se habían quedado atrás. (La situación se vio mitigada en parte por el colapso del peso en México, que, a pesar de que hizo la vida más precaria, también hizo que esos dólares ganados se sintiesen como si fueran, al menos comparativamente, mejores). Había más y más quejas sobre el plan médico del sindicato. Los Teamsters se habían retirado de los campos el año anterior, dejando el terreno libre a UFW. No había ningún enemigo común contra el que protestar.

Sin embargo, Chávez había pintado la visión de la prosperidad del sueño americano que había por delante, y ahora el trabajo era cada vez más lento, y no parecía que nos estuviéramos moviendo en esa dirección.

Los trabajadores de Cal Coastal habían votado por el sindicato, pero tenían una relación más distante con el sindicato que los trabajadores de Sun Harvest. Tal vez esto se debía a que eran principalmente jóvenes, no habían experimentado los años opresivos de los braceros y no apreciaban el tipo de fortalecimiento que el movimiento sindical había llevado a los campos. Por otra parte, la sensación de amargura que sentían los trabajadores en Sun Harvest era mucho más aguda que en Cal Coastal. Esto fue debido probablemente a que los trabajadores de Sun Harvest habían sido durante una década el genuino corazón del sindicato. Ellos habían experimentado en sus papilas el sabor del elixir que un movimiento de personas puede provocar Se habían sacrificado por eso y tenían expectativas más altas, lo que dio lugar a decepciones aún mayores. No es que el movimiento sindical no hubiera logrado nada. Había dado lugar al final de "el cortito", el corto mango de la azada; había tenido éxito a mediados de los años 1970 en la obtención de un seguro de desempleo; había beneficios para la salud, no importaba cuán imperfecta; había menos arbitrariedad en la contratación y el despido; el saneamiento en los campos había mejorado; hubo una reducción en los abusos en general por parte de los contratistas de mano de obra; y los salarios habían aumentado en los tiempos de las huelgas y otras batallas en los campos. Los trabajadores del campo se habían revelado y habían logrado un nivel de participación que nunca antes había existido. Pero lo irritante era que esto parecía ser que se les escurriría entre los dedos.

Durante mucho tiempo había existido una cierta tensión interna en el sindicato en torno a una serie de cuestiones diferentes. Una de ellas fue el boicot contra la huelga. Había una discusión de larga data acerca de qué aspecto del movimiento era más importante para su éxito. Los defensores del boicot vieron la huelga como un antecedente importante para el éxito del boicot, pero un arma inferior dentro el movimiento. Los boicoteadores a menudo veían su papel como captadores de liberales urbanos, comunidades religiosas, organizaciones progresistas y sindicatos para la causa, pero veían a los trabajadores como humildes y mansos, que necesitaban ser rescatados de los poderes depredadores. Utilizaron esta imagen para despertar la simpatía de los partidarios liberales. Los trabajadores de la lechuga, con sus luchas militantes e imagen agresiva, parecían, en todo caso, un perjuicio para este objetivo, ya que no disfrutaban de una imagen simpática. Para los trabajadores, la actitud de los boicoteadores era condescendiente. Y ellos no estaban interesados en salvadores condescendientes. Aunque el boicot de la uva se convirtió en un emblema para toda la causa sindical, era en los valles costeros, donde las más poderosas huelgas y acciones ilegales y de trabajo de todo tipo habían tenido lugar, donde el sindicato tenía, sin duda, su base más sólida y poderosa. Esta contradicción flagrante fue una fuente de tensión en el sindicato. Pronto se transformaría en mucho más que eso.

La religión fue otra fuente de tensión. El simbolismo religioso y las alianzas religiosas habían sido elementos centrales de la cultura del sindicato desde el principio. Pero esto no concordaba necesariamente con los sentimientos de la gran cantidad de trabajadores, que se consideraban más seculares de lo que la imagen popular del sindicato podría implicar.

Pero la tensión se agudizó sobre todo por el carácter cada vez más autocrático de la dirección del sindicato. Siempre había existido una estructura de arriba hacia abajo, pero en los días anteriores se habían producido una gran cantidad de iniciativas desde abajo que tendían a conducir las cosas hacia adelante. Los líderes sindicales en el ámbito local en general dieron la bienvenida a este renovado interés, y existía un carácter democrático relativamente vibrante. Ahora las iniciativas desde abajo eran menos resueltas, debido a la fluctuación del movimiento social, y se produjo una eliminación explícita de estas iniciativas a medida que ahora el sindicato trataba de demostrar que podía controlar las cosas y crear la calma sistemática que los sectores poderosos del país estaban esperando y exigiendo.

Hubo crecientes sospechas a ambos lados de la ecuación. La cultura de la desconfianza se afirmó. La dirigencia empezó a ver a los trabajadores con sus demandas y quejas, como si fueran un obstáculo para el avance del sindicato. Los trabajadores ahora veían al "movimiento" como un grupo de presión para la defensa de intereses, que hacía alianzas con "políticos amigables" y haciendo tratos mientras ellos se pudrían en los campos.

Los primeros dias del sindicato UFW los lideres habían puesto énfasis en una estructura de comités de rancho con base popular. Esto tenía sentido, ya que los trabajadores, a diferencia de sus equivalentes en la industria, se encontraban dispersos por el campo en diferentes ranchos. Un comité elegido en cada rancho podría manejar los problemas del trabajo y las cuestiones sindicales relacionadas con cada empresa. Pero no hubo secciones sindicales como tales. Sino que más bien había oficinas de campo, que eran apéndices del centro, sin autonomía. No había ninguna estructura mediante la cual los trabajadores pudiesen ejercer su voluntad a nivel local. Había dos niveles de democracia, la junta ejecutiva, que tomaba todas las decisiones importantes para la unión, y los comités de los ranchos, que se limitaban a las cuestiones implicadas con la negociación y cumplimiento de los contratos. Como resultado, del mismo modo que el descontento y los cuestionamientos comenzaron a sobrevolar sobre las cuestiones que afectaban al sindicato más ampliamente, no había foro regular u oficial donde elevarlos. A medida que se acumulaban las cuestiones sin resolver, también lo hacía la ira.

En Interharvest el jefe del comité de rancho era Armando Ruiz, un hombre alto, de complexión mediana de treinta y muchos, con un gran bigote y aspecto amistoso y divertido, un cargador de uno de los equipos veteranos. Fue elegido para el comité de rancho en un momento de amplio apoyo y entusiasmo hacia el sindicato, pues era uno de los "chavistas" más leales. A medida que el tiempo pasó y las cosas cambiaron, su popularidad se erosionó. Su defensa de cualquier cosa y de todo lo relativo a la dirección del sindicato comenzó a volverse en su contra. Los trabajadores estaban empezando a mirar a Armando como el hombre que siempre decía sí, un lacayo. Él no tenía ni una inteligencia profunda, ni la lengua rápida. Y no tenía mucho que decir acerca de las cosas más allá de lo que había absorbido de la dirigencia sindical. Cuando se planteaban críticas en las reuniones, se ponía a la defensiva y atacaba a las personas que hacían preguntas o críticas, tratando de humillarlos. Mientras algunos se sentían intimidados, otros se enfurecían, y cuando los sentimientos comenzaron a cambiar aún más hacia el desencanto, Armando se convirtió en el foco de una gran cantidad de furia.

Había otras cosas que molestaban a la gente en relación a Armando. Tenía una gran furgoneta, una de doce pasajeros, y dado que muchos de los trabajadores no tenían coche, dependían de los demás para viajar a Mexicali y visitar a sus familias. Armando se hizo famoso por cobrar tasas extra en los viajes a la frontera. Algunos de los trabajadores pensaban en principio que estaba mal que los trabajadores ganaran dinero de esta manera con los demás trabajadores. Hubo incluso rumores abundantes que se extendieron rápidamente de que la posición de Armando como jefe del comité del rancho estaba siendo utilizada para algo más que fines altruistas. No sé lo que esto podría haber implicado, pero era el motivo de muchas discusiones infelices.

En aquel momento, se produjo en México un movimiento creciente dentro de los sindicatos contra los dirigentes que estaban utilizando los puestos en su propio beneficio y haciendo las licitaciones para los empleadores o el gobierno. Estos líderes fueron llamados charros. La palabra charro comenzó a ser utilizada como referencia a Armando.

Con la creciente alienación, las vías democráticas cerradas, y un comité de rancho encabezado por un hombre al cual muchos trabajadores de Interharvest consideraban, en sus momentos más generosos, un zoquete, no parecía haber ninguna salida. Sólo existía una vía de protesta y expresión de estos sentimientos, el CPD.

REBELIÓN CONTRA EL CPD

El *Citizens Participation Day* (Día de Participación Ciudadana, [CPD]) fue negociado en los contratos sindicales que comenzaban en 1975. Era un día pagado, pero se esperaba que los trabajadores devolvieran al sindicato el dinero que recibían de la empresa para financiar campañas políticas, como la lucha contra las leyes anti-sindicales, respaldar a ciertos políticos amistosos, pagar los costos de hacer lobby, el patrocinio de iniciativas, tales como la propuesta 14, y así sucesivamente. Era un fondo político no muy diferente del fondo Committee on Political Education

(COPE) de AFL-CIO. En los primeros años del CPD, no había mucha controversia en torno a ello. Aquí y allá, algún trabajador podía oponerse a endosar los fondos para el sindicato por razones personales o por razones egoístas, pero eran la minoría. Sin embargo a medida que el descontento en el sindicato crecía, más y más personas se negaron a firmar sus cheques CPD para el sindicato. El sindicato caracterizaba esto como egoísmo o ignorancia. Pero esa no era la esencia del problema.

Entre los trabajadores más conscientes políticamente, existía insatisfacción con el abrazo entre el sindicato y el Partido Demócrata. Fue difícil para algunos de estos trabajadores emocionarse con los demócratas y otros políticos "amigables". Desde el punto de vista de las personas históricamente castigadas por el colonialismo, los ejércitos invasores enviados tanto por gobiernos democráticos como republicanos no parecían tan diferentes. Tampoco las políticas de inmigración parecían variar mucho entre unos y otros. Seguros, los demócratas llegaron y hablaron en los mítines e hicieron discursos en las convenciones alabando al sindicato y prometiendo apoyo a la lucha, pero en México esto era la especialidad de los políticos. Los trabajadores políticamente consciente no tenían ningún motivo para creer que aquí sería diferente. Cuando los trabajadores utilizaban la expresión "pura conveniencia", (cuya traducción exacta en inglés significa "puro interés propio" pero que es más comparable a "pura mierda"), para describir el comportamiento de ciertos líderes y políticos, se basaban en la dolorosa experiencia histórica. En Estados Unidos, los políticos mentían sobre sus verdaderas intenciones algunas o la mayoría de las veces. En México, mentían y vendían el país a intereses extranjeros, llenando sus bolsillos y madrigueras con las ganancias.

Se hizo una resolución en la convención del sindicato de 1977, cumpliendo el imperativo del CPD, bajo pena de expulsión del sindicato. Sin embargo, permitía que las personas se opusieses a utilizar los fondos para las intrigas políticas así como la opción de destinar su día pagado para otros fines sindicales. Sin embargo, el CPD continuó siendo un punto de lucha, debido a que las otras vías de recurso fueron bloqueadas a los trabajadores.

Frank Ortiz, que había divulgado las noticias acerca de mi reclamación al sindicato, pasaba mucho tiempo en Salinas. Se hizo evidente que había sido enviado por La Paz para investigar el descontento y, presumiblemente, tratar de mejorarlo o suprimirlo. La insatisfacción con el sindicato se estaba volviendo tan seria que circulaban historias de trabajadores de equipos que le decían a los funcionarios del sindicato que no eran bienvenidos en los campos. Los productores estaban al tanto de esto. Hubo incluso algunos en ciertas zonas que hablaron de desautorizar al sindicato.

Ortiz convocó una reunión de lechugueros de Interharvest en Sherwood School a finales del verano de 1978 para tratar de hacer frente a la rebelión contra CPD y otros temas. Uno de los objetivos de las reuniones era llegar a un acuerdo sobre la elección de los comités de los ranchos. Se iba a celebrar una elección para el comité de rancho en Sun Harvest, y este era un asunto en otras compañías. La dirección del sindicato proponía un sistema mediante el cual la junta ejecutiva del sindicato quería o bien nombrar a los miembros del comité de rancho o tener el poder de veto sobre las elecciones de las bases. Las bases rechazaron completamente ambas sugerencias e insistieron en su derecho a elegir o rechazar a los miembros del comité del rancho. La vehemencia era un reflejo de cuán profundamente las bases entendieron la necesidad de una voz democrática en el sindicato. La reunión se convirtió en un fiasco a medida que los trabajadores, frente a las críticas sobre su negativa a firmar los cheques para CPD, desataron un torrente de quejas indignadas que se centraban principalmente en el mal funcionamiento del plan médico. Las personas tenían que esperar meses para recibir el reembolso de los gastos médicos o pagar las facturas. Había historias particularmente exasperantes de que funcionaban mejor los planes de salud de los trabajadores de los ranchos que no eran del sindicato. En algunos ranchos, como Hansen Farms, los rancheros habían eludido al sindicato al permanecer un paso por delante en salarios y beneficios. Si los trabajadores de estos lugares disfrutaban de ligeras ventajas se debía totalmente a la lucha sindical. Sin embargo, el hecho de que los planes de salud ajenos al sindicato parecieran servir mejor a los trabajadores que los del sindicato era una fuente de irritación aguda.

Para completar la imagen general, hubo confusión acerca de las cosas que ocurrían en La Paz, cuya misma lejanía de los campos fue el centro de una cierta discordia. El personal jurídico del sindicato había abandonado la disputa acerca de la compensación por su trabajo. Desde hacía mucho tiempo el personal del sindicato estaba siendo expulsado, acusado de deslealtad. Se estaba produciendo una purga anti-izquierdista. Las personas con puntos de vista que se consideraban contrarios a la dirección del sindicato estaban siendo públicamente humilladas y conducidas bruscamente hacia la puerta. Había rumores de que el personal la unión estaba siendo obligado a participar en el juego Synanon, que Chávez había aprendido del creador de Synanon, Charles Dederich, en el que los miembros del personal eran objeto de críticas humillantes.[7] Existía un significado de coraje en todo aquello, y un frenético esfuerzo por imponer lealtad. Un espíritu de lucha por la justicia, un mundo mejor, sin embargo la gente veía que aquello que los había unido en una causa común, estaba llegando a su fin. La dirección del sindicato exigía lealtad, pero lealtad ¿hacia qué? Sonaba más como obediencia incuestionable.

Todo esto fue arremolinándose en el ambiente.

Inquisición

Los contratos de la unión para las verduras debían expirar a principios de 1979, y el mensaje era que el centro de contratación de la unión iba a ser eliminado de los futuros contratos. El centro de contratación, representaba tal vez más que cualquier otro aspecto del sindicato, la rebelión de los trabajadores en contra del trato injusto en los campos, el favoritismo de los jefes, la extorsión de favores y el despido arbitrario. Era impopular entre muchos trabajadores, y había rumores de corrupción, venta de despachos, y toda una serie de otros temas, pero el centro de contratación, cuando funcionaba correctamente, protegía al trabajador de una de las mayores armas que los contratistas o los rancheros mantuvieron sobre el trabajador; el poder de negar o conceder el trabajo. *El Obrero* publicó en una edición a finales del verano un artículo sobre la intención del sindicato de acabar con el centro de contratación y criticaba duramente la propuesta como un paso atrás.

Después de la primera reunión sin éxito que Ortiz tuvo con los trabajadores de Sun Harvest, el sindicato decidió convocar otra. Llegué a Sherwood School para asistir a la reunión y distribuir periódicos fuera del auditorio. El jefe de Sun Harvest Ranch Committee, Armando, estaba en la puerta cuando llegué a la parte superior de las escaleras. Tenía los brazos cruzados, y me dijo que no podía entrar a la reunión. Se había tomado la decisión de que no se permitiría entrar a nadie asociado con *El Obrero*. ¿Una decisión? ¿Por quién? Conforme Armando me decía esto, algunas manos me agarraron por los costados. Antes de que tuviera tiempo para pensar en ello, algo me empujó hacia adelante escaleras arriba y más allá Armando, quien abrió espacio.

—Él viene a esta reunión—, dijeron las voces detrás de mí: —él es uno de los nuestros, ¿de acuerdo?, ¿de acuerdo Armando? Eso no era tanto una pregunta como una afirmación. Había un grupo de cerca de media docena de lechugueros a mi alrededor. Había poco que Armando pudiera hacer.

Pronto se hizo evidente por qué no era bienvenido en la reunión. Yo era uno de los puntos de la agenda. Supongo que me debería haber sentido honrado por ser colocado en el centro de tanta atención, pero no era ese el tipo de atención que la mayoría de la gente anhelase. Y lo que dijo de mí, un tal vez un poco nervioso Frank Ortiz, ya que yo realmente estaba allí, era algo como este tipo es un comunista, y un agente de los productores, alguien que ha logrado introducirse en el sindicato con el fin de socavarlo. Ortiz dijo en la reunión con los lechugueros que el sindicato había realizado una investigación sobre mi familia (más tarde supe que fue el FBI quien había husmeado por el vecindario de mis padres) y "descubierto" que yo era de una familia acomodada (mi padre era un pequeño empresario). Presumiblemente mi nivel económico familiar me hizo simpatizar con los cultivadores y me motivó a dedicar mi vida a socavar la causa del sindicato. Esa fue la extensión del caso expuesto en mi contra.

Pero esta acusación era parte de algo mayor afirmó Ortiz a continuación. La unión estaba forzosamente sitiada por los rancheros y los republicanos, que estaban empeñados en destruirlo. Los rancheros estaban haciendo todo lo posible para sabotear la ALRA; estaban utilizando todo tipo de tácticas para subvertir la voluntad de los trabajadores expresada en las elecciones; estaban trabajando para socavar la moral de los trabajadores y la confianza en la unión. La unión estaba luchando por su vida, y en esa coyuntura crucial el desencanto y la protesta interna, estaban jugando en manos del enemigo. Aparentemente, puesto que el *El Obrero* había publicado artículos cuestionando las políticas del sindicato, yo estaba contribuyendo con esta disidencia destructiva.

No es que lo que Ortiz dijo no tuviera ningún eco entre los trabajadores. Pero lo que Ortiz propuso era muy difícil de vender. Y en aquel momento la gente no parecía de humor para comprar. Aún así, se había plantado la semilla y con las condiciones adecuadas, las semillas crecen.

En un momento dado, me levanté para hablar. Estaba nervioso e indignado. El torrente de palabras que brotaron de mí fue, si cabe, más impresionante en volumen que en contundencia o elocuencia, pero lo hice lo mejor que pude. Recuerdo partes de lo que dije. Las acusaciones de ser un agente de los rancheros eran tan absurdas, que no merecían una respuesta. De todos modos, no era mi idea renunciar al centro de contratación en el próximo contrato. Las personas tienen derecho a protestar contra CPD porque representaba usurpar la lucha de las manos de los trabajadores y poner su destino en las manos de los demócratas, que eran aliados de la unión, pero eran realmente enemigos y representaban el mismo sistema que vivía de la explotación de los trabajadores agrícolas. Yo defendí a los comunistas diciendo que los comunistas siempre habían luchado y defendido los esfuerzos de los trabajadores y los sindicatos, como lo hicieron durante la gran ola del sindicalismo en la década de 1930. Esa era una visión limitada de los comunistas, pero fue lo que me vino a la mente en aquel momento.

Me defendí, pero, tal y como me di cuenta más tarde, no vino al meollo del asunto. La estrategia de Ortiz era establecer la idea de que los rancheros contaban con la disidencia interna para acabar con la unión. Yo estaba siendo señalado como el disidente, pero los trabajadores sabían que la discrepancia procedía de muchos sectores. Si yo podía estar manchado por la brocha de la complicidad con los rancheros, no podría esto manchar a cualquier otro trabajador que expresase descontento? Era por su desencanto y la osadía de expresarlo por lo que estaban siendo atacados. La disidencia estaba socavando a la unión; por lo tanto, los disidentes, consciente o inconscientemente, estaban traicionando a la unión. Esto era terreno peligroso. No sólo podía crear condiciones para la represión interna, sino que también podría conducir a una desmoralización o rebelión que desgarraría por completo el sindicato. Y si no había salida para el descontento en la unión, ¿entonces qué?

Cuando salía de la reunión, varios trabajadores se acercaron a mí y me preguntaron si me gustaría unirme a ellos para tomar una cerveza en un lugar a la vuelta de la esquina en Alisal, a pocos pasos de la sede del sindicato. Pedimos cerveza y nos sentamos en el lugar por lo demás tranquilo y hablamos sobre la reunión. ¿Cómo me sentía? —Bien, dije. —Quizás un poco sorprendido por lo polémicas que las cosas estaban llegando a ser. —No te preocupes—, dijo uno de ellos; —creo que era un cargador, yo lo había visto por allí, pero no lo conocía bien. —He visto este tipo de cosas antes en México—, dijo. Ellos intentan acabar con la disidencia en los sindicatos señalando a las personas como alborotadores con el fin de intimidar a todos. Luego dijo algo como, no creo que no simpaticemos con las cosas en las que crees. Pero somos huéspedes en este país, y no hay mucho que podamos hacer aquí, sino tratar de protegernos a nosotros mismos, para ganarnos la vida. Apreciamos que hayas expresado tus opiniones allí. Dices cosas que nosotros no podemos. No tomes nuestro silencio como oposición.

Me dieron ganas de decir, ustedes tienen tanto derecho como cualquiera de aquí para levantar la voz y luchar por algo mejor; son parte de esta sociedad. ¿No producen los alimentos que la sustenta? No dejen que el sistema apague su voz porque son de otro país. Los imperialistas no respetan el país de nadie. ¿No derrocan cualquier gobierno que les resulta inadecuado para sus intereses? ¿No envían a sus ejércitos a cualquier país cuando sienten amenazados sus intereses? ¿No deberíamos oponernos a las fronteras y otras líneas que las naciones han impuesto para dividir a las personas? Tenemos derecho a luchar por un mundo mejor, sin importar el lugar donde vivimos. No podemos permitir que esas diferencias nacionales nos dividan o nos detengan. Pero yo no había dicho nada de esto. Tal vez el conservadurismo de la época también estaba afectándome. El espíritu revolucionario estaba en decadencia, por lo que pensé en todos los obstáculos que los inmigrantes enfrentaban aquí y cómo estos podían limitar lo que las personas hacían. Le dije:

—Entiendo lo que estás diciendo. Creo que no debería ser así y necesitamos cambiar eso.

Esta charla con los lechugueros me conmovió. En cierto modo, me alteró más que acusaciones de Ortiz. De repente sentí, además de rabia y disgusto, el enorme peso de la responsabilidad de no retroceder en la defensa de lo que entendía que era correcto: el derecho de las personas a rebelarse contra la opresión.

Traté de darle sentido a lo que estaba pasando. ¿Qué análisis correspondía a esta realidad? ¿Cuáles fueron las discusiones que llevaron a este punto? Ahora que los Teamsters estaban fuera del escenario, no había enemigo común contra el que protestar. La inflación y otros factores económicos, fuera del control del sindicato, fueron creando presiones. El terreno tangible de la lucha en los campos donde los "enemigos", ya fuesen productores, matones, esquiroles o la policía, se había trasladado a un nuevo lugar efímero donde los "enemigos" acechaban en los tribunales y llegaban en forma de documentos legales, acuerdos a puerta cerrada, y manipulaciones invisibles en las oficinas del gobierno. La unión cada vez mayor se vio abrumada por el reto de atender a los nuevos contratos y la administración de los fondos de beneficios. Las aspiraciones de los trabajadores fueron frustradas por la realidad fuera del control de nadie, y la disminución de los movimientos sociales en todo el mundo, que afectaban al estado de ánimo de las personas, dentro y fuera de los campos. La realidad era compleja, y había muchos factores diferentes en esta ecuación. Pero un hecho central se mantuvo dominante: existía una sociedad explotadora, y allí había un conflicto de clases. Ningún sindicato, no importaba lo militante y organizado que fuese, podía anular ese hecho fundamental, que era la fuente fundamental de gran parte de la miseria, ira y rebelión por los asuntos humanos. Sin tomar en cuenta esto, no se puede entender, y mucho menos encontrar una solución a las contradicciones espinosas que atormentan la existencia humana en la sociedad moderna. Dentro del plano mayor de un mundo desgarrado por los conflictos que tuvieron su origen en el sistema de explotación, los trabajadores del campo y las luchas en los campos no eran más que una pequeña parte. Pero eran una parte.

Pocos días después de la reunión de Sherwood, se celebró otra reunión de lechugueros de Sun Harvest en el salón de empacadores de verduras de la calle Alisal. Casi no dormí la noche anterior, repasando las ideas que quería expresar allí. Cuando vi la oportunidad, me levanté para hablar. En ese momento, Nicaragua estaba en convulsión. Los sandinistas, un frente de varios sectores de la sociedad encabezados por fuerzas políticas aliadas con la Unión Soviética, —aunque esa conexión no estaba clara para mí entonces—estaba encabezando una rebelión contra el régimen pro-estadounidense de Somoza. Fue una rebelión popular, que se centró en las frustraciones acumuladas durante años de gobierno corrupto, la dominación de las grandes potencias, las aspiraciones de una sociedad más justa y que se aunó en un conflicto armado. Traté de vincular la lucha contra el régimen de Somoza apoyado por Estados Unidos con la lucha dentro de los Estados Unidos; ambos implicaban al mismo sistema, que sólo podía vivir a través de la explotación de las personas y los países. Dije que yo me levanté en lucha para librar al mundo del imperialismo, aquí y en cualquier parte. Que había llegado a los campos el momento de levantarse y compartir aspiraciones para un futuro mejor. Me inspiré en la lucha para quedarme y convertirme en parte de ella. La lucha que los trabajadores del campo habían emprendido a través de los años influyó a otros, inspiraron a estudiantes, trabajadores y personas de muchas condiciones sociales. Quién sabe, si tal vez las personas en Nicaragua también se vieron alentadas por lo que ocurría en los campos aquí. En cuanto a mí, yo estaba reafirmando por qué estaba en el campo, lo que me había motivado y continuaba motivándome: que había algo mejor para las personas que aquello que existía.

Esos comentarios tuvieron una cálida recepción por parte de los lechugueros, y Frank Ortiz y Armando Ruiz, que presidían la reunión, no parecían contentos al respecto.

Después de mí, intervino otro trabajador. Yo no lo conocía bien, pero había hablado con él un par de veces y lo consideraba una persona honesta y sincera. Él comenzó su intervención diciendo que los trabajadores de Sun Harvest habían pasado por muchas cosas juntos en los últimos años, habían logrado algunas cosas y lo habían hecho manteniéndose unidos y apoyándose mutuamente. Esto, dijo, era lo que necesitaban hacer frente a nuevos problemas. No hizo críticas sobre lo que otros habían manifestado. Al mismo tiempo que él profesaba serias dudas acerca de la dirección del sindicato, planteó las cosas a la asamblea reunida de esta manera: "creo que tenemos que seguir con Chávez". Reconoció que existían serias dudas sobre la dirección en que iban las cosas en la lucha y en el sindicato, pero él sentía que no había otra vía razonable para proteger a los trabajadores o luchar por sus intereses. Les recordó que aunque mucho se había logrado en los años anteriores, en el futuro no podrían dar las cosas por sentado ni dejar los asuntos en manos de otros. No podían solamente estar de acuerdo con lemas ingeniosos. En sus palabras no había nada de animador en las aclamaciones que tan a menudo acompañaban los mítines sindicales. Tal promoción no conseguiría nada con este grupo. Este fue un análisis de mentalidad práctica que se centró en los problemas que la mayoría de los trabajadores en cuestión sentían. Abogó porque tomasen más responsabilidad por su futuro. Era una llamada para que no se dieran por vencidos con el sindicato, pero a no ser servil a cualquier dictado venido de arriba. Pero también fue una llamada a la gente a centrarse en las cuestiones que les afectaban en los campos y no en el mundo más amplio a su alrededor. Esa es la manera en que yo entendí lo que este hermano estaba diciendo. Él también recibió un fuerte aplauso por sus comentarios.

Después de la reunión, fui a la parte delantera de la sala para hablar con Frank Ortiz. Le dije: —tal vez podríamos sentarnos y ver si hay algún espacio para trabajar algunas de estas cuestiones.

Él dijo: —Haz lo que tienes que hacer. Yo voy a hacer lo que tengo que hacer—. Su comentario vino acompañado de una gélida mirada.

PRELUDIO DE UN NUEVO CAPÍTULO

El contrato de Sun Harvest debía expirar el siguiente enero de 1979. Yo era de la opinión, dado todo lo que había oído y visto en Sun Harvest y entre los otros trabajadores, de que el sindicato buscaría una huelga. No había manera de que los productores negociasen un contrato decente sin una. Estaba claro que la única forma en que el sindicato podría comenzar a recuperar la caída moral era reunir a los trabajadores en torno a una lucha. Mi confianza en la dirección del sindicato, sus buenas intenciones y sus escrúpulos, era casi inexistente. Sentí un fuerte vínculo con los trabajadores, y mi creencia en su integridad básica y su espíritu no estaba amenazada. Pero también me di cuenta de que lo que nos esperaba no iba a ser todo simpatía y armonía. El mundo de los campos se rige por la dura realidad, y yo no veía ninguna razón para creer que el futuro nos depararía otra cosa.

Conforme la temporada terminó, me dispuse a recorrer al Valle Imperial, una vez más, para presenciar y participar en la huelga que parecía que iba a ocurrir.

CAPÍTULO 9

LA HUELGA DE LECHUGA

LAS DISCREPANCIAS INTERNAS se basaban no solamente en la frustración por la tendencia de la unión hacia la autocracia, su alejamiento de y contra su lado progresista, o la disminución general del espíritu rebelde. También tenía un elemento material básico. A pesar de los aumentos salariales del sindicato, la alta inflación había minado los salarios, de manera que para 1978 los salarios reales de los trabajadores agrícolas, sindicados o no, estaban por debajo de los de 1970. El sindicato reajustó su mensaje, poniendo un mayor peso en el beneficio económico en sí mismo, sin embargo, demostró no ser eficiente tampoco en este aspecto. De hecho, en comparación con otros trabajadores de la agricultura, los salarios de los trabajadores agrícolas cada vez eran proporcionalmente menores.

UFW hizo público su estudio de los regímenes salariales, y los resultados fueron reveladores. De 1970 a 1975 los salarios básicos de los trabajadores agrícolas aumentaron de $2 a $2.43. En la campaña electoral en el verano de 1975 saltaron a $2.95. Algo similar ocurrió en 1976 justo antes de que se reanudasen las elecciones, cuando aumentaron otros 45 centavos hasta $3.40. Algo de esto fue claramente atribuible a los esfuerzos de los productores por socavar el apoyo al sindicato haciendo más atractivo el régimen salarial de los no sindicados. Aún así, los salarios apenas aumentaban por encima de la inflación. En 1970, los cortadores de los equipos de tierra y empacadores estaban ganando 40.5 centavos de dólar por caja. En 1978, la tasa era de 57 centavos por caja. En dólares reales era una pérdida de 4 centavos después de ocho años.[1]

La tasa de inflación fue aumentando a lo largo de la década de 1970, mucho más rápidamente que durante el auge del periodo posterior a la segunda guerra mundial en los años 1950 y 1960. Esto, y la tasa de crecimiento más lenta de la economía en su conjunto después de la crisis del petróleo de 1973, trajo una erosión de los salarios y una mayor resistencia a los aumentos salariales.

En relación a otros trabajadores, los trabajadores del campo estaban en peor situación. Los trabajadores que manejaban los enfriadores de vacío, donde se preparaban las cajas de lechuga para el envío ganaban $3.50 por hora en 1970 y ganaban $8.28 en 1978, un aumento de $4.78. Los conductores de camiones agrícolas de Los Teamsters estaban ganando $4.30 en 1975 y $7.10 por hora en 1978. Los trabajadores de los refrigeradores estaban recibiendo cinco veces más que los trabajadores del campo en su plan médico, seis veces más por sus pensiones, y tres veces más en sus salarios. Esto reflejaba el grado en que los trabajadores del campo eran exprimidos como fuente de beneficios, otro ejemplo de la importancia de la opresión nacional en el funcionamiento del sistema. ¡Demasiado para la perspectiva de los trabajadores agrícolas de ascender dentro de las filas de la élite trabajadora!

Se le debe haber ocurrido a la dirección del sindicato que una huelga así les podría otorgar la oportunidad para volver a ganar el apoyo de las bases, y cambiar la dinámica dentro del sindicato, para silenciar a las fuerzas descontentas con la dirección en que iban las cosas.

En el otoño de 1978, el sindicato estaba manteniendo reuniones para diseñar el plan para la huelga. Como la cosecha de invierno estaba a punto de comenzar en el Valle Imperial, César

Chávez y Marshall Ganz, subieron al escenario en el auditorio de la escuela de Calexico para explicar que los rancheros habían rechazado su propuesta de un aumento salarial del 40% y en su lugar habían propuesto un 7%, que estaba por debajo de la tasa de inflación de 1978. Utilizando diagramas y un gran caballete, trazaron el plan para construir gradualmente una huelga, que se extendería a cada vez más empresas según las condiciones. Al no afectar a todos los productores a la vez, el sindicato argumentó que podría dividir a los productores y concentrar las fuerzas del sindicato. Se esperaba obligar a algunas empresas a ceder a las demandas y utilizar la influencia así obtenida para derrotar al resto.

Las reuniones para discutir las propuestas de huelga se llevaban a cabo en los ranchos. Asistí a una reunión convocada por el comité de rancho de Sun Harvest en un aula en Calexico. En ese momento se presentó la propuesta de un gran aumento salarial y un aumento sustancial del precio por caja para el trabajo contratado. Eso era algo que, naturalmente, atrajo el interés de los trabajadores. Conforme las propuestas fueron presentadas, se pudo sentir un cambio en la atmósfera; un sentido de consolidación en vista de que la tarea era evidente.

Varias propuestas controvertidas fueron puestas en la mesa de negociaciones en Sun Harvest. Una era para un cambio en el sistema de rotación de los equipos que había prevalecido en Sun Harvest desde 1970. La política de igualdad de trabajo entre las cuadrillas de tierra de lechuga debía ser reemplazada por un sistema que siguiera estrictamente principios de señoría. Según la nueva propuesta, si el trabajo desaceleraba, los equipos serían despedidos por orden de antigüedad. Los equipos de mayor antigüedad tendrían prácticamente garantizado un trabajo continuo, mientras que en los períodos lentos los equipos de menor antigüedad serían relegados a un trabajo a tiempo parcial en el mejor de los casos. Ni que decir, que fue una propuesta que tenía más atractivo para los equipos de mayor antigüedad. Vi esto como un sistema con muchas probabilidades de fomentar la división en la empresa y la desmoralización entre los trabajadores de baja antigüedad. Sin embargo el comité de rancho lo apoyó, y la mayoría de los trabajadores presentes en la reunión estuvo de acuerdo con él.

Tony y yo no nos pusimos de acuerdo con esta nueva propuesta de política. Debatimos sobre esto en un restaurante de Mexicali después de la reunión. Como trabajador de antigüedad superior Tony sentía que tenía derecho a un trabajo más estable. Tony tenía unos cuarenta años, y él no creía que le quedasen muchos años de trabajo a destajo. Sentía la urgencia de dar lo mejor de sí. También argumentó vigorosamente desde el punto de vista del derecho de antigüedad. La señoría era un principio establecido, y no tuve ningún reparo en relación a eso. Mi discusión con Tony era que privilegiar la antigüedad de esta manera sería abrir una brecha entre los trabajadores, debilitaría la unidad, y llevaría a cosas malas a largo plazo. Los trabajadores de baja antigüedad sentían que tendrían poca participación en la huelga si, al final de la misma, apenas tenían trabajo.

La segunda propuesta controvertida era un plan para que la empresa pagase a los líderes del comité de rancho salarios equivalentes a los trabajadores de sus ranchos. Los representantes sindicales siempre habían ofrecido voluntariamente sus servicios. Se argumentó que pagar a los representantes, liberados de tener que trabajar en los campos, daría más eficacia a la representación de los trabajadores en las cuestiones que surgían en los ranchos y por lo tanto sería más profesional. Aunque yo pensaba que sería un aspecto positivo, me temía que podría crear un nivel de burocracia que podía ahogar un camino abierto para la entrada democrática de las bases. Yo estaba pensando en la mala experiencia con Armando Ruiz, y tenía dudas de los motivos de la modificación de la propuesta. Las bases habían luchado tenazmente para conservar el derecho a elegir a sus representantes del comité de rancho y sus cuadrillas. ¿Era esto un movimiento para controlar a los representantes, comprarlos y hacerlos más dóciles a los caprichos de los dirigentes? Mirando hacia atrás, incluso si tuviese razón acerca de los motivos por detrás de esta propuesta, en términos de resultado real, apenas podía estar más equivocado.

ADVERTENCIAS

La huelga comenzó la mañana del 19 de enero, con una calma que desmentía la tormenta que pronto rompería sobre el valle. En la primera tarde de la huelga yo estaba en el salón del sindicato, a pocas cuadras de la frontera entre Calexico y Mexicali. Pequeños grupos de trabajadores se arremolinaban frente al salón, rastrillando entre los pequeños fragmentos de los acontecimientos de esa mañana como campistas que escarban un fuego en busca de brasas para avivar las llamas. La huelga en Cal Coastal había sido total, todos los trabajadores habían participado, y la empresa cerró. Aparte de eso parecía que había pocas noticias.

Mientras yo estaba hablando con un grupo, vi una persona que estaba de pie en el umbral de la puerta de la oficina observando la escena. Yo no conocía bien a José Luna, sin embargo era una persona cercana al círculo interno de la dirigencia sindical y uno de los líderes de la llamada brigada nocturna. Recordarán que se trataba de un brazo del sindicato que llevaba a cabo acciones con las que el sindicato no quería ser asociado públicamente, un servicio clandestino, si se quiere. La presencia de José no habría tenido incidentes para mí si no hubiera sido por el hecho de que él pareciera estar mirándome fijamente durante lo que pareció un tiempo demasiado largo e incómodo.

Cuando acabaron nuestras conversaciones, la gente comenzó a marcharse del lugar, algunos se dirigían hacia el paso fronterizo a pocas cuadras de distancia. Yo fui con ellos, con la intención de parar en una tienda en el lado de Calexico antes de ir a mi hotel en Mexicali. Estaba más o menos a una manzana de la frontera a punto de girar hacia la puerta abierta de una tienda cuando tres jóvenes saltaron sobre mí, lanzándome al suelo. Uno de ellos me dio un golpe al caer, pero sin mucha fuerza. De hecho, todo el ataque se hizo con tal delicadeza que no sentí ningún dolor cuando hubo terminado. Estuve en el suelo durante un segundo, en seguida ya estaba en pie mirando para ver hacia donde los jóvenes se habían ido. Desaparecieron tan rápido como habían aparecido.

Había varios trabajadores de la lechuga de Sun Harvest caminando a una manzana más o menos detrás de mí, y cuando vieron lo que pasó corrieron a donde yo estaba. Para cuando llegaron hasta mí, yo estaba de pie, ileso. ¿Qué fue todo eso? Yo no sabía, pero tenía la sospecha de que no había sido un ataque fortuito. Una imagen me vino a la mente, la de Luna de pie mirándome fijamente desde la puerta de la sede del sindicato.

Aunque no había sufrido ningún daño físico en el ataque, no era algo que yo pudiese olvidar fácilmente. Me puso en guardia, y empecé a sentir una tensión y una desconfianza que pronto iban a crecer pronunciadamente.

Sun Harvest no había sido llamado a la huelga, pero la huelga se estaba desarrollando y difundiendo, y con ella la tensión general en el valle fue creciendo. Yo iba en el autobús para El Hoyo, una tarde cuando la luz del invierno empezaba a desvanecerse en la oscuridad de principios del invierno. Los autobuses llenos de trabajadores se desviaban hacia la parcela, pasaban tintineando por los postes inclinados que rodeaban la cerca eslabonada, los neumáticos crujían en la grava que había sido extendida en el solar.

Escuché a Tony decir mi nombre y lo vi caminando hacia mí desde la oficina de empleo, con su gorra de béisbol calada a un lado de la cabeza, dejando al descubierto el pelo oscuro y rizado. Todo esto le hacía parecer desequilibrado, acentuando un rostro que parecía demasiado cansado como para preocuparse por las apariencias. Llevaba una chaqueta desgastada sobre su hombro.

—Hola, Bruch—, dijo. —Necesito hablar contigo—. Su voz parecía cansada y preocupada. —Esta mañana en *la garita*, después de cruzar, yo estaba distribuyendo el periódico. Carlos estaba conmigo—. Pude ver la transpiración de su nariz y un delgado hilo de tierra adherida al sudor a un lado de su rostro por debajo de su patilla rizada. —Un par de chicos se acercaron a nosotros: No sé quiénes eran, yo nunca los había visto. ¡Nos dijeron que nos iban a joder!

—¿Por el periódico?— pregunté.

—Sí. Dijeron que nos iban a joder; de hecho, nos dijeron que nos matarían si distribuíamos el periódico. Uno de ellos trató de quitar los periódicos de mis manos. Entonces otro pasó su dedo bajo su garganta.

Miré a Tony y sentí que sus ojos le traicionaban. Sentí como si mi espíritu se estuviera reduciendo, tambaleante y vulnerable, una vulnerabilidad que aquí parecía magnificada por la frontera. Traté de luchar contra este sentimiento y recuperar la perspectiva. No haría ningún bien dejar que el miedo dirigiese el pensamiento. Pero tenía que dejar tiempo para reflexionar y discutir esto.

—Alguien está sintiéndose amenazado por el periódico—, dije. —Vamos a tener que hablar de esto—. Tony asintió. —Nos vemos aquí por la mañana.

El periódico que distribuíamos ahora ya no era *El Obrero del Valle Salinas y Pajaro,* era *El Obrero Revolucionario* y se estaba publicando en Chicago. La gran noticia en ese momento era la visita a Estados Unidos del nuevo líder de China, Deng Xiao Ping. Durante los primeros años después de la muerte de Mao en 1976 y el cambio de gobierno que tuvo lugar, Deng, conocido como el líder del grupo capitalista dentro del Partido Comunista de China denunciado durante la Revolución Cultural, mantuvo un perfil bajo, mientras que los capitalistas se dedicaban a consolidar su poder. En 1979, estaban lo suficientemente afianzados en el control para situar abiertamente a Deng al frente del liderazgo. Ahora él se dirigía a Estados Unidos para reunirse con Jimmy Carter. Era apropiado para un hombre que estaba por convertir China en una nueva superpotencia, reunirse con el líder de la superpotencia reinante.

Hubo una manifestación en Washington con motivo de la visita de Deng, denunciándolo y defendiendo a Mao. La policía reprimió duramente esa manifestación, y muchas personas resultaron heridas y arrestadas. El presidente del Revolutionary Communist Party (el Partido Comunista Revolucionario), Bob Avakian, fue especialmente atacado y se enfrentó a una larga serie de falsas acusaciones, con perspectiva de décadas de prisión. Carter y Deng tuvieron que limpiarse las lágrimas de los ojos mientras el gas lacrimógeno usado contra los manifestantes flotaba dirigiéndose hacia su conferencia de prensa en la Casa Blanca.

Algunos días después del encuentro con Tony, Mickey y yo vendíamos el periódico cerca del cruce fronterizo. Yo estaba en la calle yendo a las tiendas para entregar los periódicos. Cuando regresé con Mickey, él dijo sin rodeos que alguien se había acercado a él y agarró los periódicos tratando de quitárselos de las manos.

—Yo le di una patada, comencé a gritarle y salió pitando—. Él se reía nerviosamente. Después de estos encuentros decidimos que si íbamos a vender el periódico en la calle, lo haríamos en grupo.

Huelga en el campo

No pasó mucho tiempo antes de que apareciese la tensión en la huelga. Los productores comenzaron a jugar al gato y el ratón con los huelguistas. Parte de ello involucraba el regreso de los convoyes de autobuses con las ventanas cubiertas de madera contrachapada, acompañados de camionetas de la empresa y del departamento de sherif e incluso coches patrulla de *California Highway Patrol*, CHP. Era imposible saber si había esquiroles en los autobuses o cuántos estaban en los campos a buena distancia de la vía pública. Pero al observar los camiones que traían la lechuga del campo, en las primeras semanas parecía que se estaba trabajando poco en los ranchos en huelga.

Los convoyes de los productores atrajeron la ira de los huelguistas, que se movilizaron para detenerlos. Una huelga en el campo es una cuestión diferente que una huelga en otras industrias. El trabajo generalmente se distribuye a lo largo de muchos kilómetros cuadrados, y su ubicación puede cambiar de un día para otro. Los huelguistas, que nunca saben con certeza dónde podría ser llevado un equipo, debían estar constantemente en guardia. Para hacer frente a este problema logístico, los trabajadores y el sindicato desarrollaron un esquema de patrullas itinerantes y piquetes móviles. Un sistema de caminos pavimentados y de tierra recorría el valle para dar acceso a los campos. Los trabajadores que conocían la zona establecieron puntos de transmisión en intersecciones clave donde las patrullas podían dejar y recoger información. Desde tempranas horas de la mañana, los grupos de piquetes comenzaban a establecer pequeñas "bases" en estas intersecciones. El Valle Imperial en invierno puede ser muy frío durante la noche y estar a menos de cero grados centígrados por la mañana. Para lidiar con el frío, los trabajadores en huelga se acurrucaban alrededor de fogatas hechas en cubos de basura. Allí intercambiaban información sobre la huelga a la espera de la señal de los escuadrones ambulantes. Eso era antes de los teléfonos celulares, y funcionaba razonablemente bien.

Aquellos escuadrones móviles buscaban signos de actividad de los rompehuelgas. A veces esto significaba vigilar a los supervisores o capataces de la empresa que exploraban los campos antes de la llegada de los equipos, o seguir las caravanas de esquiroles, que eran bastante visibles, en estos campos abiertos y planos. El truco consistía en detectarlos y luego movilizar a los huelguistas rápidamente para reunirlos a la entrada del campo antes de que la compañía pudiese colocar sus rompehuelgas allí. Una vez que las patrullas de huelguistas detectaban un posible campo, pasaban a informar a los grupos de trabajadores repartidos por toda la zona. Este método fue sorprendente eficaz en el inicio de la huelga y puso mucha presión sobre las empresas afectadas y los ayudantes del sherif que tenían la tarea de escoltar y proteger los autobuses de los esquiroles.

HUELGA EN SUN HARVEST

El 22 de enero, tres días después del paro de Cal Coastal, Sun Harvest fue llamado a la huelga. Nuestro pequeño ejército de huelguistas salió de El Hoyo en una caravana de autos y camionetas hacia el grupo de grandes campos que habíamos estado cosechando el día anterior. Allí formamos nuestra línea de piquete y nos preparamos para lo que pudiera venir. Pero cuando Sun Harvest no hizo ningún esfuerzo para traer rompehuelgas, la línea de piquete pronto se descompuso en una especie de campamento militar, nosotros, los "soldados" descansábamos jugando a las cartas, intercambiábamos chismes mientras esperábamos signos de la batalla.

A última hora de la mañana un piquete itinerante se detuvo en el campo. Un grupo de piqueteros se reunió alrededor del lado del conductor del coche. Después de unos momentos los trabajadores corrían hacia sus autos. "¡Holtville, vámonos! ¡Al rancho de Maggio!" Pronto toda una caravana de coches de Sun Harvest estaba corriendo hacia un campo en el rancho Maggio a pocos kilómetros de distancia, donde algún tipo de acción se llevaba a cabo.

Cuando llegamos al campo, los signos de batalla eran evidentes. Autos y camionetas se alineaban a ambos lados de la carretera, estacionados al azar. Había un autobús parado justo fuera de la carretera cerca de la puerta de entrada, con rayas negras en el capó, como si un fuego humeante hubiera salido por el espacio entre el capó y la carrocería. El parabrisas estaba roto,

al igual que algunas ventanas laterales. Una ola de huelguistas
estaba avanzando por un camino hacia un campo que se extendía
por debajo del nivel de la calle. Nosotros los seguimos.

Cuando llegamos al campo, vimos otro campo parcialmente
oculto por una cresta que sobresalía entre ellos. Mientras
corríamos hacia ella, vimos un gran grupo de trabajadores
que ya estaba empezando a dispersarse, dejando tras de sí una
máquina de brócoli asentada indefensa en uno de los lados, con
su cuello estirado parcialmente enterrado en la tierra.

Una línea de choque de ayudantes del sherif, con los rostros
cubiertos por máscaras de plástico, marchaba por el campo hacia
la máquina que quedó tras los trabajadores que se retiraban.
Las bombas lacrimógenas describían arcos en el cielo y el viento
dispersaba el humo de los botes cuando aterrizaban. Las piedras
volaban en la dirección opuesta.

Cuando nos retirábamos, un helicóptero realizó una pasada
sobre el campo y luego, increíblemente, descendió sobre el grupo
de trabajadores que se retiraban, derribando a uno de ellos
contra el suelo. Los huelguistas corrieron hacia su compañero
caído, lo levantaron y lo llevaron hacia adelante, sus piernas
colgaban sin fuerzas por debajo de él.

Más bombas de gas lacrimógeno, más piedras. La línea de
ayudantes avanzaba y se retiraba, pero su movimiento en general
fue hacia adelante, aprovechando el equipo de protección y
el poder de fuego superior. El gentío estaba siendo empujado
por el camino de entrada hacia la carretera. Los trabajadores
jóvenes estaban en las primeras líneas bombeando piedras hacia
los policías que se acercaban. El bombardeo hizo retroceder el
avance de la policía varias veces. Vi a la policía, con los rostros
blindados de plexiglás, agarrando a un trabajador y sujetándolo
mientras lo esposaban. Entonces vi una piedra que volaba hacia
la policía y golpeaba al trabajador en la cabeza. Conforme los
policías empujaban hacia adelante, con el trabajador controlado,
vi la sangre que cubría su rostro y su cabeza se tambaleaba
ligeramente hacia atrás y hacia adelante.

Un coche de California Highway Patrol (CHP) corrió por
la carretera, atravesando la línea de los trabajadores que se
retiraban. Como si se tratase un gran imán en movimiento,
atrajo un aluvión de piedras. El parabrisas y una ventana lateral

se resquebrajaron. Las piedras resonaban en la puerta del pasajero y el panel trasero. El coche derrapó hasta detenerse junto a la carretera, levantando una pequeña lluvia de polvo y tierra. Un joven lechuguero de Cal Coastal se situó en el borde de la carretera cerca del coche CHP, cuando este se detuvo completamente. Retrocedió conforme un patrullero apareció por una puerta abierta. El policía se trasladó a la parte delantera de su coche patrulla con una escopeta. Llegó a la parte delantera de su coche y se dio la vuelta al mismo tiempo que cargaba la recámara de la escopeta. En un instante, apuntó el largo cañón directamente hacia el joven trabajador de la lechuga que acababa de cumplir diecinueve años. En el mismo momento en que el patrullero apretaba el gatillo, el joven instintivamente agarró su estómago, como si dijera: "esta es la forma en que voy a morir". Pero sólo se produjo el ruido de un chasquido. Cuando el joven se miró las manos, no había nada. La escopeta no estaba cargada. Corrió en estado de conmoción. Fue su último día en la huelga.[2]

El avance de la policía terminó en la carretera. Todos se desplazaron lentamente hacia sus coches, conforme la policía establecía su línea de choque a la entrada del campo.

En las huelgas las cosas pueden cambiar rápidamente, y el poder podía pasar de un lado a otro en cuestión de días. Parecía como si la batalla de Holtville fuera el punto más alto en el primer período de la huelga.

Después de Holtville, se dieron órdenes para que los huelguistas permaneciesen en los piquetes de su rancho. La huelga se dirigía hacia un período de calma, una calma que era como la superficie de un globo que se expande lentamente hacia el punto de explosión. A medida que la semana se desarrollaba, llegó la noticia de que los esquiroles estaban empezando a aparecer en número creciente en otros ranchos.

En el campo de Sun Harvest donde nuestro campamento de huelga estaba emplazado, había poco que hacer excepto sentarse y ver la lechuga madurar, brotar las flores, marchitarse y pudrirse. A veces yo sentía que nuestros estados de ánimo experimentaban el mismo ciclo.

La huelga resultó afectada por mandamientos judiciales que limitaban los piquetes y el sindicato respondió tomando medidas drásticas sobre la huelga para evitar roces con la ley.

En 1973, las huelgas de la uva enfrentaban mandatos dirigidos a romperlas huelgas, pero el sindicato respondió con piquetes masivos como desafío a la ley. Las huelgas se perdieron, sin embargo en muchos aspectos el movimiento que surgió era más fuerte que antes. Esta vez, en 1979, el sindicato actuó de manera muy diferente ante los mandatos.

TENSIONES

Una noche, durante las primeras semanas de la huelga, Mickey y yo estábamos en un club nocturno de Mexicali escuchando música y compartiendo bebidas. Acabábamos de pedir un par de cervezas en el bar y ponerlas sobre una mesa a un lado de la pista de baile. Estaba oscuro y la música sonaba a todo volumen. Un joven me pidió cerillas para su cigarrillo. Tuve que esforzarme para escuchar su petición. —Cerillos, tienes cerillos—, gritó por encima del estruendo. Empecé a tantear el bolsillo de mi camisa para ver si podía haber cerillas allí cuando sentí un dolor agudo en mi mandíbula. Un segundo después estaba en el suelo y la habitación se balanceaba. Y todo acabó. El que me golpeó, por alguna razón, no se quedó para explicarlo. ¿Coincidencia u otra advertencia? Era difícil de creer que se trataba de otro ataque aleatorio. Como a los demás, me hizo sentir vulnerable. De repente los dos lados de la frontera se percibían como terreno peligroso. Comencé a llevar un pequeño tubo de hierro fundido como protección en el bolsillo de la chaqueta o en el interior de la manga.

Yo estaba en huelga con Sun Harvest, pero Bruce Church todavía estaba trabajando, así que Mickey iba a trabajar todos los días. También Richard, que había venido a Mexicali para la cosecha y la posible huelga. Pero entonces Richard cayó en un bajón. Él no sólo tomaba su coeficiente habitual de cerveza. Ahora se estaba "medicando" con tequila, y, algo insólito en él, perdió el trabajo. Ahora verlo sobrio era una rareza, y era doloroso verlo hundirse. Mickey y yo nos sentábamos con él en su habitación, con una capa de humo sobre nuestras cabezas, ceniceros sobre la cómoda de madera agrietada y colillas desparramadas por encima y por el suelo. La ropa de trabajo colgaba tristemente de los cajones de la cómoda, Richard estaba sentado con una botella de tequila entre sus piernas. Tratábamos de convencerle para que soltase el tequila. Le sermoneábamos, maldecíamos y fastidiábamos. Recurrimos a robarle las botellas, pero esto no sirvió de nada, ya que sobornaba a la gente del hotel para conseguir licor cuando estaba demasiado destrozado para salir de su habitación. Su depresión sólo aumentó.

Rufino Contreras

Era mediodía cuando un mensajero del sindicato derrapó hasta detenerse en el tranquilo campo donde nosotros los trabajadores de Sun Harvest teníamos nuestro campamento de huelga. "¡Todo el mundo, vamos a El Hoyo!" No dijo mucho más, pero los rumores ya habían empezado a correr por todo el campamento. Un huelguista había recibido un disparo.

En el momento en que llegamos a El Hoyo, una gran multitud se arremolinaba alrededor. Allí escuché el nombre de Rufino Contreras por primera vez. Había una historia circulando. Rufino estaba con un grupo de piqueteros en un campo de Mario Saikhon. Según la historia que se contaba, los ayudantes del sherif habían desaparecido repentina y extrañamente, dejando el campo sin vigilancia. No era difícil predecir lo que sucedería a continuación. Los huelguistas, frustrados por días observando a los rompehuelgas que trabajaban bajo la protección de la policía, no necesitaron ninguna persuasión. Corrieron por el campo gritando furiosamente. Sonaron disparos. Cuando los piqueteros se retiraron, uno de ellos yacía boca abajo en el campo de lechuga. Rufino había recibido un disparo en la cabeza y murió al instante. ¡Se creía que un capataz le había derribado! No se permitió a nadie recuperar su cuerpo por durante mucho tiempo. Un huelguista asesinado por luchar por sus derechos, este era el mensaje que las personas estaban pasando de grupo en grupo. Y una idea surgió por encima de todas las demás: ¡aquello fue una trampa!

No fue difícil encontrar sermones de enojo entre los grupos de gente en El Hoyo que relataban lo que habían oído, añadiendo sus pedacitos de conocimiento o especulación. Un trabajador de uno de los equipos de tierra Sun Harvest habló con amargura. "Si quieren poner las armas en esto, ¡nosotros también podemos! ¡Las balas pueden volar en más de una dirección!"

Los equipos que terminaban la jornada engrosaron la multitud hasta que hubo varios miles de congregados. Las sombras de la tarde se alargaban. La agitación, la ira y las preocupaciones llenaban los vacíos entre las palabras. Colocaron un camión en la parte delantera de la zona cubierta justo al lado de la oficina de trabajo agrícola. Se escuchaba el sonido de un amplificador lamentándose y gritando, a continuación, el golpecito, tocando suavemente sobre el micrófono. "Compañeros, compañeras, nuestro compañero César viene. No salgas, espera. Viene desde Los Angeles." Nadie debía irse. Nadie quería irse. Chávez estaba viniendo y estaría allí por la tarde. (Más tarde me enteré de que Chávez estaba negociando con Sun Harvest cuando llegó la noticia de los disparos). La gente hablaba en voz más baja ahora, en busca de algún mensaje más profundo, un significado general para el momento.

Cuando Chávez llegó, los grupos de conversación y debate se fundieron en una amplia masa frente a la plataforma. La luz se desvanecía en el momento en que subía a la plataforma del camión y agarraba un micrófono mientras con la otra mano sostenía un fajo de papeles.

Las primeras palabras de Chávez estaban destinadas a validar la ira y luego direccionarla. Habló de su propia rabia y dolor. Por otro lado se dedicó a explicar su mensaje central, y su mensaje era inconfundible. Tome nota en mi propia mente. La ira no lograría nada; las personas tenían que tener fe, fe y confianza— sobre todo en los tribunales y en Dios. Era el momento de controlar la ira. Hay un sistema jurídico, un sistema que puede no ser perfecto, pero es el sistema que tenemos que respetar. Tenemos que esperar la decisión de los tribunales para castigar al villano o villanos que abatieron al hermano Rufino. Confía. (El lector puede estar seguro de que hubo muchos entre la multitud como yo, que encontraron aquellas palabras menos que tranquilizadoras).

Luego llamó a la acción. Transformando la muerte de Rufino en determinación para ganar la huelga. Al día siguiente, nadie iba a trabajar, se convocó una huelga general en honor de Rufino. Ven por la mañana y llama a todos a dejar de trabajar por respeto a Rufino y a la huelga.

Entonces el gentío se desvaneció, al mismo tiempo que la

luz desaparecía, oscureciendo la línea de madera a no más de cincuenta metros de donde estábamos; esa línea delimitaba dos mundos, mundos aparte entrelazados sin embargo por relaciones económicas y políticas.

LA BANDERA VERDE

La noticia del asesinato de Rufino se extendió rápidamente. Recibí una llamada de un reportero del *Obrero Revolucionario* en Los Ángeles que estaba llegando a Calexico, ¿podría mostrarle los alrededores? Él llegó tarde esa misma noche. Por la mañana cruzamos la frontera juntos. Todavía estaba oscuro cuando llegamos a El Hoyo, pero quedaba una mesa al final, donde el camión había estado la noche anterior. Sobre la mesa y alrededor de ella había velas, flores y un cuadro de Rufino; un altar conmemorativo. La imagen me llamó la atención; él era un joven de veintiocho años, padre de tres hijos. Entonces vi la bandera extendida por encima del altar. Era blanca con letras verdes. Permanecí de pie a unos pocos metros del altar y la bandera. La leí varias veces. Tal vez lo estaba leyendo mal, tal vez el significado en español no era lo que parecía. Debido a que las palabras tenían una electricidad inesperada. "¡Rufino Contreras vivió con los ideales de Flores Magón!" Sabía poco sobre Flores Magón, aparte de que se le consideraba la voz más radical de la revolución mexicana, que había estado encarcelado en Estados Unidos y murió en la penitenciaría federal de Leavenworth, Kansas. Yo no sabía nada acerca de su conexión con Mexicali, o del levantamiento fallido que dirigió desde Los Angeles con la esperanza de influir en la revolución que había pegado fuego en los estados menores. Miré a mi alrededor para ver si los demás estaban cerca, pero estábamos solos. ¿De dónde había venido esa bandera? Miré más de cerca. La bandera estaba confeccionada cuidadosamente con las letras perfectamente dibujadas. Pero después de la palabra "Magón", estaban las palabras "y César Chávez". Este "César Chávez" parecía ser algo añadido a la bandera. Habían sido escritas por una mano diferente en un color diferente. Yo no sabía qué pensar de la bandera, pero tenía la sensación de que no sería bien recibida por algunos líderes del sindicato.

Estábamos de pie frente del altar de Rufino, mirando su imagen, las velas, las flores, y contemplando el significado de la bandera con sus letras verdes prolijamente impresas cuando oímos gritos detrás de nosotros. Un grupo de trabajadores estaba de pie en un círculo, escuchando a alguien en el centro de ese círculo que hablaba en voz alta y con entusiasmo. El reportero y yo fuimos a ver lo que estaba pasando. Nos situamos de pie al borde de la multitud y después intentamos ver lo que ocurría. Había tal vez treinta o cuarenta personas en el grupo.

Y cuando nos aproximamos, vimos un hombre de pequeña complexión. Su rostro estaba sin afeitar y su cabello despeinado. Llevaba ropa de trabajo. Su característica más destacada era una furia intensa y aparente. Él estaba hablando en voz alta, y golpeaba el aire con el puño cerrado, como si estuviera golpeando un tambor invisible al ritmo de sus palabras. Yo estaba tratando de agarrar el rumbo de su mensaje cuando vi a Frank Ortiz abriéndose camino bruscamente entre la multitud. También él estaba enojado, y me molestó su falta de sensibilidad mientras se abría camino en el círculo hacia el hombre enfurecido. —¡Cállate mentiroso!— gritó Ortiz, con la cara roja de rabia. —¡Cállate, vete a la chingada! ¡Pura pendejadas hablas! ¡Pinche borracho mentiroso!— Agarró al hombre delgado, que le había acusado de ser un borracho mentiroso lo sacudió y después lo empujó fuera del grupo. —Son puras mentiras—, dijo Ortiz, ahora dirigiéndose a la multitud, —¡no hagan caso!

Me volví hacia una mujer a mi lado, una mujer de baja estatura con una cara ancha y oscura, que llevaba un pañuelo en la cabeza, como si ella hubiera llegado a la frontera para trabajar.

—¿Qué dijo el hombre?— le pregunté, señalando al hombre al que Ortiz había gritado.

—El señor dice que el mayordomo de Saikhon que mató a Rufino ya está libre, que el juez le dejó libre—. ¿Era eso verdad?

Ortiz estaba aconsejando a la multitud que se había quedado.

—Perseguidles, no dejéis que se extiendan los rumores; necesitamos disciplina—. Cuando se volvió, nos vio a mi amigo periodista y a mí. Luego repitió a la multitud, —a los mentirosos, no les creen, córranles para afuera!— Ortiz estaba nervioso. El grupo de personas se disipó. El hombre que estaba en el medio se había ido. No vi adonde fue. Pero había motivo para preocuparse por los tribunales en los que César Chávez había aconsejado a las personas a confiar y que habían permitido al presunto asesino de Rufino caminar en libertad bajo fianza sin ni siquiera una noche en la cárcel.

Entre bastidores, la muerte de Rufino y el potencial de que las cosas saliesen de control creó una crisis de liderazgo. Marshall Ganz, un liberal que estaba más inclinado a valorar la iniciativa de las bases, estaba a punto de ser sustituido como coordinador de la huelga por Frank Ortiz, un conservador, si no completamente reaccionario, que temía y desconfiaba de los trabajadores.

Más personas estaban llegando a El Hoyo. Una tensión en aumento se apoderó de mis hombros y cuello. Yo no fumaba mucho, pero en ese momento deseaba un cigarrillo, pensando que iba a aliviar la tensión. Pero mi compañero reportero no fumaba.

Delante del altar de Rufino, vi a un pequeño grupo de dirigentes del sindicato, con un grupo de personas al que no reconocí. Marshall Ganz estaba allí con varios hombres con chaquetas de pana en lo que parecía una conversación seria. Vi a Marshall girado hacia mí apuntando con el dedo en mi dirección. Los hombres de las chaquetas de pana también miraron hacia el reportero y yo. Tuve la sensación de que eso no tendría una evolución positiva, yo no estaba siendo aclamado por mis habilidades en el corte de lechuga.

Salimos de El Hoyo hacia la frontera, donde los huelguistas se estaban reuniendo para pedir a los trabajadores que llegaban a la frontera que parasen el trabajo ese día. Mientras que nos dirigíamos hacia la carretera que bordea El Hoyo, vi las chaquetas de pana caminar rápidamente en nuestra dirección. Cuando llegamos a la abertura de la valla, uno de los chicos con chaqueta de pana dijo en voz alta, —Bruce, ¿puedo hablar con usted?— Me volví y vi una cartera abierta moviéndose con una placa brillante a la vista.

—Soy fulano del Departamento de sherif de Riverside—. Era un hombre robusto, de estatura media, probablemente de treinta y muchos. Parecía seguro de sí mismo y hablaba enérgicamente, —sólo quiero que sepas Bruce, que estaremos vigilándote—. Su sonrisa parecía lo suficientemente fría como para congelar el agua.

Si hubiera estado en un estado de ánimo menos tenso, podría haber mostrado la frivolidad suficiente para haber dicho: bueno, vas a tener que hacer cola. Pero no estaba en tal estado de ánimo. Sentí una fuerte presión dentro de mí, como si mi cerebro estuviera en una prensa, mis pensamientos estaban atrapados entre muros lo suficientemente gruesos para arrinconar y reprimir cualquier pensamiento creativo. Traté de responder con toda la calma y la indiferencia que pude, —gracias por la información.

Todavía estaba oscuro cuando nos abrimos paso por la calle hacia el cruce fronterizo. El día se estaba imponiendo tras el forcejeo entre la luz que emergía en el horizonte y la oscuridad persistente de la noche. Una multitud de huelguistas se reunió en los accesos por los que los trabajadores emergían del lado mexicano a la pequeña plaza abierta, una vez que habían pasado las garitas de los escépticos policías de inmigración con sus cansinas preguntas y su mirada plana e inexpresiva. Algunos huelguistas repartían panfletos, otros hacían llamamientos a los trabajadores que llegaban, "¡Coopera con la huelga! ¡No trabajamos! ¡Huelga general! ¡Mataron nuestro hermano Rufino Contreras. Paro total, paro general!"

El reportero y yo estábamos de pie en la entrada, gritando "¡Huelga!" con el resto. Pero era difícil estar allí en aquel momento, que llamaba a la denuncia, a condenar un sistema que ponía la indignidad y la criminalidad en la parte superior de la injusticia, era difícil mantener ese pensamiento, bajo la mirada de ojos hostiles penetrando el momento, más lacerantes aún por no ser del todo visibles.

Mientras estábamos en la plaza, sentí un movimiento a nuestro alrededor, como un acoso sutil. Frank Ortiz se unió a la multitud en la entrada frontera y poco a poco y casualmente se movió hacia donde estábamos parados. Para entonces brillaba la luz del día. Vi a los periodistas que se empujaban alrededor de César Chávez cerca de la plaza. Apunté eso al periodista. Nos trasladamos a otro lugar en la plaza, más lejos. Yo no quería estar en ningún lugar cerca de Chávez. El miedo de una provocación se había instalado en mis venas.

Frank Ortiz se abrió camino más tarde hasta que estuvo de pie junto al reportero. Permaneció allí por un tiempo y no dijo nada. Acababa de volverme en su dirección cuando capté el vuelo de su brazo girando con un movimiento parecido al de alguien que estuviese haciendo lanzamiento de disco. Su brazo se estrelló en el cuerpo del reportero, que retrocedió, luego tropezó con el bordillo y cayó hacia atrás.

—¡No me gusta lo que estás diciendo a los trabajadores, imbécil!— Ortiz gritaba, mientras su rostro replicaba el color y las contorsiones de El Hoyo. Todo sucedió muy rápido, y con la misma rapidez un grupo nos rodeó. Alcancé a agarrar al reportero para ayudarlo a ponerse de pie cuando un cuerpo chocó contra el mío, y apareció un rostro, serio y amenazador. Era Roberto García. —Tenéis que salir de aquí.

Otras personas se movían alrededor de nosotros. Entre la multitud reunida allí en la frontera había gente mirando a nosotros y Roberto parecía nervioso. —¡Fuera de aquí!— dijo en voz baja pero amenazadora. Era el momento de tomar una decisión, y tomamos la equivocada. En lugar de quedarnos y denunciar al grupo que se colocó alrededor de nosotros, lo que probablemente les habría obligado a retroceder y, al menos, alertar a las personas de todo el paso fronterizo en cuanto a lo que estaba pasando, nos alejamos del gentío. Roberto y su equipo nos seguían, pero se mantuvieron a distancia.

Cuando llegamos a mi coche, y lejos de la multitud en la frontera, se abalanzaron y saltaron sobre nosotros. Un puño con un anillo me golpeó y me produjo un corte debajo del ojo. El periodista fue arrojado sobre el pavimento y pateado. Cuando todo acabó estábamos conmocionados, pero no gravemente heridos.

Varios días después de la huelga general, Rufino fue llevado a un cementerio en Calexico. Miles de personas acompañaron su ataúd, llevando banderas blancas y negras especiales en lugar del habitual negro y rojo. El gobernador de California, Jerry Brown, estaba en la procesión.

La huelga general había sido un gran éxito, pero fue sólo un día, y pronto estábamos de regreso en el rancho Sun Harvest, viendo la lechuga deteriorarse una vez más. Había una rabia residual en el aire, pero nadie desafió la orden de permanecer en el rancho. Conforme pasaban los días, el estado de ánimo pareció ensombrecerse.

El corte bajo mi ojo abrió algunas vías de conversación. Cuando expliqué cómo habían ocurrido los acontecimientos el día de la huelga general, hubo poca reacción. Cuando les dije quiénes y cómo me habían golpeado, muchas cabezas gesticularon, pero apenas hubo comentarios. Había en esto parte de la distancia que se había abierto entre mi y los demás del equipo, avivada por lo que la dirección del sindicato había promovido y continuaba promoviendo. Los trabajadores como Tony y Carlos, que entendían claramente las implicaciones de todo, estaban ellos mismos sintiéndose a la defensiva.

Había miedo y desesperación crecientes. Las empresas no se movieron. Había rompehuelgas en algunos campos, y parecía que sus filas estaban creciendo. Los agricultores estaban perdiendo gran parte de la cosecha, pero parecían impasibles. No estaba claro por qué. Todos eran conscientes de que los precios de la lechuga estaban subiendo y a algunas empresas les estaba yendo bastante bien.

La estrategia del sindicato había contado con el cierre de algunas empresas, al tiempo que permitía que otras trabajasen sin interferencias. Se creía que la división crecería entre las empresas que perdían sus cultivos y las que hacían su agosto vendiendo las escasas y caras lechugas. ¿Intentarían las empresas afectadas firmar para minimizar sus pérdidas? ¿O se mantendrían firmes e incluso compartirían entre ellos la bonanza de los precios más altos? Esto era una incógnita.[3]

El final de la temporada de cosecha estaba sólo a algunas semanas por delante. No había ningún contrato a la vista. Sun Harvest se dio por vencido en sus campos del Valle Imperial, 3000 hectáreas estaban pasando a semilla o habría si no se hubieran arado primero. Había rumores de que la empresa tenía rompehuelgas en Yuma y en otros lugares y estaban llevando a cabo la recolección. No nos mantuvieron bien informados acerca de cosas que sucedían en otros ranchos o sobre lo que la empresa y el sindicato se decían uno a otro. Pero a mí me mantenían deliberadamente fuera del círculo.

La perspectiva de realmente perder la huelga era aterradora. Esto significaría pérdida de antigüedad, salarios estancados y un descenso generalizado. Lo que fuera que la gente pudiera estar sintiendo hacia la dirección del sindicato, era lo único alternativo en la ciudad. En ese momento parecía que había poco que hacer salvo aguantar la huelga, incluso si a veces parecía que no conduciría a ninguna parte.

ATRAPADO

Yo estaba saliendo del campamento de huelga con un compañero cuando un policía de Calexico me iluminó con sus luces y me paró.

—Circulabas haciendo eses—, dijo. Pidió mi licencia de conducir y me ordenó salir del coche. —Camina hacia el lado de la carretera. Ahora camina en línea recta—. Cuando hice todo eso, empezó a hacerme preguntas. —¿Dónde vives?—

—Está en la licencia.

—Esta licencia tiene una dirección de Salinas, ¿vives aquí?

—¿Qué tiene que ver eso contigo?

—Puedes hacer esto fácil para ti sólo dándome tu dirección local, o puedes escoger el camino difícil y hacer que te lleve a la central.

—¿Bajo qué cargo?

—No necesito un cargo, estás rehusando a identificarte correctamente.

—Vivo en Mexicali—, dije, y me arrepentí de las palabras.

—¿Dónde en Mexicali?— Pensando que probablemente no tenía idea de lo que estaba ocurriendo allí, yo le di un nombre que se me ocurrió en ese momento.

—En el hotel *Frontier*—. Que yo supiera, no existía tal lugar. Sin embargo cuando fui a entrar en el coche, el pasajero estaba molesto.

—¿Por qué dijiste Frontier?—, dijo.

—Es lo que se me ocurrió, ¿porqué?

—¡Porque yo vivo en el hotel *Frontera*!" "Frontera" significa límite, pero es muy parecido a "*frontier*". Dado que el policía obtuvo el nombre de mi acompañante, este tenía miedo de ser acosado.

Varios días después, en el campamento Sun Harvest, el trabajador que estaba en el coche cuando fuimos detenidos se acercó a mí. —La judicial (algo así como la policía política o el FBI de aquí) me paró el otro día en la calle en Mexicali—, dijo.

—Te estaban buscando. Me preguntaron dónde estabas. Les dije que no lo sabía.

Una noche, por esa misma época, yo estaba cruzando la frontera de Mexicali cuando vi a Manuel Chávez cruzar en la dirección opuesta. Manuel, primo hermano de César Chávez, participaba activamente en el sindicato desde sus primeros días. Él era un agitador con experiencia y con frecuencia iba a los puntos calientes para provocar acción. También era conocido por ser el líder del equipo de la brigada nocturna. Según lo vi caminando más allá de mí, con un sombrero calado como para no ser reconocido, me pareció como si me hubiera dirigido una segunda y larga mirada. ¿Estaba simplemente volviéndome paranoico? Aunque yo no lo conocía formalmente y sólo lo veía en funciones sindicales, estaba seguro que me conocía y me estaba mirando. Sus estrechos vínculos con el jefe de la policía de Mexicali eran objeto de debate entre los trabajadores. Si esto era paranoia, no lo era sin justificación.

Tengo un gran respeto por esos luchadores valientes que se atreven a desafiar a las autoridades en los lugares donde la represión es generalizada y más cruel de lo que es normalmente cierto en Estados Unidos. Este es a menudo el caso de países oprimidos donde las condiciones son más desesperadas y donde la volatilidad da lugar a una mayor brutalidad por parte las autoridades, siempre vigilantes para aplastar los movimientos nacientes que pudiesen ser peligrosos para sus intereses. Esta es también la situación en las comunidades oprimidas de Estados Unidos, donde los activistas son mucho más propensos a ser encarcelados, golpeados y asesinados. Esas semanas en la frontera, viviendo en un estado de alerta ante el peligro, fueron una época difícil y una pequeña muestra de lo que los activistas y las comunidades de otros países tienen que aguantar. No sé cómo las personas pueden soportar mucho tiempo. Aquello me agotó. Destruyó mis nervios. Me desgastó. Sentía que las paredes me oprimían.

Habíamos perdido nuestra iniciativa política. Tampoco parecía que hubiera mucho que hacer al respecto. Hablé sobre ello con Mickey. Él estaba en huelga con Bruce Church pero no se sentía amenazado. Habíamos parado de distribuir el periódico por las mañanas algunas semanas antes.

Decidí abandonar la zona. El final de la cosecha se acercaba. La huelga se dirigiría hacia el norte y se reanudaría en Salinas dentro de un mes más o menos. Cuando Mickey y Tony concordaron con mi plan, me decidí a marcharme.

Tardé un día conduciendo para volver a Salinas. La noche después de llegar recibí una llamada de Mickey.

_¿Adivina qué?— dijo. —La judicial de Mexicali estaba ayer en el hotel San Antonio. ¡Vinieron a buscarte amigo, vinieron directamente a tu puerta!

—Siento, haberlos decepcionado—, le dije. —Si los ves de nuevo diles que iré a verlos la próxima vez que esté en la ciudad— Me sentí afortunado de no haber estado en mi habitación para recibirlos. Probablemente no habría sido una visita agradable.

MI PROPIO MATÓN PRIVADO DEL SINDICATO

No mucho tiempo después de que los equipos de Sun Harvest regresaran a Salinas, hubo un plan para impulsar un viaje a Sacramento para presionar al ALRA a tomar medidas sobre cuestiones estancadas. Yo planeaba ir con las cuadrillas. Pero la noche anterior, recibí una llamada de Tony. Parecía preocupado.

—Ten cuidado—, dijo por teléfono. Hablaba en voz baja y parecía evidente que estaba llamando desde el campamento. —He oído decir en el campamento que si te presentas para ir a Sacramento habrá problemas.

—¿Con quién?

—Hay algunos chicos aquí que están bastante agitados. Están hablando de causarte problemas.

El ambiente entre los trabajadores era hosco y menos amigable que en el pasado, pero nunca antes me había sentido amenazado entre ellos. Yo no iba a ser expulsado de las cuadrillas si podía evitarlo. Tenía la esperanza de tener la oportunidad de hablar con algunos de los trabajadores a los que no había visto en mucho tiempo.

Me presenté temprano en el campamento de la Sun Street, donde los huelguistas estaban viviendo. Cuando estaba de pie afuera, esperando el autobús, la gente comenzó a salir del comedor a la calle. Uno de ellos era un tipo al que sólo había visto una vez antes, un pulverizador de agua de uno de los equipos de tierra. Pulverizar agua para mantener la lechuga fresca era un trabajo por horas que no requería una gran cantidad de estrés físico. Sin embargo, en mis años en el campo, nunca había visto a nadie como él. No era alto, tal vez un poco más alto que yo, pero era enorme, por lo menos pesaba 300 libras. Al salir del comedor, cerrando de golpe la puerta de pantalla detrás de él, se dirigió directamente hacia mí con un palo en la mano. Mientras se acercaba, vi que sus labios se movían, pero no podía oír lo que estaba diciendo. No se parecía para nada a un saludo amistoso, y empecé a buscar algo para defenderme, un palo o cualquier otra cosa. No había nada.

Antes de que él llegase dentro del alcance de golpeo sobre mi cabeza, Cleofas Guzmán, el nuevo jefe del comité del rancho, se interpuso entre mí y una paliza. Cleofas era más pequeño que yo, pero él había sido elegido por los trabajadores para reemplazar al desacreditado Armando Ruiz. Estaba muy bien pensado, alguien que era honesto y un luchador por los intereses de la gente común. El portador del palo no iba a desafiar a Cleofas, así que cuando le dijeron que retrocediera, lo hizo. Entonces Cleofas se volvió hacia mí y dijo: —Es mejor que salgas de aquí. Si no lo haces va a haber problemas—. Quería preguntarle a Cleofas quién era el portador del palo, pero no parecía el momento adecuado.

Tony se acercó a donde yo estaba, y salimos de la zona juntos. Tony estaba nervioso, y yo notaba que estaba tomando un riesgo simplemente para caminar conmigo, pero él insistió. Tony me dijo que las cosas estaban muy tensas en el campamento, y una gran cantidad de personas se sentía intimidada por lo que sentían que eran condiciones amenazadoras.

—¿Quién es ese tipo?— le pregunté a Tony. El rió un poco nervioso.

—Bueno, supongo que es tu propio matón privado del sindicato—, dijo Tony. —Quiero decir, él habla mucho de ti. Nunca había visto al chico antes de que fuese contratado como aguador antes de la huelga. Sólo trabajó un corto periodo de tiempo antes de que comenzara la huelga. No sé de dónde viene. Pero no te sientas tan mal, parece que no le gustamos muchos de nosotros en el campamento. Es sólo que tú eres su favorito—. Tony no quiso hablar mucho más. Le di las gracias por arriesgarse a caminar conmigo. —Voy a estar bien—, dijo.

—No creo que me atacasen abiertamente. A muchas personas no les gusta lo que está pasando pero no creen que tengan mucho donde elegir en este momento. Espero que entiendas esto.

PICNIC Y PELEA

Quizás yo sea un poco terco, pero no quería renunciar a la situación. El problema fue que era difícil ir a cualquier parte alrededor del sindicato sin temor a algún tipo de agresión.[4]

Los trabajadores de Sun Harvest estaban celebrando un picnic en Sherwood Park, cerca de los terrenos del rodeo. Decidí ir. Tony me había dicho que un montón de gente estaba harta de la intimidación, y yo no quería dar la impresión de que me sentía intimidado por las amenazas. Tenía miedo, pero no tanto por temor a la violencia física como por la sensación de aislamiento político entre los trabajadores.

Cuando me presenté en el parque, los trabajadores estaban sentados hablando en las mesas de picnic. Según me acercaba, las cosas se pusieron tensas y silenciosas. Decidí comportarme de manera natural. Fui a sentarme en una de las mesas y compartir una cerveza. Acababa de sentarme en un banco, tratando de pensar en alguna observación trivial para romper la tensión, cuando el aguador gordo se presentó y vino a donde yo estaba sentado. Me levanté de la mesa, ya que no quería que me agarrase por detrás. Me di cuenta de que, además de su comportamiento furioso, también estaba borracho, hasta el punto de que apenas podía hablar. Hasta ese momento yo no le había oído decir nada que pudiera entender. Ahora estaba aturdido y poco comunicativo.

—¿Qué quieres, cuál es tu problema?— le grité. Pero no dijo nada. —¿Qué sabes tú de mi?— Continuaba sin decir nada. Intentó agarrarme la cabeza, y me aparté. A medida que se acercaba a mí, hice un giro y le di en plena cara, varias veces. Eso no le afectó. Asesté unos golpes más en su pesado cuerpo y su cara tambaleante, los cuales parecían incapaz de moverse con cualquier agilidad o rapidez. Pero ya que mis golpes no parecían tener ningún efecto perceptible, le alcancé en la pierna y lo derribé. Cayó con fuerza al suelo y hasta cierto punto parecía contento allí, gruñendo.

Mientras esto estaba pasando, y como los huelguistas miraban en silencio, otro trabajador se acercó y se abalanzó sobre mí. Para el observador externo, aquel ballet absurdo de falta de coordinación podría parecer extraño, ya que este compañero, que también había ido demasiado lejos bebiendo, giró hacia mí y no sólo se perdió, sino que cayó de bruces en el suelo. Debo de haber parecido un luchador bastante consumado, de pie sobre dos personas mucho más grandes. Pero, en realidad, mis dos oponentes eran rocas borrachas y habrían encontrado difícil mantenerse en pie, incluso sin pelea.

Las perspectivas del picnic no parecían prometedoras. Mi presencia sólo estaba creando más tensión, así que decidí dejarlo todo y me fui. Fue la última vez que estaría alrededor de los huelguistas de Sun Harvest durante toda la huelga.

Yo no era el único que estaba siendo presionado y obligado a abandonar la huelga. Angelina, una amiga de uno de los ayudantes de *El Obrero* y de una familia que había estado en el meollo del sindicato desde la gran huelga de 1970, se le negaron los beneficios de huelga y también decidió dejar la huelga.

Un título y una camioneta

A mediados de julio fue derrocado el régimen de Somoza en Nicaragua. La familia Somoza había gobernado Nicaragua desde la década de 1930, y Anastasio Somoza Debayle, el último de la línea familiar para gobernar, había estado en el poder desde 1967. La ira contra el corrupto y despótico régimen—la familia Somoza controlaba gran parte de la riqueza del país y su brutalidad había sido respaldada por Estados Unidos durante años—entró en ebullición en los años siguientes al devastador terremoto que golpeó en 1972 cuando se supo que el régimen había desviado fondos destinados a los damnificados del terremoto.

Cuando Somoza huyó, los nicaragüenses lo celebraron en las calles. Esto también causó conmoción en toda la región y en el mundo. En solidaridad con tales acontecimientos estremecedores, pensamos que sería apropiado unirse a la celebración en Salinas de alguna manera.

Conseguimos una camioneta e hicimos una pancarta, "Ya cayó el títere, Somoza. Falta su amo." Por amo quisimos decir su patrocinador imperial, defensor, y brazo proveedor; Estados Unidos. Condujimos la camioneta por los barrios, y fuimos a los diferentes campos de trabajo. Se creó un gran revuelo. La manifestación más grande y más interesante tuvo lugar en el campamento de Bud Antle en Natividad Road. Los trabajadores de Antle no estaban en huelga, pero la huelga y el ambiente agitado del valle los había incitado y se hablaba de unirse a la huelga. En el campamento Antle la gente subió a la camioneta para hablar, algunos sobre los acontecimientos en América Central y México, y otros de su situación inmediata y de sus deseos.

SPRECKELS

Yo podría haber trabajado en el campo durante algún tiempo. Pero esa ya no era una opción para mí. Nadie iba a darme trabajo en los campos. Intenté algunas de las empresas que no estaban en huelga. En un lugar, un contratista de mano de obra, que podía haber oído hablar de anglos "alborotadores", simplemente se rió de mí. Sin posibilidad de trabajo.

Incluso pensé que si los trabajadores de Sun Harvest ganaran la huelga y de alguna manera recuperase mi trabajo, la tensión sería tal que regresar podría no significar mucho más que esperar ansiosamente. Yo también estaba en el equipo de baja antigüedad, y dados los cambios en las reglas de rotación, las perspectivas a largo plazo para el trabajo no eran buenas. Y si la huelga se perdía, no había manera de que pudiese conseguir un trabajo en Sun Harvest.

Estaban contratando en la planta azucarera de Spreckels. Allí siempre estaban contratando. No era un trabajo lucrativo. Lo que faltaba en buenas condiciones de trabajo era recompensado en salarios bajos. Pero era un trabajo.

La colosal construcción de Adolf Spreckels, una vez la mayor fábrica de azúcar del mundo, era un edificio envejecido y decadente moviéndose desenfrenadamente hacia lo obsoleto. Conseguí un trabajo que debía haber sido el punto de partida para muchos de los nuevos empleados a través de los años, atizando la cal caliente del alto horno de calentamiento. La cal es uno de los principales minerales utilizados en el procesamiento de la remolacha azucarera. La cal se dejaba caer por un gran embudo vertical y se calentaba a medida que avanzaba por el embudo. La cal al rojo vivo hacía poco a poco su camino hasta donde yo estaba con un atizador de metal largo soltando los trozos para que cayeran en un pozo. A donde iba desde allí, no sé. Pero la cal hidratada se utilizaba para extraer las impurezas del jugo crudo fangoso que se extraía de la remolacha.

En el turno de noche, yo trabajaba junto un equipo joven cuyo trabajo consistía en dejar caer la cal desde una grúa al embudo de calentamiento. Ellos abordaban el tedio del trabajo drogándose siempre que fuera posible, que era casi todo el tiempo. Eran buenos chicos, y les gusté, pero en mi corta estancia en Spreckels, nunca me acerqué a ellos socialmente.

Yo trabajaba en un turno rotativo, pasando del turno de día al turno de noche. El nocturno fue el más difícil porque me resultaba difícil dormir bien durante el día. Tenía sueño la mayor parte del tiempo. Para relajarme comencé a nadar en la piscina del colegio que estaba en frente de Central Park, cerca de donde yo vivía. Era una piscina al aire libre, y la utilizaba por las mañanas después de mi turno de noche. Casi siempre disponía de la gran piscina entera para mí. La natación después del trabajo me ayudó a sentirme relajado y limpio del polvo químico de la fábrica.

HORA DE PARTIR

Trabajé en la fábrica de azúcar Spreckels hasta finales del otoño. En ese momento, la huelga que comenzó en enero en el Valle Imperial había terminado. Los rancheros finalmente llegaron a un acuerdo a finales de agosto. Ellos cedieron a las demandas de la huelga, aumentando los salarios agrícolas hasta $5.50 dólares por hora y el destajo en la lechuga a 75 centavos la caja. Esta fue una victoria, un triunfo importante. Los trabajadores, en su alivio y alegría lo celebraron. Pero la celebración, por desgracia, no iba a durar.

Me gustaba Salinas y no me habría importado alojarme allí. Sin embargo, las cosas habían cambiado. Mi malestar hacia un mundo de inmensa injusticia no había disminuido. Tampoco mi creencia en la necesidad de cambios sociales fundamentales. Pero el auge revolucionario había llegado a su fin, y no existía ninguna perspectiva inmediata de renovación. "Donde hay opresión, hay resistencia", siempre sería válido y daría lugar a nuevas luchas y movimientos. Pero requeriría de un nuevo entendimiento para resumir las lecciones de la etapa anterior y sentar las bases para el éxito en los movimientos venideros. Mientras tanto, yo estaba listo para comenzar una nueva etapa en mi propia vida y ver el mundo desde otro ángulo. Y le di un gran adiós a Salinas.

CAPÍTULO 10

VICTORIA DE LA DERROTA DERROTA DE LA VICTORIA

A MEDIADOS DE FEBRERO DE 1979, Sun Harvest, la mayor de las empresas afectadas, había renunciado a cualquier esfuerzo por cortar el resto de su cosecha de lechuga en el Valle Imperial, descartando 3,000 acres, (2.5 acres = 1 hectárea) la mitad de su superficie normal de lechuga. No fue el único que desistió de un cultivo que habría tenido grandes dificultades para ser cosechado. Aún así, la huelga en el Valle Imperial resultó poco concluyente. Sun Harvest no cedió rápidamente, como algunos en la dirección del sindicato sospechaban o esperaban que ocurriese.[1]

Hubo dificultades objetivas para aplicar más presión. Sun Harvest y Bruce Church tenían campos en el área de Yuma en tierras de la reserva india y el Tribal Council (consejo tribal) denegó al sindicato el permiso para establecer piquetes allí. En los lugares de recolección fuera de la reserva, Sun Harvest obtuvo una orden judicial, que restringía la huelga a veinticinco piqueteros cada cuarto de milla. La huelga en Yuma era, por tanto, ineficaz y la cosecha no resultó afectada en su mayoría.

La huelga en el Imperial redujo la cosecha significativamente. Esto hizo subir el precio de la lechuga. Durante gran parte de la cosecha de invierno la caja de lechuga estaba entre $10 y $12, lo que producía un beneficio importante, teniendo en cuenta que de acuerdo con las cifras de los productores $3.50 constituía el coste sin perdidas. Un estudio sobre la huelga en el Valle Imperial realizado varios años más tarde confirmó que la reducción de producción provocó un alza en los precios del 400 por ciento por encima de lo normal. El resultado neto fue que, en su conjunto, los productores duplicaron sus ingresos, aun cuando sus cosechas se redujeron a la mitad. Algunos productores perdieron mucho, los periódicos de la época mencionaban veinte millones en pérdidas. Otros tuvieron ganancias extraordinarias. Estos productores concedieron parte de sus beneficios a los ranchos en huelga, que pudieron recuperar sus costos de producción. Para la primavera de 1979, Western Growers Association (Asociación de Productores del Oeste) expandió este "programa de intercambio" para crear un fondo de garantía para paliar los efectos de las huelgas.[2]

Cuando terminó la cosecha en el Valle Imperial, ninguna de las empresas se había separado del grupo para llegar a un acuerdo con el sindicato. Todos ellos se mantuvieron firmes en su insistencia de que las propuestas del sindicato eran poco realistas e incluso ilegales. En respuesta a la alta inflación, el gobierno de Jimmy Carter había propuesto directrices para limitar los aumentos salariales al siete por ciento. Los productores se mantuvieron en esa cifra, alegando que cualquier otra cosa violaría las directrices. También dieron cifras tremendamente infladas a la prensa en relación a las propuestas del sindicato, pintándolas como tan extremistas que lo más probable era que condujesen a la desaparición de cualquier cultivador lo suficientemente estúpido como para estar de acuerdo con ellas. Los productores plantearon el fantasma de la bancarrota de la industria en caso de ceder a aquellas demandas excesivas.[3]

En las semanas en que disminuyó la huelga en el Valle Imperial, mientras que se había desvanecido la esperanza de que todos los cultivadores pudiesen llegar a un acuerdo, los líderes de base dirigidos por Mario Bustamante convencieron a Frank

Ortiz, coordinador de la huelga del sindicato, para permitir una nueva jornada de huelga masiva. Su objetivo era revivir el espíritu debilitado de los huelguistas. El 21 de febrero, los huelguistas se desplegaron por las calles de Calexico apelando a los trabajadores a permanecer fuera de los campos por un día. Una caravana de coches con varios miles de trabajadores se abrió paso a través de los caminos del valle, participó en invasiones de campos y se enfrentó a la policía local. Fue un día de batalla que puso de manifiesto la ira y la frustración de los huelguistas, y demostró que a pesar de que los huelguistas de la lechuga no estuvieron en su mejor momento, sin embargo estaban lejos de la derrota.[4]

La corrida, o ciclo de la cosecha, que después de la temporada de invierno en el Imperial se trasladaba al norte a lugares como Blythe y Huron, no resultó afectada en gran medida por la huelga. Esto proporcionó a las empresas en huelga el espacio para reunir equipos de rompehuelgas en previsión de la cosecha de Salinas.

Los trabajadores en huelga también se trasladaron al norte del Valle Imperial después de la huelga, de la misma forma que habían seguido la cosecha en otros años. Los huelguistas estaban, según el recuerdo de algunos trabajadores, en un estado de desmoralización. La represión de sus actividades de huelga por el sindicato después del asesinato de Rufino Contreras los había colocado en una situación pasiva. Había quejas de descontento, sensación de derrotismo y sensación de que las cosas iban mal. La moral era tan baja que Marshall Ganz fue restituido como coordinador de huelga. Frank Ortiz, que había sustituido a Ganz después del asesinato de Rufino Contreras, fue relevado del comando de la huelga.

La actividad de la huelga comenzó en el Valle de Salinas ya a finales de enero, pero, con poco trabajo realizándose en los campos, se vio limitada en gran parte a los piquetes en las oficinas de las empresas. La tercera semana de febrero se produjo uno de los primeros brotes en Salinas, cuando 300 huelguistas se congregaron en un campo cerca de Chualar y se enfrentaron a los alguaciles del condado de Monterey que trataban de evitar que se precipitaran hacia un campo de Sun Harvest donde los rompehuelgas estaban cosechando coliflor.[5]

Para marzo, Sun Harvest hizo pública su intención de cosechar con esquiroles sus 9,000 acres de cultivo de lechuga en el Valle de Salinas. La valla que rodeaba el campamento de Toro de Sun Harvest en Hitchcock Road y las cercas de sus otros campamentos alrededor de Salinas fueron cubiertas con capas de alambre de púas. Trajeron guardias de seguridad privada para asegurar los campos. Un portavoz de la compañía en Salinas anunció planes para contratar y, si fuese necesario, acomodar a 1,500 rompehuelgas. La empresa envió cartas a los trabajadores en huelga a mediados de marzo afirmando: "Esta es para notificarle que a partir de hoy se le ha reemplazado de forma permanente y ya no es un empleado de Sun Harvest".

Huelga y "acciones de guerrilla".

En marzo, hubo paros de un día en ranchos no huelguistas y caravanas itinerantes de huelguistas, que aparecieron en el valle, efectuando en ocasiones ataques sorpresa a los campos donde los esquiroles estaban trabajando.[6] Como en casi todas las huelgas en los campos había rompehuelgas reclutados entre los desesperados, los que no sabían, y otros a los que simplemente no les importaba, pero necesitaban el dinero. Los ataques en los campos podrían desalentar a los rompehuelgas y hacer el trabajo de reclutamiento más difícil, pero, con los recursos de los productores y contactos en toda la región, los esquiroles eran una parte inevitable de la batalla.

A principios de la primavera, doce productores tenían cerca de 5,000 trabajadores en huelga. Sólo la mitad de estos rancheros estaban en Salinas, pero eso incluía dos de las tres mayores empresas de lechuga de Salinas: Sun Harvest y Bruce Church. La gente empezó a preguntarse, ¿se va a extender la huelga?

Los incidentes comenzaron a multiplicarse. A principios de abril los huelguistas enfrentaron a los esquiroles, y estalló una pelea en una planta de Sun Harvest en la calle Abbott. Cuando un policía intentó detener a un huelguista, fue rodeado por unas cuarenta o cincuenta personas. Conforme el oficial comenzó a rociar al grupo con gas lacrimógeno, una mujer huelguista, aporreó al policía con una pancarta y la huelguista consiguió escapar de las garras de la policía y desaparecer entre la multitud. Unos días más tarde, a primera hora de la mañana, cientos de huelguistas, alertados por una patrulla itinerante de la huelga, rodeó un autobús estacionado cerca del centro de Salinas. Estaba tratando de recoger rompehuelgas para JJ Crosetti Company, un cultivador de hortalizas de Watsonville afectado por la huelga. La pelea estalló y entonces cuarenta policías se apresuraron a proteger el autobús y sus pasajeros.

A mediados de mayo cientos de trabajadores del brócoli con su ropa de lluvia amarilla inundaron los campos de tres empresas para demostrar su impaciencia ante la negativa de los agricultores a satisfacer las demandas de la huelga. Unas semanas más tarde, decenas de huelguistas atacaron un campo de brócoli de una compañía del sindicato y expulsaron a los trabajadores no sindicados que habían sido llevados para cosechar allí. Al día siguiente, para gran satisfacción de los activistas sindicales como Rafael Lemus y Mario Bustamante, 600 trabajadores salieron en protesta hacia dos empresas del sindicato, Harden y Green Valley Produce. Estas compañías no estaban en huelga. La protesta de un día se entendió como una muestra de solidaridad y una advertencia a los productores.

A principios de junio, la primera cosecha de verano estaba llegando a su punto máximo. En una demostración de fuerza, más de mil trabajadores abandonaron los ranchos no afectados y se unieron a los piquetes. Los trabajadores envalentonados invadieron los campos desde King City y Greenfield, a Salinas y Watsonville. Ellos asediaron especialmente a las empresas de mayor tamaño, rompiendo las ventanas de los coches y camiones de la compañía, volcando y vaciando cajas de lechuga cosechada por los esquiroles y persiguiendo a los equipos fuera de los campos hasta su refugio dentro de los autobuses de los productores. Se movilizó a la policía y los sherifes a lo largo de la zona desde King City a Marina y Santa Cruz para proteger las tierras de la empresa. John, que estaba en huelga en Sun Harvest, describió los incidentes cerca de Chualar durante las movilizaciones de la huelga:

—Yo estaba en un grupo de huelguistas en un lado de un campo. Los sherifes estaban entre los esquiroles y nosotros y casi logramos volcar un autobús. Estábamos empujando por un lado y se habría volcado, pero nos olvidamos de desconectar el baño (inodoro portátil) antes de nada. Percibí que esta era una valiosa lección de vida; desconecte siempre el baño antes de intentar volcar un autobús.[7]

En otro campo estalló un cuerpo a cuerpo que tomó el aspecto de un gran partido de fútbol, con la unidad táctica del condado de Monterey bufando y maldiciendo en persecución de los huelguistas que se movían rápidamente mientras corrían hacia atrás y adelante a través de los campos. —Las mujeres eran definitivamente más militantes que los hombres—, dijeron varias personas que describieron las acciones. —Mientras que los muchachos entraban en el campo y hablaban con los esquiroles por la buena, la mujeres podían entrar corriendo, agarrar el azadón azada del esquirol y golpearle en la cabeza con él.

Las caravanas de vehículos policiales recorrían la zona para mantenerse informados de los huelguistas itinerantes, hubo algunas batallas campales y un creciente número de detenciones a medida que la ira entre los trabajadores se intensificaba y se agotaba su paciencia con el ritmo mesurado de la huelga.

El sindicato volvió una vez más a su táctica de presionar al INS para atacar campos y culpó en voz alta al uso de esquiroles indocumentados de las dificultades de la huelga. A principios de mayo, el periódico local de Salinas informó que "los trabajadores agrícolas en huelga vitoreaban al ver a los agentes de la Patrulla Fronteriza invadiendo los campos del Valle de Salinas" y comentó que "fue una experiencia sin precedentes para los agentes que están acostumbrados a ser abucheados, insultados y cosas peores".[8] El INS reclamó y trajo agentes adicionales de la migra y dio un paso hacia el cumplimiento de las leyes de inmigración en respuesta a la presión, alegando que habían arrestado a 100 trabajadores indocumentados en algunos días, muy por encima de la tasa "promedio" de veinte o treinta deportados en tiempos "normales". También se había informado de redadas en un campo de trabajo de Sun Harvest en Huron y en los campos de Grower Exchange. Los rancheros, como era de esperar, expresaron su sorpresa por el hecho de que se hubieran encontrado trabajadores indocumentados en sus campos y se comprometieron a "seguir intentando contratar solamente trabajadores legales".[9]

Una vez más la cuestión de la táctica del sindicato de avisar a la migra se destacó en importancia. Un grupo de derechos civiles de Arizona, que trabajó con los indocumentados, envió una carta a UFW criticando sus tácticas y llamó al sindicato a organizar a los rompehuelgas indocumentados. Marshall Ganz denunció al grupo públicamente como "estudiantes y *do gooders*" que podían criticar porque sus trabajos no estaban en peligro. Suponiendo que el grupo se compusiera de estudiantes, lo que no era cierto, el hecho de que ser un estudiante descalificase la opinión de cualquiera sobre este asunto era interesante.

Mientras que algunos trabajadores vitoreaban a la inmigración conforme se llevaba a los rompehuelgas, para los que escuchaban con atención los rumores que circulaban entre los trabajadores en huelga, existía un sentimiento amplio y creciente a favor de no presionar a la migra, pero ampliar la huelga.

A medida que avanzaba el verano, ese sentimiento se expresó en la respuesta entusiasta a las acciones en el trabajo, tales como las manifestaciones de un día en las empresas no afectadas por la huelga y una ferocidad cada vez mayor por parte de los huelguistas, especialmente las mujeres, cuando se enfrentaban a los esquiroles y alguaciles del sherif. Se expresaba en la respuesta en los mítines ante la mención de una huelga más generalizada. Se expresaba en la voluntad de los trabajadores no huelguistas de sacrificar días de trabajo para ayudar a los huelguistas.

Lo que comenzó a tomar forma iba en dirección contraria a la huelga. Las declaraciones de la sede del sindicato en La Paz ponían énfasis en un boicot potencial, mientras que las referencias públicas de Salinas a la ampliación de la huelga venía de Marshall Ganz, coordinador de la huelga del sindicato.

El cultivo de lechuga en Salinas tiene dos grandes períodos de cosecha. Uno pico alrededor de la última parte de junio, el segundo a finales de agosto. A medida que la cosecha de junio había pasado y el período de calma relativa entre los dos picos avanzaba, la tensión se acumulaba. Una huelga no resuelta para finales de agosto continuaría durante el invierno siguiente con perspectivas nada optimistas y muy impredecibles.

Según se aproximaba la parte fuerte de la temporada de la cosecha, se estaban haciendo planes en el cuartel general del sindicato en La Paz para reducir el alcance de la huelga. Chávez envió una carta el 27 de julio a los simpatizantes y boicoteadores del sindicato en la que declaraba: "El 13 de agosto de 1979, cientos de huelguistas de la lechuga dejarán California e irán a las ciudades de América para contar la historia de su lucha y buscar apoyo para el boicot a las bananas Chiquita y la lechuga fuera del sindicato. Otros huelguistas y sus familias se quedarán para continuar los piquetes y mantener la presión sobre los productores y los rompehuelgas".[10] Bananas Chiquita era la denominación y el producto principal de la compañía matriz de Sun Harvest, United Brands. Chávez consideró que la huelga, que en la mente de algunos apenas se había peleado, sería un fracaso, pero que el boicot mantendría con vida la lucha del sindicato.

Preparando el terreno para la cosecha de agosto, se propuso una marcha en el Valle de Salinas. Un buen número de personas del sindicato defendieron esto, incluyendo, en particular a los representantes del sindicato elegidos por las bases. Ellos propusieron una marcha desde San Ardo en el extremo sur del Valle de Salinas a través de los pueblos agrícolas del norte por la carretera hacia Salinas. Ellos veían la marcha como un medio para despertar y movilizar a los trabajadores y a las comunidades de trabajadores agrícolas en el camino. Chávez y sus aliados en el consejo ejecutivo concordaron con una marcha, pero su visión era bastante diferente. Anticipando un boicot, propusieron una marcha desde San Francisco a Salinas que obtener publicidad nacional. Finalmente, se organizaron dos marchas.

En agosto una marcha de trabajadores agrícolas en huelga hizo su recorrido durante una semana desde San Ardo en el extremo sur del Valle de Salinas al norte, a través de King City, Greenfield, Soledad, Gonzales y Chualar, reuniendo a la gente en cada parada y expresando la determinación de seguir adelante y extender la huelga. Un antiguo huelguista recordó la marcha como "una gran renovación del espíritu de lucha", una acción que reforzó la moral y el sentido de fuerza de los huelguistas que obtuvo una clara muestra de apoyo de las comunidades campesinas de la zona.

El 11 de agosto, la marcha de San Ardo entró en Salinas y se reunió con la marcha que se originó en San Francisco, llegando a Salinas a través de Watsonville y Castroville desde el norte. La marcha efectuada ese día por los trabajadores agrícolas y los partidarios alrededor de Salinas reunió en el vecindario a 20,000 personas, quizá la mayor marcha de esa clase en los quince años de historia del movimiento de los trabajadores agrícolas, y sin duda la mayor en el centro de California desde la marcha de Fort Ord durante el apogeo de la Guerra de Vietnam nueve años antes.

Si la marcha cuantificó un estado de ánimo favorable para seguir adelante y ampliar la huelga, así mismo había otras indicaciones de que una huelga general podría tener éxito. En julio, Bud Antle, el mayor productor de lechuga en el valle, que formaba parte de Dole Corporation, aumentó el salario de los trabajadores agrícolas de base a 4.60 dólares por hora, la más alta del valle. Pero este aumento del 35 por ciento en el salario base no fue acogido con satisfacción, sino con decepción y rabia entre los trabajadores de Antle, y se desató una lucha dentro de Teamsters Local 890, con una facción comandada por Roy Mendoza que impugnaba el mencionado contrato y denunciaba al cabecilla local, José Charles, como un traidor. En esta confusión un grupo de trabajadores de Antle, simpatizante de UFW se sumó a la protesta contra el contrato de los Teamsters. Las interrupciones del trabajo ejercían presión sobre Antle y amenazó con revocar la alianza entre Antle y los Teamsters. Mickey, que estaba trabajando en Antle en ese momento, recordó una reunión grande con muchos trabajadores enojados en el campamento de Antle. Él estaba entre un grupo que llamaba a que los trabajadores de Antle se unieran a la huelga de UFW en curso y adoptaran sus demandas. Frente a tal descontento y agitación, la dirección de Antle rápidamente "negoció" un nuevo salario base de $5 la hora y declaró su voluntad de pagar 25 centavos por hora por encima de cualquier salario acordado por cualquier cultivador con UFW. [11]

La convención nacional de UFW fue programada para comenzar en Hartnell College de Salinas un día después de la convergencia de las marchas. Era intención de Chávez presentar la propuesta de boicot allí. Convencido de conseguirla aprobación de los delegados, estaba dispuesto a hacer públicos los planes que había puesto en marcha para un nuevo boicot a la lechuga que sería lanzado desde Salinas y encabezado por los huelguistas de los Valles Salinas y Pájaro.

Sin embargo había un obstáculo en este plan. Nunca se había debatido con las bases. Los representantes del sindicato, reflejando el sentimiento de una amplia cantidad de trabajadores, estaban preocupados por una estrategia de huelga que parecía demasiado cautelosa. Habían organizado exitosas huelgas de un día. Habían sido testigos de las acciones de campo exitosas para expulsar a los esquiroles. Habían sido alentados por la solidaridad de los trabajadores de los ranchos que no estaban en huelga que dieron días de trabajo para ayudar a los huelguistas. Habían sido estimulados por el apoyo dado por los estibadores de San Francisco, que organizaron a los huelguistas para trabajar en empleos temporales en los muelles para complementarlos beneficios de huelga. Todo esto reforzó la confianza de que una más amplia y más poderosa huelga era posible. Muchos de estos líderes de base estaban cautelosos con César Chávez y sin duda no estaban preparados para refrendar una decisión que se tomó sin consultar con ellos.

La noche anterior a la convención de Hartnell, representantes sindicales tales como Hermilo Mojica de Harden Farms, Mario Bustamante de Green Valley, Cleofas Guzman y Sabino Lopez de Sun Harvest, Aristeo Zambrano de Associated Produce, Chava Bustamante de Cal Coastal, y Rigoberto Perez de Mann Packing, se reunieron con César Chávez, Dolores Huerta, David Martinez, Marshall Ganz, y otros dirigentes destacados del sindicato. La tensión fue dominando la reunión a medida que se hizo evidente que había dos puntos de vista sorprendentemente diferentes sobre el futuro de la huelga.[12]

Cuando los líderes de base manifestaron su determinación de continuar la huelga, Chávez respondió diciendo que el sindicato ya había gastado casi tres millones en la huelga y los fondos estaban a punto de agotarse. La respuesta a esto fue más tarde resumida por uno de los representantes presentes en la reunión de esta forma: "Pensamos que vamos a comer frijoles si tenemos que hacerlo, pero vamos a ganar o perder esta huelga aquí, en los campos de Salinas".[13]

El sentimiento era fuerte en contra de ir a un boicot de la lechuga. Los representantes veían al boicot, a lo sumo, como un asunto interminable con perspectivas poco claras para un resultado favorable. Un boicot usurparía la iniciativa de las manos de los trabajadores. Tampoco creían que la huelga se hubiera perdido, ni mucho menos. De hecho, a grandes rasgos, se percibía el sentimiento de que la huelga había perdido impulso debido a que había fracasado en llamar con valentía a los trabajadores a cerrar los campos. Los trabajadores no estaban cansados de la huelga, sino de hacer huelga a medias. Significativamente, también hubo una división en el consejo ejecutivo del sindicato en esta materia. Marshall Ganz estaba de parte de los representantes sindicales, pero trató de tomar una posición neutral en la reunión para evitar una ruptura con Chávez.

La reunión se prolongó hasta la madrugada, recordó uno de los representantes. Al final, se alcanzó un compromiso, o al menos eso se pensaba. Se presentaría una resolución a los delegados de la convención abogando por la continuación de la huelga y el boicot a la lechuga.

Los representantes de las bases no eran ingenuos acerca de la dirección del sindicato, ni ignoraban las manipulaciones de las convenciones sindicales en el pasado. Pero no estaban preparados para lo que encontraron tan sólo unas horas más tarde en la convención. Mario Bustamante, jefe del comité de rancho de Green Valley y miembro del comité de resolución de convenciones, leyó la resolución "acordada" y no encontró ninguna mención a la huelga.

Para los representantes de las bases, la lucha ahora pendía de un hilo. Ellos creían firmemente que si se abandonase la huelga, el movimiento sindical en Salinas perdería impulso y retrocedería. El sabor de la determinación de los trabajadores permanecía en sus bocas. Dependía de ellos encontrar una manera de darle expresión. Pero tenían poco tiempo para actuar y obstáculos que superar.

Gilberto Padilla, uno de los miembros fundadores de UFW, pertenecía al consejo ejecutivo del sindicato. Ese día también estaba en el comité de resoluciones y fue encargado con la responsabilidad de asegurar que no se presentase ninguna resolución sin el apoyo de los dirigentes del sindicato, es decir César Chávez. Bustamante cuestionó la resolución y dijo a Padilla que la resolución traicionó el acuerdo alcanzado la noche anterior entre los trabajadores y los dirigentes del sindicato.

Bustamante le dijo a Padilla que tenía la intención de volver a escribir la resolución. Padilla le dijo que si los representantes de las bases podían obtener la resolución escrita en su propia lengua, no se bloquearía. Para Padilla, así como para los representantes, iba a ser un día de decisiones fatídicas. La resolución reescrita exhortaba a los delegados a aprobar un plan para prolongar y ampliar la huelga.

Mas o menos en el mismo momento en que la resolución de huelga se estaba escribiendo, llegó la noticia de que Meyers Tomatoes, una empresa de King City, había aceptado, en principio, las demandas de la huelga y se preparaba para negociar. Llegar a un acuerdo para una huelga general se consolidó más aún. Entonces llegó el momento clave de la convención. La resolución 10, escrita por la directiva de UFW para reunir a la convención para el boicot, debía ser leída en el escenario. Mario Bustamante se levantó y caminó hasta el micrófono. Cuando se leyó la sección de la resolución sobre la ampliación de la huelga, la convención entró en erupción. Lo que había sido una reunión tranquila, casi indiferente hasta ese momento, rompió en gritos, zapateo, y puños levantados, una aprobación ruidosa y emocional de la resolución. Chávez, que presidía la reunión, declaró discretamente la aprobación unánime de la resolución.

En términos generales se puede decir de las fuerzas políticas, que están por detrás de los movimientos y eventos importantes, y en sentido estratégico, que estas son la clave de las necesidades a las que se enfrentan los imperios y los sistemas que obligan al comportamiento humano a seguir ciertas trayectorias. Pero son las intervenciones de acontecimientos fatídicos y las decisiones basadas en las complejidades de la historia, la personalidad y la psicología lo que cuenta en los momentos cruciales, lo que puede persuadir al asteroide a ir en una trayectoria u otra, lo que hace de la predicción un juego de tontos. Cuando César Chávez escuchó los gritos de "¡Huelga!" de los delegados reunidos y miró hacia la multitud, sus puños bombardeando el aire, no celebró con ellos esta iniciativa de despliegue de la bases y de liderazgo desde los campos, sino que en cambio sentía el calor interno de la derrota, las paredes que le aplastaban, el aire que repentinamente fue aspirado de la sala. Ni tampoco la alegría de los delegados a la llamada para romper el punto muerto de la huelga fue su alegría. Sino que más bien sus vítores le resultaban insultos, agudos y dolorosos.

Es tentador ver en este momento los ingredientes de una tragedia de Shakespeare, con Chávez aparentemente a punto de deshacer lo que le había tomado una buena parte de su vida construir. Quién puede desenmarañar el argumento histórico, político, social, cultural y psicológico que teje su camino a través del tiempo para llegar a este momento crítico, ¿es este el precipicio desde donde vuelas o te caes?

También es tentador atribuir lo que ocurrió después a un ego dominante, a una personalidad demasiado tiempo protegida de las críticas por partidarios aduladores y confidentes demasiado tímidos para confrontarlo con la verdad. O a la paranoia de un líder envejecido que veía deslealtad en toda opinión contraria, y que ahora creía que la polémica actual no era más que un esfuerzo por socavar su autoridad. Muchos fomentaron esta patología, y sin duda hay algo de verdad en eso. Pero había otros fundamentos políticos en este momento y la trayectoria llevó las cosas a este punto.

Con el tiempo Chávez se había convertido en el sentido más amplio, en guardián del mismo sistema, del cual los trabajadores agrícolas eran víctimas. Había interiorizado las preocupaciones del sindicato y de aquellos con los que se había aliado, y sobre todo de los demócratas, el ala liberal del imperialismo. Al hacerlo, suscribía cada vez más sus puntos de vista y sentimientos políticos. Entre esos sentimientos estaba el miedo y la hostilidad hacia cualquier iniciativa de las personas que pudiese polarizar el ambiente a favor de la resistencia desde abajo, o inspirar a otros sectores de la población para hacerlo, y por supuesto cualquier acción que amenazara o apuntase al sistema en sí mismo.

El movimiento sindical en los campos surgió durante la década de 1960, cuando una agitación de proporciones sin precedentes surgió de una confluencia de fuerzas y sacudió Estados Unidos y gran parte del mundo capitalista. Gran parte de lo que ocupó a la clase política después de 1960 fue el esfuerzo para aplastar, mitigar, socavar, dividir y desacreditar, impulsos políticos radicales independientes. El movimiento de los trabajadores agrícolas, parte de ese movimiento más grande, resultó al mismo revitalizado por ello, y a su vez, influyó en él. La lucha sindical de los trabajadores agrícolas era también un movimiento de personas, explotadas como trabajadores y oprimidas y marginadas como una nacionalidad y una casta inferior.

Chávez había pasado los últimos años de la década de 1970 dirigiendo la influencia de la década de 1960 hacia fuera del sindicato. Si eso era paranoia, era una paranoia con una clara agenda política. Esto estaba en sintonía con el creciente conservadurismo del país, por parte de la clase dirigente cercana a los años de Reagan, cuando la política imperialista descarada y manifiesta volvería a ocupar el centro del escenario. Es cierto que los líderes del sindicato se vieron a sí mismos como víctimas de este conservadurismo en aspectos tales como los cambios dentro de la ALRB bajo el mandato del gobernador de derechas de California George Deukmejian, pero esto eran más bien escaramuzas dentro del gran esquema de las cosas. La dirigencia del sindicato no trató de luchar contra la tendencia tanto como para dar cabida a la nueva realidad como un elemento aceptable de ello, y las purgas anticomunistas y anti-progresistas encajaban con esto.

Esto no quiere decir que los líderes de las bases que ahora estaban tomando el escenario estuviesen guiados por una agenda radical o revolucionaria. Sin embargo, ellos tenían sus pies plantados entre la tropa. Estaban decididos a movilizar a los trabajadores para llevar a cabo una lucha por un mayor poder organizado, y no estaban especialmente orientados hacia alianzas con la clase política. Cuando las personas toman la lucha a gran escala contra un aspecto del sistema, sobre todo cuando esta viene de las personas más oprimidas, existe el potencial de que tome forma política más allá de lo que se considera aceptable.[14]

Hubo momentos en el transcurso de la huelga de la lechuga que reflejaron un miedo a acciones extralimitadas por parte de la gente. El pánico a raíz del disparo a Rufino Contreras y la represión de la huelga que siguió reflejó tal miedo, especialmente conforme continuaba presente en la volátil frontera entre Estados Unidos y México.

La contrapartida que en 1975 intercambió la paz en los campos por "garantías" legales de sindicalización dependía en gran medida de la autoridad de Chávez. Esta ahora estaba siendo puesto en entredicho. ¿Qué significaría si perdía el control?

Algunos han sugerido que las acciones de Chávez durante la huelga y después fueron una respuesta al desafío a su liderazgo desde dentro, y que él pensó que Ganz, en connivencia con los representantes sindicales de base, estaba conspirando para apoderarse de las riendas del liderazgo. Quizá. Pero hay que señalar que, de haber reconocido la voluntad de los huelguistas en lugar de tratar de subvertirla de forma encubierta, no habría habido tal desafío.

Considerando, también, que UFW era, hablando en plata, "un bien valioso". Gozaba de renombre comercial generalizado entre el público; era un nombre comercializable. Los líderes clave del sindicato eran miembros de la familia de Chávez por lazos de sangre o matrimonio. De hecho, se ha argumentado que en realidad Chávez anuló a las bases porque ya no las necesitaba, ya que el sindicato estaba recibiendo más dinero de fuentes externas que de las cuotas sindicales. La lucha de Chávez para controlar este activo se ha sugerido como el elemento clave que explica los acontecimientos posteriores.

Tal vez todo lo anterior fueron las circunstancias. El hecho es que se tomó la decisión, el punto de inflexión estaba próximo y las implicaciones de esta decisión se extenderían durante décadas. De hecho, todavía resuena en las vidas de aquellos que resultaron más inmediatamente afectados y en las condiciones de los campos hoy en día.

HUELGA GENERAL

La decisión de ampliar la huelga causó un furor en el sindicato que resonaría durante mucho tiempo. Pero por el momento, la convocatoria de la convención de Hartnell movilizó a los trabajadores de todo el valle para unirse a una ofensiva general para llevar a los productores a la mesa de negociaciones en torno a las demandas de la huelga.

Un resultado inmediato de la resolución de la huelga por parte de la convención fue la decisión de los trabajadores de West Coast Farms, una compañía de lechuga de Watsonville, de salir a la huelga sin autorización o consulta con el sindicato. Más o menos después de una semana de ese paro, los funcionarios de West Coast buscaron a los negociadores de UFW y solicitaron un acuerdo. El resultado fue un aumento del 67% en el salario mínimo por hora de trabajo común de campo, hasta $6.20 por hora, un aumento del 50% para los trabajadores a destajo y de 50 a 75 centavos la caja el 15 de julio de 1981. UFW retuvo el derecho de huelga si la mecanización en la costa oeste desplazase al 20% de los trabajadores de cualquier categoría. La mitad de los nuevos salarios eran retroactivos al 2 de diciembre de 1978.

A raíz del convenio de West Coast, paros, marchas y huelgas de brazos caídos resonaron a través del valle tanto en empresas sindicadas como no. Algunas de las compañías no sindicalizadas no esperaron a los paros sino que aumentaron los salarios inmediatamente. Algunos días después Sun Harvest indicó que estaba dispuesta a llegar a un acuerdo, así como negociar un contrato que incluía una clausula de costo de vida, la primera de su tipo y aumentaba las prestaciones médicas. Algunas de las compañías fuera del sindicato anunciaron aumentos de salarios y beneficios por encima de los de Sun Harvest. Las demandas salariales que Robert Thornton, vice-presidente ejecutivo de Grower-Shipper Asociación, había dicho unos meses antes que "nos pondrían fuera del negocio" ahora se estaban adoptando como la nueva tasa básica de la industria.

Esta fue una victoria significativa para los trabajadores y el sindicato. De un solo golpe, el salario por hora en los cultivos de hortalizas, que había aumentado de $1.90 a $3.40 en la década anterior, ahora saltó a $5 la hora. Las tasas salariales contractuales aumentaron proporcionalmente más. Hubo aumentos en los beneficios para la salud y la paga de vacaciones. Los productores acordaron pagar los salarios de los representantes sindicales. A lo largo de todos esos años en California, en términos de ganancias materiales, esta fue la victoria más contundente del movimiento sindical de los trabajadores agrícolas que se había logrado nunca.

Esto fue motivo de celebración. Los campesinos felices y aliviados brindaron por su victoria y una vez más, por un momento, sintieron su fuerza. La felicidad era palpable por todo Salinas y Watsonville, pero no exactamente compartida en La Paz. Chávez trató de sabotear la huelga cortando los fondos de huelga del sindicato después de la convención de Hartnell. Conforme se firmaron los nuevos contratos con los sindicatos en Salinas, optó por permanecer en el cuartel general del sindicato, sin apenas reconocer el logro.

DESGARRADO

Era una época estimulante. Los trabajadores regresaron a trabajar con sus espíritus elevados y la cabeza levantada. Se habían mantenido juntos durante muchos meses y, al final, se habían unido en todo el valle y llevado a los rancheros a un compromiso que habían declarado que nunca harían.

Pero la fiesta no iba a durar mucho tiempo. El aumento repentino de los salarios y beneficios fue sorprendente, pero había que dar un paso atrás y darse cuenta de que gran parte de la prisa de los rancheros para aumentar los salarios y beneficios fue motivada por el deseo de evitar la sindicalización. Cuando el polvo se asentó después de la huelga, UFW todavía tenía menos del 40% de la industria de la lechuga de Salinas bajo contrato. Este era un área de vulnerabilidad. No estaba claro si Chávez estaba comprometido a hacer mucho con respecto a esto. Poco después de la huelga, se pronunció en contra de poner demasiado énfasis en los aumentos de salarios y beneficios. "¿Qué es un sindicato?", dijo en una reunión con el personal del sindicato. "No son los salarios, ni los beneficios, ni las protecciones. Los salarios son el fruto, el sindicato es el árbol". Pero no todos estaban de acuerdo acerca de lo que constituía un árbol sano.

Con el éxito de la huelga de 1979 detrás de sí, los representantes sindicales que habían encabezado la huelga se unieron para encabezar la organización en otros ranchos en la zona central de California.

En palabras de uno de los representantes sindicales, Aristeo Zambrano:

> Cuando fuimos elegidos como representantes comenzamos una campaña para organizar todos los ranchos que pudimos. Marshall Ganz, quien creía que si no continuamos organizando y ampliando la organización, seríamos vulnerables al contragolpe

de los agricultores, nos estimuló en esta tarea. Y
continuamos, trayendo más compañías al sindicato,
el mayor número posible. Hemos trabajado duro para
representar a los trabajadores de nuestros ranchos
y al mismo tiempo empleando el tiempo y el esfuerzo
necesarios para organizar desde King City a Gilroy.
Trabajamos en Greenfield, Soledad, Gonzales, el área de
Salinas, Watsonville, Castroville, hasta San Juan Batista,
Hollister, y Gilroy, especialmente durante la época de
la cosecha del ajo. Ganamos las elecciones en muchos
ranchos. Pero entonces el conflicto en el sindicato creció.
Chávez nos ordenó detener la organización. Nos dijeron
que el sindicato no veía Salinas tan importante. Había
otras áreas consideradas más importantes. No querían
más organización por allí por el momento.[15]

La brecha entre Chávez y sus aliados del consejo ejecutivo del
sindicato y los representantes sindicales de base, que se había
deteriorado públicamente durante la huelga, se fue ampliando.
Los altos dirigentes del sindicato continuaron insistiendo en
que los representantes sindicales electos, ahora representantes
pagados, según los términos del contrato de 1979, estaban en
deuda con ellos y sujetos a su aprobación o rechazo. Pero las
bases habían rechazado consistentemente esta interpretación,
insistiendo en que elegir y cambiar los representantes sindicales
era su prerrogativa.

Las tensiones continuaron en aumento en el sindicato. En
1980, cuando se pidió a los representantes sindicales que fueran
a La Paz para asistir a la unión con la administración del plan
médico ellos se resistieron. Ellos vieron esto como una táctica
para alejarlos de las bases y debilitar sus lazos con ellas. Treinta
representantes electos de ranchos alrededor de los valles de
Salinas y Pajaro celebraron una reunión en Watsonville ese
verano. Debatieron qué hacer frente a las políticas de la junta
ejecutiva que ellos creían que no eran beneficiosas para los
trabajadores ni para el sindicato. Ellos estaban ampliamente
de acuerdo en que en los conflictos entre los intereses de los
trabajadores ordinarios y los intereses o deseos de la dirección
del sindicato, su obligación estaba con las bases. Este fue el

abrumador sentimiento de la reunión. Estuvieron de acuerdo en oponerse a la llamada de los dirigentes.

El descontento que había flotado como una niebla fría alrededor de los campos de Salinas ahora se fusionaba en un grupo de oposición que llegaba directamente desde la base popular. Estuvo influenciado además por divisiones en el liderazgo. Marshall Ganz, Gilberto Padilla, y Jessica Govea, líderes de toda la vida del sindicato, abandonaron el sindicato como resultado de desacuerdos relacionados con las tensiones en Salinas.

Había dos centros de liderazgo claramente emergentes, uno en La Paz, liderado por Chávez, Dolores Huerta, Frank Ortiz, David Martínez, y otros, y el liderazgo de las bases en el área de Salinas. Existían antiguas fisuras dentro del sindicato que tal vez podrían remontarse a los días de Oxnard de Chávez cuando surgió por primera vez su visión de la organización de los trabajadores agrícolas y encontró su rumbo en los trabajos de los campos durante el conflicto entre los braceros y los autóctonos. Entre algunos dirigentes del sindicato había una vieja postura hacia Salinas de que era demasiado militante, demasiado independiente, y por extraño y contradictorio que pueda parecer, también demasiado *mejicano*.

De hecho, algunos dirigentes de base de Salinas se tomaron la hostilidad que sentían hacia ellos como una forma de discriminación contra los inmigrantes mexicanos de parte del un comité ejecutivo con una mayoría de Mexicano-Americanos. Algunos comenzaron a interpretar la ira de Chávez por haber sido desafiado en Salinas como un prejuicio anti-inmigrante mexicano. Y criticaron al comité ejecutivo por estar fuera de contacto con las bases, ya que no reflejaba la composición de las bases del sindicato. Ellos tomaron la decisión de desafiar eso.

Su oportunidad llegaría en la siguiente convención del sindicato, que se celebraría en Fresno en 1981. Según Aristeo Zambrano, uno de los principales organizadores de la iniciativa de las bases:

A medida que la convención del sindicato en Fresno se aproximaba, comenzamos a discutir la idea de la junta directiva del sindicato de nombrar candidatos de la gente de los campos con el fin de cumplir con los principios que habían sido establecidos en el artículo primero de la constitución del sindicato; este es un sindicato de trabajadores agrícolas, pagado por los trabajadores agrícolas, y debe ser dirigido por los trabajadores agrícolas. Nos tomamos esto en serio y comenzamos a buscar a los hombres y mujeres de los campos que podrían asumir esta responsabilidad; las personas que tenían experiencia de trabajo en los campos, que habían sufrido allí, que sabían lo que era a la huelga y negociar contratos, que sabían de la vida del trabajador agrícola. Teníamos un núcleo activo de representantes sindicales. Visitamos St. Helena, Oxnard, Coachella, Modesto, y otros lugares. Nos dimos a la tarea de visitar aquellos ranchos para construir un consenso y para preparar una plataforma para la convención de Fresno. Éramos conscientes de que había llegado la hora de que los trabajadores del campo asumieran la dirección de un sindicato que era suyo, construido a través de sus esfuerzos, su trabajo, sus huelgas y piquetes, y días de pasar hambre y perder los puestos de trabajo y todo aquello que sacrificaron en la lucha. Y, sin embargo, cuando la lucha terminaba y se firmaban los contratos, ellos eran los olvidados.[16]

Convención, amenazas, y paro: 1981

Los líderes de base de Salinas llegaron a la convención de UFW en Fresno en 1981, preparados para desafiar el liderazgo del sindicato con su propia lista de candidatos. Sus objetivos eran bastante modestos. Ellos no reclamaban reemplazar la actual junta directiva, sino sentar en ella a uno o más de sus candidatos. Eligieron tres trabajadores agrícolas, Rosario Pelayo, un activista sindical de toda la vida y muy respetado por los trabajadores de la zona del Valle Imperial y los campos de uva de San Joaquin, José Rentería, dirigente sindical de Salinas que una vez había encabezado el centro de contratación sindical, y un trabajador agrícola de los campos de uva del Central. El grupo de Salinas había desarrollado algunos contactos en todo el estado, pero su fuerza era abrumadora en el área de Salinas-Watsonville. Estaban dispuestos a librar una lucha que ellos veían como crítica para el futuro del movimiento sindical.

Anticipando un desafío a su liderazgo, Chávez y el consejo ejecutivo habían tomado medidas para proteger su dominio exclusivo del poder. En primer lugar, trataron de evitar que alguno de los representantes de Salinas pagados por el sindicato fuesen elegidos delegados en la convención. Cuando eso fracasó, instituyeron la regla de que si tan sólo el 7% de los trabajadores de un rancho firmaran una petición apoyando una lista para la convención de los candidatos, cualquier delegado de la convención elegido por ese rancho estaría obligado a votar por esa lista. Luego acometieron la recolección de firmas en los ranchos para la lista de la junta ejecutiva.

Cuando los delegados de Salinas llegaron a Fresno, se toparon con la regla que ahora los obligaba a apoyar la lista de la junta ejecutiva. De acuerdo con la regla del siete por ciento, ¡ni siquiera podían votar por su propio candidato! A partir de ahí, las cosas se pusieron más feas.

De nuevo Aristeo: "Cuando llegamos a Fresno empezaron a molestarnos. Había un tipo con un arma de fuego. Él estaba tratando de intimidarnos con su pistola, mostrándola", dejando que su chaqueta se abriera revelando la pistola en el cinto. "Su nombre era Orozco. Fue sacado del área del salón del sindicato sin mostrar su pistola a la sala llena de delegados". Los representantes del sindicato de Salinas desafiaron la regla del 7% y pidieron el voto de los delegados. "Cuando se realizó la votación, César dijo, 'se ve muy reñida'. Y dijo, 'Vamos a cerrar esto hasta después de que hayamos comido'. Y durante ese tiempo, cuando fuimos a comer comenzaron a repartir panfletos en la convención, folletos preparados de antemano, que decían algo así como 'Mario Bustamante pretende destruir el sindicato y Aristeo Zambrano es un comunista que intenta desestabilizarlo. No creas todo lo que dicen". Y pudimos ver que había una gran cantidad de distanciamiento circulando, mucho esfuerzo entre los delegados para difamarnos y poner a la gente en contra nuestra. Vimos el acoso dirigido contra nosotros y pensamos que, si nos quedáramos allí esa noche correríamos el riesgo de que alguno de nosotros fuese asesinado. Así que tomamos la decisión de abandonar la convención".

La delegación de Salinas abandonó la convención esa tarde, llevándose con ellos a los delegados de la zona de Salinas y algunos otros. Fuera de la sala de convenciones se celebró una conferencia de prensa denunciando lo que había sucedido en el interior.

Cuando los representantes volvieron a Salinas, se convocaron reuniones de todos los ranchos que estaban representando para explicar lo que había sucedido en la convención. A los pocos días, aparecieron en Salinas los miembros del consejo ejecutivo del sindicato, Dolores Huerta, David Martínez y Frank Ortiz. Visitaron los campos y convocaron su propias reuniones para condenar a los delegados de Salinas que habían estado en la convención y exigir que fuesen expulsados de sus puestos de trabajo como representantes sindicales. Trataron de obtener en cada rancho peticiones firmadas por el veinte por ciento de las bases para celebrar nuevas elecciones. Fracasaron en todos los ranchos. Con frecuencia, se vieron ellos mismos rechazados por los trabajadores reunidos.

De un artículo del *Salinas Californian* del 9 de septiembre de 1981: "Entonces, en una reunión del comité de rancho el jueves por la noche Dolores Huerta entregó a Mario Bustamante una carta de César Chávez que le informaba que había sido suspendido como representante sindical en Green Valley y reemplazado por alguien más del agrado de la junta ejecutiva. Bustamante mantuvo que los estatutos del sindicato requerían que el vice-presidente del comité, José García se hiciera cargo. Pero debido a que García como Bustamante formaba parte de la delegación de ochenta miembros de Salinas que abandonó la convención de Fresno para protestar contra una norma del sindicato que obligaba a los delegados a votar por determinados candidatos de la junta ejecutiva, él también fue inhabilitado".

Los representantes sindicales apelaron su traslado a ALRB. Sin embargo en un fallo varios años después del despido, ALRB declaró algo que algunos podrían encontrar paradójico: "Siempre y cuando los derechos de los miembros de los sindicatos no sean violados. UFW puede seleccionar a sus representantes, por cualquier medio que elija".[17]

Los representantes presentaron una demanda contra el sindicato en los tribunales exigiendo la reincorporación, alegando que Chávez no tenía poder para despojarlos de sus puestos de trabajo como representantes sindicales de base. El juez estuvo de acuerdo. El sindicato respondió presentando una demanda en contra de los representantes que exigían una gran suma por daños y perjuicios, alegando que habían difamado la reputación del sindicato.

A medida que se aproximaba la época de Citizen's Participation Day, Aristeo, junto con otros representantes sindicales, decidió que, como protesta contra la represión y cómo se utilizaban los fondos CPD, se negarían a pagar los fondos. Esto significaba arriesgarse a ser despedidos de sus puestos de trabajo en el campo según la resolución de la convención de 1977 que establecía el CPD como una obligación. A pesar del riesgo, muchos se negaron a pagar el CPD y de hecho perdieron sus puestos de trabajo.

Pero eso no fue todo, ni peor de lo que les pasó a los que se atrevieron a defender sus derechos en el sindicato. Mario Bustamante fue asaltado y golpeado en una oficina del sindicato en el Valle Imperial. Un accidente casi fatal en una carretera cercana a la frontera entre Mexicali y San Luis, Arizona, dejó a Cleofas Guzmán, el jefe del comité del rancho Sun Harvest, parcialmente paralizado. Las circunstancias del accidente dejaron a muchos de los que conocían los detalles, convencidos de que ese evento fue todo menos accidental.[18]

DERROTA DE LA VICTORIA

Andrew Church, un abogado que actuaba en nombre de la empresa Sun Harvest, alegó ante el ALRB que el cambio "estaba provocado por la necesidad económica, no por sentimientos contrarios al sindicato". El cambio fue la transferencia de algunas de las operaciones de cultivo y de envío de Sun Harvest de brócoli, coliflor, lechuga, y otros productos a otras empresas no sindicalizadas. Las transferencias afectaban a cerca de 600 puestos de trabajo. UFW desafió las transferencias delante de la junta ejecutiva. El abogado de Sun Harvest expresó su confianza en que ALRB decidiría a favor de Sun Harvest, pero se comprometió a "combatir el problema en los tribunales" si no lo había hecho. Los abogados de ALRB se comprometieron a buscar expertos en "formación corporativa, reorganización y economía" para la consideración de su decisión.[19] Fue a mediados de diciembre de 1981, y la danza de la muerte legal del sindicalismo agrario estaba en marcha.

A mediados de agosto de 1983, Sun Harvest anunció públicamente que iba a cerrar todas las operaciones el siguiente primero de enero "debido a consideraciones económicas". Los 800 miembros de UFW que todavía trabajaban para Sun Harvest tendrían que valerse por sí mismos, su antigüedad, salarios garantizados y beneficios se evaporaron como niebla de verano. Sin embargo, ellos tuvieron más suerte que otros. Otras compañías siguieron la estela de Sun Harvest y se disolvieron tan rápidamente que los trabajadores sólo se dieron cuenta de que sus empleadores habían "desaparecido" por la mañana cuando se presentaron a trabajar.

Conseguí mi primera visión directa de lo que esto significaba en 1985. Había ido a Salinas para visitar a amigos y averiguar cómo iban las cosas. Estaba una mañana de principios de julio en una tienda de donas al lado de un punto de recogida de trabajadores agrícolas en frente de Safeway en la calle Alisal. Me senté con mi vaso de espuma de poliestireno de café de 35 centavos frente a Jorge, un trabajador de la lechuga veterano al que conocía desde mis tiempos del equipo de tierra de Sun Harvest. Agitando lentamente su café, dijo:

> Yo estaba allí para las "negociaciones", cuando Sun Harvest se disolvió en 1984. ¡Todo el encuentro duró ocho minutos! Un funcionario de la compañía arrojó los papeles sobre la mesa con rudeza. —Léanlos con cuidado—, dijo. Chávez estaba allí. Él dijo— Este es un asunto serio que necesita más discusión—. Pero la compañía dijo— Si usted tiene alguna pregunta al respecto llame a uno de nuestros abogados—. Eso fue todo. Catorce años de contratos. Eso fue todo. Después de que Sun Harvest "se viniera abajo" un montón de otros rancheros "se declaró en quiebra". Básicamente, sólo pintaban sus autobuses de un color diferente y comenzaban de nuevo una semana más tarde con los mismos supervisores bajo un nombre diferente, con diferentes trabajadores naturalmente y salarios más

bajos. Nosotros sabíamos qué empresas trabajaban en qué campos. Ahora a veces te contrataban mediante un contratista para trabajar en el mismo campo que trabajabas antes. Sólo que ahora pagaban $2 por hora menos. Perdimos todos nuestros beneficios, toda nuestra senoria, todo lo que pensábamos que teníamos. Hace dos años hice alrededor de $20,000 en la lechuga. El año pasado hice 10,000 y este año sólo $5,000 hasta ahora. Quité a mi hija de la escuela secundaria y está trabajando en Kentucky Fried Chicken ganando $3.35 por hora. Es una pena, pero nosotros no sobreviviríamos sin ella ahora.

El desplome de contratos del sindicato no ocurrió de una sola vez, sino que una empresa tras otra desapareció y reapareció bajo una forma diferente, todo el panorama se transformó.

Existieron tres factores que los agricultores consiguieron utilizar en su beneficio para lograrlo. Uno, los principales líderes de base que habían madurado durante la década de los años 1970, a lo largo de todos los giros y vueltas del movimiento, fueron expulsados de sus cargos como representantes y en muchos casos, despedidos de las empresas por presión del sindicato. Esto dejó a los trabajadores sin líder y desmoralizados. Dos, la campaña de organización que Chávez había ordenado detener alrededor de 1980 dejó que los campos de hortalizas siguieran siendo principalmente no sindicados, una base desde la que los rancheros podrían expandirse. Con la organización de los campos en un punto muerto, la única defensa del sindicato era a través de ALRB. Y tres, las quejas de los trabajadores por prácticas laborales injustas en los campos se amontonaban en amplios archivos de ALRB, pudriéndose en un limbo legal, mientras que las condiciones que dieron lugar a las quejas en primer lugar cambiaban. Incluso un fallo favorable, siempre retrasado, a menudo se derretía en la irrelevancia.[20]

UFW argumentó enérgicamente que el régimen de Deukmejian (gobernador de California entonces), que siguió al gobierno de Jerry Brown, era pro-cultivador y había destruido la efectividad de la ALRB. Pero el hecho es que, aun cuando la mayoría de Agricultural Labor Relations Board simpatizaba con el sindicato, los productores habían encontrado la manera de socavar, retardar, y desvirtuar los esfuerzos del sindicato.

EL NUEVO ORDEN

Con la desaparición de las empresas del sindicato, los productores impusieron un nuevo orden. Los equipos de la lechuga que habían trabajado juntos durante muchos años y habían formado la columna vertebral del movimiento en los campos desde antes de 1970 se dividieron, sus miembros se dispersaron en las unidades de trabajo fragmentado de las empresas recién formadas y los contratistas de mano de obra. Los lugares de recogida, que una vez concentraban a muchos trabajadores en áreas particulares, fueron dispersados por toda la ciudad. Parte de esto era sin duda un esfuerzo consciente para hacer cualquier organización y resistencia más difícil. Algo de eso también fue espontáneo, a medida que las grandes empresas dividían sus operaciones en unidades separadas y más pequeñas.

Los campos de trabajo, que a pesar de su frecuente austeridad y miseria, ofrecían un lugar confiable para los inmigrantes que vivían durante la temporada de cosecha y permitían una mayor coherencia entre los trabajadores, fueron cerrados y demolidos. Sus antiguos ocupantes ahora tenían que buscar alojamiento en apartamentos obsoletos, chabolas, habitaciones de motel y garajes de Alisal.

Los trabajadores sindicalizados fueron expulsados de sus empresas y de sus equipos y dejados a merced de los capataces y los contratistas que previamente habían sido sus adversarios. Algunos se vieron obligados a abandonar la zona en busca de trabajo. Otros encontraron trabajo con los contratistas que se dieron cuenta de que ya no constituían ninguna amenaza.

Rafael Lemus había jugado un papel clave en la organización de D'Arrigo en 1970, y más tarde, después de regresar del boicot de la lechuga, convirtió un equipo de apio de Harden Company en un cuerpo para la organización de UFW en esa empresa. No tomaba parte en la rebelión de los representantes del sindicato desde 1979. En 1986, con la muerte del propietario de Harden y la desaparición de Harden Farms como entidad corporativa, con su contrato con el sindicato anulado y sus operaciones divididas entre unidades dispares, Lemus se encontró sin trabajo. En aquel momento, Lemus se consideró afortunado por ser contratado como mayordomo para un contratista de mano de obra, donde trabajaría hasta su jubilación seis años más tarde.

En cuanto a lo que pasó con los demás trabajadores mencionados en este libro, sólo sé de unos cuantos, ya que perdí el contacto con la mayoría de ellos después de salir de los campos. En aras de su privacidad, voy a abstenerme aquí de cualquier mención sobre ellos.

Para finales de 1980, el sindicato de trabajadores agrícolas había desaparecido en gran medida. En el Valle de Salinas y sus alrededores donde se había encontrado su base más fuerte, sólo se mantuvieron un puñado de contratos. La sede del sindicato en la calle Wood, que bajo la influencia del modelo de "sindicato empresarial" de Chávez había sido transformada—su una vez amplio espacio de encuentro abierto se vio reducido a un espacio que tenía tanto atractivo como la sala de espera de un dentista— quedó en silencio y se cerró.

AMPLIACIÓN DE LA SEGREGACIÓN RACIAL

Si la década de 1970 había dado lugar a la esperanza de un nuevo tipo de relación en el campo, debido a un movimiento que barrería el sistema de apartheid que imperaba allí, entonces la década de 1980 podría haber barrido la ilusión de que tal cosa era posible. De hecho, lejos de terminar, el sistema de castas de las relaciones laborales en los campos se amplió al resto de la economía. Bajo las presiones de un sistema capitalista mundial más parasitario y competitivo, algunas áreas de la economía, como el sector servicios, la industria ligera, empacadoras de carne y la construcción, gradualmente fueron encontrando una abundancia de mano de obra barata y disponible al otro lado de la frontera que era demasiado tentadora como para dejarla escapar. Tal y como lo habían hecho en el caso de los campos, las agencias de inmigración remodelaron sus políticas para adaptarse a las necesidades del capital. No había ningún nuevo programa de tarjeta verde para "legalizar" la mano de obra, de modo que entraron en el país un gran número de trabajadores indocumentados para saciar el hambre corporativa por mano de obra vulnerable y barata.

A medida que los braceros que se habían convertido en residentes se jubilaron o se trasladaron, en su lugar llegaron trabajadores indocumentados atraídos a los campos por cualquier medio que los contratistas de mano de obra y los productores pudiesen ofrecerles. Pero la situación en los campos era pésima. Los salarios se estaban derrumbando, los beneficios fueron desapareciendo, y las condiciones de trabajo se estaban deteriorando. Al mismo tiempo que se abrían puestos de trabajo para los inmigrantes en las ciudades y en otras industrias, atraían trabajadores a los campos. Había preocupación entre los productores por obtener un suministro suficiente de trabajadores con bajos salarios para cubrir sus necesidades.

A medida que el número de personas sin documentos se incrementaba, la ansiedad crecía entre la clase política. Ahora había una masa de población no registrada que estaba sin control y en gran parte clandestina en ciudades de California, el Oeste, y más allá. En un esfuerzo para conseguir controlar la frontera, se aprobó en 1986 una propuesta de amnistía; la ley Simpson-Rodino. Según el proyecto de ley de amnistía, los inmigrantes que pudiesen demostrar que estaban en el país antes de enero de 1982, podían legalizar su situación después de pasar por un curso de educación cívica y de inglés (un programa en el que yo estaba muy involucrado como maestro). Para ayudar a los productores con su oferta de trabajo se incluyó específicamente una disposición especial en la ley, la sección Special Agricultural Workers (SAW) que permitía a los trabajadores agrícolas legalizarse en condiciones menos estrictas. Bajo la provisión SAW, se dio la residencia legal a tal vez un millón de trabajadores, ofreciendo a los rancheros una gran oferta de trabajadores. Utilizaron esto para reducir aún más los salarios.

Pero los productores no querían correr ningún riesgo, y constantemente buscaban suministros nuevos. Durante años, los agricultores de los sectores más pobres de México, indígenas de Oaxaca, Chiapas, Puebla, Veracruz y Guerrero, viajaron a los estados del norte de México como una fuerza de trabajo migratoria interna. Comenzando alrededor de 1986, los trabajadores y campesinos de estos estados del sur, sobre todo Oaxaca, empezaron a cruzar la frontera con Estados Unidos, reclutados por contratistas de mano de obra y atraídos por la promesa de pago, que incluso con los salarios altamente deprimidos de la década de 1980, eran considerablemente más altos que los pagados en los campos mexicanos o los que podrían ganar los pequeños agricultores, plagados de precios deprimidos en cosas tales como café, maíz y frijoles. Los oaxaqueños pronto se convirtieron en una parte fundamental de la fuerza de trabajo en los cultivos de frutas y verduras de California y de otros lugares.

Y así el ciclo continúa. Tal y como había pasado con los chinos traídos y expulsados; los japoneses contratados y luego excluidos de ser dueños de la tierra; los filipinos bienvenidos y marginados y aislados a continuación; los mexicanos contratados y luego perseguidos por la migra; el ciclo continuó desde la rebelión, la organización, y las aspiraciones de los años 1960 y 1970 hasta la derrota y la desmoralización de la década de 1980. Y continúa hoy en esos mismos campos, bajo ese mismo sol tan a menudo oscurecido por la niebla de la mañana, a la vista de las colinas cuyos exuberantes colores cambian, camaleónicamente, con las estaciones. Todavía conduzco a través de ese valle y me detengo a veces, asombrado como siempre por los vastos campos repartidos sobre cientos de millas cuadradas de tierras fértiles, de las que se alimenta gran parte de una gran nación, y sobre la cual pasan los desbastadores y escardadores, irrigadores y tractoristas, cortadores, empacadores y cargadores, congregándose alrededor del zumbido de una cada vez mayor variedad de máquinas de cosecha. Las mujeres aún trabajan protegiéndose del sol con sus pañuelos, los hombres con sus cachuchas y fundas pegadas a sus bolsillos traseros. Ellos trabajan lejos de los supermercados, almacenes de tiendas, centros de compras y tiendas de barrio donde nosotros compramos nuestra comida, —tal vez no tan lejos en distancia como en reconocimiento— junto a muchas otras personas que no tienen la más mínima noción de quién planta, cultiva, y cosecha los alimentos que compramos allí y de los cuales dependemos.

EPÍLOGO

LOS CAMPOS HOY

HAY MÁS DE DOS MILLONES de trabajadores agrícolas permanentes y de temporada en Estados Unidos, entre ellos 100,000 niños. Uno de cada diez trabajadores agrícolas en Estados Unidos es ciudadano estadounidense.

Cerca de 684,000 trabajadores agrícolas trabajan para los cultivadores de California. California tiene el 44% de los trabajadores de frutas, verduras y hortícolas del país. El 95 por ciento de los trabajadores son inmigrantes, la gran mayoría, el 93 por ciento, son latinos de México. Se estima que el 85 por ciento son trabajadores que han sido privados de documentos legales.

En el año 2000, los agricultores de Monterey County emplearon a 86,941 trabajadores agrícolas, incluidos 46,687 trabajadores migrantes. Otros 20,000 trabajadores agrícolas estaban empleados en el cercano Santa Cruz County. Las estimaciones sobre el número de mujeres en los campos de California varían del 20 al 50 por ciento en el cultivo.[1] Los cultivos que requieren más mano de obra son los de lechuga, fresa, uva, brócoli y coliflor.

La producción nacional anual promedio por trabajador agrícola en 2010, fue de $43,177. La producción promedio por trabajador agrícola en Monterrey County fue de $183,331 en el 2010. El salario medio anual de un trabajador agrícola de Salinas en 2011 fue de $19,350.[2]

SALINAS, A FINALES DE AGOSTO DE 2009

Todavía era de noche a las 5 de la mañana, y yo estaba haciendo visitas a los lugares que había conocido bien, treinta años antes. Yo estaba bajo una pasarela cubierta en el extremo de un gran aparcamiento en la calle Alisal, el principal punto de confluencia en Salinas para los contratistas y compañías que transportan a los trabajadores a sus campos. Los trabajadores con sudaderas con capucha y chaquetas, pañuelos en la cabeza, y gorros de lana parecían sombras oscuras en las puertas de las tiendas cerradas. Otros entraban y salían de un restaurante que servía café y pasteles por la mañana temprano.

La multitud sobre la pasarela estaba creciendo. Autobuses y minibuses estaban dando la vuelta al solar, rodando lentamente, iluminando con sus faros la fina niebla, atrayendo las "sombras" hacia ellos. Los pequeños grupos de trabajadores esperaban, dirigiendo ahora su atención al estacionamiento que lentamente se llenaba. Me dirigía hacia uno de estos grupos cuando oí a alguien gritar: —¿Hola, no me recuerdas?— Una mano se extendió hacia mí y detrás de ella estaba el rostro ampliamente sonriente de un hombre sin sombrero.

—Hola—, le dije mientras estrechaba su mano instintivamente.

—Trabajamos juntos con la Norton, en el valle, por la frontera. ¿No recuerdas, verdad?— Miré al hombre que estaba delante de mí, vestido con una camisa verde abotonada y una chaqueta de gamuza color canela, ropa que le delataba, claramente no como trabajador de una cuadrilla de tierra de la lechuga. No surgió ningún recuerdo que coincidiera con la cara: complexión ligera, gran bigote, patillas teñidas grises, y un pelo finísimo en proceso de recesión radical. Pero por otra parte, estaba hablando de treinta y cinco años atrás.

—Bueno—, le dije, buscando un terreno común en la tierra de la memoria, —entonces te acuerdas de aquel campamento despreciable en Blythe, que tenía esas duchas con un horrible olor a azufre?— Me miró sonriendo.

—Blythe—. . . Esta vez, su cara estaba buscando.

—Y aquella huelga relámpago en el Imperial cuando los cargadores se negaron a trabajar porque el campo estaba mojado y tenían miedo de lastimarse la espalda? Ellos fueron despedidos y dejamos de trabajar en solidaridad con ellos—. Todas las horas que había pasado escribiendo sobre este tipo de sucesos pasados fueron útiles. El hombre sin sombrero echó la cabeza hacia atrás, como sintonizando una visión.

—Oh sí. Conseguimos que volvieran al trabajo, ¿no?—, dijo, sin ningún entusiasmo. En ese momento, una imagen vino a mi mente. Vi a un joven sentado en una caja de la lechuga en los campos, con el pelo largo sobresaliendo por detrás de una bandana azul o roja, con el puño al aire, junto con un grupo de otros trabajadores jóvenes. Traté de comparar aquella cara delante de mí con mi imagen mental de la foto de un momento en un campo de lechuga de El Centro que todavía tenía en casa.

—Bueno, yo soy Israel—, dijo. —Es probable que no recuerdes mi nombre. Soy mayordomo de esta empresa—. Señaló al autobús que estaba delante de nosotros, —The Growers Company— dijo.

—Soy Bruce—, le contesté. —Por supuesto, me acuerdo—, sonrió, mostrando una memoria que dejó a la mía avergonzada.

Para responder a la pregunta que vi acechando en su cara, le dije: —Estoy aquí para ver los campos, para escribir algo sobre la historia de aquellos años y de lo que está sucediendo hoy en día. Las cosas están muy mal ahora, parece mucho peor ahora en los campos que antes—, dije anticipando la aceptación a un alegato que parecía obvio para casi todo el mundo con quien había hablado en Salinas.

—Oh, no—, dijo Israel, negando con la cabeza. —No es así. Está mejor que en aquel tiempo. Entonces, no teníamos ninguna protección. Pero ahora el gobierno protege a las personas. Cuando hay problemas ahora las personas pueden conseguir que el gobierno los defienda, no como antes.

—¿En serio?— Dije—; He oído que si tienes papeles muchos contratistas no te aceptan. Ellos sólo quieren gente sin papeles, personas a las que puedan joder con mayor facilidad—. Incluso mientras decía esas palabras, puse en duda mi sentido común al hablar con tanta franqueza. Israel se sobresaltó ligeramente. Miró por hacia el aparcamiento y luego a mí.

—Lo siento, Bruce, pero ahora tengo que ir al autobús—. Nos dimos la mano otra vez y se fue. Su amigo, un hombre algo más joven con un sombrero de vaquero, otro capataz, entró en la conversación.

—En realidad, todo el mundo tiene papeles. Y tenemos que verlos antes de contratarlos—. Sonaba a la defensiva, pero yo sabía de dónde procedía eso. Lo tomé como un disimulo oficial destinado al consumo público. El no tenía tiempo, o tal vez deseaba, elaborarlo. Él también tenía que llegar a su autobús al tiempo que un toque de luz más allá de las tiendas que bordean la calle Alisal evocaba el día y el trabajo.

A corta distancia de la pasarela, un grupo de hombres estaba esperando para trabajar. Uno de ellos, delgado, con el pelo castaño y liso saliendo de su gorra de béisbol, estaba de pie junto a un grupo de bancos. Estaba lo suficientemente cerca que pensé que podría haber oído algo de la conversación con los capataces. Él miró hacia mí y al pequeño cuaderno que sostenía y se acercó a hablar. Sin introducción, dije: —Ese mayordomo de allí, dijo que las cosas son bastante buenas para los trabajadores aquí ahora, que las personas están protegidas por el gobierno—.

—Bueno—, dijo el hombre, que se presentó como Jorge y parecía tener unos cuarenta y tantos años, —yo no lo veo de esa manera. La temporada pasada estábamos en el campo cuando nuestra máquina de lechuga se rompió. Estuvimos sentados durante horas antes de que el tipo de la reparación pudiese conseguir que la máquina se pusiera en marcha. Cuando finalmente se puso en marcha pregunté al mayordomo: '¿Vamos a recibir el pago por el tiempo de espera aquí en el campo?' El mayordomo dijo 'no podemos pagar porque no trabajaron'. Y yo dije que 'eso no fue culpa nuestra'. Así que empecé a hablar con la cuadrilla. Les dije 'debemos recibir el pago por lo menos de parte del tiempo que hemos perdido. Deben pagarnos por lo menos una hora'. Y la gente estuvo de acuerdo. Cuando el mayordomo se negó siquiera a considerar esto decidimos marcharnos. Entonces llegó un supervisor y amenazó con despedirnos a todos y reemplazarnos. Poco después me despidieron. No pude conseguir un trabajo nuevo con Los Garcias, que era el contratista. Cada vez que les pedía trabajo era siempre lo mismo. 'No hay plazas'. Pero yo lo sabía perfectamente. Había sido marcado como agitador".

Jorge miró hacia el otro lado del aparcamiento, inundado de repente con la pálida luz difusa de una mañana nublada. — Puedes ir a la comisión de trabajo y presentar una queja. Si, son comprensivos. Pero ¿cuántas personas quieren correr el riesgo de presentar una queja y darse a conocer como alborotador? El gobierno tiene agencias para proteger a los trabajadores y todo eso. He visto a los inspectores que salen a verificar los campos. Cuando el mayordomo los ve venir da una señal al controlador de la máquina—. Jorge levanta la mano y con los dedos pulgar, índice y medio hace un movimiento de torsión. —Y el conductor desacelera la máquina. Tan pronto como el inspector se va, la máquina acelera de nuevo. Es aún peor cuando se van, porque tan pronto como el hombre del gobierno se marcha, el mayordomo le dice al operador de la máquina, '¡de acuerdo, vamos a movernos, tenemos que recuperar el tiempo perdido!'. ¡Casi siempre las maquinas vienen en madriza!

Máquinas a toda marcha

Es otra mañana en la misma zona de captación de trabajadores. En un espacio oscuro escudado de las farolas de Alisal por la gran lavandería *Casa de Lavandería*, grupos de trabajadores de Baja Fresh Company estan esperando cerca de los autobuses silenciosos y oscuros. Un hombre joven, con una capucha que hacía su rostro apenas visible, explica que había estado cinco años en la lechuga. Responde enfáticamente a mi pregunta sobre el trabajo.

—Nos tienen corriendo, allí. Nos sentimos mareados todo el día. Es todo el día, cortar y tirar, cortar y tirar. Tienes que trabajar muy rápido para no retrasarte. Corres como un loco y no puedes pensar con claridad—. Las mujeres a su alrededor asienten. Una de las mujeres lleva un pañuelo blanco que le cubre la cabeza y la mayor parte de su rostro. Ella lleva un bolso de mano de plástico y un gran sombrero de paja de ala ancha en la mano. Solamente sus ojos permanecen visibles. Se mueve unos pasos hacia mí y habla con una voz tan baja que tengo que ponerme cerca para oírla.

—Trabajé durante seis años en T y A [Tanimura Antle]—. Su voz vaciló. —Yo era empacadora en la máquina. Y ellos siempre estaban apresurándonos más y más. Llegué a un punto en que me estaba forzando a mí misma para mantener el ritmo y empecé a tener mucha ansiedad en el trabajo. La presión se apoderó de mí. Tuve algún tipo de depresión nerviosa y dejé el trabajo. No pude trabajar durante meses. Me tomó mucho tiempo para recuperarme.

—¿Y ahora—, le pregunté?

—Somos presionados, y es difícil, pero trato de no dejar que me afecte como antes. Ahora—, ella mira hacia un autobús cuya puerta acaba de abrir,—tengo que trabajar, tengo que comer.

Son las 5:45 de la mañana. Estoy en tienda de donuts Kristies al borde del gran estacionamiento que es el lugar de recogida por la mañana para muchos contratistas y pequeñas empresas agrícolas. Dentro de la pequeña y bien iluminada tienda, los trabajadores esperan en la fila para comprar café y bollos dulces de la pareja china que regenta el lugar. En el exterior, en un lado del edificio, cuatro hombres están de pie juntos conversando. Dos son jóvenes, otro de mediana edad. Al trabajador de mayor edad lo reconozco como un productor de café de Puebla con el que había hablado antes. Al acercarme, siento una sensación de inquietud. Los trabajadores más jóvenes parecen estar especialmente incómodos cuando entro en su círculo para presentarme. El trabajador de mediana edad, que indica que es de Oaxaca, es el primero en responder a mi pregunta acerca de cómo son las cosas en los campos.

—El sueldo es muy bajo, pregunto, —¿alrededor de $8.50?—. Yo ya sé la respuesta, pero tienes que comenzar la conversación por alguna parte. El asiente con la cabeza. —Un poco más de lo que pagaban hace unos treinta años—, le digo. —Yo estaba trabajando aquí hasta 1979 aproximadamente. Trabajé en la lechuga, el trabajo más difícil que he visto en mi vida—. Percibo que el muro entre nosotros comienza agrietarse ligeramente. Uno de los jóvenes, que es de El Salvador, tranquilo y hosco hasta entonces, comienza a hablar.

—Trabajamos muchas horas, a veces, doce o trece horas y nos pagan la remuneración básica. ¿Eso es legal?— Reconozco que no estoy seguro de la ley, pero le digo que voy a comprobarlo.

—En California—, le digo, —para los trabajadores fuera de los campos, la ley requiere tiempo y medio después de ocho horas al día, o cuarenta horas por semana. La ley dice eso. Cualquier empleador que no pague está cometiendo un delito—.

(Sólo más tarde en California Rural Legal Assistance CRLA [Asistencia Legal Rural de California] me entero de que el tiempo y medio en los campos es obligatorio por ley después de diez horas o sesenta horas a la semana, algo que se me había olvidado).

El joven más alto, que es de México, comienza a hablar. — Nos hacen trabajar realmente rápido, estás todo el día inclinado. Remolque tras remolque salen del campo, pero nunca pagan el precio de contrato, como se supone que deben hacer—.

El joven de El Salvador, comenta: —Si parásemos podríamos cambiar las cosas. Si una persona actúa sola ellos se deshacen de ti, pero si todo el equipo actuase no podrían hacer eso—. Él está más emocional ahora. —Estábamos trabajando en un campo con algunas máquinas que estaban pagando salarios de contrato. ¡Nosotros estábamos siendo pagados por hora, pero nos estábamos moviendo más rápido que las otras máquinas que trabajaban por contrato! La máquina va demasiado rápido y a veces lechuga se queda atrás sin cortar porque la gente no puede seguir el ritmo. Una vez en que esto estaba pasando alguien dijo 'reduzca la velocidad de la máquina, va demasiado rápido para mantener el ritmo', y el mayordomo le ladró 'si usted no puede hacerlo deje el campo, vamos a encontrar a alguien que tome su lugar'.

Estoy a punto de preguntarle de qué empresas estaba hablando, pero alguien dice en voz alta "ya viene, vámonos" y se mueven hacia el bus que acaba de saltar sobre el aparcamiento. Se subieron a un autobús completamente blanco, que tenía escrito *"Sam Andrews Company"* en pequeñas letras negras a un lado.

Bud Antle Company estableció un modelo en el año 1962 cuando por primera vez puso las nuevas y desmañadas máquinas en los campos de lechuga con un equipo de cortadores, envolvedores y empacadores para enviar las lechugas al mercado envueltas en celofán. Las máquinas trabajaban con equipos que cobraban por horas con un acuerdo de incentivos, una prima por hora y por caja después de un cierto umbral de producción. El sistema funcionaba razonablemente bien; es decir, la empresa obtenía más producción del equipo y los trabajadores tenían un bono correspondiente a una producción mayor. Pero el sistema estaba siempre sujeto a fraude por parte de la empresa. El movimiento de los trabajadores agrícolas en la década de 1970 apuntó esta corrupción, y los trabajadores introdujeron una mayor vigilancia y organización para protegerse.

—El problema es—, me dijo Jorge, el trabajador que mencioné anteriormente, basándose en la experiencia de sus veinte años en la lechuga, —no importa lo rápido que sea el trabajo, la tasa de prima parece que nunca hace efecto—. Él ofreció la siguiente explicación: —En uno de los equipos hice una especie de amistad con el mayordomo. Algunas veces, después del trabajo salíamos a tomar una cerveza. Y una de las veces, después de que habíamos estado bebiendo un poco, comenzó a ponerse comunicativo y me mostró sus cheques. Tenía un cheque de bonificación por el trabajo extra que había conseguido que hiciésemos esa semana. Yo no le dije nada, pero tomé nota de ello. El mayordomo obtuvo una prima por la producción adicional, mientras que la cuadrilla no consiguió nada. Todo el mundo a lo largo de la cadena recibe un incentivo por exprimirnos la sangre.

INVASIÓN DE CONTRATISTAS DE MANO DE OBRA

Conocí a Baltazar por primera vez una fría mañana frente a Kristies. Llevaba una pesada chaqueta azul. Su espeso cabello castaño con toques de gris sobresalía por debajo de su gorra de béisbol azul adornada con dorado. En poco tiempo la conversación se animó mientras intercambiábamos nombres de personas y empresas que conocíamos y con las que trabajamos en común. Baltazar comenzó a trabajar en los campos del Valle de Salinas en 1969. Trabajó para Merrill, Interharvest y posteriormente Hansen Farms. Estaba en Hansen desde hacía algunos años, cuando la empresa se transfiguró a principios de la década de 1980. Él recordaba vívidamente la escena, una mañana en el rancho Hansen en el extremo sur de la ciudad, cuando los autobuses de la compañía aparecieron en el solar, con sus colores transformados, y el nombre de Hansen reemplazado por otro. Un supervisor de Hansen anunció bruscamente que la empresa Hansen había muerto, y una nueva empresa había surgido, por así decirlo, de su tumba. Les dijo a todos los trabajadores presentes, algunos con treinta o más años de trabajo, que podían integrarse a la nueva compañía, pero que ya no estaban en vigor la señoria, los beneficios, etcétera devengados en Hansen.

Baltazar quedó a la deriva entre el creciente número de trabajadores que competían por los puestos de trabajo de uno u otro de los contratistas que estaban brotando por todo el valle como cizaña. Baltazar no había sido un activista y no había tenido que lidiar con la lista negra que perseguía a otros trabajadores. Pero después de haber ganado tanto como $800 por semana en la lechuga en Hansen, entró en estado de conmoción cuando su primer cheque por la semana completa le supuso menos de $200. Cualquier sensación de seguridad por la antigüedad acumulada fue reemplazada por la conciencia de que su medio de vida dependía de ser útil para su jefe. Se deprimió durante un tiempo, pero perseveró. Durante un tiempo en la década de 1990 fue contratado como mayordomo para un pequeño contratista. Cuando lo conocí, él estaba de nuevo tras un trabajo, listo para tomar casi cualquier cosa que llegase, a pesar de que tenía la esperanza de agarrar otro trabajo de mayordomo, que era mejor para su cuerpo y sus ingresos.

En 1972, había veintidós contratistas de trabajo registrados en el Valle de Salinas. El jefe de la oficina de trabajo agrícola del estado de California de Salinas había visto como el número de contratistas disminuyó en los años siguientes a la huelga de 1970 y concluyó, "no dudo de que los contratistas de mano de obra son una raza en extinción".[3] La sindicalización y la creación de conglomerados en los campos parecían destinadas a hacer del contratista de trabajo una reliquia de una época pasada. Sin embargo, en la década de 1990, el número de contratistas de trabajo agrícola en el valle había aumentado a por lo menos cincuenta y nueve y aún continuaba creciendo en el nuevo milenio. Algunos cultivadores, D'Arrigo, Tanimura Antle, y Bud

Antle entre ellos, todavía emplean trabajadores directamente bajo sus propios auspicios. Pero incluso estas empresas fueron negociando cada vez más y más parte de su trabajo con los contratistas. Hoy en día, en el Valle de Salinas, las cuadrillas que trabajan bajo un gran número de pequeños operadores sin relación aparente realizan la mayoría del trabajo en el campo. El contratista de trabajo ha vuelto con mas ímpetu.

Hay poco de independiente en los contratistas de trabajo independientes. Su existencia depende de las empresas cultivadoras y expedidoras. Muchos contratistas son antiguos capataces o supervisores de la empresa. Uno de los más grandes contratistas, Richard Escamilla, llegó a tener 3000 trabajadores en sus equipos. Escamilla comenzó su carrera con su padre, Domingo, un supervisor de toda la vida de Bud Antle. Las personas próximas a esta historia dicen que Antle financió a Domingo. Los contratistas sirven a los productores y les proporcionan una función vital. Reclutan trabajadores en tiempos normales y rompehuelgas durante los períodos de resistencia. Reducen el costo de mano de obra y sirven como una vía "legal" para deshacerse de los contratos sindicales. Su efectividad para exigir más esfuerzo con menos costo a la fuerza de trabajo es la clave de su popularidad.

REDECILLAS Y E. COLI

Mientras hablamos, Baltazar saca una redecilla que tiene guardada en un bolsillo y con una sonrisa se quita la *cachucha* y coloca pulcramente la red sobre su abundante cabello. La redecilla nunca se conoció en los viejos tiempos, pero ahora se ha convertido en una característica estándar en la lechuga y otras máquinas. Baltazar es irónico cuando se habla del origen de la redecilla y otras medidas sanitarias, recordando cuán desdeñosamente habían tratado los productores y contratistas los temas relacionados con la salud y la seguridad de los trabajadores.

Baltazar apunta a los autobuses que entran en el estacionamiento transportando tres baños portátiles y lo que a primera vista parecían unidades médicas especiales; fregaderos especiales con tubos conectados a contenedores de desinfectante, dispensadores de jabón de manos, y contenedores de toallas de papel. Detalla los rituales que los trabajadores están exhortados a realizar: lavar las manos y guantes, mantener los cuchillos de lechuga en líquidos desinfectantes, delantales de plástico y redes para el cabello, incluso redes para cubrir barbas. Todo esto es una revelación para alguien como yo después de mucho tiempo fuera de los campos.

No es difícil encontrar trabajadores veteranos con historias de haber trabajado en equipos donde los "servicios sanitarios" venían con una completa vista panorámica del valle incluida. Esto era especialmente difícil para las mujeres, que iban al baño en grupo para protegerse unas a otras y disponer de algo parecido a "intimidad" detrás de un gran neumático de autobús o en cuclillas en el borde inclinado de un canal o una zanja. Esta práctica era tan común que engendró una palabra especial, *canaliar*: hacer las necesidades en un canal. El auge de lucha de la década de 1970, trajo una serie de leyes y reglamentos que obligan a tener agua potable, servicios sanitarios, etcétera, en los campos. Las condiciones habían cambiado. Los sanitarios y el agua potable se hicieron más comunes.

Cuando los contratistas surgieron de nuevo en el Valle de Salinas en la década de 1980, el resultado fue que los productores se lavaron las manos, por así decirlo, hacia las condiciones de trabajo, y despreciaron las necesidades sanitarias de los trabajadores. Un trabajador de CRLA familiarizado con las condiciones del campo en el Valle San Joaquín en la década de 1990, llamó con desdén a los reglamentos sanitarios "hermosos . . . pero una fantasía", ya que eran ampliamente ignorados.[4]

Sin embargo, no había ninguna duda de que ya había tenido lugar un gran esfuerzo para poner las instalaciones sanitarias en la granja de la fábrica. Estas instalaciones comenzaron a aparecer alrededor del año 2000, después de una serie de incidentes de enfermedades y muertes bien publicitados que se debieron a bacterias encontradas en la lechuga y las espinacas del área de Salinas. Estos problemas comenzaron a surgir después de un cambio importante en la producción de lechuga y hortalizas. La historia comienza en la década de 1990, con un creciente interés del público por los alimentos no procesados y frescos, los "alimentos orgánicos". Los horticultores tomaron nota. Taylor Company, un subproducto de la antigua Bruce Church Company, dio un salto en la producción de vegetales previamente lavados y listos para comer.

A lo largo de la década de 1990, crecieron en popularidad los cultivos marginales como la lechuga romana de hoja verde, de hoja roja, lechuga mantequilla, escarola, endibia, achicoria, acelga, rúcula y espinacas. En 1984, las 6,000 acres de variedades de lechuga de hoja frondosa plantada por los agricultores de Salinas quedaron eclipsadas con 56,000 acres de la variedad iceberg (lechuga de cabeza). Sin embargo en 2004, 69,000 hectáreas de hoja de lechuga superaron al viejo rey iceberg tanto en superficie como en valor de mercado.[5] Al final de la primera década de 2000, la producción de espinacas había aumentado un 1,000 por ciento el nivel de la década de 1970.[6]

Una vez que numerosos equipos de tierra de lechuga "sin envolver" casi habían desaparecido, las máquinas de campo con muchas configuraciones nuevas llegaron para gobernar el día. La mayoría de las máquinas continúan necesitando una gran cantidad de trabajo humano, sin embargo una máquina, que parece un enorme cortador de césped, corta los productos de hoja y los coloca dentro de contenedores que van al cobertizo, usando solamente unos pocos trabajadores. La lechuga en bolsa, con muchas mezclas variadas, etiquetas de colores, y precios exclusivos, fue reconstituyendo la industria en los mercados, en las cocinas y en los campos. La industria que una vez se había encaminado casi exclusivamente a lechuga empacado en el campo ahora transportaba una gran cantidad de sus verduras desde los campos a grandes y nuevos cobertizos de empaque. Entre 1997 y 2005, las ventas de ensaladas previamente lavadas y envasadas casi se triplicó, creando una industria en expansión de tres mil millones al año.[7]

Entonces llegó una sorpresa desagradable. En agosto de 1993, cincuenta y tres personas reportaron enfermarse después de comer en un bar de ensaladas del estado de Washington. Casi cada año que pasaba ocurrían más brotes de enfermedad atribuidos a la lechuga y la espinaca de los campos de Salinas y áreas cercanas. Una bacteria de la familia E. coli, conocida como E. coli 0157:H7, resultó ser la causa toda vez que se creía que era un peligro solamente en la carne poco cocinada.[8] Los brotes de la enfermedad que comenzaron alrededor de 1991 y se registraron en productos tales como melones, uvas, ensalada de col, brotes y jugo de manzana no pasteurizado, tenían su origen en la E. coli O157:H7.

E. coli 0157:H7 es uno entre millones de tipos de bacterias, pero a diferencia de sus hermanos benignos que anidan amablemente en los tractos intestinales humanos, éste está más inclinado a matar o lesionar gravemente al receptor que forma parte de algún tipo de simbiosis mutuamente beneficiosa. Se encontró que E. coli 0157:H7 estaba al acecho en las lechugas y otros vegetales cultivados y cosechados en el área de Salinas.

La retirada del mercado de los vegetales embolsados y las advertencias a los consumidores, exigidas por Food and Drug Administration, FDA (Ministerio de Alimentos y Medicamentos), puso a la industria a correr a toda prisa para protegerse. Los productores y contratistas se apresuraron a enmendarse con pasión para hacer cumplir las estrictas condiciones sanitarias, algo inaudito cuando era sólo la salud de los trabajadores lo que estaba en peligro. Para el año 2000, los retretes nuevos, lavamanos, y similares para asegurarse de que sus trabajadores estaban limpios, eran comunes en los campos al mismo tiempo que los agricultores declaraban al mundo su intención de detener nuevos brotes.

Pero después de años de medidas tales como inodoros múltiples, lavabos portátiles, jabones desinfectantes, delantales de plástico y redes para el cabello, continuó encontrándose E. coli en los bares de ensaladas y las ensaladas de espinacas, desplazándose desde allí a los tractos digestivos de las personas, segregando potentes toxinas, atacando a las células intestinales, causando diarrea con sangre, e insuficiencia renal, que debilita e incluso mata tanto a jóvenes como ancianos.

La cepa de E. coli que ha estado haciendo enfermar a las personas se ha remontado hasta las entrañas de las vacas, no de las personas. Los estudiosos del asunto señalaron al agua de riego contaminada por estiércol bovino como un posible culpable. Se averiguó después que la bacteria era capaz de sobrevivir en diferentes ambientes fuera de colon de las vacas, durante 77 días en la lechuga, 175 días en la zanahoria y 85 días en la cebolla.[9] Un brote de septiembre de 2006, que afectó a cientos de personas en todo el país y causó cinco muertes se remontó hasta un campo de espinacas en San Juan Batista, en la región este de Salinas y a las heces de un terreno de ganado cercano a ese campo que se creyó fueron transportadas por un jabalí.[10] El caso contra los trabajadores del campo como fuente de la enfermedad bacteriana no fue confirmado por los hechos.

En la década de 1990, Jesús López de la oficina de Salinas de California Rural Legal Assistance podría salir al campo en una semana determinada y encontrar treinta contratistas que estaban violando la ley estatal al no proporcionar retretes, agua limpia, y así sucesivamente. Ahora, en la era del E. coli 0157:H7, es raro encontrar contratistas o empresas que no proporcionen las instalaciones y en general, las instalaciones son más limpias y con frecuencia hay tres baños. Pero López dijo que aún se pueden encontrar algunos que no tienen servicios higiénicos. Sentado en su escritorio en Salinas, Jesús se inclinó hacia mí.

—¿Qué dice usted acerca de un sistema que no puede o no quiere proporcionar una de las necesidades más básicas de la vida? ¿No están los servicios sanitarios a la altura de respirar y de comer?

En cuanto a las redes de cabello para los trabajadores de campo, es difícil ver cómo esto no es otra cosa que un esfuerzo cosmético para crear la imagen de una industria que se enmienda. El verdadero problema es claramente más profundo y más difícil (y costoso) de resolver. Pero, ¿por qué no echar la culpa a los trabajadores? Las redecillas son baratas.

TRIUNFOS DEL MERCADO LIBRE

I PREPARANDO EL TERRENO

La década de 1970, fue una mala década para los rancheros, el control sobre su producto clave se vio interrumpido. No me estoy refiriendo a sus verduras, sino a *la fuerza de trabajo de sus trabajadores*. En 1979, algunos trabajadores estaban oyendo a los cultivadores hablar agresivamente de una futura venganza.[11] A mediados de la década de 1980, con el movimiento de trabajadores agrícolas derrotado y la organización sindical hecha añicos, los productores se apresuraron a recuperar el terreno perdido. Con el movimiento de los trabajadores agrícolas y el amplio apoyo social como cosas del pasado, el mercado era "libre" para desplazar el coste de la fuerza de trabajo de los trabajadores hasta el nivel dictado por la oferta y la demanda, con los cultivadores presionando duramente hacia el lado de la oferta. Los días malos habían terminado, la "paz" se restableció en los campos.

Los contratistas de mano de obra se convirtieron en la fortaleza que custodiaba el terreno recién reconquistado. Mediante el uso de contratistas los productores crearon una presión a la baja sobre los salarios y condiciones a través de la competencia entre los contratistas, distanciándose ellos mismos de la culpa por el empeoramiento de las condiciones de trabajo, haciendo extremamente difícil la acción colectiva realizada por los trabajadores del campo para defenderse. Los resultados fueron evidentes: los salarios se redujeron drásticamente y luego se estancaron; los beneficios se deterioraron o desaparecieron; las condiciones de trabajo empeoraron. Alrededor de mediados de 1980, los rancheros comenzaron a desmantelar los campos de trabajo y a cosechar los beneficios de la subida de precios de los bienes inmuebles, mientras dispersaban a los trabajadores cada vez más e intensificando la extenuante lucha por la supervivencia.

En aquella ocasión Jacinto, un cortador de lechuga y brócoli de gruesas manos callosas y una sonrisa en los labios, llegó al norte de Oaxaca, en mitad de la década de 1990, formando parte de una nueva ola de decenas de miles de trabajadores reclutados o atraídos a los huertos de frutales, campos de melón, viñedos de uva, y granjas de verduras de California, su salario inicial fue de alrededor de 3.50 dólares por hora, una caída desastrosa en relación a la década anterior. Los salarios aumentaron en los años posteriores a la llegada de Jacinto, pero nunca lo suficiente para compensar el aumento de los alquileres y otros gastos.

Mientras que bebíamos café caliente para calentarnos en el viento húmedo de la mañana, Jacinto habló de su lucha por arrebatarle a la vida el trabajo de campo y ayudar a su familia en México, sin ningún atisbo de opción, sino aquellos trabajos duros e implacables y una lucha desgarradora por la supervivencia. Las expresiones "movimiento de resistencia" y "movimiento sindical" fueron arrancadas de ellos y de su vocabulario colectivo y quedaron consignadas a las historias de guerra de los veteranos más viejos.

II "AMNISTÍA"

El gobierno federal en 1986 aprobó la Ley Simpson-Rodino, conocida ampliamente como "*La amnistía*". La ley Simpson-Rodino estaba dirigida a obtener información y control sobre los millones de trabajadores indocumentados. Mediante el empleo y la "popularización" del concepto de "amnistía", el gobierno incorporó dentro del proceso de inmigración el concepto de criminalización. Obligados a salir de sus tierras nativas mediante la violación de sus economías patrias, los inmigrantes estaban siendo etiquetados como criminales, por cuya designación, debían expiar las culpas y pedir perdón. Por lo tanto, incluso la palabra amnistía reforzaba una visión llena de prejuicios entre la población.

Durante los años 50, cuando el gobierno de Estados Unidos llevó a cabo una campaña de limpieza étnica militarizada llamada "Operation Wetback" (operación espalda mojada), su primer movimiento fue garantizar a los productores una oferta adecuada de trabajadores.[12] La ley Simpson-Rodino también trajo una provisión para reunir las necesidades del cultivador a través de la disposición SAW (Trabajadores agrícolas especiales). El servicio de inmigración aceptaba cartas especiales escritas por los rancheros en favor de los trabajadores como prueba de cualificación. Los rancheros escribieron muchas cartas. Un grupo de cultivadores abrió oficinas en México para ayudar a las personas a solicitar el programa SAW, añadiendo un nuevo giro interesante al concepto de amnistía, ya que a estos trabajadores se les ofreció amnistía ¡antes de que hubieran cometido su "crimen"![13] Un millón de trabajadores "legalizados" (llamados rodinos) entró en los campos de esta manera, añadiendo un apalancamiento a la baja que impulsó los salarios y las condiciones.[14]

III OAXAQUEÑOS

El estado mexicano de Oaxaca, ubicado en la parte sur de México, es el más pobre en renta per cápita. Su 40 por ciento de población indígena sufre de una larga historia de explotación, discriminación y abuso que se remonta a *La conquista*, hace más de 500 años. Las condiciones desesperadas entre los agricultores de Oaxaca llevaron a muchos a convertirse en emigrantes internos hacia las grandes explotaciones capitalistas de México. El colapso de los precios del café a finales de 1970, impulsó una ola inicial de oaxaqueños a los campos de caña de azúcar de Veracruz y más tarde a los campos de hortalizas de los estados de Sinaloa y Baja California al norte de México. Los cultivadores del norte de México enviaron autobuses para transportar a los oaxaqueños al norte, donde trabajaban en los campos por alrededor de $5 por día.[15]

En las comunidades de Mistec, Zapotec, y Triquis las personas decían que crecieron en lugares como Ensenada, San Quintin, y Tijuana en Baja California. En la década de 1990, los trabajadores agrícolas oaxaqueños comenzaron a desplazarse al norte de la frontera con California, probablemente alentados, si no directamente reclutados por contratistas de mano de obra. Para muchos oaxaqueños, el español era su segundo idioma, y muchos de ellos hablaban poco o nada el español. Los rancheros se dieron cuenta rápidamente de la ventajas con estos trabajadores, cultural y lingüísticamente aislados de los otros sectores de trabajadores. Como el historiador Carey McWilliams señaló en la década de 1940, "Cuando se trata de conjurar nuevas fuentes de mano de obra barata, los productores de California son insuperables; son probablemente los más ingeniosos reclutadores de mano de obra del mundo". Y, añadió, "El problema del trabajo agrícola está enquistado, es decir, incrustado en la estructura misma de la economía agrícola del estado". Y en la estructura misma de la economía mundial imperialista.[16]

IV CAFÉ Y LECHUGAS

Era temprano y estaba oscuro en el solar del estacionamiento cercano al mercado de El Pueblo cuando me acerqué a dos trabajadores mayores con sombreros de ala ancha. Después de mi introducción inicial y un comienzo nervioso, hablaron en voz baja de las condiciones que los trajeron al norte. Eran productores de café de Puebla, México, incapaces de sobrevivir con los precios pagados por sus cosechas. Las plantas de café requieren tres años para comenzar a producir. El café que estaban cosechando ahora les estaba rindiendo 3 pesos y 50 centavos por kilo en el almacén adónde llevaban sus granos para el secado y el procesado; cerca de 30 centavos americanos por un poco menos de dos libras, apenas lo suficiente como para justificar la inversión en fertilizantes y otros insumos, por no hablar de la mano de obra, limpieza y poda antes de la cosecha del cultivo. La ironía se apoderó de mí mientras hablábamos. Sus esposas e hijos dejaron de cosechar café, maíz y frijoles en sus pequeñas parcelas, cuando vinieron al norte para hacer dinero para subsidiar sus ingresos: café barato en un extremo, y mano de obra barata para la lechuga en el otro.

Yo había sacado mi libro de notas para anotar la información que me daban, pero percibía su malestar y pronto ellos empezaron a alejarse. Al darme la vuelta, vi que su autobús había llegado y se me ocurrió que probablemente no querían ser vistos dándome información. A pesar de que mi antiguo compañero de equipo Israel garantizase que los trabajadores estaban protegidos, aquellos trabajadores no se sentían protegidos en absoluto.

V HURON

Era tarde por la mañana y Baltazar había renunciado a encontrar trabajo. Estábamos fuera de Kristies de nuevo, apoyados en su coche. Yo estaba agitado por las conversaciones que había tenido esa mañana con los agricultores de Puebla. Pero Baltazar tenía algo urgente que decir. Las noticias estaban reportando una situación crítica en Huron, una zona de cultivo de frutas y verduras en West San Joaquin a 100 kilómetros al sur de Salinas.

—Encontrarás un montón de gente de Oaxaca allí y salvadoreños y guatemaltecos. Creo que encontrarás algo allí sobre lo que vale la pena escribir—. Baltazar, como había hecho antes, me urgía a hablar con los oaxaqueños.

Me decidí a hacer un viaje a Huron.

—Las cosas se van a calentar por allí—, dijo Baltazar cuando estaba entrando en mi coche para irme, —sólo para que sepas qué esperar.

Tomé la carretera 101 sur a través del Valle de Salinas. El termómetro del coche llegaba a los 90 grados Fahrenheit para cuando llegué a San Lucas y seguí subiendo mientras me dirigía hacia al oeste por la autopista 198 a través de colinas pardas, onduladas y de alguna manera tranquilizadoras. Cuando el termómetro alcanzó 110, en algún lugar al oeste de Coalinga, bajé las ventanas y apagué el aire acondicionado para percibir como se sentían 110° F. Abrasador.

Al pasar junto a la carretera 5, grandes carteles instalados en campos marrones y secos anunciaban, o denunciaban, *"New Dustbowl"*. Varios años de escasas precipitaciones, circunstancias históricas y una serie de cuestiones complejas relacionadas con las políticas del agua de California, condujeron a graves restricciones de agua para los agricultores de esta zona del West San Joaquin Valley. Estaban damnificados y enojados. Estos agricultores ponían la culpa de todo esto directamente sobre los demócratas, especialmente Nancy Pelosi líder de la mayoría en la cámara de representantes, según indicaban sus señales de enojo. Bueno, pensé, al menos esta vez los inmigrantes no estaban en la mira de la crítica, y me imaginaba a algún idiota vociferando en un programa de debate, "¡Estas personas vienen al norte a través de nuestra frontera para beber toda nuestra agua!" Los conservadores agricultores de West San Joaquin, a diferencia de los mensos anti-inmigrantes de la derecha tan ignorantes y ruidosos en la primera década del siglo XXI, no estaban dispuestos a subirse al tren para "expulsar a los inmigrantes", ya que entendían que sin inmigrantes "el gran San Joaquín" sería poco más que un enorme valle polvoriento, con año de sequía o no.

Huron es un parche rectangular de ciudad en la planicie de hierba del Valle de San Joaquin oeste. Podrías probablemente viajar hasta el corazón de México y no encontrar una ciudad con un mayor porcentaje de mexicanos que Huron. Oficialmente Huron es 98.6 por ciento latino, un porcentaje que, sin duda, se eleva cuando su población fija de 6,000 habitantes se hincha hasta 15,000 conforme uvas, melones y árboles frutales van madurando bajo el sol abrasador del verano. La lechuga de otoño trae otro momento de cosecha y atrae otra gran multitud de trabajadores.

Lassen Avenue, el corazón comercial de Huron, late al ritmo de la cosecha. En el pre-amanecer de las mañanas de verano, antes del primer indicio rosáceo del día, a medida que el aire anticipa la llegada del calor, miles de trabajadores salen de bloques de viviendas abarrotados y convergen en las esquinas y los estacionamientos, rodeando las furgonetas y autobuses que esperan presionando a veces a los contratistas para trabajar. La marea regresa a las calles por la tarde, pero más gradualmente. Por la tarde, los restaurantes y tiendas cobran vida, satisfaciendo el hambre y las necesidades de los trabajadores.

Es temprano por la tarde cuando llego a Lassen Avenue, y las furgonetas y autobuses están descargando trabajadores en las calles. Al dejar mi coche, me siento abrumado por la luminosidad del día. Si fuera posible ahogarse con luz, este es el lugar donde eso pasaría. Está hirviendo, sin embargo los grupos de mujeres que salen de las furgonetas están abrigados con camisas de manga larga y chaquetas. Verlos me provoca una sensación de asfixia. Quiero hablar con ellas, pero que se disuelven en las calles residenciales de los alrededores o desaparecen en las tiendas de las esquinas antes de que pueda llegar a ellas. A sus hombres los encuentro pasando el tiempo por las calles después del trabajo, sentados en bancos o entreteniéndose en las puertas de entrada.

Cuaderno en mano, empiezo a circular: un tractorista que tranquilamente explica la reducción dramática de campos labrados y sembrados de lechuga, prediciendo una situación difícil de trabajo escaso para la cosecha próxima; un antiguo trabajador de la cosecha y residente fijo que se encoge de hombros y habla de un año realmente malo, sin rodeos, con la mayor naturalidad, como se podría hablar de una mala noche de sueño; un grupo de trabajadores muy jóvenes que han viajado una gran distancia en busca de trabajo y acaban de llegar a Huron sin ninguna garantía de que vayan a encontrar nada aquí. Casi todos con los que hablo sermonean sobre la recesión, el racionamiento de agua y las matemáticas de los ingresos que están por debajo del costo de las necesidades básicas. Existe una arista de preocupación en las conversaciones, un extremo que consigo solamente imaginar, porque nunca en mi vida me he enfrentado a la perspectiva del hambre.

Conforme camino por la calle hablando con la gente que están dispuesta hablar, percibo un hombre bajo y enjuto de unos treinta años que se interesa por la conversación que tengo con varios trabajadores jóvenes. Antes de que pueda dirigirme a él, cruza la calle. Más tarde le veo saliendo de una pequeña tienda de comestibles. Aunque lleva varias bolsas de productos, las coloca sobre el asfalto caliente y se detiene a hablar voluntariamente. Él es Filemón, de la parte sur de Oaxaca.

Trabajaba una parcela familiar de maíz y frijol antes de enfrentar el viaje al norte, hace ocho años. Me pregunto si él es uno de los cientos de miles de refugiados del NAFTA (Tratado de Libre Comercio en Norteamérica) expulsados a patadas del campo por los millones de toneladas de maíz barato subsidiado por Estados Unidos que impulsaron los precios del maíz en México por debajo del nivel de subsistencia. Para esta especulación no me da una respuesta definitiva. Mejor dicho, él describe el impacto para su ciudad de las personas que regresan de trabajar en Estados Unidos. Los tractores y camionetas pagadas con los dólares que trajeron al sur suscitan el mayor entusiasmo. Filemón ha apostado todo para ganar dinero suficiente en el norte, regresar a casa y ganarse la vida con su familia. Pero su plan se encuentra en peligro de desintegración. Los problemas de recesión y de agua ha disminuido el trabajo.

—Estamos pensando en volver—, dice, explicando que él y sus compatriotas están inquietos.

—¿Cuántos de ustedes están pensando de esta manera?— pregunto, esperando que me diga algo sobre él y algunos de sus amigos.

—Alrededor de tres mil—, dice, y no está bromeando. Existe un creciente sentimiento de que vivir en el norte ya no vale la pena por el costo de estar aquí, y conoce el sentimiento por los debates en algunos de los grandes encuentros de los oaxaqueños antes del verano.

—El trabajo se ha reducido a seis o siete horas al día—, dice Filemón. Le pregunto cuántas horas necesita. —Trece o catorce al día—. Durante los últimos ocho años ha estado trabajando estas largas jornadas, siete días a la semana durante la temporada de los frutales y del melón. He estado en los campos, y conozco el trabajo duro, pero esto está en otro nivel; ¡catorce horas al día en este calor! Filemón sonríe ante mi reacción y se encoge de hombros. Sí, es difícil, dice, porque apenas hay tiempo para comer, preparar la comida para el día siguiente, limpiar la ropa o cuidar de otras tareas. No tiene tiempo para nada más, como escuchar las noticias o ver la televisión.

Filemón y sus compañeros han estudiado sus opciones cuidadosamente. Ellos seleccionan la información que les llega a través de las redes informales de su comunidad, y por medio de los trabajadores que vienen de otras partes del país, pasando por Huron, siguiendo los rumores o consejos de sus propias búsquedas de trabajo. Informan sobre las perspectivas en lugares tan lejanos como la costa este y el sur de Estados Unidos. Esta es una comunidad itinerante con sus propios canales de comunicación, incluyendo programas en dialectos mayas en la red Radio Bilingüe. Con Filemón, empiezo a tener una idea de esta fuerza que ahora forma la columna vertebral de los cultivos de frutas y vegetales. Si Filemón es un indicador, ellos son duros, ingeniosos, trabajadores experimentados, con un fuerte sentido de comunidad y objetivos claros en mente.

Lo que no puedo juzgar es cuán realistas son sus objetivos para algún tipo de vida estable en su tierra natal. Teniendo en cuenta mi idea de cómo las cosas están desarrollándose socialmente en esta economía globalizada, tengo mis dudas.

Desde mis conversaciones con Filemón y otros que conocí en las reuniones de trabajadores agrícolas en Greenfield y equipos de todo el área de Salinas, tengo la sensación de que los trabajadores oaxaqueños son como una subcultura dentro de una cultura y un eslabón crucial en la cadena de alimentación, de quienes la mayoría de personas como nosotros no tienen idea, pero cuyo trabajo sostiene la vida que conocemos.

VI. DOLORES DE ESPALDA Y LECHUGA EMBOLSADA

Cuando me fui de Salinas en 1980, los cortadores de lechuga estaban haciendo muy buen dinero, por una increíble cantidad de trabajo. Un cortador/empacador de una cuadrilla de tierra en un día normal podía cosechar alrededor de 5,000 cabezas de lechuga. A 75 centavos de dólar por caja de 24 cabezas, cada trabajador obtenía alrededor de 3 centavos por cabeza. Saltando rápidamente treinta años hasta las máquinas de lechuga modernas un cortador típico puede cosechar 3,300 cabezas de lechuga o más en un turno de diez horas. A $8.25 por hora esto resulta alrededor de 2.5 centavos de dólar por cabeza, menos del precio de 1980.[17] En los equipos de tierra, los cortadores trabajan doblados durante largos períodos de tiempo, irguiéndose solo para conseguir cajas o estirarse. Los cortadores de las máquinas de lechuga se doblan hacia abajo para cortar y se yerguen para colocar cada cabeza en la máquina, aumentando la flexión miles de veces al día. La lechuga de hoy, cortada y empaquetada, se obtiene a un precio mucho más alto por peso que en el pasado. Requiere más procesamiento que la lechuga cosechada en el campo, por eso es difícil evitar la conclusión de que los trabajadores del campo ahora están más explotados que los de la década de 1970.

Mantener este nivel de explotación intensa sólo es posible bajo un régimen de opresión nacional y racial respaldada por el poder armado del estado. En la década de 1970, los trabajadores agrícolas enfrentaban la inmigración, represión policial, discriminación en la vivienda, segregación social, escuelas pobres y otras indignidades. Pero en el nuevo milenio, según muchos indicadores, la situación es peor. Se enfrentan a todas las humillaciones del pasado con el agravio añadido de tener negado el derecho legal a conducir, tener que enfrentarse a una frontera militarizada y mortal y a un creciente número de leyes, como la de Arizona de 1070 y la ley federal de "Comunidades seguras", que hacen la vida de los inmigrantes que trabajan cada vez más precaria y peligrosa.[18]

HORAS EXTRAS

En julio de 2010, pasó por el despacho del gobernador de California Arnold Schwarzenegger un proyecto de ley para que a su firma se convirtiera en ley. Obligaba a que se pagarán horas extras a los trabajadores agrícolas después de ocho horas, a lo que tenían derecho por ley como los demás trabajadores. ¡Schwarzenegger vetó el proyecto de ley, reivindicando que tenía el bienestar de los propios trabajadores del campo en mente! Schwarzenegger razonó que si el proyecto de ley de ocho horas pasaba, los productores podrían recortar horas de los trabajadores agrícolas y contratar a más trabajadores para evitar el pago de horas extras. Afirmó categóricamente que tales circunstancias especiales en la agricultura supondrían "sobrecargar a las empresas de California". Todo esto sonaba sospechosamente a lógica de productor. Percibir "circunstancias especiales" para justificar condiciones miserables no es más que política como de costumbre. Durante la gran depresión, el congreso de Estados Unidos debatió medidas para extender el pago de horas extras a la mayoría de los trabajadores. Los plantadores del sur contrarrestaron con una exención para los trabajadores agrícolas, sosteniendo que la medida sería "destruir el sistema de plantación". Un congresista de Florida llamado James Wilcox lo dijo sin rodeos: "No se puede poner al negro y al hombre blanco en las mismas condiciones y salirse con la suya". Esta es la lógica de Jim Crow que se aplica a los trabajadores agrícolas en todo el mundo.

En 1941, el año en que los braceros mexicanos comenzaron a trabajar en los campos y los patios de ferrocarril, la legislatura de California reiteró la política nacional y votó a favor de excluir a los trabajadores agrícolas del pago de horas extras. Esto se mantuvo hasta 1976, cuando, como consecuencia del movimiento de los trabajadores agrícolas, los trabajadores agrícolas de California obtuvieron el derecho a horas extras después de diez horas diarias o sesenta horas a la semana.[19] Una tarde de agosto de 2010, en el Día de Agradacimiento A Los Trabajadores Agrícolas en Greenfield, hablé con Sylvia, una veterana con más de treinta años en los campos que sarcásticamente se refirió al pago de horas extras en los campos como "un rumor sin confirmar". La mujer, que trabajó durante años en una cuadrilla de trabajo de contrato en la década de 1990, me dijo que ella y un grupo de mujeres miembros de equipo mantuvieron un registro cuidadoso de las horas todos los días y nunca recibieron un cheque por el importe total que se les debía. Ella no recordaba haber recibido nunca las horas extras, independientemente de las horas trabajadas.

Los contratistas de mano de obra y los capataces son expertos en la extracción de horas no remuneradas. Simplemente comienzan a contar la parte pagada del día, después que el trabajo comienza en realidad y dejan de contar antes de que en realidad termine. Encontrar a trabajadores del campo familiarizados con estos trucos no es difícil en absoluto.

Turno de medianoche: hojas frescas y sueño agitado

Es pasada la medianoche y estoy tomando café para mantenerme despierto mientras espero un autobús en el aparcamiento tranquilo y oscuro del mercado de El Pueblo. Tengo que agradecer a Baltazar por esta aventura de privación del sueño. Él me instó a conocer el trabajo nocturno en el campo que comenzó con la llegada de las delicadas mezclas de ensaladas en bolsa, que exigen que se coseche en tiempo frío y húmedo. Las calles están bastante tranquilas, pero veo otros autobuses que se dirigen a Alisal a otros puntos de recogida. Una corriente de trabajadores con botas altas de goma para la lluvia y sus bolsas de comida bien agarradas se abre paso a través del solar hacia el autobús desocupado.

—¿Por qué trabajas por la noche?— pregunto a unos cuantos que han llegado al autobús y reposan tranquilamente frente a la puerta del bus. Casi todos dicen con la mayor naturalidad que por necesidad. Algunos dicen que para evitar el calor del día. Un antiguo trabajador delgado de Veracruz, con una barba rala y una gorra de béisbol muy usada, se encuentra fuera del autobús rotulado "Custom Harvesting". Él está de humor para hablar y comienza a contar sobre recoger café y limones en su ciudad natal. Allí se ganaban $8 por día, aproximadamente el 10 por ciento de lo que puede obtener aquí. Tiene cuatro hijos adolescentes en casa, razón suficiente para sacrificarse. Él trabaja por las noches porque no ha tenido éxito para conseguir un trabajo estable durante el día. El frío y la humedad de la noche se le mete en los huesos. Pero lo más agravante es el problema de sueño. Cuando sale del trabajo se ducha, come un taco, y se va a la cama, pero él vive con un montón de gente y cuando el trabajo es lento, o no hay escuela, es ruidoso. Rara vez consigue más de cuatro o cinco horas de sueño tranquilo.

—¿Cómo lidias con eso?

—Uno trata de acostumbrarse a ello—, dice encogiéndose de hombros. Se agacha para recoger su bolsa; el autobús está a punto de salir.

Mary Zischke de Research Lettuce Board (Junta de

Investigación de la Lechuga), desde detrás de su escritorio de la oficina de Growers Association, explica:

—El trabajo nocturno se lleva a cabo para conservar la frescura de la espinaca y la lechuga de hoja utilizadas en la mezcla de primavera y evitar que se dañe por el calor del día. Alrededor de un diez por ciento de las verduras de hoja verde del valle entran en esta categoría.

—¿Y los trabajadores?

—Se acostumbran a ello.

INSEGURIDAD SOCIAL

Baltazar ha estado en los campos desde hace cuarenta años. Él vino al norte desde Guanajuato con su padre en 1965, asistió a la escuela secundaria en Salinas, pero abandonó los estudios para trabajar en el campo y ayudar a su familia. Él va a cumplir los sesenta, pero no tiene nada seguro acerca de la jubilación.

—La mayoría de nosotros éramos tontos—, dice. —Trabajamos para empresas y contratistas y nunca comprobamos si realmente estaban pagando el dinero del seguro social.—. El había trabajado mucho tiempo para Hansen, pero cuando la empresa se disolvió su fondo de jubilación desapareció, o eso cree.

Las historias de los trabajadores del campo que fueron engañados en lo relativo a la seguridad social son tan comunes como las brisas de la bahía. Una mañana en Calexico me senté en el vestíbulo del antiguo De Anza Hotel, ahora una residencia de retiro para trabajadores agrícolas, y escuché a los jubilados que hablaban largo y tendido sobre tales asuntos.

—Los contratistas se comprometieron a hacer lo correcto por nosotros si evitábamos a todo aquel personal del sindicato—, dijo un jubilado alto, con un gran bigote y cabello grises. —¡Pero los sinvergüenzas se estaban embolsando los fondos del seguro social, desde el principio!— Y habló con tristeza de los pequeños fondos y los temores por la vivienda. Hay razones para creer que esta situación es aún peor hoy.

Un estudio realizado en el año 2000 por un grupo de investigadores de la Universidad de California llegó a la conclusión de que "dos tercios de los productores que utilizaban a los contratistas estaban pagando honorarios de contratistas tan bajos que los trabajadores y el gobierno no podían estar recibiendo las contribuciones para beneficios obligatorios tales como la Seguridad Social, la compensación de los trabajadores o el seguro de desempleo; a no ser que o se pagase a los trabajadores un salario sustancialmente menor que el salario mínimo o que los contratistas fuesen ricos e independientes y estuviesen en el negocio con el objetivo de perder dinero". El estudio indicaba que el sistema de contratistas no sólo permite el hurto generalizado de los salarios de los trabajadores y de la Seguridad Social, sino que lo necesita.[20]

—Hay una historia detrás de esto—, dice Jesús López mientras se sienta en su escritorio agitando una copia de un cheque de pago, —y puedo decir que es una típica, si usted quiere saber—. Jesús, un investigador de CRLA, ha estado en los campos durante décadas. Trabajó en ellos en la década de 1970, y su indignación por la injusticia que vio no se ha enfriado con los años. Él me cuenta de una mujer mayor trabajadora que había venido recientemente a verlo.

—Su equipo de lechuga trabajó una larga y dura semana de doce horas al día, a un ritmo de destajo. El mayordomo aseguró a los trabajadores que serían pagados en consecuencia. Después de doce horas de trabajo el viernes el capataz anunció que el equipo aún iba a otro campo. Estaban agotados y la mayoría de los trabajadores no quería ir. Tres de los trabajadores tomó la palabra, diciendo que estaban cansados de la larga semana. —Pueden irse si quieren—, les dijo el mayordomo sin rodeos. Cuando se presentaron para el trabajo la semana siguiente les dijeron que ya no tenían trabajo. Por lo que respecta al contratista, el consideró que habían dejado el trabajo.

—Hice los cálculos—, dice Jesús, sujetando el cheque de la semana de uno de los trabajadores despedidos. —He calculado las horas y la tasa de remuneración y encontré que el bono por destajo durante toda la semana de días de doce horas a la velocidad de contrato ¡era de $12! Aquí está la prueba—, dice Jesús, —así es como son engañados y estafados los trabajadores. Y esto no es nada especial. Es lo de siempre.

En 2005, California Institute for Rural Studies (Instituto de Estudios Rurales de California) encontró que el 70 por ciento de los trabajadores agrícolas estaban sin seguro de salud, y los números estaban creciendo. El 83 por ciento de los trabajadores agrícolas indocumentados carecían de seguro. Sólo el 16.5 por ciento de los trabajadores del campo trabajaba para los productores que ofrecían seguro de salud, y una tercera parte de esos trabajadores no podían costear compensaciones o copagos. En ese estudio, el 32 por ciento de los trabajadores agrícolas varones dijeron que nunca habían estado en un médico o clínica. Un porcentaje grande nunca había estado en un dentista.[21]

La falta de seguro de salud se destaca marcadamente en una industria que ha demostrado ser peligrosa para la salud. Aquí vale la pena citar el excelente libro, *The Farmworkers' Journey* (La peregrinación de los trabajadores agrícolas), de Ann Aurelia López. "The National Safety Council" (Consejo Nacional de Seguridad) informó en 2002, que el trabajo agrícola era la industria más peligrosa de Estados Unidos en 2001, reportaron 700 muertes y 130,000 lesiones incapacitantes. En 2002, la tasa de mortalidad para la agricultura era casi seis veces mayor que la de todas las demás industrias, con un índice de mortalidad de 21 por cada 100, 000 trabajadores (National Safety Council 2003)". Y más aún: "Ningún estado es más mortal que California. . . . El trabajo agrícola es la segunda industria más peligrosa de California después de la construcción. En 1999, setenta y seis empleados agrícolas de California murieron en el trabajo, de acuerdo a la división Occupational Safety and Health Administration (Administración de Seguridad y Salud) de California. La cifra representa un aumento del 33 por ciento respecto a la cifra de fatalidad de la agricultura de cincuenta y siete en 1995. Durante la misma época las muertes en la industria (a nivel nacional) se redujeron en un 8 por ciento de 646 a 591".[22]

La presión por una mayor producción se suma a los peligros en el campo, como por ejemplo, cuando se toman los conductores de la máquina o de tractores para hacer otros trabajos, dejando una máquina en funcionamiento sin conductor capaz de reaccionar si algo va mal. Esta es una práctica común y ha resultado en muertes y lesiones cuando los trabajadores de corte de delante de las máquinas se resbalan y son incapaces de moverse lo suficientemente rápido para salir del camino de una máquina en movimiento. El trabajo a destajo (de acuerdo con un estudio, alrededor del 30 por ciento de los trabajadores agrícolas de California) también se suma a los peligros. A principios de julio de 2010, Rodolfo Ceballos Carrillo, de cincuenta y cuatro años, murió durante la carga de cajas de uva en Sunview Vineyards. En ese momento, Ceballos estaba trabajando a destajo a temperaturas de entre 96 y 103°F. Fue el cuarto de los trabajadores agrícolas en morir en un mes de calor en los campos de California. Al menos dieciséis trabajadores agrícolas han muerto en los últimos años, mientras que trabajaban duro en los calientes campos y huertos de California. Como dijo un investigador, "la evidencia sugiere que algunos empleadores que contratan a trabajadores mexicanos para el trabajo más peligroso consideran a los trabajadores mexicanos como seres humanos desechables".[23]

A principios de octubre de 2012, el gobernador Jerry Brown de California vetó un proyecto de ley denominado Farmworker Safety Act (Ley de seguridad de los trabajadores agrícolas), lo que habría permitido a los trabajadores hacer cumplir las regulaciones del estado para el calor, demandando a los empleadores que violan reiteradamente la ley. La misma semana del veto, un trabajador de la lechuga en el Valle Salinas se derrumbó y murió mientras cosechaba lechuga con un calor de 94 grados.[24] En contra de la narrativa popular, negar derechos mínimos y beneficios a los trabajadores agrícolas y los inmigrantes en general, es un asunto bipartidista en California.

Los accidentes no son los únicos problemas de salud a los que se enfrentan los trabajadores agrícolas. Existe una gran ironía en el hecho, confirmado por varios estudios, de que los trabajadores agrícolas sufren de "inseguridad alimentaria" y hambre en una tasa mucho mayor que la población general y sufren altas tasas de diabetes e incluso obesidad asociada a la mala alimentación con alto contenido de grasas y calorías, problemas relacionados a bajos ingresos y opciones limitadas.

Yo estaba cerca de un punto de recogida en Sanborne Road una mañana temprano cuando vi a un grupo de media docena de hombres en el porche de la casa. Parecían nerviosos mientras caminaban por él, y yo traté parecer tan desinteresado en ellos como pude. No obstante era imposible no percatarse de la sala de estar bien iluminada detrás de ellos y el suelo lleno de colchones.

Algunos barrios de Salinas son notoriamente lugares de alta densidad.

La destrucción de miles de unidades de viviendas de temporada (campos para trabajadores) desde la década de 1970, el aumento de precios de la vivienda, y el declino y estancamiento de los salarios han obligado a doblar y triplicar las familias en los apartamentos y casas.

"En los barrios pobres de la ciudad, la escasez obliga a triplicar o incluso cuadruplicar las familias en los apartamentos sin otro lugar para que los niños jueguen, excepto el estacionamiento. Una estimación del año 2000 indicó que algunos barrios de Salinas alojaban tantas como 22,000 personas por una sola milla cuadrada".[25] Anna Caballero, entonces alcalde de Salinas, afirmó que había de 31,000 a 34,000 personas por milla cuadrada en Census Tract 7 en la zona de *Del Monte Avenue*, con un 30 por ciento de los hogares con siete o más personas.[26] En comparación, San Francisco, la segunda ciudad más densamente poblada de Estados Unidos, tenía alrededor de 17, 000 por milla cuadrada.[27]

No sólo es impactante el hacinamiento en Salinas, sino que es mucho peor de lo que era en los años setenta, cuando la vivienda era a menudo pobre pero (con la excepción de los campamentos de los hombres individuales) no tan superpoblada como hoy.[28]

EN UNA CALLE DE CALEXICO

Una mañana de agosto en un lugar de recogida en Salinas, me encontré con Raymundo, un joven trabajador de talante extrovertido y amistoso.

—He venido aquí desde Mexicali—, dijo enérgicamente. —Ahora mismo recibo pensión de desempleo pero para tener suficiente vine a trabajar aquí—. No está arrepentido de usar el sistema así. —No puedo hacer otra cosa—, dice, —y yo trabajo duro. El trabajo es rápido aquí, a veces hacemos precio de contrato, por lo general no. A veces empezamos a las 6:30, pero el mayordomo anota las 7:00 y debido a que hemos trabajado una hora y media y ellos cuentan sólo una hora, nos clasificamos para la tarifa de contrato. Así que en realidad nos estafan media hora, pero nos aplacan pagándonos un poco más por el destajo. Últimamente trabajamos rápido, pero parece que nunca llegamos a esa tarifa, así que, supongo que nos están timando.

—¿Cómo es en Mexicali actualmente?— pregunto. —Allí me levanto a las 3:30, en cierto modo es peor que aquí. Es más barato vivir en Mexicali, pero la espera en la frontera para cruzar por la mañana es de 1½ a 2 horas. La fila es como una serpiente, tienes miles de personas esperando para cruzar y sólo unos pocos agentes para comprobar la documentación de las personas. A veces pagamos un *raitero*, alguien que se levanta realmente temprano como a la 1:30 o algo así y se pone en la fila y nos metemos en el coche cuando está cerca de la *garita* (cruce fronterizo), pero un viaje nos cuesta $3 o $4 por recorrido. De lo contrario tenemos que esperar todo ese tiempo para cruzar. Luego, una vez al otro lado esperamos hasta que amanece, tal vez a las 6:30, a no ser que la lechuga esté congelada. Entonces podemos empezar a las 7, 8, 9 o incluso más tarde. Oscurece temprano. Así que todo ese tiempo para unas pocas horas de trabajo—. Raymundo ve que la puerta del bus se cierra y se despide con un adiós amistoso. Y hago una anotación, visitar Mexicali este invierno.

No es hasta febrero que finalmente llego a Calexico por la frontera opuesta a la ciudad en expansión de Mexicali. Llego al centro de Calexico después de un viaje maratoniano de doce horas desde San Francisco por Greyhound.

En mi segunda mañana en la ciudad estoy levantado desde antes de las cuatro, porque la primera mañana me levanté a las 4:30 y apenas tuve la oportunidad de hablar con algunos trabajadores antes de que se dirigieran a los campos. Aún así, a las 4 a.m. no es muy temprano aquí. Muchos de los trabajadores se levantan a las 2 de la mañana e incluso antes para cruzar la frontera, esperando en largas filas de vehículos o de peatones que se mueven con una agonizante lentitud hacia el edificio espartano que alberga a los inspectores de inmigración. La mayoría de las personas con las que hablo dan este inconveniente por sentado, pero me da rabia, ya que no puedo ver esto, más que como un insulto a las personas que cosechan la comida de este país. En los años 70 yo vivía en Mexicali y cruzaba la frontera cada mañana para trabajar. Había muchos inconvenientes en ese modo de actuar, pero nunca tuve que esperar más de unos pocos minutos para cruzar la frontera a pie.

Deambulo por la bien iluminada esquina entre la tercera y la calle Paulin, llena de trabajadores, y entro en una cafetería. Todas las mesas están llenas de gente tomando café y comiendo dulces pan y rosquillas. Agarro una taza de café y un *old fashion donut* y salgo a la calle. Esta mañana estoy decidido a hablar con algunas mujeres trabajadoras. En Salinas me pareció mucho más fácil relacionarme con los hombres, porque pasaban más tiempo en las calles. Cuando me relacioné con las mujeres, comenzó a desarrollarse una narrativa diferente, incluyendo un aspecto del trabajo y la vida en los campos del que los hombres son a menudo inconscientes.

Una de las primeras personas con las que hablo es una mujer que cruza todos los días a medianoche para evitar la fila de coches por la mañana a lo largo de la carretera junto a la frontera y el absurdo y lento avance por decenas de cuadras hasta el cruce. Cruza a medianoche, duerme en su coche, con cautela y mal, temerosa de perder el autobús y un día de trabajo que no puede permitirse el lujo de perder.

Me acerco a un grupo de mujeres que esperan frente a un aparcamiento al otro lado de la cafetería y les pregunto sobre el trabajo. La mayoría parecen tímidas o reacias a hablar, pero Margarita, una mujer de unos cuarenta años, con el pelo rojizo visible por los bordes de su pañuelo azul y blanco, está ansiosa por contar una historia de un día en un equipo de melón en mayo pasado.

—Era un día muy caluroso. Por la tarde el equipo estaba sufriendo por el calor y también por falta de agua—. Margarita estaba entre los cuatro trabajadores del melón que encabezaron una protesta por la falta de agua potable adecuada. Finalmente consiguieron el agua, pero los líderes de la protesta, tres mujeres y un hombre, fueron despedidos. Apelaron el despido a la Comisión de Trabajo. Después de muchos meses de espera, recibieron la respuesta. —La comisión dictaminó que no había 'ninguna base' para nuestra protesta—, dice Margarita con indignación. —¡Una farsa!—

Margarita continúa hablando sobre los campos, esta vez se trata de "acoso sexual". Está en todas partes, dice, y describe la situación en un equipo de melón y la presión ejercida sobre las mujeres para ofrecer favores sexuales, o arriesgarse a perder sus puestos de trabajo. Ella describe el favoritismo dado a las mujeres más jóvenes por los capataces que pescan favores sexuales, y los insultos ocasionales a las mujeres mayores que son dejadas de lado o atropelladas por los capataces o contratistas que buscan obtener algún favor de su presa sexual. Su historia se corta, prácticamente en medio de una frase, cuando ella se dirige a una camioneta a punto de salir. No tengo tiempo para organizar alguna forma de continuar la conversación.

Esta no era la primera vez que escuchaba este tipo de historias pero su frecuencia es bastante cruel.[29] En la década de 1980, un grupo de mujeres que trabajan bajo contrato con Teamsters se reunieron y comenzaron una organización que llamaron "Las pañolistas", por el pañuelo o bufanda que las mujeres de los campos llevan sobre sus rostros para protegerse del sol. Las pañolistas organizaron reuniones en casa y piquetes que denunciaban el acoso sexual en los campos y animaban a las mujeres a hablar sobre ello. Fue el único caso de resistencia organizada de cualquier tipo contra la explotación sexual del que yo había oído hablar en los campos.

Me acerco a la cafetería, y me encuentro con Mayta y Catalina de pie delante del escaparate. Catalina es una madre de cuatro hijos de casi cuarenta años; Mayta es soltera, de unos veinte años. Catalina comienza a responder a mi pregunta sobre la vida en los campos mediante la descripción de la larga enfermedad y muerte de su madre, trabajadora agrícola y las aflicciones que sufrió como "reumas" y extraños problemas de piel que Catalina atribuye a los productos químicos de los cultivos.

Pronto resulta evidente que, a pesar de tales aspectos trágicos, Catalina y Mayta tienen inclinación a bromear con todo. Cuando les pregunto sobre el trabajo y para quién trabajan, Mayta responde con una sonrisa tímida,

—Oh sí, trabajamos con un caballero, el señor mata gente

—¿Mata gente?— repito. En ese punto casi se caen de tanto reír.

—Así es como le llamamos—, dice Mayta, —cuando él no está. No creo que seamos irrespetuosas. Nunca nos olvidamos de llamarle señor. Ellas continúan describiendo a sus capataces, a uno le llaman quita cueros y al otro el látigo. —No se nos ocurriría llamarlos otra cosa—, dice Mayta, refiriéndose a sí mismas y a sus compañeros de equipo. —Quiero decir, ¿cómo llamas a un zapato, zapato, no?— Y una vez más se ríen. Entonces Mayta y Catalina describen su trabajo en la máquina de lechuga, y los frecuentes días de once o doce horas, pero hacen hincapié en las bromas y bromas de la cuadrilla.

—Somos como una familia—, dice Catalina, quien ha trabajado en los campos durante trece años después de que la ruptura de su matrimonio la dejase como único sostén de sus cuatro hijos. —Nos ayudamos unos a otros, cuidamos el uno del otro, y bromeamos porque es la manera que tenemos para que el trabajo y los días sean soportables.

Yendo de un grupo a otro, me parece que hay mucha ira y ansiedad por los problemas fronterizos, los salarios insuficientes, y sobre todo ahora, el poco trabajo. Me encuentro con algunos trabajadores que son residentes legales en Estados Unidos, pero que no pueden sobrevivir viviendo en el lado estadounidense y por eso se han trasladado a Mexicali, donde los alquileres son más bajos, aunque el costo de todo lo demás no es mucho más barato, y en algunos casos incluso más caro. Se me ocurre que con tantos trabajadores que viven en el lado mexicano, México está subsidiando a los Estados Unidos, proporcionando mano de obra barata y la absorbiendo los costos sociales de las familias de los trabajadores. Es un gran regalo de México, algo que usted nunca oirá ser mencionado en este sentido por Donald Trumps o Jan Brewers, o incluso Hillary Clintons o Barack Obamas.

Peregrinos

Un grupo de hombres están sentados en el borde del estacionamiento en Salinas, esperando. Es por la mañana, acaba de amanecer, pero están esperando contra la probabilidad de que alguien vaya a venir y ofrecerles trabajo. Yo estoy cerca de ellos, mirando fijamente el estacionamiento ahora tranquilo. Uno de los hombres es de mediana edad, con bigote y una barba de tres días que está cambiando de rubio a gris y un sombrero de paja calado hasta los ojos. Mientras mira hacia arriba puedo ver sus ojos de color azul claro.

—¿Qué estás esperando?—, me pregunta.

—Estoy esperando por un puesto de trabajo en una cuadrilla

de tierra de lechuga—, le digo, tan en serio como puedo. Él y los demás parecen sorprendidos. Luego hay un murmullo de incredulidad. —En realidad estoy aquí para saber lo que está pasando en los campos—, explico un poco. —¿Y tú, a la espera de un puesto de trabajo en la lechuga?—,pregunto.

—Sí. Pero es difícil de conseguir, solo quieren a los jóvenes—, y empuja hacia atrás su sombrero de paja.

—¿Y de dónde eres?—, pregunto. —Costa Rica, dice. Y ahora es mi turno de mirar sorprendido. Me entero de que su nombre es José. Él lleva en Estados Unidos veintiséis años, ocho en Salinas. Consiguió su tarjeta verde con la amnistía de 1986. ¿Dónde más has vivido? En Alaska; donde trabajó en las fábricas de conservas de pescado; Nueva York donde trabajó en jardinería y Seattle donde recogió manzanas.

—Ahora en Salinas en la lechuga, pero el trabajo está lento—. El culpa de ello a la preferencia que los contratistas tienen por los trabajadores jóvenes. —Somos maltratados, humillados, nos tratan peor que burros.

Otro José, que acaba de llegar de Merced, donde trabajó en la "limpia de tomates", se une a la conversación.

—Un día estábamos en el campo y el mayordomo hizo una pausa para el almuerzo. Hacía mucho calor. Estábamos a mitad del descanso cuando el contratista vino y le preguntó por qué no estábamos trabajando. El mayordomo dijo que era la hora del almuerzo. Empezaron una discusión acerca de si el descanso era de quince o treinta minutos. El mayordomo dijo que las personas necesitan un descanso, especialmente con el calor. Pero el contratista dijo: '¡Al diablo con eso. A veces la gente tiene que morir para que se hagan las cosas!' ¿Puedes creer eso? Como si no le importara si vivimos o morimos. ¡El trabajo en general no era tan duro, pero su actitud sí!

El costarricense José habla de una joven embarazada que murió en las uvas el año anterior por el calor. José de Merced se sorprende con eso. ¿En serio? Él no ha visto morir a nadie. Pero, recuerda un joven oaxaqueño de un equipo de melón, cerca de Phoenix.

—El pobre chico se desmayó por el calor. Cuando despertó se sentía muy mal, sentía dolor, pero también estaba angustiado porque creía que iba a perder su trabajo.

Le digo que yo había escuchado de otros que la policía de inmigración está más activa en la frontera. José asiente.

—Bueno, yo no tengo que preocuparme porque tengo papeles—. Su risa revela que está bromeando. Cuenta una historia acerca de trabajar en Yuma. —Un día el contratista nos dijo, 'mañana trabajaremos en tal y tal lugar. Está justo al lado de la frontera y vamos a ver la inmigración allí. Pero no quiero que nadie corra. Si corréis vais a atraer a la inmigración y todo el mundo va a ser capturado. Así que si alguien siente que no puede estar cerca de la migra sin correr, que no venga a trabajar mañana'. Así que al día siguiente vamos a este campo, y por supuesto la inmigración está ahí, pero nadie corre. Un tipo, que logró cruzar clandestinamente la frontera ese día, llega al campo y se une a la cuadrilla. Finge trabajar en él para evitar a la migra, pero el mayordomo le echa de la cuadrilla porque tiene miedo de que la migra lo haya visto y venga a ponernos a todos en problemas.

Los dos Josés son solteros. Ninguno tiene hijos.

—Soy como el ave que peregrina de aquí para allá—, dice José de Costa Rica. —Estoy cansado de ser explotado. Estoy cansado de no ser tratado con respeto en absoluto. Estoy cansado de la forma en que somos tratados todos los que trabajamos, sobre todo en el campo. Yo diría que, en general, los campos son de lo peor que he visto en diferentes lugares.

El otro José dice: —Los trabajadores son la base de todo, de donde viene toda la riqueza—. Y respondo,—hay un tipo con el nombre de Carlos Marx, ¿has oído hablar de él?—

—No—, dice José.

—Bueno, él dijo que lo que tú acabas de decir. Él lo llamó el pequeño y sucio secreto del capitalismo, toda la riqueza social proviene de la explotación. Es una relación largamente ocultada a la gente, pero la comprensión de esta realidad nos permite entender algo muy fundamental sobre esta sociedad y la raíz de la injusticia. Hablar de poner fin a la injusticia sin hablar de poner fin a la explotación que existe en el corazón de este sistema es inútil—. Y yo trato de explicar lo que entiendo de esto y lo que significaría poner fin a la explotación de unos seres humanos por otros y todas las relaciones e ideas que fluyen de esta explotación.

José de Costa Rica dice: —Mucha gente no quiere trabajar

más porque están enfermos y cansados de tanta explotación. La gente los llama perezosos, pero eso no es así. Es sólo que te enfermas y te cansas. Esto realmente sólo es esclavitud—. Pero luego añade: —Nunca va a terminar, por una cosa, nosotros no somos de aquí. Somos intrusos, ¿qué influencia tenemos? ¿Qué poder tenemos? ¿Qué derechos tenemos?

—Has estado aquí veintiséis años, tienes papeles y no tienes derecho a hablar?—, pregunto. Y recuerdo estos mismos sentimientos, expresados por otros. —Yo no creo que los explotadores, los europeos, los estadounidenses y así sucesivamente, nunca lo pensaron dos veces al invadir, hacerse cargo de los países y cambiar los gobiernos cada vez que tenían en cuenta sus intereses. Pero ustedes, que cruzan la frontera para conseguir trabajo, son delincuentes y no tienen derechos?

—Sí—, dicen, —pero eso nunca va a cambiar—. Les explico mi decisión de no usar la palabra nunca.

—Él nunca va usar la palabra *never*—, dice el costarricense José, y todos nos reímos.

Un día más, ya es tarde por la mañana, y la esperanza de trabajo para el día se desvanece más rápido que la rodaja de luna que se dirige hacia horizonte. Una vez más estoy en el extremo del gran estacionamiento del centro comercial de Salinas. Esta vez hay un grupo de cinco jóvenes guatemaltecos al final de la adolescencia o principio de los veinte años. Uno de ellos acaba de llegar de Nueva York unas semanas antes, donde había pasado los últimos tres años trabajando en la construcción, ganando alrededor de $18 por hora. Aprendió muchas habilidades diferentes allí, pero el trabajo se acabó y su hermana le dijo que había trabajo en Salinas. Otro provenía de Las Vegas, donde había trabajado los últimos tres años en restaurantes. Otros dos han subido desde Los Angeles. Uno trabajó en demolición, el otro tenía dos trabajos hasta la crisis. Debido a los peligros con la migra en las estaciones de Greyhound, llegaron con un *raitero*, un proveedor de transporte. Pagaron $80 cada uno por el viaje. Un amigo le dijo que había trabajo en los invernaderos, pero eso resultó no ser cierto. Son todos de la misma ciudad de Guatemala, y se conocían de allí.

Todos ellos habían tratado de encontrar trabajo en las uvas y a continuación en la lechuga. Finalmente pescaron algunos trabajos en la mora, en Watsonville. Pagado a destajo a $3 por un pequeño cubo. Después de trabajar todo el día, desde la mañana hasta la tarde, consiguieron recoger diez cubos. Trabajaron dos semanas haciendo alrededor de $150 a la semana. Con eso tuvieron que pagar su camino hacia y desde Watsonville. Varios de ellos hablaron de regresar a Guatemala si las condiciones no mejoraran. Ellos habían oído hablar de un grupo anti-inmigrante, los Minutemen, activos en la frontera, y se preguntaban acerca lo peligrosos que serían realmente.

TEAMSTERS OTRA VEZ

Cuando Teamsters firmó un contrato con Bud Antle en 1962, fue un buen negocio para ambas partes. Antle obtuvo un préstamo de $2.5 millones, y Teamsters consiguió un contrato que cubría a 3,500 trabajadores, con cuotas, deducciones de sueldo para el fondo de retiro del sindicato, etcétera. Cuando el movimiento de los trabajadores agrícolas estalló en los años 1960 y 1970, los productores pusieron la barrera de los Teamsters para protegerse de la embestida del movimiento.

Teamsters suponía una barrera más que un sindicato, pero con Antle, como siempre innovador al frente del paquete, incluyendo salarios y beneficios, los trabajadores hicieron bien económicamente como cualesquiera otros trabajadores agrícolas.

En 1979, Antle una vez más impuso la moda de la industria cuando dejó de contratar a sus propias cuadrillas de desije y escardado y traspasó estos puestos de trabajo a los contratistas de mano de obra. El dinero ahorrado en los beneficios y las "reducciones" llamaron la atención de la industria. Cuando la agitación interna superó a UFW y Chávez decidió sacar provecho de su fama, se abrió el camino para que la industria siguiese una vez más el ejemplo de Antle, esta vez en la era del contratista de trabajo.

Antle mantuvo sus contratos con Teamsters, permitiendo que los trabajadores contratados bajo su nombre conservaran los beneficios que los otros trabajadores de la industria habían perdido o estaban perdiendo. Sin embargo Antle también siguió la marea que ayudó a poner en marcha, reduciendo beneficios y salarios, acelerando el trabajo y eliminando los campamentos y todo lo que redujera los costos. En 1986, los trabajadores de Antle contraatacaron. Hicieron huelga durante quince días desafiando a su sindicato. Perdieron la huelga y algunos perdieron sus puestos de trabajo. En el año 2010, los salarios de Antle estaban aproximadamente al mismo nivel patético que el resto de la industria. Los beneficios para la salud fueron erosionados en gran medida, y de los 3,750 trabajadores que Antle había empleado directamente anteriormente, sólo 750 permanecieron. El resto fue expulsado por los contratistas de mano de obra, algunos de ellos cultivados en el invernadero directivo de la empresa del propio Antle. El sindicato de los Teamsters no había hecho nada en todo esto, excepto, como se suele decir, proporcionar la vaselina.

Un grupo dentro de Teamsters en Salinas, y los trabajadores agrícolas bajo contrato con Teamsters, trataron de construir algún tipo de resistencia a la implosión de los salarios, beneficios y condiciones de trabajo. Uno de ellos, Froilán Medina, cuyo activismo era aclamado desde los años setenta renunció a su trabajo como organizador Teamsters en protesta por la corrupción y la confabulación. Se incorporó a filas con una activista trabajadora, Guillermina Garnica, con cuarenta cuatro años en Dole Company pero despedida después de que sufriera un accidente en su espalda, y Roy Mendoza, un antiguo organizador de Teamsters de los viejos tiempos. Juntos trataron de frenar el descenso en picado mediante el apoyo a los candidatos para la reforma. Sus esfuerzos resultaron infructuosos, ya que el interés renovado necesario desde abajo nunca se materializó. Los trabajadores agrícolas Teamsters locales demostraron ser impermeables a las reformas.

BRACEROS DE NUEVO

Si el progreso social pudiera medirse en los nombres, entonces podría construirse un razonamiento de como las cosas avanzan. Hemos pasado de "espalda mojada" a "ilegal" y a "sin papeles", y de bracero al refinado apelativo del siglo veintiuno "trabajador huésped". Trabajador huésped, un nombre tan acogedor. "Adelante, eres nuestro invitado. Eres bienvenido. . . ¡hasta que te vayas cuando ya no te necesitemos!"

Según U.S. Labor Department (Departamento de Trabajo de Estados Unidos), hasta 2009, había 86,000 trabajadores H-2a (huésped) en Estados Unidos, y los productores habían dejado claro que les gustaría que fuesen más. Aquellos en el gobierno que abogan por la ampliación del contrata un esclavo, el programa de trabajadores huéspedes, están por lo general en el lado liberal del libro de contabilidad, mientras que la derecha en general, no se opone en principio, pero continúan disgustados, ya que durante el programa bracero de 1941 a 1964, hubo un gran aumento en el tamaño de las comunidades latinas, algo que el sistema de bracero se suponía que tenía que evitar.

El campamento Toro cerca de Salinas es un viejo campamento de braceros que se convirtió en campo del equipo de lechuga de Interharvest y Sun Harvest en la década de 1970. Más tarde se convirtió en uno de los pocos campos restantes para los trabajadores que hacían el circuito migratorio a lo largo de la década de 1990. Hoy en día, ha vuelto a sus raíces, un campamento para los trabajadores traídos a los campos bajo el programa H-2a del departamento de trabajo (trabajadores huéspedes). Yo solía pasar el tiempo aquí cuando era el campamento principal de los equipos de tierra de *Sun Harvest* hace más de tres décadas. El campamento se ve un poco más limpio ahora, pero es esencialmente el mismo, con menos coches. Las actualizaciones modernas incluyen cámaras de circuito cerrado. Había más vigilancia en el campamento de braceros de lo que había visto con anterioridad. Un día me pararon al entrar y me dijeron, por primera vez, que necesitaba permiso para entrar.

En otra ocasión tuve la oportunidad de entrar sin ningún problema. Encontré a Celestino, un hombre de unos treinta años de pie en la puerta de uno de los barracones, que da a los campos adyacentes. Él fue muy amable y abierto y habló largo y tendido sobre su pueblo en la Sierra Sur de Oaxaca, sus problemas, y el atractivo de las posibilidades que le trajeron al norte.

Era uno de los 140 trabajadores H2a del campamento de trabajo de *Fresh Harvest Company*. En su primer año, el ganaba $ 9.72 a la hora trabajando en una máquina de lechuga donde la lechuga se corta, se le quita el corazón y se vuelca en los contenedores que van para el cobertizo y la troceadora para ensalada. Pero el salario cayó al año siguiente a $9, lo cual el atribuyó a la recesión. Eran descontados diez dólares por día por el alojamiento y la comida.

Como trabajador contratado, Celestino pasaba seis meses en Salinas y luego cuatro o cinco meses en el área de Yuma. El contrato tenía que ser renovado en Nogales a cada seis meses. Celestino estaba contento porque le permitía un mes en México con su familia sin arriesgar su vida cruzando la frontera. Celestino pensaba que nunca habría llegado al norte de no haber sido por el programa H2a. Diez personas de su aldea oaxaqueña desaparecieron en la frontera entre Estados Unidos y México en los últimos años, y había un montón de historias de privaciones y abusos. Estaba especialmente indignado con el maltrato a las mujeres jóvenes de su aldea, muchas de las cuales fueron violadas en el transcurso de la peligrosa travesía, algunas con tan sólo quince años.

Celestino tiene dos niños pequeños. Él quiere que ellos estudien, y esta es una de las principales razones que lo empujaron al sacrificio de vivir separado de su familia.

Los productores pueden calificar trabajadores H2A si pueden demostrar que son incapaces de encontrar los trabajadores que necesitan en Estados Unidos. Hay muchos más de estos trabajadores contratados en la zona fronteriza, sobre todo en Arizona, debido a las redadas de inmigración. La migra es la que garantiza que los productores reúnan las condiciones para contratar "trabajadores huéspedes". De modo que la danza de la inmigración en Estados Unidos continúa, en muchos aspectos, como siempre.

Bud Antle y Dole Company están entre los explotadores a gran escala de los trabajadores braceros. Antle tiene 750 trabajadores huéspedes braceros, principalmente en el área de Yuma, Arizona. Para tener derecho a trabajadores contratados, los productores deben suministrar una cierta cantidad de viviendas para trabajadores, pero los productores están tratando de deshacerse de proporcionar alojamiento.[30]

Muchas personas con las que hablé en Salinas se sorprendieron de la existencia del campamento para braceros. Algunos trabajadores agrícolas expresaron envidia porque estos braceros pueden ir a casa y volver sin arriesgar sus vidas, y sin tener que gastar miles de dólares para pagar a los "coyotes" que los llevan al otro lado. Incluso he escuchado a los progresistas, que defienden los derechos de los inmigrantes, como la actriz Eva Longoria que pidió la ampliación del programa de trabajadores huéspedes. Yo percibo esto como una señal de lo mucho que las cosas han empeorado.

COMISIONES DE TRABAJO Y CONFESIONES REVELADORAS

Recordando lo que Israel, mi antiguo compañero de equipo y ahora el capataz me habían dicho, me fui a la oficina de la comisión de trabajo en la calle North Main en Salinas para ver por mí mismo lo bien que esta agencia del gobierno protegía los derechos de los trabajadores. Me presenté a la inspectora que estaba en la ventanilla de reclamaciones. Ella expresó su frustración a medida que relataba un caso reciente contra un contratista de trabajo que estaba pagando en efectivo y embolsándose el dinero deducido para la Seguridad Social. Su testigo, una madre soltera, dijo la inspectora no declaró contra el contratista por temor a las consecuencias para ella y sus hijos. Según la inspectora, esta era una situación bastante habitual.

Cuando varios trabajadores jóvenes vinieron en busca de ayuda, yo me aparté para dejarles espacio en la ventanilla. Casualmente escuché a la inspectora mientras hablaba con ellos. Uno de los trabajadores había sido despedido de un equipo de lechuga por un contratista, acusado de robar algo de la empresa.

—Yo no he robado nada—, insistía. Él exigió pruebas por parte del contratista, pero no se le ofreció ninguna. Quería saber cómo podía luchar contra la acusación y recuperar su empleo. La inspectora era simpática, y se tomó el tiempo de escuchar la explicación del joven. Finalmente dijo:

—Usted sabe que el hecho es que la empresa le puede despedir sin absolutamente ninguna causa. Ni siquiera tiene que tener una excusa, así que realmente no hay manera de que usted pueda luchar contra esto.

Entonces, tal vez para suavizar el golpe, añadió, —pero usted sabe, puede salir también, sin ninguna excusa o explicación en absoluto—. En ese momento, tuve que contenerme a mí mismo para no reír. La mujer de la comisión de trabajo sólo había resumido tan sucintamente como pudo la lógica de la justicia que se encuentra en el corazón de esta "democracia": "Podemos quitarle su sustento sin causa o recurso. Pero usted puede despedirse y llevarse su propio sustento, también sin justificación". Esta es la lógica de un sistema basado en la explotación del trabajador, y dedicado al arte constante de la guerra para proteger o ampliar esta explotación: "Nos reservamos el derecho de matarle, no obstante también puede suicidarse". La explotación humana (aunque yo prefiero llamarla inhumana) exige el sufrimiento de algunos como requisito previo para el sustento de los demás, y para el incesante apetito de acumular capital. Esta es la injusticia en la base de toda la injusticia, los cimientos de todo el edificio capitalista y el monstruoso impedimento para el progreso humano.

No importa lo conectados por cable o inalámbricamente que lleguemos a estar, lo avanzado de nuestras formas de transporte o comunicación, lo refinado de nuestros instrumentos de descubrimiento o cuán vasta sea nuestra capacidad para producir, mientras que los seres humanos vivamos del sufrimiento de los otros; mientras que nuestro sistema social se base en dichas relaciones de explotación, permaneceremos atrofiados, primitivos y bárbaros, violentos, destructivos e injustos. Estas relaciones de explotación son tan fundamentales para este sistema, que generalmente son equiparadas a la propia naturaleza humana. Podemos continuar, casi inconscientes de su papel delimitado históricamente en nuestro sufrimiento, hasta el momento en que ya no podamos más.

NOTAS

1. LA CUADRILLA DE DESIJE O "LOS AGACHADOS"

1.   Una treintena de edificios del ROTC (Cuerpo de Entrenamiento de Oficiales de Reserva) en todo el país fueron bombardeados o quemados en los días de las revueltas estudiantiles que siguieron a la invasión de Camboya. Millones de universitarios y de secundaria participaron en las huelgas y las movilizaciones. Se movilizaron los efectivos de la Guardia Nacional en veintiún campus de dieciséis estados. El 4 de mayo de 1970, cuatro estudiantes fueron asesinados por efectivos de la guardia en Kent State, Ohio, y el 14 de mayo, dos estudiantes de Jackson State en Mississippi resultaron muertos y dieciocho de ellos heridos por la policía en las acciones relacionadas con las protestas de los estudiantes en todo el país.

2.   Thomas McCann, *An American Company: The Tragedy of United Fruit* (New York: Crown, 1976), 232. Los esfuerzos de Eli Black eran más bien torpes y sin éxito. Crearon resentimiento entre los veteranos que estaban acostumbrados a un enfoque más descarado y sin disculpas para el éxito empresarial, y el destino de la compañía declinó bajo su dirección. En 1975, Black se suicidó saltando desde el piso 44 de la oficina de United Brands en Nueva York. Había comenzado a emerger un escándalo de corrupción que involucraba Black y al presidente de Honduras.

3.   *Salinas Californian*, 2 de octubre de 1974: "El acosamiento de comunistas y el vigilantismo llegaron a su punto culminante el 22 de septiembre de 1934, cuando un campo de trabajo cerca

de Chualar propiedad de líder sindical filipino Rufo Cañete fue reducido a cenizas después de un ataque por sorpresa contra el edificio con escopetas y rifles en un esfuerzo por intimidar a los 60 ocupantes".

4. "Huelga en la lechuga en Salinas en 1936," *El Obrero,* 6-7 de julio de 1972: "*El Monterey Herald* ridiculizó la histeria que repiqueteaba en las proximidades del Valle de Salinas e informó sobre un director exasperado del tribunal de tráfico del estado que lamentaba la desaparición de las banderas rojas que se utilizaban para marcar los futuros trabajos en la autopista cercana a Salinas".

2. OTOÑO E INVIERNO

1. Katsuichi fue preso en Lordsburg Internment Camp Lordsburg (campo de internamiento) en Nuevo México y más tarde en una prisión en Santa Fe. Mientras tanto, su familia estaba en un campo de internamiento en Poston, Arizona. Allí la familia suplicó en repetidas ocasiones a las autoridades para que permitieran a Katsuichi unirse a su esposa e hijos. Estas solicitudes fueron denegadas, y los miembros de la familia fueron acusadosde deslealtad por las súplicas en su favor. Mientras tanto, la salud de Katsuichi se deterioró y fue hospitalizado durante varios meses. Finalmente, en septiembre de 1943, se le permitió reunirse con su familia en el campo de internamiento en Arizona. Pero su salud estaba destrozada. Murió en enero de 1944.

2. "Así como los trabajadores bajaron de sus escaleras y se ocultaron para cubrirse, vieron a Rómulo allí de pie, agarrándose la mano y al patrullero que continuaba apuntando el revólver magnum 357 hacia Rómulo a quemarropa. Antes de un minuto, el oficial disparó de nuevo. El segundo disparo alcanzó a Rómulo en el pecho y cayó redondo al suelo herido de muerte. . . . Impidieron que los hermanos de Rolando. . . se acercaran a su cuerpo. Tampoco se permitió que ninguno de los trabajadores se acercara lo suficiente para administrarle los primeros auxilios o los oficios religiosos. Cuando José Reyes, representante local de UFWOC, llegó al campo, pudo ver que el cuerpo de Rómulo continuaba tendido donde había muerto". UFWOC, "*How Romulo Avalos Died*" (Cómo murió Rómulo Avalos), febrero de 1972, UFW Research Collection (Colección de investigación de UFW), caja 47, carpeta 21, Wayne State University, Reuther Library.

3. El gran jurado de Merced resolvió más tarde que los disparos estaban justificados.

3. LOS VIENTOS SIGUEN SOPLANDO, 1972

1. Mae Sakasegawa, *The Issei of the Salinas Valley: Japanese Pioneer Families* (Salinas, CA: Salinas Valley JACL Senior, 2010), 145. Uno de los productores de lechuga de mayor éxito fue un granjero nisei (japonés de segunda generación nacido fuera de Japón) llamado Takeo Yuki. Se le atribuye, junto a su socio Tom Bunn, el inicio del cultivo de lechuga durante todo el año con una cosecha de invierno en Yuma. En 1942, fue preso junto con su familia. Mientras él se encontraba detenido en los terrenos del rodeo de Salinas, el *Saturday Evening Post* lo entrevistó. El mismo artículo cita al secretario de Salinas Vegetable Grower-Shipping Association (asociación de horticultores y distribuidores de Salinas), Austin Anson: "Somos acusados de querer deshacernos de los japoneses por razones egoístas. Lo mejor sería que fuésemos honestos. Lo hacemos. Ellos vinieron a este valle para trabajar y se quedaron para apropiárselo. Si se eliminaran todos los japoneses mañana, después de dos semanas no nos acordaremos de ellos, debido a que los granjeros blancos pueden asumir el control y producir todo lo que los japoneses cultivan. Y tampoco los queremos de vuelta cuando la guerra termine". *Saturday Evening Post*, 9 de mayo de 1942. De hecho, la atmósfera de odio racista evitó que muchos estadounidenses de origen japonés regresaran a Salinas después de la Segunda Guerra Mundial.

2. John C. Hammerback y Richard J. Jensen, *Rhetorical Career of César Chávez* (College Station: Texas A & M University Press, 1998), 113.

3. "Esta es una historia que no niega ni olvida que fue debido a esta revolución que la esperanza media de vida de la mayoría de los chinos aumentó de 35 años en 1949 a 63 en 1975, que fue una revolución que llevó la unidad y la estabilidad a una nación torturada durante demasiado tiempo por la desunión y la inestabilidad. . . . Esta es una historia no reconocida acerca de una revolución 'del pueblo' que permitió la reforma agraria, promovió el estatus de las mujeres, mejoró la alfabetización popular y la atención a la salud, y que con el tiempo transformó a la sociedad china más allá de su lamentable estado antes de la revolución". Mobo Gao, *The Battle for China's Past: Mao and the Cultural Revolution* (London: Pluto Press, 2008), 10.

4. Hammerback y Jensen, *Rhetorical Career of César Chávez*, 102.

5. Ibid. Énfasis del autor.

6. Bai Di, Xueping Zhong, y Wang Zheng, *Chinese Women Growing Up in the Mao Era* (Camden, NJ: Rutgers University Press, 2001), 1. Hubo16, 230,000 jóvenes urbanos que fueron al campo durante la revolución cultural china (1966-1976).

7. "Según el padrón del discurso dominante del momento en la democracia liberal de Xiaxiang Shangshan [enviar a los jóvenes educados a la montaña y el campo], era una violación de los derechos humanos. Esta identificación con el valor globalmente dominante implica que era irrelevante que la mayoría, si no todos los jóvenes educados, al menos en la etapa inicial, participasen voluntariamente en el movimiento. . . . También es irrelevante a todos los efectos que la juventud educada "sufriera" sólo desde una perspectiva urbana y en gran medida sólo en retrospectiva. Desde la perspectiva de los residentes rurales, la juventud educada tuvo una buena vida. Ellos no tuvieron que trabajar tan duro como los agricultores locales y tenían subsidios estatales y familiares. Podían visitar frecuentemente a sus familiares en las ciudades y tenían dinero para gastar y vestir ropa de moda. Traían comida enlatada y en conserva que las personas del campo nunca antes habían visto". Gao, *The Battle for China's Past*, 35–36.

8. Ibid., 128. La narrativa dominante sobre la revolución cultural evita el tema de por qué se inició y lo que pretendía lograr. "El consenso intelectual en todo el mundo parece ser el de que no sólo las revoluciones rusa y china se deshicieron, sino que la idea de la revolución debe ser enterrada. Este cambio global del clima intelectual ha sido tan convincentemente persuasivo que la tesis de la lucha de dos líneas que se ofrece como la razón de ser del origen de la revolución cultural se haya considerado desacreditada en gran medida. La disputa entre Liu (Shao Shi) y Mao se considera en gran medida una lucha personal por el poder". Posteriormente Mobo Gao debate la crítica creciente de esa visión que se está debatiendo dentro de China y la evidencia que se está publicando de que de hecho la revolución cultural no fue una mera lucha por el poder sino la lucha entre dos líneas sobre qué camino debía emprender la sociedad china, socialista/comunista o capitalista. Usando una analogía, reducir la revolución cultural a una rivalidad personal entre Mao y otros líderes de la sociedad china, es como confinar la guerra civil de Estados Unidos a una rivalidad personal entre Abraham Lincoln y Jefferson Davis. En este sentido, la guerra civil de hecho habría parecido una masacre brutal y sin sentido y Lincoln un demagogo culpable de las graves e injustificadas injurias a las personas de Estados Unidos. Avanzar

en tal tesis sería históricamente inexacto, intelectualmente perezoso, y completamente deshonesto. Este es nada menos que el caso relacionado con la Revolución Cultural en China. Si el destino de Estados Unidos—esclavitud o libertad, que está basado en el sistema de trabajo asalariado—se decidió en la guerra civil, la revolución cultural no fue menos importante en este sentido.

9. "Yo no fui enviado al campo. Fui de forma voluntaria. . . Siempre sentí que era un revolucionario. Yo quería cambiar la sociedad. Me gradué en la escuela secundaria en 1971, cuando tenía 15 años de edad. El estado en ese aspecto tenía la política de que te podías quedar en la ciudad. . . sin embargo siempre pensé que debía ir al campo puesto que los jóvenes educados eran enviados al campo con el fin de recibir una reeducación por parte delos campesinos. La idea de Mao era que los jóvenes, especialmente los de las zonas urbanas, tenían una comprensión muy limitada de la sociedad. Ellos eran privilegiados y no comprendían al 80% de la población, los campesinos. Así que tenían que ir allí para entender la realidad china. Eso comenzó en 1964, antes de la revolución cultural. Por otro lado la masa de la juventud educada iría al campo a partir de 1968. Cuando llegó mi momento yo dije que quería ir al campo. . . . Ese fue el momento más memorable de mi vida. . . . Trabajábamos 10 horas en el campo, pero cantando canciones. Sentimos con nuestras propias manos que estábamos haciendo algo". Bai Di, coeditor de *Some of Us: Chinese Women Growing Up in the Mao Era*, entrevista con Michael Slate, KPFK, 11 de noviembre de 2009.

10. Éramos ingenuos al subestimar el complicado y prolongado proceso que esto suponía. Muchos de nosotros subestimamos la intensidad de la lucha dentro de China a pesar de que Mao advirtió en repetidas ocasiones que el capitalismo podía volver al poder. Desconocíamos algunas de las políticas maoístas en sí mismas que contribuyeron a aquellos problemas para continuar por el camino socialista. Para una discusión en profundidad sobre estas cuestiones ver Bob Avakian, "*The Cultural Revolution in China. . . Art and Culture . . Dissent and Ferment . . . y Carrying Forward the Revolution Toward Communism*," *Revolution* #260, 19 de febrero de 2012.

11. Había dentro del movimiento revolucionario ideas sobre cómo lograr un cambio radical, incluso entre y dentro de las organizaciones que tomaron partido y levantaron la bandera de Mao. La lucha en torno a varias ideas rugía con gran pasión en el movimiento de esos días y dentro de todos los grupos y personas que formaban parte de ella.

12. Burton Anderson, *The Salinas Valley: A History of America's Lettuce Bowl* (Monterey, CA: Monterey County Historical Society, 2000).

13. Sandy Lydon, *Chinese Gold: The Chinese in the Monterey Bay Region* (Capitola CA: Capitola Book Company, 1985), 2.

14. Ron Takaki, *A Different Mirror: A History of Multicultural America* (New York: Little, Brown, 1993), 199. "En el Valle de Salinas, los trabajadores chinos excavaron seis millas de zanjas para drenar la tierra, cortando suelo de turba con cuchillos enormes como espadas y sacándolo con horquillas y ganchos de acero". Su trabajo impulsó el valor de la tierra de 28 dólares por acre en 1875 a 100 dólares dos años después.

15. Carey McWilliams, *Factories in the Fields: The Story of Migratory Farm Labor in California* (Santa Barbara, CA: Peregrine Press, 1971), 1-3.

16. Jennie Verardo y Denzil Verardo, *The Salinas Valley: An Illustrated History* (Northridge, CA: Windsor Publications, 1989). La producción de remolacha azucarera de Castroville, al norte de Salinas, dio paso en 1920 a la alcachofa.

17. "La cosecha de cada acre [de remolacha azucarera] producía 17,036 libras de azúcar, lo suficiente para endulzar 175,000 botellas de 12 onzas de agua de soda o 27,155 galones de helado". *Monterey Herald Weekend Magazine*, 15 de septiembre de 1973.

18. Arrojar bombas de fragmentación era una forma violenta de protesta que involucraba el uso de granadas de fragmentación arrojadas en los dormitorios de los oficiales de la unidad. In 1970, en Vietnam se reportaron 209 incidentes de este tipo. Dave Zirin, en *A People's History of Sports* (New York: New Press, 2008), 182, dice que "Las tropas de Estados Unidos llevaron a cabo una cantidad estimada de 800 a 1,000 intentos con estas granadas contra sus oficiales de mando". Cientos de oficiales resultaron muertos o heridos en estos ataques.

19. Una ronda de 18 hoyos en el campo de golf Pebble Beach en 2010, costaría aproximadamente 62 horas de trabajo agotador en un campo de lechuga Salinas, excluyendo los honorarios del carro.

20. La idea de que cualquiera puede superar una vida de pobreza y explotación es lógicamente absurda. Esta misma idea fue expresada de manera espectacular por Bob Avakian en su libro *Básicos* Capítulo 1 #11 (Chicago: RCP Publications, 2011): "La determinación decide quién saldrá del ghetto . . . vaya que este es un cliché gastado, en su peor aspecto, en todos los niveles. Esto es como ver un molinillo de carne que pulveriza a millones de

personas y en vez de fijarse en que a la gran mayoría la vuelve pedazos, ver a los pocos que se escapan enteros y para rematar, usar esto para decir "¡el molinillo si sirve"!

21. Los apodos eran una forma conveniente y aceptable para dirigirse a alguien cuyo nombre se te hubiera olvidado o nunca supiste. Entre los trabajadores de campo uno encontraba muchos apodos tomados de características físicas: *Chino, flaco, gordo, chato; bonito*. Los apodos de animales también eran comunes: *Gato, chivo, culebra* y muchos otros.

22. De las entrevistas realizadas por el autor a Rafael Lemus, Salinas, septiembre de 2009.

23. NFWA y UWOC se fusionaron en septiembre de 1966, para formar *United Farmworkers Organizing Committee*. El comité ejecutivo formado a partir de la fusión incluyó a los fundadores de NFWA y los líderes filipinos de UWOC, Larry Itliong y Phil Vera Cruz.

24. De las entrevistas realizadas por el autor a José Pérez, activista y trabajador agrícola veterano, Salinas, julio de 2009.

25. "Varios años después Cal Watkins, el jefe de personal de Interharvest, presentó una declaración jurada que acreditaba que asistió a una reunión de la comisión negociadora de Grower Shipper Vegetable Association el 23 de julio de 1970, cuando se decidió obtener poderes de los miembros para 'tantear a Teamsters y explorar las posibilidades de negociar un acuerdo para los trabajadores agrícolas'. Al día siguiente, su declaración jurada decía que 'el comité informó que Teamsters estaba interesado y receptivo' y 29 empresas firmaron un acuerdo de reconocimiento. El 25 de julio empezaron a negociar con Teamsters. 'El sindicato no decía representar a ningún empleado agrícola en este momento', dijo Watkins". Jacques Levy, *Autobiography of La Causa* (New York: W. W. Norton, 1975), 403.

26. De las entrevistas realizadas por el autor a los residentes de Toro Camp, Mc Fadden Road, Salinas, julio de 2008.

27. *El Obrero del Valle de Salinas*, junio de 1972.

28. *Salinas Californian*, 6 de diciembre de 1972.

4. LA BATALLA SE AFILA, PRIMAVERA, 1973

1. "La recesión más reciente del lago, probablemente se produjo entre 1400 y 1500 A.C., sólo unas pocas generaciones antes Alarcón navegaba por la boca del Colorado con la bandera real de España ondeando en su mástil. La desecación del lago puede que haya forzado a los grupos que dependían de él para competir por el

territorio en las ya ocupadas riberas del Colorado, lo que podría en parte explicar la hostilidad permanente entre las tribus de los ríos que observaron a Alarcón y todos los europeos que le siguieron". William de Buys and Joan Myers, *Salt Dreams, Land and Water in Low Down California* (Albuquerque: University of New Mexico Press, 1999), 58.

2. De una conversación con Sid Valledor, historiador y ex-asistente de Larry Itliong, Oakland, CA, 8 de septiembre del 2012.

3. Marshall Ganz, *Why David Sometimes Wins* (New York: Oxford University Press, 2009), 111.

4. Diferentes números han sido citados por diversas fuentes en cuanto a la oferta actual de los productores. Una fuente me dijo que César Chávez recordó que era $1 por hora, mientras que Ronald Taylor, un periodista que estaba informando activamente sobre los temas del campo en el período y autor de *Chávez and the Farmworkers* (Boston: Beacon Press, 1975), citó la cifra de $1.20 por hora. Sid Valledor, historiador de los trabajadores filipinos y autor de *The Original Writings of Philip Vera Cruz* (Indianapolis: Dog Ear Publishing, 2006), también me citó la cantidad de $1.20 por hora.

5. "El 8 de septiembre de 1965, en Filipino Hall en 1457 Glenwood St. en Delano, los miembros filipinos de AWOC celebraron una reunión general para debatir y decidir si ir a la huelga o aceptar la propuesta de reducción de salarios de los productores. La decisión fue hacer huelga y se convirtió en una de las decisiones más importantes y famosas que se han hecho en toda la historia de las luchas laborales de los trabajadores agrícolas en California. Fue como una bomba incendiaria, que hizo explotar el mensaje de huelga entre los trabajadores de los viñedos, llamándoles a ocupar los campos de trabajo y establecer piquetes en cada rancho de los cultivadores. Había habido pequeñas huelgas en Delano antes, pero esta era la primera huelga importante". Craig Scharlin and Lilia V. Villanueva, *Philip Vera Cruz: A Personal History of Filipino Immigrants and the Farmworkers Movement* (Los Angeles: UCLA Labor Center, Institute of Industrial Relations & UCLA Asian American Studies Center, 1992), 30.

6. El sueño de una California blanca acompañó a la migración occidental durante la fiebre del oro de 1849 y la guerra con México. Los dueños de esclavos del sur perdieron su propuesta de hacer de California un estado esclavista, pero la visión de un californiano blanco nunca fue opuesta seriamente. Por lo tanto, cuando las oleadas de inmigrantes de Asia y el sur de la frontera fueron

traídas para hacer trabajos difíciles en los campos de California, se impusieron leyes para restringir sus derechos, y el reclutamiento se alternó con espasmos de matanzas racistas y campañas de deportación masiva; la danza esquizoide de la inmigración. La batalla para impedir el establecimiento de grandes comunidades de "color" se perdió hace mucho tiempo, pero el baile continúa hasta nuestros días, ahora a escala nacional.

7. "El virus del macartismo se había extendido hasta infectar la práctica totalidad de la vida americana. Al comienzo del semestre del otoño de 1951, después de casi dos años de macartismo, los temores del comunismo estaban imponiendo una conformidad paralizante en los campus americanos. 'Fanáticos mal orientados gritan "comunista" a cada profesor de universidad que se aventura en una nueva idea o selecciona un libro de texto diferente', dijo a sus estudiantes en la convocatoria de esa caída Jazzes H. Halsey, presidente de Bridgeport University. 'Los grupos de presión emiten condenas generales a nuevos desarrollos curriculares, y las legislaturas estatales llevan a cabo investigaciones sobre las actividades subversivas del campus. Estos son tiempos de crisis y en todas partes vemos numerosas evidencias de los intentos de frenar la libertad de pensamiento y la libertad de expresión'" Haynes Johnson, *The Age of Anxiety: From McCarthyism to Terrorism* (New York: Harcourt Inc. 2005), 231.

8. Literalmente, *zángano* es la abeja macho que ayuda a la abeja reina en la reproducción, pero no hace recolección de miel. De ahí viene su significado coloquial de "perezosos". En México se utiliza para referirse a los hombres que viven de las mujeres, o a los trabajadores de un grupo que se quedan atrás y dejan que los otros hagan la mayor parte del trabajo. Debido a que la palabra suena parecida a la palabra española *sangre*, durante mucho tiempo asumí que *zángano* era un insecto chupa sangre y significaba "chupasangre". De hecho, el significado de insulto *zángano* es mucho más fuerte de lo que implica el significado literal de la palabra en Inglés "*drone*".

9. "Al más alto nivel, las operaciones laborales afines a *the Agency* (la Agencia – la CIA) están respaldadas a través de George Meany, presidente de AFL; Jay Lovestone jefe de asuntos exteriores de AFL; e Irving Brown representante de AFL; los cuales se nos describieron como portavoces eficaces para los cargos, en función de las necesidades de la 'Agencia'" Philip Agee, *Inside the Company, CIA Diary* (New York: Farrar, Straus and Giroux, 1975), 75.

10. A principios de 1960, salió a la luz un fuerte debate ideológico a través de una serie de cartas entre los partidos comunistas de la Unión Soviética y China. China acusó a la Unión Soviética de abandonar la revolución en la búsqueda de una política de expansión imperialista. La Unión Soviética acusó a los comunistas chinos de políticas irresponsables e imprudentes a la vista de un mundo armado nuclearmente. En 1959, la revolución en Cuba derrocó la dictadura de Batista apoyada por Estados Unidos y comenzó un proceso de reforma social radical, bien recibida por los progresistas de todo el mundo. Cuando Cuba se alió con la Unión Soviética en la década de 1960, aquello provocó un gran debate. Algunos vieron eso como un paso necesario para defender a Cuba de las amenazas de Estados Unidos, considerando a la Unión Soviética como un régimen auténticamente socialista aunque poco inspirador. Otros, incluido yo mismo, vieron en la Unión Soviética una sociedad capitalista instaurada que perseguía una agenda imperialista por detrás de la fachada del socialismo, que utilizaba a Cuba como tapadera para la consecución de sus propios intereses imperiales.

11. *Ojo Negro, Lettuce: From Seed to Supermarket: A report about the lettuce industry from the 1970's.* Preparado por la United Farmworkers Organizing Committee, mayo de 1972.

12. Ibid. En 1970, los costes de producción para los productores de lechuga eran alrededor de $1.90 por caja de lechuga "Naked Pack", no envuelta. El precio promedio para el consumidor era de aproximadamente $6.35 por caja. De eso, el costo de la mano de obra de los trabajadores agrícolas, para deshijar y escardar (quitar la maleza), riego, conducción de tractores y cosecha, era alrededor de 2.4 centavos de dólar por cabeza o alrededor de 29 centavos la caja; 2.4 centavos equivalían aproximadamente al 9% del costo de una cabeza de lechuga vendida por un productor-expedidor, pero sólo alrededor del 3 a 4 por ciento del precio al público.

13. Ibid. "La industria está constantemente yendo del festín a la hambruna y viceversa. El ejemplo clásico de la hambruna es el acuerdo del invierno de 1966-67. El distrito de Salinas había completado una temporada próspera aquel verano y cuando Central Arizona abrió el 1 de noviembre los precios se cotizaban a $3.75. En aquel momento, el 22 de noviembre abrió Yuma, FOB bajó a $1.63. La contratación en el Valle Imperial comenzó el 7 de diciembre a $1.25. Sólo cuando se formó hielo en la lechuga en los campos a mediados de enero, el escaso suministro alcanzó un precio de hasta $3, pero una semana después ya se había reducido

a $1.38. A mediados de febrero el FOB llegó al punto más bajo$1. El resultado fue de 2,000 hectáreas de lechuga sin cortar, lo que representa que de 5 a 8 millones de cajas se quedaron en los campos. Las pérdidas se estiman en $30 millones."

14. No he podido encontrar una cifra fiable para la duración de la vida de un trabajador agrícola en California. En un discurso de 1984 en San Francisco Commonwealth Club, César Chávez afirma que la vida útil de un trabajador agrícola era de cuarenta y nueve años en comparación con el promedio nacional de setenta y tres. La cifra de cuarenta y nueve fue citada en la publicación de 2010 por Gabriel Thompson en *Working in the Shadows: A Year of Doing the Jobs Most Americans Won't Do* (New York: Nation Books, 2010), 74, y atribuida a National Migrant Resources Program. Pero algunos, entre ellos Gil Padilla en una entrevista con Frank Bardacke, cuestionaron esta estadística.

15. Si se presentan diversas condiciones al mismo tiempo, la temperatura corporal de una persona puede elevarse por encima de los límites de seguridad. El cuerpo pierde grandes cantidades de agua y sal con el sudor. La transpiración es una de las defensas del cuerpo contra el calor debido a que el cuerpo libera agua corporal para enfriar la piel. La mayoría de personas sufren sólo dolor muscular como resultado del estrés por calor. El dolor es una advertencia de que el cuerpo se está calentándose demasiado. Los médicos dicen que las personas que sufren dolor muscular deben parar toda actividad y descansar en un lugar fresco. También deben beber líquidos fríos y no volver a la actividad física durante unas horas porque pueden presentarse condiciones más graves.

16. "Después de todo, fue la propia gente de Chávez la que fue a trabajar tras las líneas de piquete en Coachella, y eso no indicaba mucho apoyo de los trabajadores hacia Chávez. . . esa situación en Coachella fue casi un desastre." Taylor, *Chávez and the Farmworkers*, 317.

17. Francisco Balderrama and Raymond Rodriguez, *Decade of Betrayal: Mexican Repatriation in the 1930s* (Albuquerque: University of New Mexico Press, 2006), 82: "Después de la llegada de la administración del New Deal (nuevo contrato) de Franklin D. Roosevelt, el proceso de deportación adquirió un aspecto más humano". Los autores señalan, sin embargo, que esto no se debió a un cambio en la administración. Sino que más bien "la inmigración hacia Estados Unidos disminuyó radicalmente en relación a los años anteriores. De 1925 a 1929, 2,474,500 inmigrantes ingresaron al país, mientras que desde 1930 hasta 1934, sólo se registraron

1,216,396 entradas. La mayoría de ellos eran inmigrantes legales admitidos bajo cuota para reunirse con las familias que ya estaban en Estados Unidos. La falta de oportunidades de empleo desestimuló a muchos posibles inmigrantes ilegales de entrar al país. . . . Esto no significa el fin del terror a la deportación [bajo Roosevelt], pero después de 1934 el número de mexicanos deportados cayó estrepitosamente a aproximadamente el 50%".

18. "Una vez contratados, los negros se encontraban colocados en los empleos menos deseables y de manera desproporcionada en los sectores no cualificados y semi-cualificados, por lo general en las partes más sucias y más peligrosas de las fábricas. Algunos empleadores basaban las decisiones de contratación en una inequívoca aversión racial. Un encargado de una compañía de automóviles contrataba negros para trabajar en la peligrosa sala de pintura. Él explicó así su razonamiento: 'Sí, hay trabajos que gente blanca no quiere hacer, así que los negros tienen que agarrarlos, sobre todo el trabajo en las cámaras, pintando con un aerosol de pintura para carrocerías. Esto mata a un hombre blanco en seguida'. Preguntado sobre si mataba a los negros, él respondió, 'acorta sus vidas, las reduce pero son sólo negros . . . Como resultado de la discriminación en la contratación, los negros permanecieron representados en exceso en ocupaciones no cualificadas, eran más susceptibles a los despidos y los más vulnerables a la sustitución cuando las plantas se automatizaban". Thomas J. Sugrue, *Origins of the Urban Crisis* (Princeton: Princeton University Press, 1996), 99–100.

19. "Un importante informe apareció en 1973. Llamado *Health Research Group of Disease among Workers in the Auto Industry*, se basó en cifras recopiladas por National Institute for Occupational Safety and Health y fue escrito por dos médicos, Janette Sherman y Sidney Wolfe. El informe estimaba sesenta y cinco muertes en el lugar de trabajo por día entre los trabajadores automotrices, con un total de unos 16,000 al año. Aproximadamente la mitad de estas muertes se debieron a ataques cardíacos. También hubo unos 63,000 casos de enfermedades incapacitantes y alrededor de 1,700,000 casos de pérdida o deteriorado de audición. Estas estadísticas no incluían muchas enfermedades endémicas a largo plazo de los trabajadores de la fundición y otros expuestos a productos químicos y gases tóxicos, ni tampoco las muertes y lesiones por accidente. Incluso estas restringidas cifras dejaron en claro que más trabajadores automotrices morían y eran heridos cada año en el trabajo que los soldados que resultaron muertos

y heridos durante cualquier año de la guerra de Vietnam". Dan Georgakas y Marvin Surkin, *Detroit: I Do Mind Dying* (Boston: South End Press, 1998), 88.

20. En agosto, un paro no autorizado más grave afectó a otra planta de Chrysler que producía cigüeñales, piñones y barras de torsión. Siguió seis meses de siete días por semana de trabajo y una serie de accidentes que lisiaron a varios trabajadores. Cuando la empresa despidió a dieciséis trabajadores por denunciar públicamente violaciones de seguridad y salud, los 1,100 trabajadores de la planta la cerraron durante seis días. Más tarde, en agosto un tercer e importante paro no autorizado cerró otra planta de Chrysler. Esta vez, UAW, junto con la policía local, ayudó a romper la huelga. El conflicto dentro de UAW fue el centro de una controversia mucho más grande. Los paros ilegales tenían lugar debido a las condiciones brutales de las plantas automotrices de Detroit. Y esos fueron parte de los cambios más grandes que se desarrollaron en aquellos años; aumento de ritmo, cierres de plantas y talleres mudando, especialmente en el sur de Estados Unidos. Un nuevo fenómeno hacía su aparición en el siglo XX en América; el cinturón de fabricas abandonadas y la devastación de los barrios pobres del centro de la ciudad que causarían enorme sufrimiento, sobre todo a la población afroamericana.

21. Ellen Hawkes, *Blood and Wine: The Unauthorized Story of the Gallo Wine Empire* (New York: Simon y Schuster, 1993), 190.

22. Ross era un estrecho colaborador del activista social Saul Alinsky, quien se describió a sí mismo como un organizador de la comunidad radical (su libro más famoso es *Reveille for Radicals*) para distinguir sus puntos de vista de los liberales a los que despreciaba. Alinsky buscó una mayor justicia social a través de la acción masiva. En un nivel más profundo, las diferencias de Alinsky con los liberales eran más tácticas que estratégicas. La política de Alinsky podría describirse como reformismo radical, mediante el apalancamiento de varios tipos de presión para arrancar reformas en la estructura establecida por la industria y el gobierno. Sus objetivos no fueron nunca desafiar la base de ese poder o cualquiera de las estructuras subyacentes a la explotación.

23. La cita textual es de Leo Chávez, *Shadowed Lives: Undocumented Immigrants in American Society* (Fort Worth, TX: Harcourt Brace Jovanovich, 1992).

24. Los salarios, el trabajo, y las condiciones de vida de los braceros contratados se establecen a través de acuerdos entre Estados Unidos y las autoridades mexicanas. La literatura sobre el

programa bracero está llena de relatos de violaciones de los salarios y las condiciones establecidas. Para citar sólo un ejemplo, un investigador del habla hispana de U.S. Bishops Committee (Comisión de obispos de Estados Unidos) documentaba cómo los libros de registro eran falsificados de tal manera que braceros que él sabía que "estaban trabajando 12 horas al día habían sido abonados y pagados por 6 o 7 horas de trabajo". Citado en Juan Ramon Garcia, *Operation Wetback: The Mass Deportation of Mexican Undocumented Workers in 1954* (Westport, CT: Greenwood Press, 1980), 51.

25. Frank Bardacke, *Trampling Out the Vintage: César Chávez and the Two Souls of the United Farmworkers* (New York: Verso, 2011), 160.
26. Ibid., 392.

5. LOS FUEGOS SIGUEN ARDIENDO

1. Manuel Chávez, primo hermano de César, fue parte del núcleo original que inició National Farmworkers Association. Él desarrolló una reputación de canalla en los círculos allegados a UFW, alguien dado a la exageración y que a veces mentía descaradamente. Se le dio rienda suelta, especialmente en lo referente en la oleada de huelgas de 1974, para organizar conflictos de trabajo y durante algunos años estuvo activo entre los trabajadores del melón del Valle Central, y fue reconocido por llevarlos a la huelga. Manuel se involucró estrechamente en lo que se conoció como el "el equipo nocturno". En un lenguaje menos neutral, pistoleros del sindicato.
2. "Nixon había participado desde hacía mucho en ilegalidades similares contra grupos antibelicistas y disidentes". El error fatal de Nixon fue utilizar esas tácticas ilegales sobre la mismísima clase liberal. Toda vez que el Partido Demócrata y la clase liberal se convirtieron en blancos de las ilegalidades de Nixon, los medios de comunicación estaban facultados para exponer los abusos que previamente habían ignorado (258). Chris Hedges, *Death of the Liberal Class* (New York: Nation Books, 2010), 169.
3. UFW, "Fresno County Illegals Campaign—1974 to October 12," UFW Research Collection, Box 7, folder 5, Walter P. Reuther Library, Wayne State University. El informe describe la amplia campaña de documentación promovida en el condado de Fresno, con el objetivo de presionar a las autoridades gubernamentales y la opinión pública, que los dirigentes de UFW eligieron como foco de la campaña. Entre los esfuerzos descritos está el siguiente

pasaje de la página 2:

> En un intento de disuadir a los residentes locales de contribuir al problema de los ilegales alojando a los extranjeros, nuestra oficina escribió una carta a más de 175 de estas personas que habían sido denunciadas a nuestra oficina. . . . De las que llegaron a la dirección correcta, muchas trajeron respuestas rápidas y decisivas. No pocos de los destinatarios telefonearon a la oficina diciendo que sus ilegales se iban a marchar.
>
> Como decía la carta a los encubridores, todos sus nombres y direcciones fueron entregados a Internal Revenue Service (Servicio de impuestos internos) y al U.S. Border Patrol. La patrulla fronteriza no ha arrestado que yo sepa a ninguno de los encubridores hasta la fecha, pero al menos el IRS nos telefoneó en un esfuerzo por determinar los delincuentes más graves. Hasta el momento nosotros no hemos enviado la lista de los evasores de impuestos que consideramos que son los "grandes delincuentes", pero la opción está todavía abierta.

4. Frank Bardacke, *Trampling Out the Vintage: César Chávez and the Two Souls of the United Farmworkers* (New York: Verso, 2011). La detallada historia de UFW de Bardacke contiene una cuenta bastante extensa de las brutales acciones llevadas a cabo por el escuadrón de Manuel Chávez en la frontera de Arizona, incluyendo esta, de la página 501:

> El relato más completo de la violencia en la línea mojada viene de un artículo escrito por Tom Barry para *Mother Jones* en 1978, pero nunca se publicó. . . . Salvador Sandoval Yala, el asesor jurídico municipal de Ciudad Morales, quien encabezó una investigación federal mexicana en la huelga de San Luis, le dijo a Barry que "patrulleros de las líneas mojadas habían golpeado, desnudado y robado a trabajadores indocumentados". Un funcionario laboral mexicano no identificado dijo: "Hubo muchas, muchas palizas durante la huelga, especialmente a lo largo de la frontera. Los hombres eran desnudados, golpeados y enviados de vuelta al otro lado. Vi a dos hombres que habían sido golpeados con cadenas, y sé de un trabajador al que aplastaron los dedos con un ladrillo". Un reportero de *El Malcriado* que pidió

no ser identificado dijo: "Hubo muchos casos de atrocidades, incluyendo un hombre al que le pusieron un cuchillo en la nariz y se la arrancaron igual que en la película Chinatown".

6. 1975, LA NUEVA LEY

1. Un ejemplo dramático de esto fue el rápido aumento de la población carcelaria de Estados Unidos que comenzó a mediados de la década de 1970, relacionado con los esfuerzos para prevenir el tipo de agitación radical en la comunidad negra que ayudó a hacer estallar la década de 1960 y le dio su carácter radical. Las leyes antidrogas se utilizaron para encarcelar a millones de jóvenes afroamericanos y latinos con la intención de suprimir el liderazgo radical desde dentro antes de que pudiera desarrollarse. Michelle Alexander llamó a esta política "el nuevo Jim Crow". Ver Michelle Alexander, *The New Jim Crow: Mass Incarceration in the Age of Colorblindness* (New York: New Press, 2010).

2. Frank Bardacke, *Trampling Out the Vintage* (New York: Verso, 2011), 512. Los productores, bajo el asesoramiento de firmas de abogados antisindicales, "desafiaron ciertas disposiciones de la ley procesal y simplemente ignoraron otras. Ellos jugarían con ALRB como la industria jugó con NLRB donde los empleadores violaban la ley impunemente." Roy Mendoza, un encargado del local agrícola de Teamsters desde hacía mucho tiempo, recordó la confianza general entre los cultivadores en que la ALRA se podría utilizar para en su favor; por ejemplo, Andrew Church, un abogado de un productor prominente, confiaba en que el ALRA sería utilizado para promover los intereses del productor. Roy Mendoza, conversación con el autor, Salinas, 2010.

3. "La aparición de la Virgen de Guadalupe fue la piedra angular de la evangelización de México y América Latina . . . igual que los filones de plata de los Zacatecas, no tardaría en generar una riqueza incalculable para los reyes seculares, la Guadalupana cosechó un periodo de bonanza de almas para los barones de la Iglesia. En 1536, cinco millones de indígenas fueron convertidos de la idolatría pagana a la versión católica romana del cristianismo, cinco veces la cosecha de los anteriores 15 años de conquista y anexión". John Ross, *The Annexation of Mexico: From the Aztecs to the IMF* (Monroe, ME: Common Courage Press, 1998), 17.

4. La historia de White Rose estaba más entretejida con mi familia de lo que me di cuenta en ese momento. Años más tarde, durante

un viaje a Munich, vi un monumento de granito que conmemora a la Rosa Blanca. En la primavera de 1942, mi abuelo Benno y mi abuela Anna fueron arrestados por la Gestapo después de tres años desesperados tratando de salir de Alemania. Benno fue llevado a Berlín y sometido a juicio, acusado de enviar propaganda antinazi a través del correo, y ejecutado a finales del verano de 1942, en la prisión Plotzonsee, en una celda para sentenciados a muerte utilizada para ejecutar a los miembros de la resistencia. En el verano de 1942, los activistas de White Rose de Munich's Catholic University comenzaron a imprimir panfletos y distribuirlos anónimamente en el campus de la universidad a través del correo. Durante muchos meses, las autoridades fueron incapaces de descubrir a los miembros de la resistencia que estaban detrás de esas acciones. Algunos de los activistas principales de White Rose fueron descubiertos en 1943 y ejecutados en Munich.

5. *Salinas Californian*, October 14, 1975.
6. Bardacke, *Trampling Out the Vintage*, 515–16. Los éxitos de UFW vinieron principalmente de las zonas productoras de hortalizas y algunas de las áreas donde las batallas por la huelga estallaron en 1974. UFW lo hizo mal en las zonas de cultivo de uva, ganando sólo una pequeña minoría de las elecciones en Coachella y el área de Delano.
7. Fayuca es el nombre que usan los trabajadores para los camiones de comida que estaban en las calles por la mañana temprano, y a veces iban hasta los campos. Fayuca significa contrabando o mercado negro. Según una fuente los contrabandistas de alrededor de las zonas fronterizas entre Estados Unidos y México en los años cincuenta traían y vendían en camiones artículos de Estados Unidos. Estos camiones fueron llamados *fayucas* y sus dueños, fayuqueros. Los trabajadores procedentes de la frontera trajeron con ellos la costumbre de llamar a los camiones expendedores fayucas.
8. Miriam Pawel, *The Union of Their Dreams* (Bloomsbury Press, 2009),149. "Cuando Jerry (Jerry Cohen abogado de UFW) llamó a Chávez para contarle sobre la victoria (la tramitación de la ley citada, a través de California Assembly), Chávez no reaccionó con alegría sino con resignación. Sabía que esa ley cambiaría radicalmente las reglas del juego".
9. Dorothy P. Kerig, *El Valle de Mexicali y la Colorado RiverLandCompany,1902–1946* (Mexicali: Universidad Autónoma de Baja California, 2001),28–29.
10. William De Buys y Joan Myers, *Salt Dreams: Land and Dreams*

in Low-Down California (Albuquerque: University of New Mexico Press, 1999),144-45.

11. En 2005, la población de Mexicali era de más de 900,000 habitantes.

7. 1976

1. *U.S. News and World Report*, July 5, 1976, 343.
2. John Ross, *The Annexation of Mexico: From the Aztecs to the IMF* (Monroe, ME: Common Courage Press, 1998), 74–77. El general John J. Pershing condujo una fuerza estadounidense que creció hasta los 10,000 soldados para capturar o matar a Villa como castigo por una incursión a través de la frontera en Columbus, New Mexico. La incursión de Villa tenía la intención de provocar una reacción de este tipo y colocar a Estados Unidos en conflicto con el gobierno de Carranza en México, que había colaborado anteriormente con Estados Unidos para atacar y destruir a Villa y su *"División del Norte"*. La expedición de Pershing, que comenzó el 14 de marzo de 1916, terminó sin éxito en febrero de 1917.
3. El contraste entre las condiciones y las políticas de las fábricas de China en el período socialista, especialmente durante la revolución cultural, y las de hoy en día no puede ser más dramático. En aquel entonces, se hizo hincapié en desarrollar un liderazgo colectivo y ampliar la participación de los trabajadores en los asuntos de la fábrica y del estado. Las consignas instaban a los trabajadores a convertirse en los amos de la sociedad, para tomar las riendas de la responsabilidad en todas sus esferas, incluyendo gobernar. Las fábricas chinas de hoy, como Foxconn, son infiernos donde los trabajadores se mantienen encerrados, trabajan largas horas y viven en condiciones de pobreza, de tal manera que el suicidio entre ellos se ha convertido en un fenómeno creciente. El papel de los trabajadores en China hoy en día es el de esclavos asalariados.
4. Una de las primeras y más poderosas críticas del nuevo régimen provino de Bob Avakian. En 1978, el Partido Comunista Revolucionario (PCR) publicó su panfleto, "La pérdida en China y el legado revolucionario de Mao Tse Tung". En su discurso y su literatura Avakian analizó los cambios en China y las razones por detrás de ellos mientras defendía los principios por los que Mao había luchado. Sus trabajos sobre la situación en China, las causas de la pérdida del socialismo, sus implicaciones y lecciones para la lucha para alcanzar el socialismo y el comunismo forman parte de una obra llamada la nueva síntesis.

5. "Se ha dicho que se ha encontrado 'uno de cada' en las aguas del New River: los tres tipos de virus de la polio, varios de hepatitis, y los agentes de una gama completa de enfermedades gastrointestinales. La bacteria responsable de enfermedades infecciosas, tales como cólera, tuberculosis y fiebre tifoidea también se ha encontrado en el New River, igual que la bacteria de la salmonela y un surtido de carcinógenos. . . . Los funcionarios de salud han cuantificado en repetidas ocasiones coliformes en el río en niveles varios miles de veces mayores que los que provoca el cierre de la playa en San Diego". William De Buys y Joan Myers, *Salt Dreams: Land and Dreams in Low-Down California* (Albuquerque: University of New MexicoPress, 1999), 236.

8. DESENCANTO

1. "El INS originalmente había establecido mediante decreto administrativo el estatus de trabajador que viaja diariamente para trabajar, y perpetuado la práctica a pesar de varios intentos legislativos para acabar con ella. . . . Senate Immigration Subcommittee (Subcomité de Inmigración del Senado) del Senador Presidente Ralph Yarborough de Texas, estuvo de acuerdo en que: "Esto representa la suspensión ejecutiva de las leyes de inmigración. . . esta carta verde es algo fuera de la ley". Kitty Calavita, *Inside the State: The Bracero Program, Immigration and the INS* (New York: Routledge, 1992), 156–57.

2. Nuestros puntos de vista en *El Obrero* sobre el socialismo y sobre cómo llegar allí eran primitivos e ingenuos. Fundamentalmente los diferentes puntos de vista del socialismo no estaban delineados claramente en nuestro pensamiento. Una perspectiva era la de una especie de capitalismo radicalmente reformado, que dejaba intactos muchos de los fundamentos esenciales de la sociedad de clases, pero con mayor énfasis en los programas de bienestar, escuelas, atención de salud, etcétera. Otra era el socialismo imaginado por Marx y llevado adelante más conscientemente por Mao: el socialismo como una transición hacia una sociedad sin clases. En esta última visión, el socialismo es un periodo de transición lleno de lucha, debate y discusiones para lograr nuevas relaciones entre las personas y la eventual eliminación del estado, las fronteras nacionales, y la consecución de los Four Alls vislumbrados por Marx: "La supresión de las diferencias de clase en general; la abolición de todas las relaciones de producción en que éstas descansan; la abolición de todas las relaciones sociales que

corresponden a esas relaciones de producción, y la transformación de todas las ideas que brotan de estas relaciones sociales". El resultado final sería un orden social compuesto por seres humanos libremente asociados en todo el mundo. La formulación Four Alls es parte del trabajo *Class Struggles in France*, escrito por Karl Marx entre enero y octubre de 1850 para *Neue Rheinische Zeitung Revue*, publicado en forma de libro por Friedrich Engels en 1895.

3. Existía otra "discrepancia" incrustada en esta visión, que era imposible de resolver, contra la cual todos los poderosos esfuerzos para reformar este tipo de sociedad debían estrellarse. Incluso si alguien se pudiera imaginar suprimiendo el peso opresivo de la supremacía blanca y la opresión nacional, arrancar un elemento fundamental sobre el cual descansa la sociedad en su conjunto y en particular la agricultura de California, inclusive si esto fuese posible, uno se podría encontrar con un dilema irresoluble: El sueño americano es sólo posible porque la pesadilla de America existe en otros lugares, y tal vez en ninguna parte de una forma más destructiva como en México. Los trabajadores mexicanos de Estados Unidos sólo podrían prosperar en este sistema obteniendo una mayor parte del botín de la explotación de las personas que están al otro lado de esa línea trazada por la violencia expansionista. Esta contradicción, deliberadamente ocultada, se encuentra en el corazón de un asunto explosivo que tiene potencial de hacer añicos todas las ilusiones de un cambio fundamental por la vía de la reforma.

4. César Chávez, "Union Business and Purpose," 13 de julio de 1977, UFW President Collection, Box 18, folder 14, Wayne State University, Reuther Library.

5. "Los convenios fueron manipulados para dar a los miembros del sindicato una determinada impresión. Todo estaba planeado de antemano, pero cuando tú estás allí y no sabes lo que está pasando, crees que estas cosas suceden por sí solas de manera espontánea. . . . No había ningún contenido real para el apoyo de las bases filipinas a lo que estaba haciendo César. Los únicos filipinos que estaban impresionados además de Andy [Andy Imutan, un organizador filipino conservador próximo a la dirección de UFW] eran los filipinos partidarios de Marcos". Craig Scharlin and Lilia V. Villanueva, *Philip Vera Cruz: A Personal History of Filipino Immigrants and the Farmworkers' Movement* (Los Angeles: UCLA Labor Center, Institute of Industrial Relations & UCLA Asian American Studies Center, 1992), 117.

6. Ibid., 118.

7. Michael D. Yates, "The Rise and Fall of the United Farmworkers," review of Miriam Pawel, *The Union of Their Dreams* (New York: Bloomsbury Press,2009), *Monthly Review*, May 2010: "Chávez comenzó a llevar a su círculo íntimo a Synanon para entrenarlo, e hizo de 'The Game' una pieza central de las actividades sindicales. Justo después de perder la iniciativa en la campaña, Chávez había comenzado a purgara algunos miembros del personal clave, acusándolos de deslealtad y complicidad con los cultivadores, y el comunismo". Chávez argumentó que los ataques personales despiadados de The Game estimulaban una forma de comunidad. En realidad, destruyeron lo poco de la comunidad progresista que quedaba en el sindicato.

9. HUELGA DE LECHUGA

1. Según las cifras del sindicato, el cultivo de lechuga en Salinas tenía un valor de $69 millones en 1970 y $210 millones en 1978. Los beneficios procedentes de la lechuga fueron de $6.6 millones en 1970. Para 1978, habían aumentado a $71 millones. Parte de este aumento se debió a la inflación. Pero las estadísticas fueron dramáticas. Al mismo tiempo que los salarios habían aumentado un 80%, se dijo que las ganancias habían aumentado más de un 1000%.

2. Entrevista del autor con Tony Gonzales, Salinas, julio de 2010.

3. "Nuestros resultados muestran que los precios de la lechuga, así como los beneficios a corto plazo de ciertos productores, aumentaron considerablemente como consecuencia de la huelga. Nosotros demostramos que si un sindicato hace huelga contra toda la industria (es decir, todos los rancheros a la vez) debe reducir la producción sustancialmente por debajo de los niveles competitivos con la finalidad de reducir los beneficios del sector para que los productores tengan un incentivo económico para negociar con los dirigentes sindicales. Esto es en gran parte debido a la cantidad de productores y transportistas de lechuga y la relativa abundancia de trabajadores agrícolas disponibles en el Valle Imperial durante la temporada de invierno". *Western Journal of Agricultural Economics* 6/1 (July 1981).

4. En Miriam Pawal's *A Union of their Dreams* (New York: BloomsburyPress,2010), Sandy Nathan, que trabajó en el departamento legal de UFW, relató lo siguiente: "Los buenos enemigos habían sido siempre fundamentales para la estrategia de Chávez. Su sindicato no dependía de los contratos o el dinero para ser fuerte, como él decía a menudo. . . . 'Cuando tuvimos

un oponente visible, 'recordó Chávez a los miembros de la junta, 'tuvimos unidad, un propósito real. Era como una guerra religiosa'" (218–19). Chávez utilizó el anticomunismo para la unión interna. También sirvió para consolidar los lazos con los demócratas y el sistema en general. Yo creo que esto, en parte, explica su fanática y desproporcionada preocupación con los izquierdistas del sindicato.

10. VICTORIA DE LA DERROTA, DERROTA DE LA VICTORIA

1. *Salinas Californian*, 20 de febrero de 1979.
2. "La huelga de la lechuga aumenta los beneficios del productor, dice un estudio," *Los Angeles Times*,15 de enero de 1982.
3. *Salinas Californian*, 3 de febrero de 1979.
4. Frank Bardacke, *Trampling Out the Vintage: César Chávez and Two Souls of the United Farmworkers* (New York: Verso, 2011), 613.
5. *Salinas Californian*, 21 de febrero de 1979.
6. *Salinas Californian*, 8 de marzo de 1979.
7. John Dury, email dirigido al autor, Septiembre de 2008.
8. *Salinas Californian*, 3 de mayo de 1979.
9. Ibid.
10. César Chávez, "Solidarity Booklet for the Farmworkers Strike and Boycott, carta de 27 de julio de 1979, UFW/Ganz Box 3, folder 21, Wayne State, Reuther Library.
11. *Salinas Californian*, 4 de agosto de 1979.
12. Entrevista del autor con Aristeo Zambrano, Oakland, CA, abril de 2009.
13. Ibid.
14. In *Mexico Unconquered* (San Francisco: City Lights Books, 2009), John Gibler observó que existe una tendencia a los movimientos de resistencia entre las personas oprimidas, especialmente en los países dominados por el imperialismo, para "asumir una dimensión anti-colonial que desafía y amenaza la legitimidad de los principios fundamentales del estado y conduce a una participación social audaz, creativa, masiva y enérgica" (18). Los movimientos políticos peligrosos también se encontraban en Estados Unidos en la década de 1960, cuando los jóvenes negros comenzaron a irrumpir más allá de la llamada a las reformas de los derechos civiles y tomaron la perspectiva de Black Liberation, inspirando a otros grupos oprimidos y a la juventud en general a hacer lo mismo.

15. Entrevista del autor con Aristeo Zambrano.
16. Ibid.
17. *Salinas Californian*, 3 de noviembre de 1983.
18. Debate del autor con Mario Bustamante, El Centro, CA, enero de 2010.
19. *Salinas Californian*, 18 de diciembre de 1981.
20. Un artículo del *Salinas Californian* de 2007, señalaba que de las 468 victorias electorales de UFW en los últimos años, sólo alrededor de 140 fueron alguna vez acreditadas. Empresas como Bruce Church y D'Arrigo consiguieron bloquear las negociaciones durante décadas.

EPILOGO: LOS CAMPOS HOY

1. Aurelia Lopez, *The Farmworkers' Journey* (Berkeley: University of California Press, 2007), 110–111.
2. U.S. Bureau of Labor Statistics, *Monterey County: DRI-WEFA*, citado en Monterey County Farm Bureau 2012 report and U.S. Bureau of Labor Statistics, May 2011, Occupational Employment Statistics for Salinas, CA.
3. *Salinas Californian*, 10 de octubre de 1972.
4. Carol Sabin, *Mixtec Migrant Farmworkers in California Agriculture: A Dialogue among Mixtec Leaders, Researchers and Farm Labor Advocates* (Davis, CA: California Institute for Rural Studies, 1992), 32.
5. Major Crops, 1984–2004, Monterey County, *Salinas Californian*, 11 de mayo de 2005.
6. *Newsweek*, 2 de octubre de 2006, 43.
7. Josie Glausiusz, "Toxic Salad: What Are Fecal Bacteria Doing on Our Leafy Greens?" *Discover Magazine,* 17 de abril de 2007.
8. E. coli es sinónimo de Escherichia coli, nombre de Theodor Escherich, un pediatra austriaco-alemán que descubrió la bacteria en a finales de 1800.Es una bacteria en forma de bastoncillo que se encuentra comúnmente en el intestino delgado de los organismos de sangre caliente. La mayoría de las cepas de E. coli son denominadas organismos parásitos ya que pueden coexistir con los organismos de sangre caliente, son inofensivos y útiles para la descomposición de la celulosa y ayudar en la absorción devitamina K, la vitamina para la coagulación sanguínea, por ejemplo. Pero algunos, como el serotipo 0157:H7, puede causar enfermedades graves.
9. Glausiusz, "Toxic Salad."

10. Cary Blake, "Growers, Shippers Germinate Leafy Greens Marketing Agreement in Arizona," *Western Shipper and Grower,* October 31, 2007. Los productores de verduras reclamaron $1 billón en pérdidas por las secuelas de las muertes y enfermedades.

11. Entrevista del autor con Sylvia, trabajadora veterana del campo, Greenfield, CA, 28 de agosto de 2010.

12. En julio de 1954, el gobierno de Estados Unidos puso en marcha "Operation Wetback" (operación espalda mojada), una operación estrechamente planificada al estilo militar dirigida por un veterano de la invasión de México de 1916 del general Pershing; el teniente general Joseph Swing. El INS afirmó que deportó o expulsó a más de un millón de inmigrantes. Dos medidas precedieron a la campaña de deportación real. Primero fue una campaña de los medios de comunicación de masas para demonizar a los inmigrantes. Por ejemplo, el fiscal federal general de Estados Unidos, advirtió de que "la entrada ilegal de espaldas mojadas ha multiplicado un grave problema social que implica asesinatos, prostitución, robo, y una gigantesca infiltración de narcóticos, una amenaza maligna para el crecimiento de nuestra sociedad". En segundo lugar fueron medidas para garantizar a los productores una oferta adecuada de mano de obra bracera. Los inmigrantes indocumentados—"espaldas mojadas" en la terminología racista— estaban "resecados", se inscribieron como braceros, y las personas atraídas hacia el norte a través de la frontera por la publicidad en radio también fueron contratadas. El alcance de la operación de INS y la intensidad de la campaña mediática que la acompañó hablar de su ambición de aterrorizar a toda la comunidad latina.

13. Carol Zabin: "Tenemos que recordar que hay asociaciones de productores de San Joaquin que abrieron oficinas en México para ayudar a las personas a entrar a los Estados Unidos si querían acogerse a la amnistía".

14. Don Villarejo, PhD, y Marc Schenker, MD, MPH, "Environmental Health Policy and California's Farm Labor Housing," prepararon un informe para John Muir Institute on the Environment (Davis: University of California, 1 de octubre de 2006): "Immigration Reform and Control Act (IRCA) de 1986 . . . garantizaba el estatuto de residente legal permanente a través del programa de visados Seasonal Agricultural Worker (SAW) (trabajadores agrícolas temporales) a más de 1.1 millón de trabajadores agrícolas, que afirmaran haber trabajado previamente en EE.UU. sin autorización. Cientos de miles de trabajadores adicionales siguieron sus pasos contribuyendo a un sustancial excedente de

trabajadores agrícolas a lo largo de la década de 1990".

15. Ibid. "La novedad más importante en el mercado laboral agrícola de California en los últimos tiempos es el fuerte aumento del flujo de inmigrantes indígenas de los estados mexicanos sureños de Chiapas, Oaxaca, Guerrero, Puebla y Veracruz. . . . Todos los observadores están de acuerdo en que los inmigrantes indígenas son el componente de más rápido crecimiento en la fuerza laboral agrícola del estado".

16. Carey McWilliams, *California: The Great Exception* (Berkeley and Los Angeles: University of California Press, 1949), 155.

17. Gabriel Thompson, *Working in the Shadows: A Year of Doing Jobs Most Americans Won't Do* (New York: Nation Books, 2010). Thompson pasó varios meses en una máquina de lechuga en Dole Company en Yuma, Arizona, él cita algunas estadísticas sobre la producción diaria de lechuga. Cabe señalar que la empresa Dole tenía un contrato con el sindicato Teamsters y las condiciones que tenían eran al menos un poco mejores que las que se encontraban en muchos s de contratistas, por lo que las 3,300 cabezas podrían ser un promedio bajo para el corte diario de lechuga.

18. Secure Communities (comunidades seguras), o SCOMM, exige la aplicación de ley local de remitir a ICE (Immigration and Customs Enforcement [Inmigración y Control de Aduanas]) las huellas digitales de cualquier persona que arrestasen y que pudiese estar indocumentada. La política comenzó a finales de 2008, pero fue ampliada con Obama. Ha sido utilizada para deportar a millares de inmigrantes y ha creado temor en las comunidades inmigrantes. Ha generado una oposición generalizada. En octubre de 2012, el gobernador de California, Jerry Brown, vetó un proyecto de ley que habría limitado arrestos bajo SCOMM a las personas solo detenidas por delitos graves.

19. U.S. Agriculture and Food Law Policy blog (http://www. agandfoodlaw. com): "El proyecto de ley, SB 1121, aprobado en California Assembly a principios de este mes habría revocado una ley estatal de 1941, que impide a los empleados agrícolas cobrar 1.5 veces su tarifa normal por hora por trabajar más de 8 horas en un día. La exención de 1941 fue modificada en 1976, cuando Welfare Commission (comisión de asistencia social) ordenó pagar horas extras después de 10 horas de trabajo para cualquier trabajo de siete días por semana tras incluir seis días consecutivos de 10 horas o más".

20. Suzanne Vaupel, "Growers' Decisions to Hire Farm Labor Contractors and Custom Harvesters, "CRLA informe de Farm

Labor Contractor Abuses in California (Berkeley: Cooperative Extension, University of California, Division of Agriculture and Natural Resources, 2000), disponiblehttp://are.berkeley.edu/APMP/pubs/flc/grower-decisions.pdf.

21. Lopez, *The Farmworkers' Journey*, 143.
22. Ibid., 128.
23. Ibid.
24. Annenberg TV News, 2 de octubre de 2012; *Salinas Californian*, 3 de octubre de2012.
25. Lopez, *The Farmworkers' Journey*, 152.
26. Ibid., 152; entrevista del autor con Mayor Caballero, 19 de octubre de 2001.
27. Jason Clarke, "Environmental Factors for Violence", tesis para el máster de Naval Post Graduate School, Diciembre de 2009: "El auge económico de finales de la década de 1990 y mediados de la década de 2000 llevó a la subida de precios de las viviendas en California, incluyendo Salinas. El precio promedio de una casa en Salinas en 2000 era de $245,377; en 2007, se había elevado hasta $531,170. En el mismo período de tiempo, los ingresos medios por hogar en Salinas pasaron de $43,720 a $52,560. Los residentes con bajos ingresos de Salinas también fueron duramente golpeados por el alto desempleo y trabajos mal pagados contribuyendo a la alta densidad de población en algunas zonas de Salinas que obligaba a las familias a compartir espacios deficientes".
28. Villarejo y Schenker, "Environmental Health Policy": "El estudio de los factores estresantes asociados a los síntomas de ansiedad y depresión descubre que las deficientes condiciones de vivienda identificadas por los trabajadores agrícolas estaban asociadas a significativos y elevados niveles de ansiedad y depresión".
29. Un informe de Human Rights Watch publicado el 16 de mayo del 2012, afirma: "Nuestra investigación confirma lo que los defensores de los trabajadores agrícolas de todo el país creen: la violencia sexual y el acoso sexual experimentado por los trabajadores agrícolas son lo suficientemente comunes como para que algunas mujeres trabajadoras del campo vean estos abusos como condiciones inevitables del trabajo agrícola". *San Francisco Chronicle*, 17 de mayo de 2012.
30. Thompson, *Working in the Shadows*, 50: "Dole comenzó a usar trabajadores invitados en el año 2005. Para reunir los requisitos tenían que probar que no tenían suficientes trabajadores estadounidenses dispuestos a hacer el trabajo, y demostrar al gobierno que tenían capacidad para albergar a sus trabajadores

sin importar o no que alguien aceptase el ofrecimiento. Como resultado, la ciudad de Dateland, a unas 75 millas al este de Yuma, tiene suficientes viviendas para los 293 trabajadores huéspedes que compañía emplea a lo largo del año".

ÍNDICE DE NOMBRES

GLOSARIO DE TÉRMINOS UTILIZADOS EN LOS CAMPOS:

DESIJE — desbastado

EMPACAR — embalar lechuga

TRABAJO POR CONTRACTO — trabajo a destajo

MAYORDOMO — capataz

CUADRILLA — equipo

RANCHEROS — productores cultivadores

LA CORRIDA — seguir la cosecha del norte al sur — en la lechuga, de Salinas al Valle Imperial

LECHUGUEROS — trabajadores de lechuga

UNA HUELGA RELÁMPAGO — una huelga no autorizado

LA TORTUGA — trabajar despacio como una forma de protesta

EL CORTITO — asalón corto

SEÑORÍA — antigüedad

CPSIA information can be obtained at www.ICGtesting.com
Printed in the USA
BVOW08s0107130716

455346BV00001BA/8/P